中国上市公司综合竞争力排名评价报告（2018）

浙江财经大学中国金融研究院课题组　著

责任编辑：刘　钊
责任校对：刘　明
责任印制：张也男

图书在版编目（CIP）数据

中国上市公司综合竞争力排名评价报告.2018/浙江财经大学中国金融研究院课题组著.
—北京：中国金融出版社，2018.7
ISBN 978-7-5049-9630-5

Ⅰ.①中…　Ⅱ.①浙…　Ⅲ.①上市公司—竞争力—研究报告—中国—2018
Ⅳ.①F279.246

中国版本图书馆 CIP 数据核字（2018）第 130149 号

出版
发行　中国金融出版社
社址　北京市丰台区益泽路 2 号
市场开发部　(010)63266347，63805472，63439533（传真）
网 上 书 店　http：//www.chinafph.com
　　　　　　(010)63286832，63365686（传真）
读者服务部　(010)66070833，62568380
邮编　100071
经销　新华书店
印刷　北京市松源印刷有限公司
尺寸　185 毫米×260 毫米
印张　31.25
字数　666 千
版次　2018 年 7 月第 1 版
印次　2018 年 7 月第 1 次印刷
定价　89.00 元
ISBN 978-7-5049-9630-5

课题组成员

组　长： 章晓洪

副组长： 张红地　黄文礼　武　鑫

成　员： 潘　怡　李涔琪　周　鸿　何小灵

许南燕　张　弘　杨　苑　叶　子

吴　洁　叶　笑　岑云昶　黄　鑫

李　原　刘亚群　杨可桢　黄海峰

姜　宁　潘　磊　童迪杰　唐　瑄

袁慧兰　曾泽民　陈怀宇　刘　钊

序

回顾2017年的中国股票市场，思绪颇多。纵观历史，2017年是中国证券市场发展过程中重要的一年。2017年中国A股股票市场共成功IPO 438家企业，创中国股票市场诞生27年来的历史最高点。数据显示，截至2017年12月31日，中国A股上市公司已经达到3467家，股票市值达610998.8182亿元，同年中国国内GDP共计827122亿元。截至2017年12月31日，中国A股股票市值占GDP的73.9%。

正当股票市场各方对2018年的A股IPO情况信心满满之时，2017年10月以后中国股票市场却峰回路转，A股IPO的通过率急剧下降。2017年，随着A股IPO发行数量大幅上升以及中国证监会监管力度的加大，A股二级市场的市盈率普遍下降，许多A股股票的市盈率已逐步开始与美国、中国香港的股票市场接轨。A股市场已逐渐改变了盲目跟风炒作的投机风气，价值投资理念在A股市场已初步显现。

我们在2017年出版了《中国上市公司综合竞争力排名评价报告（2017）》，一年来我们收到了不少上市公司、投资机构、专家学者的来电和邮件，对此课题表示热忱的关切，更有读者对评价报告排名的科学性做出了高度评价。这是对我们工作的一种鼓励。今年，我们本着“格物致知，经世济用”的治学理念，再次组织专业的研究力量，继续以上市公司为研究对象，进行了持续和深入的研究，最终形成了《中国上市公司综合竞争力排名评价报告（2018）》。一年来，我们不断探索，虽然过程很艰辛，但苦中有乐，我们期望通过我们的研究，能够为中国股票市场的健康发展做出一定的贡献，这也是我们选题的初心。

在本书出版之际，我在此诚挚地感谢社会各界同仁、浙江财经大学领导以及浙江财经大学中国金融研究院课题组的全体师生，感谢所有关心本书出版的朋友与读者们，也感谢中国金融出版社多年来对我们工作的支持！

浙江财经大学中国金融研究院院长
章晓洪
2018 年 6 月 6 日

目　录

第一篇　背景篇

一、2017 年国际经济金融发展形势

2017 年全球经济体同步复苏，经济持续扩张，按购买力平价计算约为 3.6%，按市场汇率计算约为 3.0%，通胀总体温和，劳动力市场表现良好。主要发达经济体同步复苏，通胀水平较为温和。美国经济增长势头领跑全球，日本经济复苏的势头也不错，与此同时，欧洲也加快了经济复苏的脚步，新兴市场经济体大体上保持了良好的增长，同时有一小部分经济体仍然面临着转型慢、复苏势头困难的趋势。

一方面，全球资产价格在 2017 年上行趋势明显，大宗商品、石油、黄金以及有色金属等商品价格保持震荡上行，主要经济体和新兴市场股市普遍上涨，各大行业的龙头企业发展势头和竞争环境良好，劳动市场改善迹象明显，物价水平呈现温和上升的格局；另一方面，居民收入差距越来越大，潜在经济增长率有所下滑，局部金融风险仍然较高，全球经济在迎来新的机遇的同时，将面临更多前所未有的挑战。

（一）2017 年全球各大主要经济体经济发展形势分析

1. 美国

美国 2017 年 GDP 总值为 193868 亿美元，名义增速为 4.1%，扣除价格因素的实际增速为 2.3%。四个季度的 GDP 环比增速分别为 1.2%、3.1%、3.2%和 2.6%。第二、第三季度的 GDP 环比折年率增速在 3%以上，第四季度增长也较强，2017 年第二季度的 3.1%很大程度上要归功于第一季度严寒带来的低基数，而非经济动能加速；第三季度的 3.2%则要归功于飓风带来的库存堆积和进口减少。全年来看，2017 年美国不变价 GDP 的同比增速仅 2.3%，尽管高于 2016 年的 1.5%，但低于 2014 年的 2.6%和 2015 年的 2.9%。这说明，3%对当前的美国而言可能并非可持续的经济增速，究其原因可能是人口老龄化和技术扩散放缓等问题拖累了美国的潜在增长速度。

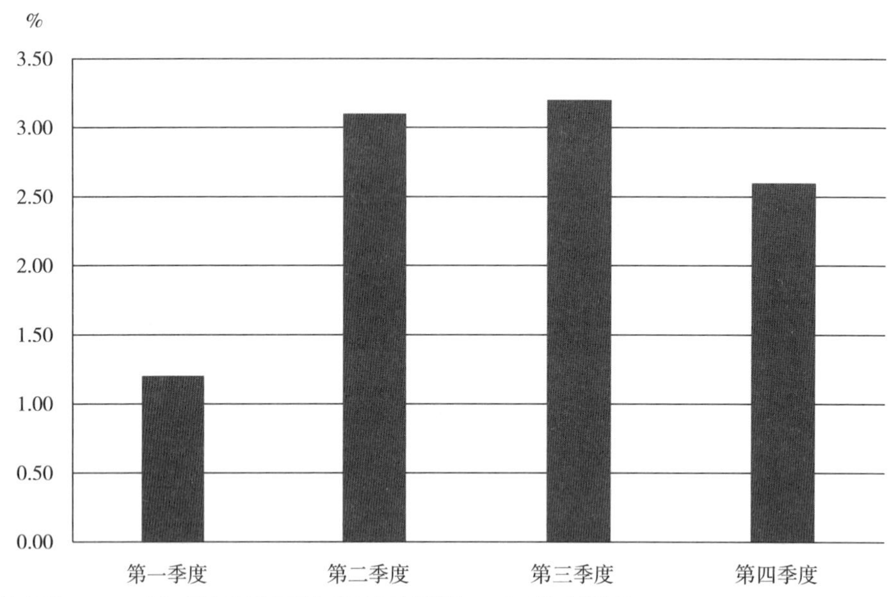

资料来源：Wind，浙江财经大学中国金融研究院课题组（以下简称课题组）。

图 1-1　2017 年美国 GDP 环比情况

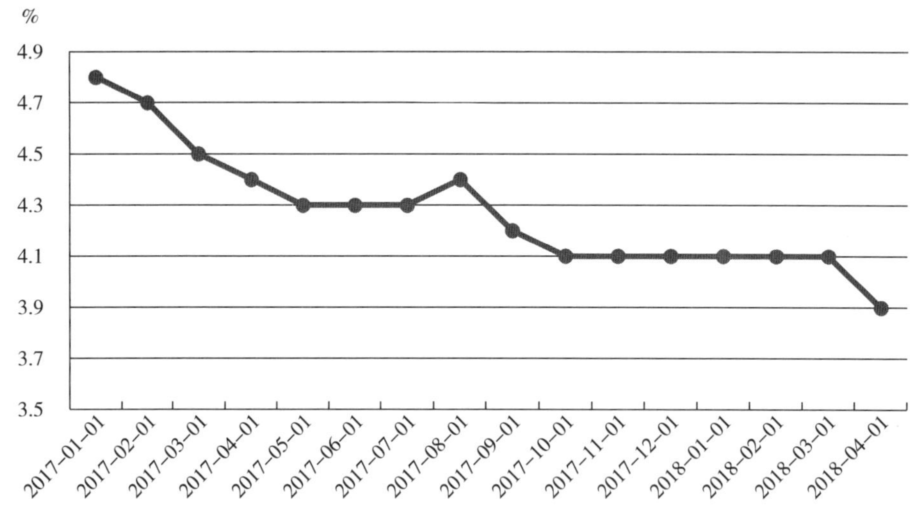

资料来源：Wind，课题组。

图 1-2　美国失业率（季节调整）

2017 年 12 月美国失业率为 4.1%，是 2017 年的最低水平，显示出美国就业市场持续繁荣，已接近充分就业状态。这也是美国失业率连续第三个月维持在 4.1%的水平。随着美国经济持续复苏，2017 年美国失业率降低了 0.6 个百分点。上年同期，美国月度失业率为 4.5%~5.0%，2017 年的数据显示美国失业率同比持续走低，就业情况持续向好。此外，美国劳工部统计显示，12 月美国非农部门新增就业岗位 14.8 万个，略低于市场预期。虽然 2017 年美国年底销售季销售红火，但零售部门就业岗位却减少了

2.03 万个。2017 年，美国非农部门总计新增 210 万个就业岗位，略低于 2016 年的 220 万个。随着美国劳动力市场实现“充分就业”，2018 年美国新增就业岗位数可能进一步减少。持续走低的失业率，以及逐步减少的新增就业岗位数，都预示着美国劳动力市场已经实现充分就业。就业市场持续繁荣，意味着美国用工短缺现象未来将会增加，这将有助于推升雇员工资并整体推高美国通胀率水平。而充分就业和更高通胀率，则可能为美联储在 2018 年持续加息铺平道路。

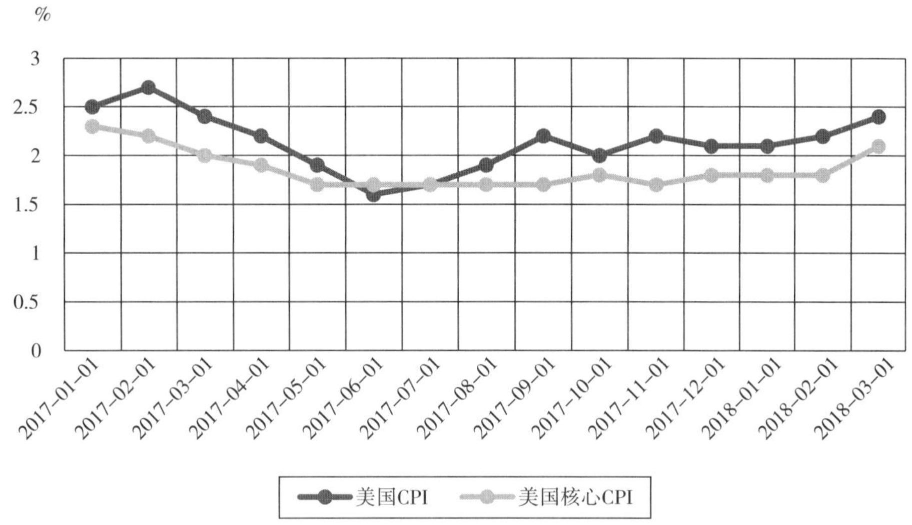

资料来源：Wind，课题组。

图 1-3　2017 年美国 CPI 和核心 CPI 当月同比情况

美国核心 CPI 指数从 2017 年初以来持续走低，这一数值年初为 2.5%，之后一路下行，第二季度末达到最低值 1.7%，之后就稳定在这一数值；相似地，美国 CPI 从年初的 2.5%在 2 月短暂走高之后迅速回落，最低值为 6 月的 1.6%，之后稍有回升，并稳定在 1.7%~1.8%。核心 CPI 与 PPI 在 2017 年呈反向变动的关系。这表明美国经济基本面良好，美国经济正在复苏，通胀率正在逐步上升。首先，美国经济第三季度的增长超过了预期，生产的急剧增长直接反映在 PPI 数据中。其次，随着页岩油技术成熟，生产成本下降，导致 PPI 指数合理走高。

2. 日本

日本经济复苏势头转好，GDP 环比折年率增速有所加快并连续七个季度正增长，第二季度以来失业率持续走低。日本 2017 年 GDP 总值为 545.79 万亿日元，四个季度的 GDP 环比增速分别为 1.2%、2.5%、2.2%和 0.5%。由于长达十几年的通缩政策，日本企业涨薪动力不足，生产商涨价意愿不强烈，2017 年通胀率未超过 1.0%。

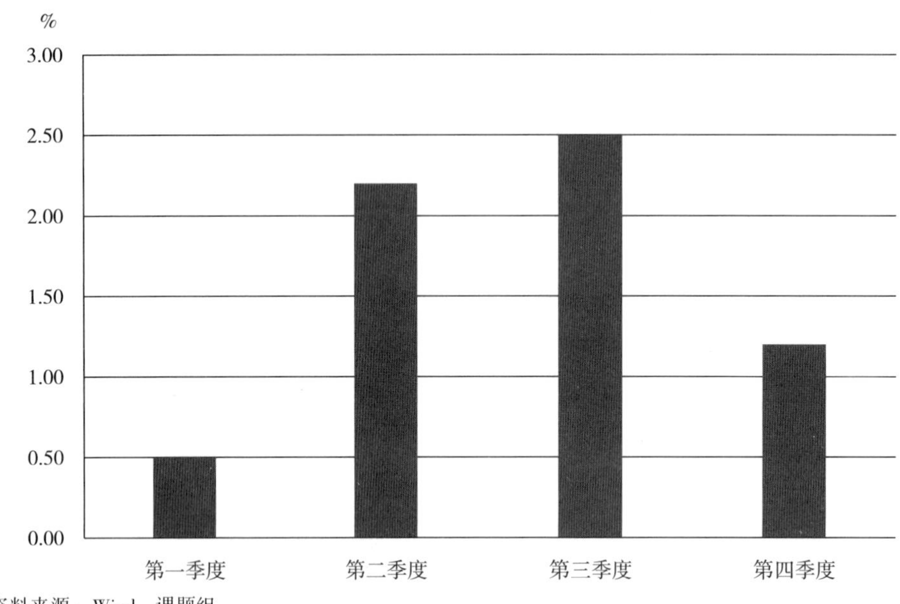

资料来源：Wind，课题组。

图 1-4　2017 年日本 GDP 环比情况

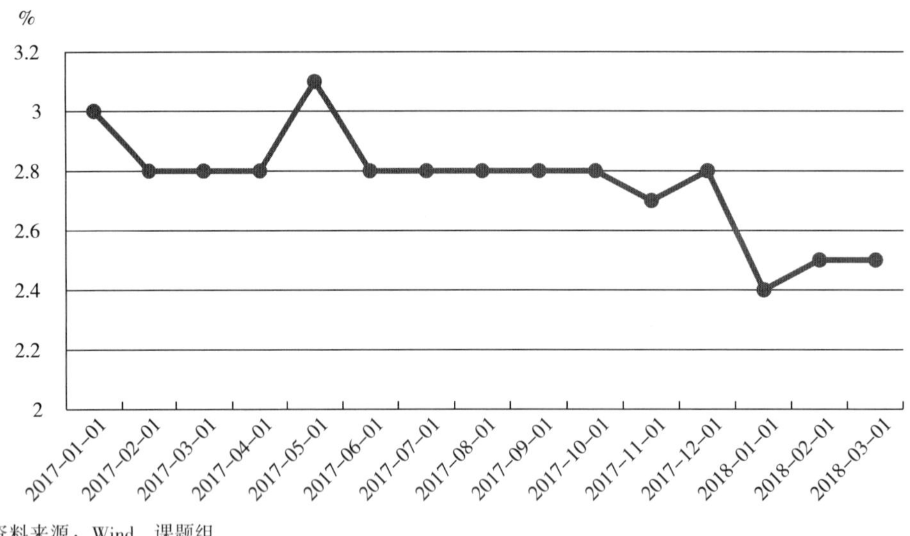

资料来源：Wind，课题组。

图 1-5　日本失业率（季节调整）

2017 年日本就业情况改善的趋势进一步加强，日本总务省发布的数据显示，2017 年完全失业率为 2.8%，这一数据是日本自 1994 年以来时隔 23 年首次低于 3%。此外，有效招聘倍率也达到 1.5 倍，创 44 年以来的新高。日本 2017 年的完全失业率比上年改善了 0.3 个百分点，创 1993 年（2.5%）以来的最低水平。由于泡沫经济破裂后的长期停滞，完全失业率在 2002 年曾升至 5.4%，雷曼危机后的 2009—2010 年达到 5%的水平。之后由于长期经济复苏，就业人数增加，2017 年达到 6530 万人，比上年增加 65

万人。同时，随着全球经济形势向好，失业率有望进一步降低。

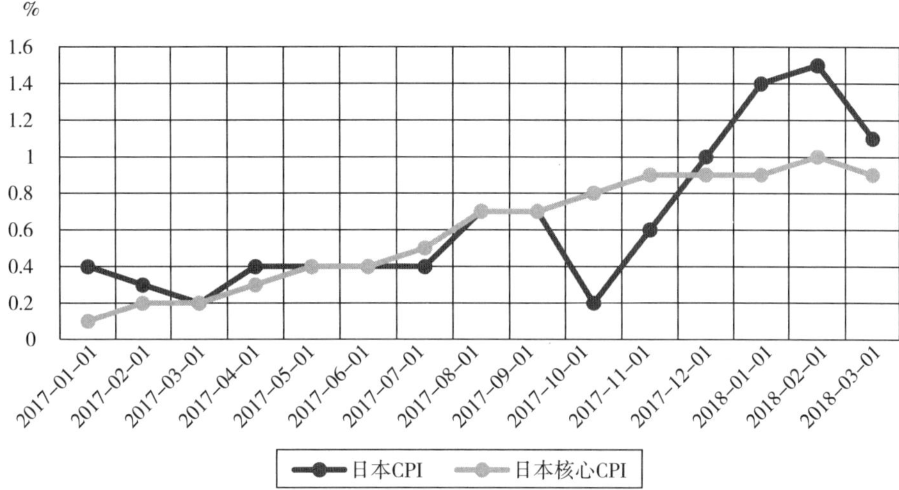

资料来源：Wind，课题组。

图 1-6　2017 年日本 CPI 和核心 CPI 当月同比情况

自 2017 年以来，受到国际油价连续上涨以及电力等能源价格上涨影响，日本 CPI 同比呈现不断上涨的态势。CPI 指数年初为 0.4%，之后稍有下滑并迅速回升，进入下半年后稳步上升，2017 年 12 月 CPI 同比增长率为 1.0%，为近期峰值。核心 CPI 指数的表现较 CPI 指数更加稳定，全年处于震荡上行的趋势，从年初的 0.1%上升至年末的 0.9%，其间未出现回落。

3. 欧盟

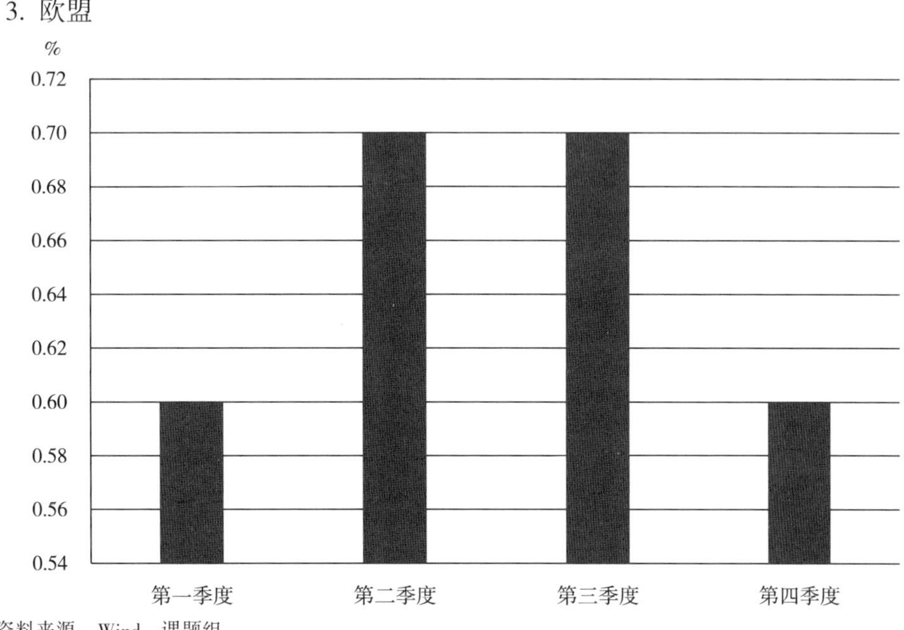

资料来源：Wind，课题组。

图 1-7　2017 年欧元区 GDP 环比情况

欧元区经济复苏步伐逐渐加快，2017 年 GDP 同比增长 2.5%，通胀水平较为温和，后三个季度持续低于 1.5%，各经济体形势普遍改善，内需和投资成为经济复苏的主要动力。

2017 年以来，欧元区劳动力市场有所改善，全年失业率稳步下降，2016 年底失业率为 9.6%，截至 2017 年底失业率为 8.7%，处于欧债危机以来的低位，但其失业率明显高于美国的 4.1%。欧元区 GDP 增速 2017 年四个季度当季同比分别是 2.1%、2.4%、2.8%和 2.7%。

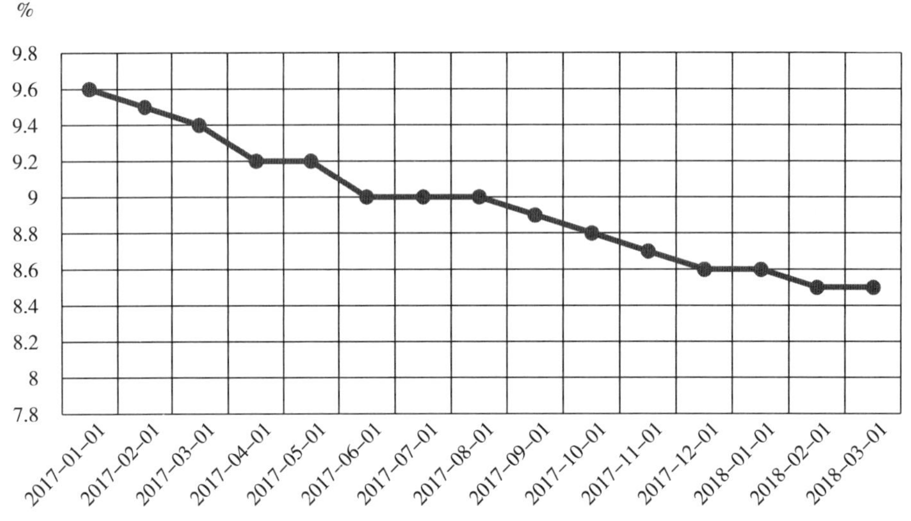

资料来源：Wind，课题组。

图 1-8　欧元区失业率（季节调整）

最新资料显示，2017 年欧元区失业率下降显著，从年初的 9.6%稳步降至年末的 8.7%，至此，欧元区失业率骤降，已经达到了 2008 年以来的新低。从这些数据来看，欧元区的就业形势有了很大改善。根据最新的结果，2018 年 1 月欧元区季节性调整后的失业率（CVS）为 8.6%，与 2017 年 12 月相比保持稳定。另外，该数据与 2017 年 1 月（9.6%）相比，更是减少了 1 个百分点 。

其实，纵观欧债危机整个过程，欧元区的失业率在 2013 年 4 月至 6 月录得 12.1%。此后，虽然经济形势逐渐好转，但失业率仍远高于 2007 年至 2008 年国际金融危机前的平均水平（7.5%）。

然而，在欧元区失业率总体下降的背景下，19 个成员国之间存在显著的差异。毫不夸张地说，欧洲被失业率数据“一分为二”：南欧国家如希腊（20.9%）、西班牙（16.3%）和意大利（11.1%）等失业率最高，相比之下，捷克（2.4%）、德国（3.6%）、匈牙利（3.8%）以及荷兰（4.2%）则最低。南欧唯一的例外是马耳他——其失业率仅为 3.5%。法国的失业率为 9%，略高于法国国家经济统计局提供的 2017 年失业率数据。因此，虽然欧元区表面上风平浪静，实则暗流涌动，过于严重的两极分化将持续损害欧元区各国的团结，为欧元区未来的动荡埋下了伏笔。

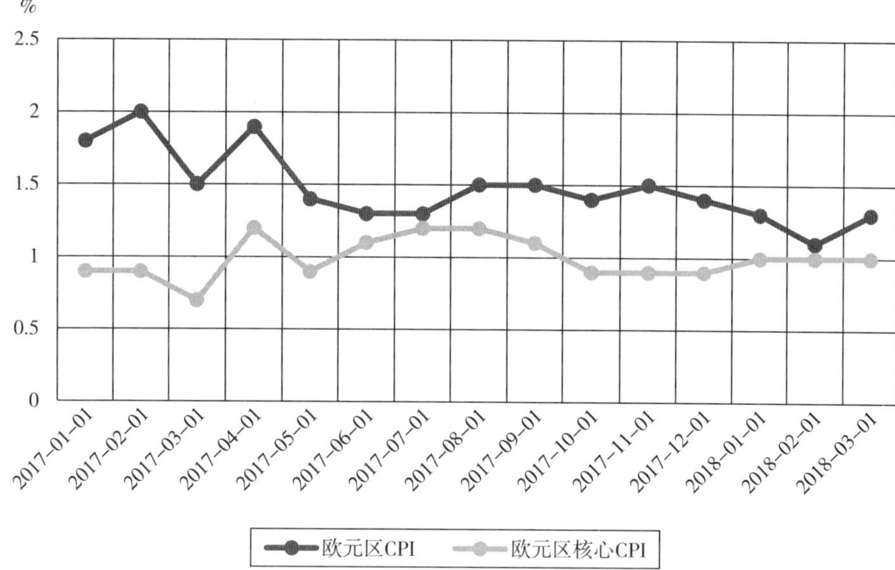

资料来源：Wind，课题组。

图 1-9　2017 年欧元区 CPI 和核心 CPI 当月同比情况

欧元区在经历了 2015 年和 2016 年连续两年消费者物价指数低迷，通胀率长期为负数的通缩困局后，2017 年开始逐步恢复。2017 年，在油价和大宗商品、有色金属价格普涨的环境下，相较于年初欧元区 CPI 指数在年终缓慢下行，但维持在高位。核心 CPI 指数全年在 1%上下浮动，显示出欧洲经济复苏的态势。

（二）全球主要经济体宏观政策

1. 美国主要宏观经济政策分析

（1）美联储加息政策及其政策影响

2008 年国际金融危机之后，美国为了缓解萧条的国内经济便采取了长时期的超宽松货币政策。自 2014 年以来，美国的经济开始出现回暖趋势，这为美联储放弃实行 QE 提供了基础条件，同时也是美联储进行加息的必要前提。2015 年 12 月 17 日，美联储开启近十年来的首次加息，宣布将联邦基金利率上调 25 个基点至 0. 25%～0. 5%的水平，正式开始缓慢的货币政策正常化进程。现将此轮加息周期的进程总结为表 1-1。

表 1-1　　本轮加息周期一览表

时间	加息情况
2015-12-17	上调 25 个基点至 0. 25%～0. 5%
2016-12-15	上调 25 个基点至 0. 5%～0. 75%
2017-03-16	上调 25 个基点至 0. 75%～1. 0%

续表

时间	加息情况
2017-06-15	上调 25 个基点至 1.00%~1.25%
2017-12-14	上调 25 个基点至 1.25%~1.5%
2018-03-22	上调 25 个基点至 1.50%~1.75%

资料来源：Wind，课题组。

表 1-2　　美联储历次加息一览表

时间	加息情况
1982-12 至 1984-08	从 8.5%上调至 11.5%
1988-02 至 1989-05	从 6.5%上调至 9.8%
1994-02 至 1995-02	从 3.25%上调至 6%
1998-11 至 2000-05	从 4.75%上调至 6.5%
2003-06 至 2006-06	从 1%上调至 5.25%

资料来源：Wind，课题组。

美联储加息预计将对我国汇率市场、股票市场和货币政策走向三个方面产生影响。汇率市场方面，资本天生具有逐利性，美联储加息必然会在一定程度上使全球范围内的美元流回美国，这种资本外流的结果必然会使我国的外汇储备减少，并且一旦降低到某种程度还会引发经济金融危机。但是国家外汇管理局的数据显示（见图 1-10），虽然自 2015 年 12 月美联储加息以来，我国外汇储备有逐渐减少的趋势，但是在 2017 年 2 月又开始逐渐回升，这说明我国有较强的外汇储备管理能力，从而避免了外汇储备减少所带来的经济动荡。

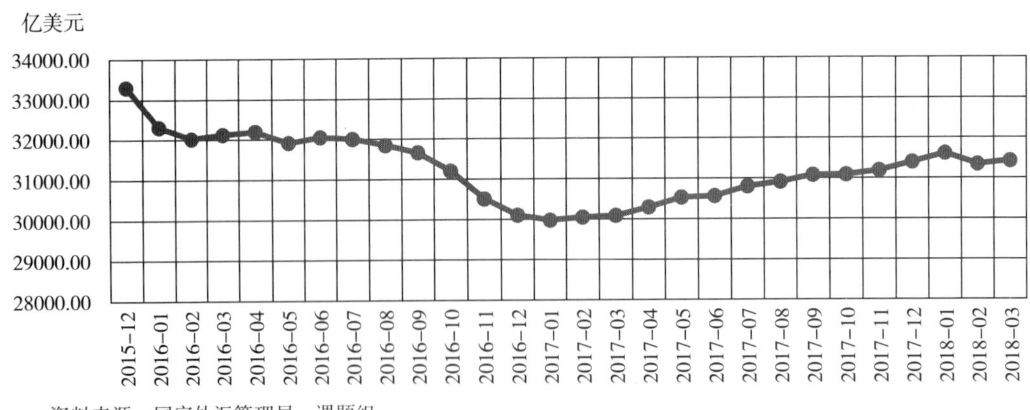

资料来源：国家外汇管理局，课题组。

图 1-10　我国 2015 年 12 月至 2018 年 3 月的外汇储备规模

股票市场方面，为了分析美联储加息对我国股票市场的影响，课题组分别截取了加息日之后一周、一个月、三个月的上证综指涨跌幅数据（见表 1-3），从表中可以看出，除了在 2016 年 1 月由于 A 股熔断机制导致市场出现大跌之外，其他时间段均未出现明显跌势。究其原因，课题组认为，一方面是由于市场对美联储加息已有预期，其对我国股票市场的影响已提前被市场逐渐消化；另一方面则是由于人民币被纳入 SDR 篮子，增加了人民币资产的吸引力，这也在一定程度上对冲了股票市场资本外流。综上所述，课题组认为美联储加息在短期内对我国股票市场影响有限。

表 1-3　　加息之后上证综指涨跌幅情况

加息时点	指数	一周累计涨跌幅（%）	一个月累计涨跌幅（%）	三个月累计涨跌幅（%）
2015-12-17	上证综指	0.50	-22.14	-14.89
2016-12-15	上证综指	-0.57	-0.01	-0.17
2017-03-16	上证综指	0.78	-3.02	0.25
2017-06-15	上证综指	1.75	3.80	8.84
2017-12-14	上证综指	-0.68	7.72	-6.12
2018-03-22	上证综指	-3.59	-3.71	—

资料来源：Wind，课题组。

货币政策走向方面，美联储加息加剧了国际经济金融的复杂形势，也加大了我国货币政策实施的难度。一方面，为了刺激经济增长，人民银行需要降息降准以提高流动性；另一方面，美联储实施紧缩性的货币政策，人民银行在未来很有可能提升利率，以缓解人民币贬值压力，但是如果我国加息便会提高企业的融资成本，降低企业的利润，不利于我国经济的增长。在此动荡时期，如何在其中找到一个平衡点，既能避免人民币大幅贬值又能保持经济的稳定是对人民银行提出的一个重大考验。

（2）美国税改与缩表及其影响

2017 年 12 月 21 日，美国参众两院先后通过《减税和就业法案》，之后提交总统签署后于 2018 年 1 月正式生效。本次税改法案以减税为主要内容，通过降低公司所得税、个人所得税、国际税收等方面的税负来实现促进经济增长、增加就业和居民收入、制造业回流的目标。本次美国税改遵循四个原则：一是降低中产家庭和工薪阶层税负；二是简化税制，使税法简单、公平、易懂；三是降低公司税负，增加就业和收入；四是鼓励海外利润回流美国。本次税改法案很有可能在国际上掀起一轮减税大潮，若各个主要经济体纷纷下调税率，将对我国利用外资工作产生很大压力。

2017 年 9 月 22 日，美联储公布议息会议结果：保持利率不变，并从 10 月开始削减资产负债表。自 2008 年国际金融危机发生之后，美联储为了拯救经济，迅速将利率下调至零，但美国经济并未出现明显好转，之后便实行了十年的量化宽松政策。然而，宽松和紧缩总是交替出现，2017 年 9 月 22 日凌晨，美联储宣布正式启动缩表，标志着美国长期宽松的货币政策突然进入紧缩状态。美联储这次的缩表行动可能会加剧我国中长期资本流出，影响国内的金融稳定进而会对我国的实体经济造成负面影响。

（3）中美贸易摩擦及其影响

2018 年 3 月 22 日，美国总统特朗普签署备忘录，根据“301 条款”调查的结果，宣布将有可能对从中国进口的 600 亿美元商品加征关税，并限制中国企业对美投资并购。美国此次针对中国的“301 调查”始于 2017 年 8 月 14 日，特朗普签署行政令指示贸易代表罗伯特·莱特希泽按照《1974 年贸易法》第三百零一条，在涉及技术转让、知识产权和创新领域对中国正式启动贸易调查。从历史上看，美国对我国曾发起过 5 次“301 调查”，但最后都以协商谈判的方式解决，中国在部分领域做出让步。关于此次贸易摩擦的产生，大致有以下三个原因。

①美国对中国贸易逆差逐年攀升。截至 2018 年 3 月，美国对中国贸易逆差达到 258 亿美元，占其全部贸易逆差值的比重较大。

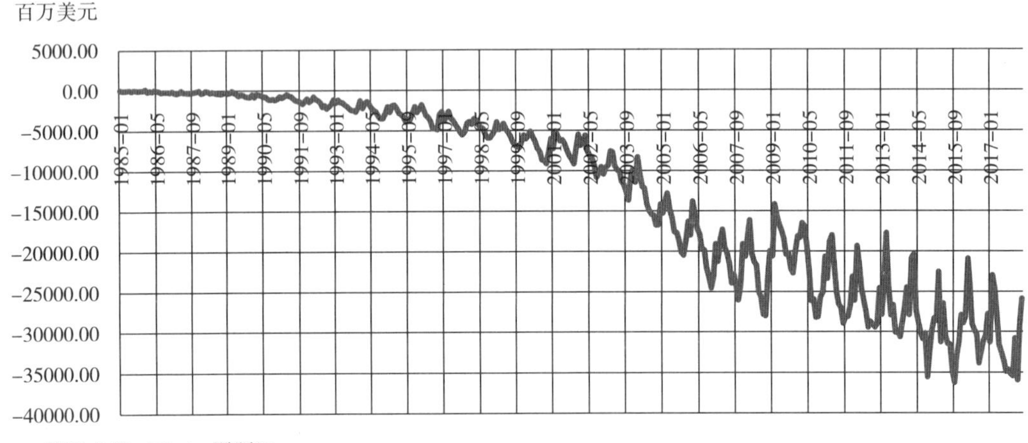

资料来源：Wind，课题组。

图 1–11　1985—2018 年美国对中国贸易差额（非季调）

②中国的国际影响力越来越大，中美经济规模差距逐步缩小，美国为保住其全球政治经济领导权，企图利用贸易摩擦来巩固自己的大国地位。

③降低美国贸易逆差是特朗普政治选举的重要一环，特朗普出于兑现其竞选承诺的政治动机也促使其挑起此次贸易摩擦。

综上来看，此次贸易摩擦表面来看是中美两国的经济问题，但实质上更多的是政治外交问题。

贸易摩擦时有发生。第二次世界大战后，日本制造业迅速发展，日本对美国贸易逆差快速扩张，20 世纪 50 年代到 80 年代，美国针对日本多个行业进行了贸易制裁，包括纺织、钢铁、彩电、汽车、半导体等，并最终都以日本自愿限制出口、取消国内关税、放宽市场准入等方式妥协。20 世纪 80 年代以后，日美贸易摩擦进一步激化，美国开始将汇率作为缓解贸易逆差的重要工具。在此背景下，1985 年 9 月，美国召集日本、德国、法国、英国的财长和中央银行行长举行会议，并达成广场协议，五国政府联合干预外汇市场，日元被迫大幅度升值。在美国与我国巨大的贸易逆差之下，我国似乎陷入了与日本当年相同的局面，但是中美关系和日美关系存在着本质的不同：首先，当时的日本对美国的贸易依赖远高于我国，而我国目前已具备较高的贸易自主性，对美出口占全部出口的比重较低；其次，由于日本在军事经济方面受美国牵制较大，在贸易摩擦发生时倾向于采取妥协退让的态度，但是我国更加独立自主；最后，关于此次贸易摩擦，我国的态度是不想跟任何人打贸易战，如果美方采取损害中方利益的行动，我方必将采取坚决和必要的应对措施，维护好自身的正当权益。

中美贸易摩擦是我国在不断强大的过程中不可避免的一个问题，在这个背景下，我国应该在对外争取权益的同时，坚定不移地进行供给侧改革，以提升经济增长质量为目标，着力提高中国经济增长效率与可持续性。具体有以下几个要点：第一，我国政府官员应该加大与美国方面的沟通，避免贸易摩擦的进一步恶化，协商出一个双方都能满意的结果。第二，坚定不移地加快国内结构性改革，包括财税改革、金融体制改革、国企改革等，切实激发实体经济活力。第三，着力提高有效供给，发展壮大新动能，大力推进“互联网+”，发展智能产业，推动集成电路、第五代通信、飞机发动机、新能源汽车、新材料等产业发展，继续扶持战略性新兴产业，尽早挖掘新的经济增长点。第四，维持稳健中性的货币政策取向不变，继续把防范系统性金融风险放在突出位置，避免因为贸易战对经济增长的负面影响就放松了金融监管。

2. 日本主要宏观政策分析

2018 年 3 月 9 日，日本中央银行议息会议决定：继续维持-0.1%的目标利率；维持 10 年期国债收益率控制目标为零；维持 80 万亿日元的国债购买计划。日本中央银行政策的目标重点不在于资产购买的总量，而是收益率。此外，日本目前经济基本面稳定，经济改善，就业充分，通胀有望在五年内达到 2%的目标。

（1）负利率政策不变

本次议息会议决定仍维持-0.1%的目标利率，日本将持续实施现行政策，直到实现通胀目标，在通胀目标达成之前还不能确定利率是否会发生调整。图 1-12 显示了近几年日本政策性利率的走势。

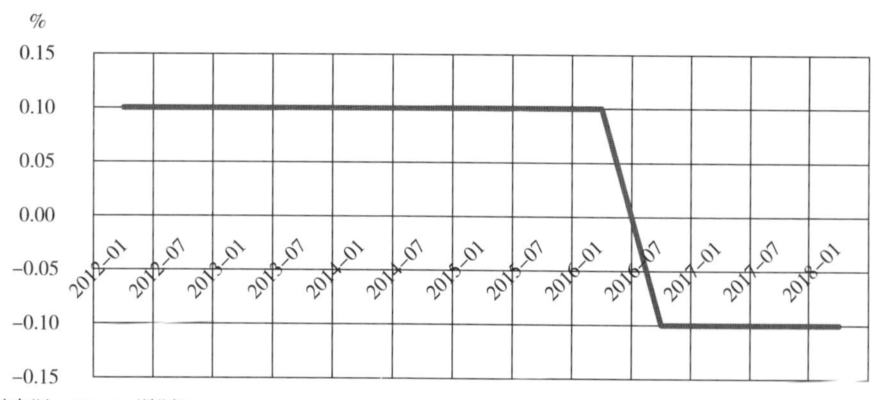

资料来源：Wind，课题组。

图 1-12 2012—2018 年日本政策性利率走势

（2）购债规模不变

本次议息会议决定延续 80 万亿日元的年度国债购买计划以及其他一系列资产的购买计划，由于日本经济基本面好转，市场资金正逐渐替代日本中央银行进行主动供给。

（3）收益率曲线控制目标不变

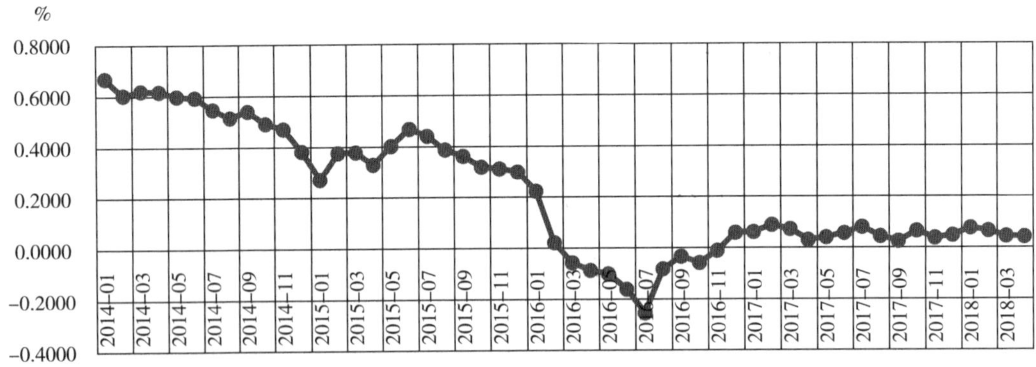

资料来源：Wind，课题组。

图 1-13　2014—2018 年日本 10 年期国债收益率走势

本次议息会议决定仍然维持 10 年期国债收益率为零目标不变的政策，收益率曲线控制政策增强了宽松措施的效果，故日本中央银行对此政策表现出强烈的决心。

3. 欧洲主要宏观政策分析

2018 年 4 月 26 日，欧洲中央银行举行议息会议，欧元区经济增速已经阶段性见顶，但仍将以稳健、适中的速度扩张，且欧洲对中期通胀回升充满信心。会议之后，欧元兑美元大幅下跌，回吐 1 月中旬以来的涨幅。此外，汇率、金融风险和贸易保护主义是影响欧洲通胀的重要因素，故在此大环境下，欧洲在未来一段时期内保持宽松货币政策的可能性较大。

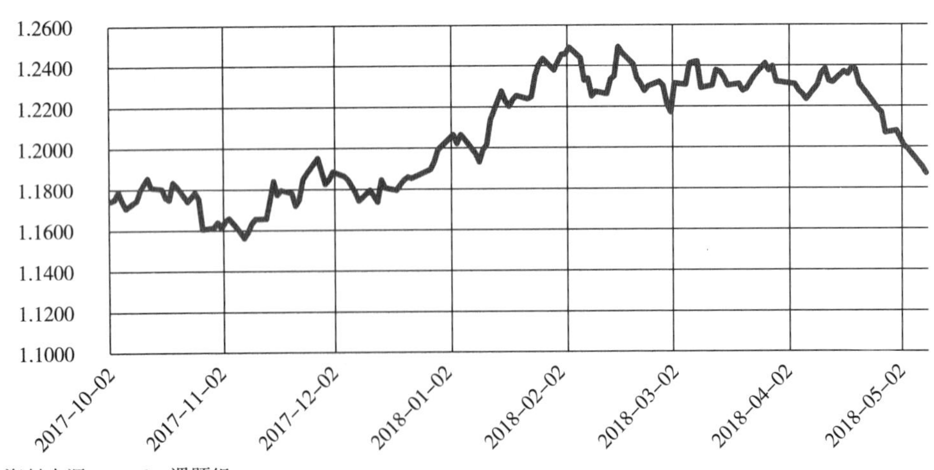

资料来源：Wind，课题组。

图 1-14　2017—2018 年欧元汇率走势

（三）全球经济的挑战与展望

1. 全球经济的挑战

（1）民粹主义、逆全球化和国际贸易及投资保护主义的显现，成为全球经济复苏的重大风险。全球化是世界经济快速发展及科技进步的必然结果，然而部分经济体为了自己的利益不顾全球发展的大趋势而妄自采取贸易保护等措施，这种保护主义加剧了金融市场的动荡，严重拖慢了世界经济的发展步伐，甚至会扭转经济全球化进程。

（2）网络信息安全影响全球经济的命脉。21 世纪是信息时代，经济效率提高的同时也蕴含了极大的风险。WannaCry、永恒之石等事件的发生暴露了许多国家的网络安全投入不足，没有全面的安全防御能力，一旦这些漏洞被第三方加以利用，不免会对全球关键设施造成威胁，影响经济状况的稳定。

（3）地缘政治冲突多点爆发，风险因素加速累积。大国之间的政治博弈使某些国家和地区常年处于战争，国家满目疮痍，经济形势更是每况愈下。和平的政治环境是经济政策有效实施的保障，因此，对当今的大规模杀伤性武器进行有效控制、对军事冲突等因素进行有效化解是全球经济快速发展的必然要求。

2. 全球经济展望

2017 年下半年，全球投资和贸易继续回升。据国际货币基金组织（IMF）统计，2017 年全球增长率达到 3.8%，是 2011 年以来增长最快的一年。在宽松货币政策的支持下，欧元区经济体的过剩产能将缩小；扩张性财政政策将推动美国经济超过充分就业水平；新兴市场和发展中经济体的总体增长预计将进一步增强；亚洲和欧洲的新兴经济体将继续强劲增长。

然而，这种有利的增长势头最终会放缓，许多国家将面临具有挑战性的中期前景。一些周期性因素将减退：随着产出缺口弥合、货币政策正常化，金融状况将会收紧；投资的预期复苏有助于提高潜在支出，但生产率疲软的趋势以及人口老龄化导致的劳动力增长率下降将抑制发达经济体的中期前景；亚洲和欧洲的新兴经济体前景依然有利，但拉丁美洲、中东和撒哈拉以南非洲面临挑战，因为这些地区虽然实现了一定的经济复苏，但大宗商品出口国的中期前景总体依然疲弱，需要进一步实现经济多元化，并对大宗商品价格下跌做出调整。

风险方面，全球短期前景面临的风险大体平衡，但未来几个季度之后风险将偏于下行。从下行方面看，在货币政策正常化但金融状况仍然宽松的环境下，可能会出现金融状况急剧收紧的局面，将过去累积的金融脆弱性暴露出来，对经济增长产生负面影响。特别地，美国金融状况的收紧速度可能快于预期，主要是由于市场对未来货币政策路径做出的调整、已实现的或预期的工资和价格通胀的上升以及期限溢价的突然反弹，美国金融状况一旦收紧将会对其他经济体产生溢出效应，可能导致流向新兴市场的资本减少。

全球各个经济体应该把握住当前的机遇，推进相关政策和改革，保持当前的经济复苏势头，提高全球人民的生活水平。具体来说，课题组有以下建议：

（1）加快实现更快增长的目标。每个国家都应该实施能够提高生产率的结构性改革措施。例如，鼓励新技术的试验和扩散，提高劳动力参与率，保障因结构性变化而失业的人群的生活以及增加年轻人的就业机会。

（2）提高金融韧性。宏观和微观审慎政策能够控制杠杆率的上升并抑制金融风险，一些发达经济体需要继续修复资产负债表，新兴市场经济体应持续监控外币债务敞口。

（3）促进全球合作。全球一体化可以促进各个国家的跨境知识流动、创新扩散和生产率增长，促进全球的经济发展，除此之外，各国也要合作解决共同面临的问题，如人口老龄化加剧、网络安全、环境污染等。

二、2017 年国内经济金融发展形势

2017 年全球经济增长态势良好，是 2008 年国际金融危机之后全球经济恢复增长最强劲、持续的一年。2017 年内，联合国、IMF、世界银行等多家权威机构均多次上调全球经济增长的预期值，对中国经济增长的预测值更是上调多达 4 次。2017 年，中国经济运行总体上“稳中向好、好于预期”，各季度之间 GDP 增长平稳、均衡，全年 GDP 总额达 827122 亿元，按可比价格计算，较 2016 年增长 6.9%，这是自 2010 年以来首次实现加速增长。2008 年国际金融危机爆发之后，全球经济发展动力不足，中国经济发展新常态下增长势头依旧强劲，是全球经济增长的主要动力源和稳定器，中国经济增长对全球经济增长的贡献率不断上升。

（一）中国宏观经济形势概述

1. 产业结构方面

2017 年，中国经济结构调整取得积极进展。具体表现为经济增长对第二产业的依赖下降，第三产业较 2016 年增长 8%，对 GDP 的拉动力在增强。2017 年，第三产业对 GDP 增长贡献率达 58.8%，比 2016 年全年上升 0.4 个百分点；第二产业对 GDP 增长的贡献率达 36.3%，比 2016 年下降 0.9 个百分点；第一产业对 GDP 增长的贡献率为 4.9%，较 2016 年上升 0.5 个百分点。图 1-15 显示了 2017 年全年我国三大产业的产值及其占比，从图中可以看出，我国第三产业的比重已经达到 52%。

2018 年，国民经济增长实现良好开局。第一季度国内生产总值达 198783 亿元，按可比价格计算同比增长 6.8%。分产业看，农业生产形势好，增加值 8904 亿元，同比增长 3.2%；工业生产总体稳定，增加值 77451 亿元，增长 6.3%；服务业增长较快，增加值 112428 亿元，增长 7.5%。

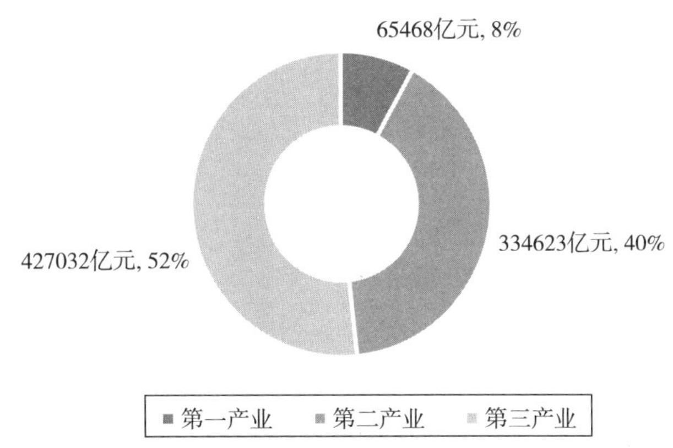

资料来源：国家统计局，课题组。

图 1-15 2017 年我国三大产业产值

人民银行和国家统计局公布的数据显示，2016 年第二季度开始我国企业景气指数结束了长达 5 年的下降过程，企业景气指数不断上升，表明企业经营环境状况得到改善，企业管理人对企业发展预期变好。

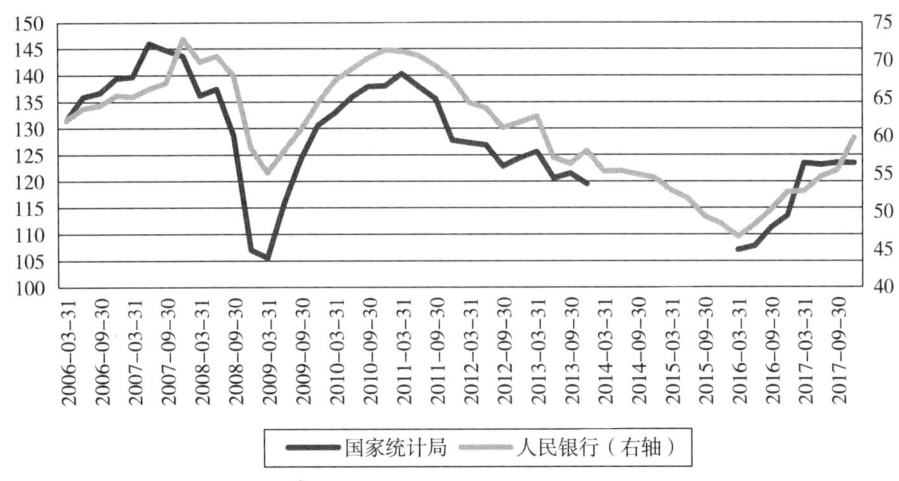

资料来源：人民银行，国家统计局[①]，课题组。

图 1-16 我国企业景气指数

农业方面，粮食产量再获丰收，畜牧业保持稳定增长。图 1-17 显示了 2012—2017 年的全国粮食产量，2017 年全国粮食产量达 61791 万吨，较 2016 年增加 166 万吨，增长率为 0.3%。棉花产量 549 万吨，增长率为 2.7%。全年猪牛羊禽肉产量 8431 万吨，较上年增长 0.8%。生猪存栏 43325 万头，较上年下降 0.4%；生猪出栏 68861 万头，增长率为 0.5%。

① 国家统计局未公布 2014 年与 2015 年数据。

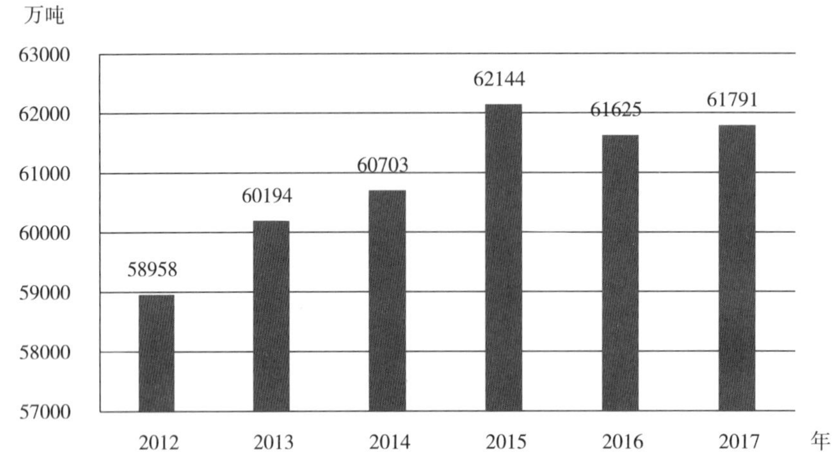

资料来源：国家统计局，课题组。

图 1-17　全国粮食产量

工业生产增长加快，企业主营业务成本增长率下降，利润增长较快。2017 年全国规模以上工业增加值比上年实际增长 6.6%，增速比上年快 0.6 个百分点。2017 年，全国规模以上工业企业实现利润总额 75187.1 亿元，同比增长 21%，增速较 2016 年加快了 12.5 个百分点。实现主营业务收入 116.6 万亿元，较上年增长 11.1%，主营业务成本 98.9 万亿元，增长 10.8%，主营业务收入利润率为 6.46%，比上年提高 0.54 个百分点。2017 年，规模以上工业企业每百元主营业务收入中的成本为 84.92 元，比上年减少 0.25 元；每百元主营业务收入中的费用为 7.77 元，减少 0.2 元；每百元资产实现的主营业务收入为 108.4 元，增加 3.7 元；人均主营业务收入为 131.5 万元，增加 15 万元；产成品存货周转天数为 14.4 天，减少 0.5 天；应收账款平均回收期为 39.1 天，减少 0.5 天。

规模以上工业企业中，国有控股企业实现利润总额 16651.2 亿元，比上年增长 45.1%；集体企业实现利润总额 399.9 亿元，下降 8.5%；股份制企业实现利润总额 52404.4 亿元，增长 23.5%；外商及港澳台商投资企业实现利润总额 18752.9 亿元，增长 15.8%；私营企业实现利润总额 23753.1 亿元，增长 11.7%。

2017 年经济增长更多依靠资源节约型的新兴产业，新兴产业发展动力不断增强。高铁装备制造、核电装备制造等现代化制造业开始在国际上崭露头角，新能源、新材料、生命生物工程、新能源汽车等战略性新兴产业发展空间不断扩大，消费服务、商业服务、生产服务等第三产业蓬勃发展。

2018 年 1~3 月，全国规模以上工业实现总利润 15533.2 亿元，同比增长 11.6%，增速较 1~2 月放缓 4.5 个百分点。新行业新产品发展迅速，高技术产业和装备制造业同比分别增长 11.9%和 8.8%，分别快于规模以上工业 5.1 个和 2.0 个百分点。

服务业保持较快增长，2017 年国家发展改革委印发《服务业创新发展大纲（2017—2025 年）》，推进服务业改革开放和供给创新。2017 年我国商务活动指数持续处于景气区间，12 月服务业商务活动指数为 53.4%。

2018 年第一季度，我国服务业依旧保持了较快的增长速度，全国服务业生产指数同比增长 8.1%，较上年同期小幅回落 0.2 个百分点。国家统计局和人民银行公布的数据显示，2017 年开始我国企业家信心指数不断上升。

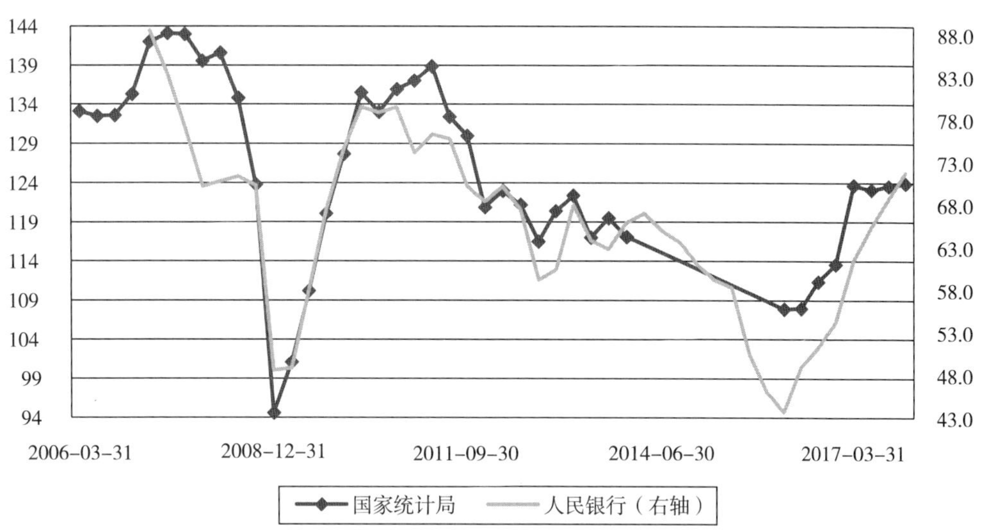

资料来源：Wind，课题组。

图 1-18 企业家信心指数

2. 总需求方面

市场销售平稳较快增长，消费升级态势明显。2017 年我国实现社会消费品零售总额 366262 亿元，较上年增长 10.2%，增速较上年回落 0.2 个百分点。按经营单位所在地分，城镇消费品零售额 314290 亿元，增长 10.0%；乡村消费品零售额 51972 亿元，增长 11.8%。按消费类型分，餐饮收入 39644 亿元，增长 10.7%；商品零售 326618 亿元，增长 10.2%。消费升级类商品较快增长，通信器材、体育娱乐用品及化妆品类商品分别增长 11.7%、15.6%和 13.5%。

2017 年网上零售额达 71751 亿元，较上年增长 32.2%，增速较上年加快 6 个百分点。其中实物商品网上消费额为 54806 亿元，增长 28.0%，占社会消费品零售总额的比重为 15.0%，比上年提高 2.4 个百分点；非实物商品网上零售额大幅上涨，涨幅达到 48.1%，销售额达 16945 亿元。

我国进出口规模持续扩大，贸易结构继续优化。2017 年进出口总额 277921 亿元，比上年增长 14.2%，扭转了连续两年下降的局面。其中，出口增长 10.8%达到 153318 亿元，进口增长 18.7%达到 124603 亿元。其中，机电产品出口增长 12.1%，占出口总额的 58.4%，比上年提高 0.7 个百分点。

2018 年我国贸易顺差大幅收窄。第一季度，货物出口总额为 67516 亿元，同比增长 9.4%。其中出口 35389 亿元，增长 7.4%；进口 32127 亿元，增长 11.7%。进出口相抵，顺差 3262 亿元，比上年同期收窄 21.8%。

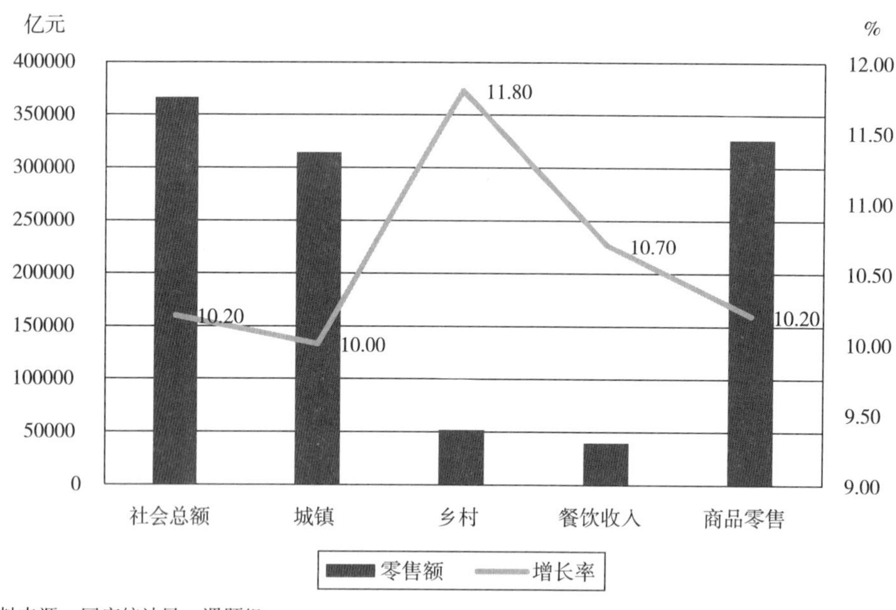

资料来源：国家统计局，课题组。

图 1-19　2017 年各类消费品零售额及其增长率

3. 物价水平方面

2017 年居民消费价格上涨 1.6%，涨幅温和。分地区看，城市上涨 1.7%，农村上涨 1.3%。分类别看，食品烟酒价格下降 0.4%，衣着上涨 1.3%，居住上涨 2.6%，生活用品及服务上涨 1.1%，交通和通信上涨 1.1%，教育文化和娱乐上涨 2.4%，医疗保健上涨 6.0%，其他用品和服务上涨 1.8%。其中食品烟酒价格中，粮食价格上涨 1.5%，猪肉价格下降 8.8%，鲜菜价格下降 8.1%。

2017 年工业生产者出厂价格较上年上涨 6.3%，工业生产者价格由降转升，结束了连续 5 年下降的态势，其中，全年工业生产者购进价格比上年上涨 8.1%。

4. 房地产方面

投资结构继续优化。2017 年全年固定资产投资（不含农户，下同）631684 亿元，比上年增长 7.2%，增速比上年回落 0.9 个百分点。分产业看，第一产业投资 20892 亿元，增长 11.8%；第二产业投资 235751 亿元，增长 3.2%，其中制造业投资 193616 亿元，增长 4.8%；第三产业投资 375040 亿元，增长 9.5%。基础设施投资 140005 亿元，增长 19%，比上年加快 1.6 个百分点；高技术制造业、装备制造业投资额比上年分别增长 17%和 8.6%，分别加快 2.8 个和 4.2 个百分点；高耗能制造业投资比上年下降 1.8%。

我国商品房销售大幅超过投资，待售面积持续减少，去库存效果明显。2017 年 12 月末商品房待售面积比上年末减少 10616 万平方米。2017 年全国房地产开发投资 109799 亿元，比上年增长 7.0%，增速比上年加快 0.1 个百分点，其中住宅投资增长 9.4%。房屋新开工面积 178654 平方米，增长 7%，其中住宅新开工面积增长 10.5%。全国商品房销售面积 169408 万平方米，增长 7.7%，其中住宅销售面积增长 5.3%。全国商品房销售额为133701亿元，增长13.7%，其中住宅销售额增长11.3%。房地产开发企业土地购置面积25508万平方米，增长15.8%。2015年、2016年、2017年商品房销售额同比分别为14.4%、13.9%和34.8%，而房地产开发投资增速分别仅达1.0%、6.9%和7%，销售额大于投资额，待售面积同比迅速下降，2017年底待售面积为-15.3%，去库存化效果明显。

经济增长对基建和房地产投资的依赖有所下降。2017年我国财政整顿、PPP规范发展，经济实现高质量增长，无效投资下降。前三个季度基建、房地产分别拉动GDP增长0.9%和0.3%，较2016年全年分别下降0.4个和0.1个百分点。

（二）2017年中国资本市场发展概述

本部分重点回顾了2017年我国资本市场的发展情况。从构成来看，股票市场和债券市场仍然是占比最大的两个市场，分别为43.69%和47.3%，接着是开放式基金，其市场规模占比为7.76%。

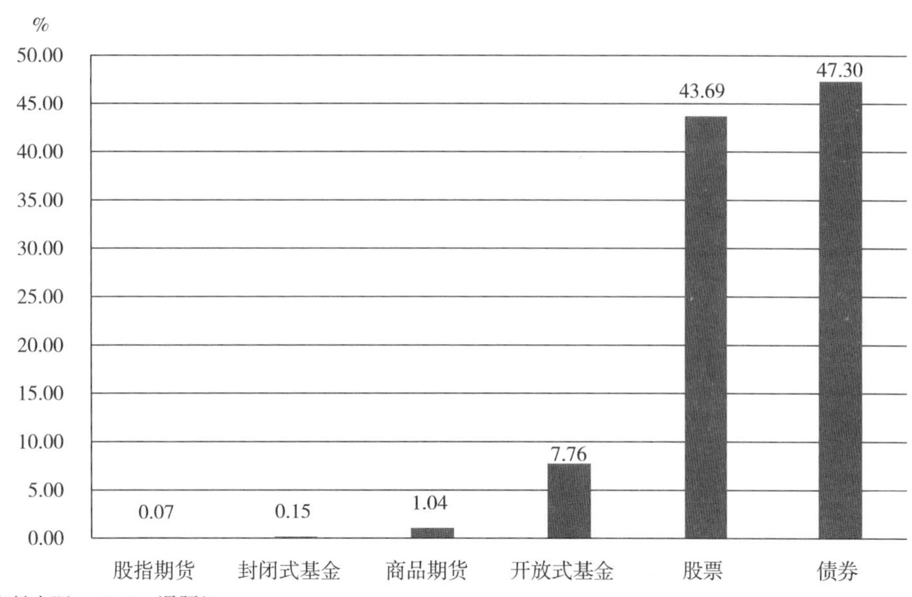

资料来源：Wind，课题组。

图1-20　2017年我国资本市场规模占比

1. 国内股票市场

2017年，股票市场整体震荡走升。上证综指最后一个交易日收于3307点，年增长6.56%，曾一度突破3400点；深证成指最后一个交易日收于11040点，年增长8.48%。两市指数走升，但全年成交量却下降了112.8万亿元，降幅达到11.71%。如图1-23所示，剔除次新股之后，2017年全部A股有784家个股股价上升，2225家个股股价较上年下跌，上涨家数远不及下跌家数，将个股分板块后该趋势仍然明显。

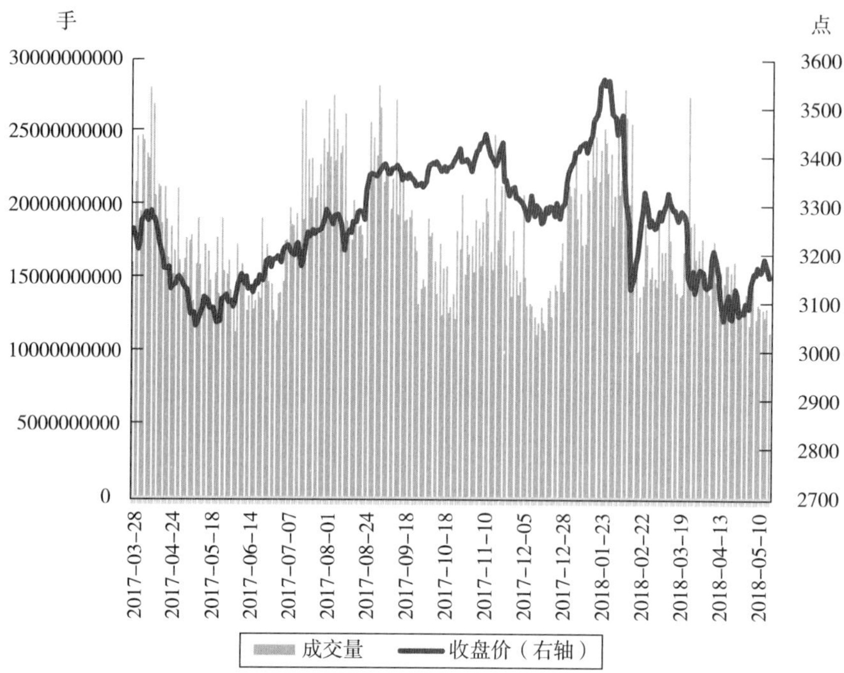

资料来源：上海证券交易所，课题组。

图 1-21　上证股票成交量价走势

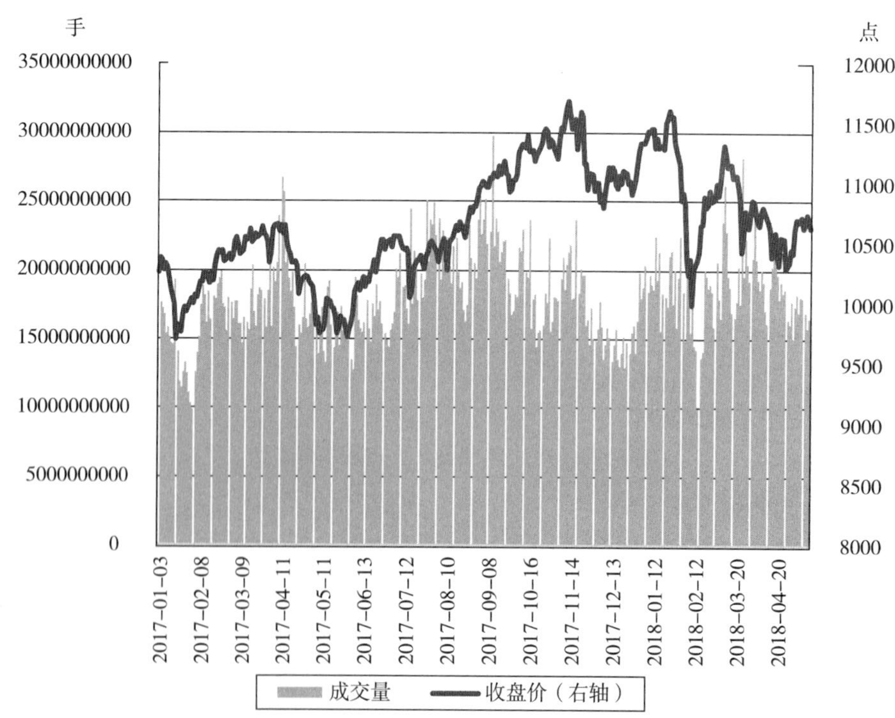

资料来源：深圳证券交易所，课题组。

图 1-22　深证股票成交量价走势

2017年，我国股票市场风格出现明显的分化，大市值股票与小市值股票价格走势长期相反。[①] 除IPO实现常态化、监管部门对并购重组审查趋严、“国家队”的干预和深港通等因素的影响外，还有其他几个方面的原因也可以对其进行解释。2017年以来，国内金融去杠杆导致流动性显著收缩，同时，经济周期性恢复和供给侧结构性改革使市场基本出清，上市公司的基本面得到改善，行业龙头企业定价能力提升，基本面与流动性出现分化。

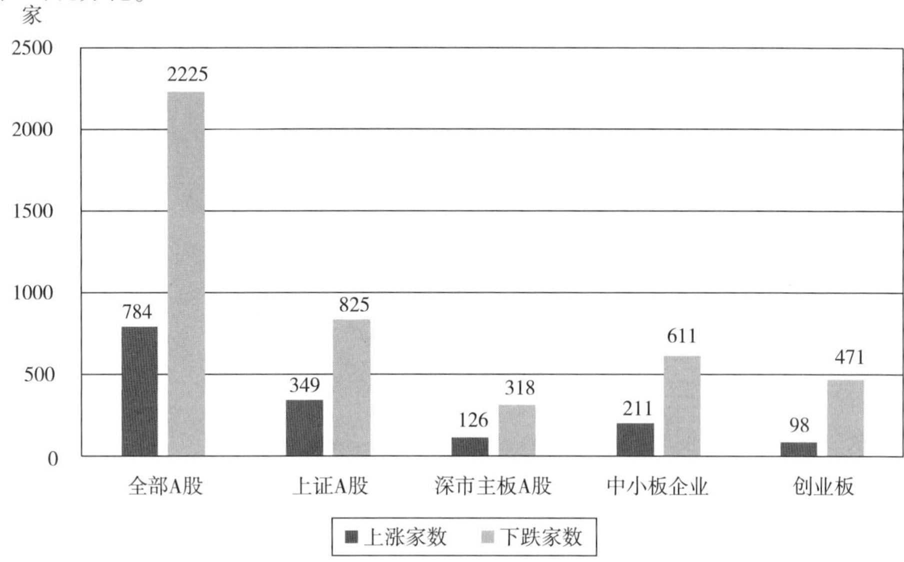

资料来源：Wind，课题组。

图1-23　2017年以来个股涨跌情况（剔除次新股）

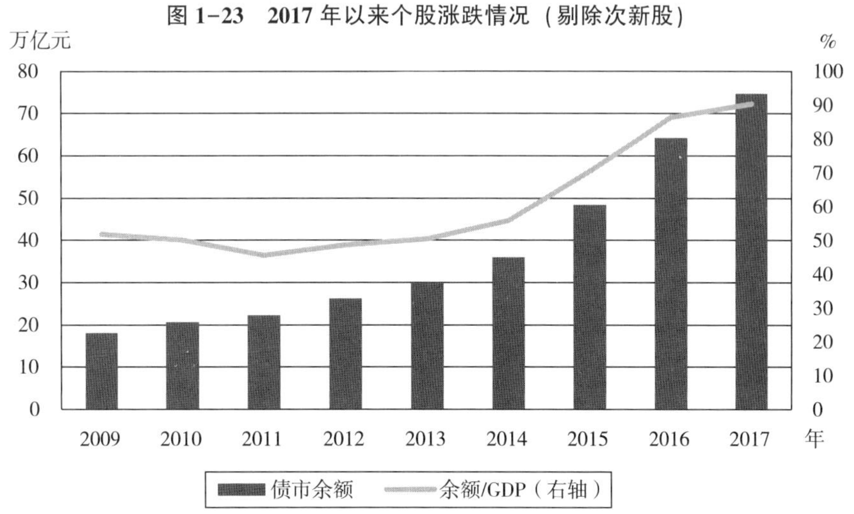

资料来源：Wind，课题组。

图1-24　债券近年余额分布

① 风格的明显分化：大市值股票与小市值股票在比较长的时间里截然相反。较长时间指一年以上；走势截然相反指一个上涨一个下跌，不包括同涨同跌但幅度有差异的情形。

2. 债券市场

从债券市场的存量来看，近年，我国债券市场发行规模保持持续增长，债券余额占 GDP 的比重不断上升。截至 2017 年 12 月 31 日，我国债券市场总存量为 74. 68 万亿元，占 GDP 的比重为 90. 29%。从债券市场的构成来看，我国债券市场上的债券主要是利率债，占所有债券余额的 55. 50%。利率债中，地方政府债券、国债和政策银行债的比重分别是 35. 50%、32. 20%和 32. 30%。

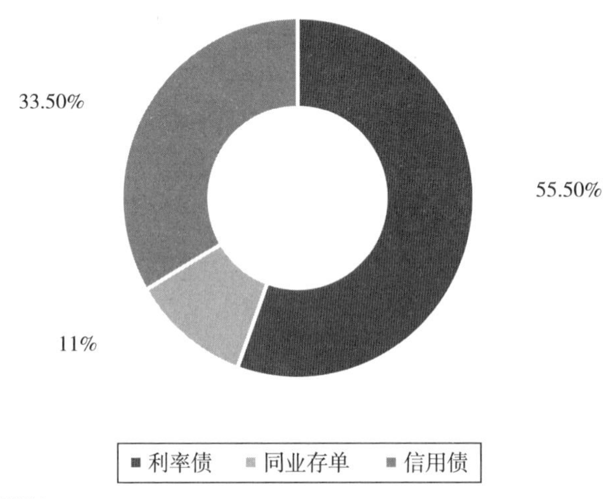

资料来源：Wind，课题组。

图 1-25　债券市场存量品种结构

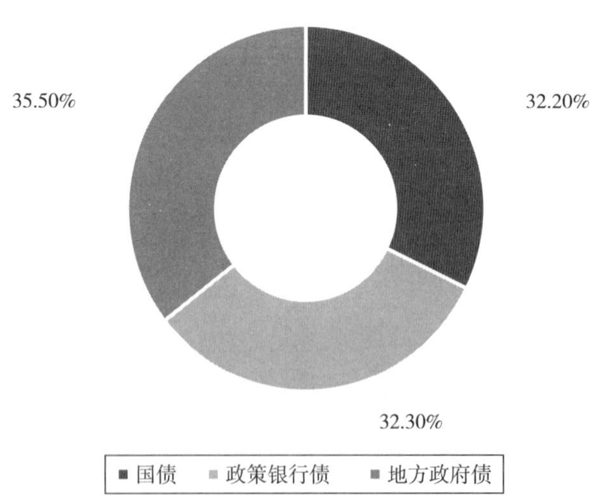

资料来源：Wind，课题组。

图 1-26　利率存量品种结构

债券市场银行间成交量有所减少。2017 年，银行间市场信用拆借、回购交易总成交量为 695.3 万亿元，同比下降 0.3%。债券市场现券交易量为 108.4 万亿元，同比下降 18%，其中银行间市场累计成交 102.8 万亿元，同比下降 19.1%，交易所累计成交 5.6 万亿元，同比增长 9.8%。

市场类型方面，银行间债券市场是我国债券交易活动最为活跃的市场，其交易总额占我国全年债券交易总金额的 76.62%。债券市场参与者方面，随着我国债券市场开放程度增加，投资者结构进一步多元化，境外机构参与程度加大。债券利率方面，中央国债登记结算有限责任公司的统计数据显示，2017 年，我国债券收益率曲线整体上移。

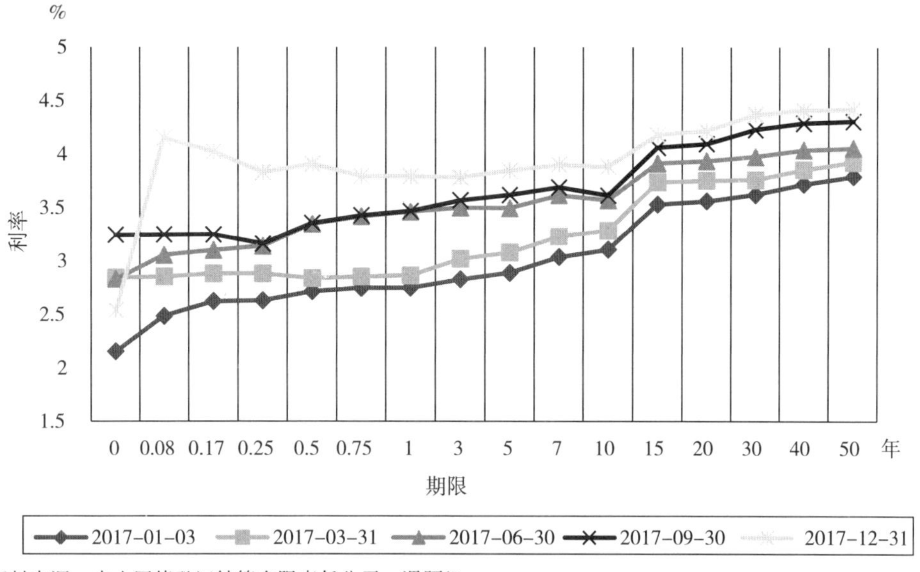

资料来源：中央国债登记结算有限责任公司，课题组。

图 1-27　2017 年银行间债券市场国债收益率曲线变换情况

3. 基金市场

近年我国基金数量不断上升，市场规模不断扩张。截至 2017 年底，我国共有 4692 只基金在市场上进行交易，基金资产净合计为 115505.8314 亿元。各类型基金中，货币市场型基金的市场规模最大，为 61.74%，其次是混合型基金市场，规模占比为 18.02%。

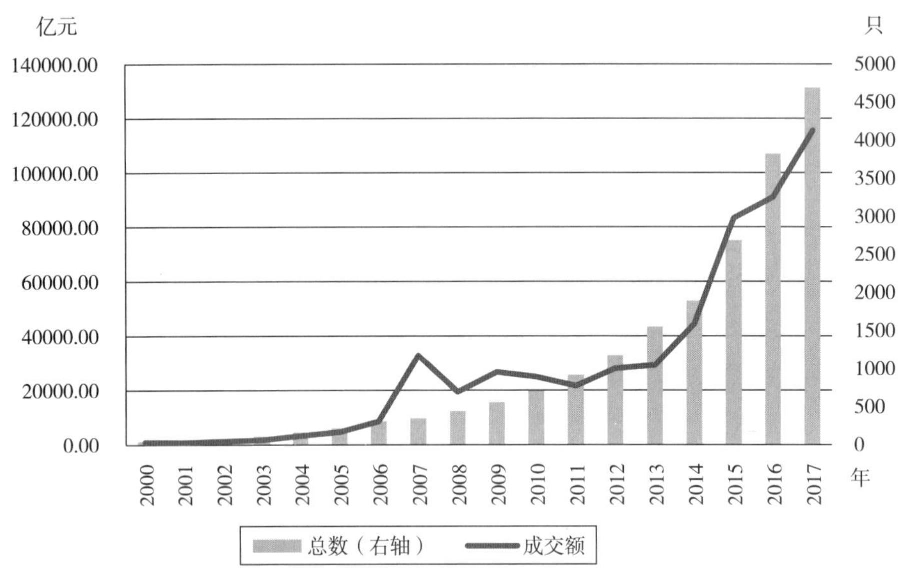

资料来源：Wind，课题组。

图 1-28　我国基金数量及市场规模

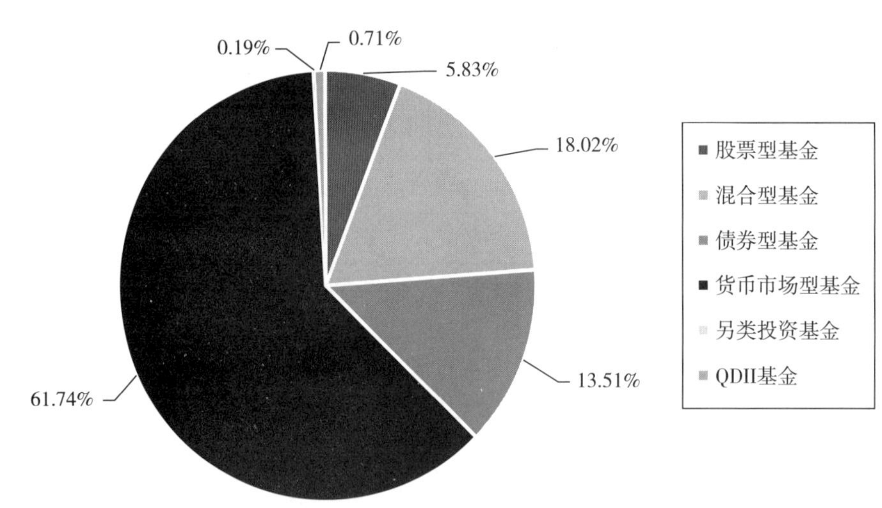

资料来源：Wind，课题组。

图 1-29　基金类型及其资产占比

（三）2017 年中国宏观经济政策与大事件分析

1. 2017 年宏观货币政策概述

2017 年人民银行坚持实施稳健中性的货币政策，密切关注流动性形势和市场预期变化，加强预调微调与市场沟通，为稳增长、调结构、促改革、惠民生、去杠杆、抑泡沫、防风险营造了适宜的货币金融环境。

（1）人民银行两次上调常备借贷便利利率

2017 年人民银行两次上调常备借贷便利利率，第一次上调是在 2 月 3 日，将原本利率分别为 2.75%、3.25%、3.6% 的 SLF 隔夜、7 天、1 个月利率调整为 2.75%、3.25%、3.6%；第二次上调是在 3 月 16 日，在原来的基础上又上调隔夜、7 天和 1 个月常备借贷便利利率至 3.30%、3.45%和 3.80%。SLF（常备借贷便利利率）是人民银行的一种重要的货币政策工具，金融机构可根据自身流动性需求申请 SLF，SLF 的操作利率一般被视为“利率走廊”的上限。我们研究认为人民银行此次上调利率是随行就市适度上行，并不改变我国稳健中性的货币政策，反映了 2016 年以来在较强的贷款压力与通胀压力等综合因素作用下货币市场利率上行的走势，是在保持流动性基本稳定目标下市场供求推动的结果，跟加息有些许区别。从后期的利率走势来看，公开市场利率更富有弹性，银行流动性与利率基本保持稳定，并为宏观经济去杠杆的过程营造了良好的货币环境，与 2017 年中央经济政策目标相一致。

（2）人民银行继续对普惠金融实施定向降准政策

自 2014 年起，人民银行已经连续三年对小微企业和“三农”领域实施定向降准政策，依据 2017 年 9 月 29 日颁布的文件，又在定向降准的制度上进行了创新，运用差异化的存款准备金政策，信贷投放集中在小微企业和“三农”领域的金融机构还可享受一个百分点的存款准备金率优惠，该政策已于 2018 年 1 月 25 日开始实施。此次对普惠金融实施定向降准政策不仅将政策延伸到脱贫攻坚和“双创”等其他普惠金融领域贷款，使政策更加完整，还对原有政策标准进行了优化，政策精准性和有效性显著提高，是对原有定向降准政策的拓展。此外，对普惠金融实施定向降准政策并不改变稳健货币政策的总体取向，对普惠金融实施定向降准政策的建立增加了普惠金融领域贷款投放的正向激励机制，有助于促进金融资源向普惠金融倾斜，优化信贷结构，这是一种结构性的政策。

（3）探索并完善宏观审慎评估体系

人民银行从 2016 年起将现有的差别准备金动态调整和合意贷款管理机制升级为宏观审慎评估体系（Macro Prudential Assessment，MPA），这是中国在构建和完善宏观审慎政策框架方面所做的重要探索和实践。2017 年，人民银行还根据形势变化和调控需要对 MPA 加以改进，第一季度在 MPA 评估时就正式将银行表外理财业务正式纳入 MPA 广义信贷指标范围。2017 年 8 月 30 日又颁布了公告，决定自 2017 年 9 月 1 日起同业存单的期限不超过一年，还做好了在 2018 年第一季度将同业存单纳入 MPA 同业负债占比指标的准备工作，并研究探索将绿色信贷纳入 MPA。明确同业存单的期限有利于适当缩短同业存单业务期限，促使同业存单回归其调剂金融体系内部资金余缺的本质属性，避免金融资源长期在金融体系内流转，加大金融支持实体经济的力度。跟传统监管体系相比，MPA 在传统的政策工具中增加了逆周期的要素，监管领域更宽广，跨行业、跨市场、跨国界延伸，从而实现监管的“全覆盖”和“无缝对接”，采用新的监管工具，解决“顺周期”“大而不能倒”等问题。随着 MPA 的调整与完善，有些人认为人民银行实际上接管了整个金融监管体系，“一行二会”已经名存实亡，但我们研究认为这种说法还为时过早，现今的 MPA 主要覆盖银行，并未太多涉及保险和证券，人民银行可能正在从“监管商业银行”向“监管全市场金融机构”过渡。

（4）人民银行出台全口径跨境融资新政，并取消外汇风险准备金

2017 年初，人民银行出台了全口径跨境融资的新政策，并在随后的 9 月 8 日宣布将外汇风险准备金征收比例降为零，并取消了对境外金融机构境内存放准备金的穿透式管理。全口径跨境融资的新政策将企业的外汇融资额扩大了一倍。此前按国家外汇管理局的规定，普通购汇远期需要缴纳 20% 的外汇风险准备金，这部分准备金的成本会转嫁给需要购汇的企业，客观上提升了企业购汇的成本。这两项政策利好进口企业，降低了企业借用外债的综合成本。6 月以来，人民币有效汇率的趋势性升值对出口的抑制作用逐渐显现，这两项政策扩大了国内对外汇的需求，在一定程度上抑制了人民币的升值，旨在通过宏观审慎工具对外汇市场的顺周期性进行逆周期调节，有效地稳定了市场的预期。同时这些政策给予了外汇市场更多的自由，强化了外汇市场价格发现的功能，对实现人民币国际化具有重要作用。

2. 2017 年金融大事件概述

2017 年，中国金融业监管政策的出台接连不断。这一年，党的十九大、全国金融工作会议、中央经济工作会议，将金融服务实体经济、防范金融风险、守住不发生系统性金融风险的底线“划为重点”。金融领域的“灰犀牛”开始被高度关注，金融业监管趋严，昔日处于监管空白地带的金融业务逐渐被纳入监管范畴，金融监管上升到了一个新的高度，下文中我们梳理了过去一年对中国金融业影响深远的事件。

（1）中央高层发出金融刹车信号

在 2017 年 4 月 25 日的中央政治局学习中，习近平总书记第一次将维护金融安全提高到治国理政的高度。在随后的全国金融工作会议上，中央发出了防范金融风险、强化监管问责的最强音，提出要让金融服务于经济社会发展，要坚定持久地给金融业踩刹车。随后，7 月 24 日召开的中央政治局会议首次提出“整治金融乱象”。党的十九大纲领性文件指出，要“健全金融监管体系，守住不发生系统性金融风险的底线”。12 月 18~20 日召开的中央经济工作会议提出，今后三年的重点工作是防控金融风险。这些都表明新时期金融体制改革的重心已经转向服务实体经济、货币政策与宏观审慎政策双支柱调控、守住系统性风险底线三个层面。

（2）设立国务院金融稳定发展委员会

2017 年 7 月召开的全国金融工作会议决定设立国务院金融稳定发展委员会，简称金稳委。金稳委将统筹金融改革发展与监管工作，协调货币政策与金融监管相关事项，分析研判国际国内金融形势，做好国际金融风险应对，研究系统性金融风险防范处置和维护金融稳定重大政策，同时负责指导地方金融改革发展与监管，以及对金融管理部门和地方政府进行业务监督和履职问责等。设立由国务院分管领导，以及中国人民银行、财政部、三个监管当局等领导组成的“金融稳定委员会”，对涉及我国金融稳定

的重大事项实行票决机制，明确问责制，也可减少事事上报国务院的压力。加强中国人民银行在宏观审慎监管和防范系统性金融风险方面的职能。在“一行三会”的格局没有改变之前，设立金稳委这样一个高层次机构来协调监管政策非常重要，但这未必会是长期坚持的监管模式。我国现有监管框架以机构监管为主，而未来应当转向功能监管。

（3）明确货币政策和宏观审慎政策双支柱调控框架

中国人民银行早在2009年中就开始研究丰富宏观审慎政策工具。2011年我国正式引入差别准备金动态调整机制，对信贷投放实施宏观审慎管理。2016年起将差别准备金动态调整机制“升级”为宏观审慎评估体系，从七大方面对金融机构的行为进行引导，实施逆周期调节。2017年又将表外理财纳入MPA广义信贷指标范围，2018年还将把同业存单纳入MPA同业负债占比指标考核，另外跨境资本流动也纳入宏观审慎管理范畴。房地产市场宏观审慎管理方面，形成了以因城施策、差别化住房信贷政策为主要内容的住房金融宏观审慎政策框架。目前，我国宏观审慎政策体系刚刚起步，回顾近年来人民银行的货币政策和金融调控实践可以发现，我国的双支柱调控框架日趋清晰。

宏观审慎框架实际上是在中国广泛吸收了国际经验、并尊重本国国情的基础上提出的，将宏观审慎政策的重要性提到非常高的程度，这就使中国的金融机构更加注重内源式的高质量增长，而不仅仅是外延式的规模式增长。强调金融机构在从事金融业务的时候，不能脱离资本的约束，在技术创新的同时不能脱离对风险的关注。

（4）颁布资管新规，打破刚性兑付

2017年11月17日，人民银行联合“三会一局”发布《关于规范金融机构资产管理业务的指导意见（征求意见稿）》，提出了打破刚性兑付、严控期限错配、消除多层嵌套和通道、严控杠杆等措施。近年来宏观经济下行，部分企业债务风险暴露，债券违约进入频发期，越来越多的债券市场违约案例逐步显现，随着资产管理行业爆发式增长，行业乱象频出，资产管理业务在快速发展过程中暴露出众多风险和问题，使资管新规的颁布势在必行。该新规旨在让各类理财产品的收益风险回归产品本身，打破投资者刚性兑付的惯性思维，令投资者认识到资本市场投资的巨大风险，做到让投资能力和风险承受能力不匹配的投资者主动退出相应的市场，从而降低整个金融行业的风险。新规为资管行业发展带来积极变化，有助于资管行业的良性发展，但对于刚性兑付、期限错配、准入门槛等问题还有待进一步完善。新规还会对银行资管业务造成很大冲击，这体现在短期内拉低银行收入、对商业银行资本充足率构成压力、冲击银行流动性管理等方面。非标资产目前有不透明、无估值、无流通能力和场所的弊端，存量非标业务的处置将成为一大难题，具体难点在于非标的估值和期限问题。下一步，监管层和业界应努力实现资管产品的平稳过渡，预期未来还有进一步的政策措施出台。

（5）银证保监管加压

2017年3月30日，证监会对鲜言等操纵市场案采取“没一罚五”的顶格处罚，罚没金额合计34.7亿元，创下了证监会“史上最大罚单”纪录。随后的12月8日，银监会针对广发银行惠州分行违规担保案件开出了 7.22 亿元的“史上最大罚单”。自 2017 年 4 月起，银监会发布了一系列监管文件整治“三套利、三违反、四不当”。证监会也一直保持执法高压态势，通过严查操纵股市、深入整治市场乱象、积极稳妥处置重点风险、提升市场违规成本等方式，来达到从严治市的目的。截至 2017 年 11 月底，证监会做出的行政处罚决定中罚没款金额逾 70 亿元，与 2016 年全年罚没总额 42.83 亿元相比，增幅超过 60%。保监会同样在 2017 年 6 月下发的“1+4”文件中定下了“保险姓保”的主基调，随后的 134 号文和 136 号文，更是对人身险产品进行了整治。“三会”在 2017 年内的种种举措无疑体现了政府对金融行业监管的决心，以前金融业违规行为屡禁不止与违法成本较低有关，“隔靴搔痒”式惩罚不足以敲山震虎或者让某些违法者存在侥幸心理，从 2017 年监管的态度来看，银行业违法违规成本大幅提高，未来再出现类似或者更严重的情况，监管层可能会开出更重的罚单。

（6）金融科技迎监管风暴

2017 年初，《网络借贷资金存管业务指引》和《网络借贷信息中介机构业务活动信息披露指引》相继发布，加上 2016 年发布的《网络借贷信息中介机构业务活动管理暂行办法》《网络借贷信息中介备案登记管理指引》，网贷行业“1+3”制度框架基本搭建完成，大大加强了对 P2P 等新兴互联网金融平台的监管。2017 年 5 月，银监会、教育部和人力资源社会保障部联合印发《关于进一步加强校园贷规范管理工作的通知》，旨在杜绝网贷机构发生高利放贷、暴力催收等严重危害大学生安全的行为，使校园贷逐渐退出市场。2017 年 12 月 1 日，人民银行与银监会联合发布了《关于规范整顿“现金贷”业务的通知》，明确统筹监管，开展对网络小额贷款的清理整顿工作，将风险点又逐渐转移至现金贷。这一系列政策的颁布都透露着强烈的监管信号：网络小贷、现金贷等业务的“野蛮生长”将在“纠偏”中迎来急刹车，网贷行业已经进入了整改验收的阶段，银行存管、备案、信息披露，以及发展路径也都有法可依。

2017 年 9 月 4 日，人民银行等 7 部委联合发布公告，明确把 ICO（Initial Coin Offerings，首次代币发行）定性为“未经批准非法公开融资的行为”，并下令立即停止所有 ICO 交易。10 月 31 日，比特币交易正式退出国内市场。此外，2017 年 8 月 4 日人民银行发文，要求“网络支付业务由支付机构与银行直连模式迁移至网联平台处理”，自 2018 年 6 月 30 日起，支付机构受理的涉及银行账户的网络支付业务全部通过网联平台处理。网联的横空出世，也使整个支付体系纳入监管之下。

2017 年，金融科技监管环境日益趋严。“校园贷”“现金贷”等互金业务被重点整顿，虚拟货币投机行为也被叫停，监管层不断出重拳打击扰乱市场的行为。

（四）2018 年中国经济展望

1. 2018 年经济增速展望

2018 年经济运行表现为旧动能的回落、新动能的提升，而在投资方面，我们发现了一种现象，2017 年固定资产投资增速与资本形成对 GDP 的拉动率出现了明显背离，预计 2018 年服务业仍将保持较高增速。因此，如果忽视这些新动能因素，可能会导致对经济增长过于悲观。

资料来源：Wind，课题组。

图 1-30 固定资产投资增速与资本形成对 GDP 拉动率

旧动能的回落：在国际金融危机之后，以房地产、基建为代表的“旧动能”在支撑经济的同时，也带来了产能过剩、全社会杠杆率上升、债务风险加剧等问题。一方面，政策目标中对“稳增长”的诉求将有所减弱；另一方面，政策目标中对“去杠杆、防风险”等的诉求将有所抬升。近年对经济起到支撑作用的一些因素，如基建投资、房地产投资等“旧动能”或将逐步退出。

新动能的提升：我们关注到，2017 年以来的经济结构出现了一些新的变化，例如，以信息传输、软件和信息技术服务业为代表的新型服务业对经济增速的拉动作用明显提升，在工业内部，装备制造业、高新技术行业等代表产业升级方向的行业在投资、生产等方面表现亮眼。这些“新动能”的提升将是未来经济的主线。

回归“有质量的增长”，经济增速可控回落下的结构优化。一方面，经济既无“硬着陆”，更无“新周期”，未来经济增速窄幅波动缓降或将是常态。制造业投资、房地产投资与消费增速在多年大幅下滑之后，回落的幅度明显缩窄，而未来“旧动能”的退出将是缓慢可控的状态，这将会避免经济“硬着陆”。而在产能过剩状况有明显好转之前，新周期难言到来。另一方面，“新动能”尚在培育之中，短期内可能难以完全对冲政策退出的影响。

预计 2018 年经济增速小幅回落至 6.6%左右。从趋势看，四个季度呈倒“U”形走势，第一季度延续 2017 年第四季度的回落趋势，第二、第三季度可能有所反弹，第四季度不确定性较大，目前来看重归下行可能性较大。

2. 2018 年物价水平展望

由于食品价格（鸡蛋、新鲜水果和蔬菜价格）以较低的速度收缩，而非食品价格大多在价格上走强，因此 2017 年 12 月 CPI 同比小幅上涨 1.8%。核心 CPI 通胀（不包括食品和能源）同比温和放缓至 2.2%。第四季度平均 CPI 在食品和非食品价格上升至 1.8%（第三季度为 1.6%），2017 年全年平均 CPI 为 1.6%（2016 年为 2%）。

2017 年 12 月 PPI 在一年内首次下滑至 5%以下，从之前的 5.8%下降至 4.9%，主要是由于开采量减少（9.1%）和原材料价格增长（8.1%）。制造业商品价格在 2017 年 12 月也有所下降，但幅度较小；而 PPI 的消费品价格保持低位（年率为 0.5%）。第四季度全季 PPI 下滑至 5.9%（第三季度为 6.2%），但 2017 年仍大幅反弹至 6.3%（2016 年为-1.3%）。

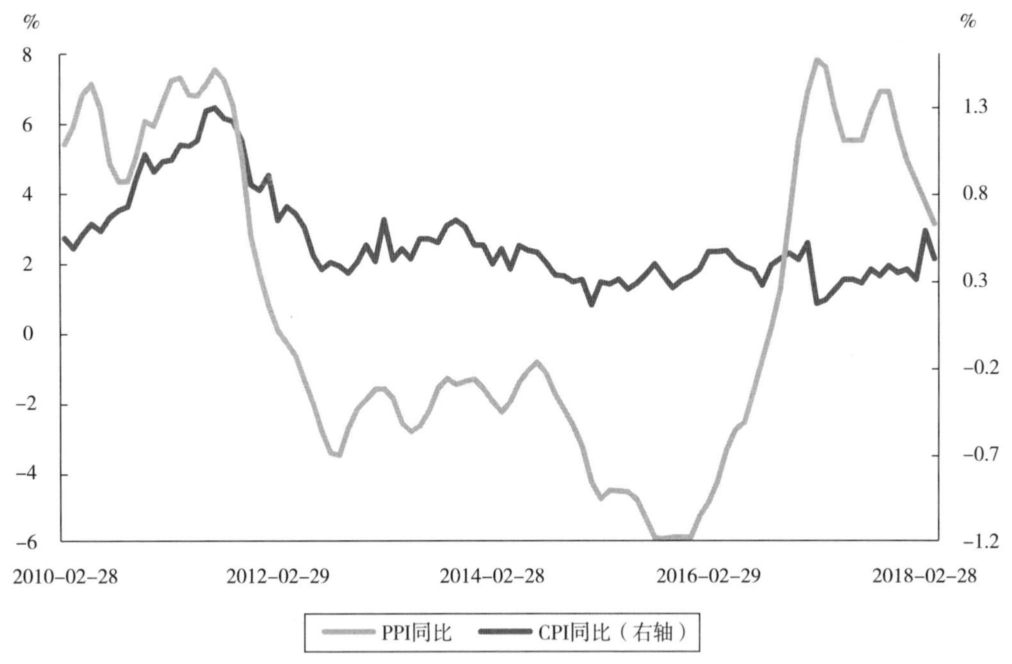

资料来源：Wind，课题组。

图 1-31　CPI 和 PPI 当月同比

随着 PPI 持续走低，CPI 将反弹。在 2018 年前的 18 个月 PPI 同比持续上涨，大多数商品和原材料价格可能在 2018—2019 年停滞或下跌，PPI 过去两年的动力应该会在 2018 年进一步向下游传导，推动下游和核心制造商品价格上涨。在接下来的几个季度中，持续的供应方约束、自我强化预期和仍然坚挺的需求应该有助于缓和 PPI 的下行，支持上游行业的名义收入和利润率。总体而言，我们看到 PPI 在 2018 年的第一季度增速回升到 3.5%左右，预计在接下来的时间内将稳定在这附近。相比之下，随着生产成本持续转嫁到消费品价格以及可能的食品价格反弹，以及中美贸易战可能对 CPI 造成的影响，CPI通胀可能会在2018年第一季度一度上扬逼近5%，但随后回落到3%以下，随着中美贸易战的未来预期向好，如果不考虑提高基准利率，CPI将维持在略低于3%的水平。但如果CPI在之后几个月内出现上涨并逼近或达到3%，那么中国人民银行可能会在第三季度上调基准利率25个基点，尤其是如果美联储加快加息步伐。

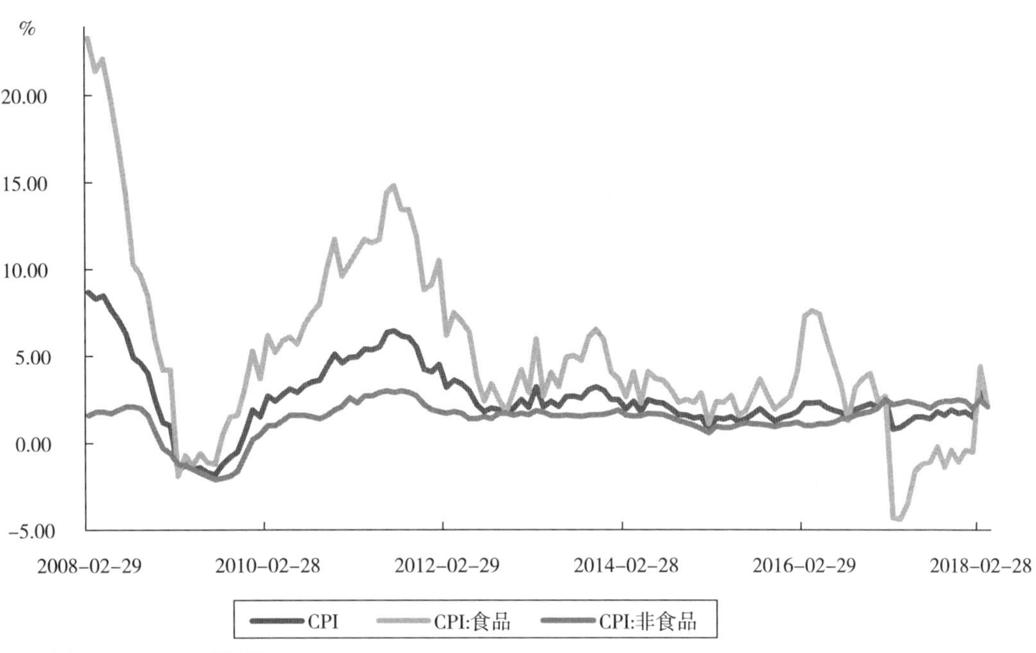

资料来源：Wind，课题组。

图1-32 影响CPI的主要因素（同比）

3. 2018年固定资产投资展望

2017年12月，固定资产投资同比增幅高达7.2%，同时第四季度和2017年的平均增幅分别略高于6.4%和7.2%。我们估计实际的固定资产投资增长率再次到达高位。

固定资产投资的增长主要是由于制造业投资明显回升（年率从4.1%上升至12.5%）以及弹性企业利润支撑，抵消了基础设施投资由于地方融资规则收紧从15.6%大幅减速至6.7%和房地产投资同比下降2.4%的不利影响。采矿业和其他服务业固定资产投资在较低的基础上加速增长，制造业投资也推动了第四季度的固定资产投资改善。

固定资产投资2018年将以6%~7%的速度增长。2017年的房地产销售应该能使房地产投资的增长在2018年继续保持一两个季度，然后在2018年的其余时间放缓。这应该有助于抵消当地财政支出和地方政府融资渠道继续收紧、基础设施投资减少的不利因素。可以看到中国的PPP项目计划2018年基础设施固定资产投资较少，只启动2万亿美元的新的投资和建设项目（而2016年和2017年分别为2.2万亿美元和2.3万亿美元）。由于中国持续的利润复苏，制造业投资可能会在2018年晚些时候有所改善，但借贷成本上升和需求稍软的局面可能会限制上行空间。

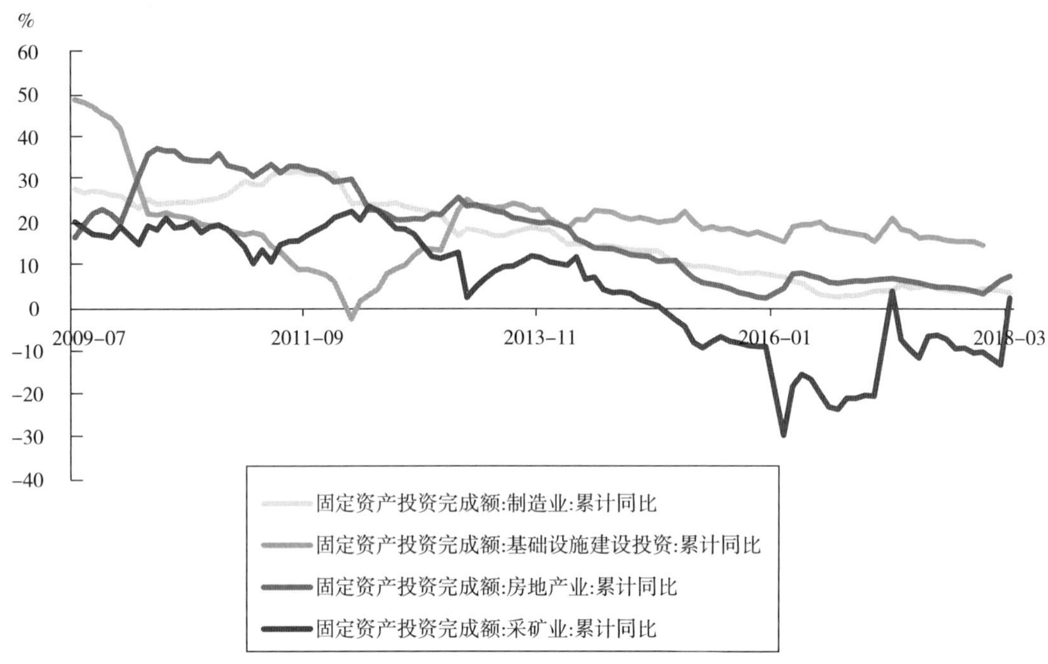

资料来源：Wind，课题组。

图 1-33　某些行业的固定资产投资中完成额增速

4. 2018 年房地产展望

影响 2018 年房地产投资的几个关键变量是：房地产销售增速、固定资产投资价格增速、商品房库存变化、土地购置费用增速。综合考虑，预计 2018 年房地产投资增速将回落至 4%左右。首先，商品房销售下滑与投资价格增速下滑对房地产投资可能有负向影响。2017 年商品房销售增速在很大程度上受到棚户区改造货币化安置的支撑，随着基数的抬升，预计 2018 年货币化安置的支撑作用将有所减弱。其次，近期房贷利率上调、房贷规模受限，在金融去杠杆背景下，不排除未来仍有调控政策出台，会对商品房销售产生不利影响。预计 2018 年商品房销售增速大概率延续当前回落态势。从商品房销售对房地产投资的领先规律看（近期大约 7 个月），预计销售放缓会对 2018 年地产投资构成拖累。固定资产投资价格增速跟 PPI 增速的走势与幅度基本一致，预计 2018 年 PPI 增速将回落至 3. 5%左右，较 2017 年（全年增速为 6. 3%）回落 2. 8 个百分点左右，这意味着价格因素可能也会对房地产投资有类似幅度的拖累。

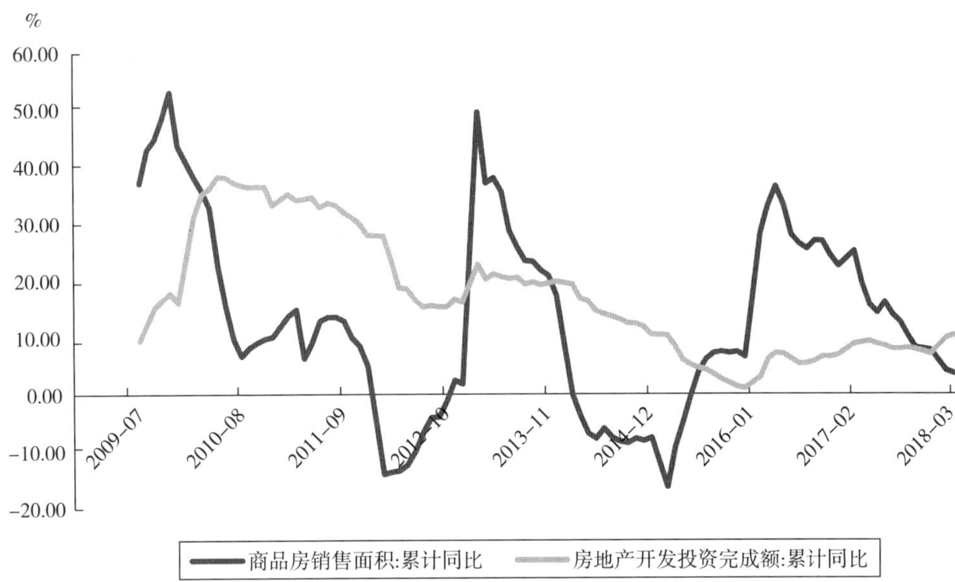

资料来源：Wind，课题组。

图 1-34　商品房销售面积累计同比与房地产开发投资完成额累计同比

其次，库存下降与土地购置增加对房地产投资有一定带动，但整体效果有限。目前市场对房地产投资乐观的两个重要理由是，商品房去库存较快，且企业购地积极，代表未来投资意愿较强。库存方面，随着销售回暖，全国商品房去化周期明显缩短，目前基本降至 2013 年的水平。从历史经验看，仍处于相对较高的水平。因此，尽管部分低商品房库存城市可能会在未来加快投资，但从全国来看，带动力度可能有限。土地购置对房地产投资的带动逻辑主要是基于购地增速代表了未来企业的投资意愿，进而可能会导致企业加大开工力度，最终导致投资增加。2015 年以前，这一规律较为明显，但从最近几年尤其是 2017 年的情况看，土地购置增速的提升并未带动施工面积增速的提升。事实上，影响施工面积的因素除了新开工面积之外，还有一项是净停工面积。从历史经验看，无论是新开工面积还是净停工面积，跟商品房销售的相关度都很高。随着 2016 年后半段商品房销售面积增速的下滑，新开工面积增速回落的同时净停工面积增速回升，导致施工面积增速保持低位，且与土地购置面积增速背离。

三、国内股票市场发展形势

2017 是各方在 GDP 下行周期里面叠加强力监管政策下达成共识的一年，这一年里，大白马股和周期股在聚集行业龙头、胜者为王和业绩恢复的共同作用下开启了一轮结构性“慢牛”，而天量供应的新股 IPO 让小股票的稀缺性和流动性都大大降低，在这些因素的共同作用下，A 股在 2017 年告别了齐涨齐跌，以漂亮“50”为首的白马股屡创新高，而剩下的绝大多数小股票股价一跌再跌，但这种极其分化的走势让 A 股慢慢地与国际接轨，越发接近成熟的中国香港股票市场和美国股票市场。

课题组将从A股市场行情、金融监管、IPO市场三个方面分别回顾了2017年股票市场的微观运行情况，并且展望了2018年资本市场情况。

（一）A股市场行情

2017年的A股市场大体经历了一个前低后高的走势，上证指数以3105.31点开盘，最低点为3016.53点，最高点为3450.50点，最终收在3307.17点，年涨幅6.56%；而创业板指数起步于1965.04点，止步于1752.65点，最低点为1641.38点，年跌幅10.67%。

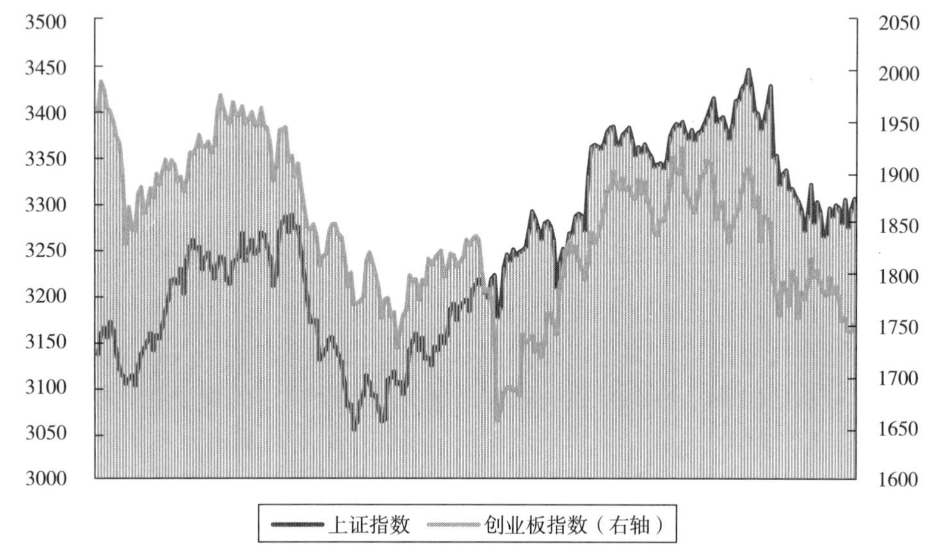

资料来源：Wind，课题组。

图1-35　2017年上证指数与创业板指数

综观全年的A股市场风格，“业绩为王、强者恒强”的理念贯穿了整个2017年，成为大盘投资的主基调。从全年表现来看，有业绩支撑的白马股大涨，但是估值虚高、业绩表现不佳的中小市值股正被市场抛弃。总体来看，2017年A股呈现出以下四大特征。

1. 行情二八分化明显，牛熊各站一边

从指数层面来看，对比上证指数和创业板指数，上证指数全年属于震荡上行的趋势而创业板指数则是震荡下行的趋势。将以代表大蓝筹股的上证50指数与体现中小市值股票价格的中证500指数进行对比就更加明显了，上证50指数全年稳步上涨23.9%，中证500指数全年震荡。

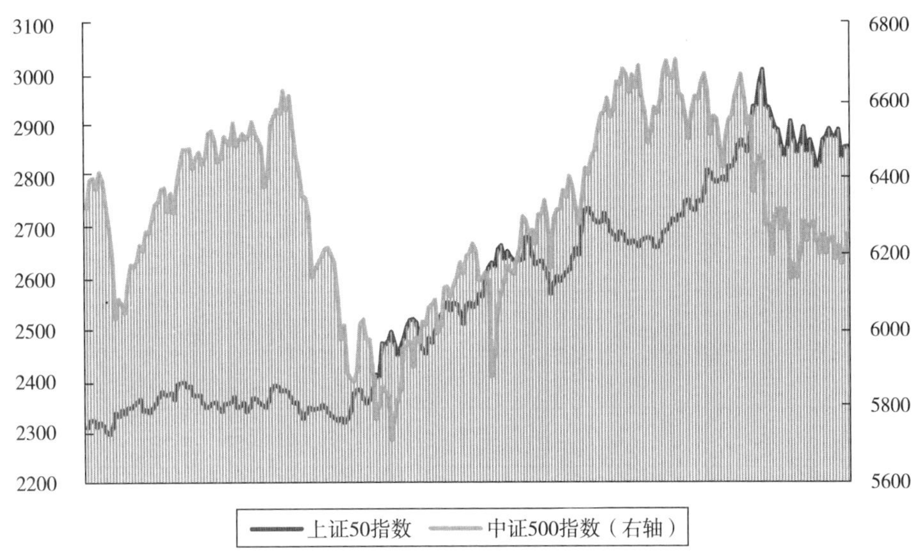

资料来源：Wind，课题组。

图 1-36　2017 年上证 50 指数与中证 500 指数走势

从个股表现的层面来看，二八分化特别明显。A 股市场剔除新股后的 3003 只股票，2017 年上涨的股票有 684 只，下跌的股票有 2319 只，上涨的股票占 22.78%，下跌的股票占 77.22%。涨幅超过 1 倍的股票共有 35 只，但同时也有 152 只股票价格"腰斩"（跌幅超过 50%）。其中涨幅最高的鸿特精密上涨 329.69%，跌幅最大的 * ST 中安下跌 69.65%。

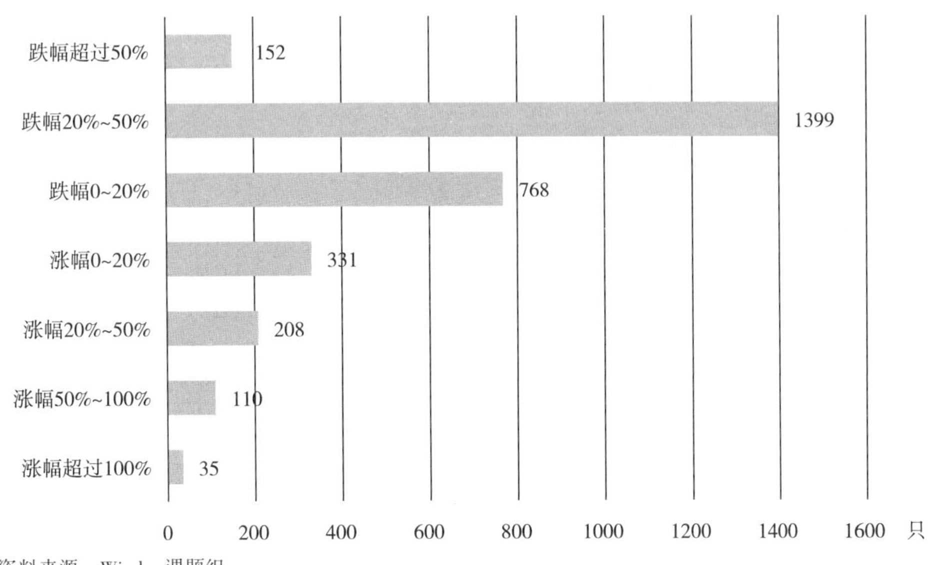

资料来源：Wind，课题组。

图 1-37　2017 年 A 股表现分布

2. 指数波动率极小

沪指全年振幅近 13. 98%，创下有史以来最低波动率。这也是过去整整 27 年以来，沪指全年振幅第一次降低到 20%以下。另外，2017 年沪指单日振幅超过 1. 5%的次数为 12 次，超过 2%的次数只有 3 次。

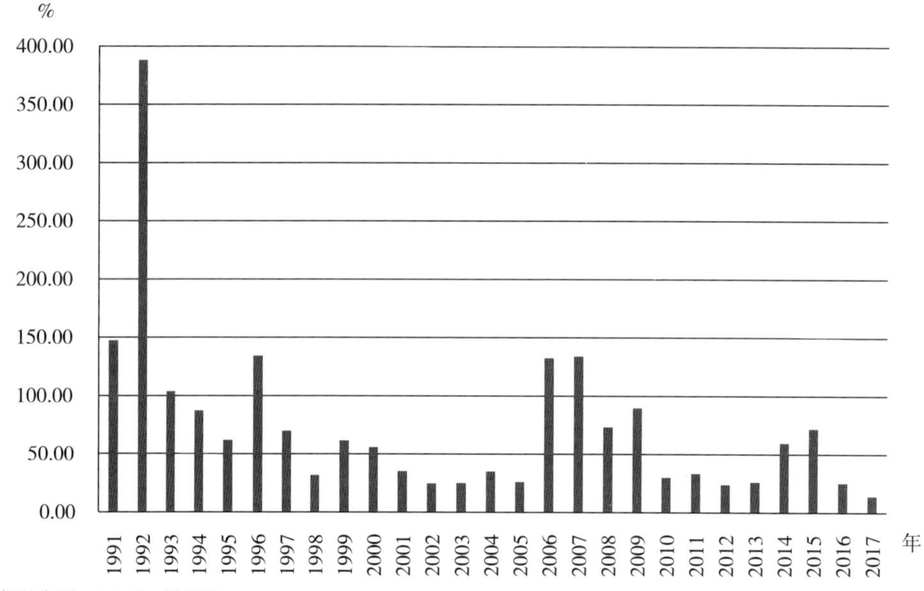

资料来源：Wind，课题组。

图 1-38　沪指历年振幅

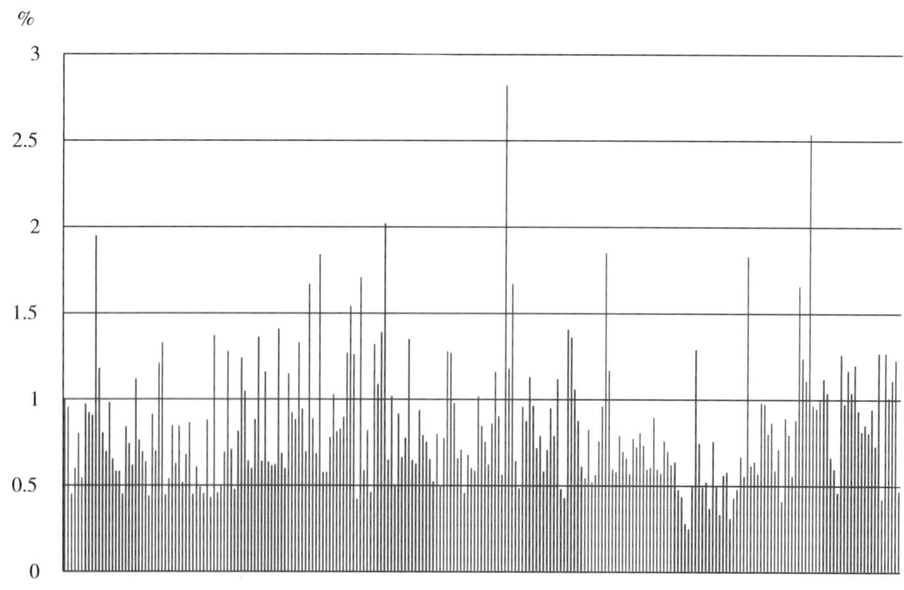

资料来源：Wind，课题组。

图 1-39　2017 年沪指日振幅

3. 股价表现随市值分布高度分化

市值低于 20 亿元的个股共计 35 只，年内全部下跌，平均跌幅高达 49. 28%；市值在 20 亿~50 亿元的个股共有 1017 只，其中 990 只年内出现下跌，占比高达 97. 35%，平均跌幅为 32. 67%。然而，随着个股市值的增加，下跌个股占比开始减少，而且平均跌幅开始缩小，当市值超过 200 亿元时，平均涨跌幅已变为正数：市值在 200 亿~500 亿元的个股共有 340 只，其中 146 只年内出现下跌，占比低于五成，为 42. 94%，平均涨幅为 13. 27%；市值在 500 亿~1000 亿元的个股共有 81 只，其中仅 22 只年内出现下跌，占比仅 27. 16%，平均涨幅高达 37. 46%；市值超过 5000 亿元的个股仅 9 只，年内全部实现上涨，平均涨幅高达 47. 84%。

表 1-4　　2017 年不同市值股票表现

市值	个股数（只）	平均涨跌幅（%）	下跌个股数（只）	下跌个股占比（%）
低于 20 亿元	35	-49. 28	35	100. 00
20 亿~50 亿元	1017	-32. 67	990	97. 35
50 亿~100 亿元	923	-16. 56	761	82. 45
100 亿~200 亿元	563	-1. 43	363	64. 48
200 亿~500 亿元	340	13. 27	146	42. 94
500 亿~1000 亿元	81	37. 46	22	27. 16
1000 亿~5000 亿元	60	37. 37	13	21. 67
5000 亿元以上	9	47. 84	0	0. 00

资料来源：Wind，课题组。

4. 中小市值个股流动性日益恶化

伴随着蓝筹股的崛起，中小市值个股被市场抛弃，成交量急剧下滑，2017 年 12 月 113 只个股日均成交额低于 1000 万元，而在 2017 年前 4 个月完全没有这种情况出现。

伴随着蓝筹股的崛起，小盘股稀缺性不再，其中一个重要特征是，大市值蓝筹股拥有更活跃的交易量，而一些中小市值个股的交易量不断降低，甚至出现了日均交易不足 500 万元、半个小时没有一次成交的“奇观”。

日均成交额低于 1000 万元的个股，在 2017 年前 4 个月从未出现过，5 月仅 1 只股票的日均成交额低于 1000 万元。进入 11 月，日均成交额低于 1000 万元的个股开始增多，11 月多达 17 只。12 月这一数据更为惊人，多达 113 只个股的日均成交额低于 1000 万元。

若将统计范围扩大至日均成交额低于 2000 万元的个股，这一特征更为明显。前 4 个月日均成交额低于 2000 万元的个股均不超过 10 只。但进入 5 月后，这一数据变成了三位数（除 9 月外）。11 月，A 股流动性危机扩大，343 只个股的日均成交额低于 2000 万元，12 月这一数据达到了 669 只，占纳入统计个股的 23. 45%。

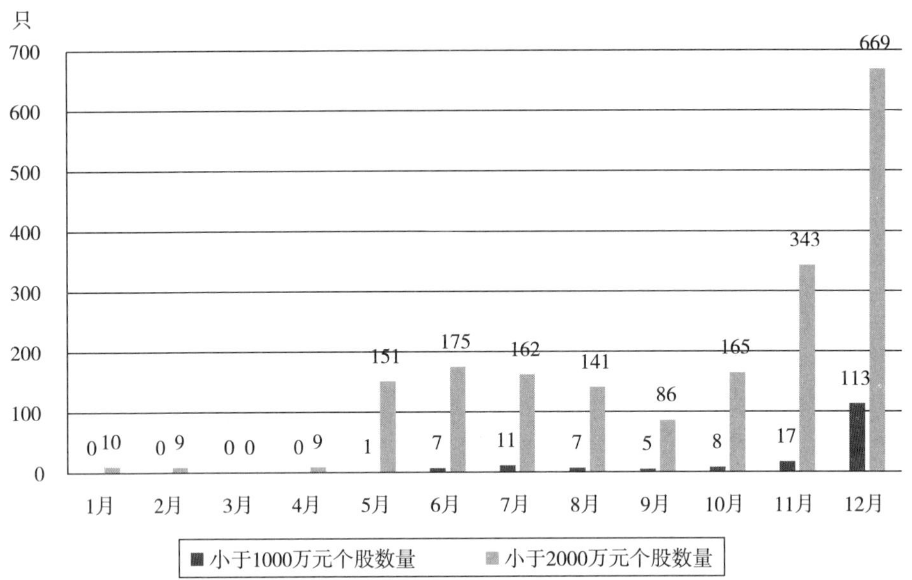

资料来源：Wind，课题组。

图 1-40　2017 年 A 股市场个股日均成交额变化

（二）金融监管

回顾 2017 年监管层出台的一系列政策，看到最多的字眼就是“新规”：定增新规控制募资规模和募资节奏、“最严”质押新规降低市场杠杆水平、资管新规消除多层嵌套和通道。

金融监管是影响 2017 年 A 股市场最重要的政策变量；金融监管的节奏在很大程度上决定了 A 股大势的节奏。在防风险、去杠杆、脱虚向实的导向下，金融发展已经从“求快”切入“求稳”的阶段。

目前市场关注的核心无疑是资管新规及其最终落地情况。资管新规使大类资产的风险收益重新匹配。资管新规的主要意图是规范资管行业，防范金融风险，而防范金融风险的前提是有效定价风险。资管新规对资管行业中原本存在的杠杆、套利、通道、错配等各种增厚收益的“套路”做了严格限制，长期以来，所谓的“低风险、高收益”产品收益率空间受到限制。

理论上，资管新规对整个资管行业和 A 股市场可能会有四个方面的影响。

1. 资管行业整体增速放缓。过去几年，资管行业的快速发展是建立在刚性兑付、高收益的基础上的，在这个前提下大量资金涌入资管行业进行套利，实际上做的都是资金池的业务，名为资管、实为影子银行。未来随着刚性兑付被打破，这部分资金的增长将受到极大限制，现存的资金池业务也将逐步萎缩，行业整体增速将放缓，甚至不排除在短期内规模出现负增长的情况。

2. 行业生态重构和竞争格局改变。这几年资管行业规模的快速发展依托于两个条件：一是以银行理财为代表的资金池模式，二是以余额宝为代表的结合互联网金融的货币基金的迅速增长。未来随着资金池模式的萎缩，整个资管行业的生态将发生重大变化，将更加依赖投资端的主动管理和渠道端的客户营销能力，主动管理能力强的机构将在未来的竞争格局中占据一席之地。

3. 标准化产品占比上升，资本市场扩容。资管新政强调，非标资产禁止期限错配，考虑到非标债权的期限较长，如果严格执行，非标资产的规模将持续下降。同时，资管新政鼓励对债券等标准化产品的投资，这意味着未来资管行业投资标的中，标准化产品的投资将显著提升，这将积极引导资金流向资本市场，有助于推动我国直接融资市场的快速发展，提高债券市场和股票市场的广度和深度。

4. 推动银行理财净值化转型。资管新政要推动预期收益产品向净值化产品转型，未来若真正打破刚性兑付，则银行理财必须向真正的净值化转型，进行单独管理、单独算账。银行理财产品净值化，将导致目前的理财产品失去吸引力，风险偏好高的投资者将转投公募基金和保险，风险偏好较低的投资者将转投存款和国债。

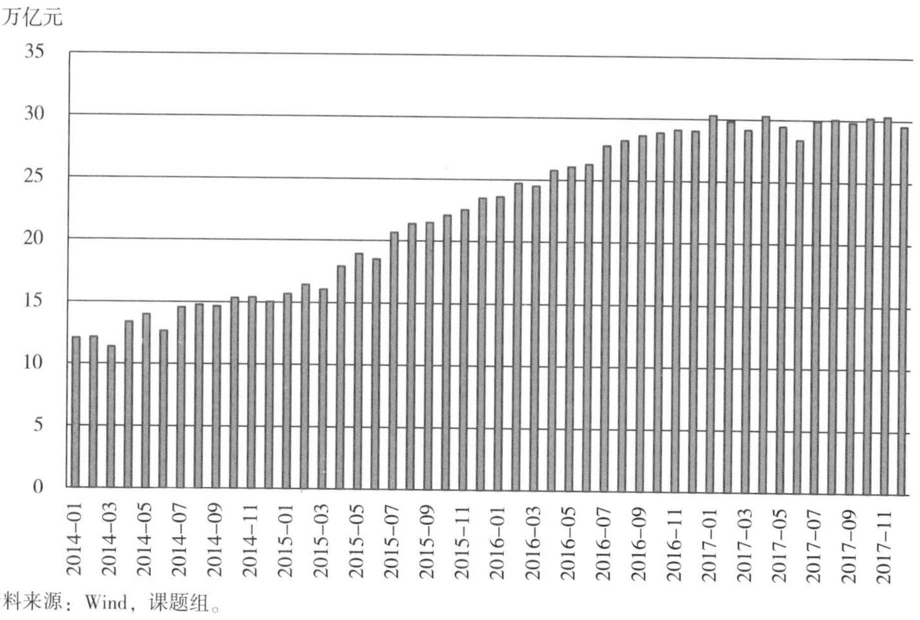

资料来源：Wind，课题组。

图 1-41 银行业理财产品存续余额情况

实际上自 2017 年 2 月媒体透露资管新规的内审稿以来，银行理财产品、短期理财型保单、货币市场基金等传统理财型资产的预期收益率都趋于下降；银行理财产品规模出现停止增长的现象，与往年的高速增长形成了鲜明的对比。但是这部分资金主要流入了货币基金，而股票基金、混合基金等较高风险的基金规模增长并不明显。

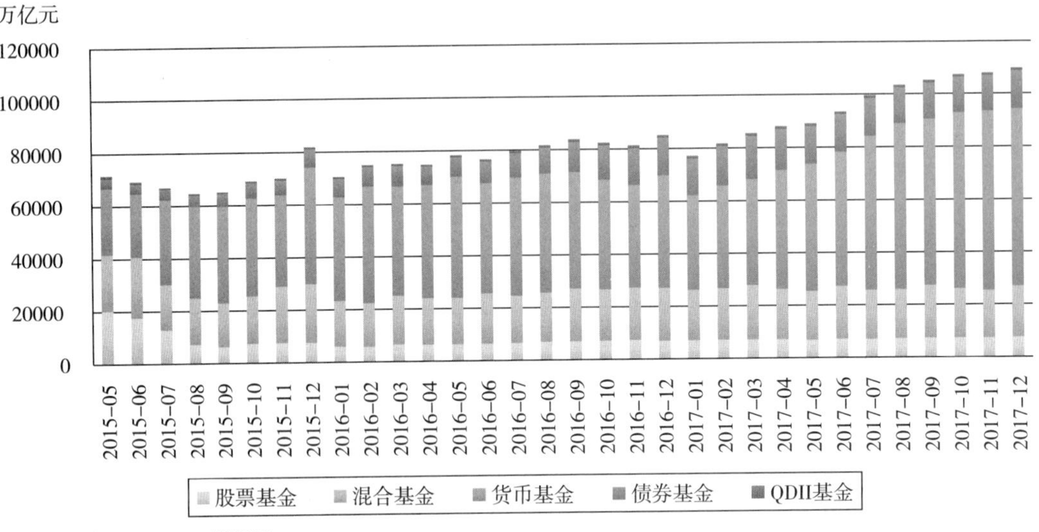

资料来源：Wind，课题组。

图 1-42　公募基金规模

（三）IPO 市场

据统计，2017 年 IPO 的数量和融资金额均比 2016 年大幅上涨。2017 年沪深两市 IPO 达到 438 家，创历史新高，相比 2016 年的 227 家，增长 92.07%，融资规模达到 2301.09 亿元，高于 2016 年的 1496.08 亿元，增长 53.81%。

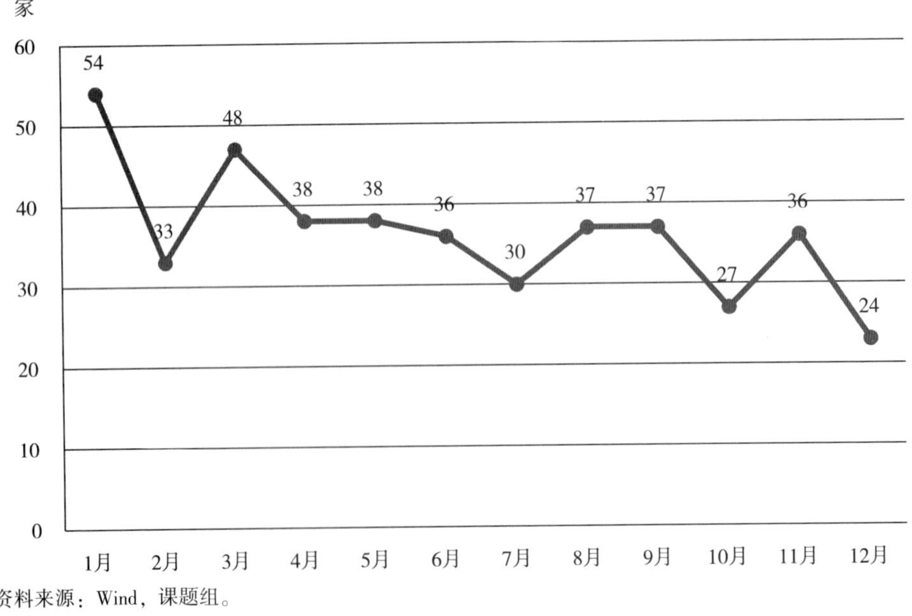

资料来源：Wind，课题组。

图 1-43　2017 年 IPO 上市公司数量月份变化

随着发行的提速，2017 年成功 IPO 企业一共有 436 家。其中主板 214 家，创业板 141 家，中小板 81 家。

从上市公司的地域情况来看，广东企业领跑新股发行。按数量计，广东（98 家）、浙江（87 家）、江苏（65 家）位列前三，占 IPO 总数的 57.34%。

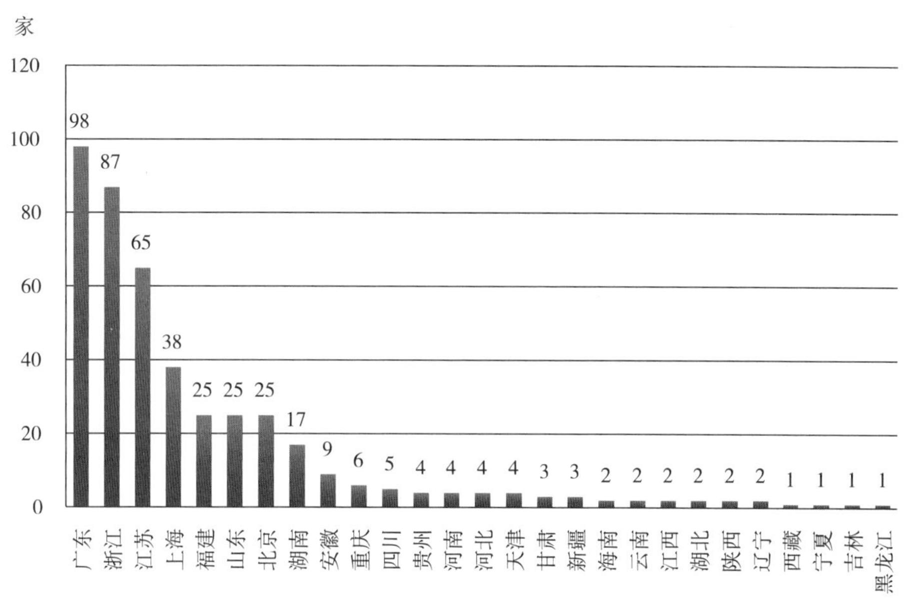

资料来源：Wind，课题组。

图 1-44 2017 年 A 股 IPO 上市公司地域分布

平均每个月有 36 家企业在 A 股上市。其中 1 月企业 IPO 数量最多，有 54 家；12 月最少，只有 23 家。

在 2017 年首发上会的 479 家企业中（剔除二次上会企业），有 380 家顺利上会，86 家上会被否，7 家取消审核，6 家暂缓表决。过会率为 79.3%。

从每月上会企业的数量来看：每个月均有 18 家及以上的企业上会，其中 5 月 IPO 上会的数量最多，有 63 家，3 月 52 家的数量居第二，4 月则有 48 家企业上会，剩余的 1 月、2 月、6 月三个月则分别有 47 家、16 家、40 家企业上会。

具体每个月 IPO 上会过会情况如图 1-46 所示。

从首发上会的通过情况来看，通过率由 2016 年的 93%左右上升至 2017 年的 82.05%。2017 年 9 月之前，过会率相对比较稳定，均在 80%左右。其中，3 月 IPO 过会率最高，达 94.23%。2017 年 10 月，随着新一届发审委的上任，过会率出现断崖式下跌。10 月、11 月、12 月三个月的通过率分别为 69.57%、52.94%、56.25%。三个月的整体通过率大幅下降。

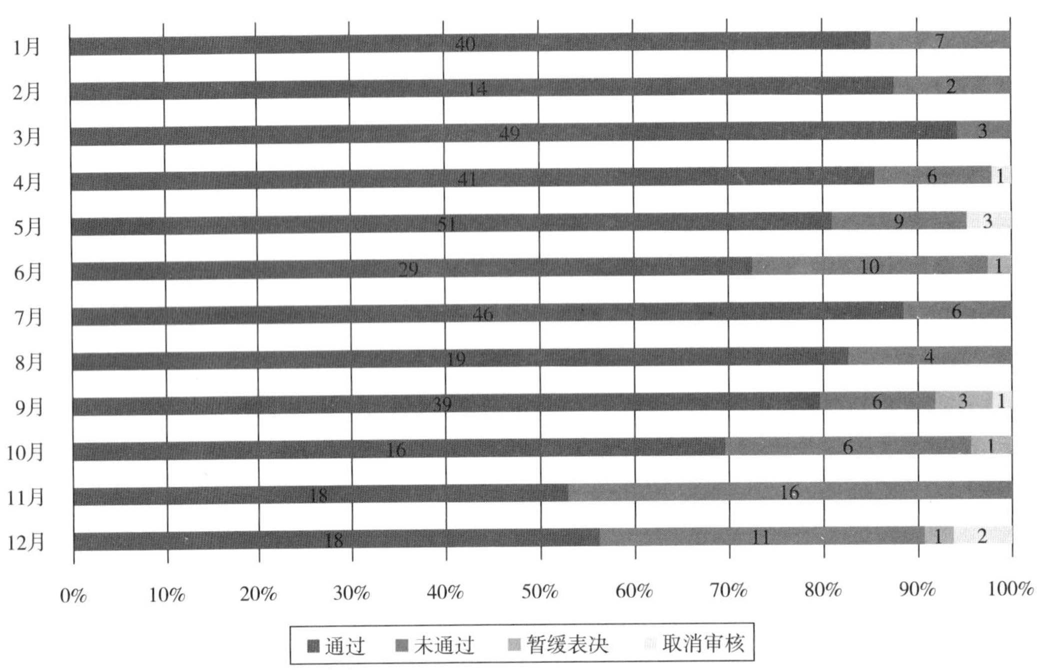

资料来源：Wind，课题组。

图 1-45　2017 年 IPO 各月上会情况

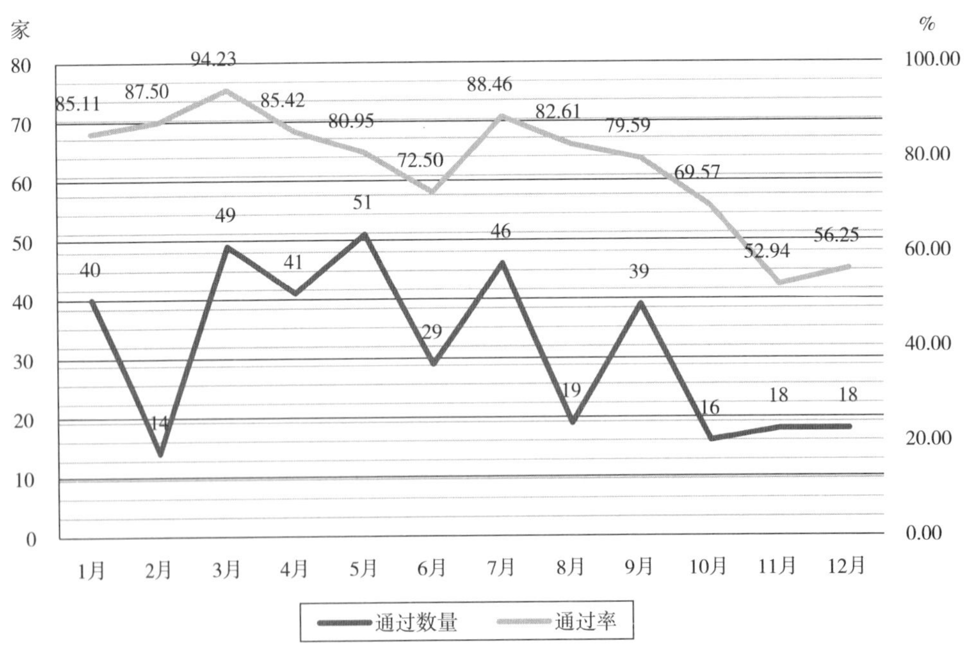

资料来源：Wind，课题组。

图 1-46　2017 年 IPO 各月上会过会情况

（四）2018 年资本市场展望

2018 年第一季度发生了许多大事，比如 2 月初的股灾、两会上提出的新经济概念和中美贸易战，这些都在很大程度上影响甚至改变了未来市场的趋势。虽然事件很多、影响很大且未来演变存在较大的不确定性，但我们从微观数据中发现了一些较为确定的微妙变化，且与 2018 年市场的走势密切相关。

1. 市场风格开始变化

2018 年 1 月底到 2 月初的暴跌之后，市场风格悄然发生变化，成长板块的涨幅和持续性大大超过市场预期。上证综指与创业板指的比值由 2016 年初的 1.3 上行至 2018 年 2 月 6 日最高点 2.11，但在随后的市场反弹过程中一路下行至 1.67。在这一过程中，风险偏好的提升起了主导作用，先是利率的下行，接着是政策对新经济的引导，市场领涨的板块则为想象空间较大的板块，比如工业互联网、半导体、数字经济等。

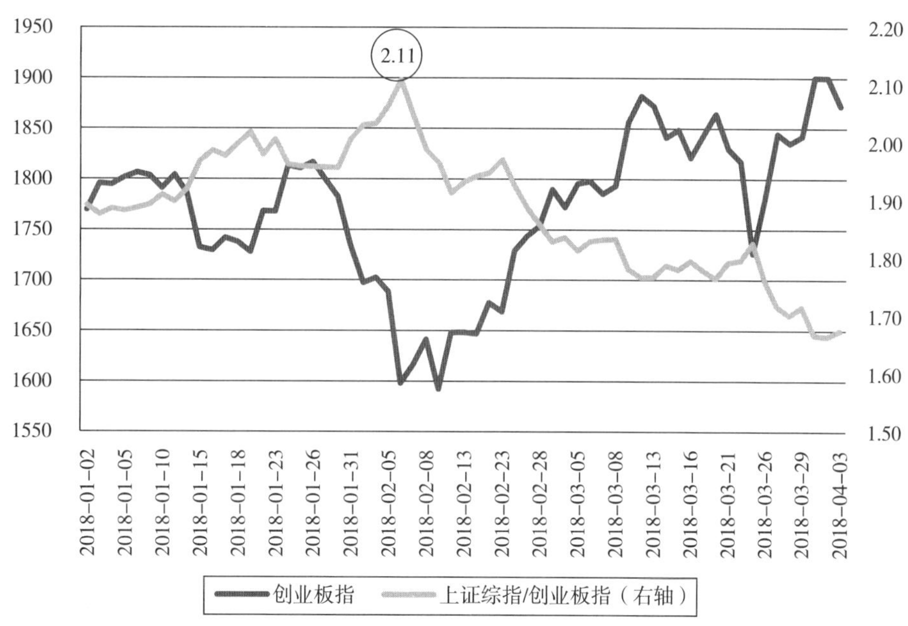

资料来源：Wind，课题组。

图 1-47 2018 年 2 月初市场暴跌期间完成了风格转化

从行业表现来看，超跌板块领涨，机构低配行业领涨，传媒、军工和计算机行业逆袭。从一级行业看，2018 年第一季度涨幅前五的行业为：计算机（10.2%）、休闲服务（6.3%）、医药生物（5.5%）、传媒（-2.4%）和国防军工（-2.7%）；这五个行业基金超配比例分别处于 2009 年以来的 0%、49%、20%、57%和 40%分位，均是较低水平。其中，传媒、国防军工和计算机均实现了逆袭，这三个行业 2017 年涨幅分别是倒数第二、倒数第四和倒数第八；计算机的超配环比处于 2009 年以来的最低水平，且 2017 年第四季度的超配环比还下降了 0.53 个百分点。二级行业中，2018 年第一季度涨幅前十的为：医疗服务（14.1%）、旅游综合（12.9%）、计算机应用（11.5%）、专业零售（8.2%）、医药商业（6.7%）、计算机设备（6.5%）、医疗器械（6.5%）、化学制药（5.8%）、生物制品（5.6%）和稀有金属（5.3%），基本上被计算机和医药行业包揽，另外，这十个行业中有七个行业2017年第四季度基金超配环比下降。

表1-5　　一级和二级行业2018Q1涨幅及2017Q4基金超配比例

一级行业	2018Q1涨跌幅（%）	2017年涨幅（%）	2017Q4基金超配比例（%）	超配环比变动（pcts）	二级行业	2018Q1涨跌幅（%）	2017年涨幅（%）	2017Q4基金超配比例（%）	超配环比变动（pcts）
计算机	10.2	-11.3	-1.18	-0.53	医疗服务Ⅱ	14.1	9.1	0.63	0.24
休闲服务	6.3	-4.2	0.2	-0.06	旅游综合Ⅱ	12.9	10.7	0.06	-0.02
医药生物	5.5	3.6	3.79	0.69	计算机应用	11.5	-19	-0.83	-0.3
传媒	-2.4	-23.1	1.06	0.78	专业零售	8.2	-5.5	0.27	-0.27
国防军工	-2.7	-16.6	-0.39	0.02	医药商业Ⅱ	6.7	2.3	0.95	-0.06
商业贸易	-2.7	-13.6	-0.13	-0.35	计算机设备Ⅱ	6.5	5.8	-0.35	-0.23
银行	-3.3	13.3	-7.85	-0.47	医疗器械Ⅱ	5.9	-9.7	0.25	-0.06
家用电器	-3.4	43	4.5	0.99	化学制药	5.8	10.2	0.84	0.14
房地产	-3.7	0.8	-0.74	1.08	生物制品Ⅱ	5.6	13.1	1.72	0.53
轻工制造	-4	-12.6	0.37	-0.34	稀有金属	5.3	35.9	1.03	-0.95
电子	-4.2	13.5	6.05	-2.45	航空装备Ⅱ	2.2	-23	-0.05	0.12
通信	-4.7	-3.1	0.29	0.04	中药Ⅱ	2.1	-3.5	-0.6	-0.1
纺织服装	-4.9	-23.8	-0.7	0.1	景点	1.6	-18	0.14	0.02
建筑材料	-5.3	6	0.34	0.04	仪器仪表Ⅱ	1.6	-26	0.21	-0.17
交通运输	-5.4	6.5	-2.12	0.21	电气自动化设备	0.2	-11	0.16	-0.01
电气设备	-5.5	-8.5	1.64	1.03	航天装备Ⅱ	-0.7	-16	-0.14	-0.09
化工	-5.9	-3.8	-1.81	0.06	种植业	-1	-19	0.04	-0.15
有色金属	-6.71	5.4	0.18	-1.33	半导体	-1.51	8.4	0.33	-0.07
食品饮料	-7.45	3.9	8.12	1.65	水泥制造Ⅱ	-1.72	4.9	-0.07	0.02
公用事业	-8	-7	1.85	-0.11	互联网传媒	-1.7	-22	-0.11	-0.12
汽车	-8.1	-0.5	-1.07	-0.11	营销传播	-2.2	-22	1.7	0.92
农林牧渔	-8.2	-12.6	0.1	0.26	元件Ⅱ	-2.3	0.2	0.33	-0.44
建筑装饰	-8.4	-6.3	-1.97	-0.67	电子制造Ⅱ	-2.41	9.5	3.24	-0.91
钢铁	-8.51	9.7	-1.02	-0.24	服装家纺	-2.4	-24	-0.47	0.07
机械设备	-8.6	-10.2	-0.53	-0.88	水务Ⅱ	-2.5	-1.1	-0.29	0.03
非银金融	-10.31	7.3	-0.03	0.66	包装印刷Ⅱ	-2.7	-25	-0.02	0.01
综合	-11.6	-21.5	-0.63	0	造纸Ⅱ	-2.8	3.2	-0.07	-0.24
采掘	-12.7	0	-4.61	-0.09	文化传媒	-2.9	-26	-0.53	-0.02

资料来源：Wind，课题组。

从涨幅区间分布来看，2018 年第一季度创业板有 23%的个股涨幅超过 10%，大幅超过主板和中小板。进一步统计发现，在 2018 年 2 月 6 日前（即上证综指/创业板指达到最高值之前，风格仍在主板），涨幅高于 20%的股票，2017 年平均涨跌幅为 20%，它们的上涨是 2017 年风格的延续；而在 2 月 6 日之后，涨幅高于 20%的股票，2017 年平均涨跌幅为-17%，这些股票的上涨更多的是超跌反弹。

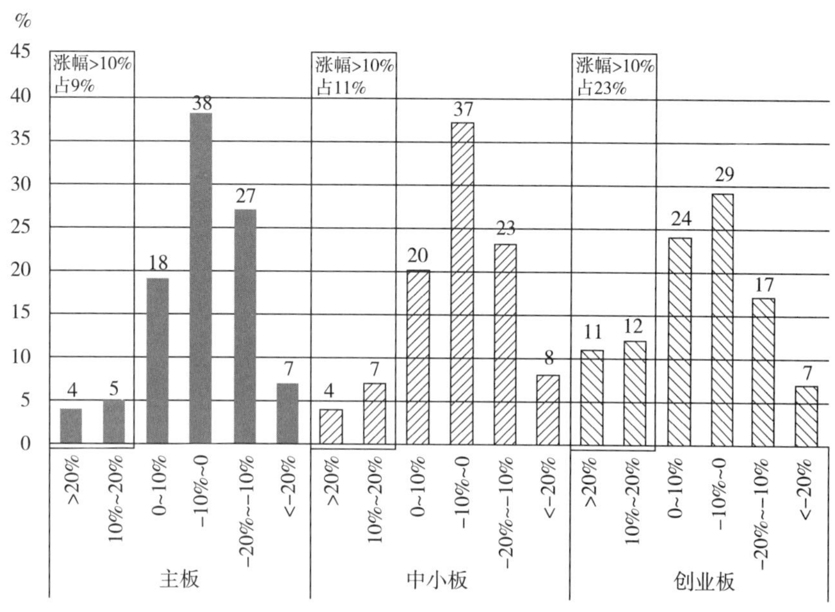

资料来源：Wind，课题组。

图 1-48　2018 年第一季度主板、中小板、创业板涨幅区间分布

从市值结构来看，2 月中反弹以来，中小市值股票的上涨幅度高于大市值股票，这不同于近两年的情况。在 1 月底市场下跌之前，市场仍延续上年大市值蓝筹风格，大市值股票平均涨幅大幅高于小市值股票。而在市场暴跌之后，中小市值股票的表现反过来要明显强于大市值股票。对于这种情况，我们认为，一方面是出于超跌反弹的需求；另一方面，部分股价下跌较多、市值中等的公司，若基本面有好转，则股价具有较大弹性，如计算机和传媒类公司。但长期来看，还应规避那些主业不清晰、以往过度依赖外延并购或可能存在商誉问题的公司，应挑选细分领域的龙头公司。

2. IPO 审核趋严以迎接独角兽

2018 年审核从严的形势或将延续。2018 年第一季度 IPO 企业共审核 73 家，通过 32 家，被否 32 家，取消（暂停）审核 9 家，平均通过率为 43.84%。而 2017 年审核通过率为 81.55%（其中 1~8 月审核通过率相对较高，除 6 月以外均超过 80%；9~12 月审核通过率较低，其中 11 月仅为 52.94%）。2018 年前三个月，当月过会企业最小净利润规模分别为 4800 万元、12176 万元以及 15470 万元，可见这一指标在 2018 年第一季度出现大幅上升，可以看到证监会对过会企业的净利润规模要求越发严格。

IPO 审核速度明显放缓，但 2018 年 1 月、2 月、3 月每月待审核数量仍分别较上月下降了 52 家、28 家、55 家，一个原因在于预先披露企业数量同样减少，另一个重要原因在于主动终止审查的企业数量增加。据证监会披露，2018 年前三个月，终止审查的企业数量分别为 12 家、17 家、41 家，总数达 70 家且呈现上升的趋势。预披露放缓、审核速度放缓以及终止审查的企业数量增加最终使待审企业数量继续下降。

2018 年以来，监管层不断加大资本市场对实施创新驱动发展战略的支持力度，明确表示要为境内的优质创新创业型企业创造更为有利、更符合法律规定的发行条件，大力支持优质红筹独角兽以及境内优质创新企业登陆 A 股。

表 1-6　　监管层陆续出台政策支持新经济企业

日期	事件
2018 年 1 月 31 日	证监会系统工作会议提出，加大对新技术、新产业、新业态、新模式的支持力度。
2018 年 2 月 9 日	深圳证券交易所发布了《发展战略规划纲要（2018—2020 年）》。纲要指出，要吸引标杆型创新企业上市。充分发挥市场培育、培训、研究、产品、信息服务等资源优势，完善覆盖企业上市前、上市中、上市后的全程服务体系，积极做好战略、服务对接工作，企业集团提供全供应链条服务解决方案。聚焦标杆重点，强化对“独角兽”等新兴行业企业服务，着力吸引一批优质企业进入。
2018 年 3 月 20 日	十三届全国人大一次会议闭幕后，国务院总理李克强回答记者问题时表示：“比如说过去一些‘互联网+’的企业总是到海外上市，现在我们已经要求有关部门完善境内上市的制度措施，欢迎它们回归 A 股，同时要为境内的创新创业企业上市创造更加有利的、符合法律法规的条件。”
2018 年 3 月 30 日	国务院办公厅转发证监会《关于开展创新企业境内发行股票或存托凭证试点的若干意见》。为进一步加大资本市场对实施创新驱动发展战略的支持力度，按照市场化、法制化原则，借鉴国际经验，开展创新企业境内发行股票或存托凭证试点。试点企业需符合国家战略、掌握核心技术、市场认可度高，属于互联网、大数据、云计算、人工智能、软件和集成电路、高端装备制造、生物医药等高新技术产业和战略性新兴产业，且达到相当规模。

资料来源：公开资料，课题组。

从全局看，在“加强监管，切实促进上市公司质量提升”的指引下，审核趋严将是未来的常态。同时在“堰塞湖”逐步疏通的背景下，优质企业的 IPO 排队时间将缩短，效率将提高，对于有 IPO 需求的优质创新企业 2018 年将会是其发展的一个重要窗口期。

我们认为创新企业境内上市对资本市场有以下三个影响：

（1）A 股科技股或面临估值调整。从短期来看，拥抱新经济、支持“四新”企业 IPO 的政策导向叠加中概独角兽借 CDR（中国存托凭证）回归 A 股的预期将抬升 A 股科技股、成长股的估值溢价。从长期来看，中概股估值显著低于 A 股科技股，A 股科技股或长期面临估值调整。

（2）吸筹效应或令 A 股科技股分化。BATJ 等八家企业是中国互联网科技行业的龙头，大量“吸筹”的可能性很大。预计部分 A 股科技股、成长股估值差异将扩大，股价将承受比较大的压力。

（3）CDR 联动效应。当允许 CDR 跨境自由转换时，套利行为会导致国内 CDR 估值与海外市场趋同，这也将带动国内科技板块估值整体趋于理性，引导市场风格偏重价值投资。

3. 金融“严监管”与“促开放”

党的十九大明确防范化解重大风险为新时代全面建成小康社会的首要攻坚战。中央政治局会议和中央经济工作会议延续党的十九大精神，再次将“打好防范化解重大风险攻坚战”放在最重要的位置，并明确重点是防控金融风险。由此，2018 年金融监管趋严基调已定，防控金融风险上升至国家意志层面，渗透至金融监管的各个方面，这个趋势将会延续。

2018 年政府工作报告再次强调打好“三大攻坚战”，要求推动重大风险防范化解取得明显进展。金融风险的防控仍是重点，政府工作报告提出“进一步完善金融监管”，金融机构风险、金融监管协调及影子银行、互联网金融、金融控股公司等监管薄弱环节均是后续防控金融风险的着眼点。同时，相较于党的十九大报告和中央经济工作会议，政府工作报告将更加广泛的经济金融风险也纳入考量，特别是地方政府债务风险受到高度重视，通过健全地方政府举债融资机制、增加专项债券安排、扩大专项债券使用范围，通过健全地方政府融资行为，降低融资成本。

加强金融监管、治理金融乱象、防范金融风险与深化金融改革、扩大金融开放是一枚硬币的两面，辩证统一，其最终目的都是促进金融安全稳定健康发展。

2018 年是金融行业全面开放的新纪元。党的十九大报告提出“实行高水平的贸易和投资自由化便利化政策，全面实行准入前国民待遇加负面清单管理制度，大幅度放宽市场准入，扩大服务业对外开放，保护外商投资合法权益”，为国家提速金融开放奠定基调，2018 年政府工作报告也表明将“有序开放银行卡清算等市场，放开外资保险经纪公司经营范围限制，放宽或取消银行、证券、基金管理、期货、金融资产管理公司等外资股比限制，统一中外资银行市场准入标准”。证监会于 2018 年 3 月对《外商投资证券公司管理办法》公开征求意见，拟对外资控股证券公司的股权比例、合资证券公司业务范围等详细规则进行修改。

2018 年 4 月 10 日博鳌论坛再度彰显了我国全面开放的大国姿态，全面开放是我国 2018 年发展的重要纲领，金融行业领军在前，落地于放宽外资持股比例限制以及放开外资经营限制。习近平主席再三强调，“中国开放的大门不会关闭，只会越开越大”，“对外开放重大举措，我们将尽快使之落地，宜早不宜迟，宜快不宜慢”。

在金融行业的开放上，中国人民银行行长易纲表示以下六项开放措施将在 2018 年上半年内大部分到位：

（1）取消银行和金融资产管理公司的外资持股比例限制，内外资一视同仁；允许外国银行在我国境内同时设立分行和子行；

（2）将证券公司、基金管理公司、期货公司、人身险公司的外资持股比例上限放宽至51%，三年后不再设限；

（3）不再要求合资证券公司境内股东至少有一家是证券公司；

（4）为进一步完善内地与香港两地股票市场互联互通机制，从5月1日起把互联互通每日额度扩大三倍，即沪股通及深股通每日额度从130亿元调整为520亿元人民币，港股通每日额度从105亿元调整为420亿元人民币；

（5）允许符合条件的外国投资者来华经营保险代理业务和保险公估业务；

（6）放开外资保险经纪公司经营范围，与中资机构一致。

我们认为金融监管对资本市场的影响将体现在两个阶段。第一个阶段：当金融监管突然收紧，政策频频出台时，由于机构原有的业务需求而产生较大资金缺口，带来市场流动性紧张的状况；第二个阶段：当金融监管趋严的预期被市场所接受，金融机构迅速进行业务调整之后，对于资金的需求将有所下降，市场的资金需求也将相应减弱，市场对于偏紧流动性环境的负反馈将显著缓和。因此，预计后续金融机构将根据监管要求进行业务调整，并从被动去杠杆向主动控杠杆过渡。待金融机构业务逐渐规范而高杠杆、高风险得到控制，股市受到金融监管趋严的负面影响将进一步缩小。而中国金融开放是大势所趋，在金融开放及监管加强的双重作用下，2018年中国多层次资本市场将保持扩容并将全面提质，强监管将优化市场环境，多层次资本市场双向开放将实现稳步推进，资本市场强国之路也渐渐清晰。

四、2018年资产配置建议

2017年，国内大宗商品市场整体表现亮眼，特别是黑色系品种在供给侧改革的政策刺激下，呈现出明显的趋势性上涨行情，有色板块、化工板块整体均呈现出明显的上涨态势。下面我们从宏观到产业的各个维度来展望一下2018年的市场走向。宏观方面，美国经济继续复苏，2017年美国经济同比增长率为2.27%。从结构上看，美国个人消费支出稳步增长，随着2018年减税政策落地，企业税后利润和劳动者薪资收入有望加速增长，支撑美国个人消费的提升；私人投资也逐步修复，2017年国内私人投资总额同比增速已达4.54%，随着企业盈利持续修复，美国私人投资增速有望继续提升。净出口方面，降低税率的竞争将加剧资本的流动性，修复美国庞大的贸易逆差格局。2017年中国经济平稳增长，年底的中央经济工作会议指出我国经济要由高速增长转向高质量增长，这意味着将允许经济增速出现一定程度的下行，在去杠杆、防风险的背景下，2018年整体投资增速或有所下降，在外需回暖前，净出口对经济增长的贡献因素或维持平稳，消费对经济的增长促进作用有待提高。

资金方面，人民银行在《2017年货币政策报告》中表示，中国经济保持平稳增长，银行体系流动性和利率水平保持基本稳定，人民币汇率双向浮动弹性明显增强。

总体来看，当前经济运行平稳，结构持续优化，质量效益不断提高。

党的十九大报告明确指出，紧紧围绕服务实体经济、防控金融风险、深化金融改革三项任务，实施好稳健中性的货币政策，并加强货币政策与其他相关政策的协调配合，为供给侧结构性改革和高质量发展营造中性适度的货币金融环境。党的十九大明确要求，健全货币政策和宏观审慎政策双支柱调控框架，加强金融监管协调，牢牢守住不发生系统性金融风险的底线。2017 年 12 月 20 日中央经济工作会议延续了中央政治局会议锚定的风向，对 2018 年全年的经济工作进行部署。其中，会议指出 2018 年积极的财政政策取向不变，稳健的货币政策要保持中性，管住货币供给总闸门，保持货币信贷和社会融资规模合理增长，保持人民币汇率在合理均衡水平上的基本稳定，促进多层次资本市场健康发展，更好地为实体经济服务，守住不发生系统性金融风险的底线。

2018 年金融监管仍将继续，而金融监管的有效性依赖于适度偏紧的货币政策，伴随着更多监管细则的出台，短期内利率下行空间将受到制约。稳健中性的货币政策仍是主旋律，流动性将维持紧平衡的局面。

（一）房地产

对中国的房地产市场而言，其繁荣发展伴随着中国经济过去几十年的迅猛进程，其地位也一直是中国发展的重要引擎，可以说房地产的走向在很大程度上决定着中国经济的走向。但这几年随着经济转型的深入，以及房地产价格的持续走高，房地产逐步发展到与经济转型相抵触的局面，由于房价的高企以及房地产市场的非理性繁荣，使其吸纳了太多的社会财富，这些都无益于经济转型和实体经济发展。因此房地产的调控才显得格外重要和紧迫。一方面要尽可能去库存，防范房价波动风险对经济的冲击；另一方面要抑制市场的投机行为和房地产的非理性发展。目前来看，主要调控手段包括热点城市的新房的限价，对交易环节的各种限制和成本抬升，新购住房限售，增加有效土地供给，发展住房租赁市场等，从目前调控的表观效应看，第一，已经快速萎缩的销售端进一步凝固；第二，销售端的“冰封”并没有明显地传导到投资端，虽然投资增速有所下滑，但下滑较为平缓；第三，在政府强干预下新房价格呈窄幅波动，目前一线楼市已经呈现出一个高位持续缩量窄幅波动的横盘走势。

就 2018 年的房地产市场而言，我们认为上述三个趋势大概率仍将持续，并且外部环境的变化使目前的房地产调控更加没有松动的可能：这主要是指美国税改和加息缩表的叠加，2018 年外汇管制的压力会更大，美国从全球回收流动性，提振美国经济的战略意图已经较为明显，我国的经济转型大概率加速，而 2017 年末结束的中央经济工作会议也强调要“保持房地产市场调控政策连续性和稳定性”。与此同时，外部环境的变化也使坚定调控方向的同时要防止房地产出现大幅波动的风险，所以中央经济工作会议在调控内容表述上，更多地强调“完善促进房地产市场平稳健康发展的长效机制”和“要发展住房租赁市场特别是长期租赁”，而对房地产税没有表述，所以 2018 年房地产调控的重点或在房地产租赁市场的建设，而房地产税虽然是大势所趋，但预计推进过程会更为谨慎。最后，由于目前房地产绝对库存和相对库存都处于历史低位，房地产销量端的缩量需要更长时间才会传导到投资端，加上租赁市场的发展也会对房地产投资起到一定的稳定作用，所以我们预计 2018 年的房地产投资较为稳健。

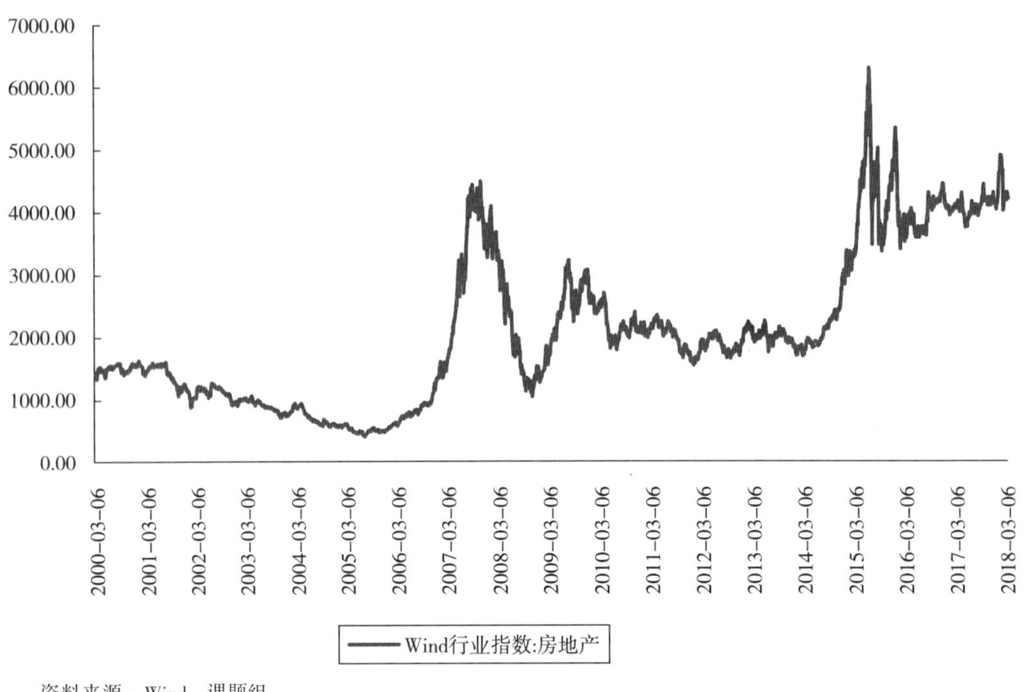

资料来源：Wind，课题组。

图 1-49　房地产行业指数

（二）外汇

2018 年中美利差或收窄。2017 年美联储共加息 3 次，将联邦基金目标利率提高至 1.5%，同时在 12 月的议息会议上，透露 2018 年 1 月起按计划加大缩表规模，每月维持 60 亿美元国债、40 亿美元 MBS 的规模，市场预计 2018 年美联储仍将加息 3 次。另外考虑美国税改和医保计划支出及债息的增长，预计美国政府将加大国债发行力度以弥补财政赤字的上升，预计美债收益率存在上行压力。特朗普政府减税的扩张财政政策，在联储边际从紧的货币政策下，将对美债收益率形成向上压力。过去两年中国经济回升，主要原因在于居民和政府加杠杆刺激了房地产和基建领域的增长。但政策刺激的结果是，2017 年第三季度末的全社会债务杠杆率为 242%，比 2016 年末提升了 6 个百分点，比 2014 年末增加了 40 个百分点，系统性风险仍高。中央经济工作会议提出要打好三大攻坚战，其中放在首要位置的就是防范化解重大风险，而在之前的政治局会议上更是明确提出要控制宏观杠杆率，这也意味着货币政策难以放松，2018 年金融监管也会继续。但是在 2017 年货币紧平衡的背景下，实体贷款利率大幅走高，非标融资受限，2018 年国内经济会面临重新回落的压力，限制人民银行进一步紧缩的空间。

欧洲经济在 2017 年也稳步复苏，但经济复苏程度弱于美国，在退出 QE 的预期下，过去一年欧元显著升值。2017 年欧洲中央银行议息会议表示政策利率将在相当长的时间内维持在当前水平，直至资产净购买结束之后。QE 将持续至 2018 年 9 月，如果通胀前景恶化则可能进一步扩大 QE 购买规模或延长期限。从欧洲中央银行行长德拉吉的讲话中也能看出其对结束货币刺激后，通胀能否自发、持续地向 2%通胀目标收敛缺乏信心，因此对退出宽松显得十分谨慎。2018 年，美国税改落地在中短期内有助于提振美国投资和消费并助推资金回流美国，对共和党中期选举落败的担忧也得以缓解，而欧洲政治风险或阶段性上升，德国政坛、英国退欧和意大利大选面临较大不确定性，美元指数或震荡走强。技术面上，美元指数大概率处于第四浪调整中，更细分的子浪结构处于 b 浪反弹中。2016 年，中国人民银行动用大量外汇储备维持了人民币基本稳定，增加了做空人民币成本，政府为了控制资本外流、顶住人民币贬值压力和外汇储备减少的压力，加强资本管制，限制非理性对外投资，引入逆周期因子、盯住一篮子货币等方法，扭转了人民币单边贬值预期，较强的走势引发企业、居民结汇情绪，进一步强化了升值势头，除了上述人民银行主动进行的调整外，美元指数本身走弱也是人民币汇率走强的重要因素，未来美元指数走势对人民币汇率的影响值得关注。2017 年在美元指数走弱的情况下，人民币升值 6.3%左右，我们认为在 2018 年美元指数探底回升的背景下，人民币总体贬值幅度仍然可控，整体走势将呈现双向波动、小幅贬值的局面，人民币汇率 6.8~6.85 可能为年内低点。

资料来源：Wind，课题组。

图 1-50　美元兑人民币汇率

（三）股指

2017 年全球股票市场表现亮丽，欧美股指屡创历史新高，主要是受全球经济复苏加快及特朗普新政的刺激。2016 年以来，我国股票市场在经过三轮股灾后逐渐修复，重心缓慢抬升，但风格发生明显转换，主板偏强，中小创偏弱。上证 50 指数基本收复第二轮股灾的跌幅，回到 2015 年 8 月的水平。沪深 300 指数已收复第三轮股灾的跌幅，中证 500 指数表现最差。预计 2018 年股票结构性行情仍会延续，轻概念、重业绩依然是市场选择的方向，A 股将回归价值投资时代。

1. 经济增长逐渐探明阶段底部，企业盈利温和改善

党的十九大报告指出，“我国经济已由高速增长阶段转向高质量发展阶段，正处在转变发展方式、优化经济结构、转换增长动力的攻关期”。表明中国经济结构转型正在稳步进行，过去依靠房地产、基建投资拉动经济增长的方式，不再适应中国经济发展的新常态，消费对经济增长的贡献不断上升，服务业、装备和高端制造业在促进经济增长中的地位越来越重要。展望 2018 年，虽然房地产投资进入下行周期，但制造业投资企稳回升，基建投资维持中高速增长，消费和出口保持平稳增长，中国经济不会出现失速风险，经济增长的韧性将进一步增强，并逐渐探明阶段底部，预计 2018 年 GDP 同比增长 6.7%左右。

随着供给侧改革的深入推进，落后产能和“僵尸企业”被逐步淘汰和清理，大宗商品价格回暖，企业竞争力明显提升，盈利温和改善。2017 年 9 月 27 日，国务院常务会议提出，“加大对小微企业发展的财政金融支持力度，包括对涉及小微企业贷款的银行定向降准给予再贷款支持，扩大免征增值税政策范围，提高享受免税贷款额度上限”。进入 2018 年，在定向降准、减税、降费等政策的支持下，预计企业经营状况将进一步得到改善，利润有望继续回升。

2. 货币政策保持稳健中性，对估值的影响边际减弱

在全面深化供给侧结构性改革以及防控金融风险的背景下，货币政策将继续保持稳健中性，不松不紧将成为常态，为改革的顺利推进营造稳定的货币金融环境。因此，2018 年货币政策仍将维持稳健中性，利率端不会放松，但也不会收紧，对股指的估值水平影响边际减弱。

3. 风险偏好取决于改革的进展

李克强总理在 2017 年政府工作报告中明确提出，国企改革和金融改革是 2017 年改革领域的重点工作，国企改革的重点是：基本完成公司制改革，深化混合所有制改革，在电力、石油等领域迈出实质性步伐。

2017 年下半年以来，国企改革明显提速。中国联通混改方案正式落地之后，保利集团重组又迅速加入了改革浪潮，意味着国企混改试点取得实质性进展。国资委在国企改革吹风会上表示，中央企业混改速度明显加快，下一步将沿三条路径加快深度调整重组步伐，稳妥推进煤电、重型装备制造、钢铁等领域重组。

党的十九大报告指出，“深化国有企业改革，发展混合所有制经济，培育具有全球竞争力的世界一流企业”。在党的十九大报告的指引下，预计 2018 年国企改革仍将深入推进，混合所有制改革是重要突破口。此外还将推进财税、金融、土地、城镇化、

社会保障、生态文明等基础性改革。当改革取得超预期、实质性进展时，将边际改善风险偏好，提升股指的估值水平。

综上分析，在全球经济处于稳健复苏的背景下，预计 2018 年我国经济增长稳中向好，逐渐探明阶段性底部，企业盈利温和改善，股票市场的结构性行情仍会延续。货币政策将继续保持稳健中性，既不宽松也不收紧是常态，对股指估值水平的影响边际减弱。风险偏好的提升取决于各项改革的进展，存在较大的不确定性。综合基本面因素，预计 2018 年股指将震荡上行，重心缓慢上移，结构性特征仍会延续，预计上证 50 指数、沪深 300 指数的表现将强于中证 500 指数。

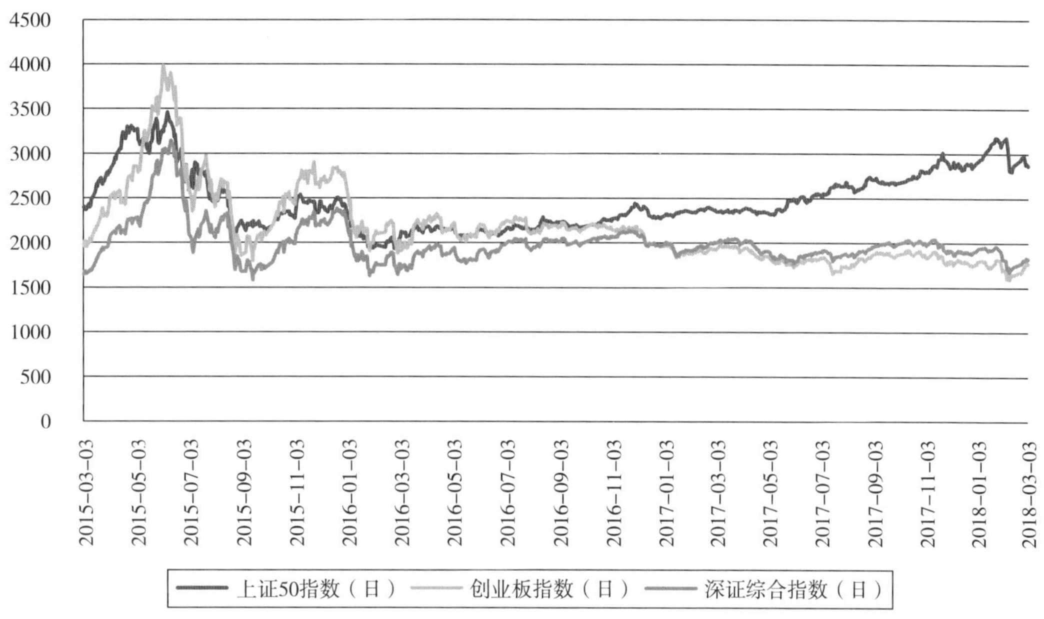

资料来源：Wind，课题组。

图 1-51　股票指数

（四）债券市场

在全球货币政策逐渐退出宽松的背景下，债券价格首当其冲。美联储于 2015 年 12 月率先开启加息周期，截至 2017 年 6 月，已完成第四次加息。并在 2017 年 9 月开始缩减资产负债表，起初每月削减 60 亿美元国债和 40 亿美元 MBS，之后每个季度都增加，直至每月削减 300 美元国债和 200 亿美元 MBS。美国 10 年期、20 年期国债收益率从 2016 年 7 月开始见底，欧元区 10 年期、20 年期公债收益率于 2016 年 9 月见底。

2018 年美联储进入加息周期的第四年，预计年内将加息三次，缩表按原计划进行。欧洲中央银行从 1 月开始削减购债规模，英国中央银行可能在年内加息一次，全球发达国家陆续进入货币政策正常化的轨道。在这一背景下，利率端仍有上行的空间，成为压制债券价格的决定性因素，因此债券价格将易跌难涨。根据美林投资时钟理论，在经济和通胀同时上行的情况下，债券价格的表现往往弱于其他资产。

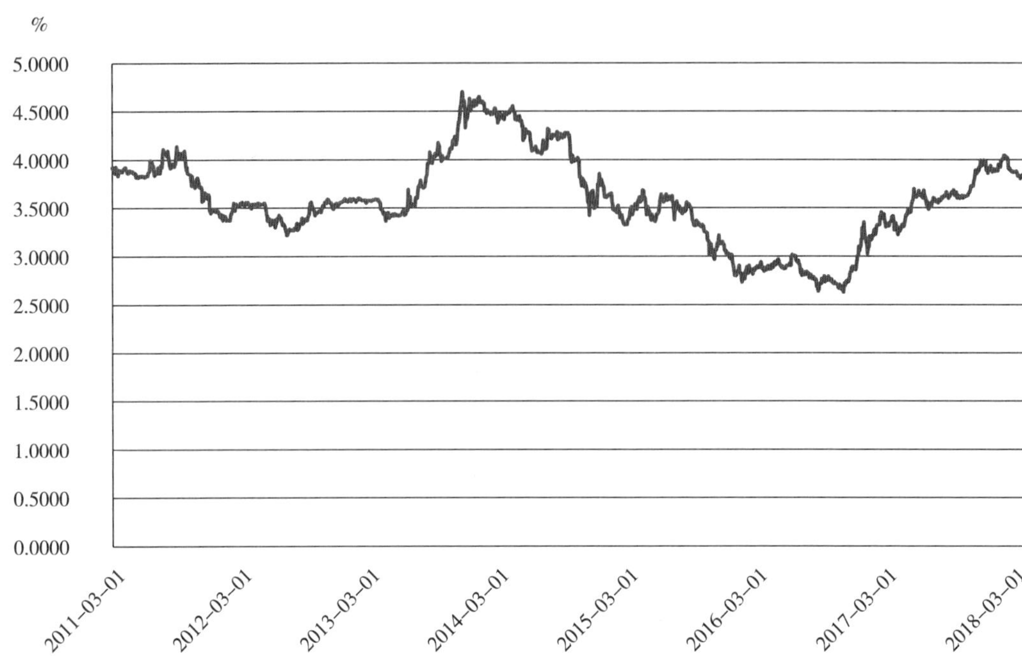

资料来源：Wind，课题组。

图 1-52　美国 10 年期国债收益率

（五）黄金

黄金兼具商品、货币及金融三大属性，具有保值和避险的功能，是大类资产配置中非常重要的一个品种。布雷顿森林体系瓦解后，黄金与美元正式脱钩，长期以来，二者形成了一种此消彼长的关系。因此美元汇率的变化将直接影响到黄金的价格，二者之间呈现较强的负相关关系。

在全球货币政策由宽松逐渐转向收紧的背景下，美联储货币政策正常化进入中后期，加息和缩表预期对美元的提振作用边际减弱，难以改变美元指数长期下行的趋势；而其他主要发达国家货币政策还处在退出宽松的初级阶段，加拿大中央银行已于 2017 年 7 月和 9 月两次加息，成为跟随美联储进入加息轨道的第一家主要中央银行。英国中央银行于 2017 年 11 月开启 10 年来的首次加息，2019 年之前还将加息两次，欧洲中央银行从 2018 年开始削减 QE 规模。相比之下，未来数年，美元相对其他非美货币走弱的可能性更大，美元走软将对金价形成支撑。

此外，欧洲民粹主义抬头，对欧盟的内部团结形成巨大挑战。德国大选中默克尔领导的基民党获胜，但极右翼民粹党——德国选择党首次进入议会，给反欧盟留下隐患。西班牙加泰罗尼亚自治区独立公投引发欧洲局势动荡，虽然这一事件在西班牙政府的努力下得以平息，但对欧盟其他成员国造成了一些消极影响。2017 年下半年以来，朝鲜半岛局势牵动市场神经，避险情绪上下起伏。进入2018年，欧洲政治风波仍有可能发生，地缘政治风险将推升避险需求，黄金作为避险资产仍有配置的必要性。

2017年9月以来，国际金价从年内高点1357美元/盎司开始调整。伦敦金已经过连续三个月的下跌，累计跌幅约7%，已充分表现了美联储12月加息的预期，年内将完成震荡筑底。预计2018年黄金价格将震荡上行，有望突破1450美元/盎司。

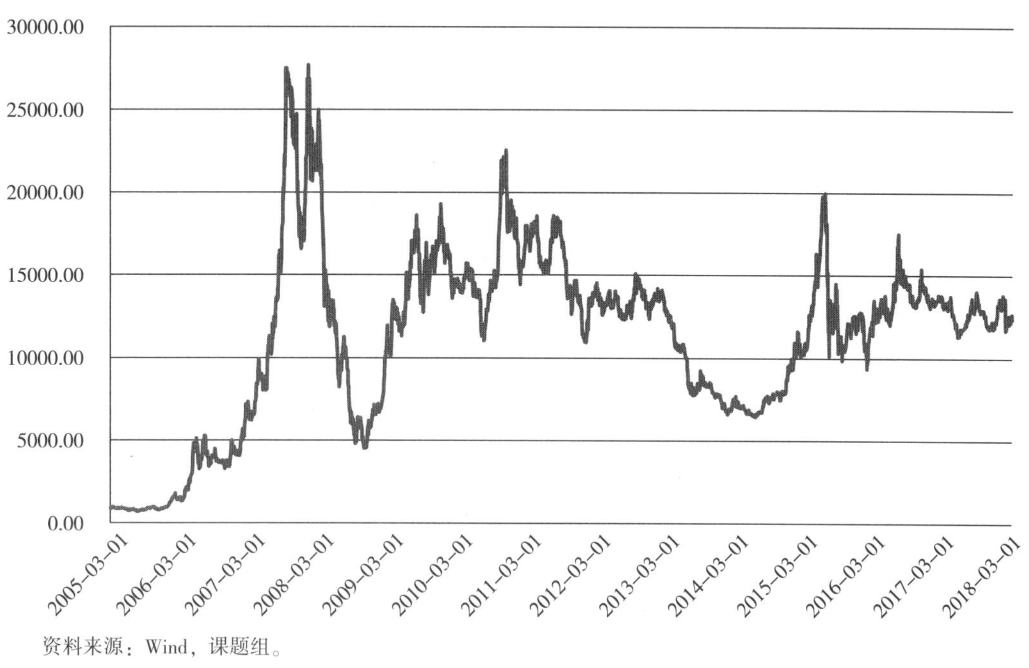

资料来源：Wind，课题组。

图1-53 黄金指数

（六）大宗商品

国内方面，2018年供给侧结构性改革将继续深化，煤炭、钢铁去产能任务将继续落实，预计去产能进度与2017年基本持平。因此，煤炭、钢铁等黑色产业链商品，供给端不会出现明显增加，需求端取决于经济改善状况，黑色商品价格有望继续回暖。

国际方面，美国税改、基建投资计划是影响商品价格的重要因素。美国2018财年预决算议案获得参众两院批准，为特朗普税改的通过奠定了基础。特朗普税改方案实施后，将大幅减轻企业和个人所得税负担，有利于提升企业竞争力，创造更多就业岗位，刺激消费需求，对经济长期利好。除税改之外，2018年要关注基建计划的进展，预计难度比税改更大，这对铜、锌、镍等与基建相关的有色金属影响较大。

2018年全球经济加快复苏，将提振对大宗商品的需求。中国供给侧改革进入全面深化阶段，美国进入特朗普执政的第二年，税改法案已经获得美国国会批准，基建投资计划提上日程，这对大宗商品来说，将形成实质性利好。此外，原油价格企稳走高，将提升未来通胀预期，根据美林投资时钟理论，配置大宗商品依然是较好的选择。

1. 黑色产品

煤炭在 2018 年将依然受到环保政策的影响。供给方面，随着供给侧改革继续推进，煤矿产能置换的加速带来的供应量增长预计会在 2018 年下半年到来，供应偏紧的局面将会得到缓解。焦煤基本面较为稳定，依然需要关注下游焦化厂和钢厂的需求情况。长期来看，随着钢铁行业去产能的继续推进，焦煤的供给并不会有大幅的提升，总体维持稳定。焦炭方面，下游需求主要关注下游钢厂的高炉开工情况。由于炼焦企业大多为民营企业，在价格上话语权较弱且调价灵活，价格波动依然会较大。2018 年上半年需要关注下游需求的复苏节奏，煤炭还是会跟随螺纹钢的走势；但是随着钢厂开工率的升高，年中钢材的供给量可能增加较快，可能再度打压煤炭价格。

资料来源：Wind，课题组。

图 1-54　国内焦炭、动力煤价格

铁矿总体来看还是一种供大于求的局面，但是必须关注高利润下的利润再分配。从目前盘面情况来看，铁矿属于过度打压的品种，特别是在钢厂利润持续处在高位，叠加结构性矛盾仍然存在的情况下，铁矿后面仍然有补涨的可能。但是从长期来看，特别是铁矿总体上还是会跟随螺纹钢的走势，如果螺纹钢出现阶段性下探的情况，铁矿仍然会是空头配置的首要品种。2018 年铁矿现货价格总体上还会在 50~80 美元附近震荡运行，盘面运行区间为 300~650 元/吨。

2018 年影响钢材价格最主要的因素还是在于需求端，虽然 2018 年供给侧改革以及房地产调控仍然会占据主导地位，但是影响力的边际效用正在逐步递减，最终还是要达到回归市场本身的目的。3 月底钢厂逐步复产叠加电炉的投产，或令供需趋于宽松，叠加宏观预期的多变，现货价格可能会出现震荡下行的情况，螺纹现货可能回落至

3000 元/吨附近。

资料来源：Wind，课题组。

图 1-55 国内主要厂商螺纹钢价格

2. 有色金属

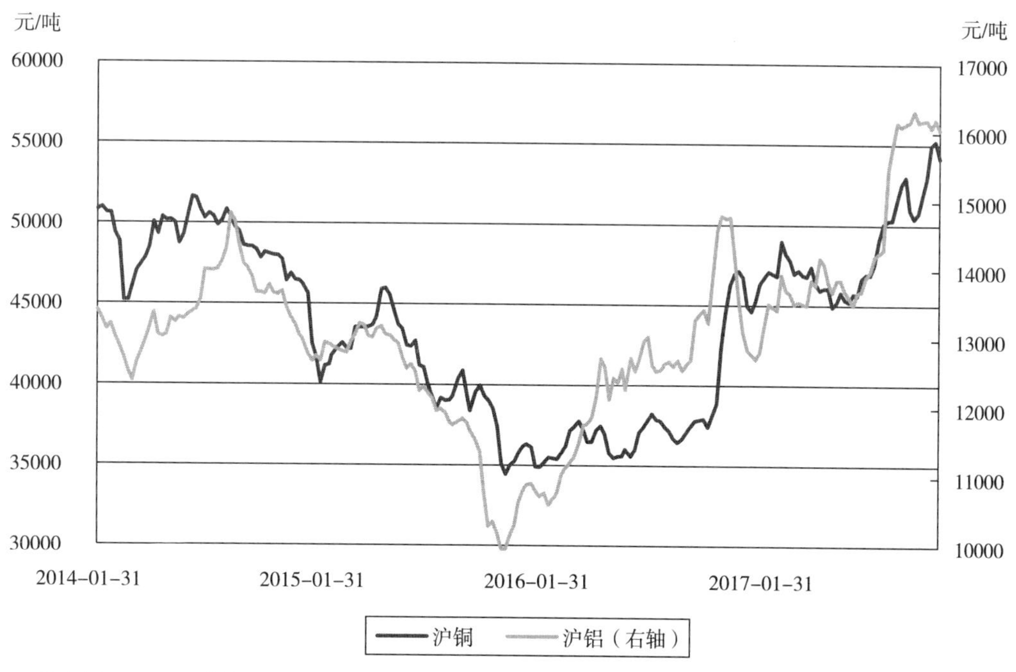

资料来源：Wind，课题组。

图 1-56 上海金属交易所铜、铝价格

2017 年宏观经济形势基本稳定，有色金属也在 2016 年脱离底部后走出了大震荡行情。2016 年底大涨后，2017 年沪铜震荡中小幅上行，而沪铝在环保政策预期和结果的背离中出现了较大幅度的震荡。2018 年特朗普税法改革后，后续经济刺激计划不确定性较大，美元大概率冲高回落。中国宏观经济 2018 年上半年面临较大下行压力，下半年可能企稳。而环保政策和供需关系的刺激对有色金属存在一定的支撑。而下半年宏观经济情况稳定后，有色金属可能出现上涨行情。2018 年沪铜走势区间为 50000~55000 元/吨，沪铝走势区间为 14000~17000 元/吨。

（七）总结

2018 年资产配置需要关注的三类宏观风险分别为：（1）中国货币环境进一步收紧；（2）美元持续贬值；（3）全球贸易战愈演愈烈。在以上风险没有发生的假设下，我们给出的资产配置建议为股票>商品>债券>现金；第一类风险出现时的资产配置调整为现金>债券>股票>商品；第二类风险出现时的资产配置调整为债券>现金>股票>商品；第三类风险出现时的资产配置调整为债券>现金>股票>商品。

风险提示：

1. 美联储加息提速

鲍威尔首秀流露中性偏鹰派风格；2 月薪资增速同比增长 2.6%，虽低于预期的 2.8%，但是就业的超预期持续增长势必会带来未来通胀加速上行的压力；贸易战的持续对全球经济将带来“滞胀”的效果：一是通过进口物价抬升，推升国内物价走高；二是通过中断或打乱全球供应链，导致价格成本抬升，抑制需求增长，产生“滞胀”的效果。美联储可能将重新权衡贸易战对通胀、需求以及资产价格对加息路径的影响。从美国当前的经济周期来看，短期内其对通胀的传导可能快于需求，不排除通胀加速上行压力下美联储加快升息节奏的可能。若 6 月美联储加息同时暗示更快的紧缩节奏，则美元大幅走强以及利率走高对资产价格的冲击不可小觑。

2. 其他地缘政治风险（如中东伊朗问题）

在中国提出的“一带一路”倡议中，伊朗处于连通欧亚的“中转站”位置，极为重要；如果伊朗持续被美国制裁，或陷入长期动荡，会对中国“一带一路”倡议的实施带来诸多负面影响。同时，中东地缘政治不稳促使油价形成一波强有力的上涨，而美国宣称退出伊朗核协议，也使市场之前的恐慌情绪得以落地，油价出现较大振幅，短期油价恐高位回调。

五、蓝皮书[①]漂亮“50”指数

（一）蓝皮书漂亮“50”提出背景

2017 年中国漂亮“50”这个概念在资本市场受到热捧，漂亮“50”这一概念最初产生于 20 世纪 60 年代末 70 年代初的美国，它用来指代当时美国市场上最受市场追捧的 50 只股票。从结构上看，这些股票主要集中在食品饮料、消费、医疗和通信技术等行业，反映了当时面对长期实行凯恩斯主义的美国经济所面临的转型困难，资本市场用脚投票所选择的发展方向。短期来看，由于市场预期的一致性导致漂亮“50”在 20 世纪 70 年代初逐渐泡沫化；但是从长期来看，大多数漂亮“50”公司穿越了半个世纪的“牛熊”，依靠其稳健的经营为长期坚持的价值投资者带来了丰厚的回报。

我们可以发现，当年美国的漂亮“50”出现的时代背景与现在的 A 股非常相似。首先，之前都经历了题材股和投机股泡沫的破灭，由此价值投资、注重业绩的投资理念逐步占据上风；其次，随着共同基金的快速发行，机构投资者成为主导市场的重要力量，他们需要一种可以实现长期稳定收益的投资理念。

课题组通过自有的指标体系从多维角度评估 A 股上市公司的综合竞争能力，对其在所属行业进行排名，然后在行业中选出佼佼者构建 2018 年蓝皮书漂亮“50”指数，最后通过其在资本市场的表现更直观地证明上市公司竞争力排名的科学性和有效性。

（二）蓝皮书漂亮“50”指数构建

标的选取方法：

1. 选取上市公司竞争力各行业排名最靠前的公司。
2. 每个行业选取的公司数量取决于所在行业的公司总数量占全部 A 股的比例。
3. 剔除由于各种原因超长时间停牌的公司，剔除之后由所在行业的后一名补上。

表 1-7　　2018 年蓝皮书漂亮“50”

股票代码	公司名称	所在行业
601857. SH	中国石油	采矿业
600900. SH	长江电力	电力、热力、燃气及水生产和供应业
600848. SH	上海临港	房地产业
000002. SZ	万科 A	房地产业
601390. SH	中国中铁	建筑业

① 此处及下文提到的蓝皮书均指由中国金融出版社出版、浙江财经大学中国金融研究院课题组著的《中国上市公司综合竞争力排名评价报告》。

续表

股票代码	公司名称	所在行业
601111. SH	中国国航	交通运输、仓储和邮政业
600018. SH	上港集团	交通运输、仓储和邮政业
603377. SH	东方时尚	教育
601398. SH	工商银行	金融业
601288. SH	农业银行	金融业
601318. SH	中国平安	金融业
603018. SH	中设集团	科学研究和技术服务业
300498. SZ	温氏股份	农、林、牧、渔业
600751. SH	海航科技	批发和零售业
600704. SH	物产中大	批发和零售业
300070. SZ	碧水源	水利、环境和公共设施管理业
300015. SZ	爱尔眼科	卫生和社会工作
600715. SH	文投控股	文化、体育和娱乐业
300333. SZ	兆日科技	信息传输、软件和信息技术服务业
600570. SH	恒生电子	信息传输、软件和信息技术服务业
000524. SZ	岭南控股	住宿和餐饮业
600200. SH	江苏吴中	综合
002027. SZ	分众传媒	租赁和商务服务业
600519. SH	贵州茅台	制造业
600104. SH	上汽集团	制造业
002415. SZ	海康威视	制造业
600516. SH	方大炭素	制造业
600276. SH	恒瑞医药	制造业
603160. SH	汇顶科技	制造业
000333. SZ	美的集团	制造业
601012. SH	隆基股份	制造业
600309. SH	万华化学	制造业
601766. SH	中国中车	制造业
600887. SH	伊利股份	制造业
600019. SH	宝钢股份	制造业
000725. SZ	京东方 A	制造业
600282. SH	南钢股份	制造业
600409. SH	三友化工	制造业
002241. SZ	歌尔股份	制造业

续表

股票代码	公司名称	所在行业
000858. SZ	五粮液	制造业
002716. SZ	金贵银业	制造业
600066. SH	宇通客车	制造业
600293. SH	三峡新材	制造业
300077. SZ	国民技术	制造业
603660. SH	苏州科达	制造业
601126. SH	四方股份	制造业
600741. SH	华域汽车	制造业
600031. SH	三一重工	制造业
601238. SH	广汽集团	制造业
300274. SZ	阳光电源	制造业

资料来源：《中国上市公司综合竞争力排名评价报告（2018）》，课题组。

（三）蓝皮书漂亮“50”指数表现

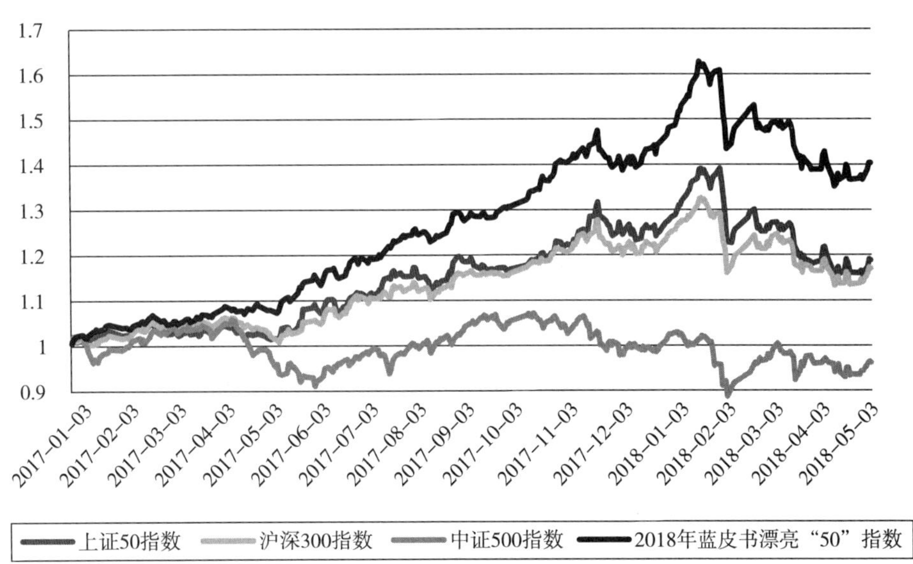

注：上证 50 等指数采用市值加权法计算。

资料来源：Wind，课题组。

图 1-57　2018 年蓝皮书漂亮“50”指数（市值加权法）

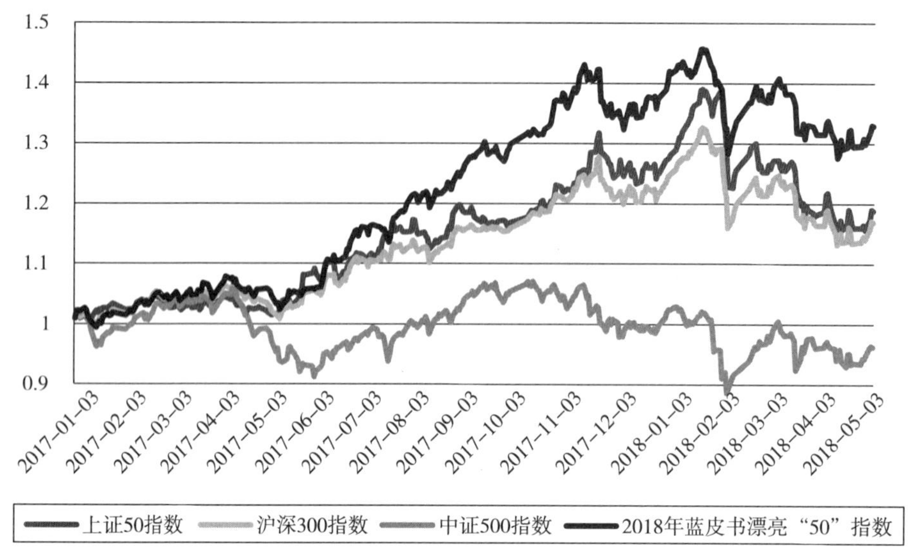

注：上证 50 等指数采用等权重法计算。

资料来源：Wind，课题组。

图 1-58　2018 年蓝皮书漂亮“50”指数（等权重法）

相关参考：

根据 2017 年上市公司综合竞争力排名结果选出的 2017 年蓝皮书漂亮“50”指数也一直跑赢各类指数。2017 年蓝皮书漂亮“50”指数的具体标的可以在附表中找到。

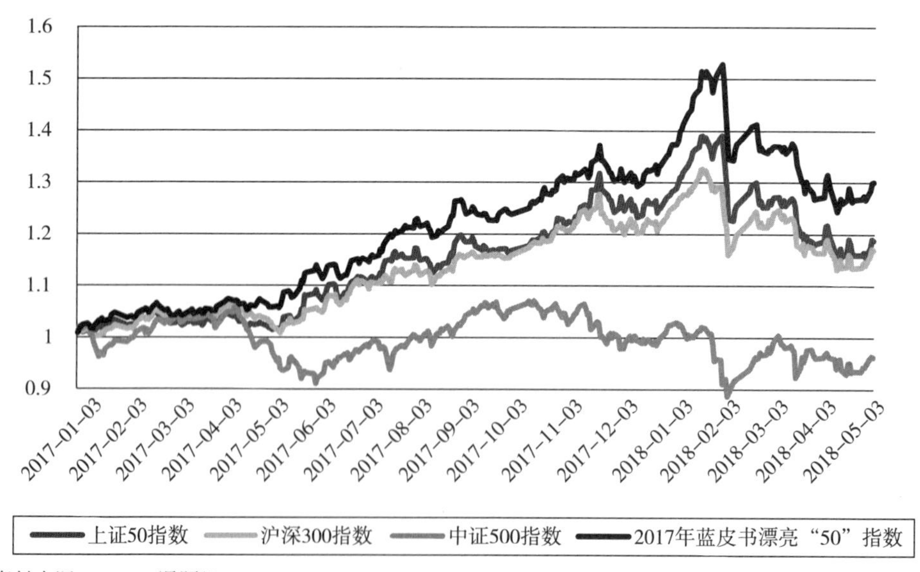

资料来源：Wind，课题组。

图 1-59　2017 年蓝皮书漂亮“50”指数

注意事项：投资有风险，入市需谨慎。市场变幻莫测，蓝皮书漂亮“50”指数仅作参考，不直接构成投资建议，投资结果需自负。

第二篇　总体竞争力评价指标说明

随着经济全球化的不断发展，上市公司要在市场中立足并长期处于上游水平就必须拥有强大的竞争能力。这是通过运营管理、相互追逐所体现出来的一种综合能力，涵盖了企业内部的经营情况以及市场对企业的评价和反馈。本书从治理竞争力、管理竞争力、创新竞争力、社会责任竞争力以及人力资源竞争力五个方面来衡量上市公司总体竞争力水平。

一、治理竞争力

公司治理从本质上看既是组织结构的拓展，也是管理机制的深化和延续。尤其是对上市公司而言，良好的治理竞争力不仅有效降低了企业的内部运营成本，提高了投资者的信心，而且增强了管理层的运作效率，维护了投资者的权益，是确保公司持续高效经营的关键。

本书考察治理竞争力从公司股权结构、公司治理架构情况、董事激励、监事激励、三会次数、社会影响力这六个方面入手。

（一）公司股权结构

股权结构是指股份公司总股本中，不同性质的股份所占的比例及其相互关系。完善的公司股权结构可以体现股东之间合理的制衡能力，提升其相互间的监督和约束力，有利于提高企业的经营绩效。

1. 股权集中度

股权集中度是指全部股东因持股比例不同所表现出来的股权是集中还是分散的数量化指标。当股权较为集中时，大股东在自我利益的推动下就会积极参与企业管理并提高对经理层的监管，该举措有利于提升企业价值，而过犹不及，一股独大也会造成对大股东监管的缺失，可能发生大股东侵吞其他股东应有权益的情况；若股权较为分散但同时依旧存在第一大股东，他在持有较低股权比例的情况下对企业依然具有控制权，但由于在该上市公司中的获利能力不高，该大股东可能会做出有损企业发展但对个人有利的具有道德风险的行为决策。

本书中用 CR_n（n=1，2，3，…，表示第 n 大股东）指标来衡量公司股权分布的状态。

第一大股东持股比例公式为：

CR_1 = 第一大股东持股数/所有股东持股数

当第一大股东持股比例达到 50%以上时，我们认为该公司为绝对控股公司；当第一大股东持股比例低于 20%时，我们定义其为高度分散企业。

2. 股权制衡度

股权制衡是指控制权由几个大股东分享，通过内部牵制，使任何一个大股东都无法单独操控决策，达到大股东相互监督的效果，该方式既能保留股权的相对集中又能有效抑制大股东的道德风险行为。单纯采用股权集中度描述企业股权结构较为片面，因为直接采用第一大股东持股比例衡量其在公司股权结构中的影响力，就容易忽略其他股东的持股比例以及公司整体的股权分布。具体而言，如果公司的持股比例相对集中，那么除第一大股东外前几大股东就能形成制约力量，对第一大股东进行制衡，有助于企业更公开透明发展。

本书使用 Z 指数来衡量股权制衡度。将第二至第五大股东持股数总和与第一大股东持股数比值定为 Z 指数。

Z 指数的计算公式为：

Z = 第二至第五大股东持股数总和/第一大股东持股数

一般认为，当 Z 指数大于等于 1 时，第一大股东受到其他股东的制衡；当 Z 指数小于 1 时，第一大股东的控制程度和权力较高。

（二）公司治理架构情况

公司治理架构的合理与否是企业能否高速发展、长期经营的关键因素之一。

1. 董事长与总经理分离

在“两职分离”的企业中，董事长和总经理组成了最基本的领导二元体，是高管团队的核心架构。董事长和总经理分别代表不同的利益主体，行使不同的职能。董事长是董事会的代表，也是股东利益的代表，其把握重大战略方向、决定重大事项、监督总经理行为；总经理是经营者利益的代表，是公司战略的主要执行者，负责公司的日常管理，对公司经营目标的实现与否负责。在董事长与总经理两职分离的情况下，所有权和经营权的分离形成了一种委托代理关系同时也产生了代理成本。但董事长可以对总经理的经营行为进行监督，能够促使公司经营活动持续健康发展，起到了降低代理成本的作用。

2. 上市公司董事会与监事会

董事会是公司的决策机关，享有公司的经营决策权和管理权，董事会依法由股东会选举产生，对外代表公司行使经营决策权。监事会是公司的监督机关，监督高管的经营管理和公司财务。因此，上市公司董事会和监事会的健康运作对企业的发展具有至关重要的作用。

考察上市公司的治理情况，本书从以下三个维度入手：一是公司治理架构是否完善，如公司的独立董事比例是否满足 1/3 的要求；二是董事会、监事会规模是否适当，在本书中以 8 人作为董事会适当规模，监事会成员不少于 3 人的标准来自我国《公司法》和《国有企业监事会暂行条例》；上市公司是否设立完整的四委会，即战略委员会、审计委员会、提名委员会、薪酬与考核委员会。

（三）董事激励

根据委托代理理论，现代企业大部分都存在所有权和经营权分离的情况，信息不对称问题的存在常常会产生委托代理问题。董事会由股东大会选举并受股东委托管理公司，作为企业的治理机构拥有比股东更多的信息，对企业生产经营活动更加了解。企业经营最终的目标是价值最大化，为了使董事的利益与企业的利益相一致，防止其为谋私利而有损企业发展，那么对董事给予相应激励的机制是非常有必要的。这有利于减少委托代理问题，提高企业经营效率。

1. 领取报酬董事比例

在公司领取报酬的董事与所在企业经济关联程度较强，从而可以通过薪酬激励的方式提升董事监督管理者、保护公司利益的积极性。因此，领取报酬董事比例的提高有助于提升董事会的监控能力。[①]

2. 金额最高前三名董事报酬总额占应付职工薪酬比例

由于企业规模存在大小差异，因此，用绝对值来衡量各企业对董事的激励程度无法在横向中进行较为公正的比较。因此本书采用每个企业金额最高前三名董事报酬占本年应付职工薪酬总额的比例来衡量企业对董事的激励程度。本书用指数 K 来表示。

计算公式为：

K＝金额最高前三名董事报酬总额/应付职工薪酬

（四）监事激励

监事会处于董事会外部，起到监督董事和管理者的作用。大部分上市企业都存在第一类代理问题，也就是管理者与股东之间的利益有所冲突。那么监事会的存在可以有效抑制这种问题的深化，从而起到平衡和完善企业发展的作用。给予监事一定的薪酬激励可以充分发挥其监督管理职能。但对监事的激励政策存在一个平衡点，激励过度可能会造成其与企业管理者同流合污隐瞒负面消息；而激励不足可能会导致监事缺乏相应动力、没有尽到全面监管职责。因此合理的监事激励对提高企业未来发展，增强其总体竞争力也是十分重要的。

由于证监会在 2008 年 3 月公布的《股权激励有关事项备忘录 2 号》中明确将监事排除在股权激励范围外，因此本书采用薪酬激励来衡量企业监事激励的程度。同样使

① 周杰，薛有志．基于归核化战略实施保障的公司治理优化研究——来自董事会结构的经验证据［J］．管理评论，2012，24（10）．

用领取监事报酬的比例以及金额最高前三名监事报酬总额占应付职工薪酬比例来度量不同企业在监事激励上的投入程度。

（五）三会次数

“三会一层”是我国上市公司治理结构的基本模式。《公司法》对股东大会、董事会会议及监事会会议每年召开的次数均有相关规定。

1. 股东大会次数

股东大会作为企业最重要的权力机构，对公司的重大事项做出决议。股东大会能否发挥实际功能从本质上决定了整个公司治理架构的成功与否。股东大会对公司重大事项进行决策，并对企业的经营管理有广泛的决定权，如公司经营方针和投资计划、利润分配和弥补亏损、董事及股东监事的任免、公司章程的修改、公司的合并、分立及解散等都需要经过股东大会的投票通过才能生效。

因此在一定程度上，召开股东大会的次数越多，越有利于及时有效体现股东的意志，降低代理成本，并且向市场释放股东积极参与企业经营管理的良好信号，有利于提高公司的治理水平和市场竞争力。

2. 董事会会议次数

董事会会议是董事发挥其职能的重要途径。我国《公司法》第一百一十条规定股份有限公司的董事会每年度至少召开两次会议，且可以召开临时会议。企业重大业务，除法定和公司章程规定属于股东会决议的事项外，其他相关事项一般均由董事会会议决定，因此该会议的内容和法律效益对企业的自身发展具有重大意义。

在一定程度上，董事会会议次数与企业业绩正相关，次数越多说明董事有充足时间来执行监督职能，表明董事会行为越积极，交流越密切越有利于针对企业当前发展做出相应的经营决策。且开会频率高的董事会可能向市场传递报告的质量更为可靠的信号，有利于企业的发展。

3. 监事会会议次数

《公司法》第五十五条规定监事会每年度至少召开一次会议，监事可以提议召开临时监事会议。监事会会议主要是对企业财务预算、决算方案和披露报告，对企业利润分配和弥补亏损方案，对董事会提出的重大风险投资、抵押、担保等决策提出监督和审查意见；对公司高管是否遵守公司章程、制度以及执行相关事务情况做出监督评价等。以上相关决策的通过和执行均对企业未来发展具有重大意义。

因此，监事会会议的召开有利于企业更好地评估当下的经营决策水平，更理性地选择未来的投资方案。在一定程度上，监事会会议的召开次数反映了监事会运行的效率。在合理的成本控制下，监事会会议召开次数越多，越有利于对企业的经营管理进行审核，提高公司整体的治理水平。

（六）社会影响力

由于处在复杂市场的大环境中，企业长期高速发展除了立足自身有良好的经营策略外，外界对其的评价也是企业竞争力的表现之一。在市场中释放更多有利信息，有着正面社会影响力的企业，往往更能吸引投资者的眼球，有利于降低自身融资成本。

1. 新闻评分

在互联网高速发展的时代，新闻媒体以高速度、大容量、互动性等特点向投资者和社会大众传递信息。由于新闻报道的煽动性强，受众面广，因此社会公众对企业能力的印象容易受到影响。对企业正面的报道，比如文章中带有明显的积极词汇，有利于扩大企业及其品牌的知名度，提高企业的社会地位，加快企业的发展；相反，负面评价会降低企业在社会中的价值，从而可能提高企业融资成本，不利于企业的发展。由于新闻报道数量巨大，关键词选取较为复杂而且存在着些许中性词汇，对其进行量化有一定的难度，但不能否认它是企业竞争力体现的重要指标之一。

2. 企业是否 ST

ST 是指境内上市公司连续两年亏损，被进行特别处理的股票。也就是说，这些企业财务状况异常，主要有以下两种情况：一是上市公司经审计两个会计年度的净利润均为负值；二是上市公司最近一个会计年度经审计的每股净资产低于股票面值。除此之外还有注册会计师对最近一个会计年度的财务报告出具无法表示意见或否定意见的审计报告等。带有 ST 的企业往往有更多负面的评价，社会影响力相对较差，从而企业在市场上的竞争力也相对减弱。因此公司是否 ST 是反映企业经营治理能力重要的表现之一。

3. 未解决的官司

官司通常意义上是指在人民法院进行的诉讼。本书中将除和解、裁决、撤诉、诉讼中止、结案、终裁、依法改判以及维持原判以外的司法进程均列入未解决的官司中。不论企业是否主动介入相应官司中，由于诉讼官司的成本高、时间长，且官司可能披露企业产品、服务等相对负面的消息，因此预期企业收入、社会评价及影响能力均会有不同程度的下降。我们认为企业拥有的未解决的官司越多，社会影响力相对越差，进而反映了企业治理能力存在一定缺陷。

二、管理竞争力

管理竞争力是指企业通过采用各种高新技术，在外部环境和内部资源的共同制约下，能够对所拥有的资源进行合理的优化和配置，并最终以低成本、高效率从事企业经营管理活动的能力。通常情况下，管理能力强的重要表现之一就是较好的企业财务业绩。因此，本书采用增长能力、偿债能力、运营能力以及盈利能力四个财务指标来衡量企业的管理竞争力水平。

（一）增长能力

企业增长能力是指其生产经营活动的发展趋势和潜力，主要是由于自身日常活动不断累积并持续扩大形成的，一般是根据持续增长的销售收入、前后期投入的资金以及创造的利润进行分析和判定。一个企业增长能力越强说明企业价值增长潜力越大，同时也能为股东创造更多财富。本书用净资产增长率、主营业务增长率、净利润增长率以及总资产增长率来衡量。

1. 净资产增长率

净资产一般指企业拥有并可以自由支配的资产部分，也即总资产减去负债后的净额。净资产增长率是指企业本期净资产的增加额与上期净资产总额的比值。它是反映企业增长能力的重要指标之一，用于衡量企业资本规模扩张的速度以及资产保值增值的情况。在一定范围内，净资产增长率越高代表企业未来发展更强劲更有潜力；相反，净资产增长率越低则说明企业扩张动力不足，发展低迷。

净资产增长率的公式为：

净资产增长率=（期末净资产-期初净资产）/期初净资产

2. 主营业务增长率

主营业务是指企业为了完成其经营目标而从事的日常活动中的主要活动部分，一般根据公司营业执照上规定的主要业务范围确定。主营业务是企业的重要业务，也是企业收入的主要来源。主营业务增长率是本年主营业务收入增长额同上年收入总额的比率，该指标的不断增加代表企业生存和发展状况较好。一定程度内主营业务增长率越高说明企业增长速度越快，市场前景越好；若该指标小于零，则说明服务或产品存在不适销对路、质次价高等问题，市场份额可能有所萎缩。同时该指标也常用来衡量企业生产产品的生命周期。一般情况下，主营业务增长率在10%以上说明企业产品处于成长期，基本不存在更新产品风险，处在一个比较好的增长区域；增长率在5%到10%说明企业产品进入稳定期，需要进一步开发新产品；若该比率在5%以下则说明企业产品已经进入了衰退期，市场份额难以保持，急需开发新产品。

主营业务增长率的公式为：

主营业务增长率=（本期主营业务收入-上期主营业务收入）/上期主营业务收入

3. 净利润增长率

净利润是指企业当期利润总额减去所得税后的金额，是企业的税后利润也即企业的实际利润。它是企业经营活动的最终成果，净利润越多说明企业经营效益越好；净利润少说明企业经营效益相对较差。净资产增长率代表企业当期净利润相对上期净利润的增长幅度，能够反映企业实现其价值最大化的扩张速度，是综合衡量企业资产运营与管理业绩以及成长状况等的重要指标。通常该指标越大说明企业经营效益逐年增加，盈利能力逐年加强。

净利润增长率的公式为：

净利润增长率=（当期净利润-上期净利润）/上期净利润

4. 总资产增长率

总资产是指企业拥有或控制的，能够带来经济利益的全部资产。总资产增长率是企业本年总资产增长额与年初资产总额的比值。它能够衡量企业本期资产规模的增长情况，从而进一步分析企业经营规模总量的扩张程度及其对企业后续发展的影响。一般情况下，该指标越高，说明企业该经营周期内资产规模扩张速度越快，发展势头相对较猛。但在实际分析时，还需要关注资产增长的规模是否恰当，要避免盲目扩张，通常销售增长、利润增长超过资产规模增长才是效益性的增长。

总资产增长率的公式为：

总资产增长率=（年末资产总额-年初资产总额）/年初资产总额

（二）偿债能力

偿债能力是指企业对债务清偿的承受能力或保障程度，即企业偿还全部到期债务的现金保证程度。通过对偿债能力的分析，能够显示该企业偿债能力的大小，从而判断其财务风险的高低。有利于投资者进行正确的投资决策、企业经营者进行正确的经营决策、债券者进行正确的借贷决策。本书用资产负债率、流动比率、速动比率以及固定资产比率来衡量企业的偿债能力。

1. 资产负债率

资产负债率是负债总额与资产总额的比值，用来衡量企业利用债权人提供的资金进行经营活动的能力以及债权人发放贷款的安全程度，它反映了一个企业的长期偿债水平。对债权人来说，该指标越低越好，即该企业发生财务风险可能性低，有足够的资产来承担负债，债款的安全性得到保障。一般来说，该指标过高说明企业潜在财务风险过大，但相反也证明了企业市场信誉好，能够借到足够多的资金，说明企业较好地利用了财务杠杆；若该指标过低则企业就失去了利用财务杠杆获得收益的机会。在保守情况下，该比例维持在50%较为合理。

资产负债率的公式为：

资产负债率=负债总额/资产总额

2. 流动比率

流动比率是流动资产与流动负债之比。该比率通常用来衡量企业的短期偿债能力，即企业流动资产在短期债务到期以前，可以变为现金用于偿还负债的能力。流动资产是指企业可以在一年或超过一年的一个营业周期内变现或者运用的资产，主要包括货币资金、短期投资、应收票据、应收账款和存货等。一般情况下，流动比率越高说明企业资产变现能力越强，流动性越强，越不容易发生财务风险，但也要注意分析流动资产的结构，有时候流动比率高是由于过多存货积压，这也就不能说明有足够偿还债务的能力。且流动比率过高表示流动资产占用较多，会影响企业经营资金周转效率和获利能力。不同行业流动比率要求不同，一般认为合理的最低流动比率为2。

流动比率的公式为：

流动比率=流动资产/流动负债

3. 速动比率

速动比率是指速动资产与流动负债的比值。同流动比率一样，速动比率也是衡量企业短期偿债能力的重要指标之一。速动资产是企业流动资产减去存货和预付费用后的余额，主要包括现金、短期投资、应收票据、应收账款等可以在较短时间内变现的最具流动性的资产。在分析时常把流动比率和速动比率做对比，流动比率高的企业并不一定偿还短期债务能力很强，因为流动资产中存货、待摊费用变现时间较长，尤其是存货可能发生积压、滞销、残次等情况，而速动比率则能避免这种现象，它更为严格地反映了一个企业能够立即还债的能力和水平，它比流动比率更具可信度，是对流动比率的补充。通常合理的最低速动比率为1。

速动比率的公式为：

速动比率=速动资产/流动负债

4. 固定资产比率

固定资产是指企业为生产产品、提供劳务、出租或者经营管理而持有的、使用时间超过12个月、价值达到一定标准的非货币性资产，包括房屋、建筑物、机械等其他与生产经营活动有关的设备、器具、工具等。固定资产比率指固定资产与资产总额的比值，用来衡量固定资产有无资金闲置现象。该比率越低说明资金运用效率越高，表示企业没有闲置资金；该比率过高说明固定资产占用较多，可能会影响企业整体的变现能力，偿债能力相对较差。

固定资产比率的公式为：

固定资产比率=固定资产/资产总额

（三）运营能力

运营能力是指企业基于外部市场环境的约束，通过内部人力资源和生产资料的配置组合而对财务目标实现所产生的作用。运营能力体现了企业通过管理资产创造价值的效率和效益。我们用四个周转率，即存货周转率、应收账款周转率、总资产周转率和流动资产周转率来分析企业对货款来往的管理和长短期资源的利用效率。

1. 存货周转率

存货周转率也称存货周转次数，是企业在一定时期内的主营业务成本与存货平均余额的比率，是反映企业的市场需求和销货能力的一项指标，也是衡量企业生产经营中存货管理效率及流动性的一项综合性指标。一般来说，存货周转率越高，销货速度越快，一定时间内周转额越大，资金占用水平越低。存货的具体构成包括原材料和产成品，因而对存货周转率的判断还要结合两者的结构具体分析。

存货周转率的公式为：

存货周转率=主营业务成本/存货平均余额

2. 应收账款周转率

应收账款是指企业在正常的经营过程中因销售商品、提供劳务等业务，应向购买单位收取的款项，包括应由购买单位或接受劳务单位负担的税金、代购买方垫付的各种运杂费等，是伴随着企业的销售行为发生而形成的一项债权。应收账款的多少与企业的销售规模有关，即受到企业规模影响。而应收账款周转率衡量的是企业回收账款的快慢，反映了企业将应收账款变现的能力和债权管理能力。应收账款周转率越高，说明企业在一定主营业务收入水平下平均应收账款余额越小，企业账款回收速度越快，短期流动性越高，债权管理能力也越强。

应收账款周转率的公式为：

应收账款周转率=主营业务收入/平均应收账款余额

3. 总资产周转率

总资产是指企业拥有或控制的、能够带来经济利益的全部资产。而总资产本身的大小只能反映企业可利用资源的绝对货币数值，并不能反映企业对所有可利用资源的使用效率，因而我们引入总资产周转率指标。总资产周转率衡量的是企业全部资产的利用效率，反映了企业整体资产的运营能力。总资产周转率越高，说明在一定平均资产总额水平下企业的主营业务收入净额越高，产生的效益也越大，因而企业的运营能力越强，管理竞争力也越强。

总资产周转率的公式为：

总资产周转率=主营业务收入净额/平均资产总额

4. 流动资产周转率

流动资产是指企业短期内可变现或运用的资产，包括货币资金、存货、应收票据、应收账款、短期投资等。流动资产周转率衡量的是企业流动资产的利用效率，既包括对资金使用的管理，也包括对产品周转的管理，反映了企业流动资产的运营能力。流动资产周转率越高，说明企业流动资产周转速度越快，流动资产利用程度越高，企业的短期运营能力越强，管理竞争力也越强。

流动资产周转率的公式为：

流动资产周转率=主营业务收入净额/平均流动资产总额

（四）盈利能力

盈利能力是指企业在一定时期内获取利润的能力，通常表现为一定时期内企业收益数额的多少及其水平的高低。盈利是企业的主要经营目标，是股东股息的来源及股价上涨的动力，是债权人收回本息的保障，更是衡量管理层表现的直接渠道。我们用销售净利率、总资产收益率和净资产收益率三个指标分别衡量用销售收入、总资产和净资产消除企业规模差异后的企业盈利情况。

1. 销售净利率

销售净利率是指企业实现净利润与销售收入的对比关系，用于衡量企业在一定时期的销售收入获取净利润的能力，反映了企业将销售收入转化为净利润的能力。一方面，单一的销售收入会受到企业规模大小的影响，不能完全反映企业的盈利能力；另一方面，企业的盈利不仅取决于销售收入，更会受到销售费用、管理费用和财务费用等成本的影响，因而企业在盈利能力上的竞争力体现在其将销售收入转化为净利润的能力。销售净利率越高，说明在一定销售收入水平下企业获得的净利润越多，盈利能力越强。

销售净利率的公式为：

销售净利率=净利润/销售收入

2. 总资产收益率

总资产收益率（Return on Assets，ROA）衡量的是一定总资产水平下企业净利润的情况及企业盈利的稳定性和持久性，反映了企业的收益能力，是资产综合利用效果的核心指标。企业盈利能力的一个重要体现就在于投入与产出之间的关系。因此我们选择债权人和股东的总投入，即总资产来衡量投入水平，用净利润来衡量产出水平，从而得到总资产收益率。该指标越高，说明一定总资产水平能够给企业带来的净利润越多，企业的盈利能力越强。

总资产收益率的公式为：

总资产收益率=净利润/总资产

3. 净资产收益率

净资产收益率（Return on Equity，ROE）是对总资产收益率指标的补充，它反映了股东权益的收益水平，衡量的是公司运用自有资本的效率。在这个指标中，我们仅用较为稳定的股东投入来衡量投入水平，用净利润衡量产出水平，从而得到净资产收益率。在其他条件不变的情况下，负债的增加会导致净资产收益率的上升。净资产收益率越高，说明一定普通股股东权益水平能够给企业带来的净利润越多，企业的盈利能力越强。

净资产收益率的公式为：

净资产收益率=净利润/普通股股东权益

三、创新竞争力

正如李克强总理号召的“大众创业、万众创新”理论，创新是国家、民族、企业甚至个人发展的重要驱动力。对上市公司而言，创新是企业争夺市场、保持竞争力的重要手段。特别是对信息技术等高科技行业而言，企业想要在瞬息万变的市场中常胜，必须保持创新的活力。创新具有长期性与不确定性等特点，因此本书从创新投入和创新产出两个维度衡量企业的创新竞争力。其中，创新投入包括研发投入占比、研发人员占比和政府补贴；创新产出包括有效专利及参与标准制定。

（一）创新投入

创新投入是企业创新竞争力的来源，是企业重视创新研发的表现。企业通过对人力、物力两方面的投入增强自身创新竞争力。我们用研发投入占比和政府补贴来衡量企业在物力上的投入，用研发人员占比来衡量企业在人力上的投入。

1. 研发投入占比

研究开发投入是企业创新竞争力的重要来源之一。企业研究开发能力越强，越能为投资者带来超额利润。然而，企业的研发投入具有延迟效应，[①] 且通常研发投入在两年后对企业绩效的影响最为显著。[②] 因此，我们使用滞后两年的研发投入来衡量企业的研发投入力度。由于企业间规模存在差异，可比性较差，而研发费用一定程度上来源于营业收入，因此我们选择研究开发费用占营业收入的比例来衡量企业对研发活动的重视程度。一般认为，研发投入占比越高，企业对创新研发越重视，其发展动力也更充足。

研发投入占比的公式为：

研发投入占比=滞后两年的企业研发费用/营业收入

2. 研发人员占比

研发人员是企业将科学技术转化为现实生产力的人力基础。研发人员能将新观点、新构想、新思路、技能、物质资源转化为满足顾客需求或开发顾客潜在需求的新技术、新工艺、新产品，产生经济社会效益的能力，从而提升企业创新竞争力，为企业带来盈利。由于企业规模存在差异，员工总数可能相差甚远，因而选择研发人员占比来反映企业在创新的人力资源方面的投入情况。研发人员占企业员工数量的比重越高，说明科技对企业经营的影响程度越高，同时也反映出企业对创新研发越重视。

研发人员占比的公式为：

研发人员占比=研发人员数量/企业员工总数

3. 政府补贴

政府补贴主要包括企业因研究开发、技术更新及改造等获得的政府补助或奖励。尽管受到所有制、企业经验与所处地区等因素的影响，总体而言，政府补贴对企业提高创新绩效有积极的作用。[③] 企业的创新活动需要长期投入大量资金以保障持续进行，而政府补贴作为资金补充的一个重要途径，能够积极弥补市场缺陷，提高企业从事技术研发活动的积极性，从而对企业研发投入产生“刺激效应”。因此我们认为，得到政

---

① 孙莹．战略性新兴产业公司治理、研发投入延迟效应与企业绩效关系研究［J］．科技进步与对策，2017（5）.

② 赵心刚，汪克夷，孙海洋．我国上市公司研发投入对公司绩效影响的滞后效应研究——基于双向固定效应模型的实证分析［J］．现代管理科学，2012（8）.

③ 王一卉．政府补贴、研发投入与企业创新绩效——基于所有制、企业经验与地区差异的研究［J］．经济问题探索，2013（7）.

府补贴更多的企业，其创新竞争力也就更高。

（二）创新产出

企业间创新效率存在差异，因此仅评判创新投入有失偏颇。企业创新投入的目的就是得到创新产出结果并加以应用，因而创新产出也是企业创新竞争力的重要衡量标准。目前，受到法律保护及社会公认的创新产出衡量方式就是专利。本书用有效专利及参与标准制定来衡量创新产出。

专利是企业创新活动产出的一个重要衡量方式，可分为发明专利、实用新型专利和外观设计专利。而有效专利是指专利申请被授权后，仍处于有效状态的专利。有效专利的数量和质量反映了企业进行创新活动的积极性和能力。

一方面，有效专利衡量了企业在有效期间（发明专利为 20 年，实用新型专利和外观设计专利为 10 年）企业创新研发的成功，比起专利总数更能反映企业目前的创新产出情况；另一方面，有效专利可以真正做到在提升企业产品、服务的质量或生产效率的同时，防止行业竞争对手采取相同手段提升其产品或服务，从而在真正意义上提升了企业的竞争力。

参与标准制定则是指企业是否参与国家专利标准的制定。只有自身创新竞争力强的企业才有资格参与到这一过程中。因此，这一指标也是企业创新产出的重要衡量标准之一。

四、社会责任竞争力

企业社会责任（Corporate Social Responsibility，CSR），是指企业在其商业运作中对其利害关系人应负的责任，包括对员工、顾客、供应商、社区团体、母公司或附属公司、合作伙伴、投资者和股东应负的责任。早在 1999 年的瑞士达沃斯世界经济论坛上，时任联合国秘书长安南就提出了“全球协议”，号召企业遵守在人权、劳工标准和环境方面的九项基本原则，承担企业对社会应负的责任。企业积极主动承担社会责任，不仅能改善与政府、投资者、员工、供应商的关系，更能在社会上树立认真、负责的声誉与企业形象，从而提升企业的竞争力。本书根据社会责任的客体不同，将其分为法律责任、经济责任、慈善责任和伦理责任四类。

（一）法律责任

法律责任是企业根据政府法规、法律规定，必须遵守的义务和承担的责任。企业承担法律责任不仅是对国家、政府、法律的尊重，更是企业和社会生存发展的基础。法律规定企业有依法经营并依法纳税的义务，因此我们用以下两个指标来衡量企业的法律责任。

1. 对政府的责任

企业对政府有依法纳税的义务，而税收是政府的重要收入来源。企业通过依法纳税为国家、社会的发展奠定经济基础，并展现出其主人翁意识和愿意为社会进步尽一份力的态度。考虑到不同规模企业的纳税义务存在差异，我们用平均资产总额衡量企业规模，用企业支付的税额和收到税费返还之差表征企业的实际纳税水平。一定规模的企业，其实际纳税额越高，说明其对政府、社会的贡献越大，社会责任竞争力也越高。

对政府的责任的公式为：

对政府的责任=（支付的各项税费-收到的税费返还）/平均资产总额

2. 依法经营

企业在经营活动中，应遵循自愿、公平、等价有偿、诚实信用的原则，遵守社会公德、商业道德，接受政府和社会公众的监督，不得通过贿赂、走私等非法活动牟取不正当利益，不得侵犯他人的商标、专利和著作权等知识产权，不得从事不正当竞争行为。[①] 企业只有依法经营才能公平公正地参与行业竞争、市场竞争；出现重大违法违规经营的企业会受到政府、法律的惩罚，更为社会各界所不齿。

（二）经济责任

经济责任以金钱为责任标的，衡量企业对与之有金钱往来的客体的贡献程度。我们从供应链上下游的角度将客体分为投资者、员工和供应商三类。企业为投资者提供投资回报，为员工提供工作岗位和薪酬，为供应商提供市场和销售收入，从而承担起经济责任。

1. 对投资者的责任

企业应制定长期和相对稳定的利润分配政策和办法，制订切实合理的分红方案，积极回报股东。企业的投资来源分为债权人和股东两部分，因此提供的投资回报为支付给债权人的利息支出及给股东的回报之和，并利用平均资产总额消除不同规模企业之间的差别。一定规模的企业，其支付的投资回报越高，越能改善投资者的经济境况，因而越能承担起经济责任。

对投资者的责任的公式为：

对投资者的责任=支付给股东和债权人的金额/平均资产总额

2. 对员工的责任

企业应建立和完善包括薪酬体系、激励机制等在内的用人制度，遵循按劳分配、同工同酬的原则，按时支付员工工资并提供社会保障。[②] 企业为员工提供工作岗位和薪酬，不仅实现了员工的社会价值，保障了员工的收入来源，更为社会的和谐稳定做出

① 引自《深圳证券交易所上市公司社会责任指引》。

② 引自《深圳证券交易所上市公司社会责任指引》。

了贡献。由于员工工作的目标是为企业创造营业收入，同时其薪酬的主要来源也是营业收入，因此我们用营业收入消除不同规模企业之间的差别。一定规模的企业，其为员工支付的薪酬越高，对员工承担的责任就越大。本书用 WR 指数表示对员工的责任。

对员工的责任的公式为：

WR=支付给员工以及为员工支付的现金/营业收入

3. 对供应商的责任

供应商是指向企业提供原材料、设备、能源等资源的经济主体。企业向供应商提供市场，为其带来销售收入，为其存续做出了贡献。我们用主营业务成本和存货增长净值之和来表征从供应商处获得的资源的价值，并用平均应付账款来衡量企业对供应商的责任还未履行的程度，以此消除不同企业间的规模差异。该指标越高，则说明企业对供应商已承担的责任越高，社会责任竞争力也越强。本书用 SR 指数表示对供应商的责任。

对供应商的责任的公式为：

SR=（主营业务成本+期初存货-期末存货）/平均应付账款

（三）慈善责任

慈善责任是企业在没有外力压迫下，自愿奉献爱心与援助、从事扶弱济贫事业的责任。社会主义经济建设的根本目的是实现共同富裕，企业在自身发展仍有余力的同时也应参与到扶弱济贫的事业中。我们用企业对社会的公益贡献率来衡量其承担的社会责任。

企业应在力所能及的范围内，积极参与环境保护、教育、文化、科学、卫生、社区建设、扶贫济困等社会公益活动，促进地区发展。[①] 企业对社会的公益贡献程度可以用捐赠支出来衡量。然而不同规模、不同发展阶段的企业，其经济实力也不尽相同，因此我们用企业捐赠支出与平均资产总额的比值来衡量企业对公益事业的相对贡献。该指标越高，则企业在自身能力范围内承担的社会公益责任越多，社会责任竞争力越强。

对社会的公益贡献率的公式为：

对社会的公益贡献率=捐赠支出/平均资产总额

（四）伦理责任

伦理责任是指企业在处理其与员工、社会相互关系时承担的责任。企业作为现代社会经济活动的一个重要组成部分，其生产经营与员工及社会息息相关。企业只有承担起伦理责任，才能赢得社会的信任，树立起负责任的企业形象。我们根据负责对象将伦理责任分为以下三个指标。

① 引自《深圳证券交易所上市公司社会责任指引》。

1. 是否披露企业社会责任报告

企业社会责任（Corporate Social Responsibility，CSR）报告，指的是企业将其履行社会责任的理念、战略、方式方法，其经营活动可持续性、投资者权益保护、客户权益保护、安全生产等情况，其取得的成绩和不足，进行系统梳理和总结。企业披露社会责任报告，能缓解与外界的信息不对称程度，使企业经营活动得到社会各方的理解与支持，为企业发展创造稳定、良性的外部环境。因此，自主披露企业社会责任报告的企业承担了更多的伦理责任，社会责任竞争力也越强。

2. 就业增长率

就业增长率是企业今年净新增就业人数占上年就业人数的比重，衡量的是企业为社会提供就业机会的增长程度。就业是民生之本，企业在生产经营过程中为社会提供了就业岗位，从而为社会的稳定与进步做出了贡献。就业增长率越高，企业在吸纳员工就业方面的进步也就越大，承担的伦理责任也就更多。

就业增长率的公式为：

就业增长率=本年度平均职工人数/上一年度平均职工人数-1

3. 单位平均资产就业人数

单位平均资产就业人数衡量的是企业利用一定的资源为社会提供的就业机会。就业增长率虽然能体现出企业吸纳员工就业的动态变化过程，但与企业所处发展阶段紧密联系。即使企业就业增长率有所下降，只要这个数值保持为正，其为社会创造的工作机会就持续增加。因此我们使用单位平均资产就业人数衡量一定规模的企业就业人数的多少。该指标越高，说明一定规模的企业为社会提供的就业岗位越多，承担的伦理责任越多，社会责任竞争力越强。

单位平均资产就业人数的公式为：

单位平均资产就业人数=本年度平均职工人数×2/(本年度年初资产总额+本年度年末资产总额)

五、人力资源竞争力

习近平总书记提出“人才是创新的第一资源”。在传统企业改革发展、高新企业层出不穷的当今社会，人力资源的竞争越来越成为企业竞争的重要领域之一，人力资源甚至成为企业赢得竞争最重要的法宝之一。企业人力资源竞争力除了来源于企业内部的对人力资源的管理能力外，还包括企业经营发展的潜力，该能力体现在当下企业向公众和市场展现的经营绩效以及在社会中所处的地位。本书从企业的薪酬管理能力、人员招聘与配置能力、绩效管理能力以及企业市场业绩能力四个维度对人力资源竞争力进行分析。

（一）薪酬管理能力

本书使用员工平均薪酬来衡量企业薪酬管理能力。企业薪酬指以货币为主要形式的回报，它和员工的付出及其创造价值呈正相关关系。在考虑了行业的发展进程、企业当下的盈利能力以及员工工作完成情况的情况下，合理的薪酬指职工因为付出努力而获得同等回报体现了其自身价值，有助于员工获得成就感并进一步为公司的发展而努力。过高的薪酬可能导致职员消极怠工，因为即便没有百分之百完成工作任务也能达到不错的薪资水平；而过低的薪酬同样也会降低员工的积极性，因为工作量没有得到合理的回报，进而减少职工对企业的认同感。进一步考虑到企业规模大小的差异，本书用员工的平均薪酬来体现薪酬管理能力。

（二）人员招聘与配置能力

人员招聘是为了满足企业持续生产的需要，合理的配置则可以充分体现“物尽其用、人尽其才”，让最适合的人在最合适的岗位充分发挥其主观能动性，为企业的建设发展做贡献。企业出色的人员招聘与配置能力有利于完善企业人才的稳定，提高团队的建设，是人力资源竞争力的重要体现之一。本书用研究生学历及以上员工人数占比、普通员工与管理层占比两个指标来进行衡量。

1. 研究生学历及以上员工人数占比

科学技术是第一生产力，而高素质人才是推动科学技术发展的关键因素。企业竞争力的重要体现之一是其拥有人才的素质。合理的企业结构与高素质人才相匹配，根据人才的独特优势给予相对应的岗位职能就能使其充分展现自身的能力，达到效益最大化的目标，从而提高企业的整体竞争力。通常我们认为，学历越高，接受教育程度越高，对知识的钻研越深，创新能力、科研能力以及处理事务的专业能力越强，整体素质相对较高。因此若一个企业研究生学历及以上的职工人数越多，说明其人力资源竞争力越强。

2. 普通员工与管理层占比

普通员工与管理层占比是指企业管理人员数量的多少与普通员工的比值。该数值与企业规模有较大联系。一般情况下，大中型企业该比例相对较低，而小型企业因为不能减少必要的相关部门，所以在整体员工人数不多的情况下，管理人员占比相对较高。若该比例过高，则说明企业管理层人数过多，那么有可能导致意见无法统一，决策难以确定的情况发生；若该比例过低，则管理层人数较少，可能发生决策过于独断、不够全面的情况。

（三）绩效管理能力

企业经营绩效主要包括企业的市场、财务以及社会表现，它是人力资源竞争力的最终表现形态。企业通过不断增加人力资源的价值来提高自身竞争力，最终表现在企业的经营管理业绩上。因此，比较企业的经营业绩与人力资源投入可以充分反映企业的人力资源利用率。本书用年人均产值以及企业人力投入回报率来衡量。

1. 年人均产值

年人均产值是企业本年营业收入与员工总人数之比。营业收入指企业在从事销售商品、提供劳务以及让渡资产使用权等日常经营活动过程中形成的经济利益的总流入。营业收入越高说明企业本年经营效益越好。一般情况下，该比例越高，说明企业员工的价值得到了越充分的体现，员工对企业的整体发展和经营能力有更积极的作用，在更精确地推动企业整体业绩水平的同时也说明该企业职工整体素质高；而该比例过低则反映职工在提高企业业绩水平上能力没有得到充分体现，对企业的发展作用还不够明显，或者是企业员工人数过多且整体素质相对较低。

年人均产值的公式为：

年人均产值=本年营业收入/员工总人数

2. 企业人力投入回报率

企业人力投入回报率是本年净利润与员工平均薪酬的比值。该比例主要衡量人力资本的投资回报，即企业每投入一元人力成本所获得的回报，是衡量人力资本效率的重要指标。本书认为在一定程度下，该指标越高越好。若该指标过低，说明企业投入在人力上的成本没能获得合理甚至超额的回报，可能说明当前企业的薪酬发放规则存在改进的空间或者相应的激励机制还不够完善，导致员工为企业创造利润和效益的积极性较低。因此进一步说明企业的人力资源竞争力还不够强劲。

企业人力投入回报率的公式为：

企业人力投入回报率=本年净利润/员工平均薪酬

（四）市场业绩能力

衡量人力资源竞争力强弱的重要指标之一是企业的经营结果。这是由于投资者们更关注结果以及能力，竞争力越强受到市场的认可度越高，也即市场份额越大，市场占有率越高。因此本书从结果导向出发，选择市场占有率作为反映人力资源竞争力的一项重要指标。本书认为某企业市场占有率越高，表明该企业在市场中的认可度和知名度越高，这归根结底是由于其经营能力和竞争能力较强，公司销售和利润水平好且稳定导致的。这也从侧面反映出企业人力资源竞争力相较于整个市场更为强劲。本书用企业营业收入额占整个行业营业收入的比例来表示市场占有率。

市场占有率的公式为：

市场占有率=企业营业收入额/行业营业收入

第三篇 行业综合竞争力分析

农、林、牧、渔业

一、行业概况

（一）行业总体情况

农、林、牧、渔业具体范围包括：种植业、养殖业、饲养业、林业、牧业、捕捞业、水利业及其相关产业的项目和收入。通常包括粮食，豆类，蔬菜及制品，棉类，麻类，家禽，牲畜，养殖动物，生皮，毛皮，饲料，饲料添加剂，肥料，农药，园艺用具，农用品，农用机械，林业设备及用具，畜牧养殖业设备及用具，渔业设备及用具，粮油加工机械，饲料加工机械，屠宰及肉类初加工设备，农副产品加工，木材加工，家具制造机械等。

如表 3-1 所示，农、林、牧、渔业不仅包括农业、林业、畜牧业、渔业，同样也包括为这些活动服务的行业。

表 3-1　　农、林、牧、渔行业分类索引

类别	小类	名称
01 农业	011	谷物种植
	012	豆类、油类和薯类种植
	013	棉、麻、糖、烟草种植
	014	蔬菜、食用菌及园艺作物种植
	015	水果种植
	016	坚果、含油果、香料和饮料作物种植
	017	中药材种植
	019	其他农业

续表

类别	小类	名称
02 林业	021	林木育种和育苗
	022	造林和更新
	023	森林经营和管护
	024	木材和竹材采运
	025	林产品采集
03 畜牧业	031	牲畜饲养
	032	家禽饲养
	033	狩猎和捕捉动物
	039	其他畜牧业
04 渔业	041	水产养殖
	042	水产捕捞
05 农、林、牧、渔服务业	051	农业服务业
	052	林业服务业
	053	畜牧业服务业
	054	渔业服务业

资料来源：《国民经济行业分类（GB/T 4754—2011）》，课题组。

2017 年中国农、林、牧、渔业总产值为 114696.2 亿元，相比 2016 年增长了 2604.97 亿元，同比增长 2.3%。分子行业看，农业、林业、渔业和农、林、牧、渔服务业总产值增长较快，分别达到 61719.69 亿元、4991.55 亿元、12316.87 亿元、5383.05 亿元，增速分别为 4.1%、7.8%、6.2%、10.5%。而畜牧业总产值则有所回落，2016 年中国畜牧业总产值为 31703.15 亿元，2017 年中国畜牧业总产值为 30285.04 亿元，相比 2016 年减少了 1418.11 亿元，同比减少 4.5%。

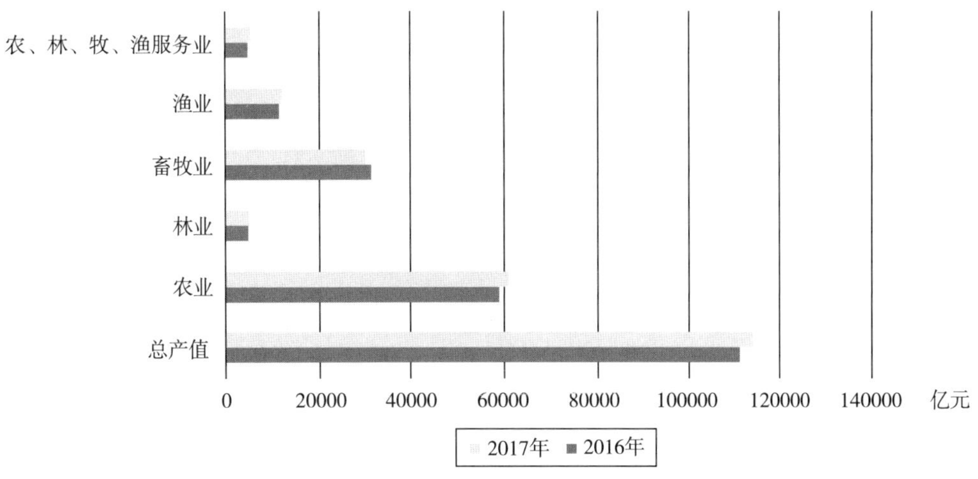

资料来源：国家统计局，课题组。

图 3-1　2016—2017 年中国农、林、牧、渔业产值

截至 2017 年 12 月 31 日，在深圳证券交易所和上海证券交易所上市的农、林、牧、渔业公司总共有 43 家。其中，农业上市公司有 16 家，代表性公司主要有隆平高科、亚盛集团以及中粮糖业；林业上市公司有 4 家，代表性公司主要为平潭发展；畜牧业上市公司有 14 家，代表性公司为温氏股份和西部牧业；渔业上市公司有 8 家，代表性企业主要有獐子岛和东方海洋；农、林、牧、渔服务业上市公司有 1 家，代表性公司为丰乐种业。在所有行业 A 股上市公司中，市值最大的行业内公司是温氏股份，总市值达到 1247. 67 亿元。

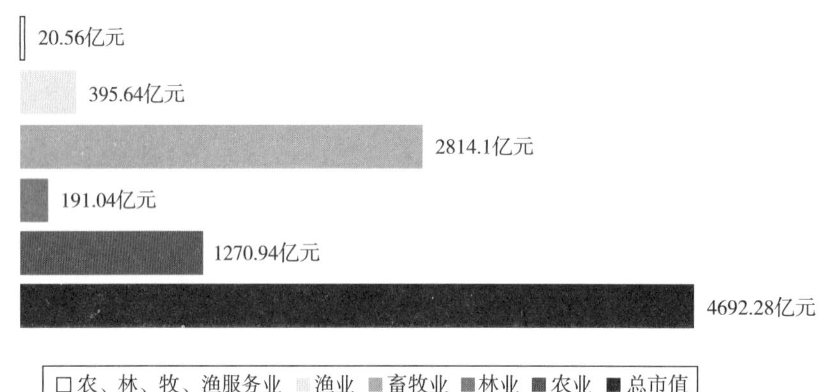

资料来源：国家统计局，课题组。

图 3-2　2017 年中国农、林、牧、渔业市值

根据目前农、林、牧、渔业市场供应情况，我们将农、林、牧、渔业大体分为五类：农业、林业、畜牧业、渔业和农、林、牧、渔服务业，其具体构成如图 3-3 所示。

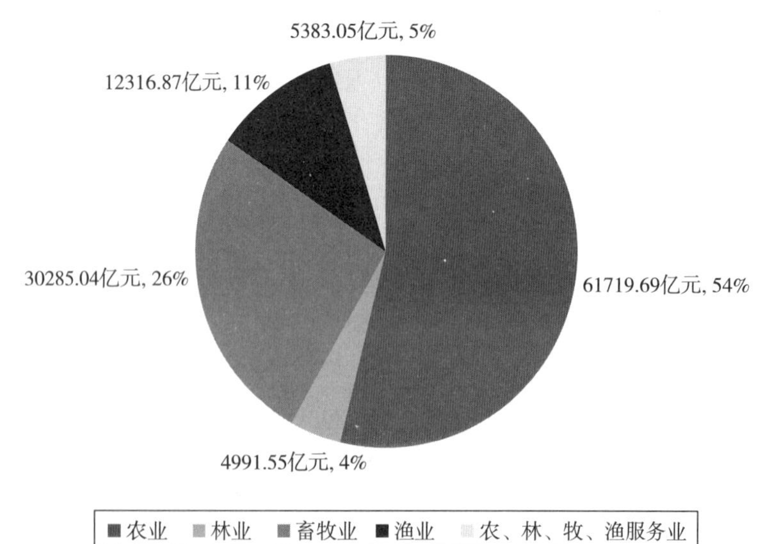

资料来源：国家统计局，课题组。

图 3-3　2017 年中国农、林、牧、渔业市场构成

由图 3-3 可以看出，农业在五个子行业中占比最高，其总产值占整个行业的 54% 左右；林业最低，其产值占整个行业的 4%左右。农、林、牧、渔业是一种与“三农”及居民副食食品密切相关的行业，农、林、牧、渔产品之间的发展存在冲突，例如，农业种植面积的扩大使草地、森林面积大幅缩小，这就导致农产品与林木产品之间的发展冲突；此外，农、林、牧、渔业自身行业内产品上下游联系密切，例如，饲料原料供应充足且有质量保证对牲畜的饲养有很大影响，牲畜的存活率和出栏量对肉类产品和奶类产品的产量及质量也有很大影响。

（二）农、林、牧、渔业的行业特征

1. 基础性：农业是国民经济的基础和前提，具有其他产业不可替代的特殊地位和作用：（1）为人类社会提供必需的生活资料；（2）为第二、第三产业提供生产原料。此外，农业又是地球上最大的人工生态系统，是为人类生存和社会再生产提供良好生态环境的特殊生产部门。

2. 不确定性：农业生产周期相对较长，受自然因素影响较大，生产过程存在较大的不确定性，计划产量和实际产量存在差异。

3. 必需品：农产品大多作为食品，属于必需品。一定数量的人口在一定时期内消费的农产品总量相对稳定，农产品需求对收入弹性、价格弹性均较小。农产品需求总量的增加，很大程度上依赖人口的增加。

4. 重要性：农业人口占比较高，政府对农业采取扶持政策（各国政府均对农业进行扶持），很大程度上是基于解决“三农”问题的目标。

二、行业综合竞争力分析

课题组在对农、林、牧、渔业的综合竞争力进行分析时，首先按指标细分对行业内所有的公司（剔除数据缺失公司）进行统计分析，然后按照指标的特点考虑是否按区域进行比较分析。

（一）治理竞争力

1. 公司股权结构

（1）股权集中度

根据课题组的定义，当第一大股东持股比例达到 50%以上时，该公司为绝对控股公司；当第一大股东持股比例低于 20%时，定义其为高度分散企业。结合图 3-4 可以看出，2017 年第四季度农、林、牧、渔业的上市公司中，只有小部分为绝对控股公司（9.52%）和股权高度分散公司（21.43%），大部分公司（69.05%）的股权集中程度介于这两者之间，股权相对集中。

截至 2017 年 12 月 31 日，农、林、牧、渔业全部 42 家 A 股上市公司的第一大股东

持股比例平均值为32.77%。在所有上市公司中股权属于绝对控股的公司有4家，占所有公司数量的9.52%；属于股权高度分散的公司有9家，占所有公司数量的21.43%。其余29家公司的股权集中度呈现相对控股的状态，占全部行业上市公司的一半以上，这说明行业一半以上的公司股权集中度适中，有利于公司运营稳定。图3-4显示了该行业所有A股上市公司的股权集中度分布。

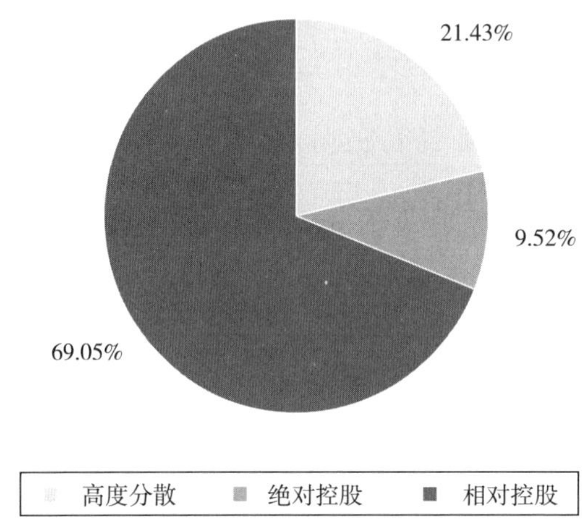

资料来源：Wind，课题组。

图3-4　农、林、牧、渔业股权集中度

（2）股权制衡度

截至2017年12月31日，农、林、牧、渔业全部42家A股上市公司的行业平均股权制衡度为0.77，股权制衡度小于1的家数占了76%以上，说明这些公司的第一大股东对公司的控制力度比较高，可能会侵害到其他小股东的权益。在统计样本中，股权制衡度最高的公司达到3.18，为荃银高科，我们看到该公司的第一至第五大股东的持股比例分别为11.6%、9.4%、9.2%、6%、4.3%，各大股东持股比例差距不大，这有利于公司的权力制衡，有利于公司治理稳定。在我们统计的42家公司中，股权制衡度最低的只有0.0293，这家公司为海南橡胶，海南省农垦集团有限公司作为第一大股东，其持股比例达到69%以上，而第二至第五大股东平均持股比例只有0.45%左右。

表3-2　　农、林、牧、渔业Z指数

Z指数	大于等于2	大于等于1且小于2	小于1
公司家数（家）	4	6	32
公司占比（%）	9.52	14.29	76.19

资料来源：Wind，课题组。

2. 公司治理架构

现代管理理论认为，董事与经理两职兼任将为公司提供统一的方向，实施更强有力的控制，提高企业的灵活性，从而可以提升公司绩效。但在现有国内外文献中，关于两职兼任对企业绩效的实证研究结论并不一致。兼任董事长职位的总经理可能会利用自身的地位干涉董事会行使权力，导致董事会对总经理的监督职能无法正常履行，两职分离才能保障董事会监督职能的独立性和有效性。管理既是科学又是艺术，每种管理方式都有其利弊。

从2013—2016年农、林、牧、渔业上市公司的情况来看，该行业上市公司更偏爱分设董事长和总经理的职位，但要注意到，两职兼任的公司所占比例呈逐年上升趋势。

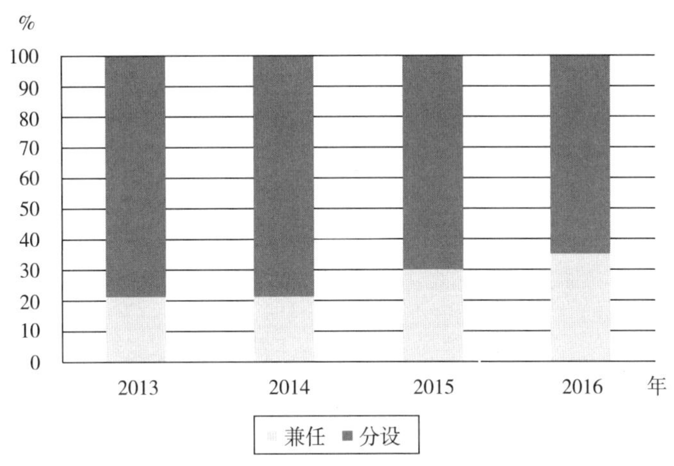

资料来源：Wind，课题组。

图3-5 2013—2016年农、林、牧、渔业上市公司董事长与总经理分离情况

结合表3-3可以看到，近几年农、林、牧、渔业的上市公司无论是在独立董事的比例上，还是在监事会的规模以及四委会的完整程度上基本上都符合课题组对治理架构完善的定义。在董事会规模方面，行业中60%以上公司的水平都高于适当规模（8人）。

表3-3 2013—2016年农、林、牧、渔业上市公司董事会与监事会情况

年份	独立董事比例	监事会规模	四委会
	≥1/3	≥3人	完整程度
2013	100%	100%	92.11%
2014	97.37%	100%	94.74%
2015	97.56%	100%	96.12%
2016	100%	100%	95.24%

资料来源：Wind，课题组。

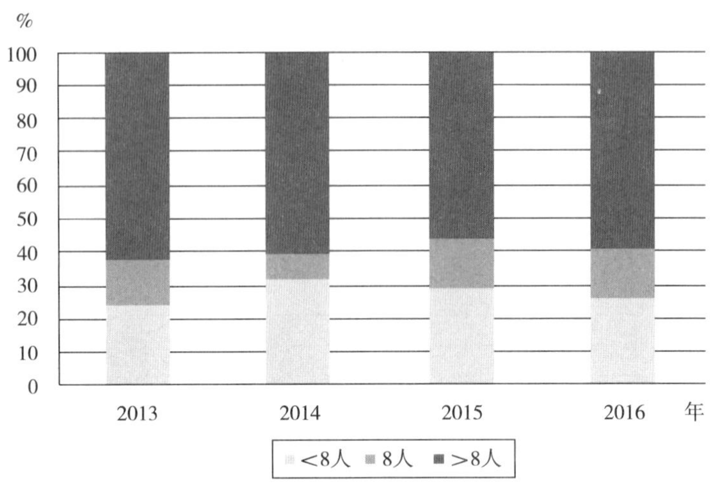

资料来源：Wind，课题组。

图 3-6　2013-2016 年农、林、牧、渔业上市公司董事会规模情况

3. 董事激励

（1）领取报酬董事比例

表 3-4　　2013—2016 年农、林、牧、渔业上市公司董事与监事激励情况

年份	领取报酬董事比例均值	领取报酬监事比例均值
2013	82%	77%
2014	79%	74%
2015	79%	74%
2016	80%	74%

资料来源：Wind，课题组。

如表 3-4 所示，农、林、牧、渔业领取报酬董事比例以及领取报酬监事比例均较为稳定，年度波动小，领取报酬董事/监事比例处于较高水平，有助于提升董事会与监事会的监控能力。

据统计，在已公布数据的 42 家企业中，企业领取报酬的董事比例最低为 44%，所有企业领取报酬的监事比例均大于三分之一；领取报酬的董事比例为 100%的公司有 13 家（30.95%），领取报酬的监事比例为 100%的公司有 20 家（47.62%）。

（2）金额最高前三名董事报酬总额占应付职工薪酬比例

由于企业规模存在大小差异，因此用绝对值来衡量各企业对董事的激励程度无法在横向中进行较为公正的比较。本书采用每个企业金额最高前三名董事报酬占本年应付职工薪酬总额的比例来衡量企业对董事的激励程度。本书用指数 K 来表示。

计算公式为：

K=金额最高前三名董事报酬总额/应付职工薪酬

截至 2017 年 12 月 31 日，农、林、牧、渔业全部 42 家 A 股上市公司的行业平均 K

指数为 0. 0725，行业 71%的公司的 K 指数低于该均值。在统计样本中，金额最高前三名董事报酬占本年应付职工薪酬总额比例最高的公司为大湖股份，达到 43. 59%。

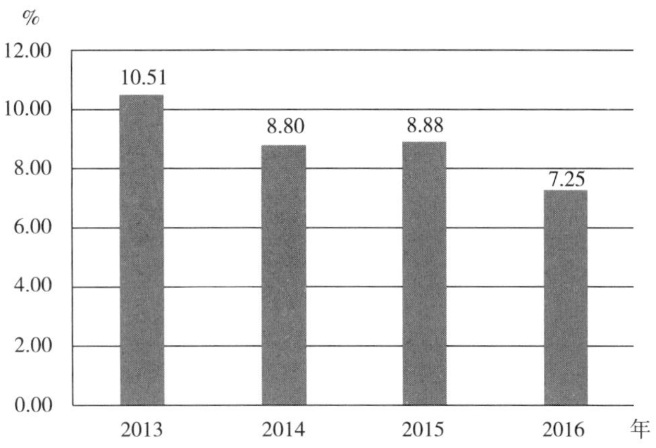

资料来源：Wind，课题组。

图 3-7　2013—2016 年农、林、牧、渔业 K 指数均值

如图 3-7 所示，2013—2016 年农、林、牧、渔业 K 指数均值呈下降趋势。这表明各农、林、牧、渔业上市公司对董事激励程度呈下降趋势。

4. 三会次数

我们统计了 2017 年农、林、牧、渔业企业召开三会的次数（股东大会次数、董事会会议次数、监事会会议次数），次数越多的企业，可以在一定程度上说明其治理水平越高。在已公布 2017 年数据的 23 家农、林、牧、渔业上市企业中，三会次数均值为 16. 3 次，大于 2016 年的 15. 07 次，农、林、牧、渔业的治理水平呈上升趋势。

其中，大于 20 次的企业占 21. 74%，小于等于 10 次的企业占 8. 70%，其余过半数的企业三会次数为 10~20 次，最高的为牧原股份，42 次，体现了该公司较高的治理水平。

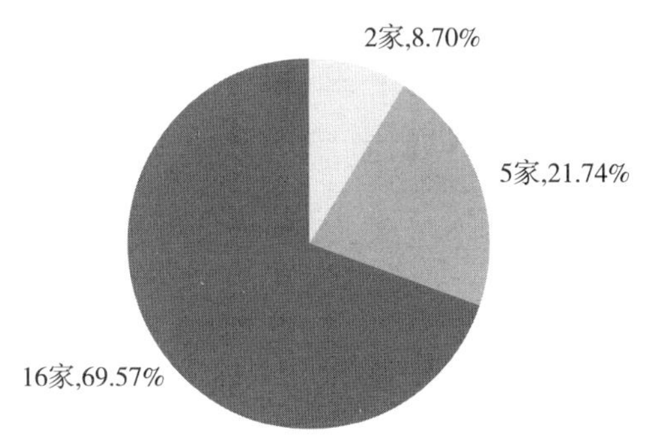

资料来源：CSMAR，课题组。

图 3-8　2017 年农、林、牧、渔业上市公司三会次数

5. 社会影响力

在社会影响力指标部分，我们尝试从新闻评分、企业是否被 ST 和是否有未解决的官司三个方面来评判企业的社会影响力。由于新闻评分的数据不可得，我们只能从企业是否有未解决的官司和企业是否被 ST 或者 * ST 着手。

（1）未解决的官司

农、林、牧、渔业全行业上市公司截至 2017 年 12 月 31 日，共有 23 家公司有未解决的官司，超过农、林、牧、渔业全行业上市公司的一半，总计 212 起。未解决的官司主要集中于几家公司，其中云投生态最多（40 起），其次是农发种业（29 起），以及北大荒（25 起）。

（2）企业是否被 ST

截至 2017 年底，行业所有 42 家企业中有 2 家企业是 ST 或者 * ST 企业。这两家企业分别是 * ST 坊展和 ST 景谷。

（二）管理竞争力

1. 增长能力

（1）净资产增长率

净资产增长率的公式为：

净资产增长率=（期末净资产-期初净资产）/期初净资产

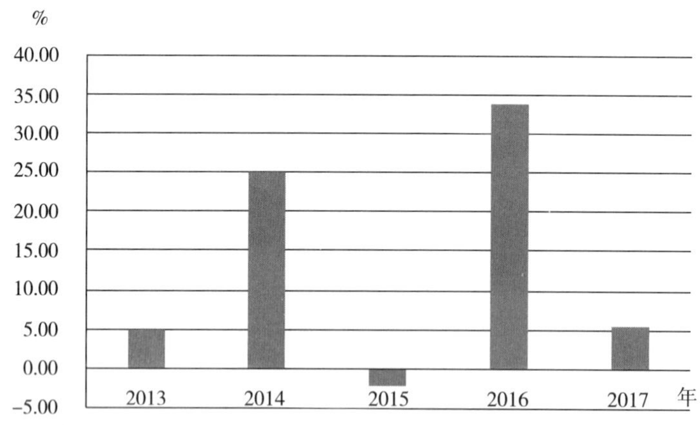

资料来源：Wind，课题组。

图 3-9　2013—2017 年农、林、牧、渔业净资产增长率均值

由图 3-9 可见，农、林、牧、渔业净资产增长率年度波动大，并不稳定，这反映出企业增长发展能力时而强劲时而低迷，企业资本规模扩张的速度以及资产保值增值的情况也不稳定。

（2）主营业务增长率

一般情况下，主营业务收入增长率在 10%以上说明企业产品处于成长期，基本不存在更新产品风险，处在一个比较好的增长区域；增长率在 5%到 10%说明企业产品进入稳定期，需要进一步开发新产品；若该比率在5%以下则说明企业产品已经进入了衰退期，市场份额难以保持，急需开发新产品。

主营业务增长率的公式为：

主营业务增长率=（本期主营业务收入-上期主营业务收入）/上期主营业务收入

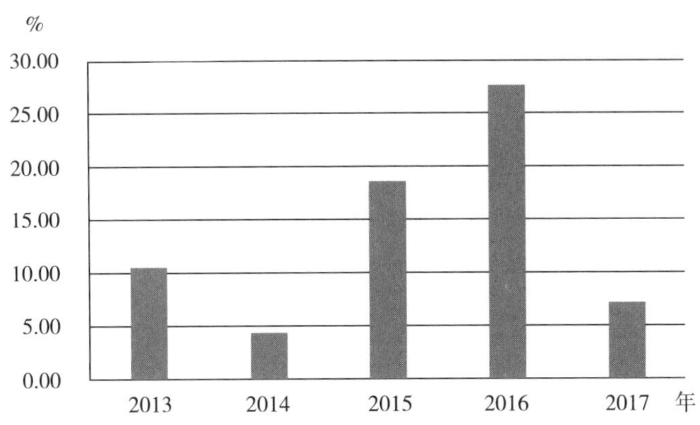

资料来源：Wind，课题组。

图 3-10　2013—2017 年农、林、牧、渔业主营业务增长率均值

如图 3-10 所示，农、林、牧、渔业企业 2015 年和 2016 年生存和发展状况良好，企业增长速度较快，市场前景较好；然而 2017 年以来，该指标处于 5%到 10%，行业市场份额有所萎缩，企业增速下降。

（3）净利润增长率

净利润增长率的公式为：

净利润增长率=（当期净利润-上期净利润）/上期净利润

2016 年农、林、牧、渔业净利润增长率均值为 551.85%，而 2017 年则为-55.8%，波动剧烈。这主要是受几家上市公司拖累，开创国际 2017 年净利润增长率达到 1465.33%，但神农基因的净利润增长率由 2016 年的 18064.43%降至 2017 年的-95.59%，獐子岛的净利润增长率由 2016 年的 130.85%降至 2017 年的-1058.56%，可见农、林、牧、渔业经营效益与盈利能力年度波动巨大，受自然、政策等外在影响大。

（4）总资产增长率

总资产增长率的公式为：

总资产增长率=（年末资产总额-年初资产总额）/年初资产总额

2013—2016 年农、林、牧、渔业企业经营周期内资产规模扩张速度较快，发展势头相对较猛。但在 2017 年增速开始放缓，当然，我们还要看资产增长的规模是否恰当，增长要避免盲目扩张，只有销售增长、利润增长超过资产规模增长才是效益性的增长。

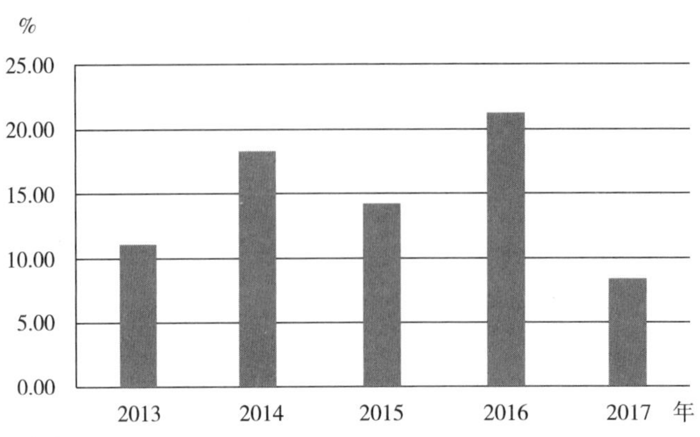

资料来源：Wind，课题组。

图 3-11　2013—2017 年农、林、牧、渔业总资产增长率均值

2. 偿债能力

课题组以资产负债率、固定资产比率来衡量上市公司的长期偿债能力，以流动比率、速动比率来衡量上市公司的短期偿债能力。

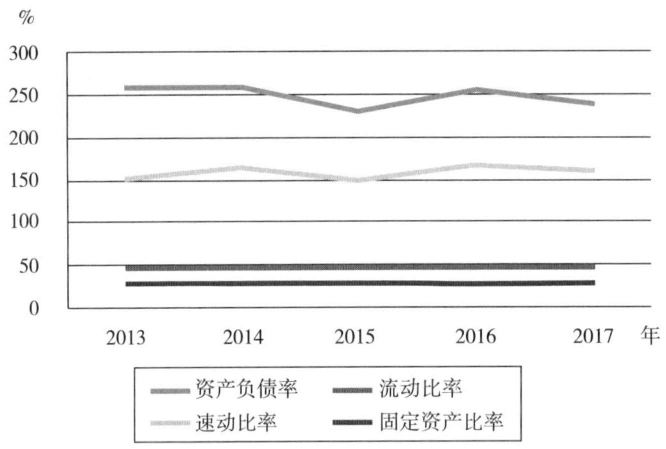

资料来源：Wind，课题组。

图 3-12　2013—2017 年农、林、牧、渔业偿债能力指标均值

从长期偿债能力来看，2017 年农、林、牧、渔业上市公司的平均资产负债率为 44.56%，较为合理。且农、林、牧、渔业总体资产负债率十分稳定，波动很小，常年处于 44%左右，相对比较保守，财务风险可能性低。

固定资产比率指固定资产与资产总额的比值。固定资产是固化了的资金，该比率过高说明固定资产占用较多，可能影响企业整体的资金流动性和变现能力，偿债能力相对较差。各行业性质的不同对固定资产的要求也有所不同，农、林、牧、渔业相对于其他行业而言，固定资产比率较高，这是由行业特点及属性决定的，2017 年行业固定资产比率达到 26.46%，说明该行业固定资产占用较多，可能影响企业整体的变现能力，流动性风险较大，偿债能力相对较差。

表 3-5　　2013—2017 年农、林、牧、渔业流动比率、速动比率均值

年份	流动比率	速动比率
2013	2.57	1.50
2014	2.58	1.64
2015	2.30	1.48
2016	2.55	1.65
2017	2.38	1.59

资料来源：Wind，课题组。

农、林、牧、渔业总体流动比率也十分稳定，波动很小，常年处于 2.5 左右，大于通常认为合理的最低流动比率 2，说明农、林、牧、渔业公司短期偿债能力较强，不容易发生财务风险。流动比率较为合理，不会占用较多的流动资产，对企业经营资金周转效率和获利能力影响较小。

同流动比率一样，速动比率也是衡量企业短期偿债能力的重要指标之一。它更为严格地反映了一个企业能够立即还债的能力和水平，它比流动比率更具可信度，是对流动比率的补充。农、林、牧、渔业总体速动比率与流动比率呈同向变动，也较为稳定，变化不大，常年处于 1.5 左右，大于通常认为合理的最低速动比率 1。这也说明农、林、牧、渔业总体短期偿债能力较为优秀。

3. 运营能力

运营能力体现的是企业资产从投入到产出的流转速度，可以反映企业资产的管理质量和利用效率。课题组用存货周转率、应收账款周转率、流动资产周转率、总资产周转率来衡量上市公司的这一能力。其中，总资产周转率为长期比率，考察的是企业账面上所有资产的使用效率。

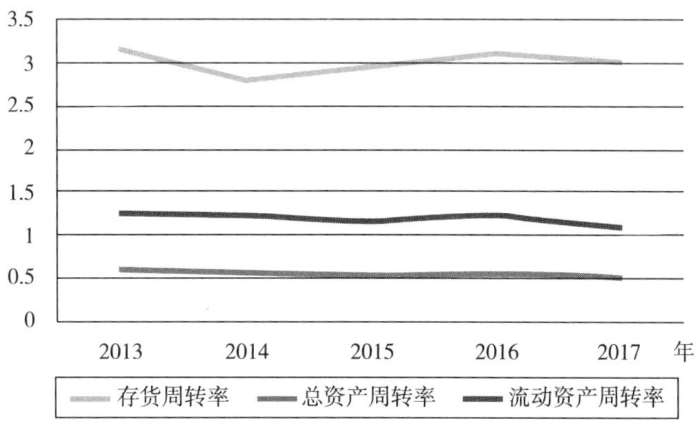

资料来源：Wind，课题组。

图 3-13　2013—2017 年农、林、牧、渔业各资产周转率均值

存货和应收账款是流动资产中的主体部分，又是流动性比较弱的，因此这两部分的使用效率高低可以体现出企业的运营能力高低。存货周转率传达的是存货的销售速度，应收账款周转率体现的则是收回销售收入的速度。2017 年农、林、牧、渔业上市公司在这两个指标上呈现的差异较大，存货周转率的标准差为 2057.74，应收账款周转率的标准差则是达到了 528.38，2017 年农、林、牧、渔业存货周转率均值为 3.01，应收账款周转率均值为 29.22，相对于其他行业而言，存货周转率较低，这表明行业的市场需求和销货能力相对不足，企业生产经营中存货管理效率及流动性也较差。

表 3-6　　2013—2017 年农、林、牧、渔业总资产周转率均值

年份	总资产周转率
2013	0.59
2014	0.55
2015	0.51
2016	0.54
2017	0.50

资料来源：Wind，课题组。

总资产是指企业拥有或控制的、能够带来经济利益的全部资产。而总资产本身的大小只能反映企业可利用资源的绝对货币数值，并不能反映企业对所有可利用资源的使用效率，因此我们引入总资产周转率指标。农、林、牧、渔行业总资产周转率由 2013 年的 0.59 降为 2017 年的 0.50，总资产周转率中位数由 0.63 降为 0.52，呈平稳下降趋势，说明企业全部资产的利用效率以及企业整体资产的运营能力有所下降。

表 3-7　　2013—2017 年农、林、牧、渔业流动资产周转率均值

年份	流动资产周转率
2013	1.24
2014	1.22
2015	1.14
2016	1.23
2017	1.09

资料来源：Wind，课题组。

流动资产是指企业短期内可变现或运用的资产，包括货币资金、存货、应收票据、应收账款、短期投资等。农、林、牧、渔业流动资产周转率常年处于较低水平，过去 5 年均勉强维持在 1 之上，2017 年行业流动资产周转率仅为 1.09，中位数为 0.97，可见企业流动资产的利用效率（包括对资金使用的管理、对产品周转的管理，以及企业的短期运营能力）都较差。

4. 盈利能力

盈利能力是指企业在一定时期内获取利润的能力，通常表现为一定时期内企业收益数额的多少及其水平的高低。盈利是企业的主要经营目标，是股东股息的来源及股价上涨的动力，是债权人收回本息的保障，更是衡量管理层表现的直接渠道。企业的盈利能力决定了企业能否生存和发展下去。课题组用销售净利率（ROS）、总资产收益率（ROA）和净资产收益率（ROE）三个指标分别衡量用销售收入、总资产和净资产消除企业规模差异后的企业盈利情况。

销售净利率衡量的是企业在一定时期的销售收入获取的能力，反映了企业将销售收入转化为净利润的能力。一般来说，其他条件不变时，销售净利率越高越好。2017年农、林、牧、渔业上市公司整体上销售净利率不高，平均水平仅为0.29%，相较于2016年的5.84%出现了较大的下滑，大多数企业将销售收入转化为净利润的能力较低。

同样，总资产收益率所体现的该行业的盈利能力也不高。农、林、牧、渔业总资产收益率水平不仅偏低，而且年度波动大，2017年农、林、牧、渔业上市公司总资产收益率的平均水平为0.69%，一般水平为4.14%，行业中最高的总资产收益率也只有15.47%。总资产收益率低，说明企业一定总资产水平能够给企业带来的净利润很有限，企业的盈利能力不稳定且有待提高。

净资产收益率（ROE）是对总资产收益率指标的补充，它反映了股东权益的收益水平，衡量的是公司运用自有资本的效率，它更准确地衡量了企业获利对于股东的价值。净资产收益率高，说明企业利用自有资本获利的能力强，投资带来的收益高。与其他两个指标相比，农、林、牧、渔业的净资产收益率年度波动更大，2013—2017年，农、林、牧、渔业有三年的净资产收益率为负，分别为2014年的-0.99%、2015年的-0.86%、2017年的-4.86%，2017年相比2016年的9.40%降低了14.26个百分点，行业整体水平不高，行业中50%的上市公司不超过7.57%，表明该行业上市公司股东权益的收益水平十分低，公司盈利水平有待提高。

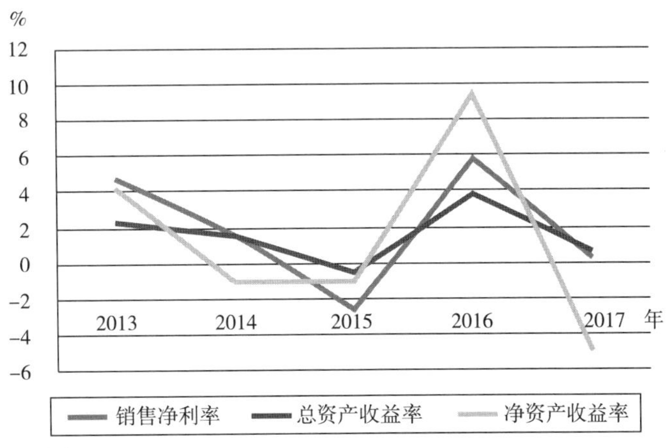

资料来源：Wind，课题组。

图3-14　2013—2017年农、林、牧、渔业盈利能力指标均值

（三）创新竞争力

正如李克强总理号召的“大众创业、万众创新”理念，创新是国家、民族、企业甚至个人发展的重要驱动力。对上市公司而言，创新是企业争夺市场、保持竞争力的重要手段。特别是对信息技术等高科技行业而言，企业想要在瞬息万变的市场中常胜，必须保持创新的活力。创新具有长期性与不确定性等特点，因此本节从创新投入和创新产出两个维度衡量企业的创新竞争力。其中，创新投入包括研发投入占比、研发人员占比和政府补贴；创新产出用有效专利数量来衡量。

1. 创新投入

创新投入是企业创新竞争力的来源，是企业重视创新研发的表现。企业通过对人力、物力两方面的投入增强自身创新竞争力。我们用研发投入占比和政府补贴来衡量企业在物力上的投入，用研发人员占比来衡量企业在人力上的投入。

（1）研发投入占比

研究开发投入是企业创新竞争力的重要来源之一。企业研究开发能力越强，越能为投资者带来超额利润。然而，企业的研发投入具有延迟效应，且通常研发投入在两年后对企业绩效影响最为显著。因此，我们使用滞后两年的研发投入来衡量企业的研发投入力度。由于企业间规模存在差异，可比性较差，而研发费用一定程度上来源于营业收入，因此我们选择研究开发费用占营业收入的比例来衡量企业对研发活动的重视程度。一般认为，研发投入占比越高，企业对创新研发越重视，其发展动力也更充足。

研发投入占比的公式为：

研发投入占比=滞后两年的企业研发费用/营业收入

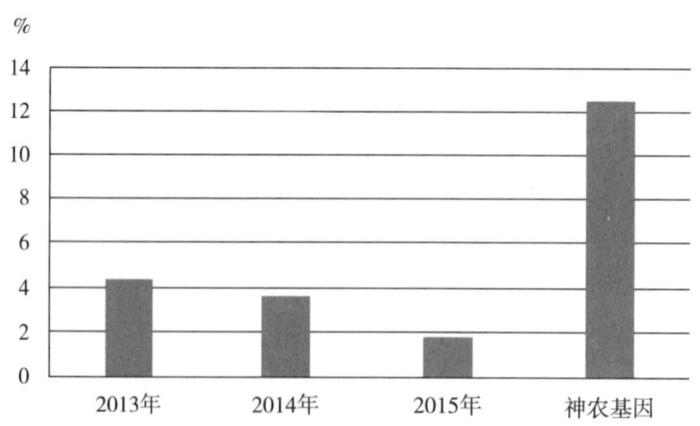

资料来源：Wind，课题组。

图3-15　2013—2015年农、林、牧、渔业研发投入占比均值

2015年农、林、牧、渔业研发投入占比均值为1.80%，且行业整体研发投入占比逐年下降，研发投入力度的下降不可避免地会造成企业创新竞争力的缺失。

2015年研发投入占比最高的为神农基因，达到12.56%，其在2017年同样以

7.34%位居行业之首。

表 3-8　　连续 5 年研发投入占比超过 3%的公司统计　　单位:%

证券简称	2013 年	2014 年	2015 年	2016 年	2017 年
神农基因	55.13	35.18	12.56	3.41	7.34
万向德农	6.03	4.67	4.03	5.20	5.26
荃银高科	3.69	3.90	4.04	4.06	4.77
西部牧业	3.12	3.15	3.82	3.36	3.18

资料来源：Wind，课题组。

（2）研发人员占比

研发人员占比的公式为：

研发人员占比=研发人员数量/企业员工总数

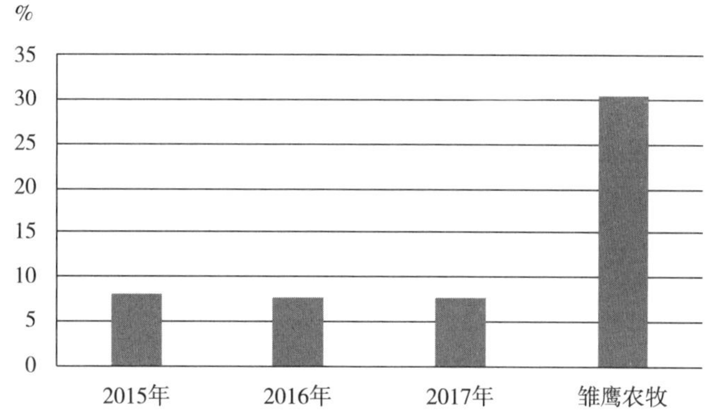

资料来源：Wind，课题组。

图 3-16　2015—2017 年农、林、牧、渔业研发人员占比

课题组统计了 2017 年农、林、牧、渔业上市公司的研发人员占比情况，在剔除了 11 家尚未披露研发人员占比的公司后，共计 31 家上市公司。研发人员占比的平均水平为 7.68%，其中研发人员占比最高的为雏鹰农牧，达到 30.43%，其次为荃银高科，为 24.21%，西部牧业排名第三，为 20.28%。

研发人员是企业将科学技术转化为现实生产力的人力基础。农、林、牧、渔业整体的研发人员占比常年处于较低水平，说明农、林、牧、渔业企业在创新的人力资源方面投入不足，研发人员占企业员工数量的比重不高，企业对创新研发不够重视，也从侧面反映出科技创新对农、林、牧、渔业企业经营的影响程度不高。

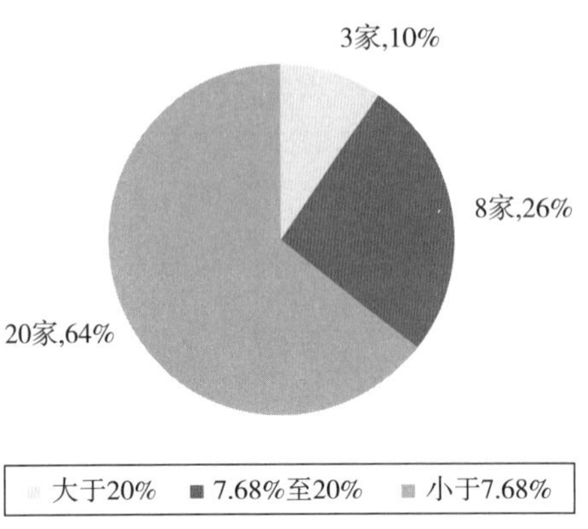

资料来源：CSMAR，课题组。

图 3-17　农、林、牧、渔业 2017 年研发人员占比情况统计

（3）政府补贴

政府补贴主要包括企业因研究开发、技术更新及改造等获得的政府补助或奖励。农、林、牧、渔业企业的创新活动需要长期投入大量资金以保障持续进行，而政府补贴作为资金补充的一个重要途径，能够积极弥补市场缺陷，提高企业从事技术研发活动的积极性，从而对企业研发投入产生了“刺激效应”。因此我们认为，得到政府补贴更多的企业，其创新竞争力也就更高。2015 年之后农、林、牧、渔业企业所得政府补贴逐年下降，2017 年全行业获得政府补贴总额为 914524257 元，均值为 22305470 元，其中，温氏股份以 123449411 元补贴额位居行业第一。另外，2016 年获得政府补助的农、林、牧、渔业上市公司有 40 家，占全行业上市公司的 95. 24%，2017 年获得政府补助的农、林、牧、渔业上市公司有 38 家，占全行业上市公司的 90. 48%，这意味着政府补助基本全覆盖了农、林、牧、渔业上市公司。

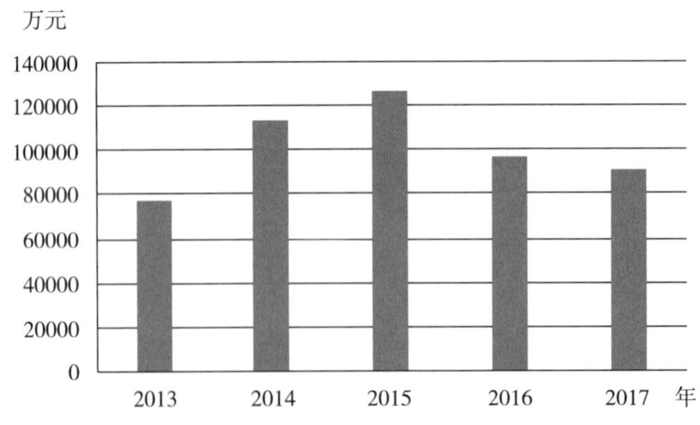

资料来源：Wind，课题组。

图 3-18　2013—2017 年农、林、牧、渔业政府补贴总和

2. 创新产出

由于企业间创新效率的差异，仅评判创新投入有失偏颇。企业创新投入的目的就是得到创新产出结果并加以应用，因而创新产出也是企业创新竞争力的重要衡量标准。目前，受到法律保护及社会公认的创新产出衡量方式就是专利。

专利是衡量企业创新活动产出的重要方式，可分为发明专利、实用新型专利和外观设计专利。而有效专利是指专利申请被授权后，仍处于有效状态的专利。有效专利的数量和质量反映了企业进行创新活动的积极性和能力。参与标准制定则是指企业是否参与国家专利标准的制定，只有自身创新竞争力强的企业才有资格参与到这一过程中。因此，这一指标也是衡量企业创新产出的重要标准之一。

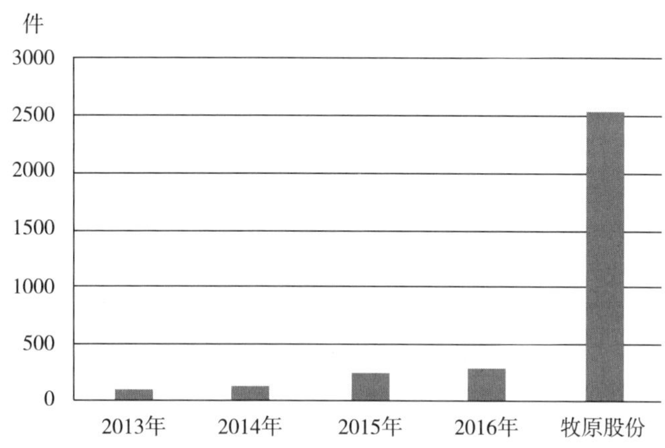

资料来源：Wind，课题组。

图 3-19 2013—2016 年农、林、牧、渔业有效专利均值

2013—2016 年农、林、牧、渔业有效专利均值逐年上升，反映了行业总体企业创新研发、产出能力的提高，真正意义上提升了企业的竞争力。并且在行业内，涌现出了一批具有创新竞争力的企业，比如牧原股份 2016 年的有效专利数达到 2529 件，温氏股份以 2520 件位居第二。

（四）社会责任竞争力

企业社会责任（Corporate Social Responsibility，CSR），是指企业在其商业运作中对其利害关系人应负的责任，包括对员工、顾客、供应商、社区团体、母公司或附属公司、合作伙伴、投资者和股东应负的责任。早在 1999 年的瑞士达沃斯世界经济论坛上，时任联合国秘书长安南就提出了“全球协议”，号召企业遵守在人权、劳工标准和环境方面的九项基本原则，承担企业对社会应负的责任。企业积极主动承担社会责任，不仅能改善与政府、投资者、员工、供应商的关系，更能在社会上树立认真、负责的声誉与良好的企业形象，从而提升企业的竞争力。本书根据社会责任的客体不同，将其分为法律责任、经济责任、慈善责任和伦理责任四类。

1. 法律责任

法律责任是企业根据政府法规、法律规定，必须遵守的义务和承担的责任。企业承担法律责任不仅是对国家、政府、法律的尊重，更是企业和社会生存发展的基础。法律规定企业有依法经营并依法纳税的义务，因此我们从以下两个指标衡量企业的法律责任。

（1）对政府的责任

对政府的责任的公式为：

对政府的责任=（支付的各项税费-收到的税费返还）/平均资产总额

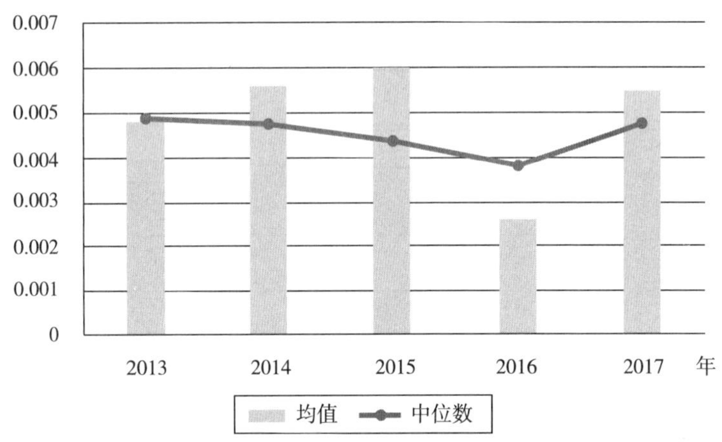

资料来源：Wind，课题组。

图 3-20 2013—2017 年农、林、牧、渔业上市公司的政府责任均值与中位数

企业对政府有依法纳税的义务，而税收是政府的重要收入来源。企业通过依法纳税为国家、社会的发展奠定经济基础，并展现出其主人翁意识和愿意为社会进步尽一份力的态度。农、林、牧、渔业企业，其实际纳税额越高，说明对政府、社会的贡献越大，因此社会责任竞争力也越高。2013—2017 年，农、林、牧、渔业上市公司的政府责任均值与中位数并不稳定，反映出上市公司对政府承担责任的情况存在波动，2016 年行业政府责任均值大幅下降，2017 年则有较大回升。其中，福成股份最为突出，2017 年以 0.0477 的政府责任位列第一。

（2）依法经营

农、林、牧、渔业 42 家公司中，违法违规经营最多的年份为 2015 年与 2016 年，都有 9 家公司存在违规经营的现象，不超过 25%。而 2017 年只有 1 家。反映了农、林、牧、渔业企业在经营活动中，逐渐公平公正地参与行业、市场竞争，全行业大多数企业都能够做到合法经营。

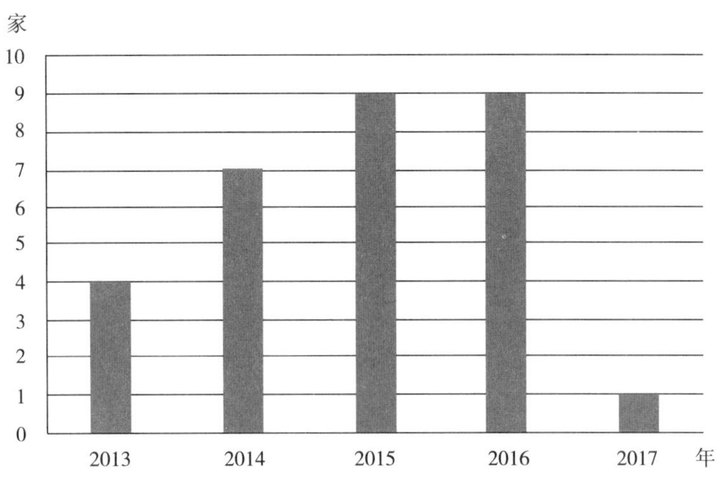

资料来源：Wind，课题组。

图 3-21　2013—2017 年农、林、牧、渔业违法违规经营企业总和

表 3-9　　农、林、牧、渔业上市公司依法经营情况

年份	有违法违规行为的企业数量（家）	占比（%）
2015	9	21.43
2016	9	21.43
2017	1	2.38

资料来源：Wind，课题组。

2. 经济责任

经济责任以金钱为责任标的，衡量企业对与之有金钱往来的客体的贡献程度。我们从供应链上下游的角度将客体分为投资者、员工和供应商三类。企业为投资者提供投资回报，为员工提供工作岗位和薪酬，为供应商提供市场和销售收入，从而承担起经济责任。

2013—2017 年，农、林、牧、渔业上市公司投资回报的支付常年不稳定，其中 2015 年对投资者的责任均值为-0.0043，2017 年对投资者的责任均值为 0.072，中位数为 0.037，即上市公司支付给股东和债权人的金额占其平均资产总额的 7%左右。其中有 3 家公司对投资者支付的金额超过其平均总资产的 10%，温氏股份以 0.1368 位列第一；有 9 家（占比 21.43%）企业为负，我们可以认为这些企业并没有很好地履行对投资者的责任，也容易使投资者对企业失去信心。

反观农、林、牧、渔业上市公司对员工的责任，2013—2017 年全行业上市公司对员工的责任稳中有升，2017 年对员工的责任均值为 0.137，较之于 2016 年的 0.06 翻了一番，中位数为 0.1163，ST 景谷以 0.3609 的员工责任位列第一，体现了其较好的社会责任竞争力。

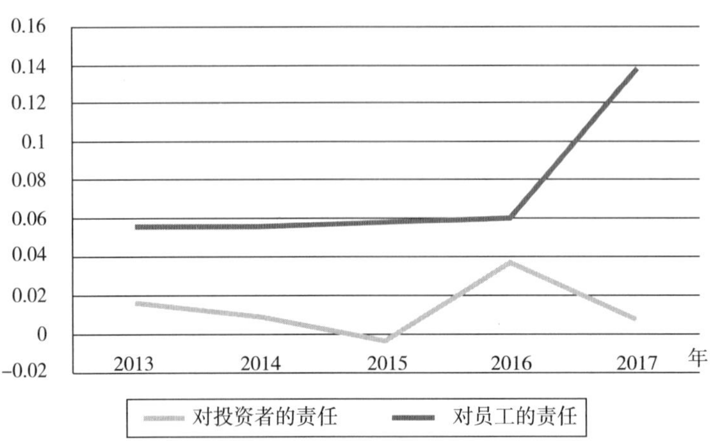

资料来源：CSMAR，课题组。

图 3-22　2013—2017 年农、林、牧、渔业上市公司对投资者和对员工的责任

最后是对供应商的责任，近五年来农、林、牧、渔业上市公司对供应商的责任均值从 2013 年的 12.45 提升至 2017 年的 16.90，但中位数却从 2013 年的 9.80 降至 2017 年的 6.51，这说明农、林、牧、渔业上市公司对供应商责任履行程度的差异在扩大。值得注意的是，2015 年之后，农、林、牧、渔业上市公司对供应商的责任呈小幅下降趋势，未能较好地履行该责任。

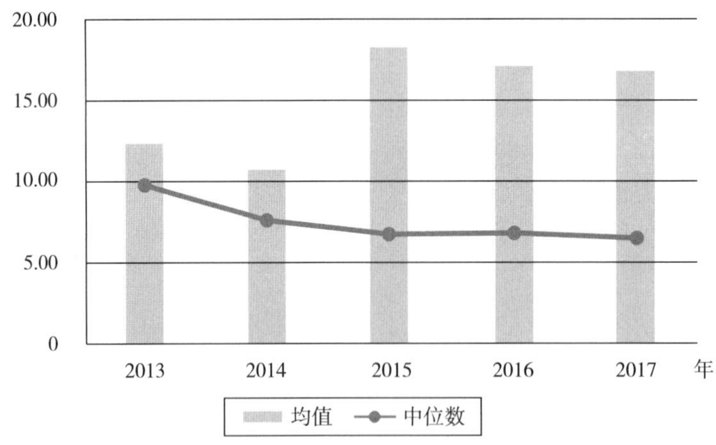

资料来源：Wind，课题组。

图 3-23　2013—2017 年农、林、牧、渔业上市公司对供应商的责任

3. 慈善责任

企业应在力所能及的范围内，积极参与环境保护、教育、文化、科学、卫生、社区建设、扶贫济困等社会公益活动，从而促进地区发展。企业对社会的公益贡献程度可以用捐赠支出来衡量。然而不同规模、不同发展阶段的企业，其经济实力也不尽相同，因此我们用企业捐赠支出与平均资产总额的比值来衡量企业对公益事业的相对贡献。该指标越高，则企业在自身能力范围内承担的社会公益责任越多，社会责任竞争力越强。

对社会的公益贡献率的公式为：

对社会的公益贡献率=捐赠支出/平均资产总额

在所有农、林、牧、渔业上市公司中，温氏股份不仅市值第一，2016 年捐赠支出也是第一，达到 7498.78 万元，对社会的公益贡献率达到 0.26%，也是该行业最高的。企业在自身发展仍有余力的同时也参与到扶弱济贫的事业中，这为农、林、牧、渔业树立了很好的榜样。

表 3-10　　　　2016 年农、林、牧、渔业上市公司慈善责任排名前 3 位

公司简称	捐赠支出（万元）	公益贡献率
温氏股份	7498.78	0.2583%
登海种业	246.56	0.0598%
雏鹰农牧	61	0.0070%

资料来源：CSMAR，课题组。

4. 伦理责任

伦理责任是指企业在处理其与员工、社会相互关系时承担的责任。企业作为现代社会经济活动的一个重要组成部分，其生产经营与员工及社会息息相关。企业只有承担起伦理责任，才能赢得社会的信任，树立起负责任的企业形象。我们根据负责对象将伦理责任分为以下三个指标。

（1）是否披露企业社会责任报告

上市公司披露企业社会责任报告这一指标的数据缺失情况非常严重，故不展开分析。

（2）就业增长率

就业增长率的公式为：

就业增长率=本年度平均职工人数/上一年度平均职工人数-1

就业增长率是企业今年净新增就业人数占上年就业人数的比重，衡量的是企业为社会提供就业机会的增长程度。就业是民生之本，企业在生产经营过程中为社会提供了就业岗位，从而为社会的稳定与进步做出了贡献。农、林、牧、渔业就业增长率波动较大，且在 2014 年以后保持正增长，企业在吸纳员工就业方面有所进步，并承担了更多的伦理责任。2016—2017 年，农、林、牧、渔业就业增长率均值为 7.55%，中位数为 0.18%，共有 21 家（50.00%）上市公司的就业增长率为正，20 家（47.62%）上市公司的增长率为负，不同公司之间就业增长率差距较大。

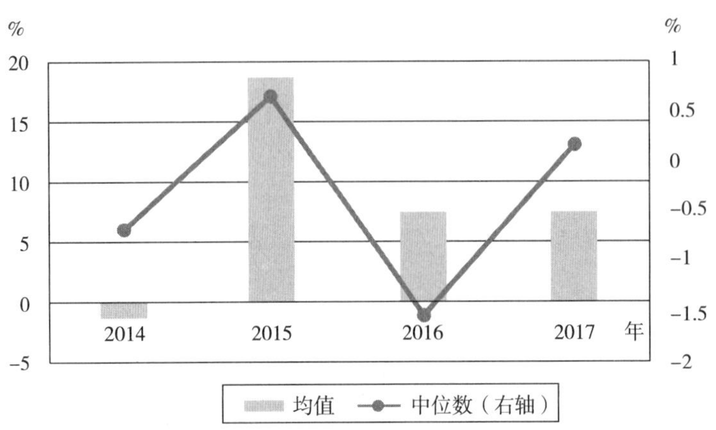

资料来源：Wind，课题组。

图 3-24　2014—2017 年农、林、牧、渔业就业增长率均值与中位数

（3）单位平均资产就业人数

单位平均资产就业人数的公式为：

单位平均资产就业人数=本年度平均职工人数×2/（本年度年初资产总额+本年度年末资产总额）

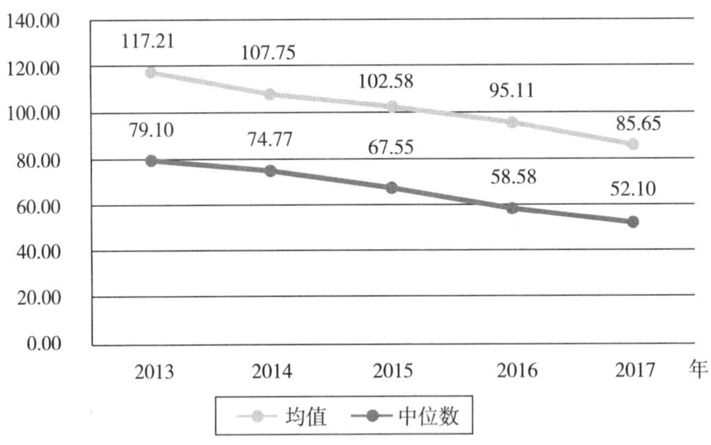

资料来源：Wind，课题组。

图 3-25　2013—2017 年农、林、牧、渔业单位平均资产就业人数均值与中位数

单位平均资产就业人数衡量的是企业利用一定的资源为社会提供的就业机会。这个数值持续增加，表明企业为社会创造的工作机会持续增加。遗憾的是，过去五年，农、林、牧、渔业供应商单位平均资产就业人数均值与中位数均逐年下降，这说明一定规模的农、林、牧、渔业企业为社会提供的就业岗位越来越少，承担的伦理责任减少，社会责任竞争力降低。

（五）人力资源竞争力

习近平总书记提出“人才是创新的第一资源”。在传统企业改革发展，高新企业层出不穷的当今社会，人力资源的竞争越来越成为企业竞争的重要领域之一，人力资源甚至成为企业赢得竞争最有力的武器之一。企业人力资源竞争力不仅仅是对人力资源管理的能力，还包括企业经营发展的潜力，并体现在目前所展示的经营绩效以及企业在社会中所处的地位与价值。本书从企业的薪酬管理能力、人员招聘与配置能力、绩效管理能力以及市场业绩能力四个维度对人力资源竞争力进行分析。

1. 薪酬管理能力

本书使用员工平均薪酬来衡量企业薪酬管理能力。企业薪酬指以货币为主要形式的回报，和员工付出及其创造价值呈正相关关系。作为一种劳务契约关系，企业为职工提供合理的薪酬对企业未来的发展具有重要意义。在充分考虑行业水平、公司盈利水平、职工任务完成情况后，合理的薪酬可以增加职工对公司的认同感，职工因为付出努力而获得同等的回报体现了其自身价值，有助于获得成就感并进一步为公司的发展而努力。过高的薪酬可能会导致职员消极怠工，因为即便没有百分之百地完成工作任务也能达到不错的薪资水平；而过低的薪酬同样也会降低员工的积极性，因为工作量没有得到合理的回报，进而减少职工对企业的认同感。因此合理的薪酬管理能够充分体现企业对人力资源的管理能力。

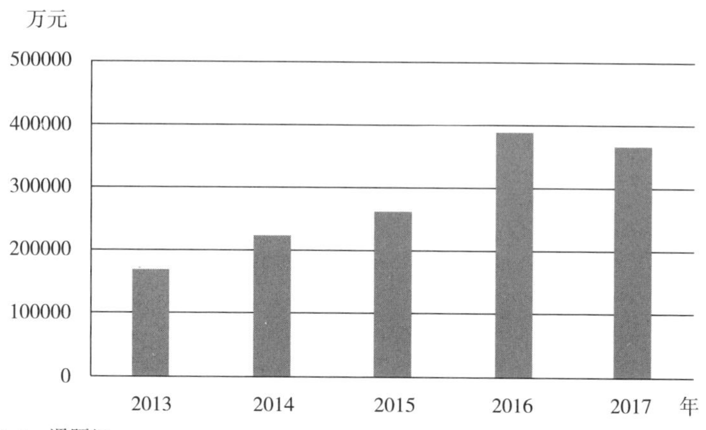

资料来源：Wind，课题组。

图 3-26　2013—2017 年农、林、牧、渔业应付职工薪酬均值

如图 3-26 所示，2013—2016 年行业应付职工薪酬逐年增长，2017 年小幅下降但仍保持高位，可以看出，行业内上市公司对员工薪酬的重视度在提高，支付给员工的薪酬在增加。此外，课题组在统计应付职工薪酬时发现，温氏股份、北大荒、海南橡胶、牧原股份、圣农发展五家公司在 2017 年应付职工薪酬水平位列前五，主要原因是这五家公司经营规模较大且营业收入稳定。

表 3-11　　2017 年农、林、牧、渔业应付职工薪酬前五大公司

证券名称	所属行业	应付职工薪酬（元）
温氏股份	牧业	1587376315.44
北大荒	农业	342623258.85
海南橡胶	林业	220489953.44
牧原股份	牧业	175856101.40
圣农发展	牧业	128552168.78

资料来源：Wind，课题组。

2. 人员招聘与配置能力

人员招聘是为了满足企业发展生产的需要，合理的配置则可以充分体现“物尽其用、人尽其才”，让最适合的人在最合适的岗位充分发挥其主观能动性，为企业的建设发展做贡献。企业出色的人员招聘与配置能力有利于完善企业人才的稳定，提高团队的建设，是人力资源竞争力的重要体现之一。我们用研究生学历及以上员工人数占比来进行衡量。

科学技术是第一生产力，而高素质人才是科学技术的主要载体。企业竞争力的重要体现之一是其拥有的人才素质。在拥有高素质人才的基础上，再建立合理的企业结构，根据人才的不同特长和优势分配相应的岗位职能就能充分高效利用人力资源，提高企业的整体竞争力。通常我们认为，学历越高，接受教育程度越高，对知识的钻研越深，创新能力、科研能力以及处理事务的专业能力越强，整体素质相对较高。因此若一个企业研究生学历及以上员工人数越多说明其人力资源竞争力越强。

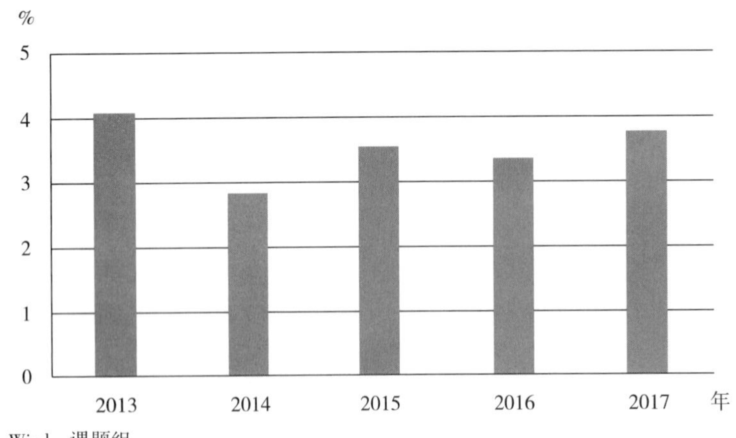

资料来源：Wind，课题组。

图 3-27　2013—2017 年研究生学历及以上员工人数占比均值

我们通过企业中研究生学历及以上员工人数占比来衡量企业的人员招聘与配置能力。我们统计了 2013—2017 年行业内上市公司中研究生学历及以上员工的情况，我们发现，农、林、牧、渔业总体研究生占比较低，且企业之间的差距较大，因此，我们

认为企业应当逐步提高高学历人才员工的比例，以香梨股份为例，其2017年研究生学历及以上员工人数占比达到13.02%，且该公司连续三年该比例均维持在12%以上，体现了该公司在人力资源方面有较强的竞争力。

3. 绩效管理能力

企业经营绩效主要包括企业的市场、财务以及社会表现，它是人力资源竞争力的最终表现形态。企业通过人力资本增值、构筑企业人力资源竞争力，在此基础上形成企业持久竞争优势，并最终体现在企业的经营业绩上。因此将企业的经营业绩与人力资源投入进行比较可以充分反映企业的人力资源利用率。本书采用年人均产值以及企业人力投入回报率等指标来衡量绩效管理能力。

（1）年人均产值

年人均产值是企业本年营业收入与员工总人数之比。营业收入指企业在从事销售商品、提供劳务以及让渡资产使用权等日常经营活动过程中形成的经济利益的总流入。营业收入越高说明企业本年经营效益越好。一般情况下，该比例越高，说明企业职工的价值得到越充分的体现，员工对企业的整体发展和经营能力有更积极的作用，更精确地推动了企业整体业绩水平，也说明该企业职工整体素质高；而该比例过低则反映职工在提高企业业绩水平上能力没有得到充分体现，对企业的发展作用还不够明显，或者是企业员工人数过多且整体素质相对较低。

年人均产值的公式为：

年人均产值=本年营业收入/员工总人数

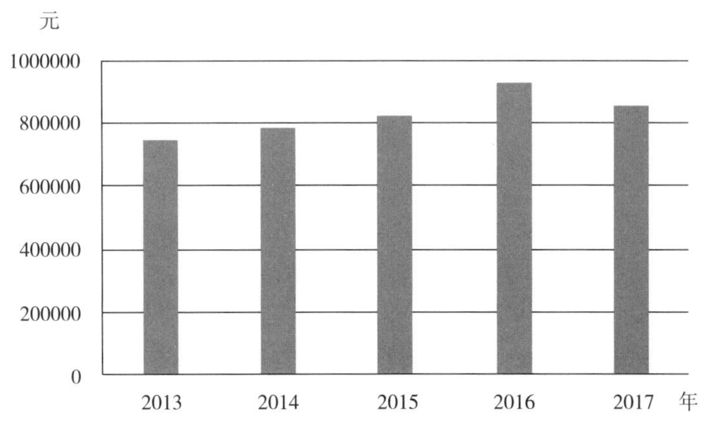

资料来源：Wind，课题组。

图3-28　2013—2017年人均产值均值

如图3-28所示，2013—2016年行业年人均产值逐年增长，2017年小幅下降但仍保持高位，这表明行业内企业职工的价值越来越得到体现。2017年行业最高的为大康农业，年人均产值达到3002180.4元，稍逊于2016年的3677992.69元，且公司员工数量由2016年的1692人增加至4123人，可见该公司2017年经营效益良好，企业职工的价值得到充分体现，员工对企业的整体发展和经营能力有更积极的作用。

（2）企业人力投入回报率

企业人力投入回报率的公式为：

企业人力投入回报率=本年净利润/员工平均薪酬

企业人力投入回报率与企业净利润和员工平均薪酬有关。如果企业当年的净利润较多，则其应当会有较大的人力投入回报率，反之则相反。根据我们的统计，2017年行业企业人力投入回报率大幅下降，这可能与行业2017年净利润降低有关。

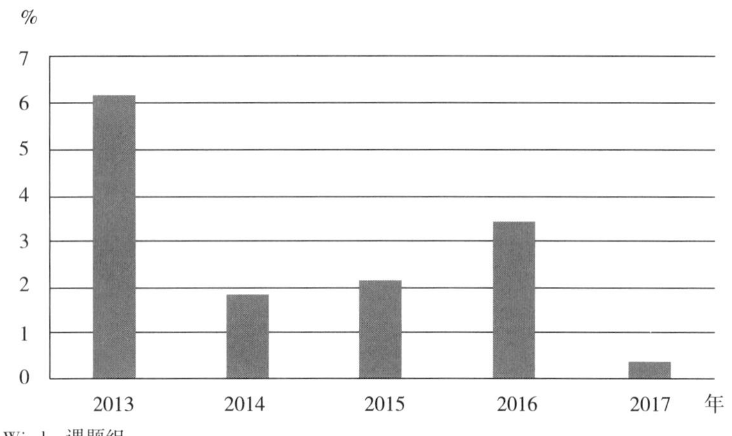

资料来源：Wind，课题组。

图 3-29　2013—2017 年企业人力投入回报率均值

4. 市场业绩能力

衡量人力资源竞争力强弱应以结果和能力指标为主。这是由于市场的投资者们更关注结果以及能力，竞争力越强具体表现为市场认可度越高，也即市场份额越大，市场占有率越高。因此本书从结果导向出发，选择市场占有率作为反映人力资源竞争力的一项重要指标。本书认为某企业市场占有率越高，表明该企业经营能力和竞争能力越强，公司销售和利润水平越好且越稳定，该企业在市场中的认可程度和知名度也越高，越有利于企业长期的发展。这也从侧面反映出企业人力资源竞争力相较于整个市场更为强劲。本书用企业营业收入额占整个行业营业收入的比例来表示市场占有率。

市场占有率的公式为：

市场占有率=企业营业收入额/行业营业收入

2017年农、林、牧、渔业市场占有率均值为2.38%，行业前三分别为温氏股份（35.72%）、大康农业（7.94%）、海南橡胶（6.94%）。

表 3-12　　2017 年农、林、牧、渔业上市公司市场占有率分布 Top3

证券简称	市场占有率
温氏股份	35.72%
大康农业	7.94%
海南橡胶	6.94%

资料来源：Wind，课题组。

三、2017年全国农、林、牧、渔业上市公司综合竞争力排名Top41

公司简称	治理竞争力	管理竞争力	创新竞争力	社会责任竞争力	人力资源竞争力	公司基本指标	总得分	行业排名
温氏股份	571.22	901.24	75.24	406.78	340.45	222.28	2517.21	1
牧原股份	623.00	935.08	57.86	406.46	201.28	108.20	2331.88	2
大康农业	729.74	861.61	0.98	374.68	307.57	26.20	2300.79	3
国联水产	634.00	895.53	39.59	376.46	118.17	8.01	2071.76	4
雏鹰农牧	630.67	696.71	77.14	475.61	150.83	23.23	2054.19	5
圣农发展	382.42	886.70	16.38	532.86	200.81	30.28	2049.44	6
新五丰	663.86	846.22	7.66	387.18	114.28	4.95	2024.15	7
荃银高科	576.85	788.65	71.57	369.37	190.56	6.50	2003.51	8
北大荒	541.43	772.85	7.37	484.99	91.31	32.64	1930.60	9
隆平高科	392.73	869.84	35.18	369.04	201.85	56.25	1924.89	10
香梨股份	502.13	966.62	1.13	333.73	116.92	1.86	1922.39	11
敦煌种业	645.24	778.98	33.79	370.96	63.03	5.18	1897.17	12
开创国际	531.84	880.45	1.69	378.60	93.57	5.54	1891.68	13
海南橡胶	322.19	816.34	23.76	464.93	210.81	37.41	1875.43	14
益生股份	631.52	746.70	18.76	403.39	55.03	12.32	1867.71	15
百洋股份	476.16	855.03	18.30	405.75	87.97	5.95	1849.16	16
福建金森	549.70	842.79	6.78	361.29	64.39	3.49	1828.45	17
万向德农	544.32	761.29	48.49	370.71	97.25	2.55	1824.61	18
罗牛山	436.71	868.72	16.18	372.07	112.01	14.92	1820.60	19
新赛股份	652.21	691.71	7.85	400.66	60.60	2.39	1815.42	20
福成股份	516.29	785.50	0.93	418.66	64.66	14.06	1800.11	21
大湖股份	555.18	783.82	4.10	387.58	62.97	4.62	1798.28	22
雪榕生物	543.54	757.19	18.50	383.44	81.35	8.15	1792.17	23
亚盛集团	445.18	844.01	12.73	383.11	79.00	12.60	1776.62	24
中水渔业	461.43	794.99	1.72	418.79	95.80	3.04	1775.77	25
仙坛股份	490.20	771.94	1.99	418.41	86.71	5.89	1775.13	26
新农开发	618.72	667.50	18.24	384.51	77.67	2.88	1769.53	27
神农基因	469.24	686.15	74.65	360.50	160.78	4.67	1755.99	28
好当家	448.42	807.86	33.44	389.18	70.30	6.39	1755.59	29
众兴菌业	580.31	859.62	23.17	211.75	56.28	5.64	1736.77	30
丰乐种业	366.54	806.97	51.67	375.17	131.05	1.92	1733.33	31

续表

公司简称	治理竞争力	管理竞争力	创新竞争力	社会责任竞争力	人力资源竞争力	公司基本指标	总得分	行业排名
西部牧业	657.00	598.49	59.47	358.70	43.01	1.21	1717.88	32
农发种业	309.43	815.09	45.67	363.80	167.12	4.43	1705.54	33
登海种业	408.13	739.29	67.02	365.52	100.46	18.54	1698.94	34
天山生物	406.58	791.10	31.19	366.25	96.54	2.50	1694.16	35
民和股份	494.12	673.28	9.86	373.52	64.05	4.41	1619.24	36
华英农业	327.52	770.35	12.21	374.97	123.79	10.12	1618.96	37
平潭发展	385.34	697.56	4.63	363.89	54.46	18.18	1524.07	38
东方海洋	291.75	749.40	14.13	369.36	59.80	12.93	1497.37	39
獐子岛	350.53	580.23	21.61	369.83	108.77	8.42	1439.39	40
云投生态	365.32	541.84	4.57	351.50	104.47	2.33	1370.05	41

采矿业

一、行业概况

采矿业，是指以大自然为劳动对象，通过开采和采伐等手段获取自然资源的工业部门。采矿业主要分为煤炭开采和洗选业、石油和天然气开采业、黑色金属矿采选业、有色金属矿采选业、非金属矿采选业、开采辅助活动以及其他采矿业七个大类。截至2017年12月31日，采矿业共有上市公司76家，其中从事煤炭开采和洗选业的企业有26家，从事石油和天然气开采业的有5家，从事黑色金属矿采选业的有6家，从事有色金属矿采选业的有23家，从事非金属矿采选业的有1家，从事开采辅助活动的有15家。

表3-13　　采矿业上市公司概况

	煤炭开采和洗选业	石油和天然气开采业	黑色金属矿采选业	有色金属矿采选业	非金属矿采选业	开采辅助活动
公司家数（家）	26	5	6	23	1	15
总市值（亿元）	7630.2	19906.8	385.6	4775.4	20.7	1428.5

资料来源：CSMAR，课题组。

2017年，煤炭供应得到加强，但是煤炭价格仍然较高，煤炭企业经营状况继续得到改善。同时由于债转股政策的下发，煤炭企业的债务负担得到一定缓解；而在人员安置和员工待遇方面，仍然面临很大的压力。各地区在积极淘汰落后煤炭产能的同时，着力推动煤炭企业兼并重组和产能减量置换与部分煤矿产能核增，释放优质产能，不断提高煤炭有效供给质量。2017 年全国煤炭库存呈现“一减两增”态势：一是煤矿存煤减少；二是主要用户存煤增加；三是港口存煤增加。2017 年由于经济增长、能源结构变化对火电需求增加、天气因素导致用电负荷增加等因素，全国煤炭消费有所增加。2017 年煤炭去产能更多地考虑债务、人员安置等困难的地方，以期实现煤炭企业真正的转型脱困。由于经历了较长时间的经济下行，多数煤炭企业经营状况并未得到根本好转。一方面，企业负债水平和负债规模依然较高，融资难的问题并未得到根本解决，部分企业偿在债务违约风险。目前全国 90 家大型煤炭企业资产负债率为 71.94%，特别是部分承担去产能任务的企业由于债务得不到及时处理，资产负债率上升更加明显，企业融资成本进一步提高，部分企业资金紧张的问题仍然突出。另一方面，部分企业偿还安全生产欠账、职工工资、社保基金的压力依然较大，煤炭行业脱困发展目的还远未达到。

2017 年我国煤炭产能过剩、市场供大于求的基本面没有改变，供给总体上向宽松转变。煤炭市场供求将基本保持平衡，但部分地区受资源、运输约束出现了时段性偏紧的问题。随着煤炭市场稳定好转，煤矿的生产积极性增加，同时随着减量化生产政策调整、部分优质产能煤矿核增生产能力，加上减量置换进度加快，全国煤炭产量将继续增加。

随着中国能源行业“十三五”规划发布，我国能源行业的改革力度加大，能源发展思路和目标、改革的方向和路径进一步明晰。中国能源消费小幅增长，供给侧结构性改革初见成效，能源结构持续优化。石油消费增速大幅放缓，成品油消费首次出现萎缩。受政策影响，地方炼厂快速发展，国内成品油供需宽松态势加剧，竞争日益激烈，净出口猛增。中国天然气消费增速低于预期，季节性矛盾进一步加剧，市场化改革加快推进；国家天然气发展目标面临重大现实挑战。中国油气勘探生产由重规模转向求效益，国内原油产量跌破 2 亿吨，受需求影响被迫压减天然气产量，油气对外依存度大幅攀升。

2017 年基本金属行业发展较为景气，基本金属矿采选和基本金属冶炼与压延加工的利润增速分别为 23.5%和 28.6%。2017 年基本金属行业上市公司中有将近 83%的公司业绩增长。从增速看，业绩增速超过 100%的公司占比 43%，业绩增速在 50%～100%的公司占比 27%。资源优势工业金属龙头公司业绩普遍大幅增长，2017 年工业金属价格普涨，铜、铝、锌、镍 2017 年现货价格上涨超过 10%，驱动工业金属公司业绩增长，并带动拥有资源优势代表性龙头业绩普遍大幅增长。在小金属钴、锂方面，2017 年大部分小金属品种价格上涨，其中钴价格翻番，碳酸锂价格上涨超过 20%。分产品看，钴、锂上市公司业绩增长迅速，钴相关公司华友钴业、寒锐钴业、格林美业绩大幅增长；锂相关公司赣锋锂业、天齐锂业 2017 年的业绩均出现暴涨。2017 年稀土价格分化，轻稀土产品中和永磁材料相关的镨钕两个品种价格上涨超过 20%，而重稀土价格依然没有较大的起色。从产业链看，稀土冶炼三家企业北方稀土、盛和资源、五矿稀土均实现了大幅改善，而永磁材料公司业绩分化。

2017 年贵金属价格显著上涨，主要原因是：首先，2016 年 12 月美联储加息后，美元指数利多出尽将阶段性回落；其次，地缘政治风险引发的避险需求将提振金价；最后，年初金价往往出现季节性上涨。但是国内贵金属涨幅不及海外，主要原因是人民币相对美元汇率在上半年稳中有升。2017 年白银走势较弱，主要原因是白银工业属性更强。一方面，受到其他有色金属大幅下跌的拖累；另一方面，白银最大的下游需求光伏产业不景气。2017 年，政治不确定性引发的避险需求是驱动金价阶段性上涨的最主要因素。

二、行业综合竞争力分析

（一）治理竞争力

1. 公司股权结构

（1）股权集中度

股权集中度是指全部股东因持股比例不同所表现出来的公司股权集中还是分散的数量化指标。根据第一大股东对公司股权的控制程度不同，我们将公司的股权集中度分成绝对控股、相对控股和高度分散三种类型。

截至 2017 年 12 月 31 日，采矿业全部 75 家 A 股上市公司的第一大股东持股比例平均值为 42.73%。行业内上市公司中股权集中度属于绝对控股的公司有 28 家，占所有公司数量的 37%；属于股权高度分散的公司有 23 家，占所有公司数量的 31%；其余的 24 家公司的股权集中度呈现相对控股的状态。由于采矿业上市公司主要是国有企业和民营企业，因此行业内的股权集中度分布也较为均匀，没有出现大比例的绝对控股现象，有利于行业内上市公司的多元化发展。

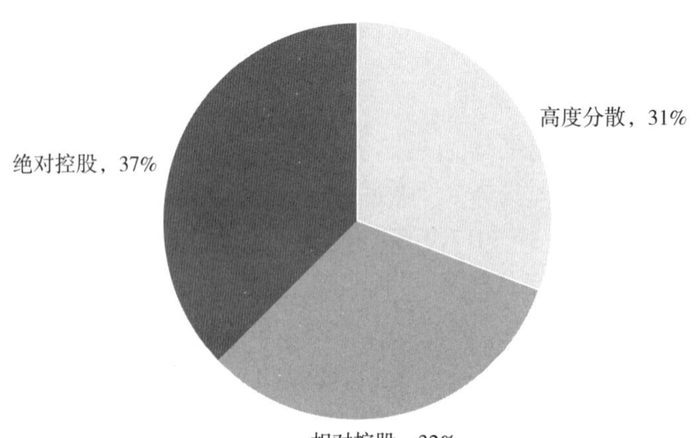

资料来源：CSMAR，课题组。

图 3-30 采矿业上市公司股权集中度情况

（2）股权制衡度

股权制衡是指控制权由几个大股东分别控制，通过内部牵制，使任何一个大股东都无法单独控制公司重大事项的决策，达到大股东间相互监督的股权安排模式，既能保留股东相对集中的优势又能有效抑制大股东为谋取个人利益而做出对上市公司发展不利的决策。一般认为，当Z指数≥1时，表明第一大股东受到其他股东的制衡；当Z指数<1时，表明第一大股东对公司事项的控制程度和权力较高。

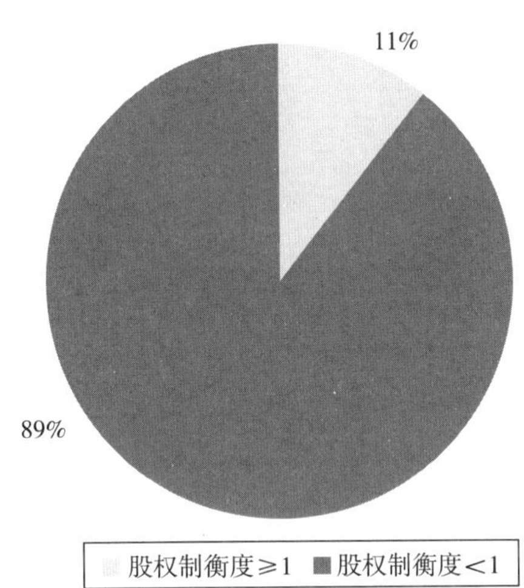

资料来源：CSMAR，课题组。

图3-31 采矿业2015—2017年股权制衡度Z指数情况

截至2017年12月31日，在我们统计的采矿业全部75家A股上市公司中行业平均股权制衡度为0.53，股权制衡度小于1的共有67家公司，表明行业内大部分上市公司第一大股东的控制程度较高，这有可能会导致第一大股东因为对个人利益的追求而损害中小投资者利益。

2. 公司治理架构

（1）董事长与总经理分离情况

截至2017年12月31日，行业内上市公司中有13%的公司的董事长兼任总经理职务，而其余87%的公司董事长和总经理由两人分别担任，这表明采矿业在公司治理架构建设方面较为完善，这是因为采矿业上市公司多为国资企业或者省属企业，公司高管可由政府指派人员担任。

（2）上市公司董事会与监事会

董事会是公司的决策机关，享有公司的经营决策权和管理权，董事会依法由股东会选举产生，对外代表公司行使经营决策权。监事会是公司的监督机关，监督高管的经营管理和公司财务。根据已公布年报的55家上市公司的独立董事人数、董事人数以及监事人数情况，有38家公司的董事人数大于等于8人，只有1家公司的监事人数小于3人，其他54家公司监事人数均在3人以上。另外有52家公司的独立董事比例都在1/3以上。

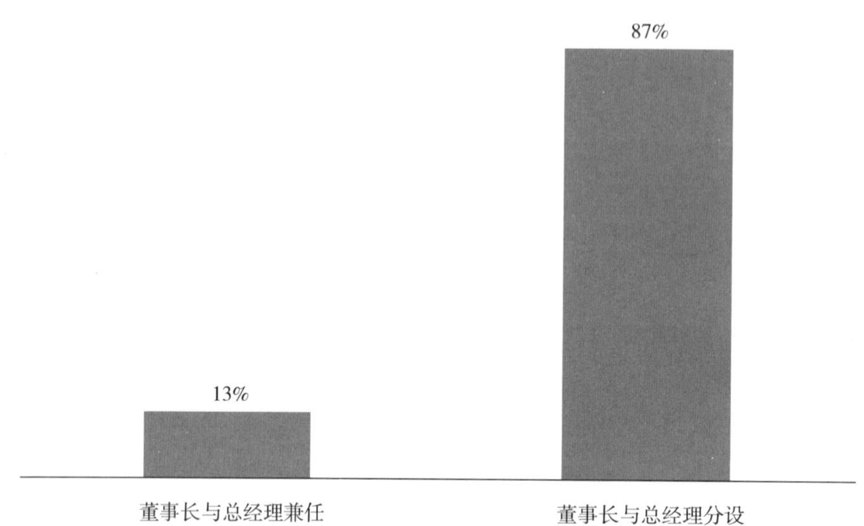

资料来源：CSMAR，课题组。

图 3-32　采矿业上市公司两职分离情况

3. 董事激励与监事激励

由于在公司领取报酬的董事与所在企业经济关联程度较强，因而企业可以通过薪酬激励的方式提升董事监控管理者、保护公司利益的积极性。而监事会处于董事会外部，能起到监督董事和管理者的作用。课题组的统计数据显示，在 2017 年公开数据的 20 家采矿业上市公司中，领取报酬的董事比例在 80%以上的公司有 9 家，占比 45%；而领取报酬的监事比例在 80%以上的公司只有 5 家，占比只有 25%。这表明行业内上市公司领取报酬的董事、监事比例较低，不利于提升董事会的监控能力。

4. 三会次数

三会次数是指上市公司开展股东大会次数、董事会会议次数、监事会会议次数的总和。股东大会作为企业最重要的权力机构，对公司的重大事项做出决议，股东大会能否充分发挥其功能从根本上决定了整个公司架理结构的成功与否；董事会会议是董事发挥其职能的重要途径；而监事会会议具有通过和执行对企业未来发展具有重大意义的事项的权力，因此对公司发展具有重要作用。根据已公布数据的 74 家上市公司三会次数情况，三会次数在 10 次以上的上市公司多达 63 家，占比 85.1%，说明行业内公司的治理情况普遍较好。

5. 社会影响力

在复杂的市场经营大环境中，企业想要长期高速发展，除了要立足自身良好的经营策略外，还要关注外界对企业的评价，这也是企业竞争力的表现之一。因此课题组考虑利用企业是否被 ST 以及公司是否存在未解决的官司来衡量公司的社会影响力。

行业内已公布数据的 75 家上市公司情况显示，行业内共有 7 家公司被 ST。它们分别是＊ST 钒钛、＊ST 金岭、＊ST 华泽、＊ST 平能、＊ST 准油、＊ST 安煤和＊ST 油服，行业内企业被 ST 的比例为 9.3%。这些被 ST 的企业往往有更多负面的评价，社会影响力相对较差，从而企业在市场上的竞争力也相对减弱。

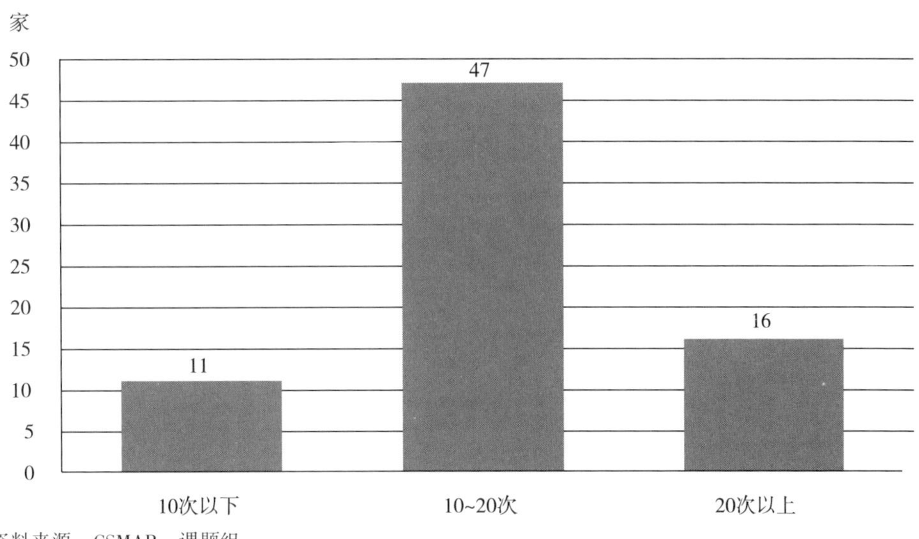

资料来源：CSMAR，课题组。

图 3-33　2017 年采矿业上市公司三会次数情况

在未解决的官司方面，已公布数据的 48 家上市公司的统计数据显示，目前有 46 家公司仍有官司缠身。由于诉讼官司的成本高、时间长，并且官司可能会强制披露企业产品、服务等相对负面的消息，因此预期这些企业的收入、社会评价及影响能力均会有不同程度的下降。

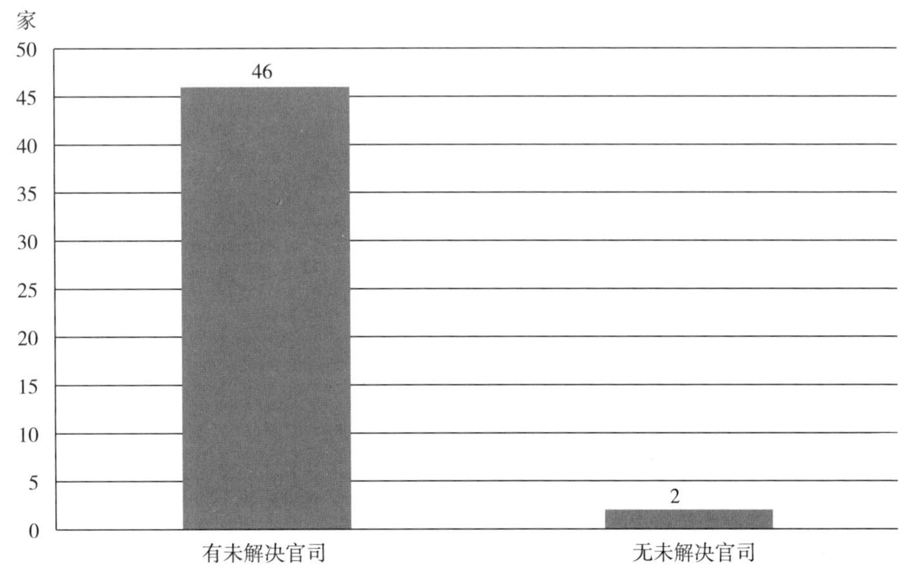

资料来源：CSMAR，课题组。

图 3-34　2017 年采矿业上市公司是否存在未解决官司情况

（二）管理竞争力

截至 2017 年 12 月 31 日，采矿业 A 股 75 家上市公司中，获得盈利的公司有 54 家，占所有上市公司的 72%，亏损的公司有 21 家，说明整个采矿行业经营状况并非十分理想。

1. 增长能力

以下部分课题组将从净资产增长率、主营业务增长率、净利润增长率和总资产增长率四个指标深入分析采矿业上市公司的增长能力。截至 2017 年 12 月 31 日，在采矿业已公布数据的 74 家上市公司中，净资产增长率在 50%以内的有 53 家，而呈负增长的公司数量达到 16 家，净资产增长率最高的公司是金诚信，增长率达到 130%。净利润增长率方面，增长率在 100%以上的公司有 33 家，而净利润增长率为负的公司有 17 家。总资产增长率为正的企业有 53 家，主营业务增长率为正的公司有 63 家，表明行业内上市公司在 2017 年都有较好的经营业绩。

2. 偿债能力

偿债能力用于表现企业对债务清偿的承受能力或保障程度，即企业偿还全部到期债务的现金保证程度。课题组用资产负债率、流动比率、速动比率以及固定资产比率这四个指标来衡量企业的偿债能力。流动比率和速动比率主要是分析企业的短期偿债能力，资产负债率主要是用来衡量企业的长期偿债能力。固定资产比率是固定资产与资产总额之比，比率越低说明企业的闲置资金越少。

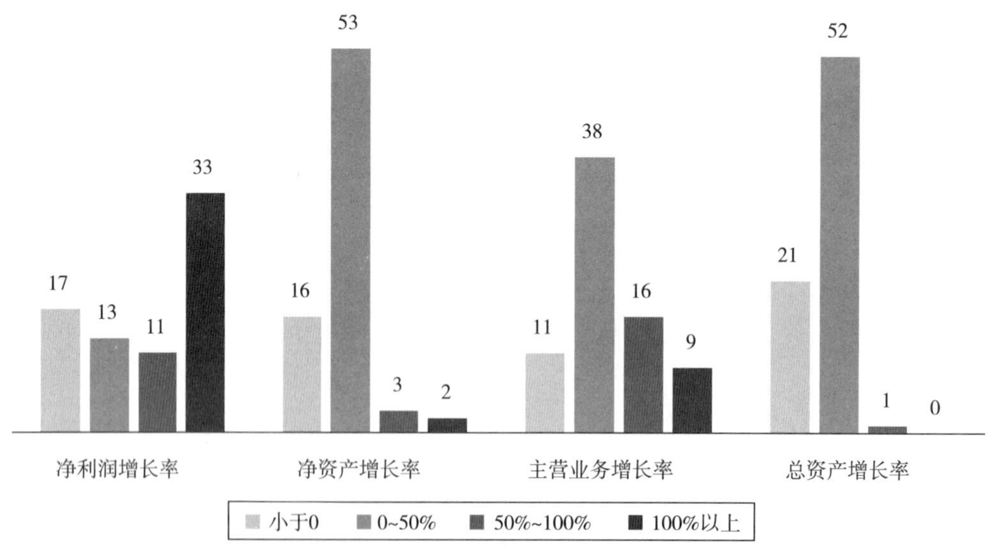

资料来源：Wind，课题组。

图 3-35 2017 年采矿业业务增长能力

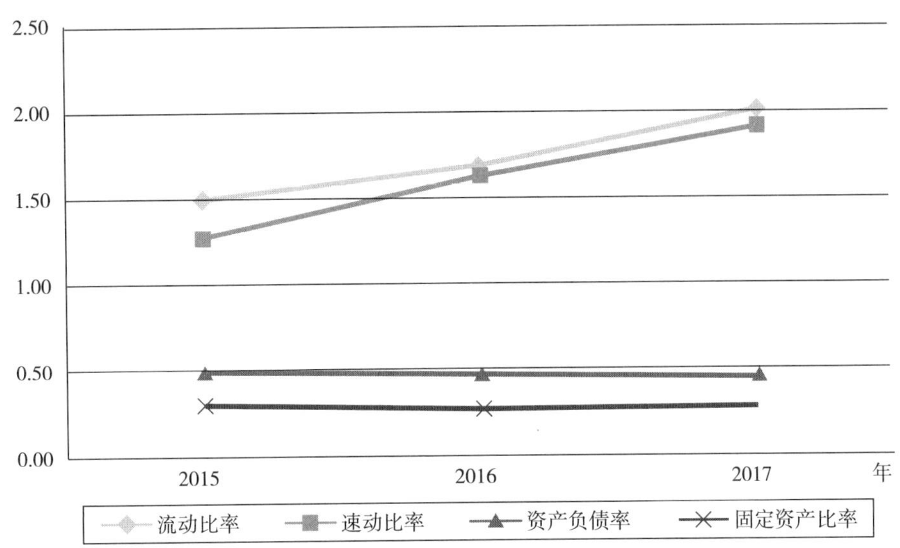

资料来源：Wind，课题组。

图 3-36　采矿业偿债能力

2017 年采矿业所有 A 股上市公司的流动比率平均值为 2.00，均高于往年同期；速动比率平均值为 1.90，高于 2016 年；固定资产比率和资产负债率平均值较上年同期均略微下降。总体来说，行业内上市公司市场信誉好，能够借到足够多的资金，也说明行业内企业较好地利用了财务杠杆。但是流动比率有所上升也说明流动资产占用较多，会影响企业经营资金周转效率和获利能力。

3. 运营能力

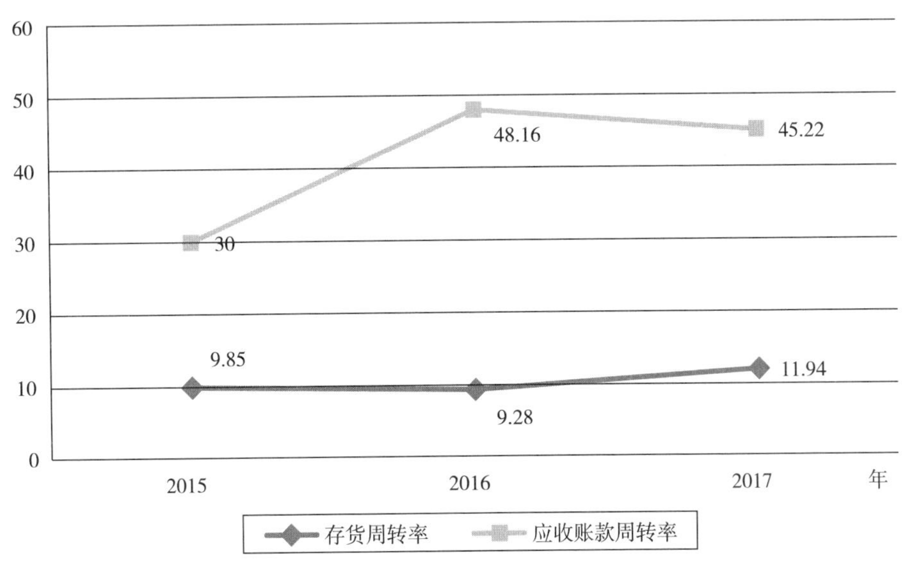

资料来源：Wind，课题组。

图 3-37　采矿业存货周转率和应收账款周转率

运营能力是指企业基于外部市场环境的约束，通过内部人力资源和生产资料的配置组合而对财务目标实现所产生作用的大小。课题组采用存货周转率、应收账款周转率、总资产周转率和流动资产周转率四个指标分析行业上市公司的运营能力。

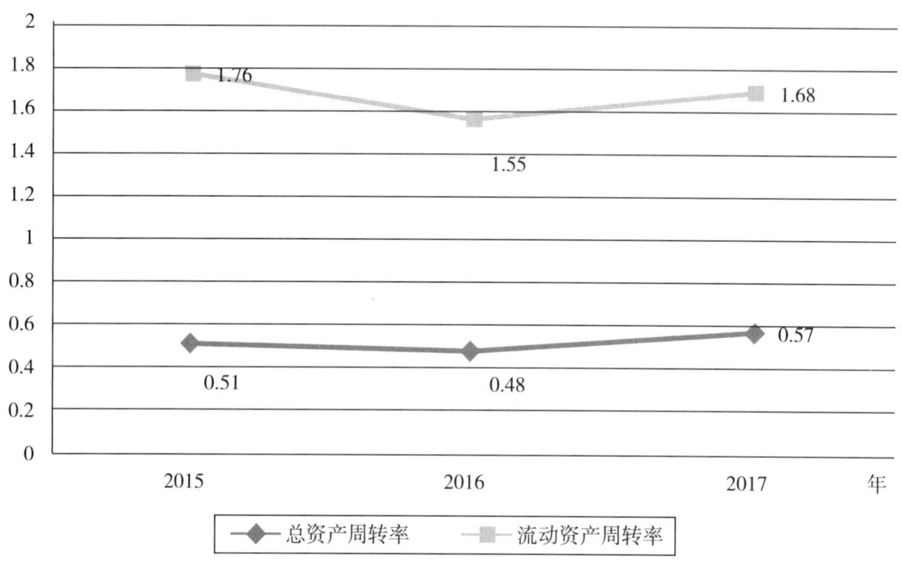

资料来源：Wind，课题组。

图 3-38 采矿业总资产周转率和流动资产周转率

相较于 2016 年，2017 年行业内上市公司存货周转率有所上升，说明行业整体销货速度变快，资金占用水平降低。同时，企业平均应收账款率有所下降，表明企业账款回收速度变慢，短期流动性降低，债权管理能力也有所下降。另外，总资产周转率和流动资产周转率相较于 2016 年有所增加，企业流动资产周转速度越快，流动资产利用程度越高，表明采矿业上市公司的短期运营能力越强，管理竞争力也越强。

4. 盈利能力

盈利能力是指企业在一定时期内获取利润的能力，通常表现为一定时期内企业收益数额的多少及其水平的高低。课题组主要用销售净利率、总资产收益率和净资产收益率三个指标来分析行业上市公司的盈利能力。

2017 年，采矿业上市公司平均销售净利率、平均净资产收益率和平均总资产收益率较前两个年度都有很大程度的提高，表明行业内上市公司在一定销售收入水平下企业获得的净利润更多，总体盈利能力更强。采矿业的上市公司在经历了前两年国家去产能、转结构的阵痛之后迎来了新的发展机遇，企业净利润更多，盈利能力也更强。

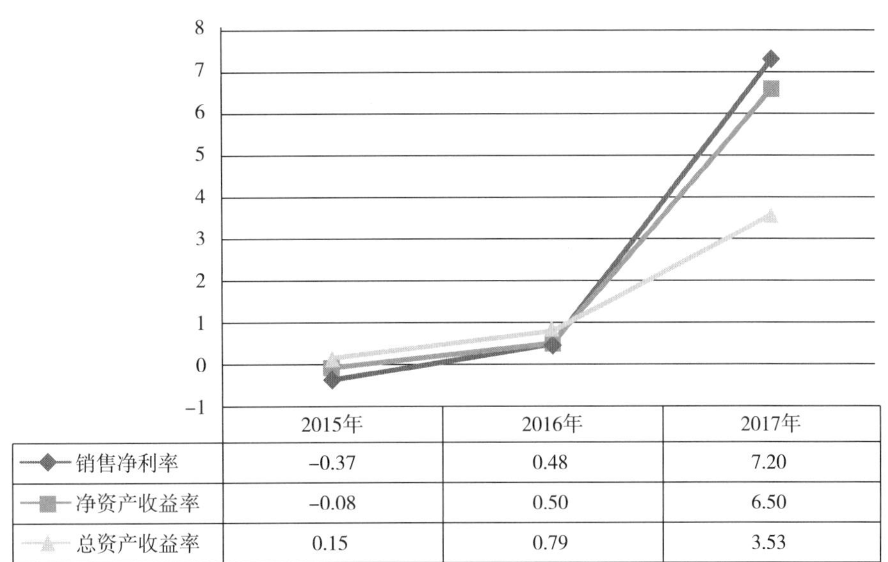

	2015年	2016年	2017年
销售净利率	-0.37	0.48	7.20
净资产收益率	-0.08	0.50	6.50
总资产收益率	0.15	0.79	3.53

资料来源：Wind，课题组。

图 3-39　采矿业盈利能力

（三）创新竞争力

1. 创新投入

对上市公司而言，创新是企业争夺市场、保持竞争力的重要手段。因此，课题组从研发投入占比、研发人员占比和政府补贴三个方面来衡量公司的创新投入水平。

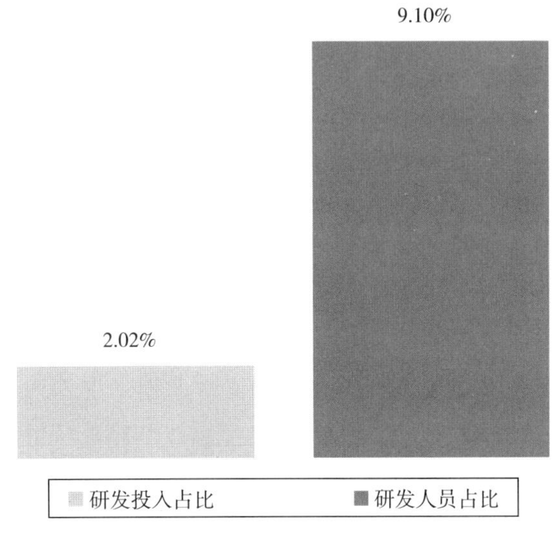

资料来源：Wind，课题组。

图 3-40　采矿业研发投入占比与研发人员占比情况

截至 2017 年 12 月 31 日，从 47 家已公布数据的上市公司情况来看，采矿业上市公司的平均研发投入占销售收入的比重为 2.02%，研发人员占公司员工总数的比重为 9.10%，低于其他行业均值。这与采矿业的行业特点有密不可分的关系。首先，采矿业属于资源依赖型行业，行业内的生产多依赖于自然资源；其次，采矿业上市公司的研发投入主要用于提升矿产资源的采选、洗选，对于创新产品的研发投入较低，研发人员占公司全体工作人数的比重较低。表明采矿业对创新研发不够重视，其发展动力不够充足，科技对企业经营的影响程度较低。

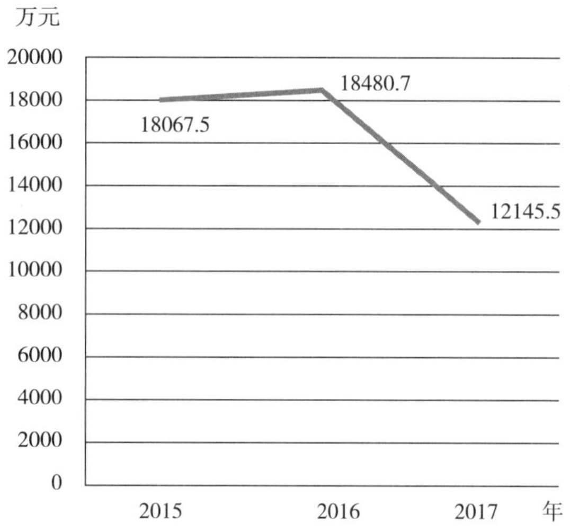

资料来源：CSMAR，课题组。

图 3-41　采矿业政府补贴情况

政府补贴主要包括企业因研究开发、技术更新及改造等而从政府处获得的补贴或奖励。政府补贴资金可作为企业从事技术研发活动的资金补充，对企业创新能力有明显的推动作用。在政府补贴方面，由于国家去产能、去库存政策的影响，2017 年政府对采矿业上市公司的平均补贴为 12145.5 万元，较 2016 年环比下降 34.3%。因此 2017 年行业内上市公司的创新竞争力受到一定程度的折损。

2. 创新产出

企业创新投入的目的就是得到创新产出结果并加以应用，因而创新产出也是企业创新竞争力的重要衡量指标。下文中课题组采用有效专利指数来衡量企业的创新产出能力。

课题组采集到的采矿业上市公司数据显示，行业内上市公司平均有效专利指数为 7311.48，明显高于其他行业平均水平。这主要得益于我国矿产开采业开发时间早，行业内上市公司有较多的时间来开发新技术。但是行业内仍有不少上市公司的有效专利指数为零，有损于企业的创新竞争力。

（四）社会责任竞争力

1. 法律责任

法律责任是企业根据政府法规、法律规定，必须遵守的义务和需要承担的责任。课题组用企业对政府的责任和企业在生产经营中有无违法行为来衡量企业的法律责任。

表 3-14　　采矿业依法经营情况

年份	有违法违规行为的企业数量（家）	无违法违规行为的企业数量（家）
2015	9	66
2016	10	65
2017	0	75

资料来源：CSMAR，课题组。

在企业依法经营方面，2017 年采矿业 75 家上市公司全部依法经营。表明企业在经营活动中，遵循市场原则、社会公德和商业道德，接受政府和社会公众的监督，公平公正地参与行业、市场竞争。

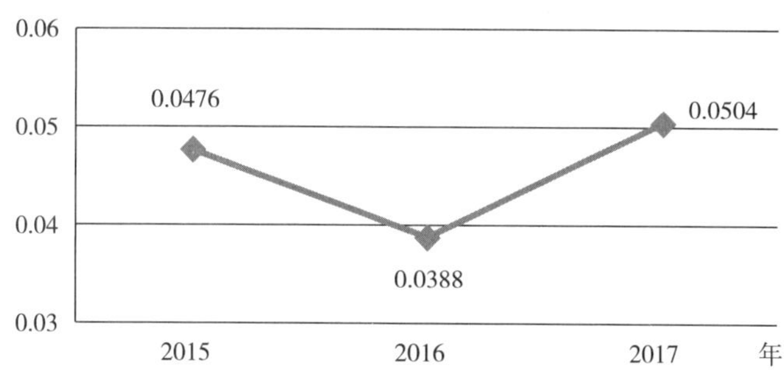

资料来源：CSMAR，课题组。

图 3-42　采矿业上市公司对政府的责任

企业对政府有依法纳税的义务。考虑到不同规模企业的纳税义务存在差异，我们用平均资产总额衡量企业规模，用企业支付的税额和收到税费返还之差表示企业的实际纳税水平。2017 年，采矿业上市公司对政府责任指数为 0.0504，表明企业的实际纳税额更高，对政府、社会的贡献度也更大，因此企业也有更高的社会责任竞争力。

2. 经济责任

经济责任以金钱为责任标的，衡量企业对与之有金钱往来的客体的贡献程度。我们从供应链上下游的角度将客体分为投资者、员工和供应商三类。

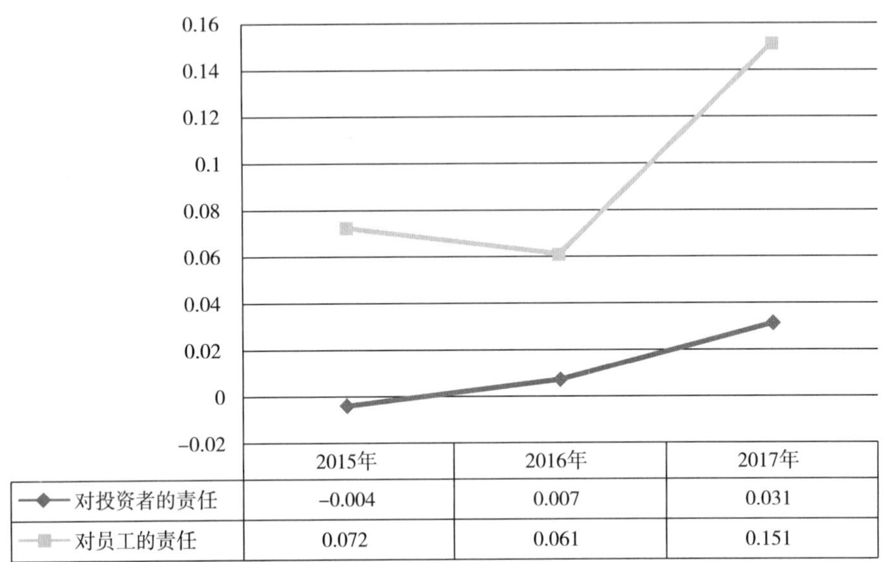

资料来源：CSMAR，课题组。

图 3-43　采矿业上市公司对投资者的责任以及对员工的责任

2017 年，行业内所有上市公司对投资者的责任指数均值在 0. 151 左右，即行业内上市公司支付给股东和债权人的金额占相应的平均资产总额的 15. 1%左右；行业内所有上市公司对员工的责任指数均值为 0. 031，即支付给员工的以及为员工支付的现金占营业收入的比例为 3. 1%。

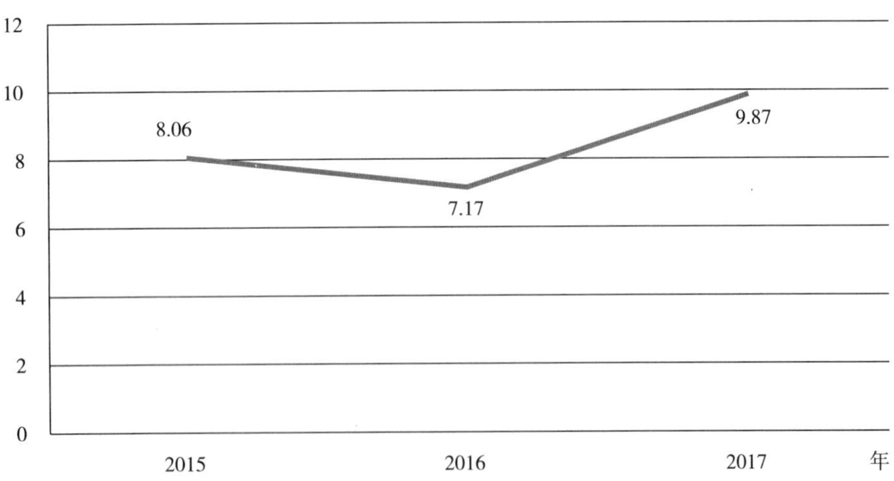

资料来源：CSMAR，课题组。

图 3-44　采矿业上市公司对供应商的责任

2017 年上市公司对供应商的责任指数高于 2016 年，并且高于往年同期水平，表明 2017 年采矿业上市公司对供应商的责任履行程度明显加强，有利于行业上下游产业链的平稳发展。

由此可知，行业内上市公司为投资者提供回报，为员工提供工作岗位和薪酬，为供应商提供市场和销售收入的能力得到加强，也表明上市公司承担了更多的经济责任。

3. 慈善责任

慈善责任是企业在没有外力压迫下，自愿奉献爱心与援助、从事扶弱济贫事业的责任。课题组采用企业对社会的公益贡献率来衡量企业承担的慈善责任。行业内已公布的75家上市公司的年报显示，行业内上市公司对社会贡献率最高的公司是紫金矿业，达到0.1509%，表明企业在采矿业中具有较高的慈善责任感。

4. 伦理责任

伦理责任是指企业在处理其与员工、社会相互关系时承担的责任。课题组采用企业就业增长率和是否披露社会责任报告指标衡量采矿业上市公司的伦理责任。

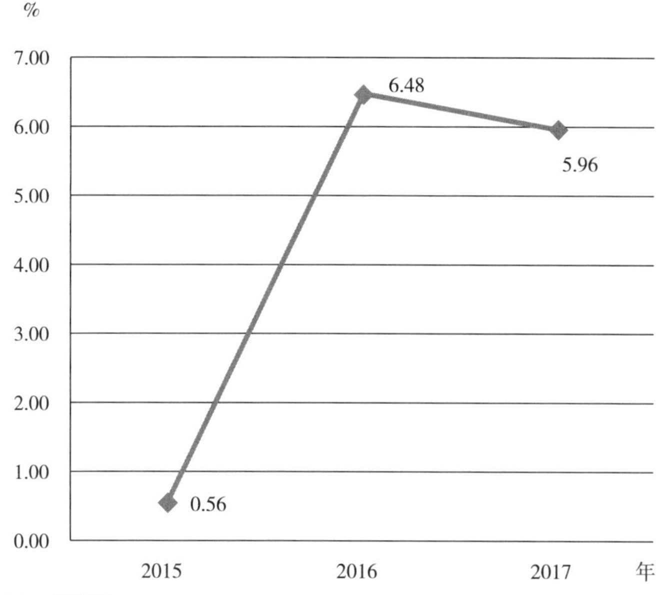

资料来源：CSMAR，课题组。

图3-45　采矿业上市公司就业增长率

在上市公司就业增长率方面，根据行业内已公布信息的74家上市公司的数据情况，2017年采矿业上市公司平均就业增长率为5.96%，该指标显著高于2015年，表明行业内上市公司在吸纳员工就业方面取得了很大进步，公司承担的伦理责任也更多，公司的社会责任竞争力也更强。

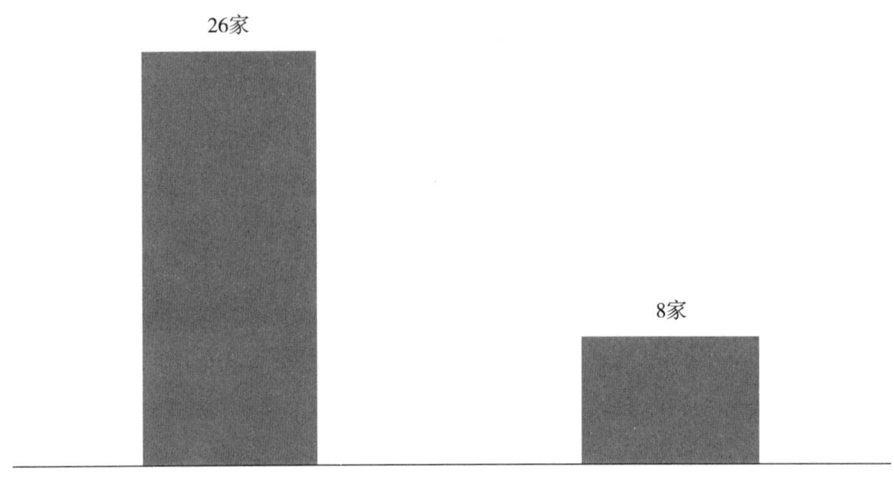

资料来源：CSMAR，课题组。

图 3-46　采矿业上市公司是否披露企业社会责任报告

行业内已公布数据的 34 家上市公司显示，已披露企业社会责任报告的公司有 26 家，占比 76.5%，表明行业内上市公司普遍具有良好的企业社会责任感，承担了更多的伦理责任，也拥有较强的社会责任竞争力。

（五）人力资源竞争力

人力资源的竞争越来越成为企业竞争的重要领域之一。课题组从薪酬管理能力、人员招聘与配置能力和绩效管理能力三个方面衡量企业的人力资源竞争力。

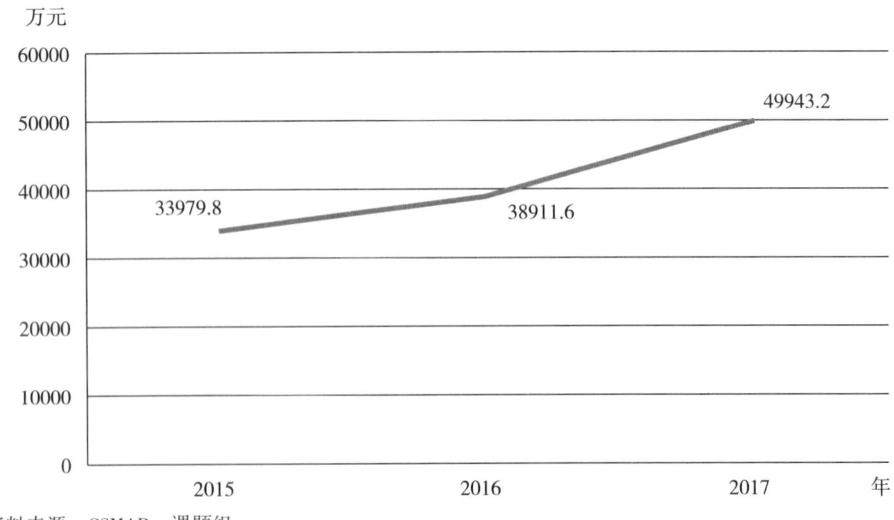

资料来源：CSMAR，课题组。

图 3-47　采矿业上市公司 2015—2017 年平均应付职业薪酬

首先是薪酬管理能力。行业内已公布的上市公司数据显示，2015—2017 年行业平均应付职工薪酬逐年增长，2017 年平均应付职工薪酬达到 49943.2 万元，表明行业内上市公司提高了对员工薪酬的重视度，增加了职工对企业的认同感，增强了企业的人力资源竞争力。

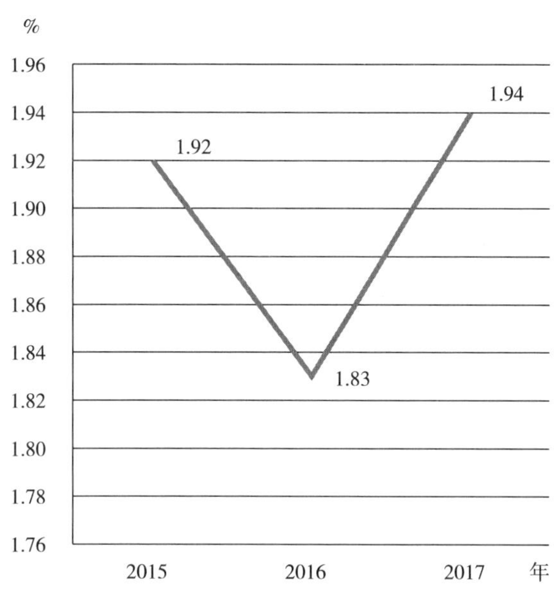

资料来源：CSMAR，课题组。

图 3-48　采矿业 2015—2017 年员工硕士学历及以上人数占比

其次是人员招聘与配置能力。高素质人才是企业技术进步的重要推动力。统计结果显示，2017 年采矿业上市公司中硕士学历及以上人数占公司全部工作人员的比重为 1.94%，高于往年数值，表明企业的创新能力、科研能力以及处理事务的专业能力变强，整体素质相对较高，也表明企业在发展的过程中重视高素质人才的培养，为企业后续发展提供了蓬勃动力。

最后是绩效管理能力。课题组采用企业年人均产值和企业人力投入回报率衡量企业的绩效管理能力。2017 年，采矿业上市公司的企业年人均产值为 202.78 万元，略低于其他行业人均产值，表明企业职工的价值未得到充分体现，企业职工整体素质有待提高，行业内绩效管理能力仍有提升空间。

三、2017 年全国采矿业上市公司综合竞争力排名 Top20

公司简称	治理竞争力	管理竞争力	创新竞争力	社会责任竞争力	人力资源竞争力	公司基本指标	总得分	行业排名
中国石油	355.55	919.21	365.14	392.12	367.40	2350.57	4750.00	1
中国石化	410.02	955.23	350.00	538.37	380.13	1050.13	3683.87	2
中国神华	557.36	829.57	227.01	386.31	229.41	684.38	2914.04	3
紫金矿业	948.68	907.05	79.13	422.87	152.80	140.78	2651.31	4
山东黄金	743.19	1079.38	11.72	381.78	108.48	102.21	2426.75	5
洛阳钼业	630.00	1047.54	47.62	368.76	98.85	216.49	2409.25	6
盛屯矿业	664.36	1040.98	1.33	392.33	221.31	21.05	2341.37	7
海南矿业	993.00	839.08	2.58	383.77	71.73	29.29	2319.45	8
西藏珠峰	660.96	1019.31	0.00	455.13	73.07	47.07	2255.54	9
宏大爆破	835.82	859.73	84.29	386.50	69.47	7.53	2243.34	10
仁智股份	419.66	1160.96	21.64	408.63	213.41	3.47	2227.75	11
陕西煤业	461.31	927.67	49.23	511.41	122.26	144.76	2216.65	12
广晟有色	611.87	877.87	32.43	494.67	84.99	19.52	2121.35	13
兰花科创	770.18	843.98	32.27	399.64	54.32	17.04	2117.43	14
蓝焰控股	686.48	879.54	50.53	369.01	85.93	27.40	2098.89	15
银泰资源	534.97	963.70	0.01	405.56	155.43	24.18	2083.84	16
中海油服	427.57	853.38	240.06	364.73	133.51	54.37	2073.63	17
大同煤业	728.18	847.38	7.61	379.37	82.26	16.41	2061.20	18
潜能恒信	535.14	870.19	200.94	357.34	85.49	11.22	2060.32	19
新集能源	837.21	721.67	17.36	389.95	64.47	16.28	2046.94	20

制造业

一、行业概况

制造业是我国实体经济的主体，截至 2017 年底，我国制造业上市公司共 2271 家，占全部上市公司的 64.90%，其重要性可见一斑。为振兴实体经济，全面推进实施制造强国战略，我国于 2015 年发布了第一个十年的行动纲领——“中国制造 2025”，明确提出我国制造业将进入一个“创新驱动、质量为先、绿色发展、结构优化、人才为本”的发展新时期。

中国制造业上市公司的发展水平可以从上市公司的地区分布与行业分布两个维度进行衡量。

（一）中国制造业上市公司地区分布

从中国制造业上市公司的地区分布来看，广东、浙江、江苏和上海四省市位列前四，制造业上市公司数量都在150家以上。其中广东最多，有390家制造业上市公司，占全国的17.17%；浙江有316家，占全国的13.91%；江苏有292家，占全国的12.86%；上海有153家，占全国的6.74%；四省市共有1151家制造业上市公司，占据中国制造业上市公司总数的一半（50.68%）。排名前十的还有山东、北京、福建、四川、安徽、湖南，排名前十的省份共有制造业上市公司1708家，约占中国制造业上市公司总数的四分之三（75.21%）。

全国31个省份中，宁夏和青海所拥有的制造业上市公司数量最少，都只有9家制造业上市公司，均约占全国总数的0.40%；西藏仅拥有10家，占比0.44%；海南有12家，占比0.53%。拥有制造业上市公司少于20家的省份还有广西（19家）、贵州（19家）、内蒙古（18家）。

表3-15　　2017年2271家中国制造业上市公司省份分布

序号	省份	制造业上市公司家数（家）	制造业占比（%）	全部上市企业家数（家）	上市公司占比（%）
1	广东	390	17.17	573	68.06
2	浙江	316	13.91	416	75.96
3	江苏	292	12.86	386	75.65
4	上海	153	6.74	277	55.23
5	山东	150	6.61	194	77.32
6	北京	112	4.93	311	36.01
7	福建	82	3.61	132	62.12
8	四川	76	3.35	118	64.41
9	安徽	70	3.08	102	68.63
10	湖南	67	2.95	102	65.69
11	湖北	64	2.82	96	66.67
12	河南	60	2.64	78	76.92
13	辽宁	45	1.98	74	60.81
14	河北	43	1.89	56	76.79
15	江西	32	1.41	39	82.05
16	陕西	30	1.32	47	63.83
17	重庆	29	1.28	49	59.18
18	天津	27	1.19	50	54.00

续表

序号	省份	制造业上市公司家数（家）	制造业占比（%）	全部上市企业家数（家）	上市公司占比（%）
19	吉林	26	1.14	42	61.90
20	新疆	24	1.06	53	45.28
21	山西	23	1.01	38	60.53
22	黑龙江	22	0.97	36	61.11
23	云南	21	0.92	34	61.76
24	甘肃	21	0.92	33	63.64
25	广西	19	0.84	37	51.35
26	贵州	19	0.84	29	65.52
27	内蒙古	18	0.79	25	72.00
28	海南	12	0.53	30	40.00
29	西藏	10	0.44	17	58.82
30	宁夏	9	0.4	13	69.23
31	青海	9	0.4	12	75.00
总计		2271	100	3499	64.90

资料来源：Wind，课题组。

课题组依据《中国制造 2025 蓝皮书（2017）》，将我国划分为东部、中部、西部、东北四个地区。具体来看，东部地区的北京、天津、河北、上海、江苏、浙江、福建、山东、广东、海南 10 个省市共有 1577 家制造业上市公司，约占全国制造业上市公司总数量的 69.44%；中部地区的山西、安徽、江西、河南、湖北、湖南 6 个省份共有制造业上市公司 316 家，占全国的 13.91%；西部地区的西藏、重庆、贵州、四川、青海、宁夏、广西、内蒙古、陕西、云南、甘肃、新疆 12 个省份共有 285 家制造业上市公司，约占全国制造业上市公司总数量的 12.55%；东北地区的黑龙江、吉林、辽宁三省共有 93 家制造业上市公司，约占全国制造业上市公司总数量的 4.10%。

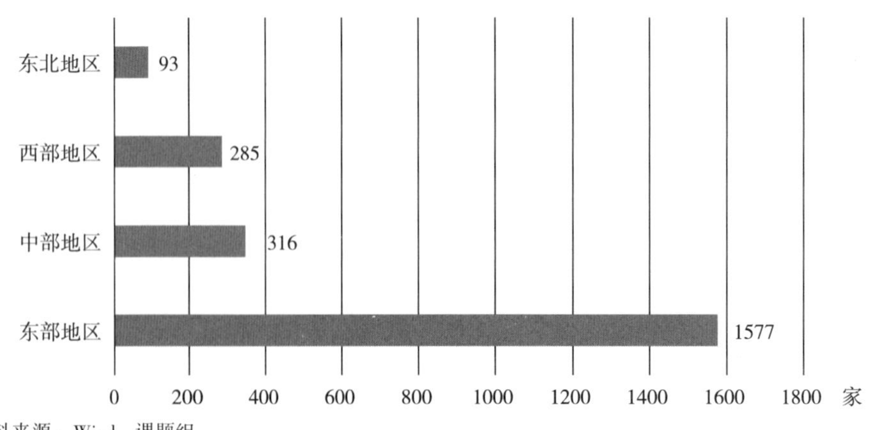

资料来源：Wind，课题组。

图 3-49　四大地区制造业上市公司数量统计

（二）中国制造业上市公司行业分布

根据《上市公司行业分类指引》（2012 年修订），制造业按行业具体可细分为：农副食品加工业，食品制造业，酒、饮料和精制茶制造业，烟草制品业，纺织业，纺织服装、服饰业，皮革、毛皮、羽毛及其制品和制鞋业，木材加工和木、竹、藤、棕、草制品业，家具制造业，造纸和纸制品业，印刷和记录媒介复制业，文教、工美、体育和娱乐用品制造业，石油加工、炼焦和核燃料加工业，化学原料和化学制品制造业，医药制造业，化学纤维制造业，橡胶和塑料制品业，非金属矿物制品业，黑色金属冶炼和压延加工业，有色金属冶炼和压延加工业，金属制品业，通用设备制造业，专用设备制造业，汽车制造业，铁路、船舶、航空航天和其他运输设备制造业，电气机械和器材制造业，计算机、通信和其他电子设备制造业，仪器仪表制造业，其他制造业，废弃资源综合利用业等。

从行业分布来看，其中 29 个行业拥有制造业上市公司（由于烟草制品业暂未具有上市公司，故本书不做计算）。计算机、通信和其他电子设备制造业上市公司数量最多，共有 337 家，占行业的 14.84%；化学原料和化学制品制造业第二，拥有 235 家制造业上市公司，占行业的 10.35%；电气机械和器材制造业第三，有 224 家公司，占行业的 9.86%。前三位行业共有制造业上市公司 796 家，所占比重为 35.05%，超过 1/3，其他上市公司数量超过 100 家的行业还包括医药制造业、专用设备制造业、通用设备制造业、汽车制造业。这七类行业的上市公司总数达到了 1470 家，所占比重接近三分之二（64.73%），因而这七类行业在数量分布上成为制造业上市公司的优势行业。

制造业上市公司数量靠后的行业分别是皮革、毛皮、羽毛及其制品和制鞋业（11 家，占比 0.48%）、木材加工及木、竹、藤、棕、草制品业（9 家，占比 0.40%）和废弃资源综合利用业（6 家，占比 0.26%），三者的上市公司数量一共仅占制造业上市公司总数量的 1.14%。

表 3-16　　2017 年 2271 家中国制造业上市企业行业分布

序号	行业	企业数（家）	所占比例（%）	累计比例（%）
1	计算机、通信和其他电子设备制造业	337	14.84	14.84
2	化学原料和化学制品制造业	235	10.35	25.19
3	电气机械和器材制造业	224	9.86	35.05
4	医药制造业	213	9.38	44.43
5	专用设备制造业	199	8.76	53.19
6	通用设备制造业	136	5.99	59.18
7	汽车制造业	126	5.55	64.73
8	非金属矿物制品业	89	3.92	68.65
9	橡胶和塑料制品业	74	3.26	71.91

续表

序号	行业	企业数（家）	所占比例（%）	累计比例（%）
10	有色金属冶炼和压延加工业	67	2.95	74.86
11	金属制品业	60	2.64	77.50
12	农副食品加工业	50	2.20	79.70
13	铁路、船舶、航空航天和其他运输设备制造业	50	2.20	81.90
14	仪器仪表制造业	47	2.07	83.97
15	酒、饮料和精制茶制造业	46	2.03	86.00
16	纺织业	42	1.85	87.85
17	食品制造	42	1.85	89.70
18	纺织服装、服饰业	36	1.59	91.28
19	黑色金属冶炼和压延加工业	33	1.45	92.73
20	造纸和纸制品业	30	1.32	94.06
21	家具制造业	23	1.01	95.07
22	化学纤维制造业	22	0.97	96.04
23	其他制造业	22	0.97	97.01
24	石油加工、炼焦和核燃料加工业	16	0.70	97.71
25	文教、工美、体育和娱乐用品制造业	14	0.62	98.33
26	印刷和记录媒介复制业	12	0.53	98.86
27	皮革、毛皮、羽毛及其制品和制鞋业	11	0.48	99.34
28	木材加工和木、竹、藤、棕、草制品业	9	0.40	99.74
29	废弃资源综合利用业	6	0.26	100.00
总计		2271	100.00	

资料来源：Wind，课题组。

二、行业综合竞争力分析

（一）治理竞争力

1. 公司股权结构

（1）股权集中度

截至2017年12月31日，2198家A股制造业上市公司的第一大股东持股比例平均值为33.10%，中位数为31.03%。如图3-50所示，在所有上市公司中股权属于绝对控股的公司有268家（12.19%），股权高度分散的公司有386家（17.56%），其余1544家（70.25%）制造业上市公司股权集中度相对分散。

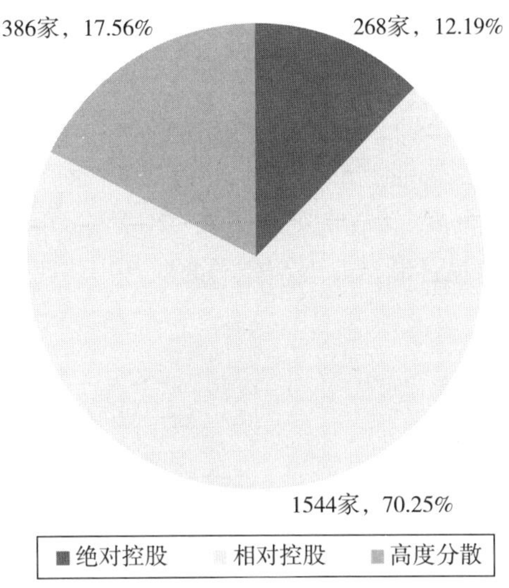

资料来源：Wind，课题组。

图 3-50　2017 年制造业上市公司股权集中度情况

（2）股权制衡度

截至 2017 年 12 月 31 日，2198 家 A 股制造业上市公司的平均股权制衡度为 0.82，中位数为 0.67，股权制衡度小于 1 的企业占了三分之二以上。在统计样本中，股权制衡度最高的为 4（大元泵业），该公司的第一至第五大股东的持股比例均为 12.84%，大股东之间的权力制衡程度很高；股权制衡度最低的仅为 0.01（本钢板材），其第一大股东持股比例为 72.84%。

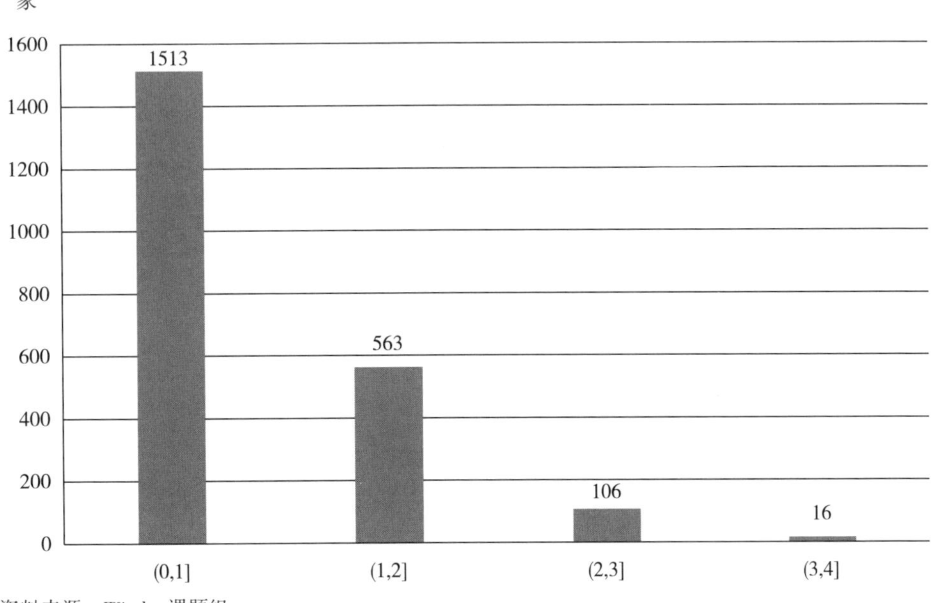

资料来源：Wind，课题组。

图 3-51　2017 年制造业上市公司股权制衡度情况

2. 公司治理架构

（1）董事长与总经理分离情况

由于此部分 2017 年数据缺失较多，故选用 2016 年的数据。截至 2016 年 12 月 31 日，在公布数据的 1910 家制造业上市公司中，有 1031 家（53.98%）公司的董事长和总经理是一个人，即两职合一；其余 879 家（46.02%）公司的董事长和总经理不是同一个人，即两职分离。由此可见，制造业上市公司两职合一与两职分离的比例较为平衡。

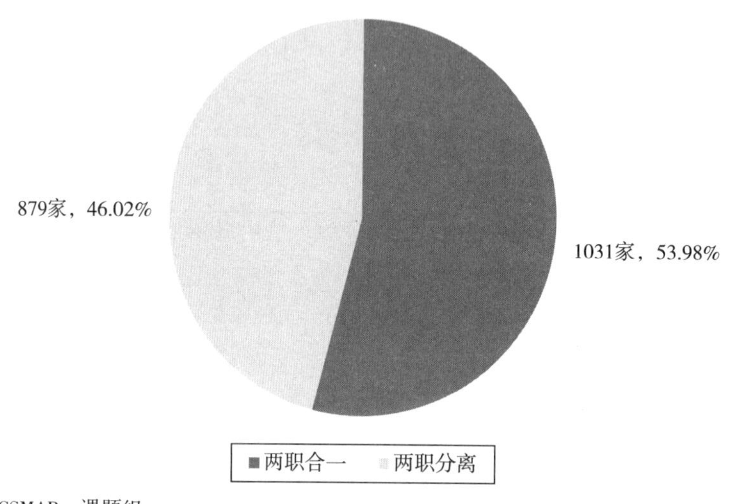

资料来源：CSMAR，课题组。

图 3-52 2016 年制造业上市公司两职分离情况

（2）上市公司董事会与监事会

课题组从独立董事人数、董事会人数与监事会人数对制造业上市公司的董事会与监事会的情况进行分析。如表 3-17 所示，在 2017 年数据可得的 624 家企业中，422 家（67.63%）企业的董事人数大于等于 8 人，其余 202 家（32.37%）企业的董事人数小于 8 人；仅有 6 家（小于 1%）企业的监事会人数少于 3 人，其余所有企业的监事会人数都达到 3 人或 3 人以上。由此可见三分之二的公司董事规模达标，几乎所有公司的监事规模都达标。此外，共有 617 家企业的独立董事规模达标，即独立董事人数占比大于等于三分之一。

表 3-17 2017 年制造业上市公司董事人数、监事人数

董事会规模（人）	≥8	<8
企业数量（家）	422（67.63%）	202（32.37%）
监事会规模（人）	≥3	<3
企业数量（家）	618（99.04%）	6（0.96%）
独立董事规模	≥1/3	<1/3
企业数量（家）	617（98.87%）	7（1.12%）

资料来源：CSMAR，课题组。

3. 董事激励与监事激励

我们用领取报酬董事/监事比例和金额最高前三名董事报酬总额与应付职工薪酬的比（K 指数）来衡量企业的董事/监事激励水平。

据统计，在已公布数据的 624 家企业中，所有企业领取报酬的董事比例都在三分之一以上，而仅有 15 家企业领取报酬的监事比例小于三分之一；领取报酬的董事比例为 100%的公司有 230 家（36.86%），领取报酬的监事比例为 100%的公司有 325 家（52.08%）。一般来说，领取报酬董事/监事比例的提高有助于提升董事会与监事会的监控能力。

在 2017 年数据有效的 2182 家制造业上市企业中，K 指数的均值为 39.64%，中位数为 6.26%，有 41 家（1.88%）企业的 K 指数大于 100%，即金额最高前三名董事报酬总额大于企业的应付职工薪酬。

4. 三会次数

我们统计了 2017 年制造业企业召开三会的次数（股东大会次数、董事会会议次数、监事会会议次数），次数越多的企业，可以从一定程度上说明其治理水平越高。在已公布 2017 年数据的 1575 家制造业上市企业中，三会次数大于 20 次的企业占 14.73%，小于等于 10 次的企业占 28.25%，其余过半数的企业三会次数在 10~20 次。

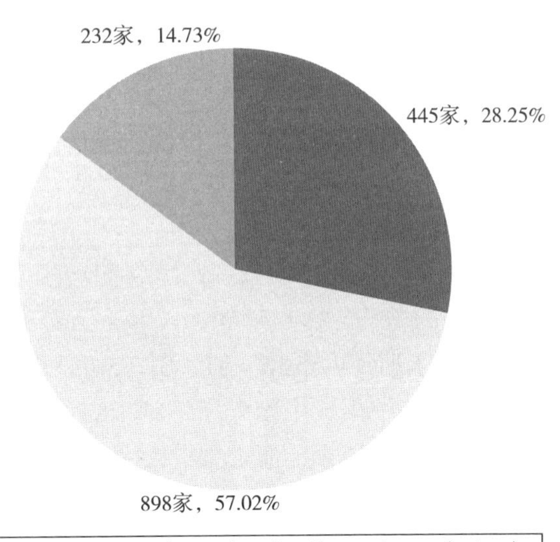

资料来源：CSMAR，课题组。

图 3-53　2017 年制造业上市公司三会次数

5. 社会影响力

根据课题组统计，截至 2017 年 12 月 31 日，在 2198 家制造业上市公司中，共有 52 家＊ST、ST 公司，占比 2.37%。此外 2017 年制造业公司共计发生了 4128 起官司，截至本书撰写时有 2128 起（51.55%）仍未解决。

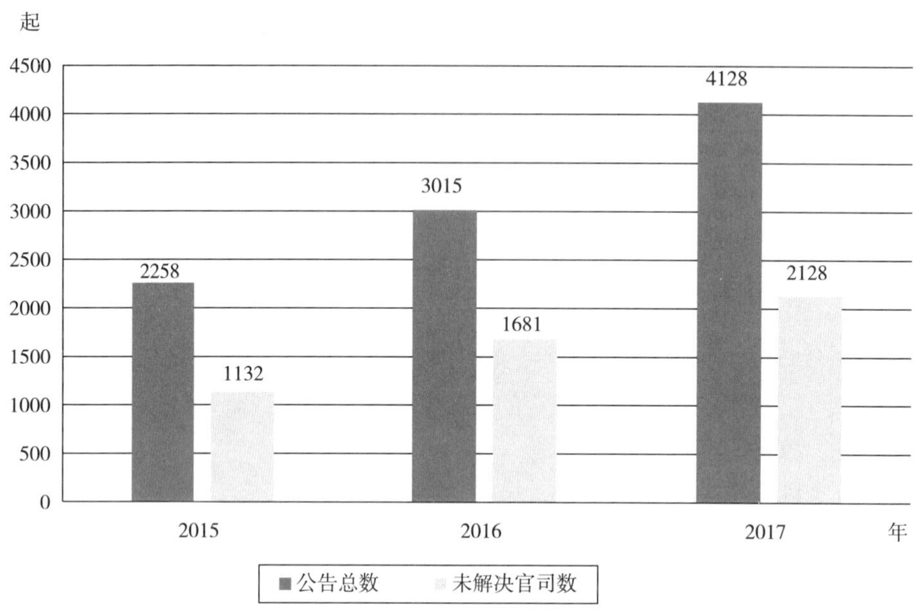

资料来源：CSMAR，课题组。

图 3-54　2015—2017 年制造业上市公司未解决官司情况

（二）管理竞争力

课题组从增长能力、偿债能力、运营能力和盈利能力四个方面对制造业上市公司的管理竞争力进行分析。

1. 增长能力

课题组用净资产增长率、主营业务增长率、净利润增长率和总资产增长率四个指标分析制造业行业上市公司的增长能力。截至 2017 年底，该行业共有 2198 家制造业上市公司，课题组在进行分析时剔除了 55 家 * ST、ST 公司以及未披露相关信息的上市公司，剩余企业共计 2143 家，其中净资产增长率达到 100%以上的有 225 家，净资产增长率超过 50%但低于 100%的有 244 家，而呈负增长的公司数量达到 217 家，大部分公司 2017 年净资产增长率在 0~50%。

从制造业上市公司的 2017 年净利润增长率情况来看，各公司的经营效益差距悬殊，其中金杯汽车和方大炭素两家上市公司的净利润增长率高达百倍，另有 30 家上市公司的净利润增长率超过 10 倍，344 家上市公司的净利润增长率在 1 倍到 10 倍之间，220 家上市公司的净利润增长率超过 50%但低于 100%，而净利润增长率为负的公司达到了 714 家，数十倍亏损的公司也有 23 家，个别公司甚至出现了百倍亏损现象。

主营业务增长率高达 10 倍以上的公司有 6 家，主营业务增长率超过 100%的有 66 家公司，主营业务增长率超过 50%但低于 100%的有 158 家公司，但是有 292 家公司的主营业务增长率为负。中际旭创和光启技术的总资产增长率高达 10 倍以上，101 家上市公司的总资产增长率高达 100%以上，273 家上市公司的总资产增长率在 50%～100%，但是有 305 家上市公司的总资产呈现负增长现象。

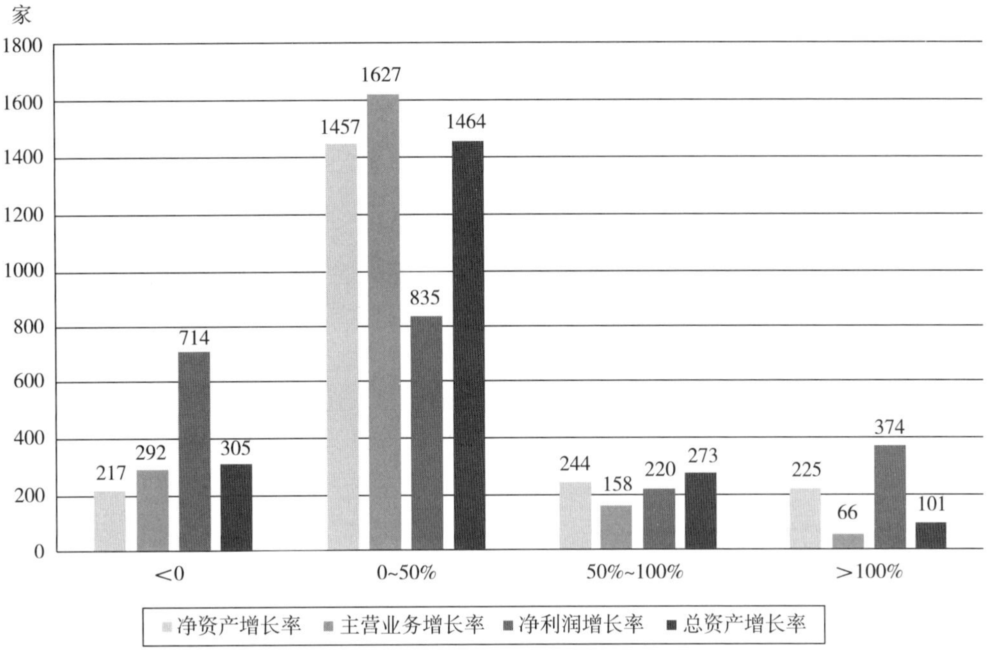

资料来源：Wind，课题组。

图 3-55　2017 年制造业行业增长能力

2. 偿债能力

课题组剔除了 8 家流动比率超过 20 倍的上市公司后，得出 2017 年制造业上市公司流动比率的平均值为 2.49，中位数为 1.78。制造业的流动比率应维持在 2.0 左右较为适宜，过高的流动比率可能意味着公司可能存在闲置现金，存货积压，应收账款周转缓慢，同时也意味着偿债能力很强。课题组剔除 8 家速动比率过高的上市公司后，得出 2017 年制造业上市公司速动比率的平均值为 2.0364，中位数为 1.3551，而集中在 1 至 1.35 左右（行业参考标准为 1）的制造业上市公司有 356 家，约占 22.17%，这意味着这一部分上市公司在偿债能力较为有保障的同时，资金使用效率也较高。

表 3-18　　2017 年制造业上市公司流动偿债能力

公司简称	流动比率	公司简称	速动比率
北京君正	49.6307	群兴玩具	44.5911
群兴玩具	44.5911	北京君正	43.5101
青海春天	43.4030	青海春天	33.8548
宏辉果蔬	36.7954	宏辉果蔬	23.1163

续表

公司简称	流动比率	公司简称	速动比率
江南高纤	27.0362	透景生命	21.7277
透景生命	23.8557	江南高纤	21.4422
五矿稀土	22.9170	爱乐达	20.3739
爱乐达	22.4590	森霸传感	19.0112

资料来源：Wind，课题组。

课题组在计算速动比率和流动比率剔除的各八家公司后发现其中有七家公司是重复剔除的，意味着这七家公司有大量的货币资金沉淀或者应收账款尚未回收，短期偿债能力有着较强保证。

根据国家统计局考核制造业的经济指标来看，制造业的理想资产负债率应该控制在50%~60%较为适宜。根据课题组统计，2017年，行业内上市公司的资产负债率在此范围内的公司有281家，占所有上市公司的13%左右。课题组发现在所有上市的制造业公司中，资产负债率超过100%，即资不抵债的公司有11家，多为*ST或ST公司。2014年至2017年，制造业上市公司的固定资产比率的行业平均数（中位数）呈现下降趋势，说明上市公司整体的资金利用率水平不断提升，但是制造业上市公司众多，其间由于经营结构、业务模式都有着较大差异，所以固定资产比率并不能直接反映长期负债能力。

资料来源：Wind，课题组。

图3-56　2014—2017年制造业上市公司偿债能力情况

3. 运营能力

运营能力衡量的是上市公司对资产的利用效率，课题组将用存货周转率、应收账款周转率、总资产周转率和流动资产周转率这四个指标对制造业上市公司的运营能力进行分析。

科学起见，在统计行业内上市公司存货周转率等指标的情况时，课题组剔除了行业内部分极端值。计算结果表明，近三年来制造业企业的总资产周转率与流动资产周转率的行业均值波动较小，分别约为 0.7 与 1.3；应收账款周转率与存货周转率的计算结果如图 3-57 所示。

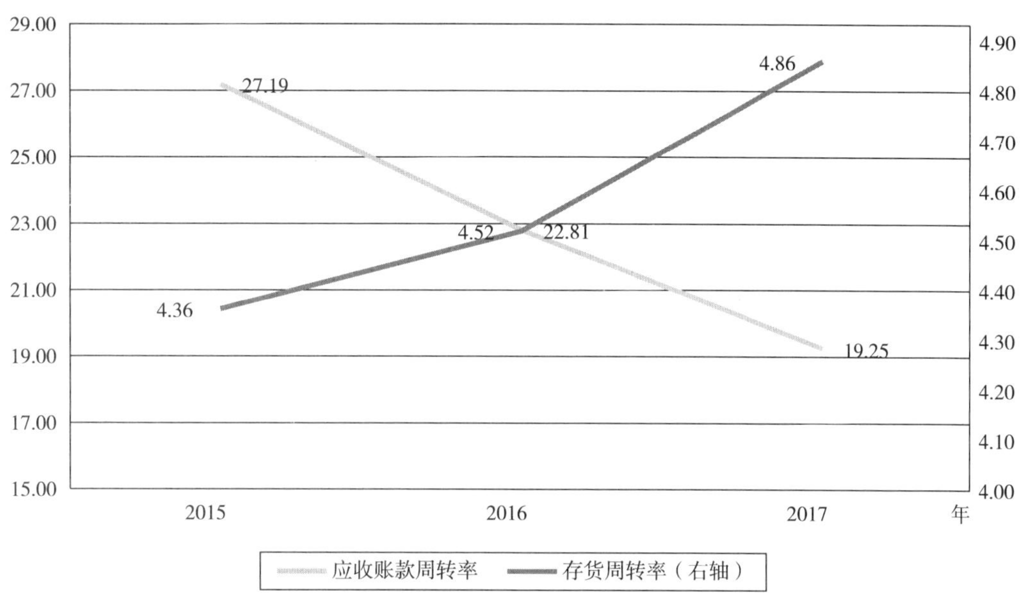

资料来源：Wind，课题组。

图 3-57　制造业上市公司运营能力（行业均值）

2015—2017 年，制造业上市公司的存货周转率逐年小幅递增，说明行业上市公司平均的存货占用水平略有降低，流动性逐渐增强；应收账款周转率连年下降，且降幅较大，这说明制造业企业的平均应收账款回收速度在减缓，从这个角度看，公司的运营能力有所减弱。综合四个指标，应收账款周转率的下降幅度大于其余三个指标的变动幅度，因此课题组认为制造业上市公司整体的平均运营能力有所下降。

4. 盈利能力

课题组主要根据销售净利率、总资产收益率和净资产收益率等指标来分析行业上市公司的盈利能力。

剔除 52 家 ST 企业以及部分数据缺乏的企业之后，2017 年制造业上市公司中销售净利率大于零的企业共有 2031 家（94.8%），小于零的有 111 家（5.2%），其中销售净利率居前两名的公司为丰华股份与长江通信，分别为 112.5%与 100.6%，是 2017 年仅有的两家销售净利率大于 100%的制造业上市企业。

总资产收益率大于零的制造业上市公司共有 2031 家（94.8%），另外 111 家企业（5.2%）的总资产收益率小于零。

净资产收益率为正的共有 2038 家（95.1%），为负的有 104 家（4.9%），其中净资产收益率高于 100%的公司共有三家，分别为四川金顶、韶钢松山与亚星化学。

图 3-58 显示了 2015—2017 年制造业上市公司盈利能力的指标变化情况。我们可以看到，近三年制造业上市公司的盈利水平呈现先上升再下降的变动趋势，行业中位数的变动情况也类似。

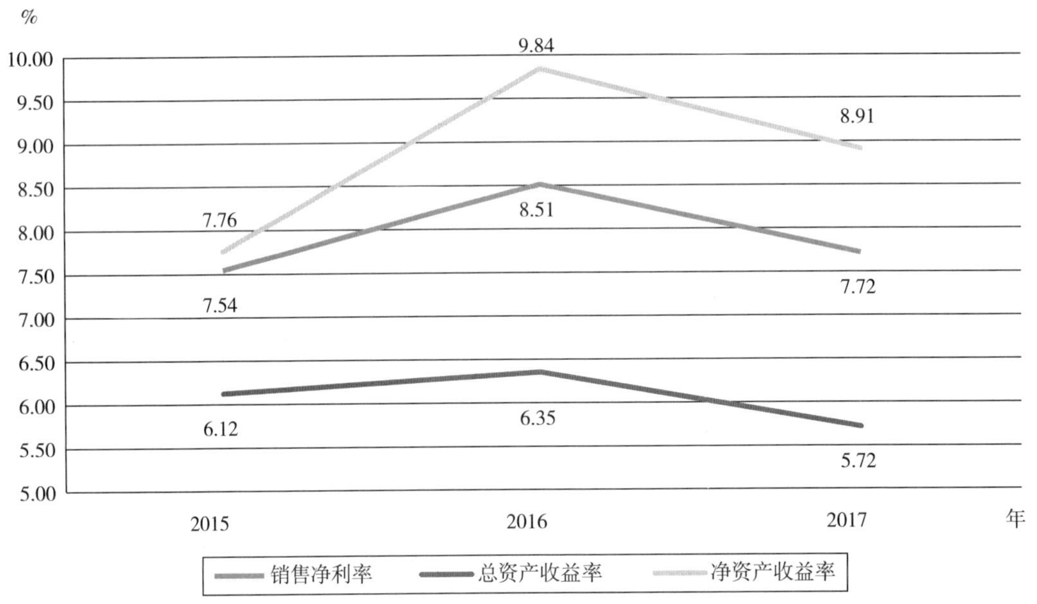

资料来源：Wind，课题组。

图 3-58　2015—2017 年制造业上市公司盈利能力（行业均值）

在三个盈利能力指标中，股东往往更为关注净资产收益率（ROE），因此我们详细分析了行业内上市公司净资产收益率的情况。图 3-59 显示了 2017 年制造业上市公司净资产收益率的分布情况。

净资产收益率连续 3 年大于 30%的企业共有 6 家，分别为海康威视、海澜之家、飞科电器、大博医疗、视源股份与亿联网络。

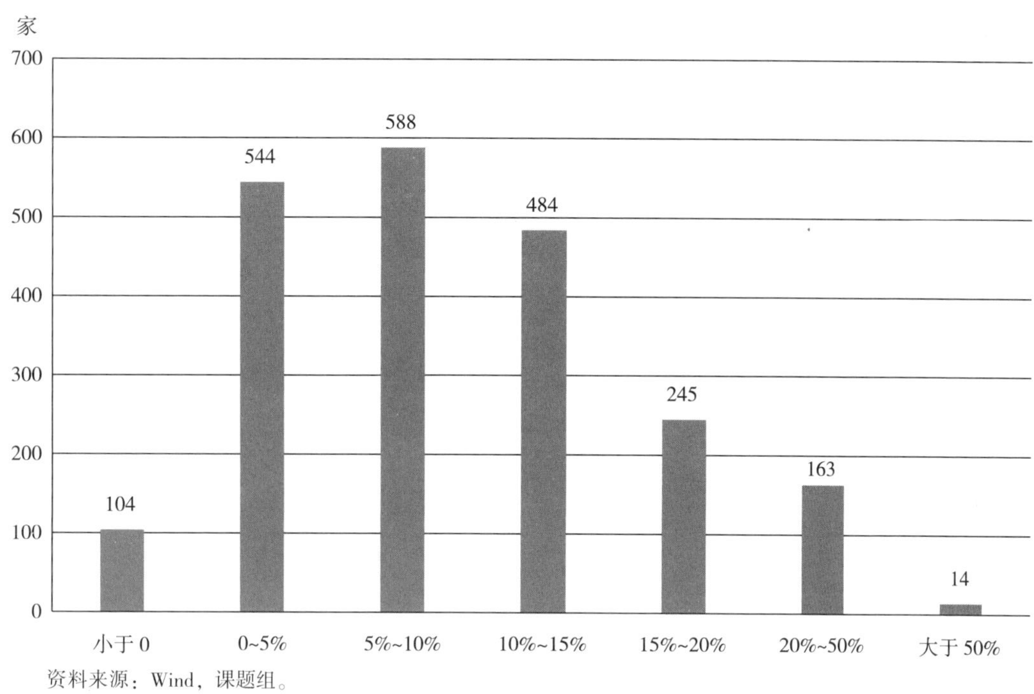

资料来源：Wind，课题组。

图 3-59 2017 年制造业上市公司 ROE 分布情况

(三) 创新竞争力

课题组将分别从有效专利、研发人员占比、研发投入占比、政府补贴四个维度衡量制造业上市公司的创新竞争力。

课题组统计了 2013 年至 2016 年各上市公司的有效专利数①。数据显示制造业上市公司细分种类众多，各上市公司的有效专利数差异显著。其中中兴通讯高居榜首，2016 年累计有效专利高达 39 万件，京东方 A、美的集团、格力电器、比亚迪紧随其后，有效专利均突破 10 万件。57 家制造业上市公司的有效专利突破了 1 万件，92 家公司的有效专利突破了 5000 件，但是仍然有 392 家没有有效专利。

课题组统计了 2017 年制造业上市公司的研发人员占比情况，在剔除了 131 家尚未披露研发人员占比的公司后，共计 2067 家制造业上市公司。研发人员占比的平均水平为 14.74%，其中 32 家公司的研发人员占比超过了 50%，这些公司大多为高新技术制造业，另外有 743 家公司的研发人员占比高于行业平均水平，662 家制造业上市公司的研发人员占比低于 10%。

① 2017 年的有效专利数在截稿日前尚未披露。

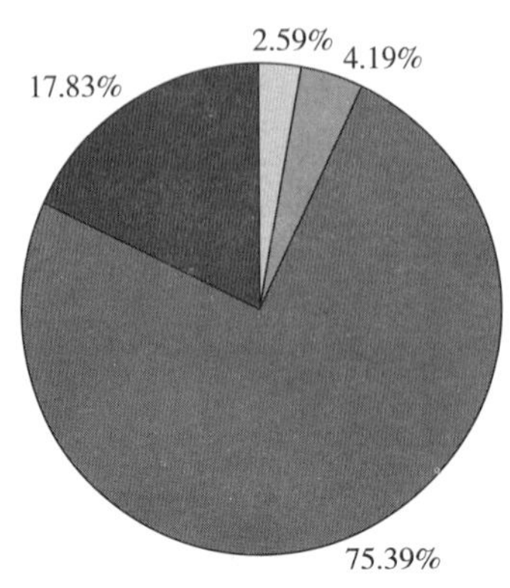

资料来源：CSMAR，课题组。

图 3-60　制造业上市公司 2017 年有效专利件数统计

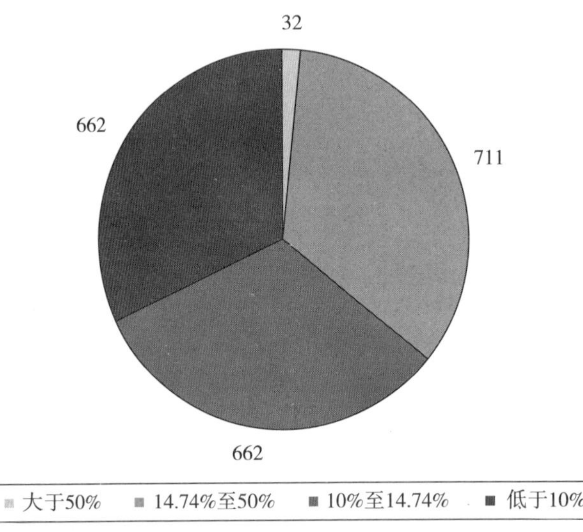

资料来源：CSMAR，课题组。

图 3-61　制造业上市公司 2017 年研发人员占比情况

课题组统计了 2015 年制造业上市公司的研发投入占比情况①。有 1998 家公司披露了该年研发投入占比情况，行业平均水平为 4.5893%，其中研发投入占比超过行业平均水平的公司有 706 家。课题组统计了 2013 年至 2017 年制造业上市公司的该数据，其中有 5 家公司连续 5 年的研发投入占比超过 20%，这些公司均属于高新技术制造业，其研发投入占比符合行业特征和需求。

① 研发投入占比具有滞后两期，课题组采用两期滞后。

表 3-19　　连续 5 年研发投入占比超过 20%的公司统计　　单位：%

证券简称	2013 年	2014 年	2015 年	2016 年	2017 年
北京君正	45.04	72.56	72.75	46.72	33.13
苏州科达	29.27	31.53	29.50	27.73	26.24
紫光国芯	25.87	24.86	28.83	31.29	27.49
理邦仪器	25.62	27.58	26.50	22.60	20.95
北方华创	25.54	23.99	29.08	46.72	33.13

资料来源：Wind，课题组。

政府对上市公司的补贴包括税收返还、贷款贴息、知识产权、各类专项、人才引进、科技进步、节能减排、市场开拓等方式。课题组统计了 2013 年至 2017 年政府对各制造业上市公司补贴情况，其中，上汽集团和 TCL 集团自 2014 年起每年的政府补贴都超过了 20 亿元，此外，从 1 千万至 5 千万元的补助情况来看，接受政府补助此额度的公司呈现递增趋势。2016 年获得政府补贴的制造业上市公司有 2178 家，占制造业上市公司总数的 99.09%，2017 年获得政府补贴的制造业上市公司有 2170 家，占制造业上市公司总数的 98.73%，这意味着政府补贴基本全覆盖了制造业上市公司。

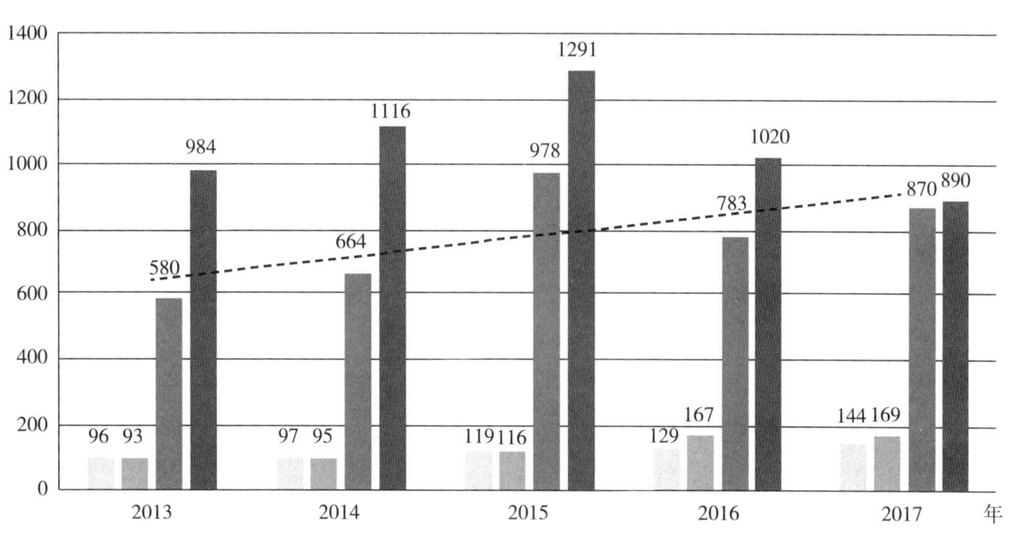

资料来源：CSMAR，课题组。

图 3-62　制造业上市公司 2013—2017 年政府补贴情况

（四）社会责任竞争力

企业的社会责任竞争力体现为企业对其员工、顾客、合作伙伴等利害关系人应负的责任，课题组将主要介绍法律责任、经济责任、慈善责任和伦理责任四个维度的情况。

1. 法律责任

课题组从企业对政府的责任与是否依法经营两个方面出发，对制造业上市公司的法律责任履行情况进行了分析。

由于企业对政府承担的主要责任是依法纳税，企业缴纳的税费越多，其承担的社会责任越大，因此课题组通过计算企业实际缴纳的税费与平均资产总额的比例（GR 指数）来测算企业对政府的责任，该比例越大，企业的尽责程度越高。2015—2017 年，制造业上市公司的 GR 指数均值与中位数一直非常稳定，分别维持在 0.033 与 0.027 左右，这说明近三年制造业上市公司对政府承担责任的情况并不存在特别大的波动。

我们用企业在生产经营中是否存在违法违规行为来衡量企业依法经营与否。如表 3-20 所示，2015 年与 2016 年存在违法违规行为的制造业上市公司占比分别在 8%、9%左右，但是 2017 年这一比例降至 1.09%，这说明 2017 年制造业上市公司的依法经营情况有了极大的提高。此外，在 2198 家制造业上市公司中，1837 家（83.58%）企业连续三年均依法经营，仅有 1 家企业连续三年发生违法违规行为，这说明大多数制造业上市公司都能够做到合法经营。

表 3-20　　制造业上市公司依法经营情况

年份	有违法违规行为的企业数量（家）	占比（%）
2015	183	8.33
2016	199	9.05
2017	24	1.09

资料来源：Wind，课题组。

2. 经济责任

我们将从对投资者的责任（IR 指数）、对员工的责任（WR 指数）与对供应商的责任（SR 指数）这三个方面来分析上市公司的经济责任。

2017 年制造业上市公司的 IR 指数均值为 0.051，中位数为 0.047，即上市公司支付给股东和债权人的金额占其平均资产总额的 5%左右。其中有 7 家公司对投资者支付的金额超过其平均总资产的 30%，有 130 家（5.93%）企业的 IR 指数为负，我们可以认为这些企业并没有很好地履行对投资者的责任。

制造业上市公司在 2017 年的 WR 指数均值为 0.135，中位数为 0.122，即上市公司支付给员工以及为员工支付的现金分别占营业收入的 12%、13%左右，仅有 4 家（0.18%）企业的 WR 指数高于 1.00，还有 9 家（0.41%）企业的 WR 指数低于 0.01。

近三年来制造业上市公司的 SR 指数均值在上升（从 2015 年的 7.30 提升至 2017 年的 7.43），但中位数却在下降（从 2015 年的 4.70 降至 2017 年的 4.45），这说明制造业上市公司对供应商责任履行程度的差异在扩大。具体来看，仅有两家公司连续 3 年 SR 指数均高于 100，分别是万邦德与贵研铂业，还有一家公司连续 3 年 SR 指数小于零。

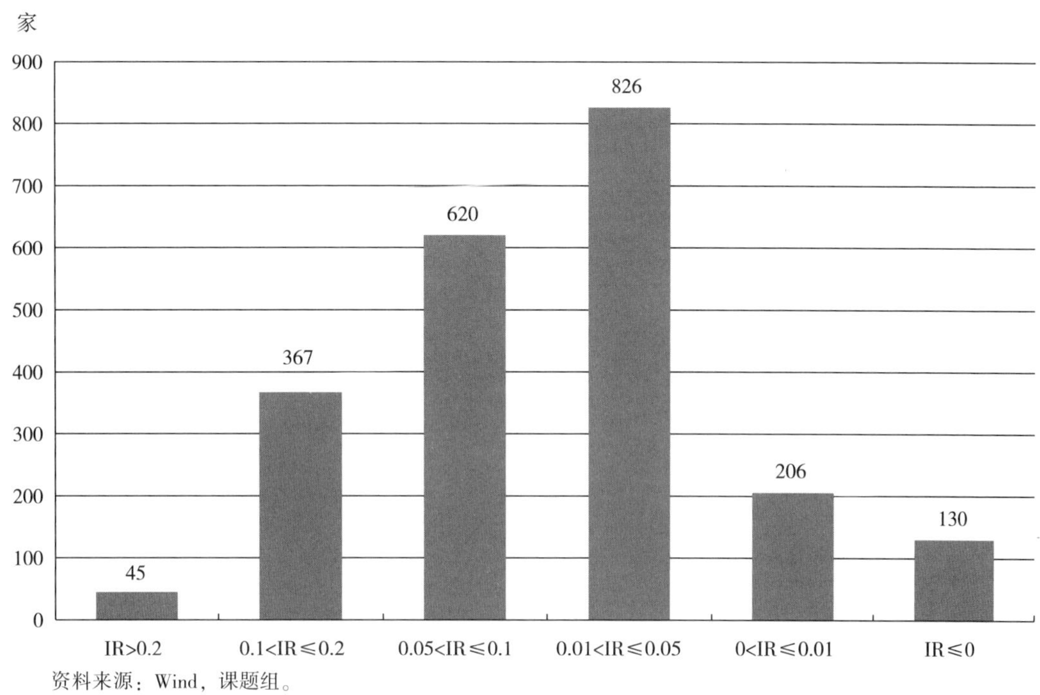

资料来源：Wind，课题组。

图 3-63　制造业上市公司 2017 年 IR 指数分布情况

3. 慈善责任

课题组根据公司对社会的公益贡献率来衡量公司的慈善责任，其中公益贡献率等于捐赠支出与平均资产总额的比例。由于并非所有企业都有捐赠支出数据，因此这部分我们仅介绍 2016 年 403 家制造业上市公司的公益贡献情况。在这 403 家公司中，有 5 家的公益贡献率高于 1%，最高的为江铃汽车，其 2016 年的捐赠支出占平均资产总额的 87. 83%，远高于慈善责任排名前 5 位的另外四家公司。

表 3-21　　2016 年制造业上市公司慈善责任排名前 5 位

公司简称	公益贡献率（%）
江铃汽车	87. 8262
中国医药	15. 9637
赛轮金宇	13. 1401
开滦股份	11. 5983
云铝股份	3. 3655

资料来源：CSMAR，课题组。

4. 伦理责任

课题组将依据是否披露企业社会责任报告、就业增长率、单位平均资产就业人数三个指标来分析制造业上市公司的伦理责任情况。

上市公司披露企业社会责任报告这一指标的数据缺失情况非常严重，2016 年仅

403 家公司公告了该项数据，其中共计 108 家公司按要求披露了工会责任报告，其余 295 家公司均未披露。

就业增长率衡量的是企业为社会提供就业机会的增长程度，我们可以认为一家企业的就业增长率越高，其承担的伦理责任就更多。2016—2017 年，共有 1394 家（63.42%）制造业上市公司的就业增长率为正，790 家（35.94%）公司的增长率为负，三年累计就业增长率为正的公司共有 1532 家（69.70%）。

单位平均资产就业人数越高，说明一定规模的企业为社会提供的就业岗位越多，即承担的伦理责任越多。在剔除了 1 家近三年职工人数变动巨大的公司后，我们发现制造业上市公司单位平均资产就业人数的平均值与中位数都呈现下降趋势，这说明从整体来看，制造业提供的就业岗位正逐年递减。

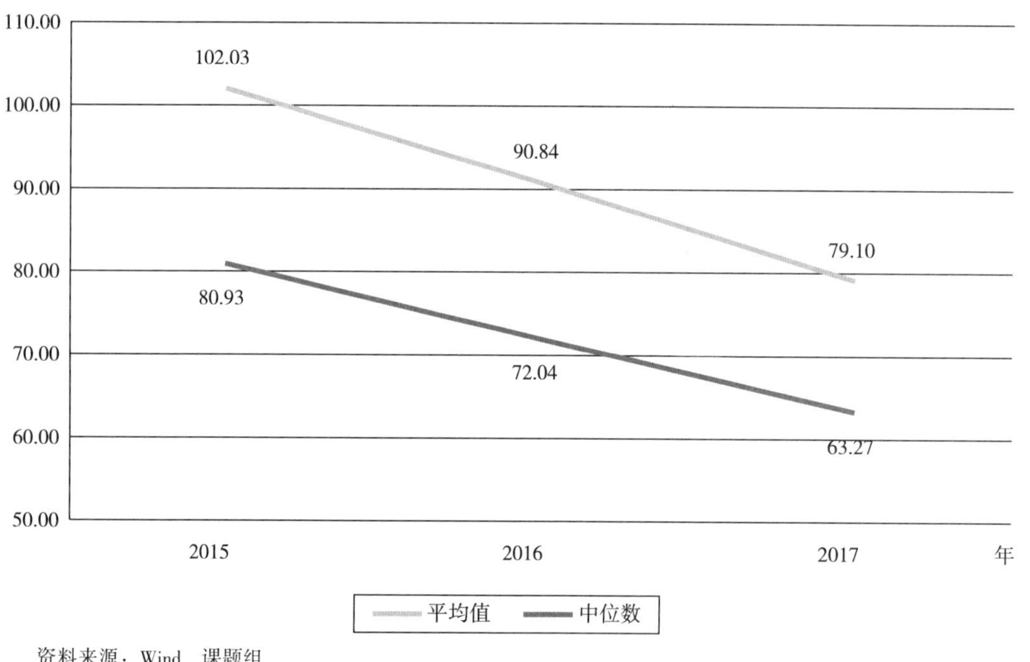

资料来源：Wind，课题组。

图 3-64　制造业上市公司 2015—2017 年单位平均资产就业人数

（五）人力资源竞争力

课题组通过薪酬管理能力、人员招聘与配置能力、绩效管理能力以及市场业绩能力四个维度对人力资源竞争力展开分析。

1. 薪酬管理能力

课题组结合各家上市公司披露年报中的应付职工薪酬以及员工总数计算得出员工年均薪酬，发现大部分制造业上市公司的年均职工薪酬集中在 1 万至 5 万元的区间，符合行业预期。此外，课题组在统计应付职工薪酬时发现，上汽集团、中兴通讯、美的集团、潍柴动力、华域汽车五家公司 2015 年至 2017 年的应付职工薪酬水平位列前五，主要原因是这五家公司经营规模较大且营业收入稳定。

2. 人员招聘与配置能力

课题组在研究制造业上市公司的人员招聘与配置能力时，主要衡量研究生学历及以上员工数量。课题组统计了2013年至2017年制造业上市公司的研究生学历及以上占比情况，在剔除尚未披露信息的公司和无效数据后，发现研究生学历及以上员工人数占比呈现上升趋势，这意味着各公司更加注重人才素质发展。此外，研究生学历及以上员工人数占比和企业发展背景、所属细分行业特征息息相关。中国卫星作为军工制造业龙头，对技术和人才的投入都是行业佼佼者，自2014年起，其研究生学历及以上员工人数占比都已经基本超过50%，而其他研究生学历及以上员工占比较高的行业也属于高新技术制造业，或者属于具有研发性质的制造业。

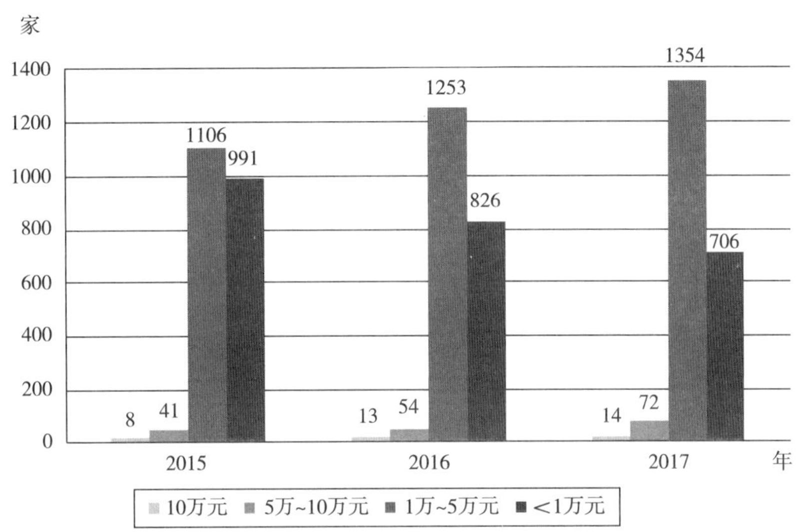

资料来源：Wind，课题组。

图3-65 2015—2017年员工年平均薪酬规模统计

3. 绩效管理能力

课题组采用年人均产值和企业人力投入回报率来衡量制造业上市公司的绩效管理能力。课题组统计了2015年至2017年制造业上市公司的年人均产值，发现各大公司年人均产值差异显著，同时可以明显发现，2015年至2017年，行业年人均产值在不断增加，年人均产值在500万元以上的公司，以及100万至500万元的公司数量不断增多，但是人均产值低于50万元的公司数量明显减少。而大部分公司职工对公司的贡献集中在50万至100万元，这意味着企业职工对公司的发展整体还是呈现积极贡献效应的。

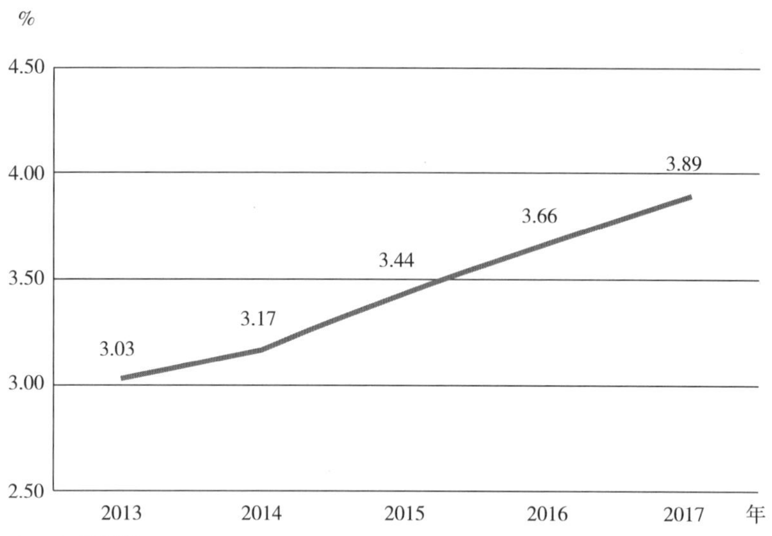

资料来源：Wind，课题组。

图 3-66　2013 年至 2017 年制造业上市公司研究生学历及以上员工人数占比情况

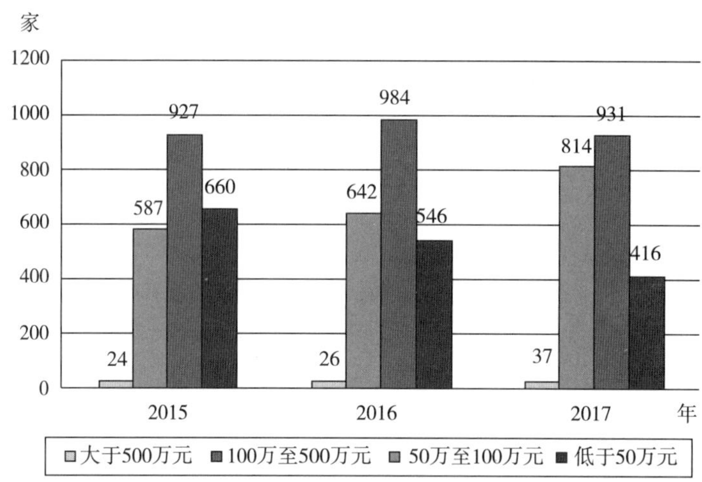

资料来源：Wind，课题组。

图 3-67　2015 年至 2017 年制造业上市公司年人均产值

课题组统计了 2017 年企业人力投入回报率，剔除了 12 家尚未披露信息的公司后共获得 2186 家制造业上市公司的企业人力投入回报率统计情况。我们可以发现，约 70%的公司可以获得 0~10%的人力投入回报，同时行业之间各公司的悬殊差距明显，28 家公司的人力投入回报率超过了 100%，但是却有 138 家公司的人力投入回报率为负，这意味着这 138 家公司的净利润为负。整体来看，整个行业的人力投入回报还处于较低水平，所以未来仍具有上升空间。

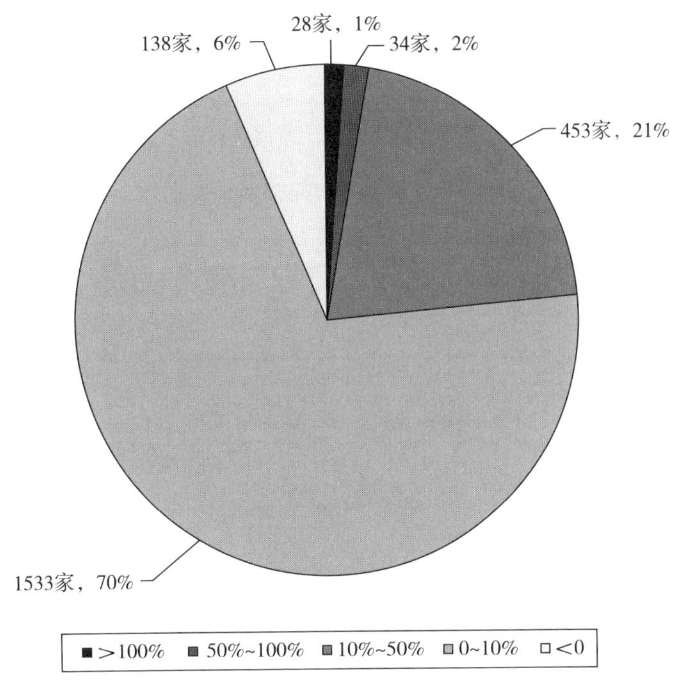

资料来源：Wind，课题组。

图 3-68　2017 年制造业行业人力投入回报率统计情况

4. 市场业绩能力

我们用以营业收入计算的市场占有率来衡量上市公司的市场业绩能力。一般来说，市场占有率越高，该公司的市场业绩能力和竞争力就越强，其在行业内的认可度也越高，这对公司的长期发展来说是一个利好消息。

表 3-22　　制造业市场占有率大于 1%的公司排名

公司简称	细分行业	市场占有率（%）
上汽集团	汽车制造业	6.44
宝钢股份	黑色金属冶炼和压延加工业	2.17
美的集团	电气机械和器材制造业	1.81
中国中车	铁路、船舶、航空航天和其他运输设备制造业	1.58
江西铜业	有色金属冶炼和压延加工业	1.54
中国铝业	有色金属冶炼和压延加工业	1.35
青岛海尔	电气机械和器材制造业	1.19
潍柴动力	汽车制造业	1.14
格力电器	电气机械和器材制造业	1.11
华域汽车	汽车制造业	1.05

资料来源：Wind，课题组。

表3-22展示了2017年制造业2198家上市公司中市场占有率大于1%的企业。制造业上市公司数目众多，而表中10家公司总的市场占有率达到了19.38%，足以可见它们在市场中的重要地位。在这10家企业中，有4家属于运输设备制造业，3家属于金属冶炼和压延加工业，3家属于家电制造业，其中上汽集团的市场占有率处于领先地位，达6.44%，这主要得益于其在2017年高达8579.78亿元的营业收入。

三、2017年全国制造业上市公司综合竞争力排名Top100

公司简称	治理竞争力	管理竞争力	创新竞争力	社会责任竞争力	人力资源竞争力	公司基本指标	总得分	行业排名
贵州茅台	466.39	875.85	27.32	425.78	142.97	1571.64	3509.95	1
上汽集团	555.08	797.52	376.79	494.58	515.70	670.45	3410.12	2
海康威视	651.39	931.90	305.27	504.78	186.79	644.57	3224.71	3
方大炭素	1080.64	1070.24	20.83	422.27	145.78	91.00	2830.76	4
恒瑞医药	754.56	900.43	168.54	435.51	214.31	347.16	2820.52	5
汇顶科技	742.22	925.17	266.76	383.46	383.24	77.31	2778.15	6
美的集团	345.39	788.41	386.28	381.46	158.81	650.06	2710.40	7
隆基股份	1023.44	945.04	127.37	395.27	74.45	128.71	2694.28	8
万华化学	505.24	1013.47	344.23	388.64	250.50	184.50	2686.58	9
中国中车	567.50	704.78	373.67	382.01	129.68	527.28	2684.91	10
伊利股份	406.37	939.20	332.14	546.59	107.98	349.60	2681.88	11
北京君正	789.20	971.29	300.75	375.84	217.25	8.86	2663.20	12
宝钢股份	490.44	946.29	287.07	378.51	219.55	341.14	2663.00	13
京东方A	462.17	860.79	437.15	357.76	173.21	357.29	2648.36	14
南钢股份	890.13	1002.01	195.34	378.10	125.29	36.55	2627.43	15
三友化工	945.88	974.37	58.90	517.80	75.75	33.78	2606.48	16
歌尔股份	683.45	926.99	283.11	518.67	87.96	99.34	2599.51	17
五粮液	448.01	872.26	52.05	528.78	139.32	542.74	2583.16	18
金贵银业	938.29	947.75	87.95	379.69	210.28	17.37	2581.34	19
宇通客车	646.71	915.71	283.80	494.78	131.01	93.92	2565.92	20
三峡新材	996.89	1063.11	4.72	393.98	83.43	14.74	2556.87	21
国民技术	857.36	686.95	328.62	349.07	326.32	8.35	2556.67	22
苏州科达	848.26	873.38	226.99	455.79	132.49	13.77	2550.68	23
四方股份	925.26	799.56	238.04	391.91	181.38	9.66	2545.82	24
华域汽车	461.30	902.23	269.31	496.38	238.55	166.32	2534.08	25
三一重工	723.43	902.92	247.94	369.08	145.84	123.13	2512.32	26

续表

公司简称	治理竞争力	管理竞争力	创新竞争力	社会责任竞争力	人力资源竞争力	公司基本指标	总得分	行业排名
广汽集团	585. 59	935. 92	259. 29	404. 72	96. 63	223. 19	2505. 34	27
阳光电源	771. 12	890. 89	181. 65	367. 52	243. 80	47. 05	2502. 02	28
北方稀土	963. 54	899. 85	82. 61	377. 00	73. 83	93. 42	2490. 25	29
东土科技	947. 25	824. 97	199. 77	386. 05	120. 87	10. 44	2489. 35	30
浪潮信息	538. 95	989. 76	280. 37	361. 26	255. 84	44. 26	2470. 42	31
博闻科技	994. 92	985. 54	15. 97	383. 55	84. 20	2. 23	2466. 41	32
长安汽车	422. 10	897. 75	406. 26	495. 80	136. 41	98. 13	2456. 45	33
桐昆股份	948. 06	959. 03	44. 11	386. 10	67. 18	50. 79	2455. 27	34
航天信息	839. 07	897. 40	140. 33	418. 46	84. 13	70. 29	2449. 67	35
紫光股份	364. 04	840. 81	410. 04	378. 50	322. 42	133. 05	2448. 86	36
长城汽车	601. 96	902. 32	320. 34	394. 96	103. 97	122. 60	2446. 15	37
永东股份	925. 34	978. 79	52. 95	392. 41	84. 02	6. 21	2439. 72	38
江铃汽车	432. 11	871. 05	246. 93	756. 38	104. 87	19. 86	2431. 20	39
视源股份	595. 88	1071. 68	131. 16	404. 51	174. 67	51. 13	2429. 02	40
康拓红外	800. 72	852. 64	123. 50	385. 34	252. 16	6. 14	2420. 50	41
有研新材	563. 39	1011. 55	90. 93	540. 74	194. 38	16. 27	2417. 27	42
艾华集团	964. 48	895. 10	63. 70	425. 96	48. 41	18. 93	2416. 57	43
比亚迪	589. 00	739. 84	403. 92	399. 70	73. 94	210. 03	2416. 43	44
福耀玻璃	664. 21	883. 14	179. 27	523. 89	58. 38	102. 54	2411. 43	45
泸州老窖	430. 09	996. 24	113. 17	525. 36	169. 30	171. 83	2405. 99	46
北陆药业	848. 97	909. 93	46. 52	520. 00	72. 90	6. 24	2404. 56	47
舒泰神	922. 46	794. 37	92. 73	383. 89	200. 95	10. 06	2404. 45	48
全志科技	578. 82	789. 63	317. 98	363. 35	339. 39	15. 23	2404. 41	49
朗科科技	727. 34	1066. 07	101. 17	401. 63	100. 77	5. 89	2402. 87	50
中国医药	848. 60	905. 06	42. 48	442. 89	116. 22	45. 99	2401. 24	51
大华股份	386. 91	934. 48	223. 27	500. 89	236. 58	118. 42	2400. 55	52
大豪科技	768. 75	920. 04	119. 30	396. 66	171. 80	22. 22	2398. 77	53
金信诺	1031. 85	856. 07	59. 64	376. 73	61. 70	11. 49	2397. 47	54
老凤祥	652. 66	978. 81	48. 85	414. 49	271. 12	30. 62	2396. 55	55
金禾实业	943. 02	892. 86	60. 93	397. 63	76. 94	24. 49	2395. 87	56
国机通用	859. 15	887. 39	84. 25	399. 54	161. 65	2. 31	2394. 30	57
兆易创新	408. 94	899. 44	200. 18	349. 63	473. 99	57. 60	2389. 77	58
世纪华通	967. 53	817. 04	86. 11	392. 43	63. 99	60. 90	2387. 99	59

续表

公司简称	治理竞争力	管理竞争力	创新竞争力	社会责任竞争力	人力资源竞争力	公司基本指标	总得分	行业排名
星网锐捷	576.37	906.18	171.48	539.08	170.54	20.84	2384.49	60
中航飞机	764.89	869.82	68.60	500.27	98.44	82.20	2384.23	61
北方华创	554.32	830.35	392.17	380.62	194.34	32.31	2384.12	62
北方股份	841.31	849.36	57.66	494.98	134.33	4.28	2381.92	63
中航光电	575.21	873.43	259.31	528.68	90.78	54.17	2381.58	64
新宙邦	952.75	808.09	92.85	387.71	122.78	12.41	2376.58	65
滨化股份	952.21	903.88	34.57	399.45	67.34	15.55	2372.99	66
迪瑞医疗	849.16	809.27	140.03	411.14	152.15	10.24	2371.97	67
海天味业	420.48	1045.27	88.44	415.99	136.53	259.20	2365.91	68
洋河股份	462.59	955.22	25.30	535.66	76.98	309.44	2365.21	69
天创时尚	939.93	854.10	17.34	496.83	46.63	6.94	2361.77	70
正泰电器	543.08	894.08	233.96	498.40	91.82	99.26	2360.59	71
创新股份	1036.41	759.30	52.47	395.01	92.09	23.44	2358.72	72
天士力	655.44	903.64	228.96	395.58	105.81	67.26	2356.69	73
光电股份	982.52	806.82	103.08	380.91	66.55	14.97	2354.84	74
方大特钢	796.51	956.81	33.11	445.12	91.75	28.45	2351.74	75
通化东宝	684.42	954.56	54.22	509.84	79.78	68.57	2351.39	76
中兴通讯	385.18	723.80	304.73	373.18	339.64	222.65	2349.18	77
恒立液压	920.61	840.39	74.24	391.81	91.87	29.27	2348.20	78
尔康制药	912.33	886.63	60.33	375.92	89.62	23.16	2347.98	79
贵研铂业	514.04	984.53	88.15	419.51	331.00	8.62	2345.86	80
中海达	826.62	820.92	156.39	398.78	136.39	6.63	2345.73	81
中科曙光	627.60	771.09	173.81	485.41	242.92	44.70	2345.51	82
格力电器	252.23	803.11	335.08	387.63	97.02	470.31	2345.38	83
康弘药业	715.63	909.04	124.05	435.93	85.93	72.99	2343.57	84
开元股份	665.23	1011.65	100.56	468.84	83.55	11.33	2341.17	85
厦门钨业	653.98	886.02	150.95	509.48	81.42	48.46	2330.31	86
富祥股份	936.55	873.61	48.70	395.39	70.43	5.59	2330.27	87
宁波富邦	982.19	820.48	10.95	435.03	78.42	1.76	2328.82	88
新时达	643.31	889.39	142.85	495.27	147.85	9.26	2327.92	89
经纬纺机	517.51	869.90	145.17	387.60	384.19	22.79	2327.15	90
南京熊猫	921.80	793.27	139.36	381.57	81.27	7.74	2325.02	91
世名科技	832.94	879.03	90.20	386.93	132.90	2.77	2324.78	92

续表

公司简称	治理竞争力	管理竞争力	创新竞争力	社会责任竞争力	人力资源竞争力	公司基本指标	总得分	行业排名
华东重机	720.87	1006.09	42.74	398.45	137.30	16.74	2322.19	93
开立医疗	646.01	909.40	148.18	420.73	178.67	18.08	2321.07	94
三花智控	715.04	848.05	209.06	395.81	83.93	68.06	2319.95	95
青岛啤酒	826.72	870.91	98.44	403.04	71.97	47.38	2318.46	96
蓝晓科技	944.07	813.45	68.10	381.62	104.65	4.42	2316.31	97
万和电气	649.45	917.59	152.73	515.37	64.37	16.31	2315.82	98
中颖电子	461.00	811.55	239.98	377.19	415.54	9.97	2315.23	99
鹏欣资源	836.29	959.13	1.35	374.23	115.89	27.03	2313.92	100

电力、热力、燃气及水生产和供应业

一、电力、热力、燃气及水生产和供应业上市公司行业概况

（一）行业总体情况

电力、热力、燃气及水生产和供应业指的是生产和供应电力、热力、燃气及水，为国家的稳定发展提供基础保障的，国家经济的支柱产业。《上市公司行业分类指引》将电力、热力、燃气及水生产和供应业划分到D类，具体分类标准如表3-23所示。

表3-23　　部分上市公司分类标准

产业	二级产业	主要内容
D44 电力、热力生产和供应业	电力生产	将煤炭、石油、天然气、水能和核能通过火电动力装置转化成电能的生产活动
	电力供应	利用电网出售电能给用户的输送和分配活动，以及供电局的供电活动
	热力生产和供应	利用煤炭、油、燃气等能源，通过锅炉等装置生产蒸汽和热水进行供应销售、供热设施的维护和管理的活动
D45 燃气生产和供应业	燃气生产和供应	利用煤炭、油、燃气等能源生产燃气，并进行输配，向用户销售燃气的活动
D46 水的生产和供应业	自来水生产和供应	将天然水经过蓄积、净化达到生活饮用水或者其他用水标准，并向居民家庭、企业和其他用户供应的活动
	污水处理及再生利用	对污水污泥的处理和处置，以及净化后再利用活动
	其他水的处理及应用	将海水淡化处理进行收集、处理和利用活动

资料来源：《上市公司行业分类指引》，课题组。

从《上市公司行业分类指引》中可以发现，电力、热力生产和供应业上市公司有75家，所占比重最大；其次是燃气生产和供应业上市公司有19家，水的生产和供应业上市公司数量较少，只有16家。可见，电力、热力、燃气及水生产和供应业行业上市公司的数量并不多，这是由行业特性所决定的。电力、热力、燃气及水生产和供应业行业属于国家公共事业行业，与社会的稳定和人们的日常生活密切相关，为其他上市企业提供能源供应，所以研究电力、热力、燃气及水生产和供应业行业也是了解中国上市公司的根本。

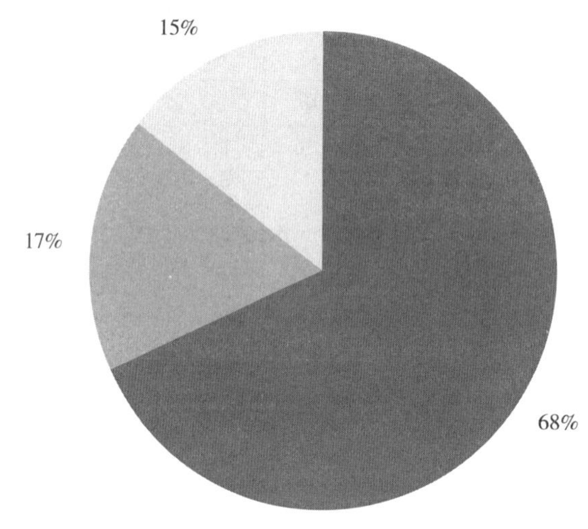

资料来源：Wind，课题组。

图3-69　电力、热力、燃气及水生产和供应业上市公司行业细分

（二）电力、热力、燃气及水生产和供应业行业特征

1. 行业进入难度大

由于电力、热力、燃气及水生产和供应业行业关系到人民日常生活所需能源的生产和供应，所以国家对电力、热力、燃气及水生产和供应业行业的管理非常严格。首先在政策方面，凡是经营电力、热力、燃气及水生产和供应业能源生产与供应的企业必须要有国家颁发的经营许可证，而获得这一许可证比工业行业要严格得多。其次在资金方面，所投资的项目不仅需要大量资金来启动，还要有足够的授信额度和技术来支持。再次，电力、热力、燃气及水生产和供应业行业的利润空间较小，针对电力行业而言，华能、大唐、华电、国电和中国电力投资五大集团已占有了66%的市场份额，其他企业进入的难度较大。最后，对电力、热力、燃气及水生产和供应业行业的投资一旦转变为固定资产就很难退出，因为电力、热力、燃气及水生产和供应业行业的固定资产专用性强，不能够转作其他用途。

2. 自然垄断特性

电力、热力、燃气及水生产和供应业行业的自然垄断性是由电力、热力、燃气及水生产和供应业生产经营的特殊性决定的。首先，电力、热力、燃气及水生产和供应业行业是一个资金技术密集型行业，需要投入大量的资金来购置设备、维持运转和生产。而在生产过程中又具有显著的规模经济性，只有生产规模达到一定程度，生产成本才会降低，这就使企业的投资成本大大增加，提高了行业的进入门槛。其次，电力、热力、燃气及水生产和供应业行业设备与其他行业不同，有较强的专用性，一旦投入使用便不能转作他用，因此在生产环节存在很大的固定成本沉淀性，这种固定成本沉淀性增加了电力、热力、燃气及水生产和供应业行业的进入难度，加强了该行业的自然垄断性。最后，从输送方面来看，输送网络的覆盖范围面广，需要大量的投资成本，当输送网络内的用户增加时，输送的成本就可以分散到用户身上，用户越多，所需的输送成本就越低。所以输送环节的密度经济也是形成自然垄断的一个重要原因。

3. 具有规模经济的特点

电力、热力、燃气及水生产和供应业行业具有明显的规模经济的特点，首先体现在能源输送网络的建设上。输送网络是连接电力、热力、燃气及水生产和供应业行业生产和供应的纽带，只有通过输送网络，产品才能形成从生产到消费的有机整体。由于该行业初始投资时需要对输送网络进行建设，所以初始投资成本较大，所得到的经济效益也相对较低。随着输送网络的健全与完善，电力、热力、燃气及水生产和供应业行业的投资成本才会逐渐降低，企业的经济效益也会体现出来。其次体现在设备的规模上，只有当设备的投资规模达到一定程度时，企业的平均成本曲线才会变得平坦，也就是说，电力、热力、燃气及水生产和供应业行业的规模越大，其经营成本越低。

（三）2017 年电力、热力、燃气及水生产和供应业基本情况

截至 2017 年 12 月 31 日，我国电力、热力、燃气及水生产和供应业上市公司总市值为 1984879233993. 41 元，其中在二级行业中，电力、热力生产和供应业总市值为1593750299834. 53 元，燃气生产和供应业总市值为221576427649. 41 元，水的生产和供应业总市值为169552506509. 47 元。从表 3-24 可知，在电力、热力、燃气及水生产和供应业行业中，由于上市公司数量和体量优势，电力、热力生产和供应业在整个行业中占有较大的比重。

表 3-24　　电力、热力、燃气及水生产和供应业行业市值前 14 家公司

所属二级行业	上市公司名称	市值（元）
电力、热力生产和供应业	长江电力	355520000000
电力、热力生产和供应业	中国核电	120165119600
电力、热力生产和供应业	华能水电	82260000000
电力、热力生产和供应业	浙能电力	80244070929

续表

所属二级行业	上市公司名称	市值（元）
电力、热力生产和供应业	华能国际	63945000000
电力、热力生产和供应业	国电电力	60130217405
电力、热力生产和供应业	国投电力	47977185063
电力、热力生产和供应业	川投能源	42128484393
电力、热力生产和供应业	大唐发电	39677609200
电力、热力生产和供应业	桂冠电力	33287887794
电力、热力生产和供应业	江苏国信	32141075791
水生产和供应业	重庆水务	31008000000
电力、热力生产和供应业	湖北能源	30324714604
电力、热力生产和供应业	华电国际	30057791865

资料来源：Wind，课题组。

在财务数据方面，根据国家统计局公布的数据，2017年电力、热力、燃气及水生产和供应业实现营业收入67575.7亿元，较上年增长8.6%，其中主营业收入为66432亿元，较上年增长8.5%，利润为4089亿元，下降10.7%，营业成本为60454.1亿元，较上年增加11%，主营业务利润率为6.16%，每百元主营业务收入中的成本为89.83元，资产负债率为60.7%，产成品存货周转天数为0.6天，应收账款平均回收期为25.2天，工业增加值增长8.1%，固定资产投资额为29794亿元，较上年增长0.8%，对外投资额为32亿美元，较上年增长26.5%。总体来说，整体行业经济稳中向好，平稳发展。

二、行业综合竞争力分析

（一）治理竞争力

1. 公司股权结构

（1）股权集中度

截至2017年12月31日，电力、热力、燃气及水生产和供应业全部110家A股上市公司，剔除数据缺失的公司后，我们统计了103家公司。整个行业第一大股东持股比例平均值为38.30%，其中第一大股东股份占比大于50%的绝对控股企业有28家，第一大股东股份占25%到50%的相对控股企业有49家，第一大股东股份小于25%的股权分散企业有26家。

（2）股权制衡度

2017年，电力、热力、燃气及水生产和供应业行业内Z指数的平均值为0.6836，说明整个行业的公司绝大多数都属于第一大股东绝对控股或相对控股。由表3-25可知，电力、热力、燃气及水生产和供应业行业公司大多数是国有资本作为绝对控股股东。课题组认为，电力、热力、燃气及水生产和供应业行业早期投资额度大，生产需要庞大的固定资本投资，存在技术壁垒，投资回收期较长，电力、热力、燃气及水生产和供应业行业跟整个国家的经济息息相关等特点决定了国有资本占有大份额的股票。

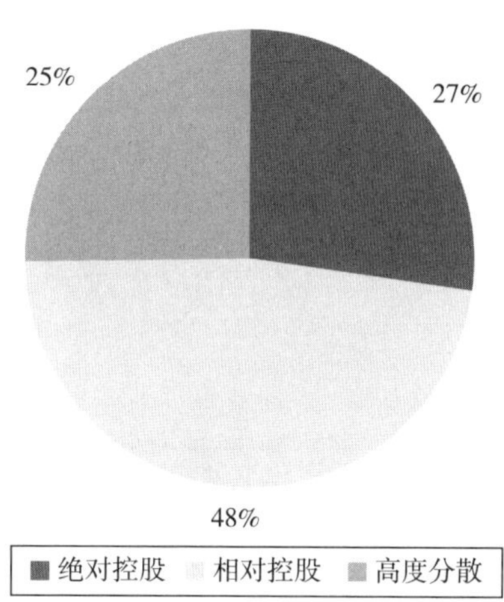

资料来源：Wind，课题组。

图 3-70　电力、热力、燃气及水生产和供应业上市公司股权结构分布

表 3-25　电力、热力、燃气及水生产和供应业大股东占比前十位的公司

公司简称	股东名称	股票占总股本的比例（%）
江苏国信	江苏省国信资产管理集团有限公司	75.61
中国核电	中国核工业集团公司	70.4
浙能电力	浙江省能源集团有限公司	69.94
中原环保	郑州公用事业投资发展集团有限公司	68.73
粤电力 A	广东省粤电集团有限公司	67.39
重庆燃气	重庆市能源投资集团有限公司	66.48
建投能源	河北建设投资集团有限责任公司	65.63
豫能控股	河南投资集团有限公司	64.2
广州发展	广州国资发展控股有限公司	62.69
甘肃电投	甘肃省电力投资集团有限责任公司	62.54

资料来源：CSMAR，课题组。

2. 公司治理架构

（1）董事长与总经理两职分离情况

我们统计了电力、热力、燃气及水生产和供应业 102 家上市公司的董事长和总经理分离情况，从图 3-71 可以看出，有 89%的电力、热力、燃气及水生产和供应业公司董事长和总经理职务都是分离的，课题组认为通过董事长和总经理职务的分离，有效地增强了权力制衡、防止代理人的道德风险和逆向选择，以维护董事会监督的独立性和有效性。

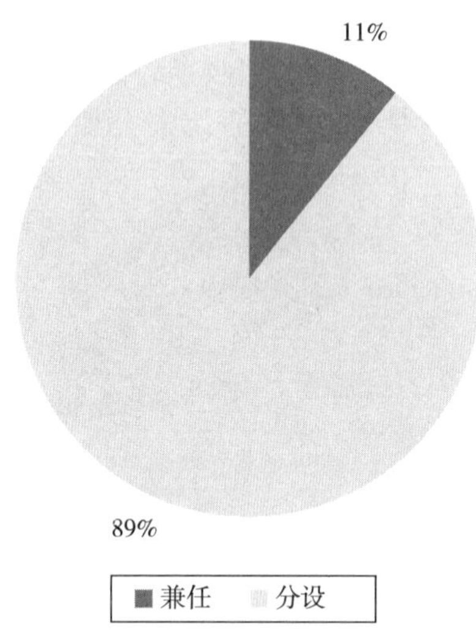

资料来源：CSMAR，课题组。

图 3-71 董事长与总经理分离情况

（2）上市公司董事会与监事会

通过 Wind 数据库，在剔除数据缺失的公司后，我们统计的电力、热力、燃气及水生产和供应业 99 家公司中，独立董事人数大于董事总人数 1/3 的公司有 96 家，监事人数大于等于 3 的公司有 98 家，设立完整四委会（战略委员会、审计委员会、提名委员会和薪酬与考核委员会）的公司有 95 家。

表 3-26 电力、热力、燃气及水生产和供应业上市公司治理架构指标

公司治理架构指标	公司数量（家）
公司的独立董事比例满足 1/3 的要求	96
监事人数大于等于 3	98
设立完整四委会	95

资料来源：Wind，课题组。

3. 董事激励

表 3-27 电力、热力、燃气及水生产和供应业上市公司领取报酬高管比例

指标名称	平均值
领取报酬董事人数比例	70%
领取报酬监事人数比例	57%

资料来源：Wind，课题组。

在统计的 102 家电力、热力、燃气及水生产和供应业上市公司中，领取报酬董事人数比例的平均值为 70%，领取报酬监事人数比例的平均值为 57%。总体来说，行业内通过发放报酬等激励措施，能有效地提高高管的积极性，减少代理问题。

4. 三会次数

（1）股东大会会议次数

截至 2016 年 12 月 30 日，电力、热力、燃气及水生产和供应业上市公司中，股东大会会议次数大于 5 次的公司有 77 家，小于 5 次的公司有 25 家。最高的国投电力召开了 10 次股东大会，有 14 家公司在 2016 年只召开了 1 次股东大会。

（2）董事会会议次数

在 102 家公司的数据中，有 45 家公司举办了不少于 10 次的董事会会议，而有 57 家公司在 2016 年举办了 10 次以下的董事会会议。

（3）监事会会议次数

由于大部分公司没有公布其监事会次数，102 家公司中课题组只收集了 21 家公司的数据，最高的两家公司胜利股份和国投电力在 2016 年分别举办了 17 次和 11 次监事会会议。

表 3-28　2016 年电力、热力、燃气及水生产和供应业部分公司监事会会议次数

监事会会议次数（次）	17	11	9	8	7	6	5	4	3	2
公司家数（家）	1	1	3	1	3	2	5	3	1	1

资料来源：Wind，课题组。

5. 社会影响力

（1）企业是否 ST

截至 2018 年 4 月 31 日，电力、热力、燃气及水生产和供应业的 113 家上市公司中，只有新能泰山被 ST，其他公司都未被 ST。从 ST 新能公布的第一季度报告来看，公司已经通过降低自己的营业成本，实现了转亏为盈，长期来看，很有可能脱帽。

（2）未解决的官司

根据 CSMAR 数据库，截至 2017 年 12 月 31 日，电力、热力、燃气及水生产和供应业的 102 家公司中，有 20 家公司在 2017 年有未处理的官司，有 7 家公司在 2017 年处理了违规事件。具体如表 3-29 所示。

表 3-29　电力、热力、燃气及水生产和供应业公司 2017 年违规事件处理情况

公司简称	处理文件日期	违规类型	违规年份
惠天热电	2017-09-28	重大遗漏，其他	2016，2017
新能泰山	2017-12-21	披露不实（其他），其他	
赣能股份	2017-01-11	其他	2015
凯迪生态	2017-11-03	重大遗漏，占用公司资产，一般会计处理不当，其他	2015，2016，2017
凯迪生态	2017-01-22	违规买卖股票	2016
升达林业	2018-03-01	违规担保	2016

续表

公司简称	处理文件日期	违规类型	违规年份
陕天然气	2017-08-28	推迟披露	2017
百川能源	2017-10-27	其他	2017
百川能源	2017-09-01	其他	2017

资料来源：CSMAR，课题组。

（二）管理竞争力

课题组通过查阅电力、热力、燃气及水生产和供应业 112 家 A 股上市公司的年报，发现在 2017 年盈利的公司有 100 家，占所有上市公司的 89%以上，亏损的公司有 12 家，占所有行业内上市公司的 10%。总体来看，电力、热力、燃气及水生产和供应业所有上市公司的主营业务收入达 9900 多亿元，较上年增长 16%，但营业成本也上涨了，仅实现利润总额为 1092 亿元，较上年下降了 28.05%，净利润总额为 873 多亿元，较上年减少了 29.89%。

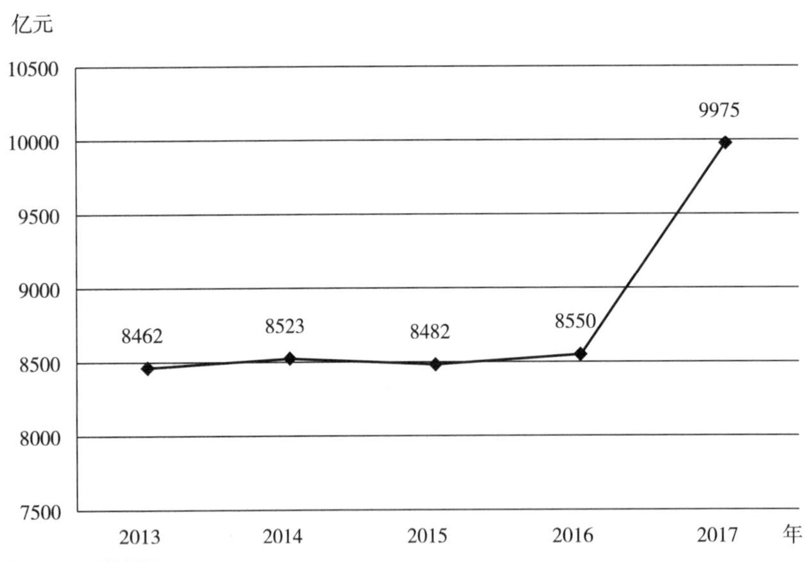

资料来源：Wind，课题组。

图 3-72　电力、热力、燃气及水生产和供应业上市公司主营业务收入总额

详细地，我们可以看到，2013—2016 年，电力、热力、燃气及水生产和供应业行业主营业务收入平稳发展后，2017 年行业内总体主营业务收入从 855071807983 元激增到了 997524890315 元，说明整个行业整体业务规模处于高速发展阶段，行业需求旺盛，但是行业内总体的净利润却减少了。课题组认为全球经济的复苏和中国经济的稳定使行业的需求增加，而中国国内的结构化改革和公司内产业链升级导致营业成本上升，从而引起了行业净利润的下降。

对于电力、热力、燃气及水生产和供应业上市企业的公司综合竞争力的评价，课题组从增长能力、偿债能力、运营能力和盈利能力四个方面对电力、热力、燃气及水生产和供应业的管理竞争力进行分析。

1. 增长能力

对于企业的增长能力，课题组从净资产增长率、主营业务增长率、净利润增长率和总资产增长率四个指标分析电力、热力、燃气及水生产和供应业上市公司的增长能力。

根据 Wind 数据提供的 107 家公司年报数据，电力、热力、燃气及水生产和供应业在 2017 年总资产增长率大于零的公司有 84 家，总资产增长率小于零的有 23 家，其中有 7 家公司总资产增长率超过了 50%。

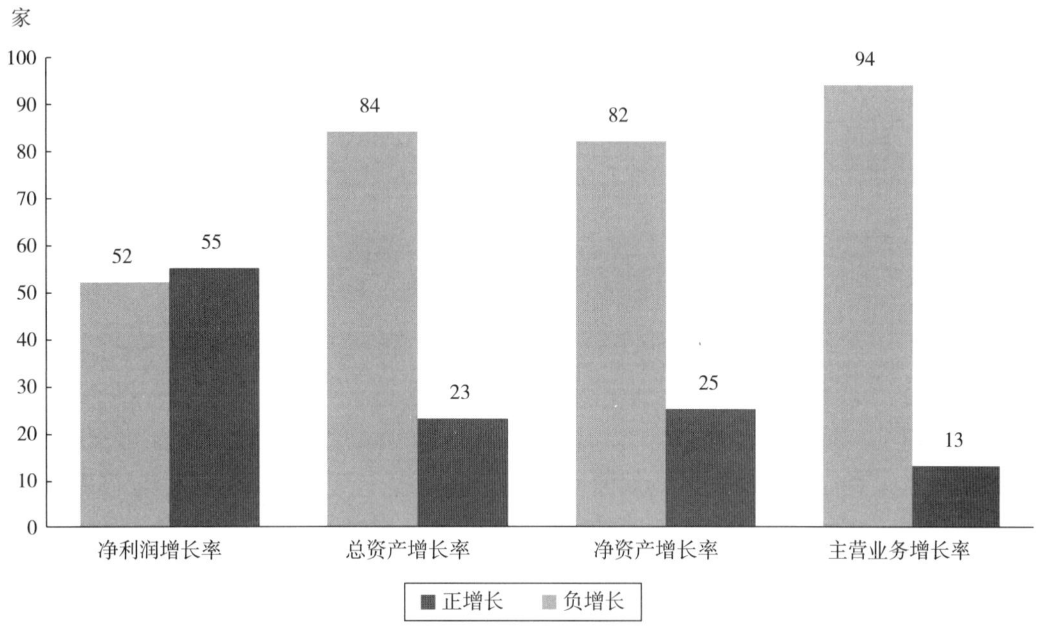

资料来源：Wind，课题组。

图 3-73　2017 年电力、热力、燃气及水生产和供应业上市公司增长能力

在净资产增长率方面，净资产增长率大于零的公司有 82 家，小于零的有 25 家，其中有 7 家公司净资产增长率达到了 50% 以上。在主营业务增长率方面，绝大多数公司在 2017 年实现了正增长，107 家公司中有 94 家公司主营业务增长率大于零，8 家公司实现了大于 50% 的主营业务增长。虽然在主营业务上大部分公司都实现了正增长，但是从利润指标上看，整个电力、热力、燃气及水生产和供应业的上市公司中，只有 52 家公司净利润实现了增长，而有 55 家公司净利润出现了下滑。

2. 偿债能力

偿债能力是审核企业能否健康成长和发展的关键，股东通过掌握和了解企业偿债能力的状况，从而做出更加精确的判断和决策，银行和其他债务人通过了解企业的偿债能力，可以随时了解企业的风险等级，有利于债务人的风险控制。我们用资产负债率、流动比率、速动比率以及固定资产比率来衡量企业的偿债能力。

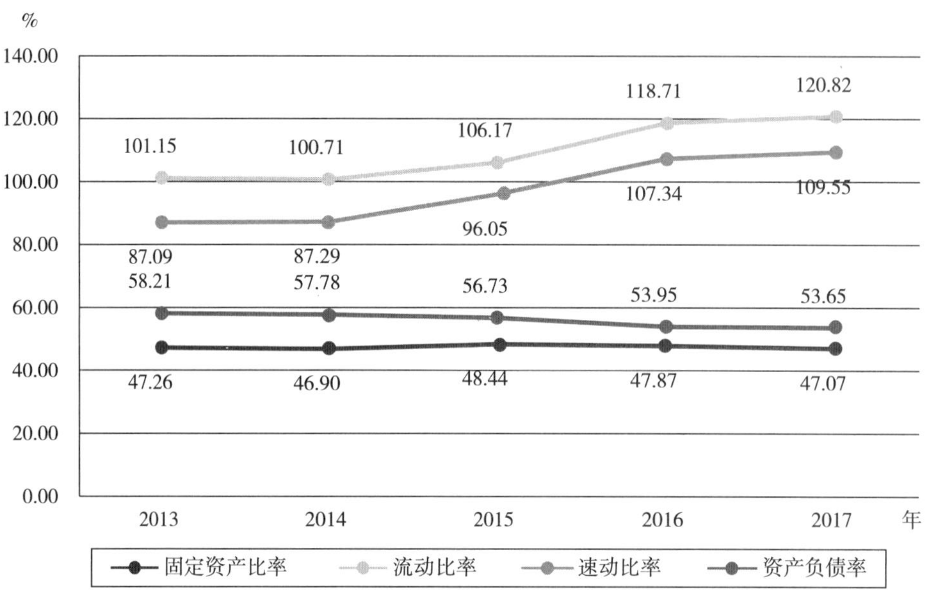

资料来源：Wind，课题组。

图 3-74　2017 年电力、热力、燃气及水生产和供应业偿债能力指标

我们分析了 2013 年到 2017 年电力、热力、燃气及水生产和供应业的偿债能力指标，可以看到，整个行业内的资产负债率和固定资产比率在这五年一直保持着平稳的趋势，基本没有发生大的变动，而速动比率和流动比率从 2014 年起，都显著地上升了。这说明，整个行业内的公司在没有增加负债率的同时，增加了短期资产和存货资产的比例，减少其他长期资产的比例，增加了整个行业内的偿债能力，减少了行业内的流动性风险。

3. 运营能力

我们通过四个周转率，即存货周转率、应收账款周转率、总资产周转率和流动资产周转率来衡量运营能力，并判断电力、热力、燃气及水生产和供应业内企业的资源管理和运用资产创造价值的效率、效益。通过存货周转率，衡量企业生产经营各环节中的存货运营效率，存货周转率越高，表明企业存货资产变现能力越强，存货及占用在存货上的资金周转速度越快。企业应收账款周转率越高，平均收账期越短，说明应收账款的收回越快。否则，企业的营运资金会过多地呆滞在应收账款上，影响正常的资金周转。总资产周转率越大，流动资产周转率越大，说明总资产周转越快，反映出销售能力越强，企业的效率越高。

（1）存货周转率

在删除了几个异常值以后，我们统计了 2013—2017 年电力、热力、燃气及水生产和供应业 102 家公司的存货周转率的平均值，从趋势来看整个行业内存货周转率在 2015 年有一个明显的下降，但在随后的两年内又显著地提升了，特别是 2017 年，行业平均存货周转率达到了 32%的新高，显示出去库存的积极现象。

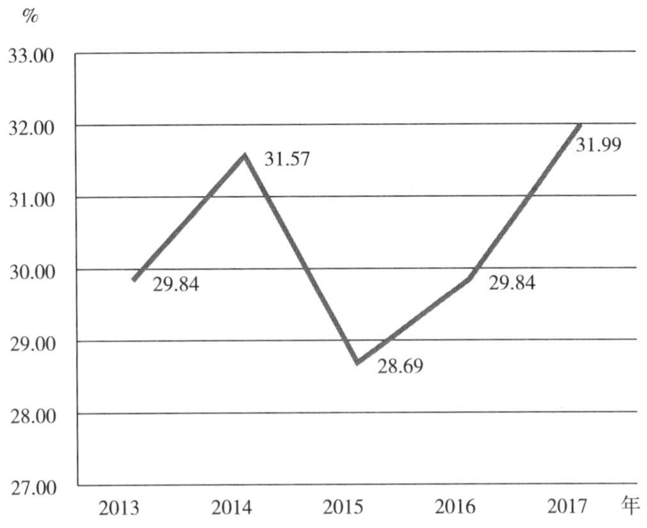

资料来源：Wind，课题组。

图 3-75　电力、热力、燃气及水生产和供应业存货周转率

（2）应收账款周转率

与存货周转率一致，在应收账款周转率方面，电力、热力、燃气及水生产和供应业在 2015 年有一个明显的下降。但是相较于存货周转率，行业内应收账款周转率保持相对稳定的状态，公司应收账款回款情况较为良好。

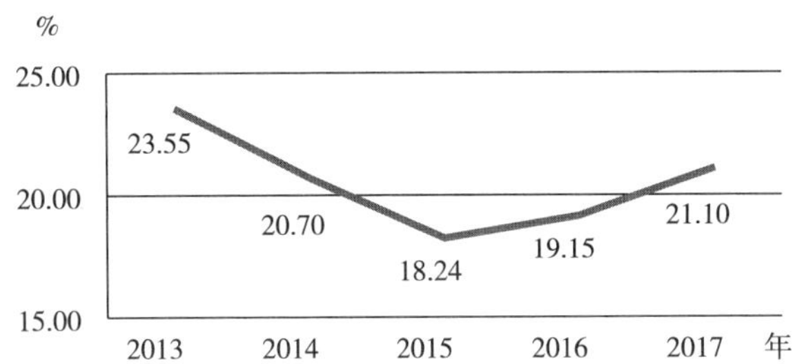

资料来源：Wind，课题组。

图 3-76　电力、热力、燃气及水生产和供应业应收账款周转率

（3）总资产周转率

可以看出，在 2017 年，整个行业在总资产周转率指标上保持着相对稳定。

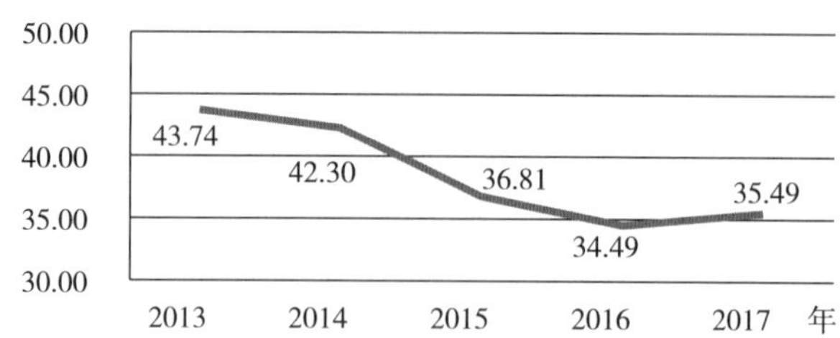

资料来源：Wind，课题组。

图 3-77　电力、热力、燃气及水生产和供应业总资产周转率

（4）流动资产周转率

在流动资产周转率指标上，2013—2017 年五年间，行业内的周转率不断下降。结合图 3-77 中总资产周转率相对稳定的特点，课题组认为在一定程度上，可以看出行业内资产结构的变动，即企业在这五年间减少了固定资产比重，增加了流动资产比重，使企业更具有流动性。

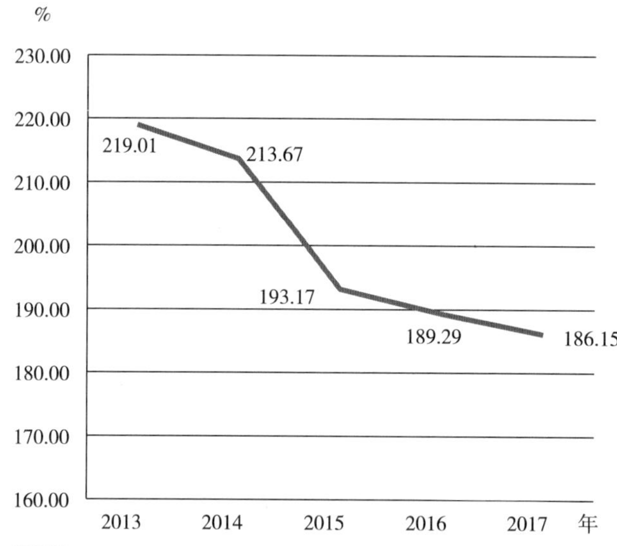

资料来源：Wind，课题组。

图 3-78　电力、热力、燃气及水生产和供应业流动资产周转率

4. 盈利能力

盈利能力是指企业获取利润的能力。利润是企业内外有关各方都关心的中心问题，利润是投资者取得投资收益、债权人收取本息的资金来源，是经营者经营业绩和管理效能的集中表现，也是职工集体福利设施不断完善的重要保障。因此，对企业的盈利能力进行分析十分重要，课题组通过三个财务指标来刻画，分别是总资产收益率、净资产收益率和销售净利率。

总的来看，电力、热力、燃气及水生产和供应业企业的盈利能力在最近五年保持着平稳的态势，整个行业稳定发展。从指标细化上看，总资产收益率、净资产收益率和销售净利率在2016年有一个小幅度的上涨，而在2017年又回归到平均水平。

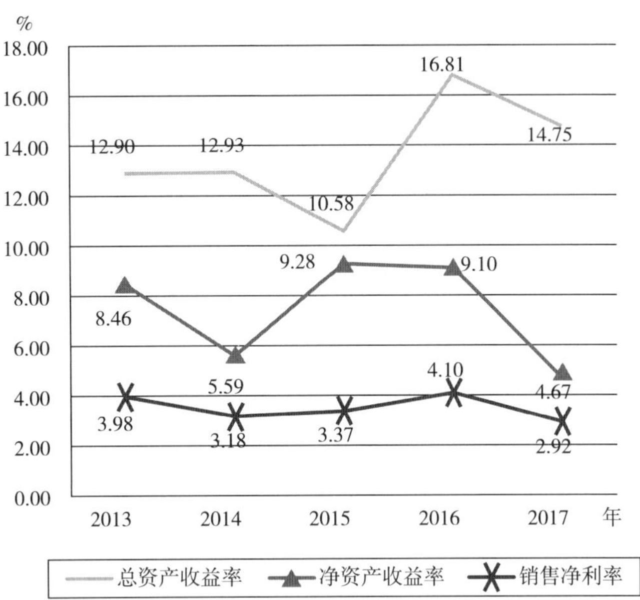

资料来源：Wind，课题组。

图3-79　电力、热力、燃气及水生产和供应业盈利能力

（三）创新竞争力

1. 创新投入

（1）研发投入占比

研究开发投入是企业创新竞争力的重要来源之一，是指企业根据市场需求的发展趋势，为生产经营与市场需求相适应的产品，而充分利用并不断优化自身资源与社会资源配置，从企业经营管理各个层面上进行创造和革新。企业研究开发能力越强，越能为投资者带来超额利润。

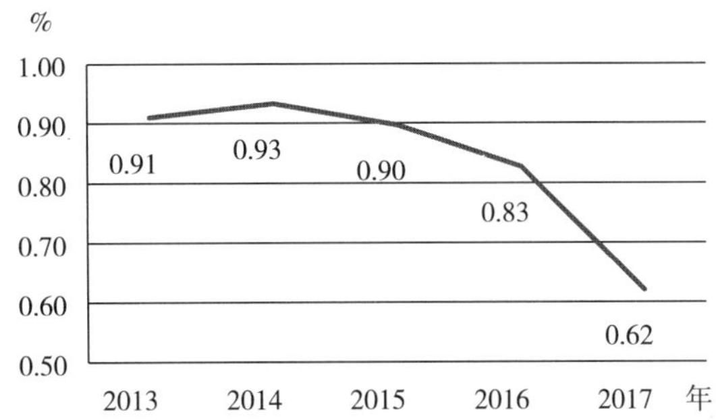

资料来源：Wind，课题组。

图3-80　电力、热力、燃气及水生产和供应业研发投入占比

在研发支出占营业收入的比例方面，相对于其他新兴高科技行业高于10%的研发投入占比，电力、热力、燃气及水生产和供应业其研发支出占营业收入的比例只有1%不到。课题组认为这是由行业的特殊性决定的，因为电力、热力、燃气及水生产和供应业属于成熟的传统型产业，创新的弹性较小，其产业的惯性较大，导致其行业的创新成本较高，不符合企业的盈利原则，所以行业内的企业研发投入较低。

（2）研发人员占比

在研发人员占比方面，根据Wind数据库的数据，2017年电力、热力、燃气及水生产和供应业研发人员占总员工人数的平均比例为6.7%。其中桂冠电力以41.82%的比例占据行业首位，行业中大部分公司的研发人员占比都在10%左右。

（3）政府补贴

在政府补贴方面，2013—2017年政府对于行业的补贴额度一直保持着平稳的趋势。从股权结构上看，由于电力、热力、燃气及水生产和供应业内大部分是国有资产占主导，大部分企业所从事的业务都属于民生项目，都与地方政府有着密切的联系。所以政府对于企业的创新给予一定补贴奖励或者帮助其正常经营，也是理所当然。

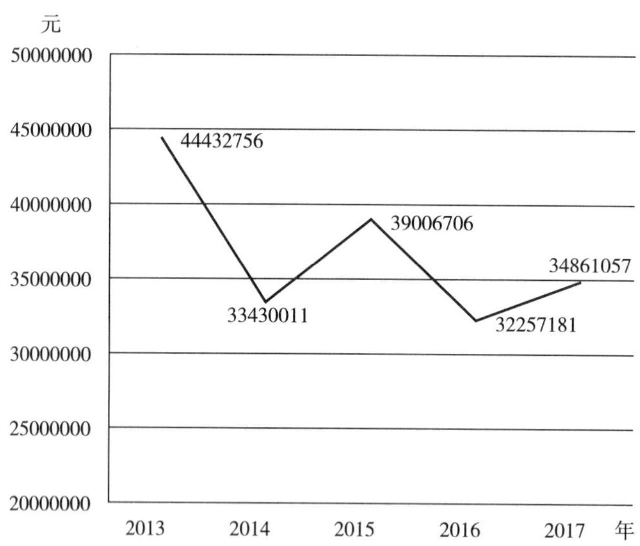

资料来源：Wind，课题组。

图3-81 电力、热力、燃气及水生产和供应业政府补贴

2. 创新产出

根据国泰安数据库公布的数据，2017年，电力、热力、燃气及水生产和供应业平均有效专利值为349.4019。以下为有效专利值前十位的公司，我们可以看到，梅雁吉祥以9060的有效专利值遥遥领先于第二位的长江电力。

表 3-30　　2017 年电力、热力、燃气及水生产和供应业有效专利值前十

公司简称	有效专利值
梅雁吉祥	9060
长江电力	2985
中国核电	2973
迪森股份	2160
华银电力	1518
太阳能	1296
凯迪生态	1284
胜利股份	981
富春环保	936
华能国际	927

资料来源：CSMAR，课题组。

（四）社会责任竞争力

企业的社会责任是指企业在其商业运作中对其利害关系人应负的责任，包括对员工、顾客、供应商、社区团体、母公司或附属公司、合作伙伴、投资者和股东应负的责任。

1. 法律责任

企业对政府的责任，主要是通过缴纳税款来实现的，所以我们通过相对于资产企业对政府缴纳的所得税支出来衡量企业对政府的责任。

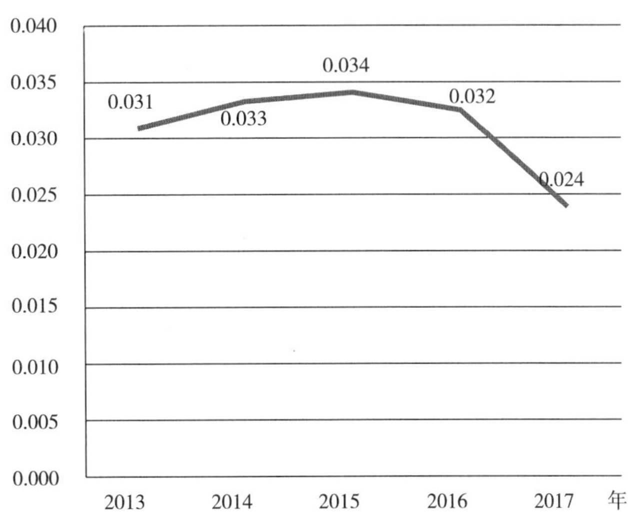

资料来源：Wind，课题组。

图 3-82　电力、热力、燃气及水生产和供应业上市公司对政府的责任

对政府的责任的公式为：

对政府的责任=（支付的各项税费-收到的税费返还）/平均资产总额

我们可以看到，在2016年以前，企业对政府的责任处在一个缓慢上升的阶段，但在随后的2016年和2017年，企业的纳税总额占平均资产总额的比例就开始显著下降了。课题组认为这主要得益于2016年5月1日的营业税改增值税政策，使行业内的税费大幅度下降，成本降低。

2. 经济责任

（1）对投资者的责任

企业对投资者的最主要的责任就是通过资产管理和运营实现资产增值，将所得利润分配给权益所有人，所以我们用支付给股东和债权人的金额/平均资产总额来衡量企业对投资者的责任。

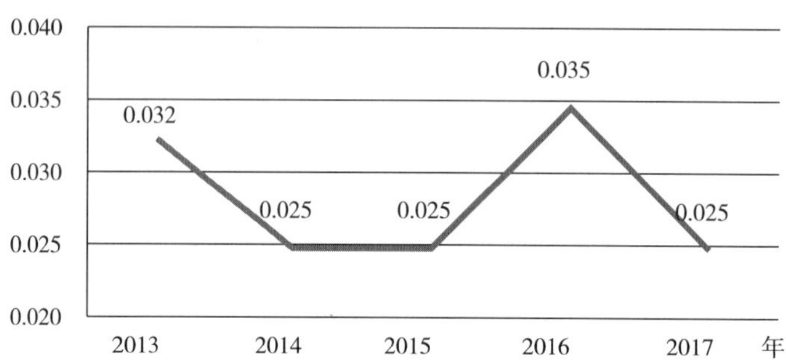

资料来源：Wind，课题组。

图3-83　电力、热力、燃气及水生产和供应业上市公司对投资者的责任

我们可以看到，对于电力、热力、燃气及水生产和供应业，支付给股东和债权人的金额比例相对稳定，从2013年到2017年没有显著的变化，基本处于0.025和0.035之间，波动幅度较小。

（2）对员工的责任

“得民心者得天下”“水能载舟亦能覆舟”。一个企业的成功不仅仅是靠偶然的运气，更多的是靠团队的努力，靠员工对公司的付出，正是这些因素使公司可以做强做大。员工是企业日常经营管理的主要参与者，对于企业的作用可见一斑，相应地，一个优秀的企业也一定是一个对员工负责的企业，所以对员工的责任也是我们企业综合竞争力的重要部分。我们用支付给员工以及为员工支付的现金/营业收入的指标来衡量对员工的责任。

通过图3-84我们可以看到整个电力、热力、燃气及水生产和供应业，2016年以前，支付给员工的薪酬占营业收入的比例一直维持在0.04左右，而在2017年这个比例显著上升到了0.1以上。对于这个现象，课题组认为可能的原因有两个：第一，2016年的营改增税收政策导致企业成本下降，现金流量增多，企业将增加的现金流量用于增加员工福利；第二，党的十九大以来，国家政策更加注重发展的平衡，倾向工薪阶层和工人的福祉，企业主动提升了员工的薪酬。

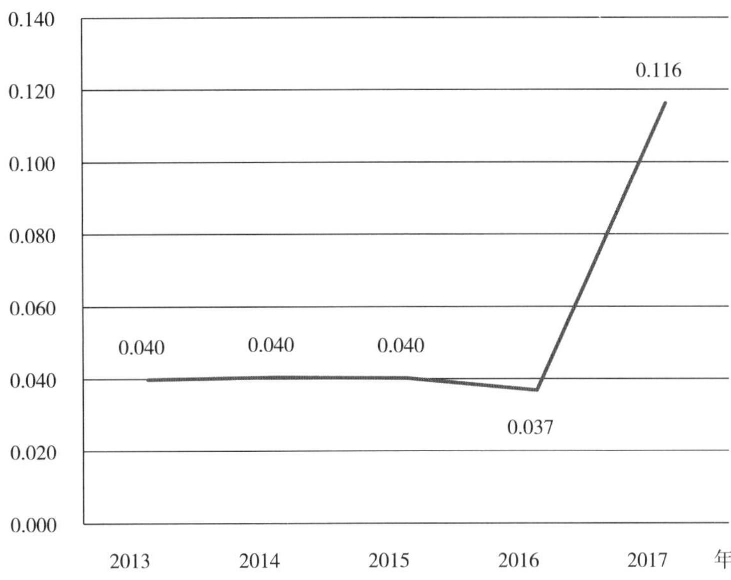

资料来源：Wind，课题组。

图 3-84　电力、热力、燃气及水生产和供应业上市公司对员工的责任

（3）对供应商的责任

供应商是企业的原材料提供商，指供应各种所需资源的企业和个人，包括提供原材料、设备、能源、劳务和资金，与企业的经营成本和销售密切相关。一个优秀的企业，一定是一个对供应商负责的企业。我们用主营业务成本和存货增长净值之和来表示从供应商处获得的资源的价值，并用平均应付账款来衡量企业对供应商的责任还未履行的程度。

从图 3-85 中我们可以了解到，电力、热力、燃气及水生产和供应业从 2015 年起，对供应商的责任稳步上升。

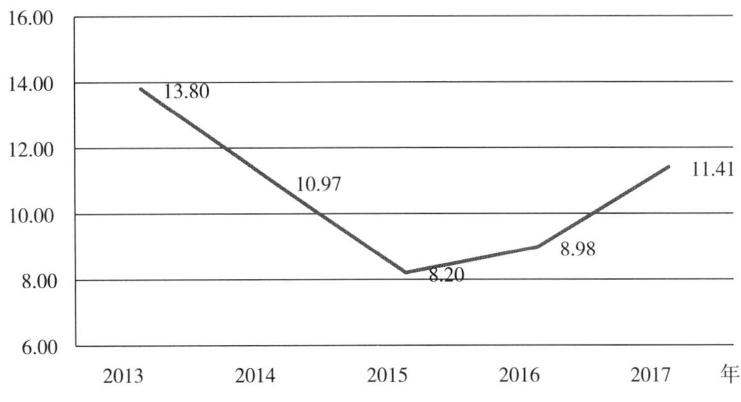

资料来源：Wind，课题组。

图 3-85　电力、热力、燃气及水生产和供应业上市公司对供应商的责任

3. 慈善责任

在企业的社会责任方面，企业主动投入到社会的慈善事业中，也是一个企业承担起社会责任的表现。企业投入到慈善事业不仅反哺于社会，而且对于企业也有非常大的好处，首先企业从事公益事业，有利于树立企业良好的社会形象，提高品牌的曝光率和市场占有率，具有巨大的广告效应。还有利于企业建设良性的企业文化，提高员工的荣誉感和归属感，有利于吸引优秀人才。其次企业发生的公益性捐助支出，在税法上有税收减免。

根据 Wind 数据库提供的资料，有 10 家公司在 2017 年参与了社会公益事业。

表 3-31　　2017 年电力、热力、燃气及水生产和供应业社会公益值表

公司简称	公益数总额（万元）	平均资产总额（万元）	对社会的公益贡献率
宝新能源	910.94	1272341.952	0.0716%
湖北能源	760.75	4237476.985	0.0180%
闽东电力	500	364256.7441	0.1373%
华能国际	667.64	31185304.65	0.0021%
上海电力	83.7	5377165.936	0.0016%
华电国际	71.5	21152573.6	0.0003%
广州发展	470.0576	3508926.629	0.0134%
瀚蓝环境	57.24	1281597.796	0.0045%
西昌电力	232.62	234312.3292	0.0993%
文山电力	39.517	274775.0319	0.0144%

资料来源：Wind，课题组。

4. 伦理责任

（1）是否披露企业社会责任报告

企业社会责任报告指的是企业将其履行社会责任的理念、战略、方式方法，其经营活动对经济、环境、社会等领域造成的直接影响和间接影响、取得的成绩及不足等信息，进行系统的梳理和总结。主动向社会公开社会责任报告，有助于减少二级市场和债券人的信息不对称，让投资人及时了解企业的最新动态，也是企业社会责任竞争力的重要组成部分。

根据 Wind 数据库提供的公司数据，有 9 家公司在 2016 年公布了企业社会责任报告，分别是粤电力 A、兴蓉环境、闽东电力、金山股份、西昌电力、大众公用、申能股份、乐山电力、长江电力。

（2）就业增长率

企业承担起社会责任的另一个重要组成部分就是为社会创造就业岗位，企业在生产经营过程中为社会提供了就业岗位，可以为社会的经济发展和繁荣稳定做出贡献。每年的就业增长率越高，其对社会的贡献就越高。

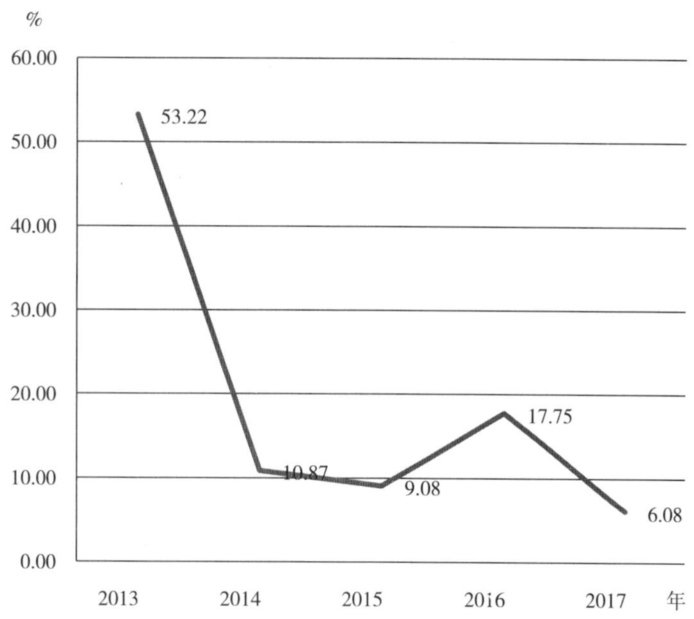

资料来源：Wind，课题组。

图 3-86 电力、热力、燃气及水生产和供应业就业增长率

我们整理了 2013 年到 2017 年电力、热力、燃气及水生产和供应业行业的平均就业增长率，可以看出 2013 年至 2014 年，电力、热力、燃气及水生产和供应业行业的就业增长率就从 50%下降到了 10%，并在随后的几年保持着平稳的趋势。课题组认为，可能的原因是 2013 年企业深受政府号召，进行了结构化改革，企业不再盲目地扩张和发展，而是转变成更稳健更有效的发展。

（3）单位平均资产就业人数

从单位平均资产就业人数来看，电力、热力、燃气及水生产和供应业行业的单位平均资产就业人数从 2013 年的 40 多逐年下降到 2017 年的 26 左右。课题组认为可能的原因是行业内为了减低成本，增加生产效率，逐渐以现代化、自动化的装备代替了传统工人，使用技术红利替代人口红利，导致了单位平均资产就业人数的下降。

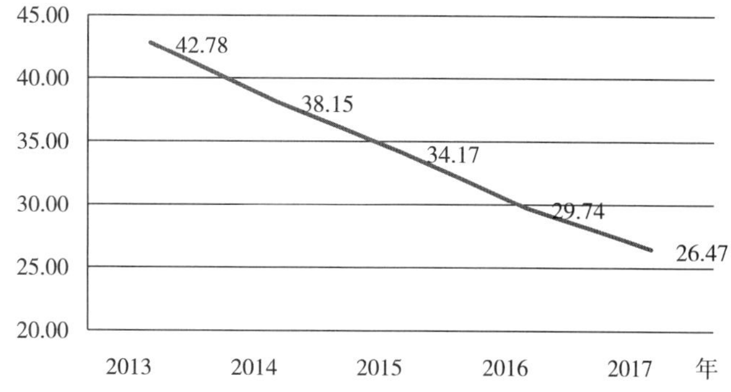

资料来源：Wind，课题组。

图 3-87 电力、热力、燃气及水生产和供应业单位平均资产就业人数

（五）人力资源竞争力

1. 薪酬管理能力

优秀的薪酬安排也是企业综合竞争力的要素之一，合理的薪酬安排不仅能使企业资金效率达到最优，还能达到激励员工的目的，本书使用员工平均薪酬来衡量企业薪酬管理能力。

从图 3-88 来看，在这五年间，电力、热力、燃气及水生产和供应业行业员工平均薪酬不断上升。说明行业内的公司越来越注重员工的福利，公司的员工福利在不断上升。

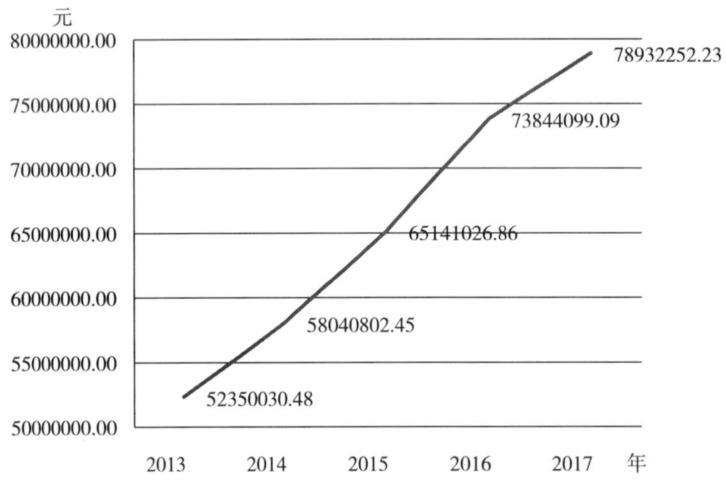

资料来源：Wind，课题组。

图 3-88　电力、热力、燃气及水生产和供应业员工平均薪酬

2. 绩效管理能力

从年人均产值上看，2016 年起，年人均产值有了显著提升，从 1800000 元左右上升到了 2200000 元左右。说明 2016 年以后，整个行业的人工效率提高了不少，更有可能的原因是由于技术的进步，给整个行业带来了技术红利，提高了人均产值。

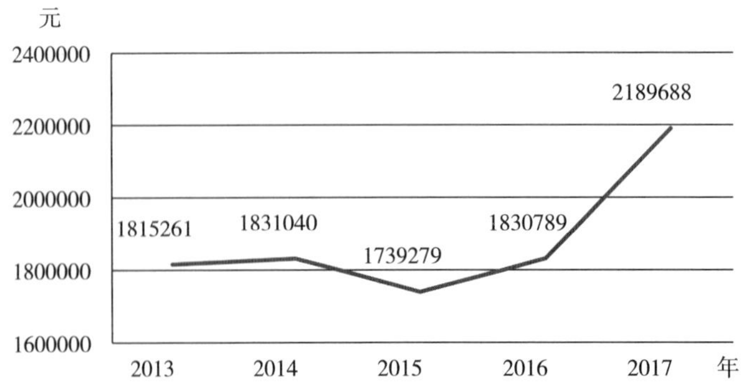

资料来源：Wind，课题组。

图 3-89　电力、热力、燃气及水生产和供应业年人均产值

三、2017 年全国电力、热力、燃气及水生产和供应业上市公司综合竞争力排名 Top 50

公司简称	治理竞争力	管理竞争力	创新竞争力	社会责任竞争力	人力资源竞争力	公司基本指标	总得分	行业排名
长江电力	280. 40	915. 39	66. 06	555. 72	411. 63	614. 14	2843. 35	1
华能国际	727. 84	750. 24	146. 48	369. 40	360. 23	114. 57	2468. 75	2
文山电力	832. 32	1026. 54	0. 04	462. 13	53. 09	6. 05	2380. 17	3
西昌电力	896. 48	848. 32	1. 40	499. 86	64. 72	2. 96	2313. 74	4
大唐发电	793. 14	728. 09	62. 88	358. 09	260. 05	72. 71	2274. 96	5
梅雁吉祥	714. 85	865. 30	162. 16	391. 89	101. 74	11. 90	2247. 84	6
大众公用	796. 14	852. 78	0. 99	477. 99	94. 79	18. 99	2241. 69	7
深南电 A	816. 99	760. 04	1. 11	460. 82	185. 96	4. 04	2228. 95	8
渤海股份	785. 20	890. 95	23. 30	379. 95	91. 82	6. 29	2177. 51	9
三峡水利	804. 55	861. 69	6. 63	378. 18	102. 53	14. 10	2167. 67	10
申能股份	450. 08	806. 47	34. 24	477. 59	331. 82	46. 13	2146. 33	11
百川能源	700. 33	938. 06	3. 20	386. 21	76. 44	23. 33	2127. 56	12
华电国际	616. 52	739. 52	62. 80	359. 79	276. 75	52. 50	2107. 87	13
乐山电力	564. 69	905. 60	0. 58	544. 61	83. 58	5. 05	2104. 12	14
中天能源	635. 86	891. 26	0. 54	360. 23	185. 41	26. 92	2100. 22	15
迪森股份	656. 53	899. 11	74. 21	381. 78	75. 50	9. 60	2096. 73	16
瀚蓝环境	678. 70	907. 72	27. 35	373. 40	85. 66	20. 18	2093. 00	17
联美控股	635. 29	874. 31	7. 76	376. 71	150. 49	35. 08	2079. 63	18
深圳能源	657. 80	739. 06	7. 19	360. 33	249. 36	41. 37	2055. 10	19
科林环保	599. 41	920. 05	13. 28	357. 98	137. 68	5. 03	2033. 43	20
创业环保	590. 98	841. 42	27. 06	372. 30	166. 62	23. 63	2022. 02	21
大连热电	789. 85	803. 81	0. 72	376. 03	47. 41	2. 76	2020. 58	22
岷江水电	498. 48	1070. 14	0. 77	377. 37	55. 11	4. 49	2006. 35	23
国电电力	535. 99	732. 51	39. 06	359. 62	229. 56	108. 33	2005. 06	24
涪陵电力	541. 62	972. 63	0. 14	365. 55	116. 99	8. 05	2004. 99	25
国投电力	617. 80	713. 49	13. 33	359. 14	197. 79	87. 68	1989. 23	26
中闽能源	635. 75	825. 81	21. 12	364. 07	129. 93	5. 50	1982. 19	27
重庆燃气	522. 98	924. 14	3. 85	391. 33	105. 05	29. 36	1976. 71	28
皖天然气	554. 75	911. 16	1. 25	371. 34	111. 14	7. 82	1957. 45	29
中国核电	420. 32	681. 02	76. 30	356. 21	211. 96	203. 67	1949. 48	30
广州发展	378. 20	883. 42	59. 47	367. 00	218. 54	32. 84	1939. 47	31

续表

公司简称	治理竞争力	管理竞争力	创新竞争力	社会责任竞争力	人力资源竞争力	公司基本指标	总得分	行业排名
安彩高科	700.84	763.90	22.04	393.10	46.64	8.72	1935.24	32
粤电力A	336.27	854.00	28.86	480.57	188.60	40.69	1928.99	33
黔源电力	480.98	896.65	3.66	361.23	170.55	6.75	1919.81	34
太阳能	501.11	765.58	74.46	354.42	182.11	29.39	1907.07	35
哈投股份	670.40	744.37	2.49	387.53	73.21	28.29	1906.29	36
上海电力	604.63	730.69	19.43	361.83	149.66	37.78	1904.02	37
闽东电力	517.13	807.24	0.06	500.34	67.41	4.73	1896.90	38
江苏国信	420.04	875.69	3.41	367.66	171.99	57.58	1896.39	39
新天然气	620.23	816.02	3.21	383.53	63.47	9.04	1895.49	40
首创股份	640.68	724.27	16.44	373.41	97.52	42.72	1895.03	41
赣能股份	675.75	747.61	0.12	358.28	103.48	8.62	1893.86	42
桂冠电力	421.56	855.12	94.14	304.75	154.51	60.84	1890.92	43
富春环保	539.42	825.64	56.11	372.62	84.82	12.12	1890.73	44
湖南发展	509.50	882.67	0.06	375.99	115.92	6.05	1890.18	45
东方能源	679.83	760.85	0.45	374.64	65.38	8.07	1889.21	46
长春燃气	571.91	861.54	6.11	376.87	58.10	7.06	1881.58	47
浙能电力	287.14	799.59	60.96	364.51	238.97	128.41	1879.57	48
深圳燃气	448.34	869.98	15.35	374.46	140.47	30.44	1879.04	49
洪城水业	543.55	840.62	28.25	385.75	71.14	7.35	1876.66	50

建筑业

一、行业概况

建筑业是专门从事土木工程、房屋建设、设备安装以及工程勘察设计的生产部门。其产品是各种工厂、矿井、铁路、桥梁、港口、道路、管线、住宅以及公共设施的建筑物、构筑物和设备。根据证监会《上市公司行业分类指引》（2012年修订版），建筑行业主要可分为房屋建筑业、土木工程建筑业、建筑安装业、建筑装饰和其他建筑业四大类别。

从现实应用领域角度考虑，可将建筑业分为房建、基建、专业工程与海外工程四大板块，各自所包含的细分行业如表3-32所示。

表 3-32　　建筑业细分行业情况

板块	细分行业
房建	房建、装饰、园林、钢结构、幕墙
基建	铁路、公路、市政等其他基建
专业工程	化学、冶金、其他专业工程
海外工程	海外工程

资料来源：Wind，课题组。

截至 2017 年 12 月 31 日，建筑业上市公司总市值为 17613. 98 亿元。其中市值最大的上市公司是中国建筑，市值达 2706. 00 亿元。

表 3-33　　建筑业总产值及同比增长率

年份	建筑业总产值（亿元）	同比增长率（%）
2013	159312. 9500	
2014	176713. 4000	10. 9
2015	180757. 4700	2. 3
2016	193566. 7800	7. 1
2017	213953. 9600	10. 5

资料来源：Wind，课题组。

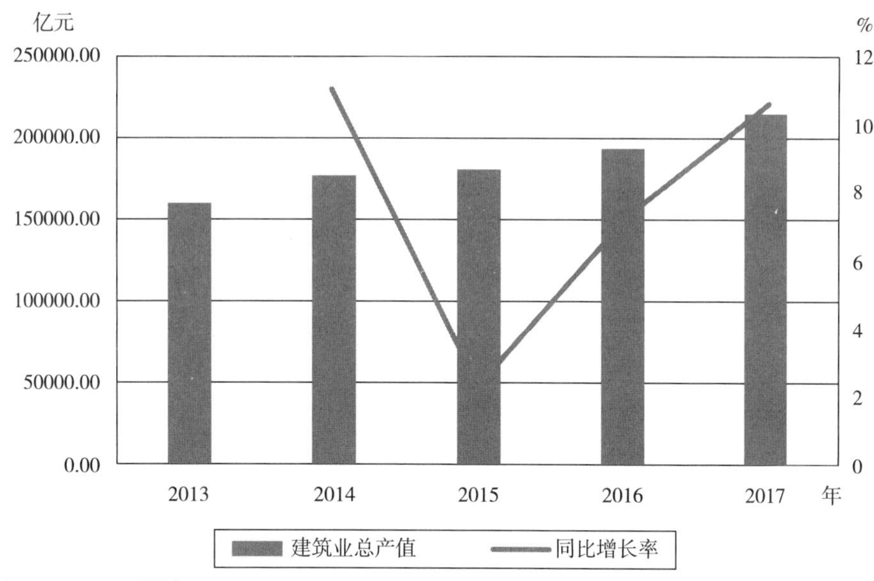

资料来源：Wind，课题组。

图 3-90　2013—2017 年建筑业上市公司总产值及同比增长率情况

建筑行业的景气度取决于建设项目的投资需求状况，而投资需求在很大程度上会受到宏观环境的影响，因而建筑行业是典型的周期性行业。根据规模大小，建筑工程项目一般需要数月甚至多年的建设施工周期，根据不同周期特点，建筑行业存在建筑工程和装饰园林两类子行业。基建、房地产或者工业投资的景气度，将会对建筑工程行业的订单承接、施工进展造成直接影响；而装饰园林行业进场施工的时间相对较晚，对于下游需求的变动有更长的反应时间。

在过去10多年时间里，中国固定资产投资维持在20%甚至更高的增速，总体建设规模已经较大，未来国内投资的长期持续扩张性速度可能放缓，因此建筑工程领域的总体规模扩张将会受到一定压力，行业很有可能进行内部结构升级和产能优化集中。但部分产业政策或者区域政策的出台、落实，会给特定子行业带来发展机遇。装饰园林领域在过去的发展过程中起步较晚，目前规模较小，因此受到的影响相对滞后，另外，行业集中度的提高也会为行业龙头企业带来成长空间。

2017年，改革与发展依旧是建筑行业的主旋律。

表3-34　　建筑行业关键词及内容

行业关键词	内容
国企改革	建筑行业国企改革的主要措施有：包括股权激励、员工持股、引入战略投资者在内的混合所有制改革；包括整体上市、资产注入在内的企业资产证券化率提升；合并重组；战略转型；内部资产优化等。
全过程工程咨询	2017年初，“全过程工程咨询”在国务院办公厅颁布的19号文中被首次明确提出，要求政府投资工程带头推行全过程工程咨询。5月，住建部发布《关于开展全过程工程咨询试点工作的通知》，选择8个省（市）和40家企业开展为期两年的全过程工程咨询试点，正式开启了工程咨询的新服务时代。 尚在“试水期”的全过程工程咨询，随着国家和各地政策的出台、试点的推进、实践和探索的开展、经验的积累，这一全新的模式将逐渐成熟并得到越来越广泛的应用。
资质改革	2017年初出台的国办发19号文明确要求，简化企业资质类别和等级设置，减少不必要的资质认定。为此，这一年，主管部门继续为企业资质做“减法”，不仅正式取消了城市园林绿化企业资质、工程咨询单位资质和招标代理机构资质，还拟取消建筑施工劳务资质。 除了淡化企业资质，强化个人执业资格也成为大势所趋。19号文提出，有序发展个人执业事务所，推动建立个人执业保险制度。这也是国家层面对设计事务所制度最高层面的明确表态。
建筑师负责制	2017年，“建筑师负责制”的落实与推广取得了一系列具有重要意义的成果：2月，《国务院办公厅关于促进建筑业持续健康发展的意见》（国办发〔2017〕19号）发布，提出“在民用建筑项目中，充分发挥建筑师的主导作用，鼓励提供全过程工程咨询服务”；5月，住建部印发《工程勘察设计行业发展“十三五”规划》，提出试行建筑师负责制，借鉴国际先进经验，兼顾中国特色，改革创新，逐步建立与国际接轨的建筑师负责制。与此同时，广西、深圳、福建等地也在2017年积极推进建筑师负责制的试点工作。然而，在双轨制的前提下，设计企业和建筑师个人之间的责权界定不明晰、企业资质评定与注册建筑师制度的矛盾等情况下，试点也暴露了“建筑师负责制”的推广仍面临诸多问题。据统计，最主要的三项困难分别为“现行的法律法规和建筑师责权利未统一”“建筑师执业人员责任保险机制”以及“建筑师综合能力与业务素质难以匹配”。概括而言，目前这种工作模式的主要矛盾集中在建筑师的“责、权、利”的界定与划分上。 2017年，建筑师负责制仍有待总结。

续表

行业关键词	内容
雄安新区	2017 年 4 月 1 日，中共中央、国务院印发通知，正式宣告设立河北雄安新区，将其称作继深圳特区与上海浦东新区之后又一“具有全国意义的新区，是千年大计、国家大事”。雄安将要承载的重任是疏解北京非首都功能，这一使命具有跨时代意义。
PPP	2017 年 7 月 21 日，国务院法制办公开了《基础设施和公共服务领域政府和社会资本合作（PPP）条例（征求意见稿）》。征求意见稿明确规定了可以采用 PPP 模式的基础设施和公共服务项目的条件，并规定国务院有关部门制定可以采用 PPP 模式的项目指导目录，并适时调整。国有资本占据 PPP 项目主导地位，民营资本总体参与度不高一直是困扰我国 PPP 发展的主要问题。 从我国目前 PPP 的发展来看，PPP 不再是政府与私人资本间的合作，而是国有资本、私人资本等多种资本的合作。其中，国有资本成了主角，私人资本则成了配角。而在国有资本中，中企则是主角中的主角。数据显示，由央企牵头参与的 PPP 项目已达 1062 个，投资额为 5.7 万亿元，占总成交数的 59%。而 2017 年 1~7 月，央企建企中标 PPP 项目占比 31.6%，总投资额高达 1.54 万亿元。为此，11 月国资委下发《关于加强中央企业 PPP 业务风险管控的通知》，该通知从严格准入条件、严格规模控制等方面对央企参与 PPP 提出明确要求，并强调各央企对 PPP 业务实行总量管控，从严设定 PPP 业务规模上限，防止过度推高杠杆水平。

二、行业综合竞争力分析

（一）治理竞争力

1. 公司股权结构

（1）股权集中度

截至 2017 年 12 月 31 日，建筑业上市公司共有 99 家，剔除 ST 及 2017 年新上市的公司，列入统计的公司还有 89 家。本书将 CR1 定义为第一大股东持股比例，用于评定公司的股权集中度，作为衡量治理竞争力的指标之一。综观建筑业上市公司，可以看出，有 80 家上市公司的第一大股东控股比例在 20%以上，占据着建筑业上市公司的 90%，且大股东绝对控股的上市公司有 17 家，占比达 19.10%，也就是说，建筑业上市公司拥有较为集中的股权结构。

表 3-35　　2017 年建筑业上市公司控股模式比重

控股模式	数量（家）	比重（%）	CR1
绝对控股	17	19.10	(50，100)

续表

控股模式	数量（家）	比重（%）	CR1
相对控股	63	70.79	（20，50）
股权分散	9	10.11	（0，20）

资料来源：Wind，课题组。

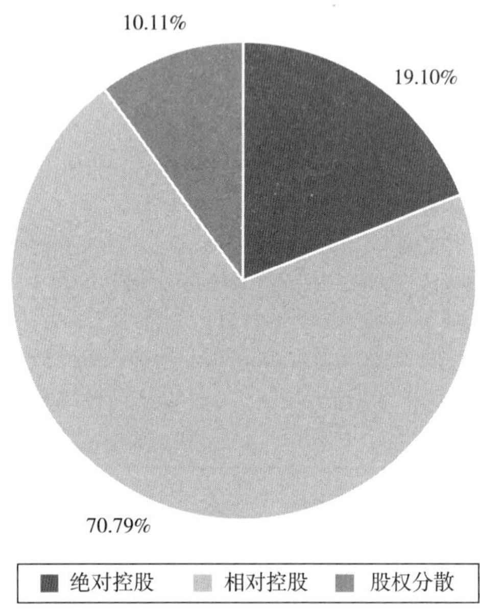

资料来源：Wind，课题组。

图 3-91　建筑业上市公司股权集中度情况

经过进一步研究发现，在第一大股东处于绝对控股地位的建筑业上市公司中，有58.82%的上市公司都是国有控股，而第一大股东处于相对控股地位的上市公司占34.92%，第一大股东处于股权分散地位的上市公司仅占22.22%，这也就说明，国有控股的上市公司更倾向于绝对控股，大股东牢牢把握公司的控制权。例如，中国电建通过合并重组，以发行股份及承接债务的方式购买母公司电建集团持有的顾问集团、北京院、华东院等8家公司的100%股权，使第一大股东的持股比例最高，达77.32%；而个人控股的上市公司，其股东之间关系相对较为平衡，这种“一股独大”的现象比较少。当然，为响应深化国企改革，发展混合所有制经济的号召，建筑行业大部分国企正逐渐引入社会资本，良性改善公司治理，使权利逐步从一元化走向多元化，具体由下一个指标来说明。

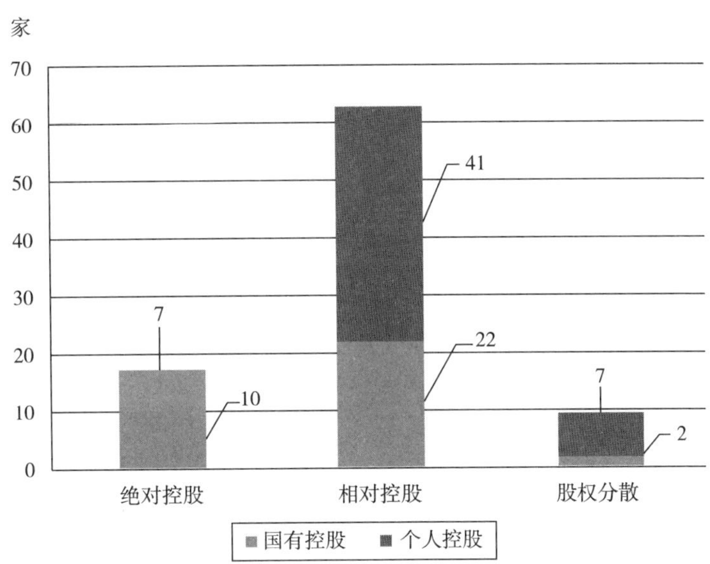

资料来源：Wind，课题组。

图 3-92　建筑业国有控股及个人控股企业股权集中度情况

（2）股权制衡度

本书将 Z 指数定义为第二至第五大股东持股数总和/第一大股东持股数，用于衡量股权制衡度，作为治理竞争力的指标之一。经统计，可以看出 2013—2017 年建筑业 Z 指数呈现一种上升趋势，整体由 2013 年的 0. 56 上升至 2017 年的 0. 63。

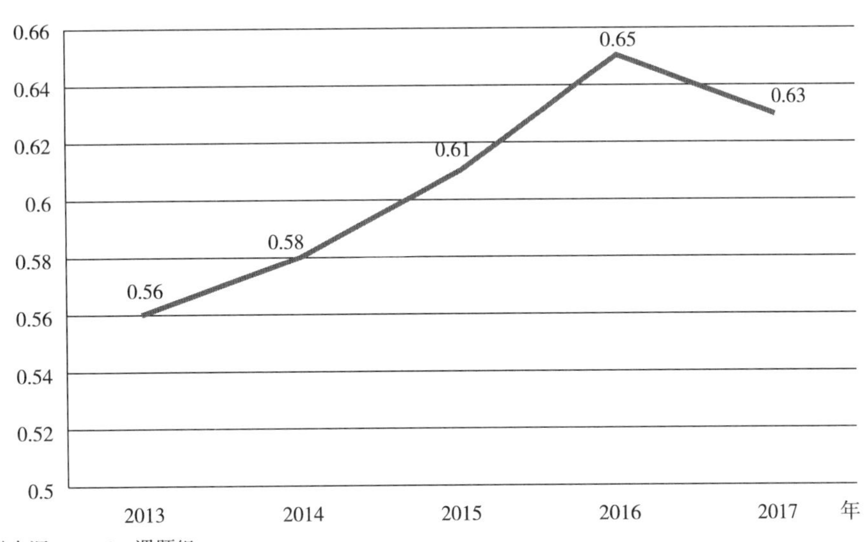

资料来源：Wind，课题组。

图 3-93　建筑业 Z 指数情况

进一步研究发现，国有控股上市公司的 Z 指数明显低于个人控股上市公司的 Z 指数，但无论是国有控股还是个人控股，Z 指数均呈现上升趋势。

其中，国有控股上市公司 Z 指数的上升是有一定的必然性的：从 2016 年 9 月发改委专题到 2017 年 7 月的全国金融工作会议，国企改革进程仍在不断加速。国企改革加速迈进 2.0 阶段。建筑业国企改革试点不断扩散，各国企纷纷将改革落实到实际行动中，主要措施大致包括股权激励、员工持股、引入战略投资者在内的混合所有制改革等。

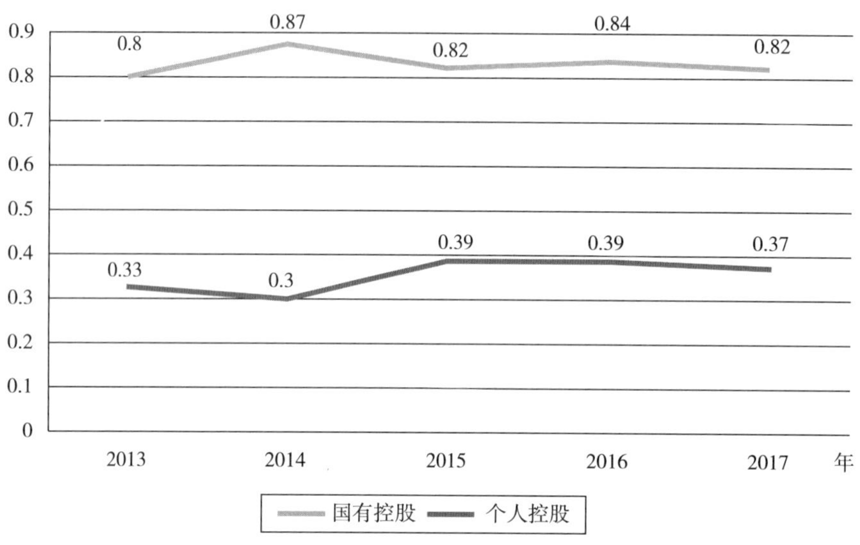

资料来源：Wind，课题组。

图 3-94 建筑业国有控股及个人控股企业 Z 指数情况

以上海建工集团股份有限公司为例，根据其年报数据，统计近三年前十名股东持股情况，可以看出前十名股东中，大股东的持股比例在逐渐稀释，2017 年比较明显的变动就是长江养老保险股份有限公司—长江养老企业员工持股计划专项养老保障管理产品—上海建工。在整体股份稀释的情况下，长江养老保险股份有限公司的股份仍能达到 4.69%，说明其对员工的福利还是非常看重的，由此表明，建筑业国企改革正在不断地得到落实。

表 3-36 2015—2017 年建筑业前十名股东持股情况

2015 年前十名股东持股情况			2016 年前十名股东持股情况			2017 年前十名股东持股情况		
股东名称	报告期内增减（股）	比例（%）	股东名称	报告期内增减（股）	比例（%）	股东名称	报告期内增减（股）	比例（%）
上海建工（集团）总公司	-891296442	31.68	上海建工（集团）总公司	376564502	31.68	上海建工（集团）总公司	429283532	30.19
上海国盛（集团）有限公司	882532128	14.85	国盛集团—国际金融—15 国盛 EB 担保及信托财产专户上海国盛（集团）有限公司	168200000	14.15	国盛集团—国际金融—15 国盛 EB 担保及信托财产专户上海国盛（集团）有限公司	191744073	13.49

续表

2015年前十名股东持股情况			2016年前十名股东持股情况			2017年前十名股东持股情况		
股东名称	报告期内增减（股）	比例（%）	股东名称	报告期内增减（股）	比例（%）	股东名称	报告期内增减（股）	比例（%）
国盛集团—国际金融—15国盛EB担保及信托财产专户上海国盛（集团）有限公司	841000000	14.15	上海国盛（集团）有限公司	-179373174	9.86	上海国盛（集团）有限公司	133600201	9.40
中国证券金融股份有限公司	163190610	2.75	中国证券金融股份有限公司	36372344	2.80	中国证券金融股份有限公司	236705584	4.90
太平人寿保险有限公司—传统—普通保险产品—022L—CT001沪	-48060241	2.27	上海城投控股股份有限公司	23807229	2.00	长江养老保险股份有限公司—长江养老企业员工持股计划专项养老保障管理产品—上海建工	417487799	4.69
上海城投控股股份有限公司	27469880	2.00	中国工商银行股份有限公司—中证上海国企交易型开放式指数证券投资基金	112613668	1.58	中国工商银行股份有限公司—中证上海国企交易型开放式指数证券投资基金	-57256685	0.62
浦银安盛基金—浦发银行—浦银安盛—浦发银行—君证1号资产管理计划	27469880	2.00	圆信永丰基金—工商银行—圆信永丰互信1号资产管理计划	-22975496	0.81	中央汇金资产管理有限责任公司	8614022	0.61
汇添富基金—宁波银行—添富—定增盛世添富牛19号资产管理计划	19518000	1.42	中国汇金资产管理有限责任公司	7556160	0.64	圆信永丰基金—工商银行—圆信永丰互信1号资产管理计划	-26293059	0.36

续表

2015年前十名股东持股情况			2016年前十名股东持股情况			2017年前十名股东持股情况		
股东名称	报告期内增减（股）	比例（%）	股东名称	报告期内增减（股）	比例（%）	股东名称	报告期内增减（股）	比例（%）
圆信永丰基金—工商银行—圆信永丰互信1号资产管理计划	-10530120	1.36	中国农业银行股份有限公司—富国中证国有企业改革指数分级证券投资基金	31931300	0.45	博时基金—农业银行—博时中证金融资产管理计划	18548863	0.30
中国太平洋人寿保险股份有限公司—分红—个人分红	5734940	0.87	全国社保基金四一三组合	24999875	0.35	易方达基金—农业银行—易方达中证金融资产管理计划	18548863	0.30

资料来源：Wind，课题组。

2. 公司治理架构情况

（1）董事长和总经理分离

截至2017年12月31日，行业内89家上市公司中有20家公司董事长和总经理是同一人，占上市公司总数的22.47%；而69家公司董事长和总经理不是同一个人。

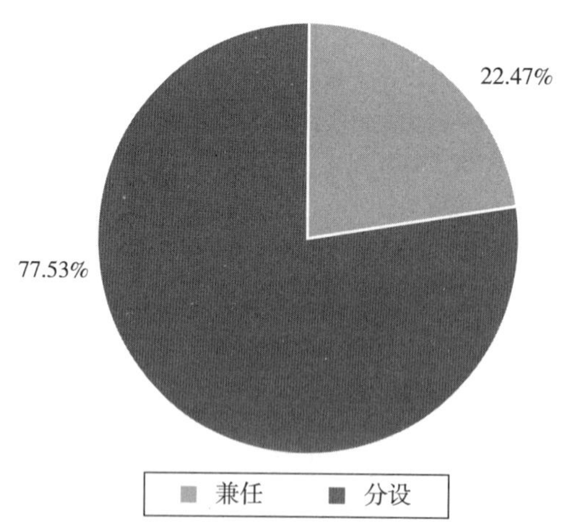

资料来源：Wind，课题组。

图3-95　建筑业上市公司两职分离情况

（2）上市公司董事会与监事会

董事会与监事会的人数及比例，是公司治理架构是否合理的指标之一。这部分使用2016年的数据。截至2016年12月31日，就建筑业上市公司整体而言，董事人数为8.3人，独立董事人数为3.26人，监事总规模为3.55人。且所有公司的独立董事人数均大于等于总人数的 1/3，监事人数均大于等于 3。

中国证监会和国家经贸委共同发布的《上市公司治理准则》第五十二条规定，上市公司董事会可以按照股东大会的有关决议，设立战略、审计、提名、薪酬与考核等专门委员会。研究表明，四委会在公司治理中会起到重要的作用，并在一定程度上对公司的经营产生影响。[①] 据课题组统计，89 家建筑业上市公司中仅有 6 家没有设立完整的四委会。

表 3-37　　2013—2017 年建筑业上市公司董事会和监事会治理情况

年份	独立董事比例大于 1/3 的公司比例（%）	监事会成员不少于 3 人的公司比例（%）	设立完整四委会的公司比例（%）
2013	100.00	100.00	94.29
2014	100.00	98.59	92.96
2015	96.20	100.00	92.41
2016	100.00	97.06	94.11
2017	100.00	100.00	96.00

资料来源：Wind，课题组。

综上来看，建筑业上市公司整体上有较为平衡的公司治理结构。

3. 董事激励和监事激励

（1）领取报酬董事比例与监事比例

表 3-38　　2013—2017 年建筑业上市公司领取报酬董事和监事比例情况

年份	领取报酬董事比例（%）	领取报酬监事比例（%）
2013	84.50	77.38
2014	84.50	76.69
2015	87.06	75.60
2016	85.90	79.10
2017	84.50	83.49

资料来源：Wind，课题组。

总体而言，2013—2017 年，建筑业领取报酬董事比例大体稳定在 85%的水平上，领取报酬监事比例稳定在 78%的水平上，整体上处于比较高的水平。在国企林立的建筑业中，庞大的体量需要高度重视管理层，董事与监事激励的高水平也就不难理解。

（2）金额最高前三名董事报酬总额应付职工薪酬比

在整个行业中，金额最高前三名董事报酬总额应付职工薪酬比小于 20%的企业占比 75.00%，介于 20%与 50%的占比 20.83%，大于 50%的占比 4.16%。其中，城邦股

① 谢增毅．董事委员会与公司治理［J］．法学研究，2005（5）．

份金额最高前三名董事报酬总额应付职工薪酬比最高，达 53.38%。

表 3-39　　建筑业金额最高前三名董事报酬总额应付职工薪酬比

金额最高前三名董事报酬总额应付职工薪酬比	大于 50%	大于等于 20%且小于 50%	小于 20%
公司占比（%）	4.16	20.83	75.00

资料来源：Wind，课题组。

4. 三会次数

建筑业上市公司的三会次数统计如表 3-40 所示。

表 3-40　　三会次数统计表

年份	2013	2014	2015	2016	2017
董事会会议次数（次）	9.69	9.63	11.32	11.68	11.65
股东大会会议次数（次）	3.00	3.24	3.86	4.11	3.75

注：监事会会议次数数据缺失，仅展示董事会会议次数和股东大会会议次数。

资料来源：Wind，课题组。

整体上，董事会会议较为频繁，几乎每月一次，且近几年次数有上升的趋势。

5. 社会影响力

截至 2017 年 12 月 31 日，99 家建筑业上市公司中仅有两家公司被标为 ST，说明建筑业总体上经营情况良好。

列入统计的 89 家上市公司中，共有美丽生态、中南建设等 63 家上市公司存在未解决的官司。

（二）管理竞争力

1. 增长能力

课题组统计整理了 2013—2017 年建筑业增长能力相关指标情况：净资产增长率在 2014—2016 年经历了较高增长后，在 2017 年断崖式下跌至 14.52%；2017 年，建筑业上市公司主营业务增长率为 27.13%，连续两年保持着较高的增长率，近五年建筑业上市公司主营业务增长率在经历了 2014 年、2015 年的较低增长后，迅速反弹；净利润增长率在 2013—2016 年就一直与“0”做斗争，在“0”的水平上呈“W 形”波动，在 2017 年有反弹迹象，净利润增长率达到 28.61%；总资产增长率除了 2016 年过高增速之外，均维持在 20%的水平。

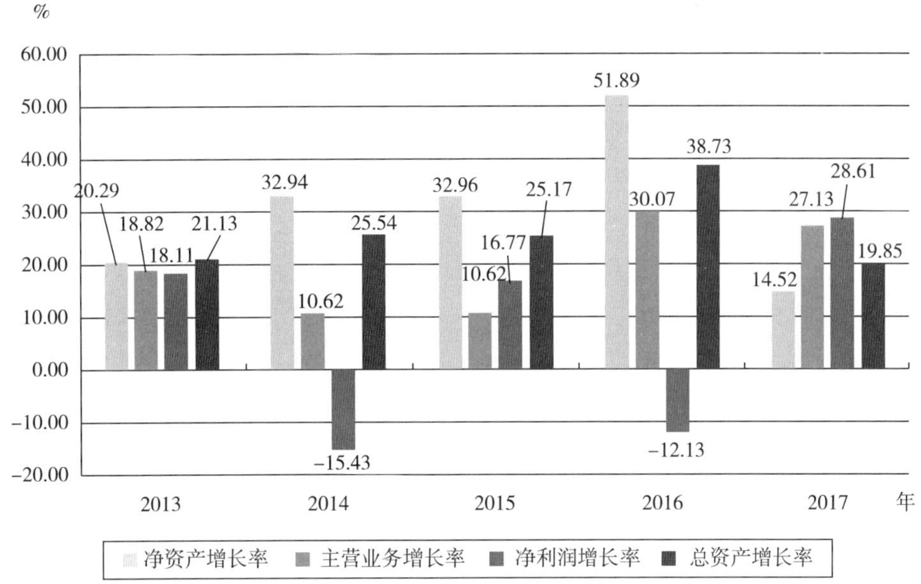

资料来源：Wind，课题组。

图 3-96　2013—2017 年建筑业增长能力

各独立指标如图 3-97 至图 3-100 所示。

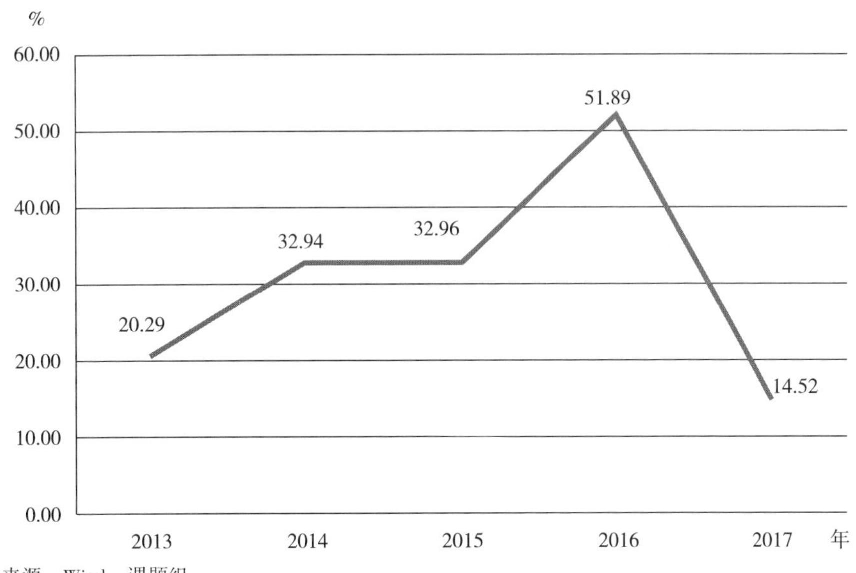

资料来源：Wind，课题组。

图 3-97　2013—2017 年建筑业净资产增长率

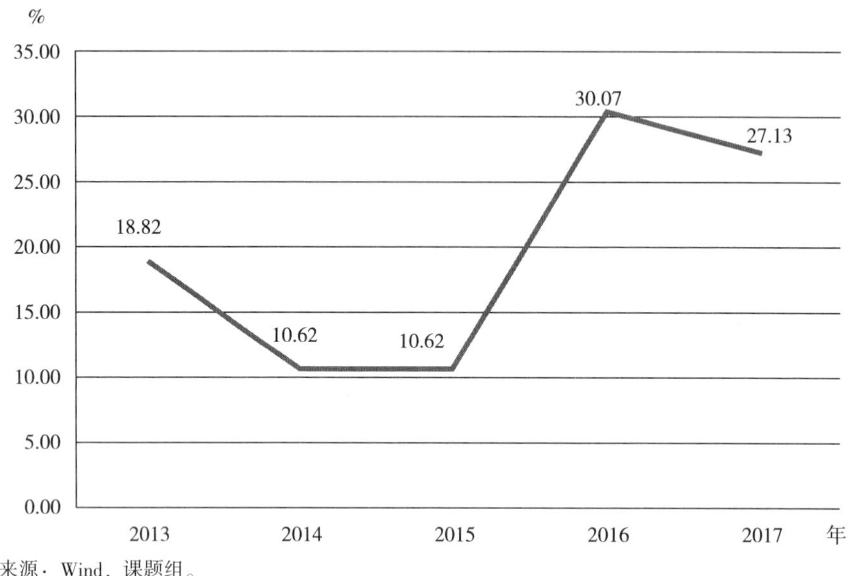

资料来源：Wind，课题组。

图 3-98　2013—2017 年建筑业主营业务增长率

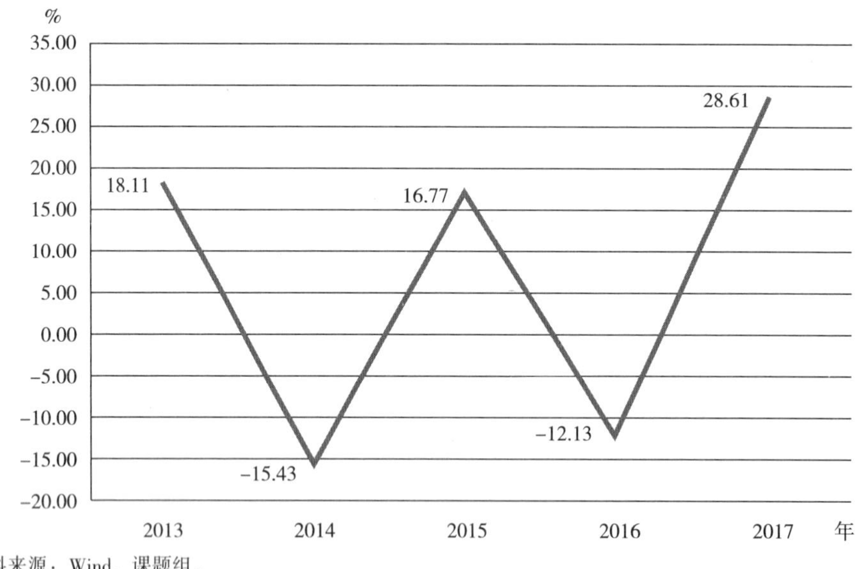

资料来源：Wind，课题组。

图 3-99　2013—2017 年建筑业净利润增长率

2. 偿债能力

通过对企业偿债能力的分析，能够判断企业财务风险的大小，有助于投资者、经营者做出准确的投资决策和经营决策。课题组采用资产负债率、流动比率、速动比率、固定资产比率来衡量行业上市公司整体的偿债能力。

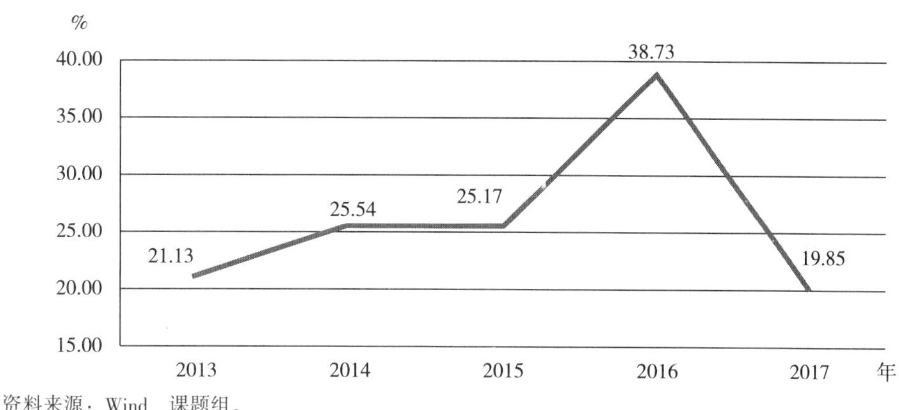

资料来源：Wind，课题组。

图 3-100 2013—2017 年建筑业总资产增长率

如图 3-101 所示，建筑业图形总体呈“勺子”状：2013—2014 年资本负债率基本没有变化，2015—2017 年，呈现出先降后升的趋势，但资本负债率均在 60%以上，处于高杠杆的状态；固定资产比率则在近五年逐年下降，由 2013 年的 9. 02%降到了 2017 年的 6. 65%，其数值的下降一方面表明建筑业企业倾向于资本轻量化，以此增加短期偿债能力，规避资金短缺的风险；另一方面，固定资产比率降低，流动资产比率上升，说明企业虽然减少了流动性风险，但是这也意味着固定资本的闲置。2016—2017 年，企业资产负债率提高，同时固定资产比率下降，说明企业提高流动资产比率来以此缓解高负债带来的偿债压力，长期来看，建筑业整体保持着较为合理的负债结构。

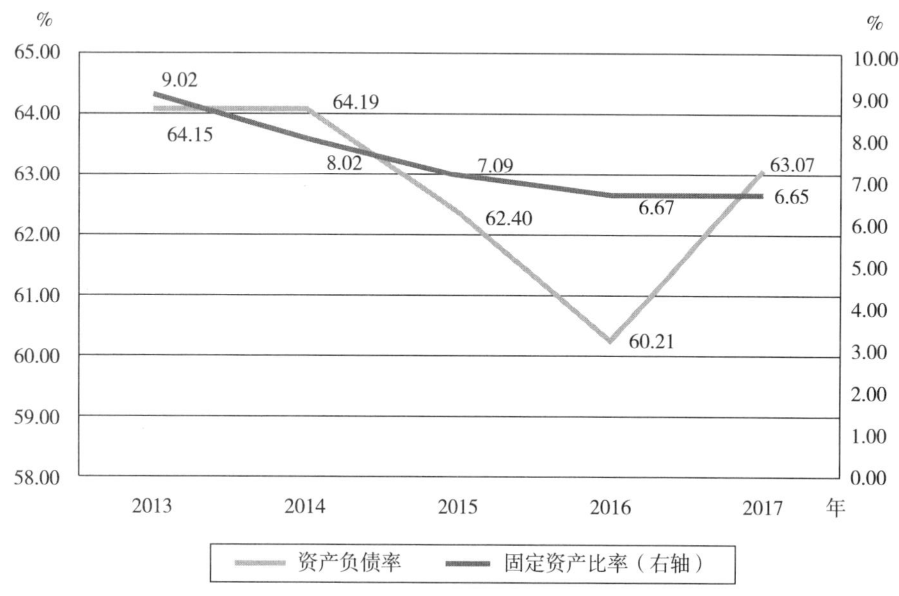

资料来源：Wind，课题组。

图 3-101 2013—2017 年建筑业资产负债率和固定资产比率

流动比率和速动比率是衡量企业短期偿债能力的指标之一。流动比率和速动比率具有正相关关系，建筑业一般不具备较强的短期偿债能力，近五年的流动比率基本在1.6的水平上，速动比率在1.1的水平，整体运行趋势为先上升后下降。

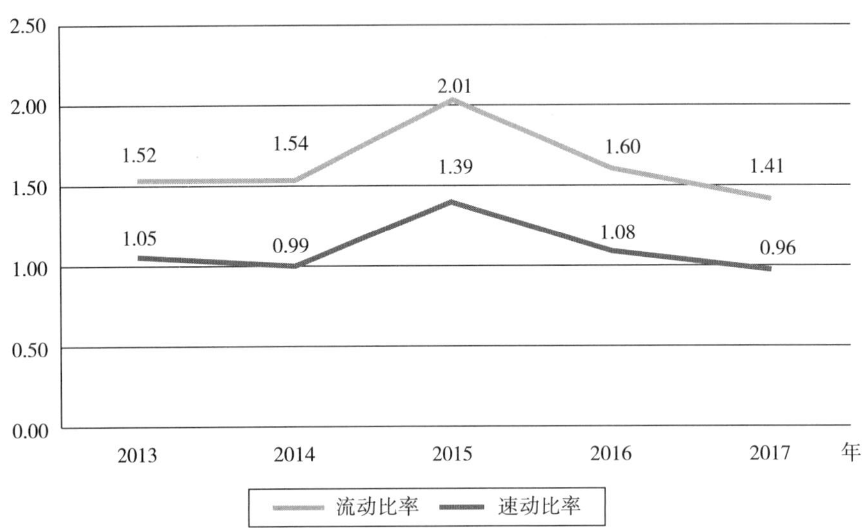

资料来源：Wind，课题组。

图 3-102　2013—2017 年建筑业流动比率和速动比率

各独立指标如图 3-103 至图 3-106 所示。

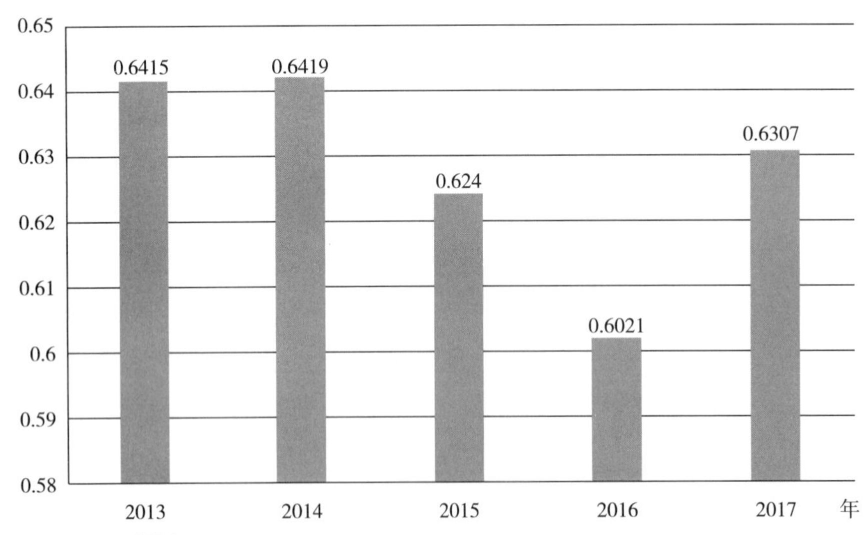

资料来源：Wind，课题组。

图 3-103　2013—2017 年建筑业资产负债率

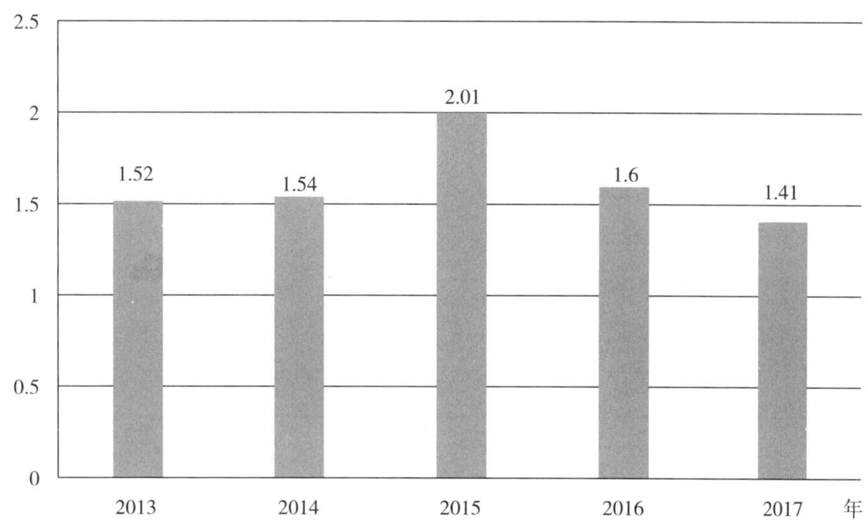

资料来源：Wind，课题组。

图 3-104　2013—2017 年建筑业流动比率

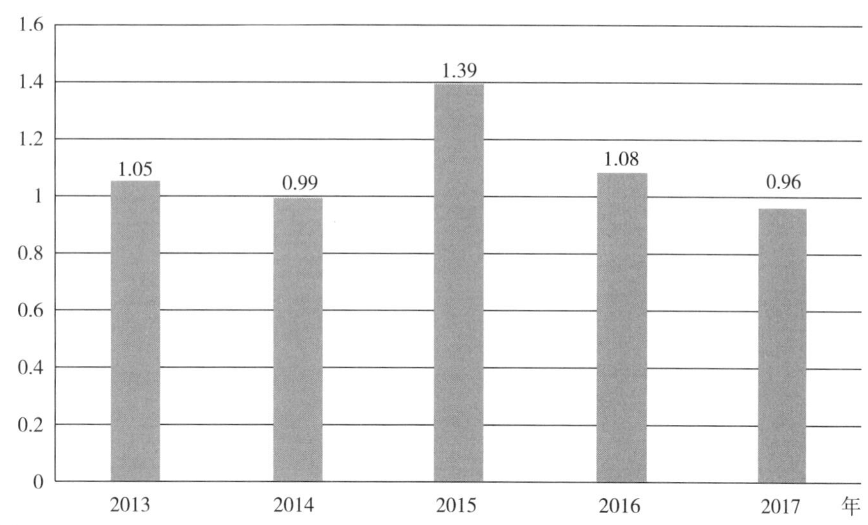

资料来源：Wind，课题组。

图 3-105　2013—2017 年建筑业速动比率

3. 运营能力

课题组尝试从存货周转率、应收账款周转率、总资产周转率和流动资产周转率这四个指标分析行业上市公司的运营能力。

除了应收账款周转率在近五年内呈“M”状波动，存货周转率、总资产周转率、流动资产周转率均呈现下降的趋势，这表明建筑业整体的运营能力在下降。

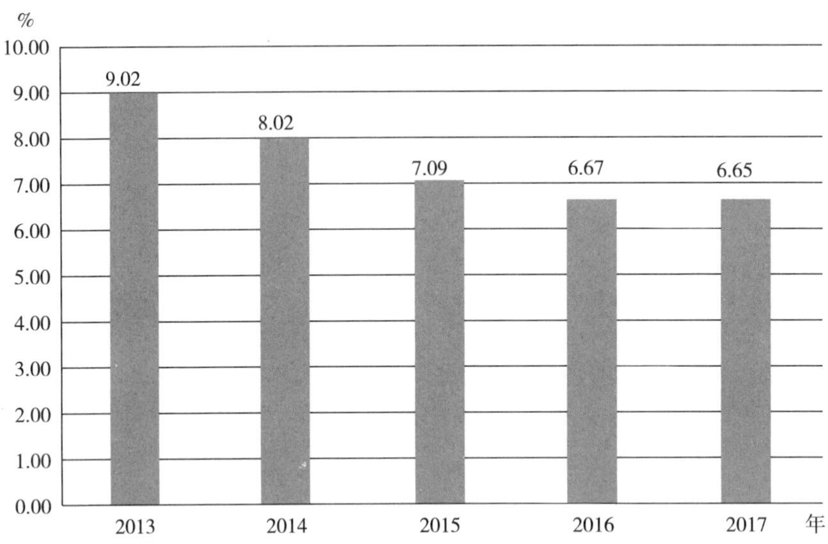

资料来源：Wind，课题组。

图 3-106　2013—2017 年建筑业固定资产比率

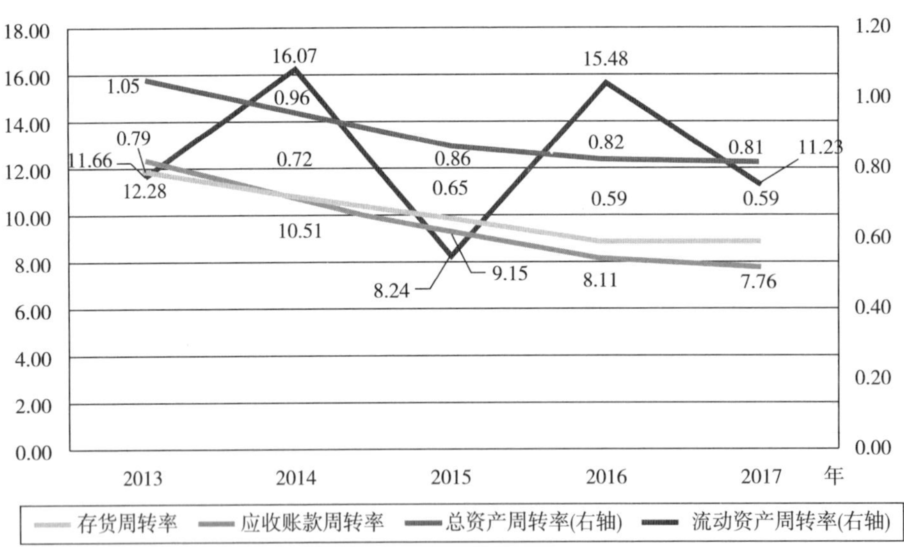

资料来源：Wind，课题组。

图 3-107　2013—2017 年建筑业运营能力指标

各独立指标如图 3-108 至图 3-111 所示。

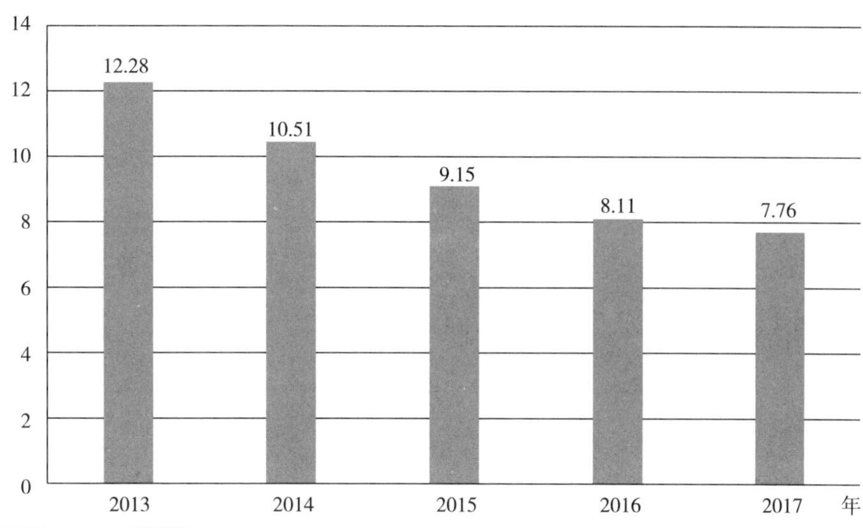

资料来源：Wind，课题组。

图 3-108　2013—2017 年建筑业存货周转率

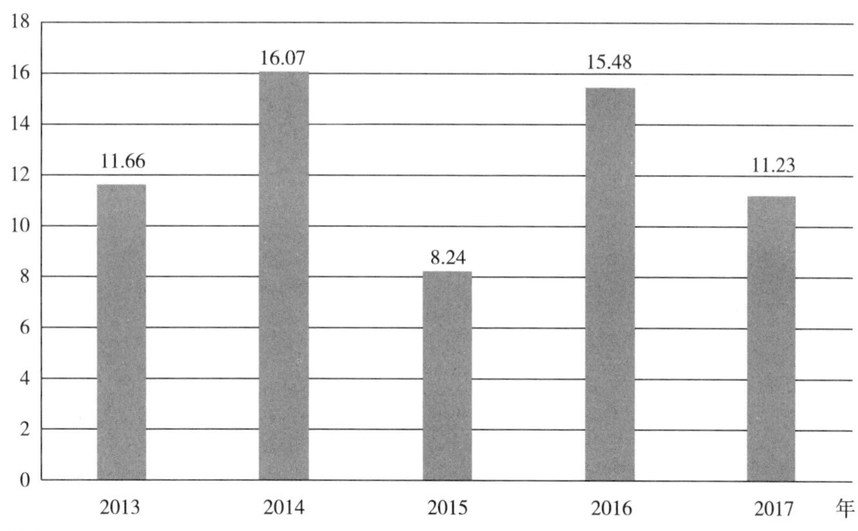

资料来源：Wind，课题组。

图 3-109　2013—2017 年建筑业应收账款周转率

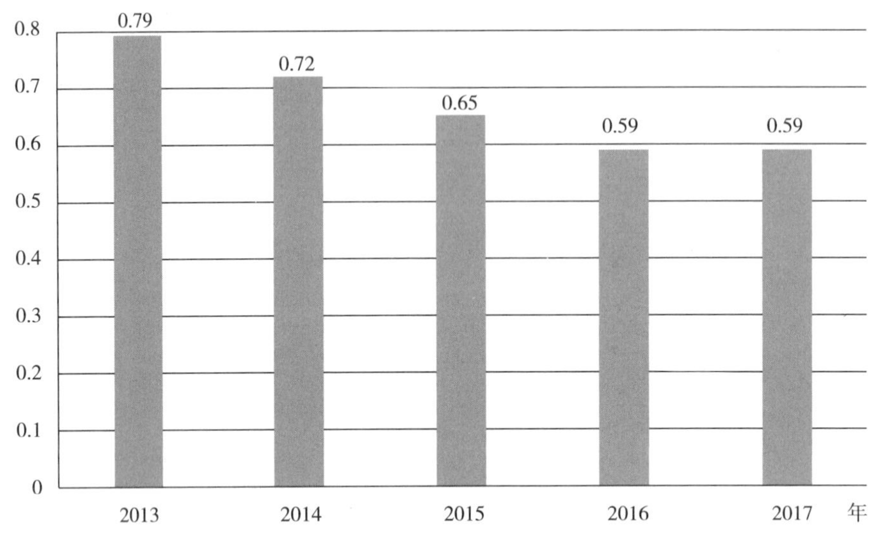

资料来源：Wind，课题组。

图 3-110　2013—2017 年建筑业总资产周转率

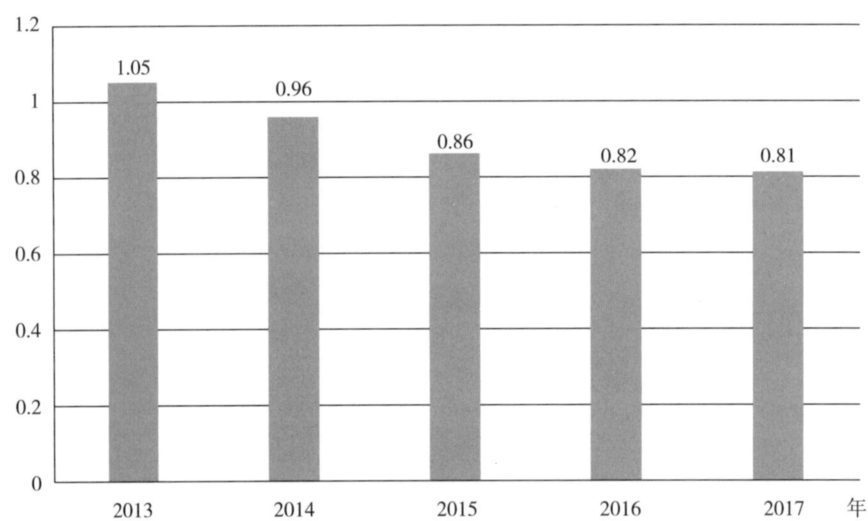

资料来源：Wind，课题组。

图 3-111　2013—2017 年建筑业流动资产周转率

4. 盈利能力

课题组主要用销售净利率、总资产收益率和净资产收益率来分析行业上市公司的盈利能力。

建筑业近五年来总体呈现下降趋势，行业销售净利率逐年降低，甚至在 2014 年行业普遍亏损；总资产收益率和净资产收益率均维持在较低水平，并且呈现逐年下降的趋势。

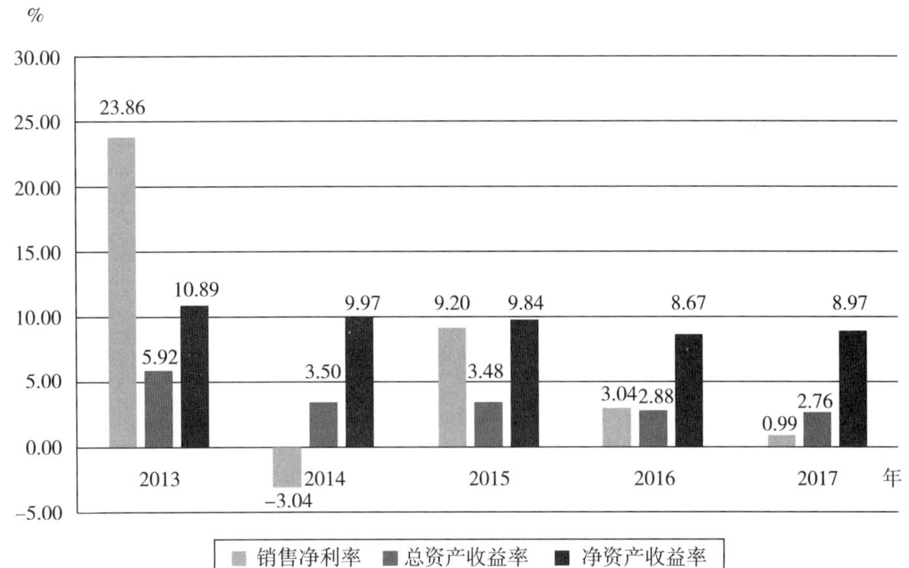

资料来源：Wind，课题组。

图 3-112　2013—2017 年建筑业盈利能力

各独立指标如图 3-113 至图 3-115 所示。

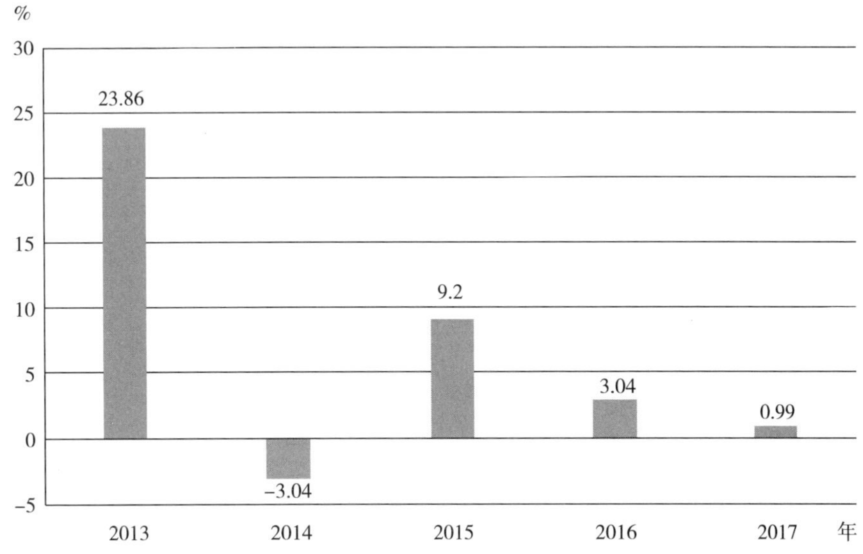

资料来源：Wind，课题组。

图 3-113　2013—2017 年建筑业销售净利率

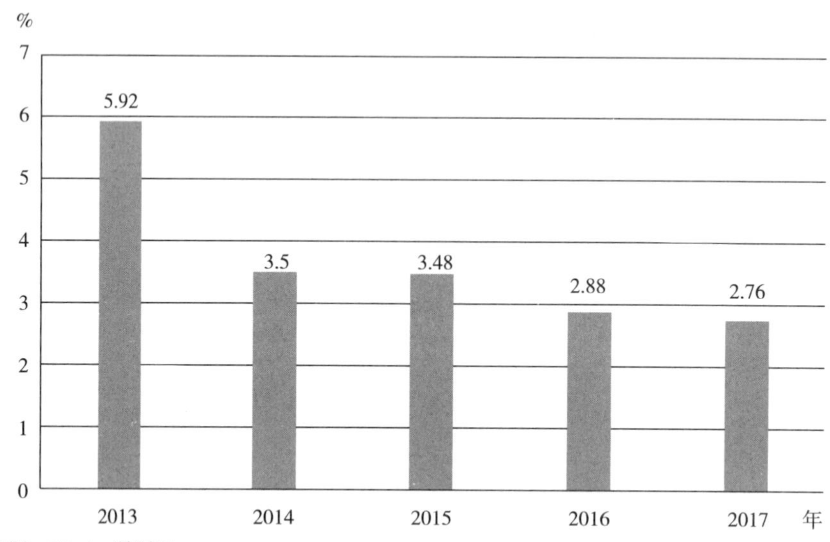

资料来源：Wind，课题组。

图 3-114　2013—2017 年建筑业总资产收益率

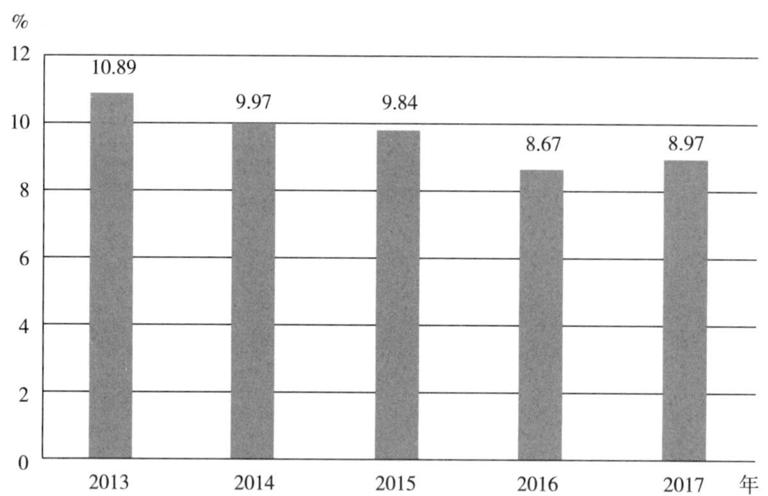

资料来源：Wind，课题组。

图 3-115　2013—2017 年建筑业净资产收益率

（三）创新竞争力

课题组从研发人员占比、政府补贴、有效专利等方面来衡量公司的创新竞争力水平。对上市公司而言，创新竞争力是核心竞争要素之一。

1. 研发人员占比

表 3-41　　建筑业研发人员占比情况

年份	2015	2016	2017
研发人员占比（%）	15.38	16.18	15.98

资料来源：Wind，课题组。

由表 3-41 可见，建筑业研发人员占比几乎没有变化，且相对于其他行业，处于较高水平。

2. 政府补贴

表 3-42　　建筑业政府补贴情况

年份	2013	2014	2015	2016	2017
政府补贴（万元）	4277.40	4906.99	4330.58	4904.50	4993.76

资料来源：Wind，课题组。

相比其他行业，建筑业所获得的政府补贴金额巨大，目前基本稳定在每年 4900 万元的水平。建筑业作为中国经济支柱行业，政府必须投入大量资源，增强相关上市公司自主研发水平。

3. 有效专利

表 3-43　　建筑业有效专利情况

年份	2013	2014	2015	2016
有效专利总数（件）	126459	174408	239967	325638
有效专利均值（件）	1405.1	1937.87	2696.26	3322.84

资料来源：Wind，课题组。

从表 3-43 可以看出建筑业的研发成果是丰厚的，先前的研发投入带来了应有的回报。有效专利每年都在大量增加，整体增长速度普遍较快，说明建筑业在创新方面非常有竞争力。由于 2017 年数据缺失，该数据截至 2016 年 12 月 31 日。2016 年，拥有有效专利件数前三名的企业是中国中冶、中国建筑和中国电建，分别为 108204 件、35868 件和 25905 件。

（四）社会责任竞争力

1. 法律责任

企业在日常经营和管理的过程中需要承担相应的法律责任。我们从对政府的责任和依法经营两个方面来衡量企业的法律责任。一般来说，企业对政府承担责任就是要依法纳税，企业对政府缴纳的税费越多，其承担的社会责任越大。我们用 GR 指数来衡量企业对政府的责任，指数越大说明企业对政府尽的责任越大。

我们用支付的各项税费减去收到的税费返还再与平均资产总额的比来量化上市公司对政府的责任。

表 3-44　　建筑业企业对政府责任情况

年份	2013	2014	2015	2016	2017
GR	0.0315	0.0327	0.0340	0.0294	0.0238

资料来源：Wind，课题组。

建筑业 GR 指数在 0.03 左右，并呈现缓慢下降的趋势。2017 年，GR 指数最高的是东易日盛，达 0.0691，且该企业每年的 GR 指数均保持在行业前列。

我们用企业在生产经营中有无违法行为来判断企业是否依法经营，以此衡量企业所承担的社会责任大小。

表 3-45　　建筑业违法违规企业数量情况

年份	有违法违规行为的企业数量（家）	无违法违规行为的企业数量（家）
2013	5	84
2014	6	83
2015	9	80
2016	12	77
2017	0	89

资料来源：Wind，课题组。

2. 经济责任

我们从对投资者的责任、对员工的责任和对供应商的责任三个方面来衡量企业的经济责任。我们认为一定规模的企业，向投资者支付的投资回报越高，承担的社会责任越多。我们用 IR 来表示企业对投资者的责任。

表 3-46　　建筑业企业对投资者责任情况

年份	2013	2014	2015	2016	2017
IR	0.0333	0.0331	0.0491	0.0507	0.0262

资料来源：Wind，课题组。

建筑业整体 IR 在 0.035 的水平上波动，表明行业内上市公司支付给股东和债权人的金额占相应的平均资产总额的 3.5%，整体为正值表明大部分建筑业承担了对投资者的责任。

我们用 WR 来表示企业对员工的责任。

表 3-47　　建筑业企业对员工责任情况

年份	2013	2014	2015	2016	2017
WR	0.0615	0.0665	0.0664	0.0666	0.0894

资料来源：Wind，课题组。

建筑业整体 WR 在 0.0666 的水平上几乎未变，2017 年有小幅度上升。

3. 慈善责任

我们用对社会的公益贡献率这一指标来衡量企业的慈善责任。2013—2016 年对社会的公益贡献率最高的建筑业上市公司依次为精工钢构、棕榈股份、铁汉生态和中国中铁，贡献率分别是 0. 0469%、0. 0429%、0. 0124%和 0. 0232%。

4. 伦理责任

我们采取就业增长率和单位平均资产就业人数这两个指标来衡量建筑业企业的伦理责任。

2015 年建筑业就业增长率的异常增长来源于神州长城，其在该年度的就业增长率为 7904. 76%，大大超过了行业均值，剔除后，该年度就业增长率为 2. 81%。

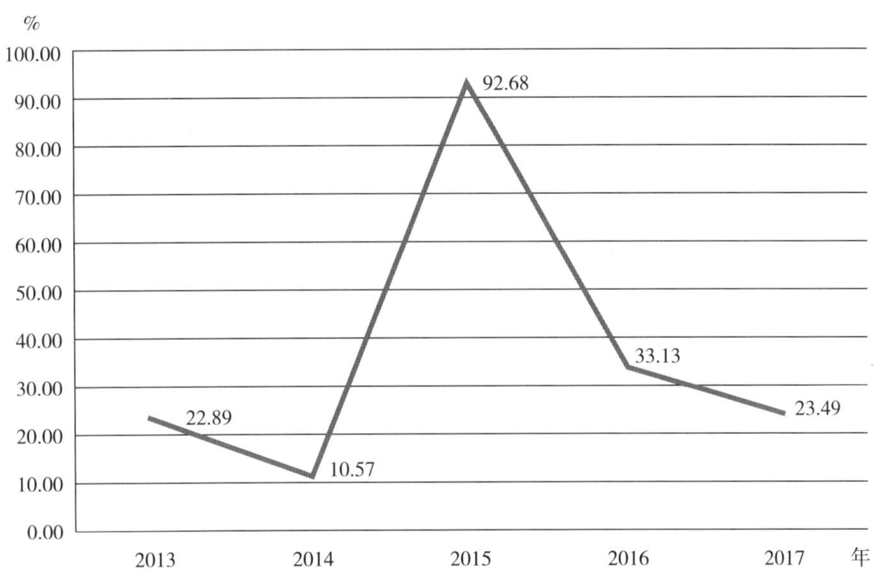

资料来源：Wind，课题组。

图 3-116　建筑业就业增长率情况

建筑业的单位平均资产就业人数逐年下降，说明建筑业企业为社会提供的就业岗位近些年在逐渐减少。

表 3-48　建筑业单位平均资产就业人数情况

年份	2013	2014	2015	2016	2017
单位平均资产就业人数	61. 17	46. 77	39. 99	33. 98	31. 10

资料来源：Wind，课题组。

（五）人力资源竞争力

课题组从薪酬管理能力、人员招聘与配置能力、绩效管理能力、市场业绩能力四个方面衡量企业的人力资源竞争力。

1. 薪酬管理能力

课题组使用员工平均薪酬数额大小来衡量企业薪酬管理能力。如图 3-117 所示，建筑业每年员工平均薪酬稳步上升，且数额巨大，由 2013 年的 29067.56 万元增长到 2017 年的 45001.42 万元，由此看出，建筑业企业在不断提高对员工薪酬支付的水平。

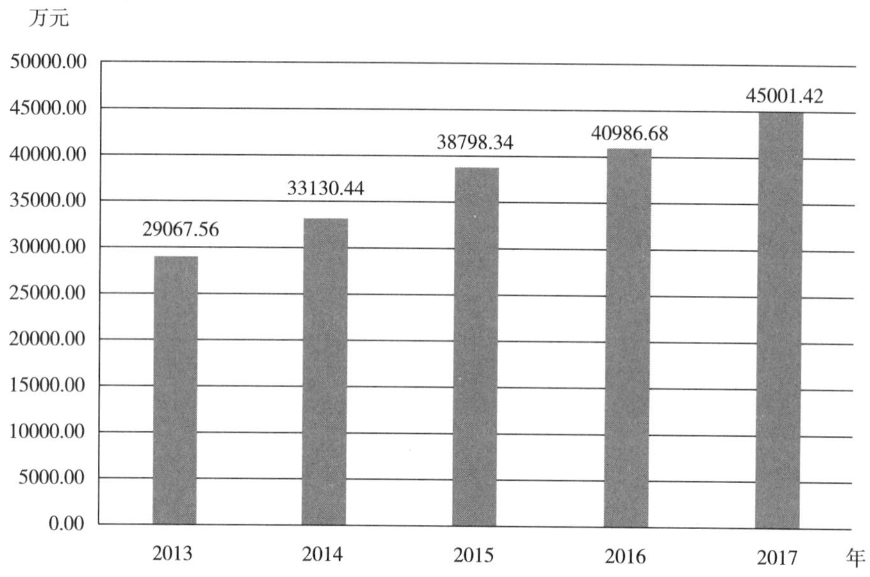

资料来源：Wind，课题组。

图 3-117　2013—2017 年建筑业员工平均薪酬

2. 人员招聘与配置能力

我们通过研究生学历及以上员工人数占比来衡量企业的人员招聘与配置能力。

建筑业上市公司相对于基数更大的工人群体，整体上并没有太高的研究生学历及以上员工人数占比，且这个比例还在下降。具体数据如表 3-49 所示。

表 3-49　建筑业研究生学历及以上员工人数占比情况

年份	2013	2014	2015	2016	2017
研究生学历及以上员工人数占比（%）	2.23	2.42	1.05	0.67	0.28

资料来源：Wind，课题组。

3. 绩效管理能力

我们用年人均产值和企业人力投入回报率分析企业的绩效管理能力。

表 3-50　建筑业年人均产值情况

年份	2013	2014	2015	2016	2017
年人均产值（万元）	211.96	222.19	229.34	229.59	239.41

资料来源：Wind，课题组。

由表 3-50 可以看出，建筑业的年人均产值在 220 万元的水平，在所有行业中位列前茅。2017 年，行业内年人均产值最高的公司是浦东建设，为 651.06 万元。

企业人力投入回报率是净利润与员工平均薪酬的比值，代表每一单位人力投入所带来的利润。

表 3-51　　建筑业企业人力投入回报率情况

年份	2013	2014	2015	2016	2017
企业人力投入回报率（%）	6.85	14.58	1.11	2.38	7.52

资料来源：Wind，课题组。

建筑业的企业人力投入回报率普遍不高，在 7%的水平上下波动，效率并不算高。这与建筑业高密度人群、高体力劳动的行业特点有关，不会有太高的企业人力投入回报率。

4. 市场业绩能力

最后，我们通过代表市场业绩能力的市场占有率来衡量企业人力资源竞争力。我们统计了 2017 年行业中市场占有率排名前十的企业，如表 3-52 所示。

表 3-52　　建筑业上市公司市场占有率前十名

公司简称	市场占有率
中国中铁	24.54%
中国铁建	16.06%
中国交建	15.85%
中国电建	11.24%
中国中冶	6.19%
上海建工	5.68%
葛洲坝	3.31%
中国化学	2.49%
中国核建	1.36%
安徽水利	1.06%

资料来源：Wind，课题组。

相对于其他行业，建筑业上市公司市场占有率的集中度非常高，前三名就占据了 56%的市场，可见，它们在行业内的竞争力是其他众多企业无法比拟的。

三、2017年全国建筑业上市公司综合竞争力排名Top50

公司简称	治理竞争力	管理竞争力	创新竞争力	社会责任竞争力	人力资源竞争力	公司基本指标	总得分	行业排名
中国中铁	896.34	717.77	247.17	488.07	342.22	279.02	2970.59	1
中国中冶	862.90	734.72	305.02	481.79	270.57	153.39	2808.41	2
中国交建	579.34	734.46	304.12	360.67	401.90	268.25	2648.74	3
中国建筑	460.14	717.88	222.27	365.32	387.73	484.16	2637.48	4
中国铁建	582.58	727.73	318.57	370.84	373.76	228.35	2601.83	5
葛洲坝	687.42	706.39	238.31	485.60	149.34	66.04	2333.10	6
中国电建	429.14	697.67	307.85	365.00	250.88	196.59	2247.13	7
空港股份	916.03	851.30	0.29	368.88	57.53	4.24	2198.27	8
杭萧钢构	745.74	861.38	75.93	392.46	66.82	24.56	2166.89	9
亚厦股份	882.59	701.23	97.80	374.80	70.14	16.33	2142.89	10
上海建工	480.62	670.10	334.91	364.66	224.84	57.71	2132.85	11
铁汉生态	709.16	781.62	68.76	374.60	165.59	31.39	2131.12	12
瑞和股份	700.04	857.89	67.32	362.16	118.72	4.49	2110.62	13
广田集团	658.51	864.69	91.80	369.55	93.65	20.37	2098.57	14
文科园林	636.50	903.34	48.27	383.07	100.44	7.98	2079.59	15
金螳螂	406.11	886.83	194.64	388.72	130.78	70.95	2078.04	16
龙元建设	630.02	675.59	14.50	369.95	358.99	19.65	2068.69	17
浙江交科	620.98	810.42	60.86	415.86	111.84	34.07	2054.03	18
围海股份	665.92	890.92	31.95	358.24	90.27	14.98	2052.28	19
美晨生态	620.79	862.48	78.20	373.49	93.57	22.40	2050.93	20
隧道股份	619.74	691.01	177.07	362.72	151.49	45.43	2047.47	21
中材国际	665.64	706.42	116.90	363.43	164.40	29.39	2046.19	22
京蓝科技	508.56	1020.91	33.61	368.74	97.51	14.98	2044.32	23
中国化学	546.12	725.67	208.14	373.53	131.74	58.02	2043.22	24
东易日盛	549.55	940.95	44.48	442.08	54.66	9.01	2040.73	25
岭南股份	689.63	779.65	57.06	378.19	114.81	18.71	2038.06	26
江河集团	706.19	723.24	124.21	367.29	99.40	16.18	2036.50	27
奇信股份	633.20	877.91	51.68	376.32	89.07	7.77	2035.94	28
棕榈股份	701.34	724.87	73.70	359.68	144.44	20.66	2024.70	29
浦东建设	488.72	861.76	92.22	353.06	213.02	9.80	2018.58	30
东湖高新	769.18	686.66	11.83	359.20	175.24	10.34	2012.44	31

续表

公司简称	治理竞争力	管理竞争力	创新竞争力	社会责任竞争力	人力资源竞争力	公司基本指标	总得分	行业排名
中化岩土	631.35	823.98	76.16	371.20	81.29	22.20	2006.18	32
亚翔集成	573.34	887.99	42.39	374.15	109.21	8.22	1995.29	33
中船科技	683.64	694.49	69.33	359.84	167.75	15.46	1990.51	34
花王股份	580.54	895.35	49.84	382.72	61.74	5.65	1975.84	35
名家汇	553.88	905.37	51.57	382.50	71.82	10.22	1975.35	36
森特股份	604.48	827.34	66.78	375.10	88.72	10.97	1973.41	37
东华科技	455.00	721.07	68.81	359.21	360.87	7.10	1972.06	38
中国核建	504.07	676.64	150.14	487.97	99.58	46.64	1965.04	39
乾景园林	611.18	838.64	51.90	364.57	93.49	4.47	1964.25	40
农尚环境	643.05	831.49	41.24	381.13	60.38	3.58	1960.87	41
腾达建设	615.70	854.01	19.74	371.46	78.60	10.98	1950.48	42
丽鹏股份	648.61	801.97	51.40	367.33	49.29	6.86	1925.46	43
天健集团	728.59	691.32	19.38	376.85	88.68	19.83	1924.63	44
中装建设	507.40	884.35	60.78	369.21	94.53	6.69	1922.94	45
西藏天路	532.82	863.77	0.61	368.52	131.81	14.17	1911.70	46
柯利达	604.46	731.84	105.65	372.72	87.58	4.09	1906.35	47
成都路桥	638.20	813.83	0.00	354.89	84.48	8.48	1899.88	48
安徽水利	657.91	693.42	36.49	389.99	93.37	15.98	1887.15	49
北方国际	428.77	718.73	98.72	463.67	161.18	15.00	1886.06	50

批发和零售业

一、行业概况

批发和零售业连接生产和消费，是商品流通的重要环节，是社会各产业部门的产品实现价值的重要媒介，是决定经济运行速度、质量和效益的引导性力量，是我国市场化程度最高、竞争最激烈的行业之一。随着我国经济结构不断调整，消费结构不断升级，从表 3-53 可以看出批发和零售业所属的第三产业逐渐成为国内生产总值的主要拉动力量。与居民消费联系最直接、最密切的批发和零售业需要提供更多、更高品质的渠道服务，该行业也迎来了发展的机遇，批发和零售业支撑国家经济发展、吸纳就业的中流砥柱作用日益显现。

表 3-53　　2012—2016 年国内生产总值及三次产业对其增长的拉动情况

年份	2012	2013	2014	2015	2016
国内生产总值增长（个百分点）	7.9	7.8	7.3	6.9	6.7
第一产业对国内生产总值增长的拉动（个百分点）	0.4	0.3	0.3	0.3	0.3
第二产业对国内生产总值增长的拉动（个百分点）	3.9	3.8	3.5	2.9	2.5
第三产业对国内生产总值增长的拉动（个百分点）	3.5	3.7	3.5	3.7	3.9

资料来源：国家统计局，课题组。

根据国家统计局公布的 2017 年统计数据（见表 3-54），2017 年 GDP 初步核算为 827122 亿元，第三产业绝对额为 427032 亿元，其中批发和零售业绝对额为 77744 亿元，比上年同期增长 7.1%，占第三产业的 18.2%。无论是绝对额还是同期增长幅度，批发和零售业都保持了较为领先的地位。

表 3-54　　2017 年全年 GDP 初步核算数据

	绝对额（亿元）	比上年同期增长（%）
GDP	827122	6.9
第一产业	65468	3.9
第二产业	334623	6.1
第三产业	427032	8.0
农、林、牧、渔业	68009	4.1
工业	279997	6.4
建筑业	55689	4.3
批发和零售业	77744	7.1
交通运输、仓储和邮政业	36803	9.0
住宿和餐饮业	14594	7.1
金融业	65749	4.5
房地产业	53851	5.6
信息传输、软件和信息技术服务业	27452	26.0
租赁和商务服务业	22163	10.9
其他服务业	125072	7.1

注：1. 绝对额按现价计算，增长速度按不变价计算；

2. 三次产业分类依据国家统计局 2012 年制定的《三次产业划分规定》；

3. 行业分类采用《国民经济行业分类（GB/T4754—2011）》；

4. 本表 GDP 总量数据中，有的不等于各产业（行业）之和，是由于数值修约误差所致，未做机械调整。

资料来源：国家统计局，课题组。

批发和零售业指商品在流通环节中的批发活动和零售活动，包括批发业和零售业两大类。

批发业，指向其他批发或零售单位（含个体经营者）及其他企事业单位、机关团体等批量销售生活用品、生产资料的活动，以及从事进出口贸易和贸易经纪与代理的活动，包括拥有货物所有权，并以本单位（公司）的名义进行交易活动，也包括不拥有货物的所有权，收取佣金的商品代理、商品代售活动；还包括各类商品批发市场中固定摊位的批发活动，以及以销售为目的的收购活动。

零售业，指百货商店、超级市场、专门零售商店、品牌专卖店、售货摊等主要面向最终消费者（如居民等）的销售活动，以互联网、邮政、电话、售货机等方式的销售活动，还包括在同一地点，后面加工生产，前面销售的店铺（如面包房）；谷物、种子、饲料、牲畜、矿产品、生产用原料、化工原料、农用化工产品、机械设备（乘用车、计算机及通信设备除外）等生产资料的销售不作为零售活动；多数零售商对其销售的货物拥有所有权，但有些则是充当委托人的代理人，进行委托销售或以收取佣金的方式进行销售。

截至 2017 年 12 月 31 日，批发和零售业共有上市公司 164 家，其中批发业上市公司 75 家，零售业上市公司 89 家。从表 3-55 可以看出以下几个特点：（1）沪强深弱。无论是批发业还是零售业的上市公司，沪市比深市上市公司的家数多。这主要与上交所和深交所自身的发展和市场活跃程度有关。（2）新生力量薄弱。1990—2003 年该行业的上市公司数量是 2004—2017 年的近两倍，这与行业内部竞争加剧、行业平均利润下降、近几年 IPO 审核收紧等因素有关。（3）地区分布明显。按四大经济区域划分来看，东部地区的上市公司数量远远多于其他三大地区的上市公司数量。商业繁荣与地区经济发展息息相关，东部地区上市公司云集也在情理之中。

表 3-55　　批发和零售业上市公司分布

		批发业（家）	零售业（家）	总计（家）
交易所	上交所	43	54	97
	深交所	32	35	67
上市时间	1990—2003 年	53	53	106
	2004—2017 年	22	36	58
四大区域	东北地区	7	7	14
	东部地区	56	50	106
	中部地区	8	16	24
	西部地区	4	16	20

资料来源：同花顺，课题组。

从该行业上市公司2017年资产总计的描述性统计和资产总计Top10的排名结果来看，行业内各上市公司资产总计差距悬殊。在批发业上市公司中，资产最多的有1752.95亿元（建发股份），但75%的批发业上市公司资产不多于206.63亿元。零售业的情况也是如此，资产排名第一的苏宁易购资产总计也达到了1572.77亿元，但75%的零售业上市公司资产不超过132.44亿元。

表3-56　　2017年批发业和零售业上市公司资产总计

	均值（亿元）	标准差	最小值（亿元）	最大值（亿元）	Q1（亿元）	Q2（亿元）	Q3（亿元）
批发业	167.14	276.67	2.19	1752.95	24.75	70.44	206.63
零售业	133.85	248.27	5.24	1572.77	28.31	57.85	132.44

注：Q1=第1四分位数，即第25百分位数；

Q2=第2四分位数，即第50百分位数（中位数）；

Q3=第3四分位数，即第75百分位数；下同。

资料来源：同花顺，课题组。

表3-57　　2017年批发业和零售业资产总计Top10

批发业		零售业	
公司简称	资产总计（亿元）	公司简称	资产总计（亿元）
建发股份	1752.95	苏宁易购	1572.77
海航科技	1228.57	广汇汽车	1352.46
物产中大	859.44	上海医药	943.44
厦门国贸	713.81	庞大集团	635.31
九州通	520.48	供销大集	558.17
东方集团	480.70	百联股份	446.71
山煤国际	458.98	永辉超市	328.70
苏美达	413.18	海王生物	308.64
辽宁成大	355.16	南京新百	245.28
泰达股份	328.10	豫园股份	241.16

资料来源：同花顺，课题组。

阅读1

多家零售业上市公司被举牌

2017年以来，多家零售业上市公司被举牌，高资产重估价值、产业资本整合等成为零售业上市公司被举牌的重要因素。在举牌方中，出现永辉超市举牌中百集团、卓尔控股举牌汉商集团等同业举牌案例，显示出零售行业正在经历整合与洗牌过程。

零售业成举牌热点

近年来，随着消费升级趋势的影响，零售行业转型升级力度加大，这引起了资本市场各方的极大兴趣。据统计，2017 年以来 50 余家上市公司被举牌，其中多家为零售行业上市公司。

2017 年 10 月，汉商集团股东汉阳区国资办拟溢价 24%要约收购 5.01%公司股份，若按此要约收购完毕后，汉阳国资对汉商集团的持股比例将增至 35.01%。此前 9 月 20 日，卓尔控股及一致行动人阎志披露分别于 2017 年 7 月与 5 月开始增持汉商集团股票，经过此次增持，其持有汉商集团的股票已占公司总股本的 30.00%。

零售行业获各路资本青睐，中百集团、南宁百货、南京新百、津劝业等百货公司 2017 年均被举牌。低估值、高资产重估价值、产业资本整合，使零售业上市公司成为举牌热点。

业内人士指出，零售企业的资产多是位于核心商业地段的物业，随着近几年房地产业的发展，这些自有物业价值已经翻番，但在财务数据上并没有随之更新，也就是说其价值已被低估。随着优质物业的稀有性凸显，百货企业的自有物业价值将被重估。

国金证券指出，零售行业部分经营弱势企业退出速度加快，近年来百货企业闭店数量持续走高，存量优质企业进行整合以获取核心商业物业资源。同时，零售行业的存量资产盘活仍存在很大空间。9 月 7 日，友好集团拟以商业物业为标的资产开展创新型资产运作模式就是盘活存量资产的典型。专家指出，重资产零售企业通过资产证券化可以获取物业升值收益、回收大量现金，大幅提升盈利水平，这对资本产生了巨大的吸引力。

同业举牌加强协同

值得注意的是，在上述零售企业的举牌方中，有不少是零售行业的同业企业。从业务上看，六度举牌汉商集团的卓尔控股核心业务是批发市场，作为面向 B 端的业务，如果能和汉商集团的 C 端业务相结合，将为卓尔控股串起产业链条形成助力。

永辉超市举牌中百集团为同业举牌的典型。永辉超市全资子公司重庆永辉超市 2017 年 7 月第五次举牌中百集团，截至第三季度末，永辉超市及一致行动人已合计持有其 29.86%的股份。永辉超市自 2014 年 1 月首次举牌中百集团，此后一年之内四度举牌。2014 年 10 月，永辉超市和中百集团签订《战略合作框架协议》，拟在资源、物流、网络、信息等方面进行合作，并且永辉超市派驻代表进入中百集团董事会。2017 年 4 月，永辉与中百共同出资 1 亿元在湖北成立合资公司，共同发展高端超市。三季报显示，中百集团与永辉超市共同出资设立的合资公司目前已在襄阳成功开设第一家分店。

零售业分析人士表示，零售行业同业之间举牌增多，意味着行业洗牌提速。在国企改革大潮下，民营零售企业通过举牌增持，有可能进一步参与标的企业的混合所有制改造，继而在采购规模、区域布局等方面产生较强的协同效应。从目前的结果来看，永辉超市对中百集团采取财务渗透，业务上寻求共有资源的整合，令双方都能获利。

资料来源：证券时报网，课题组。

二、行业综合竞争力分析

（一）治理竞争力

1. 公司股权结构

课题组通过股权集中度和股权制衡度来解构股权结构。结合图 3-118 可以看到，2017 年批发和零售业的上市公司中，只有 26 家（16%）为绝对控股公司，29 家（18%）为股权高度分散公司，大部分公司（66%）的股权集中程度介于这两者之间，股权相对集中。

股权集中度既受到股东性质的影响，也受到行业竞争度的影响。批发和零售业属于竞争性市场结构，市场上厂商众多，产品多样化，厂商之间的竞争较激烈，行业进出壁垒较低，行业更新换代速度较快。基于这些特点，竞争性市场中的公司规模不大，公司股权集中度不会很高，批发和零售业的情况正是如此。

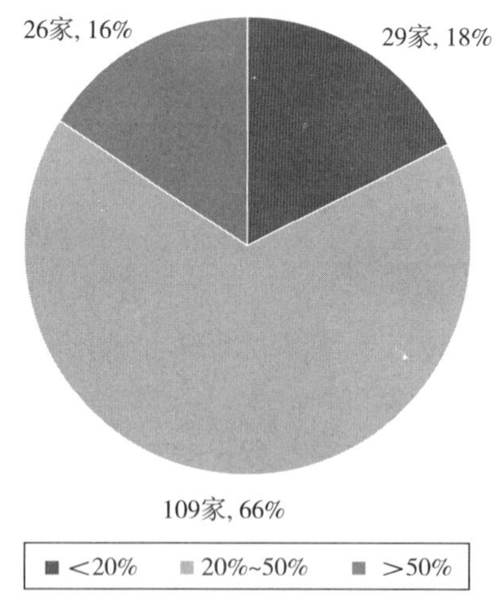

资料来源：Wind，课题组。

图 3-118　2017 年批发和零售业上市公司 CR1 分布情况

同时，股权制衡的核心作用是内部牵制，其目的是使任何一个股东都不能单独操控公司。合理的股权制衡度，能防止大股东侵占其他股东利益，也能避免股东内斗的情况。2017 年批发和零售业上市公司中（见图 3-119），71%的公司 Z 指数小于 1，为非制衡型股权结构，第一大股东的控制程度和权力较高。与此相比，只有 29%的公司为制衡型股权结构，第一大股东的权力受到了其他股东的制衡。

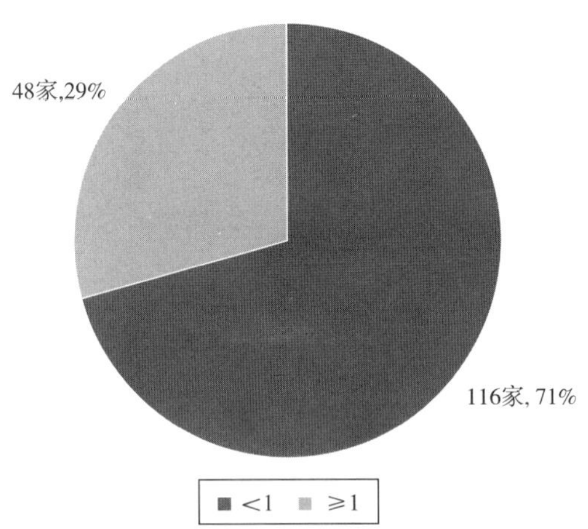

资料来源：Wind，课题组。

图 3-119　2017 年批发和零售业上市公司 Z 指数分布情况

另外，结合股权集中度和股权制衡度来看，无论是国有企业还是非国有企业，我国上市公司大多存在“一股独大”的现象，即股权集中度较高，而股权制衡度较低。批发和零售业虽为竞争性较强行业，但也没有能够完全摆脱这一现象。

2. 治理架构情况

管理既是科学又是艺术，每种管理方式都有利弊。董事与经理两职兼任将为公司提供统一的方向，实施更强有力的控制，提高企业的灵活性，但两职分离才能维护董事会监督职能的独立性和有效性。

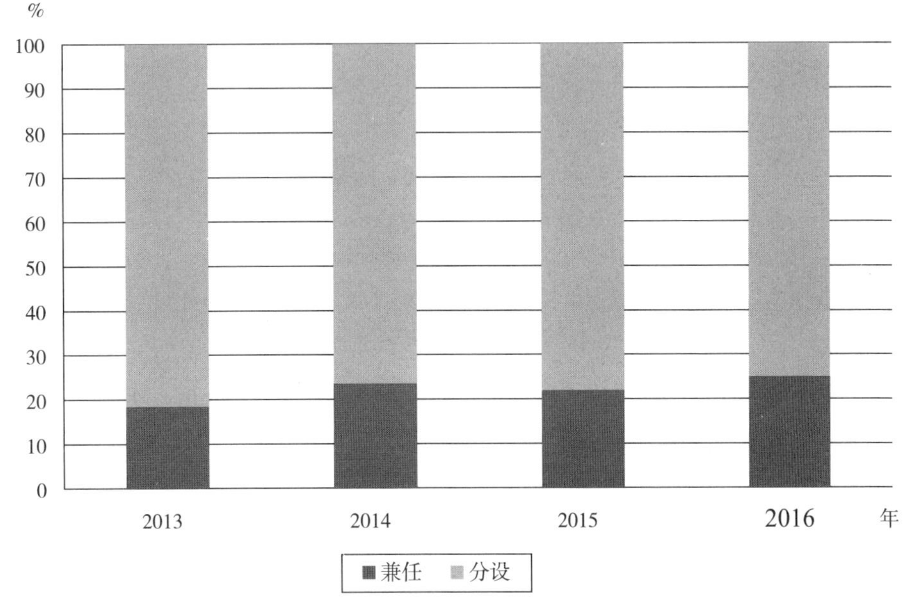

资料来源：Wind，课题组。

图 3-120　2013—2016 年批发和零售业上市公司董事长与总经理分离情况

从 2013—2016 年批发和零售业上市公司的情况来看，该行业上市公司更偏爱分设董事长和总经理的职位，两职兼任的公司基本保持在 20%左右。

结合表 3-58 可以看到，近几年批发和零售业上市公司无论是在独立董事的比例上，还是在监事会的规模以及四委会的完整程度上，基本上都符合课题组对治理架构完善的定义。在董事会规模方面（见图 3-121），行业中 60%以上公司的水平都高于课题组对适当规模的定义。

表 3-58　　2013—2016 年批发和零售业上市公司董事会与监事会情况

年份	独立董事比例	监事会规模	四委会
	≥1/3	≥3 人	完整
2013	100.00%	99.30%	88.81%
2014	97.26%	100.00%	89.73%
2015	96.69%	99.34%	90.73%
2016	100.00%	100.00%	91.77%

资料来源：Wind，课题组。

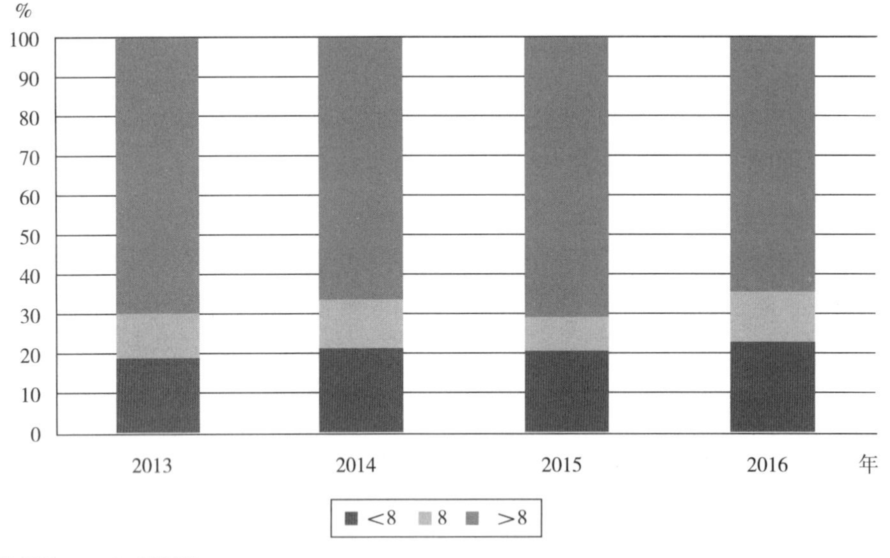

资料来源：Wind，课题组。

图 3-121　2013—2016 年批发和零售业上市公司董事会规模情况

3. 董事与监事激励

理论上认为，董事会代表股东利益监督管理者行为并提供相应的战略资源，其核心行为是从股东利益的角度出发来监督管理层，进而降低代理成本来提高公司绩效[①]。因而，董事会激励水平的提高有利于提高董事会的监控能力。在公司领取报酬的董事与所在企业经济关联程度较强，课题组以领取报酬董事比例来衡量董事激励程度。

由图 3-122 可以看到，近几年批发和零售业上市公司的董事激励水平较高，总体上变动不大，保持在 77%左右，且呈稳中有升的趋势。有研究表明，董事会的独立性越强，其报酬结构更能激励董事履行其监管职能，股东的经济利益也能得到更好的保护，因为此时董事报酬结构和股东利益联系更加紧密。[②] 联系上文的两职分离情况，该行业大部分的上市公司更青睐分设董事长和总经理两职，董事会的独立性较好，在此前提下，该行业较高的董事激励程度能发挥更好的监督作用，降低企业的代理成本。

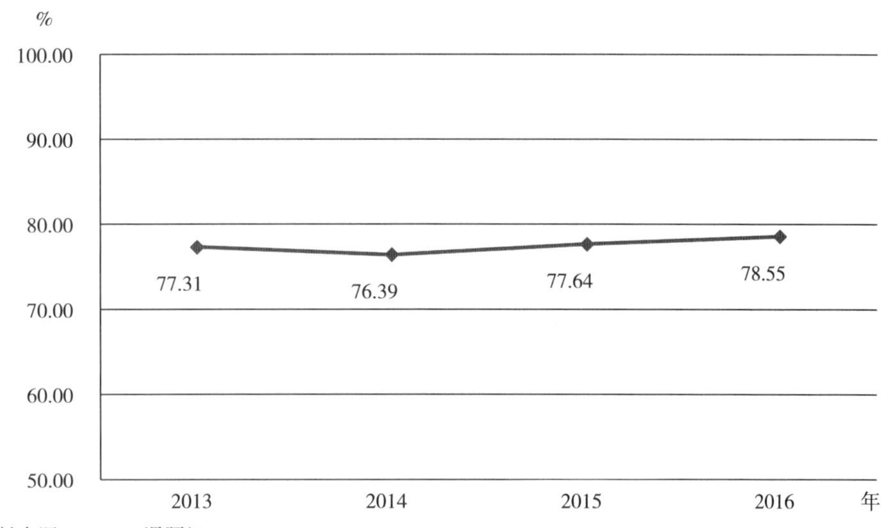

资料来源：Wind，课题组。

图 3-122 2013—2016 年批发和零售业上市公司董事激励情况

监事会处于董事会外部，对董事和管理者进行监督。监事会监督效果的实现，其前提条件之一是监事会成员的积极性，为了提高监事的积极性，应让他们获得与其能力、投入对等的回报。[③] 监事报酬机制是监事激励机制的重要组成部分。由图 3-123 可知，近几年批发和零售业上市公司领取报酬监事人数比例较高且较稳定，能较好地发挥监事会的监督作用。

---

① 宋增基，徐叶琴，张宗益．董事报酬、独立性与公司治理——来自中国上市公司的经验证据［J］．当代经济科学，2008（2）：95-105.

② 刘名旭．监事会、公司治理与公司绩效——基于民营上市公司的研究［J］．华东经济管理，2007（10）：95-98.

③ 同上。

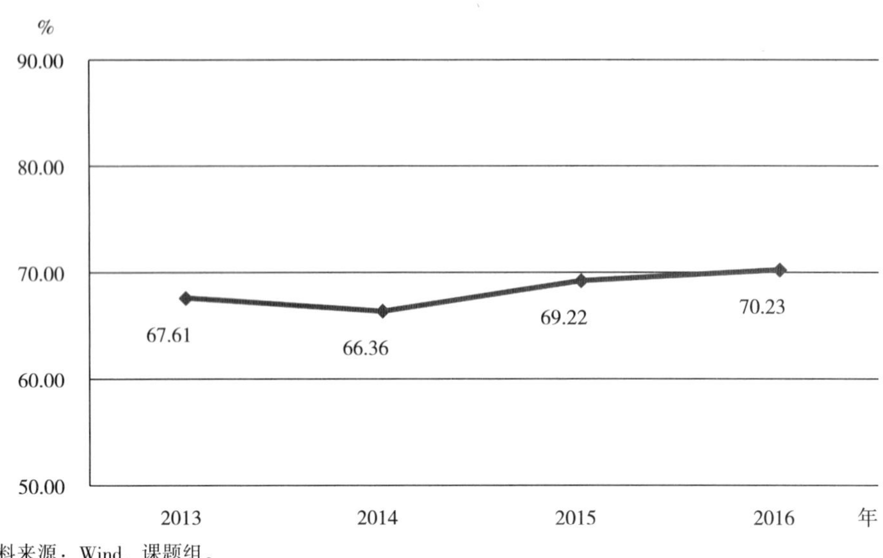

资料来源：Wind，课题组。

图 3-123　2013—2016 年批发和零售业上市公司监事激励情况

4. 三会次数

三会齐全且定期召开有利于公司治理水平的提高。2013 年至 2016 年批发和零售业上市公司召开董事会和股东大会的平均次数波动不大，整体呈增长趋势，行业整体的治理水平有所提高。

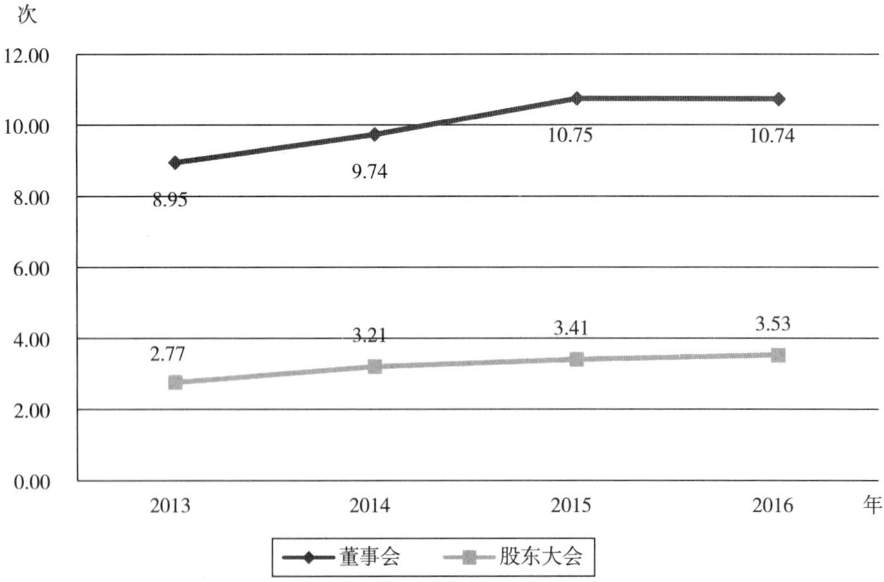

注：绝大部分公司未披露监事会召开情况，因此不对监事会召开情况进行统计，下同。

资料来源：Wind，课题组。

图 3-124　2013—2016 年批发和零售业上市公司三会召开情况

就 2017 年的情况来看，披露数据的 112 家上市公司中，2 家（2%）企业的董事会召开次数多于 20 次，33 家（29%）企业的召开次数在 11~20 次，67 家（60%）企业的召开次数集中在 6~10 次，10 家（9%）企业的召开次数低于 6 次。绝大多数上市公司的董事会召开次数都满足我国《公司法》每年度至少召开两次董事会会议的规定。股东大会召开的情况也较为理想。112 家上市公司中，60%（67 家）的公司股东大会的召开次数在 1~3 次，40%（45 家）的公司股东大会的召开次数高于 3 次，基本保证了平均每季度至少召开一次股东大会，有利于发挥股东大会的功能，提高公司的治理水平。

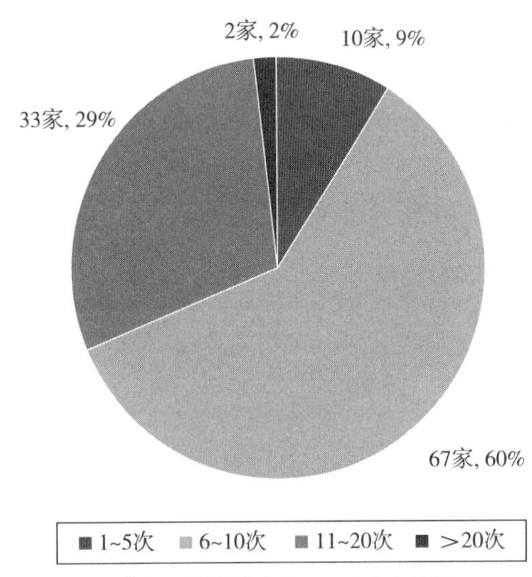

注：基于部分企业未披露董事会召开数据，统计样本为 112 家上市公司。

资料来源：Wind，课题组。

图 3-125　2017 年批发和零售业上市公司董事会召开情况

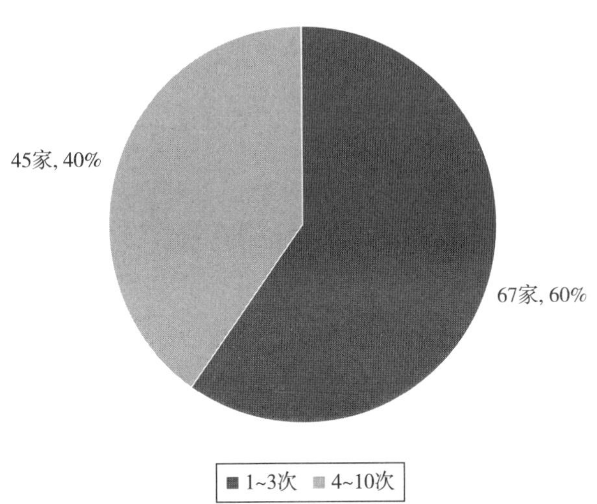

注：基于部分企业未披露股东大会召开数据，统计样本为 112 家上市公司。

资料来源：Wind，课题组。

图 3-126　2017 年批发和零售业上市公司股东大会召开情况

5. 社会影响力

截至 2017 年 12 月 31 日，披露数据的 112 家批发和零售业上市公司中，13%（14 家）的公司无未解决官司，社会影响力较好，58%（65 家）的公司涉及 1~5 起未解决官司，21%（24 家）的公司涉及 6~10 起未解决官司，5%（9 家）的公司涉及 10 起以上未解决官司，最多者涉及 67 起，这不利于企业发展过程中发挥其社会影响力，公司治理能力存在一定缺陷。

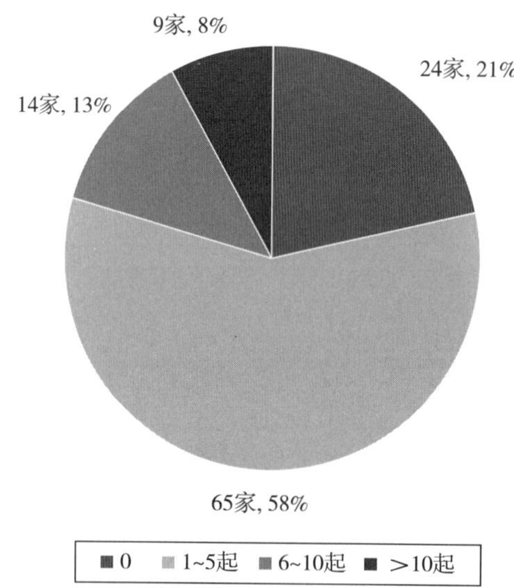

注：基于部分企业未披露未解决官司数据，统计样本为 112 家上市公司。

资料来源：Wind，课题组。

图 3-127　2017 年批发和零售业上市公司未解决官司情况

（二）管理竞争力

1. 增长能力

课题组从净资产、总资产、主营业务、净利润四个方面的增长率来衡量上市公司的增长能力。从表 3-59 中可以看到，2017 年批发和零售业上市公司之间的增长能力悬殊，尤其是主营业务增长率和净利润增长率，其标准差分别达到了 107.66 和 288.37。比较四个指标的均值和中位数，可以发现均值普遍高于中位数，这表明在四个指标上行业中都存在极大值。以净利润增长率为例，2017 年批发和零售业上市公司中，25% 的公司净利润增长率不超过-3.02%，半数公司不超过 20.87%，75% 的公司不超过 60.09%，但行业内净利润增长率最高达到了 2559.14%。

表 3-59　2017 年批发和零售业上市公司增长能力情况

	均值（%）	标准差	最小值（%）	最大值（%）	Q1（%）	Q2（%）	Q3（%）
净资产增长率	16.66	36.74	-95.01	222.17	2.14	5.81	15.18
总资产增长率	13.58	31.11	-38.31	251.75	-0.80	6.01	17.66

续表

	均值（%）	标准差	最小值（%）	最大值（%）	Q1（%）	Q2（%）	Q3（%）
主营业务增长率	25. 39	107. 66	-76. 68	1051. 58	-0. 2952	8. 14	23. 56
净利润增长率	42. 36	288. 37	-1174. 40	2559. 14	-3. 02	20. 87	60. 09

资料来源：Wind，课题组。

从净资产增长率来看，它是衡量企业资本规模扩张速度以及资产保值增值的指标。2017 年四分之一的批发和零售业上市公司的净资产增长率不超过 2. 14%，但也说明 75%的上市公司的净资产在 2017 年呈正向增长，实现了资本规模的扩张和资产保值增值。

总资产增长率衡量企业本期资产规模的增长情况。一般情况下，该指标越高，说明企业该经营周期内资产规模扩张速度越快，发展势头相对较猛。但企业在扩张资产规模时要避免盲目扩张，通常销售增长、利润增长超过资产规模增长才是效益性的增长。比较总资产增长率和主营业务增长率、净利润增长率的几个分位数，可以看到该行业上市公司基本实现了效益性的增长。

主营业务增长率代表的是企业生存和发展状况，也常用来衡量企业生产产品的生命周期。一般情况下，主营业务收入增长率在 10%以上说明企业产品处于成长期，基本不存在更新产品风险，处在一个比较好的增长区域；增长率在 5%～10%说明产品进入稳定期，需要进一步开发新产品；若该比率在 5%以下则说明企业产品已经进入衰退期，市场份额难以保持，急需开发新产品。结合批发和零售业上市公司的情况来看（见图 3-128），45%（74 家）的企业主营业务增长率在 10%以上，产品处于成长期，不存在更新产品风险；41%（67 家）的企业主营业务增长率低于 5%，14%（23 家）的企业主营业务增长率介于 5%和 10%之间，这些企业需要进一步开发新产品。

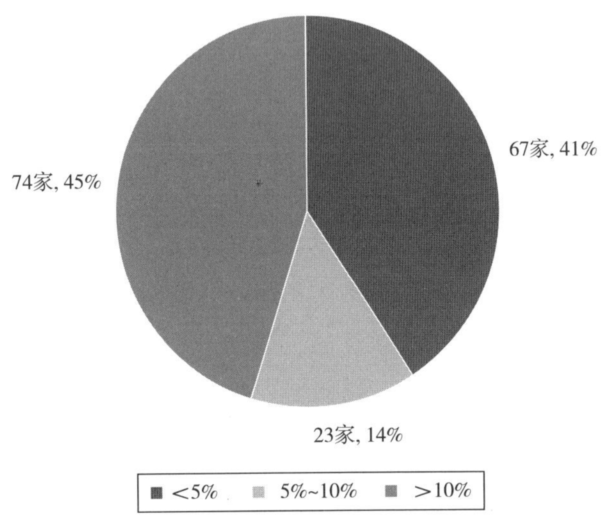

资料来源：Wind，课题组。

图 3-128　2017 年批发和零售业主营业务增长率分布情况

净利润是企业经营活动的最终成果，净利润越高说明企业经营效益越好。同时，该指标也能够反映企业实现其价值最大化的扩张速度，可以综合衡量企业资产运营与管理业绩以及成长状况。2017 年批发和零售业上市公司中，净利润增长率低于零和介于零与 30%之间的企业相对较多，分别占到了 29%（47 家）和 28%（46 家），也就是说行业中超过半数的企业净利润不高于 30%；同时，11%（18 家）的企业净利润增长率介于 50%与 100%之间，16%（27 家）的企业净利润增长率高于 100%，总计 27%的企业实现了净利润高速增长。

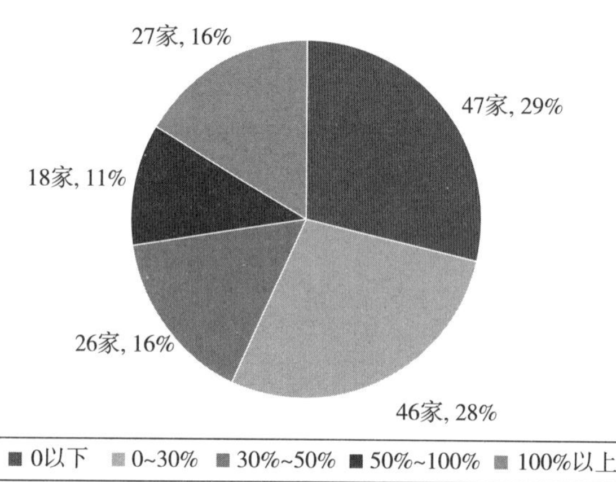

资料来源：Wind，课题组。

图 3-129　2017 年批发和零售业上市公司净利润增长率分布情况

2. 偿债能力

课题组以资产负债率、固定资产比率来衡量上市公司的长期偿债能力，以流动比率、速动比率来衡量上市公司的短期偿债能力。

从长期偿债能力来看，2017 年批发和零售业上市公司的平均资产负债率为 52. 18%，从这一均值意义上来说，该行业上市公司的资产负债率在 50%左右，较为合理。固定资产比率指固定资产与资产总额比值。各行业性质不同，对固定资产的要求也有所不同，与固定资产投入较多的制造业相比，批发和零售业固定资产比率不会太高。2017 年批发和零售业上市公司固定资产比率的平均水平为 14. 73%，一般水平为 9. 38%，75%的企业不超过 22. 93%，面对的流动性风险较小，偿债能力较好。

表 3-60　　2017 年批发和零售业上市公司长期偿债能力情况

	均值（%）	标准差	最小值（%）	最大值（%）	Q1（%）	Q2（%）	Q3（%）
资产负债率	52. 18	19. 95	4. 11	98. 57	38. 19	53. 89	66. 50
固定资产比率	14. 73	14. 39	0. 06	66. 77	3. 58	9. 38	22. 93

资料来源：Wind，课题组。

2017 年批发和零售业上市公司中，75%的企业流动比率都未达到 2，结合图 3-130 可以看到，只有 20%（32 家）的企业流动比率高于 2，具有较好的短期偿债能力。相比之下，2017 年批发和零售业上市公司中半数企业的速动比率超过合理的最低水平 1，平均水平为1.42。速动比率衡量的是企业资产中最具流动性的资产对流动负债的覆盖能力，更为严格地反映了该行业上市公司立即还债的能力。

表3-61　　2017年批发和零售业上市公司短期偿债能力情况

	均值	标准差	最小值	最大值	Q1	Q2	Q3
流动比率	1.82	1.89	0.13	16.93	1.02	1.35	1.77
速动比率	1.43	1.80	0.08	15.52	0.65	1.00	1.42

资料来源：Wind，课题组。

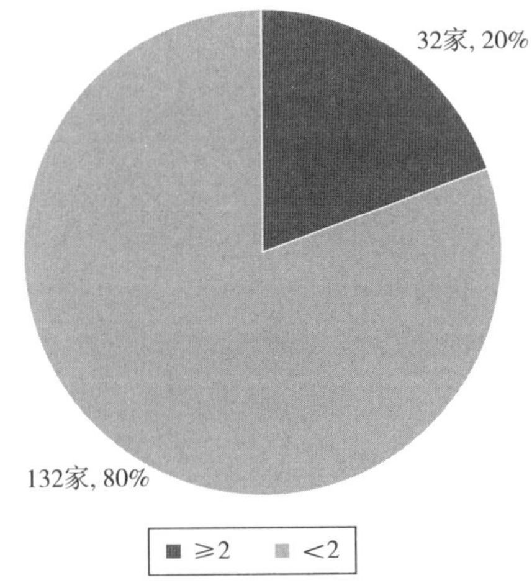

资料来源：Wind，课题组。

图3-130　2017年批发和零售业上市公司流动比率分布情况

3. 运营能力

运营能力体现的是企业资产从投入到产出的流转速度，可以反映企业资产的管理质量和利用效率。课题组用存货周转率、应收账款周转率、流动资产周转率、总资产周转率来衡量上市公司的这一能力。其中，总资产周转率为长期比率，考察的是企业账面上所有资产的使用效率。

存货和应收账款是流动资产中的主体部分，又是流动性比较弱的，因此这两部分的使用效率高低可以体现企业的运营能力高低。存货周转率传达的是存货的销售速度，应收账款周转率体现的则是收回销售收入的速度。2017年批发和零售业上市公司在这两个指标上呈现的差异较大，存货周转率的标准差为142.25，应收账款周转率的标准差则是达到了19336027，这是因为行业中存在着极大值，例如，应收账款周转率的行业最大值为24717672.85，但行业中半数周转率不超过25.16，75%的上市公司周转率不超过107.61。只有少数公司存货周转率和应收账款周转率情况较好。

流动资产周转率衡量的是企业总体流动资产的利用效率。2017年批发和零售业上市公司流动资产周转率不高，平均周转次数只有2.32次，75%的上市公司周转次数不超过2.86次，对流动资产的运营能力较差。

总资产是指企业拥有或控制的、能够带来经济利益的全部资产，因此总资产周转率衡量的是企业全部资产的利用效率，反映了企业整体资产的运营能力。2017 年批发和零售业上市公司的总资产周转率平均为 1.33，半数公司不超过 1.18，75%的公司不超过 1.66，企业整体资产的运营能力不高。

表 3-62　　2017 年批发和零售业上市公司运营能力情况

	均值	标准差	最小值	最大值	Q1	Q2	Q3
存货周转率	30.84	142.25	0.17	1348.22	4.00	8.47	16.19
应收账款周转率	151775.60	1936027	1.93	24717672.85	6.88	25.16	107.61
流动资产周转率	2.32	1.78	0.05	15.9	1.32	2.04	2.86
总资产周转率	1.33	1.05	0.04	9.52	0.70	1.18	1.66

资料来源：Wind，课题组。

4. 盈利能力

企业的盈利能力决定了企业能否生存和发展下去。销售净利率反映了企业将销售收入转化为净利润的能力。一般来说，其他条件不变时，销售净利率越高越好。2017 年批发和零售业上市公司整体上销售净利率不高，平均水平为 4.95%，一般水平为 2.93%。虽然该行业销售净利率最大值达到了 107.28%，但行业中 75%的上市公司不超过 5.49%，大多数企业将销售收入转化为净利润的能力较低。

同样，总资产收益率所体现的该行业的盈利能力也不高。2017 年批发和零售业上市公司总资产收益率的平均水平为 3.33%，一般水平为 3.51%，75%的上市公司不超过 5.28%，行业中最高总资产收益率也只有 17.54%。总资产收益率低，说明企业利用总资产创造利润的能力不高，企业在增加收入和节约资金使用等方面的效果不好。

净资产收益率更准确地衡量了企业获利对于股东的价值。净资产收益率高，说明企业利用自有资本获利的能力强，投资带来的收益高。与其他两个指标相比，2017 年批发和零售业的净资产收益率较高，但就该指标而言，行业整体水平不高，行业中 75%的上市公司不超过 11.07%，企业利用自有资本获利能力较差。

表 3-63　　2017 年批发和零售业上市公司盈利能力情况

	均值（%）	标准差	最小值（%）	最大值（%）	Q1（%）	Q2（%）	Q3（%）
ROS	4.95	12.53	-46.70	107.28	1.31	2.93	5.49
ROA	3.33	5.87	-55.47	17.54	1.83	3.51	5.28
ROE	6.10	20.33	-180.98	76.21	4.69	7.66	11.07

资料来源：Wind，课题组。

（三）创新竞争力

创新是引领发展的第一动力，谋创新就是谋未来。课题组从创新投入和创新产出两个维度衡量企业的创新竞争力。考虑到数据的可得性和完整性，该部分不对批发和零售业的研发投入占比和研发人员占比以及参与专利标准制定情况进行分析。

1. 创新投入

从政府补贴来看，无论是均值还是中位数，2013—2017 年批发和零售业上市公司获得的政府补贴整体呈增长趋势，尤其是 2014 年至 2016 年增长走势较为明显，这有利于刺激批发和零售业的创新活动，同时也说明批发和零售业越来越受到政府的重视。

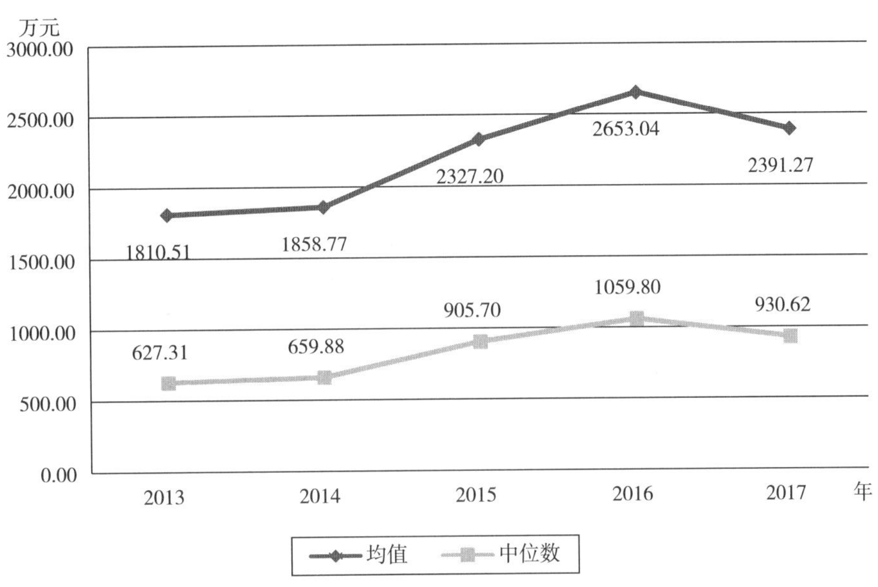

资料来源：Wind，课题组。

图 3-131　2013—2017 年批发和零售业上市公司政府补贴

2. 创新产出

由表 3-64 可以看到，2013—2016 年批发和零售业上市公司中，超过半数的上市公司不拥有有效专利，但是不拥有有效专利的上市公司占比在下降，其余专利数量区间的上市公司数量在逐渐增加，这说明该行业的创新产出在逐渐增加，创新竞争力也在逐渐增强。

表 3-64　　2013—2016 年批发和零售业上市公司有效专利数量分布

年份	2013	2014	2015	2016
0	63. 41%	62. 20%	60. 37%	57. 93%
0~50 件	13. 41%	13. 41%	14. 02%	14. 63%
50~100 件	6. 10%	5. 49%	4. 27%	6. 10%

续表

年份	2013	2014	2015	2016
100~200 件	4.88%	5.49%	3.66%	4.27%
200~500 件	6.10%	4.88%	9.15%	9.15%
>500 件	6.10%	8.54%	8.54%	7.93%

资料来源：CSMAR，课题组。

（四）社会责任竞争力

课题组根据社会责任的客体不同，将其分为法律责任、经济责任、慈善责任和伦理责任。由于批发和零售业慈善责任和伦理责任部分指标（如“是否披露企业社会责任报告”）缺失较严重，因此该部分不对这部分数据缺失内容进行分析。

1. 法律责任

法律责任是企业根据政府法规、法律规定，必须遵守的义务和承担的责任。法律规定企业有依法经营并依法纳税的义务，因此课题组从对政府的责任和依法经营两个指标来衡量企业的法律责任。

从对政府的责任来看，2013—2017 年批发和零售业上市公司纳税水平与平均资产总额的比值呈下降走势，且该指标的中位数水平普遍高于均值水平，说明该行业中较多企业履行的纳税义务是低于平均水平的。

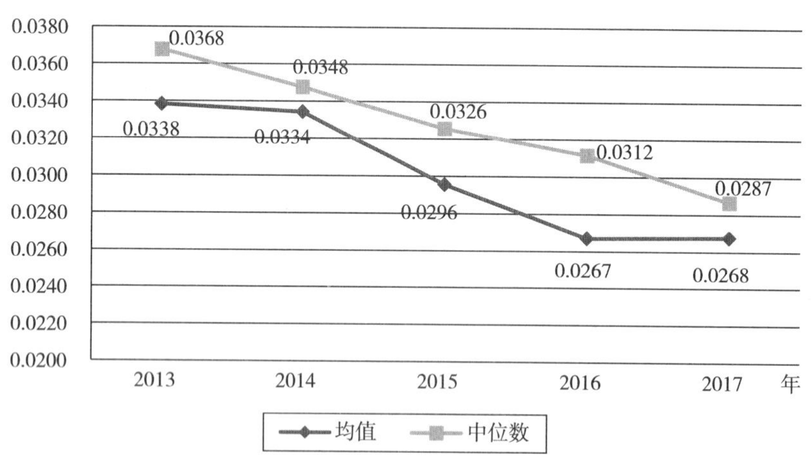

注：统计过程中剔除了数据不完整的部分上市公司。

资料来源：CSMAR，课题组。

图 3-132 2013—2017 年批发和零售业上市公司对政府责任实现情况

在企业是否依法经营方面，2013—2017 年批发和零售业上市公司依法经营情况较好，无违法违规行为的企业比例保持在 85%以上，尤其是 2017 年无违法违规行为的企业达到了 100%。

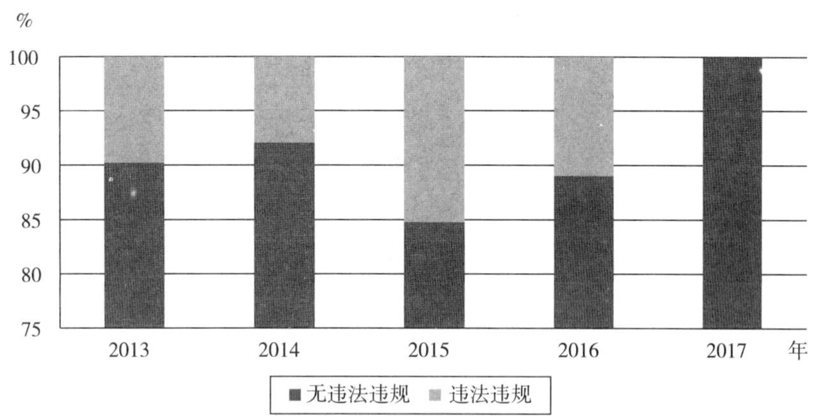

注：统计过程中剔除了数据不完整的部分上市公司。

资料来源：CSMAR，课题组。

图 3-133　2013—2017 年批发和零售业上市公司违法违规情况

2. 经济责任

经济责任衡量的是企业对与之有金钱往来的客体带来的经济价值贡献。课题组从供应链上下游的角度，将客体分为投资者、员工和供应商三类来评价上市公司的经济责任。

2013 年至 2017 年，批发和零售业上市公司支付给股东和债权人的金额与平均资产总额的比值保持在 0.02~0.035。从均值来看，近年来该行业对投资者责任的履行情况不太理想，支付给股东和债权人的比值整体上呈下降趋势。为了消除极端值的影响，较好地反映行业的真实水平，课题组通过行业中位数发现，2013 年至 2016 年该指标的下降趋势较为明显，2017 年有所回升，该行业上市公司对投资者责任的实现情况有所好转。

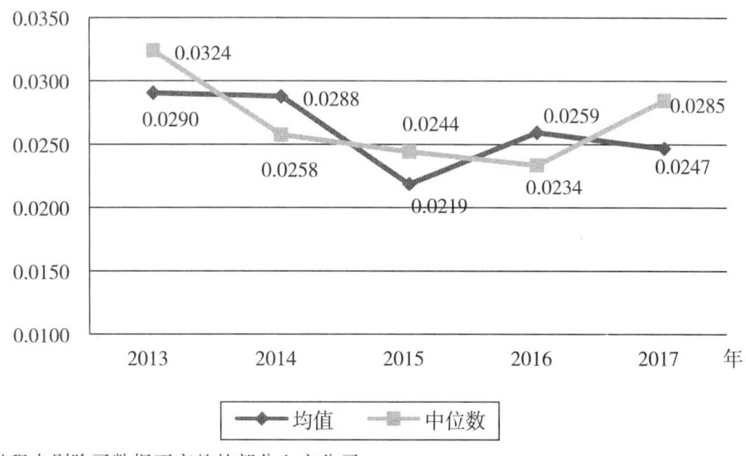

注：统计过程中剔除了数据不完整的部分上市公司。

资料来源：Wind，课题组。

图 3-134　2013—2017 年批发和零售业上市公司对投资者责任实现情况

对员工责任实现情况略好于对投资责任的实现情况。从均值来看，2013—2017 年批发和零售业上市公司支付给员工以及为员工支付的现金与营业收入的比值保持在 0.06 左右，其中 2017 年的比值达到了 6.65%；从中位数来看，该比例保持在 0.04~

0.05。该指标的均值和中位数的走势较为一致，两者的起伏都不大，2013—2016 年都略有下降，但在 2017 年都有所好转。另外，该比例的均值普遍高于中位数，说明在该指标上存在一些较高的值，较多上市公司对员工责任的实现情况好于平均水平。

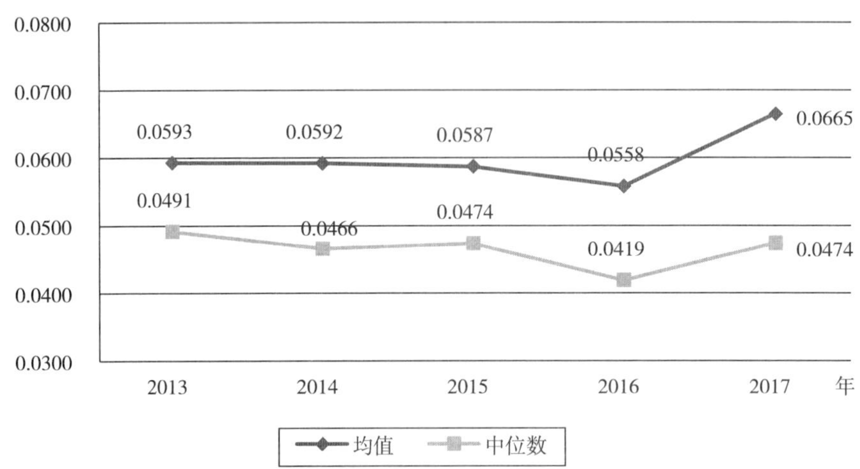

注：统计过程中剔除了数据不完整的小部分上市公司。

资料来源：CSMAR，课题组。

图 3-135 2013—2017 年批发和零售业上市公司对员工责任实现情况

在对供应商的责任方面，从供应商处获得的资源的价值（主营业务成本和存货增长净值之和）与平均应付账款的比值表示企业为供应商价值带来的贡献程度。从图 3-136可以看到，2013—2017 年批发和零售业上市公司对供应商责任指标的均值虽有波动，但总体呈上升趋势；相比之下，中位数的波动不大，且水平较低，保持在 8 左右。对供应商责任指标的均值水平远远高于中位数水平，这意味着较多上市公司对供应商责任的实现情况远远好于平均水平。

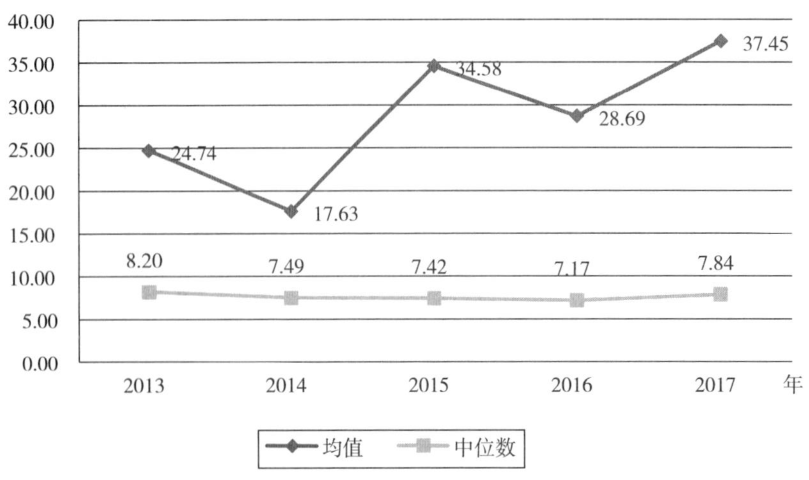

资料来源：Wind，课题组。

图 3-136 2013—2017 年批发和零售业上市公司对供应商责任实现情况

3. 伦理责任

伦理责任是指企业在处理其与员工、社会的相互关系时承担的责任。就业增长率和单位平均资产就业人数都衡量了企业在社会提供就业机会方面承担的责任。虽然2013—2017年批发和零售业上市公司就业增长率的中位数水平很低，但其均值水平远远高于中位数水平，这说明行业中存在就业增长率极高的企业。以2017年为例（见表3-65），行业中最高就业增长率达到了4232.09%，虽然75%的企业就业增长率不超过14.93%，但这一极值足以使该行业就业增长率的均值达到43.15%。

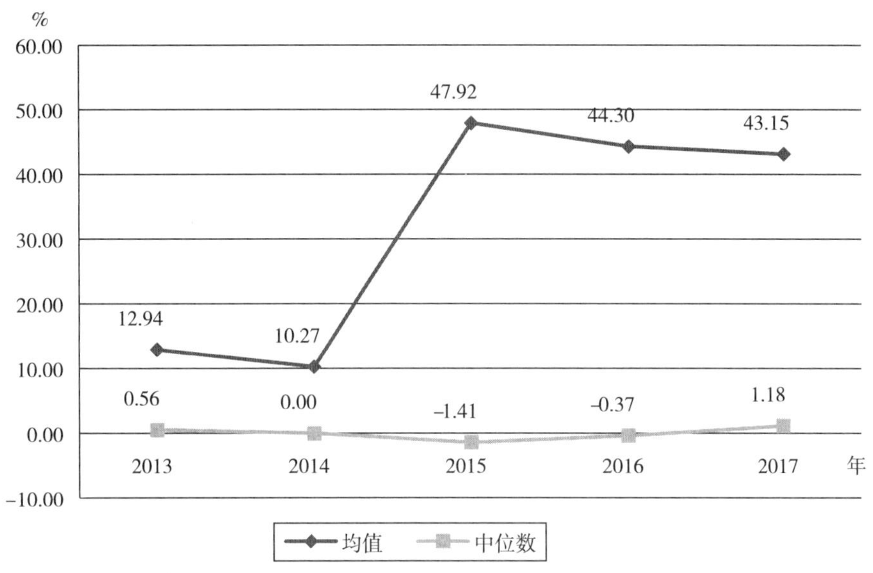

资料来源：Wind，课题组。

图3-137　2013—2017年批发和零售业上市公司就业增长率

表3-65　2017年批发和零售业上市公司就业增长率

	均值	标准差	最小值	最大值	Q1	Q2	Q3
就业增长率	43.15%	3.41	-72.2%	4232.09%	-6.40%	1.18%	14.93%

资料来源：Wind，课题组。

单位平均资产就业人数衡量的则是企业利用一定的资源为社会提供的就业机会。即使企业就业增长率有所下降，只要该指标保持为正，其为社会创造的工作机会就持续增加。由图3-138可以看到，近年来批发和零售业上市公司单位平均资产就业人数逐年下降，这一下降趋势或许与人工智能在批发和零售业上的应用不无关系。

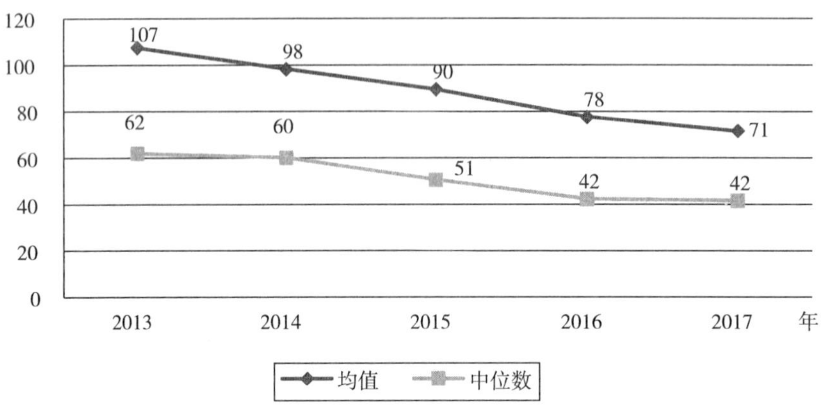

资料来源：Wind，课题组。

图 3-138　2013—2017 年批发和零售业上市公司单位平均资产就业人数

（五）人力资源竞争力

课题组从企业的薪酬管理能力、人员招聘与配置能力、绩效管理能力以及企业市场业绩能力四个维度对人力资源竞争力进行分析。

1. 薪酬管理能力

在薪酬管理能力方面，课题组以员工平均薪酬来衡量。无论是从中位数还是从均值来看，2013—2017 年批发和零售业上市公司的员工平均薪酬总体上均呈上升趋势。合理的薪酬可以增加职工对公司的认同感，调动员工的积极性，上涨的员工平均薪酬水平也有利于吸引人才进入该行业，有利于行业内企业开发人力资源。就 2017 年而言，该行业上市公司之间员工平均薪酬差距较大，行业中员工平均薪酬水平最高达到了 347343 元，但 75%的企业员工平均薪酬不超过 27945 元。

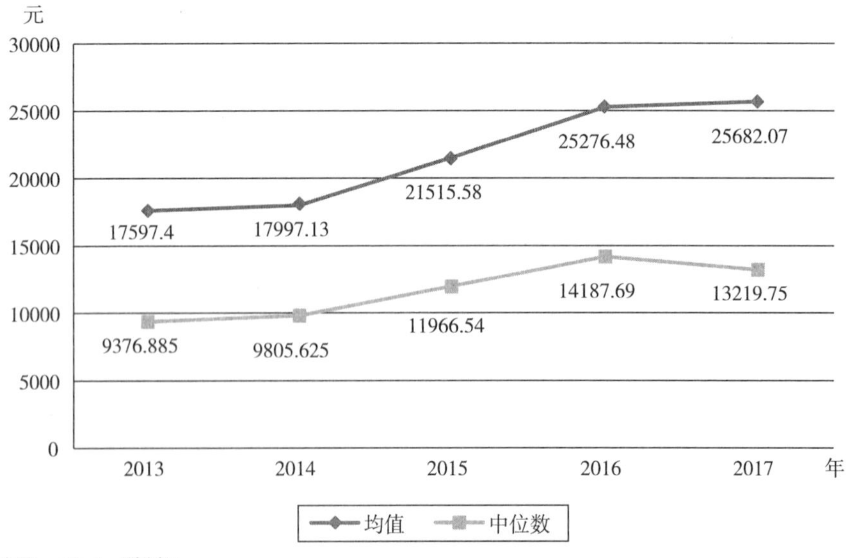

资料来源：Wind，课题组。

图 3-139　2013—2017 年批发和零售业上市公司员工平均薪酬

表 3-66　　2017 年批发和零售业上市公司薪酬管理能力

	均值（元）	标准差	最小值（元）	最大值（元）	Q1（元）	Q2（元）	Q3（元）
员工平均薪酬	25682.07	40792.74	0	347343	6684.145	13219.75	27945

资料来源：Wind，课题组。

2. 人员招聘与配置能力

企业的高素质人才队伍是企业创新的核心所在，对高素质人才的配置和利用是企业人力资源竞争力的重要体现。课题组以研究生学历及以上员工人数占比来衡量企业在人员招聘与配置方面的能力。研究生学历及以上员工人数占比越高，企业的人力资源竞争力也就越强。

2017 年批发和零售业上市公司中，研究生学历及以上员工人数占比普遍不高，近乎半数（49%）的企业该指标的水平介于零和 1%之间，42%的企业该指标水平为零，只有极少部分（3%）企业的研究生学历及以上员工人数占比达到了 10%以上，在该指标上体现出的人力资源竞争力较弱。

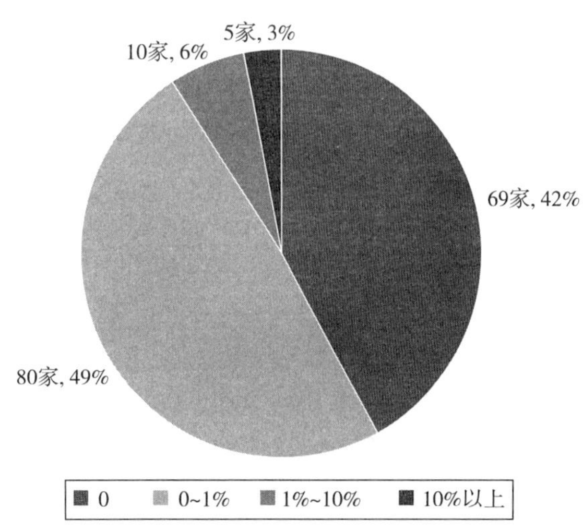

资料来源：Wind，课题组。

图 3-140　2017 年批发和零售业上市公司研究生学历及以上员工人数占比分布情况

3. 绩效管理能力

企业的人力资源竞争力最终体现在企业的经营业绩上，因此课题组用经营业绩的两个衡量指标（营业收入和净利润）与人力资源投入进行比较来衡量人力资源利用率。

年人均产值是企业本年营业收入与员工总人数之比。一般情况下，该比例越高，越能体现企业职工的价值，也越能体现企业职工的整体素质。2017 年，批发和零售业上市公司年人均产值平均水平为 696.41 万元，一般水平为 206.09 万元，行业中 75%的企业年人均产值不超过 530.93 万元。行业差距悬殊，行业最高年人均产值可达 15134.16 万元。与此相比，最低年人均产值只有 2.23 万元。

表 3-67　　2017 年批发和零售业上市公司年人均产值

	均值（万元）	标准差	最小值（万元）	最大值（万元）	Q1（万元）	Q2（万元）	Q3（万元）
年人均产值	696.41	1875.75	2.23	15134.16	109.48	206.09	530.93

资料来源：Wind，课题组。

企业人力投入回报率则是本年净利润与员工平均薪酬的比值。该指标反映了企业在人力资本上每投入一元所获得的回报，是衡量人力资本有效性的核心指标。课题组认为在一定程度下，该指标越高越好。2017 年批发和零售业上市公司人力投入回报率的平均水平为 15.06%，一般水平为 4.50%，75%的上市公司人力投入回报率不超过 12.59%。具体由图 3-141 可以看到，78%的上市公司企业人力投入回报率介于零和 20%之间，10%的上市公司企业人力投入回报率介于 20%和 50%之间，企业人力投入回报率在 50%以上的上市公司更是少之又少，甚至还有 7%的企业人力投入回报率为负值。这说明该行业大部分上市公司相应的激励机制还不够完善，没有充分发挥职工的主观能动性和积极性，企业的人力资源竞争力不够强劲，尚存在上升空间。

表 3-68　　2017 年批发和零售业上市公司企业人力投入回报率

	均值（%）	标准差	最小值（%）	最大值（%）	Q1（%）	Q2（%）	Q3（%）
企业人力投入回报率	15.06	44.30	-33.93	413.59	1.87	4.50	12.59

注：鉴于数据不完整，统计过程中剔除了上海九百。

资料来源：Wind，课题组。

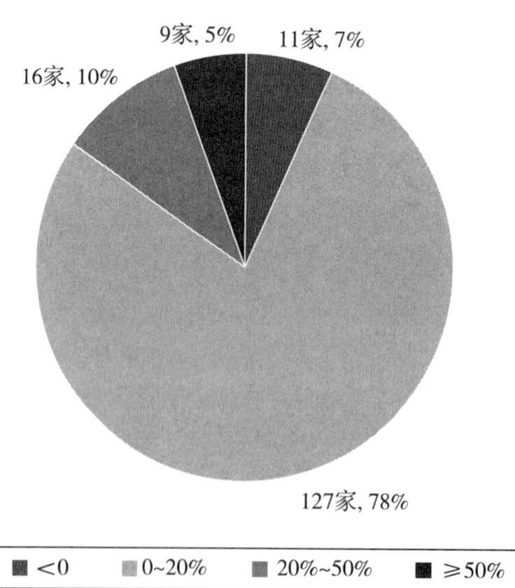

注：鉴于数据不完整，统计过程中剔除了上海九百。

资料来源：Wind，课题组。

图 3-141　2017 年批发和零售业上市公司企业人力投入回报率分布情况

4. 市场业绩能力

课题组认为企业市场占有率越高，表明该企业经营能力和竞争能力越强，公司销售和利润水平越高且越稳定，该企业在市场中的认可程度和知名度也越高，越有利于企业长期的发展。

2017 年批发和零售业的上市公司之间占据的市场份额差距不大，绝大部分（85%）上市公司的市场占有率介于零和 1%之间，且 98%的企业市场占有率小于 5%。由表 3-69 可以看到，行业内市场份额最高的也只有 8.94%。行业内不存在绝对占有市场的企业，市场竞争较为激烈，从该指标上体现出的人力资源竞争力不突出。

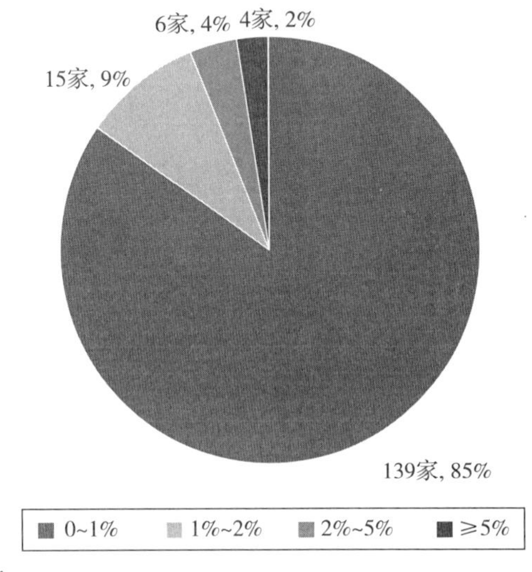

资料来源：Wind，课题组。

图 3-142　2017 年批发和零售业上市公司市场占有率分布情况

表 3-69　2017 年批发和零售业上市公司市场占有率分布 Top10

公司简称	市场占有率（%）
天海投资	8.94
物产中大	7.82
建发股份	6.19
苏宁易购	5.32
厦门国贸	4.66
广汇汽车	4.55
上海医药	3.71
远大控股	2.88
苏美达	2.10
九州通	2.09

资料来源：Wind，课题组。

三、2017 年全国批发和零售业上市公司综合竞争力排名 Top50

公司简称	治理竞争力	管理竞争力	创新竞争力	社会责任竞争力	人力资源竞争力	公司基本指标	总得分	行业排名
海航科技	938.02	943.50	5.01	361.41	426.00	28.62	2702.56	1
东方银星	852.89	1060.07	0.09	380.05	388.54	5.15	2686.79	2
瑞茂通	892.73	889.72	15.53	364.01	365.35	17.25	2544.59	3
物产中大	674.25	935.37	32.52	388.06	411.88	50.97	2493.05	4
远大控股	490.48	992.82	14.53	356.15	591.71	12.45	2458.14	5
苏宁易购	483.36	953.51	77.25	488.28	243.43	203.70	2449.54	6
汇通能源	646.02	1116.45	0.63	444.66	236.40	1.83	2445.98	7
上海医药	586.58	943.43	98.28	495.91	181.52	81.76	2387.48	8
亚夏汽车	933.40	922.41	1.07	431.39	62.65	4.09	2355.01	9
汉商集团	968.96	941.45	0.21	384.39	46.71	4.40	2346.12	10
供销大集	826.12	881.58	3.46	480.03	94.16	49.80	2335.15	11
豫园股份	926.83	874.68	18.28	376.43	103.21	25.95	2325.38	12
恒信东方	697.62	1079.94	72.17	381.45	65.32	7.92	2304.42	13
力源信息	527.35	1187.46	37.80	381.85	150.17	11.63	2296.27	14
益民集团	914.89	819.47	1.13	486.16	65.77	7.37	2294.80	15
爱施德	538.54	1098.18	6.44	378.75	240.86	15.79	2278.56	16
同达创业	841.60	689.31	0.05	397.24	322.52	2.84	2253.57	17
浙商中拓	522.83	993.05	5.28	424.21	289.08	4.92	2239.38	18
厦门国贸	532.31	874.55	10.65	390.39	370.88	31.17	2209.95	19
广东明珠	624.28	900.79	0.00	355.29	304.30	8.78	2193.43	20
龙宇燃油	571.08	973.25	0.63	429.63	193.90	7.38	2175.87	21
华东医药	507.86	961.13	87.34	404.76	119.35	92.29	2172.72	22
建发股份	426.91	853.30	12.51	368.06	453.47	54.85	2169.09	23
辽宁成大	631.67	793.02	18.71	481.48	183.56	46.58	2155.01	24
一心堂	701.41	888.86	2.07	498.33	44.98	18.72	2154.37	25
永辉超市	509.44	918.10	16.01	453.54	83.81	171.81	2152.71	26
国药股份	474.58	1005.40	16.58	383.51	230.72	36.52	2147.30	27
神州数码	548.16	868.03	20.34	369.99	310.04	23.60	2140.16	28
新华百货	696.69	960.47	1.23	424.31	49.50	6.73	2138.94	29
大商股份	549.12	903.78	175.92	411.03	74.17	16.02	2130.05	30
老百姓	641.59	927.06	5.19	473.34	52.00	30.46	2129.63	31

续表

公司简称	治理竞争力	管理竞争力	创新竞争力	社会责任竞争力	人力资源竞争力	公司基本指标	总得分	行业排名
浙江东方	510.73	876.49	3.71	373.99	331.99	27.95	2124.86	32
东方中科	651.65	853.79	72.61	378.02	146.58	3.52	2106.18	33
广汇汽车	532.40	832.92	31.59	409.66	181.92	115.52	2104.01	34
九州通	547.13	856.85	24.42	496.56	116.33	62.17	2103.46	35
天音控股	623.61	878.48	10.74	378.72	191.24	16.33	2099.13	36
海越股份	634.79	891.13	38.08	367.91	158.43	7.12	2097.45	37
同益股份	655.60	884.01	19.87	373.66	161.80	1.93	2096.87	38
上海物贸	608.88	904.99	1.88	465.78	102.33	8.64	2092.50	39
中成股份	408.50	869.40	68.03	348.02	382.91	4.77	2081.63	40
美克家居	634.46	865.61	90.51	421.90	49.02	17.85	2079.35	41
英唐智控	593.83	941.02	41.95	367.79	117.86	11.41	2073.85	42
三江购物	592.16	981.54	3.08	429.89	52.38	13.56	2072.60	43
来伊份	654.94	848.76	2.43	486.25	48.03	9.94	2050.36	44
南宁百货	693.05	905.95	0.68	375.76	67.59	5.90	2048.93	45
北巴传媒	467.62	972.11	0.44	523.18	64.13	5.62	2033.10	46
同济堂	633.77	832.29	0.12	391.66	146.69	18.63	2023.16	47
跨境通	518.61	956.22	27.47	375.35	97.56	47.56	2022.77	48
辉隆股份	623.56	822.12	7.06	402.25	154.70	8.06	2017.75	49
兰州民百	834.85	726.49	0.06	377.27	67.70	9.33	2015.70	50

交通运输、仓储和邮政业

一、行业概况

（一）行业总体情况

交通运输、仓储和邮政业是国民经济体体系中的一个重要物质生产部门，是连接客流、物流和信息流的重要枢纽，是经济发展的基础和先导。交通运输、仓储和邮政业是第三产业的重要组成部分，包括铁路运输业、道路运输业、水上运输业、航空运输业、管道运输业、装卸搬运和运输代理业、仓储业、邮政业八个大类。截至 2017 年 12 月 31 日，交通运输、仓储和邮政业共有上市公司 95 家，其中铁路运输业上市公司 4 家，道路运输业上市公司 34 家，水上运输业上市公司 28 家，航空运输业上市公司 11 家，管道运输业目前没有上市公司，装卸搬运和运输代理业上市公司 5 家，仓储业上市公司 8 家，邮政业上市公司 5 家。

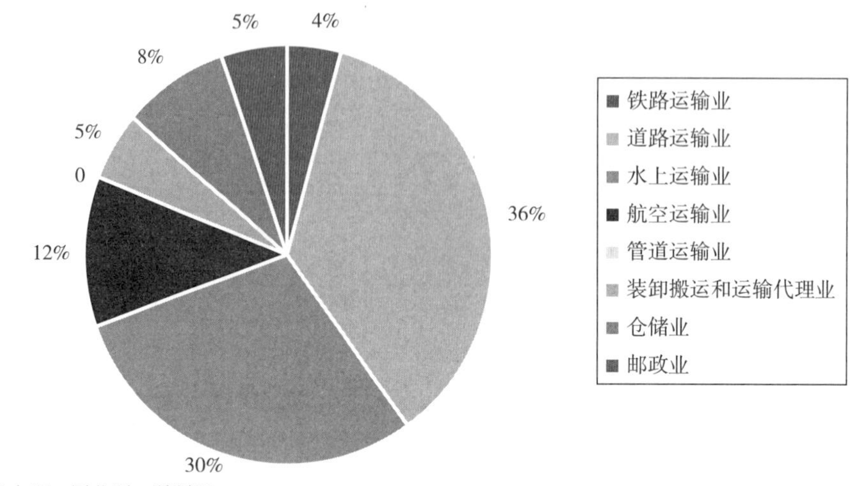

资料来源：同花顺，课题组。

图 3-143　交通运输、仓储和邮政业分布情况

由道路、水路、民航和管道组成的交通运输体系相互促进、互为补充，日益完善；交通运输、仓储和邮政业逐步壮大，在促进经济发展和满足居民日益增长的物质文化消费需求等方面做出了新的贡献。在第三产业中，受工业生产增长加快等因素的带动，交通运输、仓储和邮政业实现了较快发展，根据国家统计局的数据，2017 年交通运输、仓储和邮政业增加值比上年增长 9.0%，提高了 2.4 个百分点。铁路货运周转量累计完成 26962.2 亿吨公里，同比增长 13.3%，公路货运周转量累计完成 66712.51 亿吨公里，同比增长 9.2%，邮政业务总量累计完成 9763.7 亿元，同比增长 32%，交通运输、仓储和邮政业企业营业利润大幅增长。

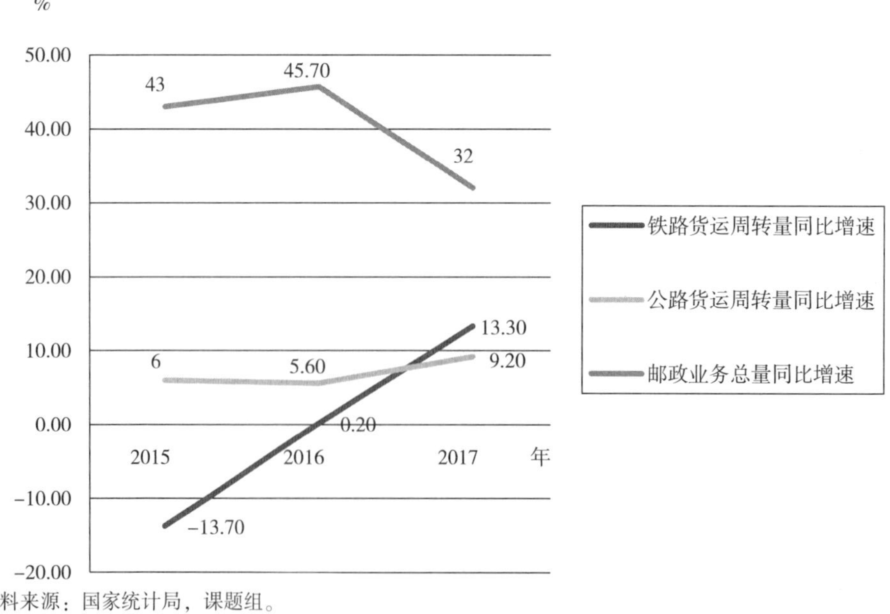

资料来源：国家统计局，课题组。

图 3-144　交通运输、仓储和邮政业各指标同比增速情况

(二) 交通运输、仓储和邮政行业特征

根据近年来的发展态势，交通运输、仓储和邮政行业具有以下几个特征。

1. 规模逐渐壮大。行业上市公司数量有所增加：截至 2017 年 12 月 31 日，交通运输、仓储和邮政业上市公司共 95 家，比上年增加 7 家。营业收入和资产总额增速保持稳定：2017 年交通运输、仓储和邮政业上市公司实现营业收入 11251.23 亿元，同比增长 17.68%；2017 年交通运输、仓储和邮政业上市公司资产总额 27260.36 亿元，同比增长 10.26%。员工总数略有增加：2017 年交通运输、仓储和邮政业上市公司员工总数为 94.25 万人，相较于 2016 年增加了 571 人。

表 3-70　　2017 年交通运输、仓储和邮政业主要指标

行业分类	上市公司数量（家）	比重（%）	员工人数（万人）	比重（%）	营业收入（亿元）	比重（%）	资产（亿元）	比重(%)
铁路运输业	4	4.21	14.48	15.36	863.11	7.67	1755.52	6.44
道路运输业	34	35.79	15.95	16.92	1136.84	10.10	5121.29	18.79
水上运输业	28	29.47	15.17	16.10	2890.02	25.69	8795.72	32.27
航空运输业	11	11.58	29.63	31.44	4549.34	40.43	9929.30	36.42
装卸搬运和运输代理业	5	5.26	1.11	1.18	269.71	2.40	318.96	1.17
仓储业	8	8.42	1.37	1.45	394.01	3.50	345.19	1.27
邮政业	5	5.26	16.54	17.55	1148.20	10.21	994.39	3.65
总计	95	100.00	94.25	100.00	11251.23	100.00	27260.36	100.00

资料来源：同花顺，课题组。

2. 行业结构有所调整，企业经营方式逐步转型。从行业结构上看，近年来交通运输、仓储和邮政业上市公司数量占比发生了明显变化。至 2017 年底，道路运输业上市公司数量占比超过水上运输业，成为上市公司数量最多的行业。随着交通运输的不断发展，运输效率大幅提高，部分企业转变经营方式，雇用第三方物业进行仓储管理或直接出租仓库，转变为以租赁为主的企业，以单纯仓储为主的企业逐渐减少。

3. 邮政业与“互联网+”结合发展。2017 年邮政业上市公司共有 5 家，营业收入 1148.2 亿元，同比增长 24.59%，其中顺丰控股股份有限公司在交通运输、仓储和邮政业上市公司营业收入中排名第一。邮政业的迅速发展和电商的普及有着紧密的联系，公司与电商合作增加了快递业务量，营业收入增长迅速。随着网购模式的日益成熟，对快递送达的时间、质量等要求日趋提高，企业运营模式也因此逐渐转变，从原先以人力分拣派送为主，转变为自动化分拣，在提高效率的同时降低了人力成本，进一步促进了邮政业的快速发展。

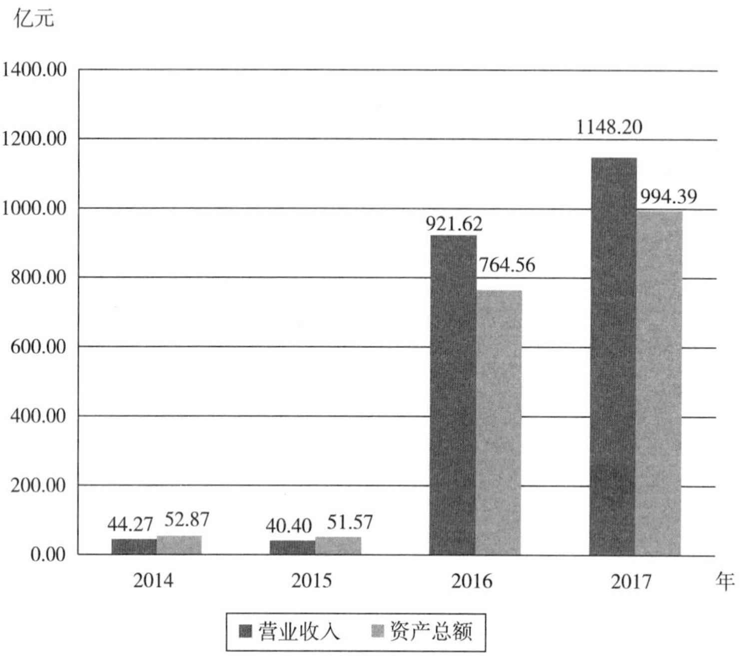

资料来源：同花顺，课题组。

图 3-145　邮政业主要指标

二、行业综合竞争力分析

（一）治理竞争力

对上市公司而言，良好的治理竞争力既有助于降低企业内部运营成本，还能不断增强管理层的运作效率，是确保公司持续高效运作的关键环节。对交通运输、仓储和邮政业治理竞争力情况的分析主要从公司股权结构、公司治理架构情况、董事激励与监事激励、三会次数、社会影响力六个方面入手。

1. 公司股权结构

（1）股权集中度

截至 2017 年 12 月 31 日，交通运输、仓储和邮政业的 95 家 A 股上市公司的第一大股东持股比例均值达到 43.03%，处于相对控股区间内。其中绝对控股上市公司共有 32 家，占比 33.68%；相对控股上市公司 56 家，占比 58.95%；股权分散上市公司 7 家，占比 7.37%。总体而言，交通运输、仓储和邮政业上市公司的股权结构呈现出集中的特点。截至 2017 年底，在交通运输、仓储和邮政业所有上市公司中，股权集中度最大的 3 家公司均为国有控股公司。课题组经过对比发现，相对于民营企业和外资企业，国有控股公司的股权集中度较高。

表 3-71　　2017 年交通运输、仓储和邮政业上市公司控股模式比重

控股模式	数量（家）	比重（%）	CR1
绝对控股	32	33.68	(50，100)
相对控股	56	58.95	(20，50)
股权分散	7	7.37	(0，20)

资料来源：Wind，课题组。

图 3-146 显示了 2013—2017 年我国交通运输、仓储和邮政业上市公司的股权集中度变化，这里的股权集中度由 CR1 代表。从图中可以看出，近年来行业上市公司的 CR1 维持在 43%的水平并上下波动，处于相对控股的稳定状态。

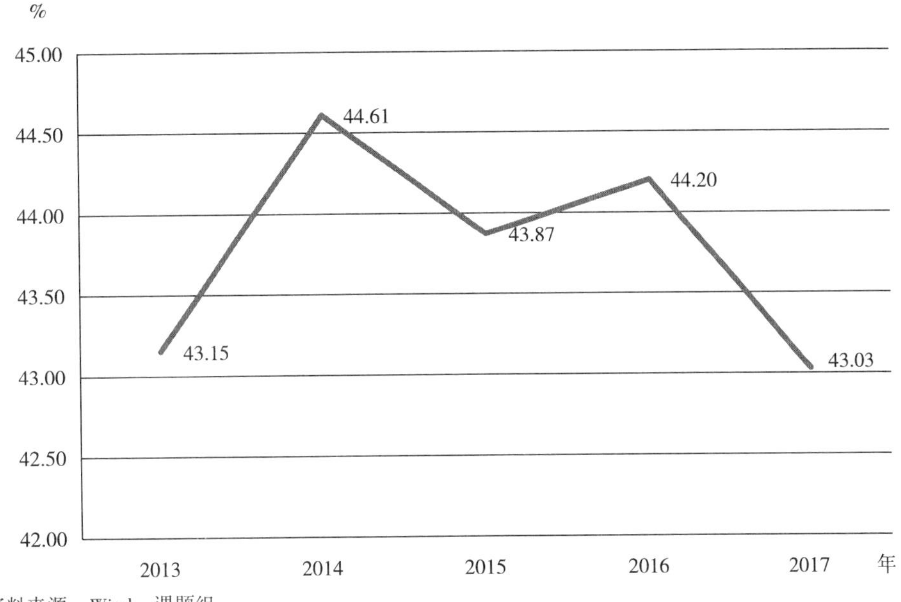

资料来源：Wind，课题组。

图 3-146　交通运输、仓储和邮政业股权集中度

（2）股权制衡度

课题组采用 Z 指数和 S 指数两大指标衡量股权制衡度。分析 2013—2017 年交通运输、仓储和邮政业上市公司的 Z 指数和 S 指数相关数据，课题组发现上市公司股权制衡度之间存在较大差异：Z 指数的最小值在 0.01 左右波动，在这种情况下，当第一大股东做出不利于公司整体发展的决策时，其他股东可以有能力与之对抗；Z 指数的最大值在 3 左右波动，在这种情况下，第一大股东完全掌控公司，当他做出为个人利益牺牲公司整体经营绩效的决定时，其他股东无法对其采取有效的干涉措施。

表 3-72　2013—2017 年交通运输、仓储和邮政业上市公司 Z 指数与 S 指数

年 份	统计指标	Z 指数	S 指数
2013	均值	0. 537	0. 619
	最大值	2. 998	3. 684
	最小值	0. 007	0. 012
2014	均值	0. 517	0. 624
	最大值	3. 030	4. 451
	最小值	0. 003	0. 005
2015	均值	0. 513	0. 603
	最大值	2. 730	3. 134
	最小值	0. 016	0. 030
2016	均值	0. 548	0. 650
	最大值	2. 737	2. 911
	最小值	0. 017	0. 028
2017	均值	0. 561	0. 745
	最大值	2. 786	2. 967
	最小值	0. 014	0. 066

资料来源：同花顺，课题组。

从均值这个维度上看，交通运输、仓储和邮政业的股权制衡度均小于 1，保持在 0. 6 左右。2013—2017 年 Z 指数基本稳定，S 指数呈现上升趋势，这表明股权逐渐从第一大股东手中向其他股东分散，其他股东对第一大股东的制衡能力有所加强，这有助于提高公司的整体业绩和治理竞争力水平。

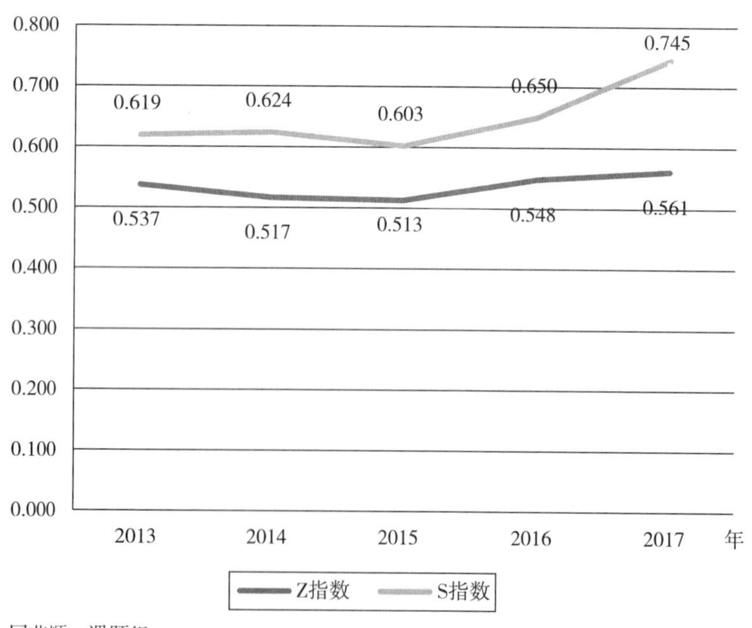

资料来源：同花顺，课题组。

图 3-147　2013—2017 年交通运输、仓储和邮政业上市公司 Z 指数与 S 指数均值

2. 公司治理架构情况

（1）董事长与总经理分离

课题组统计整理了交通运输、仓储和邮政业上市公司董事长与总经理分离情况（剔除缺失数据），统计结果显示董事长与总经理两职合一的公司数量占比在11%左右浮动，而董事长与总经理两职分离的公司数量占比在80%左右浮动，两职合一的公司仅为两职分离公司的1/8左右。由此可以看出，我国上市公司大多数倾向于两职分离的组织形式。

表3-73　2013—2016年交通运输、仓储和邮政业上市公司两职分离情况

年份	兼任（家）	占比（%）	分设（家）	占比（%）
2013	9	11.39	70	88.61
2014	8	10	72	90
2015	9	11.11	72	88.89
2016	11	13.25	72	86.75

资料来源：CSMAR，课题组。

（2）上市公司董事会与监事会

由统计数据可得，2013—2016年独立董事比例大于1/3的公司比例和监事会成员不少于3人的公司比例均维持在接近100%的水平，由此可以看出交通运输、仓储和邮政业绝大部分上市公司的独立董事比例和监事会成员人数均达到要求。从2013—2016年四委会设立数量上看，设立完整四委会的公司比例四年间总体呈上升趋势，并且都保持在77%以上。

表3-74　2013—2016年交通运输、仓储和邮政业上市公司董事会和监事会治理情况

年份	独立董事比例大于1/3的公司比例	监事会成员不少于3人的公司比例	设立完整四委会的公司比例
2013	1.00	1.00	0.78
2014	0.98	1.00	0.77
2015	0.98	0.99	0.80
2016	0.97	1.00	0.81

资料来源：CSMAR，课题组。

3. 董事激励与监事激励

董事报酬是一种公司治理的强化机制，当董事会保持独立时，其报酬结构能更好地激励董事履行监管职能。

监事薪酬不仅为监事的监督工作提供相应的补偿，也为提高监事工作的积极性，减少监事与代理人合谋情况的出现提供必要的激励。

（1）领取报酬董事比例和领取报酬监事比例

总体而言，2013—2016 年，交通运输、仓储和邮政业上市公司领取报酬董事比例和监事比例均呈现下降态势，领取报酬董事比例大体稳定在 70%的水平，领取报酬监事比例大体稳定在 60%的水平。2016 年，上市公司领取报酬董事比例降至 69.9%，领取报酬监事比例降至 59.3%。在一定程度上说明从整体而言行业上市公司领取报酬董事比例和监事比例处于较高的水平，公司期望通过领取报酬的方式优化董事和监事的激励体系来提高自身公司的治理竞争力水平，但近年来呈现略微下滑趋势，需要引起重视。

表 3-75　2013—2016 年交通运输、仓储和邮政业上市公司领取报酬董事比例和监事比例

年份	领取薪酬董事比例	领取薪酬监事比例
2013	0.715	0.612
2014	0.709	0.605
2015	0.712	0.595
2016	0.699	0.593

资料来源：CSMAR，课题组。

（2）金额最高前三名董事报酬总额应付职工薪酬比

从细分行业角度看，交通运输、仓储和邮政业各个子行业中金额最高前三名董事报酬总额应付职工薪酬比存在较大差异，其中道路运输业的金额最高前三名董事报酬总额应付职工薪酬比最大，均值高达 34.15%，这说明道路运输业认识到了董事激励的重要性，希望通过提高董事报酬水平来优化该行业上市公司的治理水平；铁路运输业的金额最高前三名董事报酬总额应付职工薪酬比最小，均值只有 1.54%，对于董事激励对公司发展的重要性，铁路运输业没有引起充分重视。

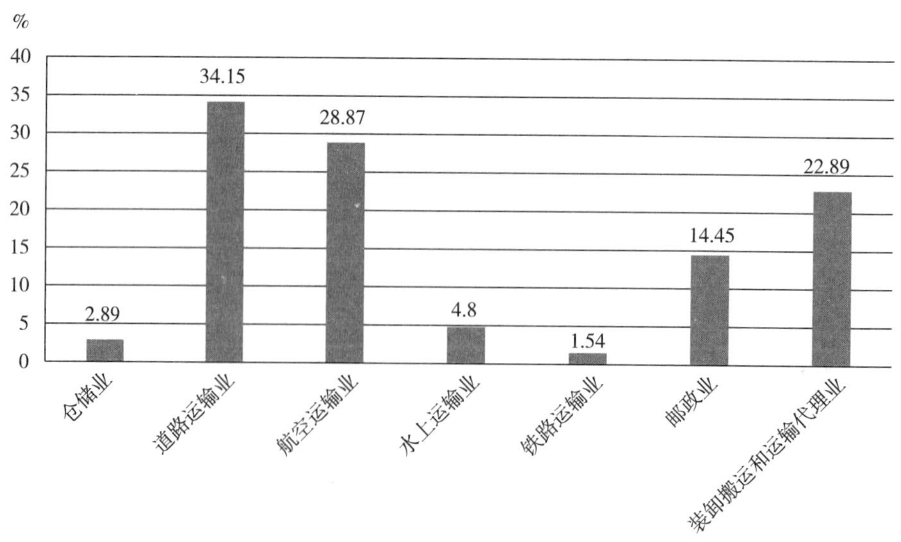

资料来源：CSMAR，课题组。

图 3-148　2017 年交通运输、仓储和邮政业金额最高前三名董事报酬总额应付职工薪酬比

4. 三会次数

股东大会作为企业最重要的权力机构，负责对公司的重大事项做出决议。股东大会能否发挥实际的功能从本质上决定了整个公司治理架构是否合理。由统计数据我们可以看出，2013—2017 年交通运输、仓储和邮政业上市公司召开股东大会会议次数整体上有上升的态势，公司更加注重股东的意见，股东参与管理公司的意愿也更加强烈。上市公司召开股东大会的次数达到 4 次及以上的公司数量比例逐年上升，由 2013 年的 21.69%上升至 2017 年的 47.06%，这表明随着经济的发展以及竞争的日益激烈，上市公司越来越重视股东大会。

董事会会议是董事发挥其职能的重要途径。在一定程度上，董事会会议次数与企业业绩正相关。由统计数据我们可以看出，2013—2017 年交通运输、仓储和邮政业上市公司召开董事会会议次数整体上有上升的趋势，公司需要在竞争激烈的环境中不断根据自身发展状况与市场环境做出及时有效的调整，优化治理结构，使公司不被市场所淘汰。从 2013—2017 年的数据来看，行业上市公司召开董事会会议的次数达到 10 次及以上的公司数量比例呈现上升趋势，从 2013 年的 32.53%上升至 2017 年的 47.06%，这表明随着经济的不断发展以及竞争的日趋激烈，上市公司需要提高自身的治理水平，在合理范围内召开高频率的董事会会议，使公司在面临突发情况时做出有效的战略决策，及时对市场环境进行反应，减少公司的不必要损失，提高公司的治理能力和整体发展水平。

由统计数据我们可以看出，2013—2017 年交通运输、仓储和邮政业上市公司召开监事会会议次数整体上有上升的趋势，公司需要在竞争激烈的环境中提高公司的监督水平，以此提高治理水平和整体绩效水平。从 2013—2017 年的数据来看，上市公司召开监事会会议的次数达到 6 次及以上的公司数量比例逐年增加，由 2013 年的 40%上升至 2016 年的 55.56%，这表明随着市场竞争的不断加剧，上市公司要想提高自身治理水平和绩效水平，就需要提高自身的监督管理水平。公司不断提高对监事会的重视程度，监事会会议召开次数逐年增加，这种良好的态势有助于监事之间加强信息交流，提高监督管理水平和治理水平。

表 3-76　　2013—2017 年交通运输、仓储和邮政业三会次数情况

	统计指标	2013 年	2014 年	2015 年	2016 年	2017 年
股东大会会议次数	均值（次）	2.63	2.9	2.85	3.4	3.39
	≥4 次的公司占比（%）	21.69	34.52	25.29	37.08	47.06
董事会会议次数	均值（次）	8.58	9.2	9.63	10.26	10.14
	≥10 次的公司占比（%）	32.53	35.71	47.13	55.06	47.06
监事会会议次数	均值（次）	5.6	5.7	5.28	6.12	5.67
	≥6 次的公司占比（%）	40	39.13	28	53.85	55.56

资料来源：CSMAR，课题组。

5. 社会影响力

比较 2017 年交通运输、仓储和邮政业中未解决官司个数的分布情况，课题组发现大部分公司的未解决官司均在 10 个以下，说明大部分公司比较注重企业形象，希望能在社会上塑造正面的影响力，以提高治理竞争力水平。圆通速递、中国国航等四家公司不存在未解决官司，说明企业注重自身的社会影响，治理竞争力得到提升，与企业发展水平也呈现正相关关系。

表 3-77　　2017 年交通运输、仓储和邮政业未解决官司情况

区间	公司数量（个）
0~5 个	15
5~10 个	7
10~15 个	3
15 个以上	4

资料来源：CSMAR，课题组。

（二）管理竞争力

课题组从增长能力、偿债能力、运营能力以及盈利能力四个方面考察交通运输、仓储和邮政业的管理竞争力情况。

1. 增长能力

课题组统计整理了 2013—2017 年交通运输、仓储和邮政业上市公司增长能力的相关指标情况，营业收入增长率增幅明显，由 2016 年的 8.27%增至 2017 年的 31.74%，这说明 2017 年交通运输、仓储和邮政业上市公司发展迅猛，这得益于我国整体经济实力的提升，以及宏观行业政策的帮扶。净资产增长率在近几年变化幅度较大，由 2015 年的-28.54%增至 2016 年的 25.07%，再降至 2017 年的 13.18%，这可能是因为行业前期的快速发展导致趋于饱和状态，发展遇到一定的瓶颈，导致净资产增长率下降，因此公司需要更新自己的技术，强化自己的优势。总资产增长率总体呈现平稳发展略微向上的增长趋势，从 2013 年的 7.30%增至 2017 年的 9.38%，这应该也是得益于行业政策的良好引领。

2. 偿债能力

交通运输、仓储和邮政业上市公司资产负债率自 2013 年一直呈现小幅下降趋势，由 2013 年的 53.16%降至 2017 年的 41.58%。近几年流动比率、速动比率和固定资产比率维持在一个相对稳定的状态，这说明行业的发展进入稳定期。

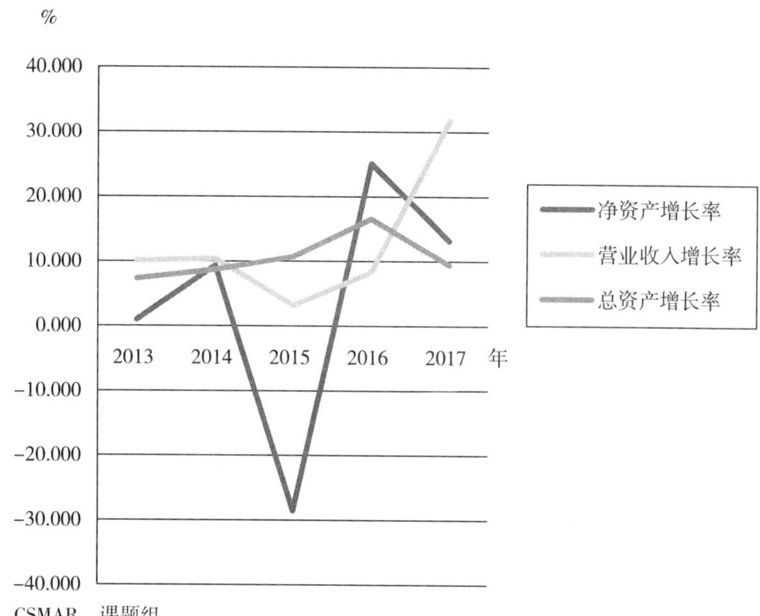

资料来源：CSMAR，课题组。

图 3-149　2013—2017 年交通运输、仓储和邮政业增长能力相关指标

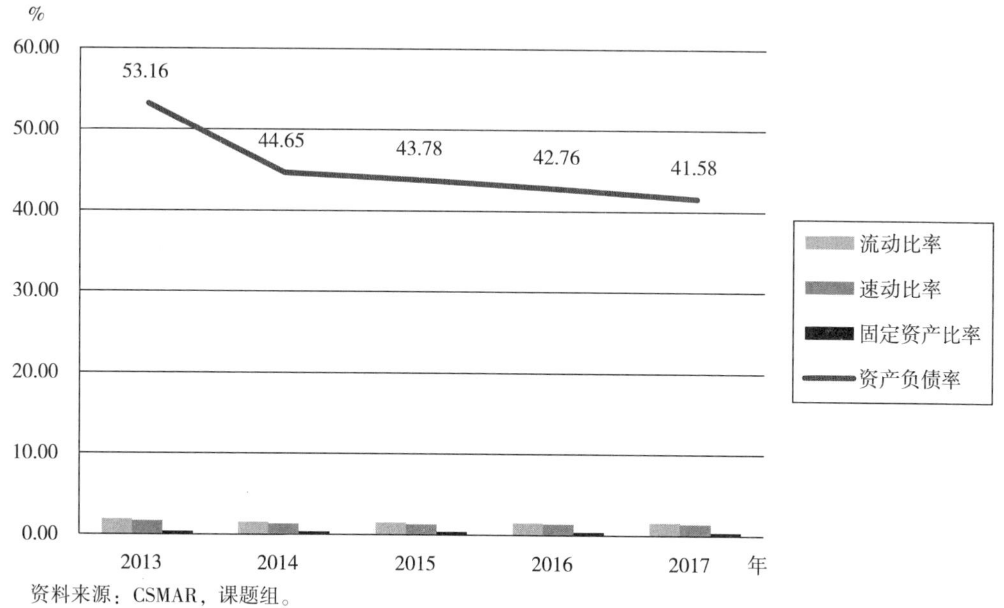

资料来源：CSMAR，课题组。

图 3-150　2013—2017 年交通运输、仓储和邮政业偿债能力相关指标

（1）资产负债率

从细分行业的角度出发，我们可以从图 3-151 中看出只有邮政业的资产负债率水平在近几年呈现上升的趋势，由 2013 年的 32.93%上升至 2017 年的 36.05%，这种上升趋势说明邮政业现在处于快速发展的阶段，行业扩张经营导致企业负债整体水平提升。同时道路运输业、航空运输业和水上运输业均保持较高的资产负债水平，与铁路运输业只有 25%以下的资产负债率形成鲜明对比，说明资产负债率有着较大的行业性。

（2）流动比率和速动比率

2017 年所有细分行业的流动比率均在 1.5 左右，总体的偿债能力较好。其中水上运输业最少，只有 1.23，这表明该行业的短期偿债能力较弱；仓储业、装卸搬运和运输代理业的流动比率均在 2 以上，行业上市公司的资产变现能力较强，但也有可能存在存货积压或者持有现金过多的问题。

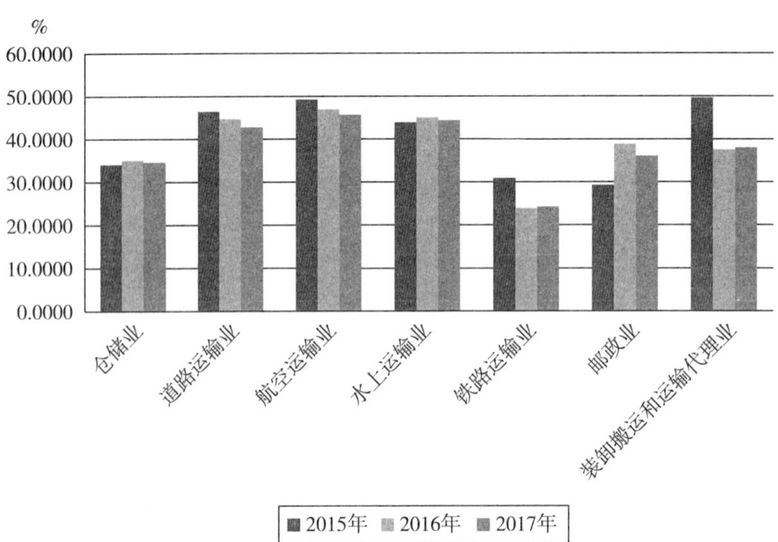

资料来源：CSMAR，课题组。

图 3-151　2015—2017 年交通运输、仓储和邮政业各细分行业资产负债率

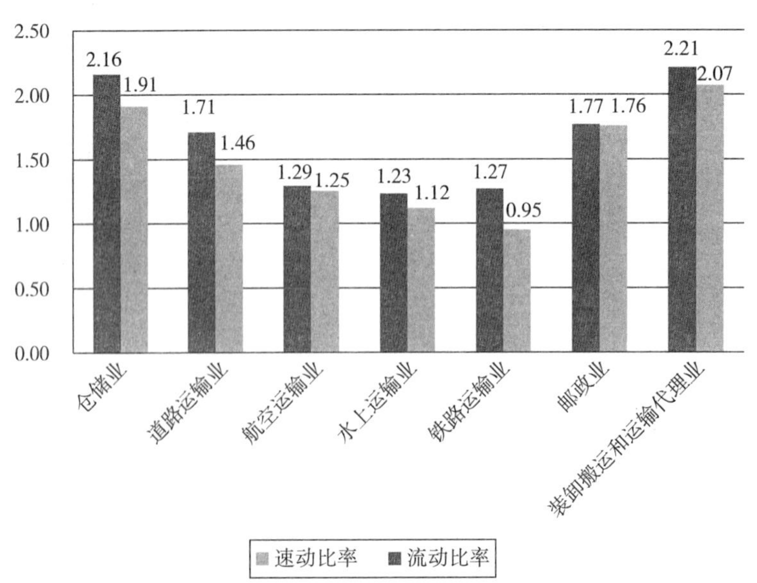

资料来源：CSMAR，课题组。

图 3-152　2017 年交通运输、仓储和邮政业各细分行业流动比率和速动比率

2017 年大部分细分行业的速动比率均维持在 1 以上，处在比较合理的范围内。其中装卸搬运和运输代理业速动比率高达 2. 07，说明该行业具有大量的可以变现的速动资产，企业的流动性较好。铁路运输业速动比率小于 1，该行业上市公司的短期偿债能力较差。

（3）固定资产比率

从细分行业的角度看，固定资产比率差异比较大：航空运输业、水上运输业和铁路运输业固定资产比率较大，为 0. 5~0. 6；仓储业、道路运输业、邮政业、装卸搬运和运输代理业的固定资产比率较小，为 0. 2~0. 3。航空运输业、水上运输业和铁路运输业等老牌运输行业，需要一定比重的固定资产作为支撑；而在仓储业、邮政业等行业中，新兴企业占有相当大比重，所以在很大程度上拉低了该行业的固定资产比率水平。

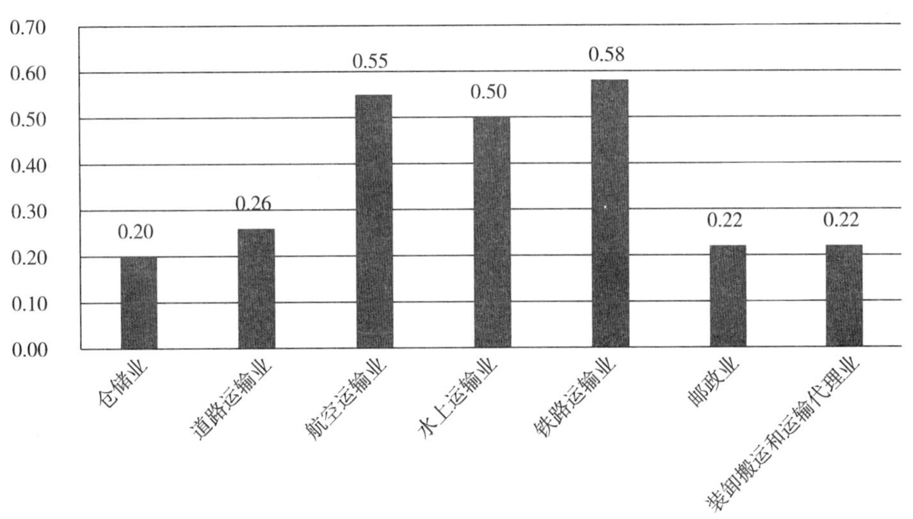

资料来源：CSMAR，课题组。

图 3-153　2017 年交通运输、仓储和邮政业各细分行业固定资产比率

3. 运营能力

课题组统计分析了 2013—2017 年交通运输、仓储和邮政业运营能力的相关指标，从图 3-154 可以看出行业存货周转率经历了先降后增的变化趋势，近三年呈现上升态势，由 2015 年的 40. 23 升至 2017 年的 49. 94，表明该行业上市公司的存货整体利用效率有了较为显著的提升，存货变现速度加快，资金使用效率较前两年有所提升。在应收账款周转率方面，行业整体水平呈现下降趋势，但略有回升，从 2015 年的 21. 83 升至 2017 年的 22. 79。这表明行业整体应收款项周转速度不佳，但行业上市公司已经认识到这个问题的严重性，逐步提升短期偿债能力和经营水平。

观察 2017 年交通运输、仓储和邮政业各细分行业的总资产周转率和流动资产周转率情况，发现大部分细分行业总资产周转率为 0. 4~0. 9，流动资产周转率为1. 5~2。其中邮政业处于领先水平，总资产周转率达到 1. 4，流动资产周转率达到 2. 56，这可能与该行业上市公司资产利用效率高，业务盈利能力强有关；而水上运输业的总资产周转率和流动资产周转率均处于下游水平，行业上市公司大多属于国有控股类型，垄断程度较高、效率低下、不良贷款和长期贷款较多，最终导致周转效率低下。

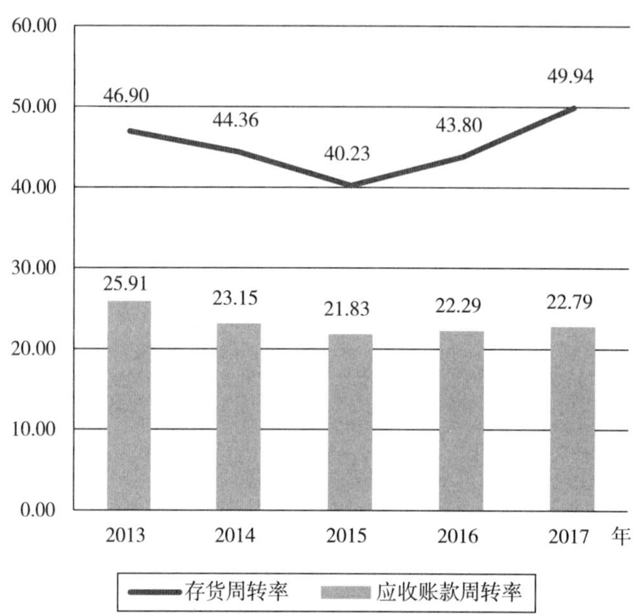

资料来源：Wind，课题组。

图 3-154　2013—2017 年交通运输、仓储和邮政业运营能力相关指标

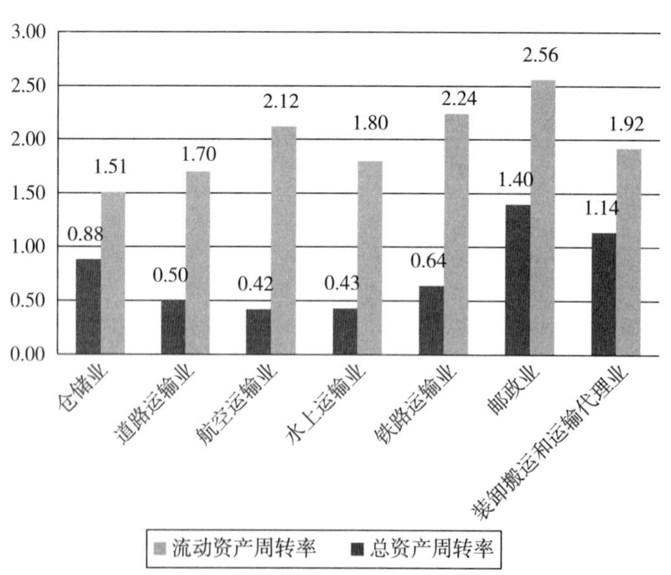

资料来源：Wind，课题组。

图 3-155　2017 年交通运输、仓储和邮政业各细分行业运营能力相关指标

4. 盈利能力

交通运输、仓储和邮政业上市公司的各个盈利指标均呈现小幅下滑总体上升的趋势，保持稳中有升的良好态势，在 2017 年均达到近五年的最高值，这表明该行业发展保持了积极态势，具有良好的成长性。

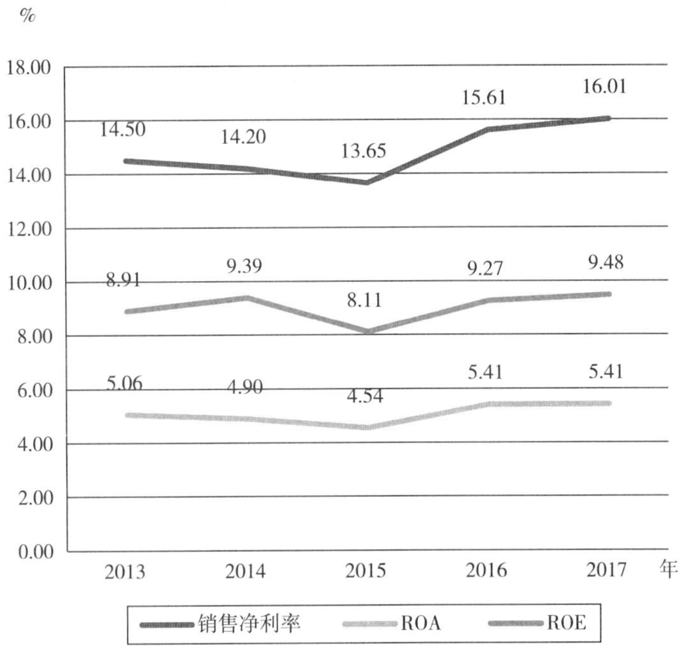

资料来源：Wind，课题组。

图 3-156　2013—2017 年交通运输、仓储和邮政业盈利能力相关指标

（1）销售净利率

从细分行业的角度看，各行业上市公司的销售净利率水平存在很大的区别，道路运输业领先于其他行业，销售净利率水平达到 23.59%，而仓储业的表现并不令人满意，只有 7.43%。究其原因，道路运输业有政府的帮扶，发展时间较早，发展程度较高，因此获取的营业利润也较多。而仓储业由于流动性较高，风险性较小的特点，导致其销售净利率不高。

（2）总资产收益率和净资产收益率

观察分析 2017 年交通运输、仓储和邮政业各细分行业 ROA 和 ROE 的指标情况，各个行业之间的盈利水平差距明显。大部分行业的 ROA 水平稳定在 4%～6%，ROE 水平稳定在 6%～8%，其中邮政业上市公司 ROA 和 ROE 明显高于其他细分行业，这是因为邮政业积极与电商合作，改进企业自身运营模式，通过快速增加业务量使营业收入迅速增长。2017 年 ROA 和 ROE 指标最高的五家上市公司中邮政业就占到三家，其中韵达股份的增长能力位居第一，极大地带动了整个行业的快速发展。

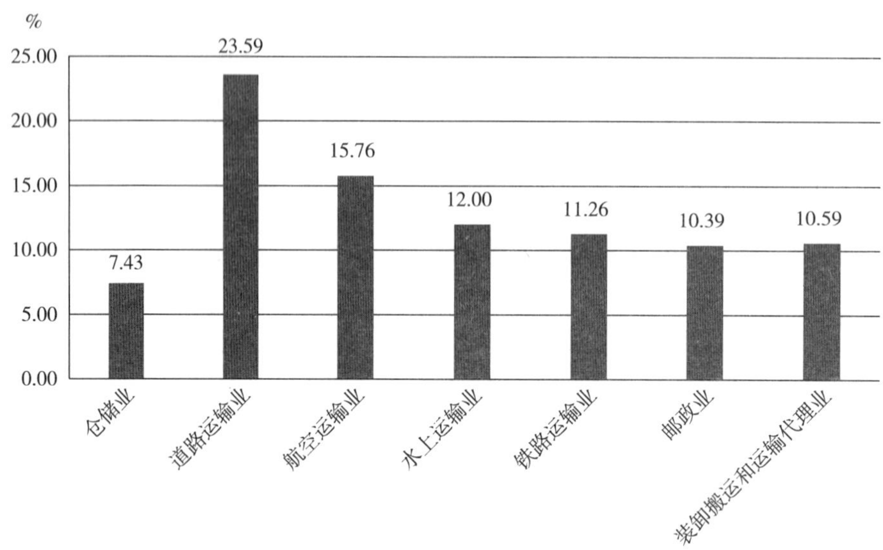

资料来源：Wind，课题组。

图 3-157　2017 年交通运输、仓储和邮政业各细分行业销售净利率

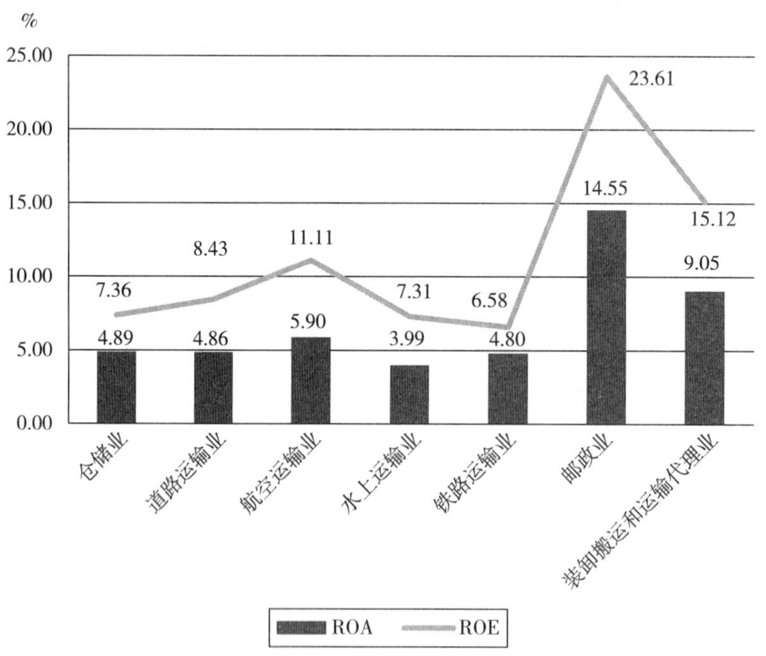

资料来源：Wind，课题组。

图 3-158　2017 年交通运输、仓储和邮政业各细分行业 ROA 和 ROE 指标情况

（三）创新竞争力

课题组从创新投入和创新产出两大维度衡量交通运输、仓储和邮政业的创新竞争力。

1. 创新投入

2017 年交通运输、仓储和邮政业共有 36 家上市公司进行研发投入的披露，平均研发投入占比为 0. 93%，较 2016 年 0. 8%的研发投入占比上升了 0. 13 个百分点，整体变化不大。从细分行业上看，行业之间的研发投入占比程度差距较大，仓储业明显高于其他行业，高达 2. 62%，而航空运输业的研发投入占比只有 0. 075%，说明该行业上市公司普遍不看重对技术研发的投入。在研发人员方面，2017 年交通运输、仓储和邮政业平均研发人员占比为 5. 71%，其中仓储业、装卸搬运和运输代理业的研发人员占比都达到 8%以上，尤其是仓储业的音飞储存、新宁物流和欧浦智网的研发人员占比位居行业前十，均在 12%以上，这说明相较于老牌行业，新兴行业更加注重对人才的培养和科技的研发。

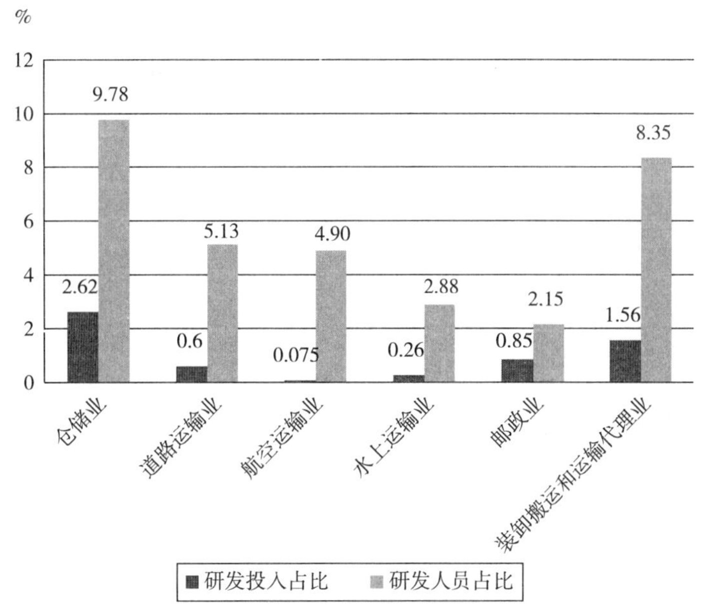

资料来源：CSMAR，课题组。

图 3-159　2017 年交通运输、仓储和邮政业各细分行业研发投入占比和研发人员占比

企业可以因为研究开发、技术更新及改造等方式获得政府的补贴或奖励，政府补贴对企业提高创新绩效有积极的作用。总体而言，政府补贴大多倾向于国有控股上市公司。在 2017 年行业政府补贴的数据中对航空运输业、水上运输业和邮政业的政府补贴投入较大，这些行业都属于国有控股程度较高或者发展前景较好的行业。同时对道路运输业、装卸搬运和运输代理业的政府补贴在 2017 年有显著增长。

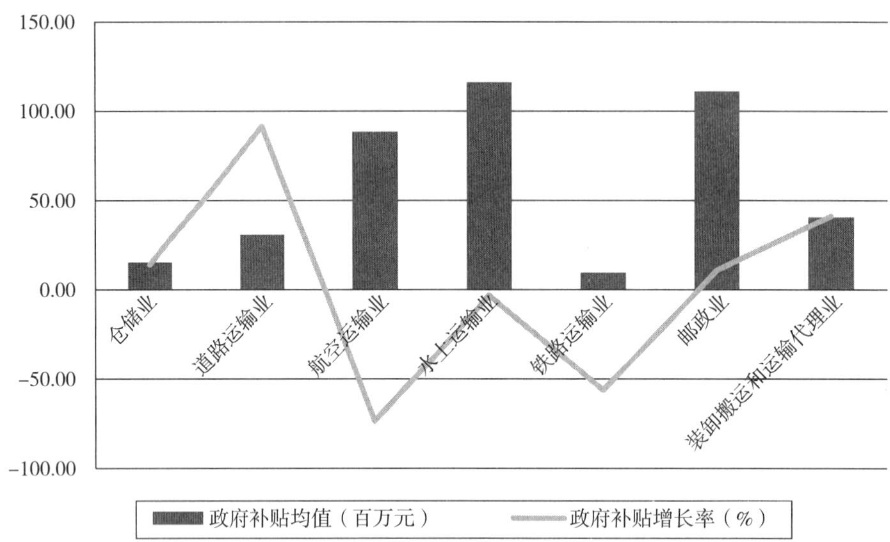

资料来源：CSMAR，课题组。

图 3-160　2017 年交通运输、仓储和邮政业政府补贴情况

2. 创新产出

企业创新投入的目的就是得到创新产出结果并加以应用，因此创新产出也是企业创新竞争力的重要衡量标准。专利是企业创新活动产出的一个重要衡量指标，可分为发明专利、实用新型专利和外观设计专利。

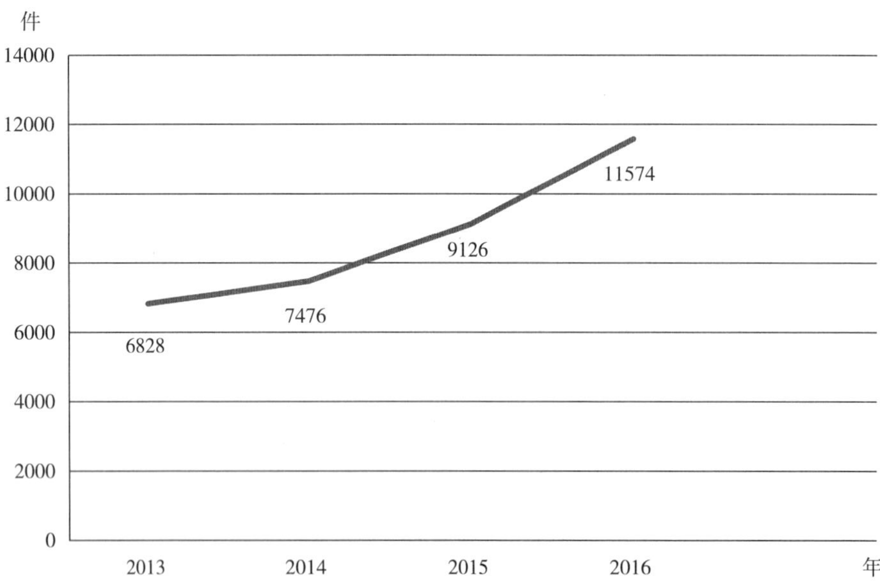

资料来源：CSMAR，课题组。

图 3-161　2013—2016 年交通运输、仓储和邮政业有效专利数量

2013—2016 年，每年有效专利数量增长率呈现上升趋势，由 2014 年的 9.49%增至

2016年的26.82%，这表明整个行业更加注重有效专利的申请，也从侧面反映出整个行业越来越重视对专利的保护，对创新产品的研发。其中邮政业的韵达股份每年均处于专利数排行的榜首位置，2017年有效专利累计数量高达1323件，由此可见与互联网高度结合的行业上市公司尤其注重创新竞争力的提升。

（四）社会责任竞争力

企业主动承担社会责任，不仅能够积极改善与政府、投资者、员工、供应商的关系，还能在社会上塑造良好的企业形象，提升企业的社会责任竞争力。

1. 法律责任

企业承担法律责任不仅是对国家、政府、法律的尊重，更是企业生存发展的基础。课题组从对政府的责任衡量行业上市公司的法律责任。

2013—2017年，交通运输、仓储和邮政业承担法律责任的意识逐步加强，在对政府的责任这一指标上呈现增长的趋势，由2013年的0.025增至2017年的0.029。通过进一步研究细分行业可以发现邮政业的法律承担意识明显高于其他行业，对政府的责任这一指标高达0.064，远远高于行业平均水平，这表明随着邮政业不断快速发展，其法律承担态度也呈现出领先状态。同时国有控股程度较高的航空运输业在这方面也表现优异，春秋航空尤为出色，在行业中处于领先水平，2017年对政府的责任这一指标高达0.134。

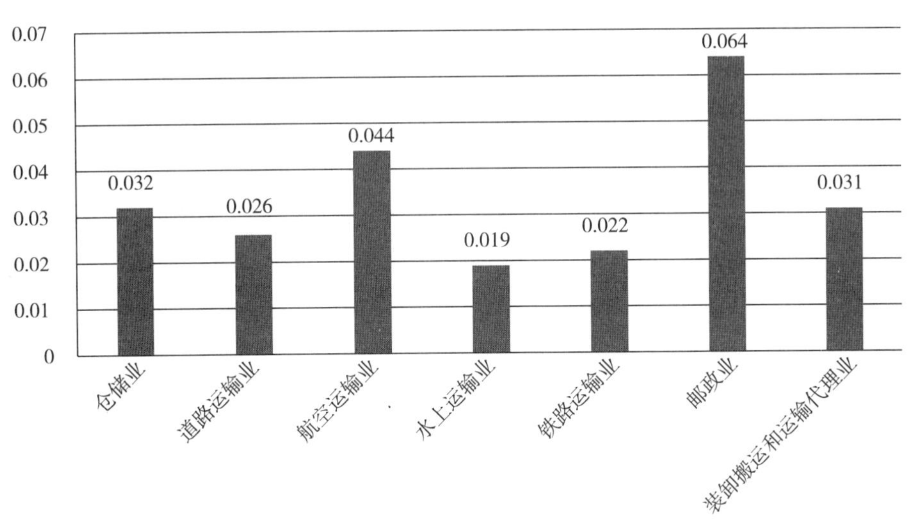

资料来源：CSMAR，课题组。

图3-162　2017年交通运输、仓储和邮政业各细分行业对政府的责任

2. 经济责任

2013—2017 年交通运输、仓储和邮政业对投资者的责任和对员工的责任数据指标均呈现增长态势，其中在 2017 年对员工的责任指标快速增长，由 2016 年的 0. 074 增至 2017 年的 0. 149，增幅达 101%，说明随着行业的发展，公司提高了对经济责任的承担，尤其是对员工经济责任的承担。其中邮政业更加注重对投资者的责任，韵达股份和申通股份分别占据头两名，这表明随着经济实力的不断增强，企业也更加注重对投资者经济责任的承担。

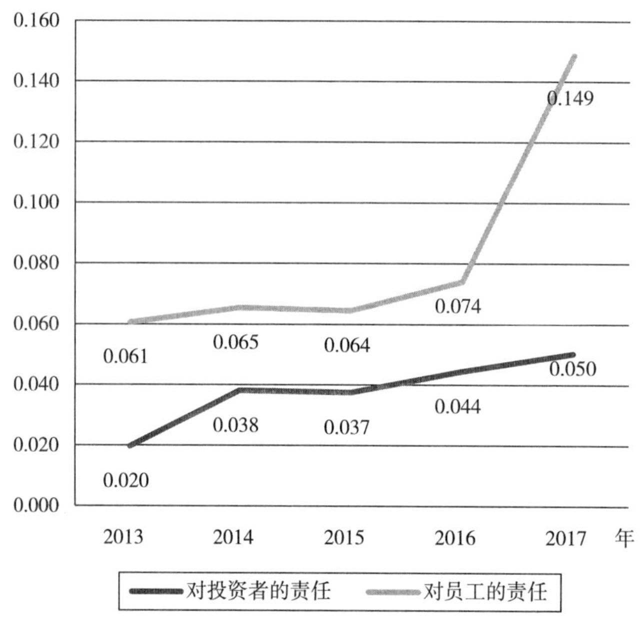

资料来源：CSMAR，课题组。

图 3-163　2013—2017 年交通运输、仓储和邮政业对投资者和对员工的责任

3. 伦理责任

课题组通过分析 2017 年各细分行业的就业增长率来考察行业的整体伦理责任。各个细分行业之间的就业增长率相差很大，如已经趋于稳定的道路运输业的就业增长率就很小，只有 0. 04%，几乎没有就业岗位的增加，这说明行业已经达到饱和状态；但快速扩张的行业，诸如邮政业、装卸搬运和运输代理业的就业增长幅度就较大，分别达到 20. 84%和 18. 84%，这说明该行业正处于快速扩张阶段，有大量的就业岗位空缺，其中邮政业的申通股份就业增长率最大，高达 73. 15%，说明该公司处于快速成长阶段，在吸纳员工就业方面进步空间很大，承担的伦理责任相对较多。

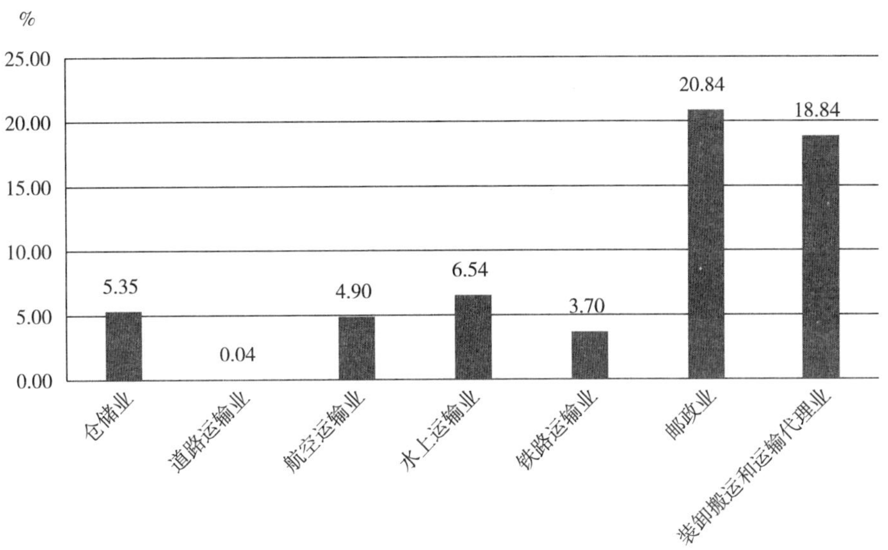

资料来源：CSMAR，课题组。

图 3-164　2017 年交通运输、仓储和邮政业各细分行业就业增长率

（五）人力资源竞争力

1. 薪酬管理能力

比较分析 2013—2017 年交通运输、仓储和邮政业的薪酬管理能力相关数据，可以发现行业总体呈现增长趋势，从 2013 年的 1.75 亿元增至 2017 年的 2.43 亿元，其中每年增长幅度都保持在 10%以上，2016 年高达 19.56%，这说明行业在快速发展阶段注重员工薪酬，希望通过保持合理的薪酬增速调动职工的积极性，提高职工对公司的认同感，进一步促进公司的发展。比较 2017 年各个上市企业的职工薪酬，行业前十的上市公司中大多来自航空运输业、水上运输业等国有控股程度较高的行业，这表明国有企业相较于新兴企业更加注重员工薪酬的激励，同时邮政业的顺丰控股也占据第三名，表明企业在发展扩张的同时薪酬管理能力也随之提高。

表 3-78　　2017 年交通运输、仓储和邮政业应付职工薪酬前十大公司

公司简称	所属行业	应付职工薪酬（元）
南方航空	航空运输业	3366000000. 00
东方航空	航空运输业	3034000000. 00
顺丰控股	邮政业	2720706062. 61
中国国航	航空运输业	2533032000. 00
中远海控	水上运输业	2067178129. 52
大秦铁路	铁路运输业	765288355. 00
上港集团	水上运输业	507645577. 09

续表

公司简称	所属行业	应付职工薪酬（元）
上海机场	航空运输业	498869471.71
海航控股	航空运输业	481546000.00
秦港股份	水上运输业	343059198.72

资料来源：Wind，课题组。

2. 人员招聘和配置能力

比较2017年交通运输、仓储和邮政业研究生学历及以上员工人数占比数据发现，目前行业总体高素质人才占比偏低。近一半的上市公司研究生学历及以上员工人数占比只有0~1%，这在一定程度上说明企业创新能力和科研能力稍显不足，对高素质人才的重视程度也较低。道路运输业的申通地铁在这方面处于行业领先，从2013年开始研究生学历及以上员工人数占比均在15%以上，2017年达到17.87%，相较于其他上市公司更加注重高素质人才所带来的高效的人力资源，也更加重视人力资源竞争力的提升。

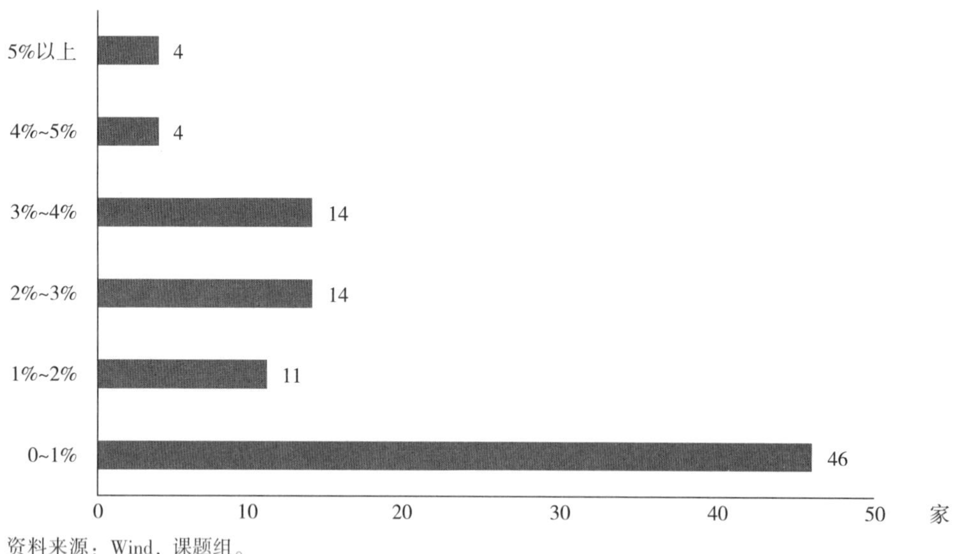

资料来源：Wind，课题组。

图3-165 2017年交通运输、仓储和邮政业研究生学历及以上员工人数占比情况

3. 绩效管理能力和市场业绩能力

通过对比分析2017年交通运输、仓储和邮政业各个子行业的企业人力投入回报率，发现行业之间的绩效管理能力相差巨大，道路运输业遥遥领先于其他行业，企业人力投入回报率高达37.92%，而航空运输业则处于行业水平的末端，只有4.54%。比较企业人力投入回报率最高的十大公司，道路运输业占据榜单前列，龙江交通更是拔得头筹，这说明道路运输业整体上形成了良好的竞争氛围，普遍重视提高企业绩效管理能力以增强综合竞争实力。对于市场业绩能力，课题组分析市场占有率这一指标后发现行业整体能力较弱，大多数细分行业的市场占有率均值均小于1%。只有南方航空和中国国航的市场占有率超过 10%，究其原因，这两家公司都属于国有控股程度较高的企业，政府天然的政策倾斜使公司的市场业绩能力较为突出。

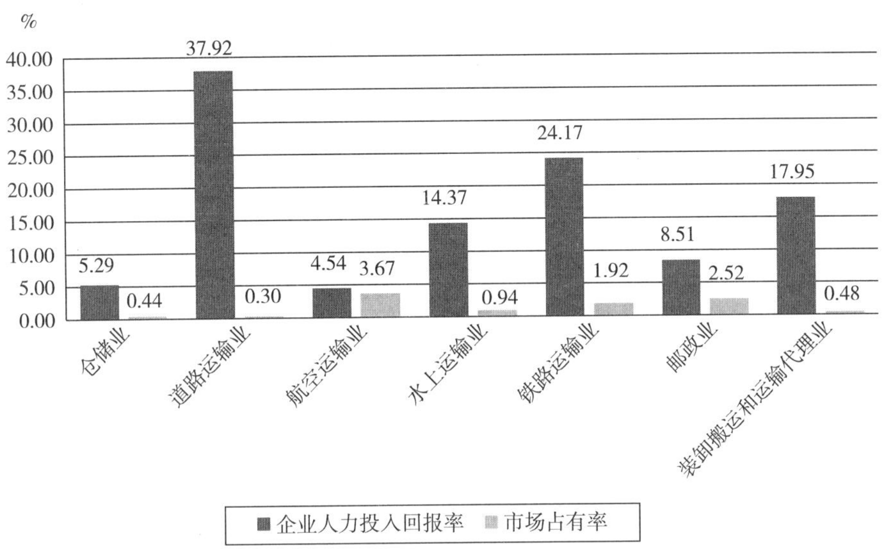

资料来源：Wind，课题组。

图 3-166　2017 年交通运输、仓储和邮政业企业人力投入回报率和市场占有率情况

三、2017 年全国交通运输、仓储和邮政业上市公司综合竞争力排名 Top50

公司简称	治理竞争力	管理竞争力	创新竞争力	社会责任竞争力	人力资源竞争力	公司基本指标	总得分	行业排名
中国国航	704.93	984.88	82.15	379.91	355.25	218.63	2725.76	1
上港集团	719.73	880.90	133.50	372.55	175.93	274.96	2557.58	2
顺丰控股	313.87	984.10	66.41	579.00	215.08	397.14	2555.59	3
龙江交通	952.53	865.27	0.13	490.50	160.90	7.97	2477.30	4
海航控股	794.53	895.41	23.38	378.87	230.56	94.74	2417.49	5
南方航空	637.81	841.08	11.88	379.57	358.94	148.55	2377.84	6
恒通股份	653.50	1179.89	6.73	439.99	84.61	3.40	2368.11	7
圆通速递	689.25	1023.36	14.95	437.07	94.99	83.22	2342.84	8
四川成渝	1048.87	796.97	2.30	359.10	112.17	14.23	2333.64	9
中远海控	481.63	804.18	178.20	359.51	390.67	91.06	2305.25	10
德新交运	821.29	924.53	0.06	465.79	64.47	11.22	2287.36	11
吉林高速	672.09	975.27	0.00	490.69	89.46	5.92	2233.43	12
大秦铁路	504.05	871.72	0.00	404.86	168.46	240.37	2189.46	13

续表

公司简称	治理竞争力	管理竞争力	创新竞争力	社会责任竞争力	人力资源竞争力	公司基本指标	总得分	行业排名
宁波港	599.82	833.47	17.67	492.32	111.31	123.84	2178.43	14
深高速	844.95	819.46	0.64	366.25	106.98	21.34	2159.64	15
韵达股份	408.14	1072.69	45.61	421.45	82.27	98.30	2128.45	16
山东高速	615.59	882.21	11.66	368.20	193.06	49.98	2120.70	17
重庆港九	646.55	959.85	3.41	381.85	115.44	5.53	2112.64	18
东方航空	428.61	843.21	0.48	372.68	314.77	142.84	2102.59	19
粤高速A	580.96	1014.38	4.53	369.86	103.57	27.15	2100.45	20
中储股份	513.56	940.28	11.14	401.01	189.77	41.68	2097.46	21
宁沪高速	534.30	836.79	1.73	488.38	167.46	65.72	2094.38	22
上海机场	522.50	887.24	1.67	390.81	132.16	153.98	2088.36	23
春秋航空	504.45	930.95	48.24	419.74	127.60	51.81	2082.79	24
天顺股份	576.45	966.26	19.67	390.63	111.56	2.42	2066.99	25
富临运业	622.73	961.22	8.86	415.41	53.16	3.93	2065.32	26
安通控股	657.17	847.48	23.01	372.22	116.27	45.44	2061.59	27
楚天高速	631.07	900.59	31.08	366.49	116.73	14.42	2060.39	28
招商轮船	636.81	831.65	50.70	359.34	127.82	40.01	2046.33	29
申通快递	407.03	1015.01	26.71	441.13	79.21	66.10	2035.19	30
华贸物流	585.82	909.48	8.16	385.79	120.89	13.02	2023.15	31
中远海能	564.24	821.94	66.61	360.97	175.08	28.30	2017.13	32
唐山港	549.25	830.03	8.57	484.98	96.86	36.78	2006.47	33
强生控股	585.20	823.55	44.16	497.09	46.79	8.78	2005.59	34
吉祥航空	468.45	931.44	21.06	404.95	124.93	47.57	1998.40	35
盐田港	366.84	979.02	2.65	483.59	132.54	24.98	1989.61	36
龙洲股份	586.93	929.00	9.82	399.44	57.38	5.79	1988.35	37
飞力达	546.84	928.20	26.28	411.50	68.07	5.42	1986.32	38
长江投资	636.33	833.40	23.98	355.66	126.71	5.78	1981.87	39
欧浦智网	335.98	988.14	26.63	471.05	131.94	18.64	1972.38	40
申通地铁	378.00	868.68	0.89	356.08	356.70	6.35	1966.70	41
宁波海运	573.17	926.40	0.23	363.22	75.82	7.56	1946.38	42
赣粤高速	521.88	840.22	110.36	360.71	88.53	19.70	1941.40	43
福建高速	622.22	851.77	0.01	359.91	75.64	16.22	1925.76	44
连云港	632.63	836.90	2.48	394.07	42.87	6.80	1915.76	45
日照港	417.46	892.58	0.92	498.23	85.05	19.66	1913.89	46

续表

公司简称	治理竞争力	管理竞争力	创新竞争力	社会责任竞争力	人力资源竞争力	公司基本指标	总得分	行业排名
大连港	576.75	798.15	4.61	375.32	119.96	36.99	1911.77	47
恒基达鑫	619.83	822.66	25.52	372.27	63.77	3.66	1907.71	48
东莞控股	486.40	828.50	0.29	460.15	109.94	18.97	1904.24	49
皖通高速	531.96	894.51	1.00	376.53	76.91	21.25	1902.15	50

住宿和餐饮业

一、行业概况

（一）行业总体情况

住宿和餐饮业是国民经济行业的重要组成部分，也是我国吸纳劳动力就业的主要渠道。近年来，住宿和餐饮业单位数量不断增加，营业额持续增长，不仅吸纳了大量劳动力就业，也成为繁荣经济、拉动消费需求增长的重要力量。根据证监会 2012 年制定的《上市公司行业分类指引》，住宿和餐饮业对应 H 门类，有两大分类。截至 2018 年 4 月 3 日，A 股上市公司中住宿和餐饮业一共有 9 家。住宿业有 6 家上市公司，分别是首旅酒店、锦江股份、金陵饭店、华天酒店、岭南控股、大东海 A；餐饮业有 3 家上市公司，分别是西安饮食、全聚德以及＊ST 云网。

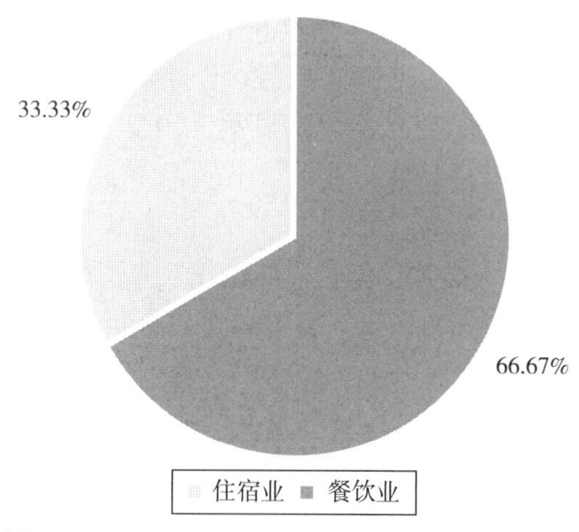

资料来源：CSMAR，课题组。

图 3-167　住宿和餐饮业市场概况

（二）住宿行业发展现状

据国家统计局统计，2017 年，全国限额以上住宿行业企业营业收入为 3791 亿元，比上年增长 4.0%。据商务部商贸服务典型企业统计测算，2017 年，全行业经营单位达 58.8 万家，比上年增长 2.5%，从业人数为 510.1 万人，同比增长 2.1%，总收入为 5307.5 亿元，同比增长 4.0%，与上一年度相比，增速有所放缓，主要是住宿业新业态经过了上一年的爆发式增长后进入稳步增长期。

目前有限服务酒店的竞争格局呈现锦江股份、首旅酒店、华天酒店三强鼎立的局面，位列第一梯队。CR10 最高的是经济型酒店品牌，约为 65%，其次是中端酒店，约为 60%，高端酒店行业集中度最低，CR10 不到 40%。经济型酒店 CR10 有下降的趋势，中端酒店、高端酒店 CR10 略有上升。

目前国内酒店业排名靠前的酒店集团主要从事经济型酒店和中端酒店的经营管理，即以有限服务酒店为主业。有限服务酒店的行业规模不断扩大，而 2017 年增速已明显下滑。其中主要是经济型酒店供给端饱和引起整合出清、升级改造带来的增速放缓，大型酒店集团着力布局中端酒店带来其规模扩张。

（三）餐饮行业发展现状

自 2010 年以来，餐饮行业的发展呈直线上升趋势，国家统计局数据显示，2017 年中国餐饮收入达 39644 亿元，比上年增长 10.7%，占 GDP 的 4.8%，高于社会消费零售额增长 0.5 个百分点。

据中国饭店协会介绍，2017 年我国餐饮业表现为特色餐饮高质量发展，集体用餐大规模增加，线上外卖市场高速增长，新餐饮成为行业创新主要驱动力。辰智餐饮数据库显示，虽然 2017 年餐饮门店数达 581 万个，相对于 2016 年来说有所下降，但是中式快餐、面包甜品店相对来说占据多数份额。由此可见快餐式餐饮是餐饮行业的一大发展趋势。

中国餐饮报告（白皮书 2017）数据统计显示，2017 年餐饮行业的整体收入中，火锅行业占 22%，由此可见火锅是餐饮行业的第一大品类，其中食材类火锅相对于其他类火锅占比较多。

烧烤自 2013 年起，迎来大爆发，经过三年的增长期，自 2016 年下半年起就进入了平稳期，但是却出现了品类细分的现象，更多的人开始注重餐饮品牌。

外卖大爆发，外卖的特点是及时性，短半径、破时空，自 2016 年开始外卖入驻商家数累计 245 万个，全国餐饮行业的增速为 10%，互联网的增速高达 300%，截至 2018 年，外卖交易额有望占餐饮行业的 10%，美国餐饮市场交易额有 30%来自外卖，而中国目前还不到 10%，可见中国外卖的发展潜力巨大。

25~35 岁人群是餐饮消费贡献最多的群体。美团数据显示年轻消费群体消费比例及人数比例均占 20%以上，点评数据高达 30%以上，可见把握年轻消费群体的重要性。

支付手段的多样性更是推动了餐饮行业收入的增长，支付宝、微信等移动支付方式，成为餐饮行业的第一支付手段。

二、行业综合竞争力分析

（一）治理竞争力

1. 公司股权结构

（1）股权集中度

由表3-79可知，2017年住宿和餐饮业的9家A股上市公司的第一大股东持股比例均值达到35.05%，处于相对控股区间。其中绝对控股上市公司共有2家，分别为首旅酒店、锦江股份，占比22.22%；相对控股上市公司6家，占比66.67%；股权分散上市公司1家，为大东海A，占比11.11%。总体而言，住宿和餐饮业上市公司的股权结构呈现出集中的特点。截至2017年底，在住宿和餐饮业所有上市公司中，CR1最大的两家公司均为国有控股公司。经过对比发现，相对于民营企业和外资企业，国有控股公司的绝对控股程度较为严重。

表3-79　　2017年住宿和餐饮业上市公司控股模式占比

控股模式	数量（家）	比重（%）	CR1
绝对控股	2	22.22	(50，100)
相对控股	6	66.67	(20，50)
股权分散	1	11.11	(0，20)

资料来源：同花顺，课题组。

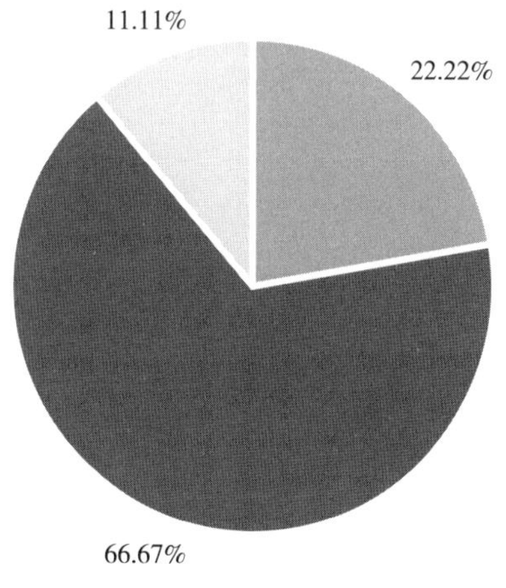

资料来源：CSMAR，课题组。

图3-168　住宿和餐饮业股权集中度

（2）股权制衡度

截至 2017 年 12 月 31 日，住宿和餐饮业全部 9 家 A 股上市公司，平均股权制衡度为 0.52，股权制衡度小于 1 的公司占了 88.89%，说明这些公司的第一大股东对公司的控制力度非常高，当他做出损害公司利益的决定时，其余中小股东可能无权干涉。在统计样本中，股权制衡度最高的公司华天酒店达到 1.09，该公司第一大股东与第二到第四大股东持股比例不相上下，这有利于公司的权力制衡。在我们统计的所有公司中，股权制衡度最低的只有 0.1128，这家公司为 * ST 云网，其第二至第五大股东平均持股比例只有 0.5 左右。

表 3-80　　住宿和餐饮业 Z 指数

Z 指数	大于等于 1	小于 1
公司家数（家）	1	8
公司占比（%）	11.11	88.89

资料来源：同花顺，课题组。

2. 公司治理架构情况

（1）董事长与总经理分离

课题组统计了住宿和餐饮业的董事长与总经理两职分离情况。截至 2017 年 12 月 31 日，行业内所有上市公司中有 22%的公司的董事长兼任总经理，而其余 78%的公司分设董事长和总经理。不难发现，大多数上市公司倾向于采用两职分离的形式，这在一定程度上有利于公司的健康发展。

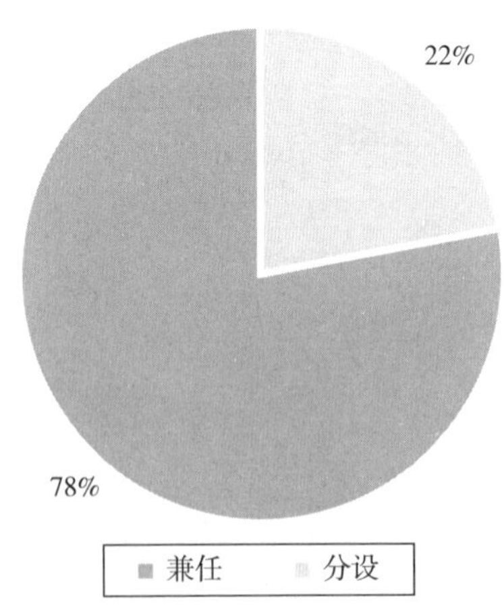

资料来源：Wind，课题组。

图 3-169　住宿和餐饮业两职分离情况

（2）上市公司董事会与监事会

根据数据可知，2013—2017 年独立董事比例大于 1/3 的公司比例和监事会成员不少于 3 人的公司比例均维持在 100%的水平，由此可以看出住宿和餐饮业绝大部分上市公司的独立董事比例和监事会成员人数均达到了要求。从 2013—2017 年四委会设立情况上看，设立完整四委会的公司比例五年间总体呈稳定趋势，并且都保持在90%以上。

表3-81 2013—2017年住宿和餐饮业上市公司董事会和监事会治理情况

年份	独立董事比例大于1/3的公司比例	监事会成员不少于3人的公司比例	设立完整四委会的公司比例
2013	100.00%	100.00%	90.91%
2014	100.00%	100.00%	90.91%
2015	100.00%	100.00%	100.00%
2016	100.00%	100.00%	100.00%
2017	100.00%	100.00%	100.00%

资料来源：CSMAR，课题组。

3. 董事激励

（1）领取报酬董事比例

表3-82 2013—2017年住宿和餐饮业上市公司领取报酬董事和监事比例情况

年份	领取报酬董事比例（%）	领取报酬监事比例（%）
2013	72.99	75.56
2014	70.98	75.00
2015	67.74	72.22
2016	75.19	66.85
2017	81.38	74.71

资料来源：CSMAR，课题组。

从表3-82可知，2013—2017年，住宿和餐饮业领取报酬董事比例大体稳定在70%的水平上，领取报酬监事比例大体稳定在60%的水平上。2017年，上市公司领取报酬董事比例升至81.38%，领取报酬监事比例升至74.71%。从一定程度上也可以说明，现阶段，住宿和餐饮业上市公司整体领取报酬董事和监事情况处于较高的水平，公司越发期望通过领取报酬的方式优化董事和监事的激励体系来提高公司自身的治理竞争力水平。

（2）金额最高前三名董事报酬总额应付职工薪酬比

金额最高前三名董事报酬总额应付职工薪酬比小于10%的企业占据了77.78%，介于10%与100%之间的企业占据了11.11%，大于100%的企业只有一家（*ST云网），为121.76万元。说明*ST云网相对看重董事对企业经营活动的重要性从而付出了较多的报酬。

4. 三会次数

表 3-83　　三会统计情况

	统计指标	2013 年	2014 年	2015 年	2016 年	2017 年
董事会会议次数	均值（次）	9.11	13.55	11.89	10.67	9.43
监事会会议次数	均值（次）	4.38	5.41	6.24	6.76	5.40
股东大会会议次数	均值（次）	2.44	4.00	3.67	3.22	3.29

资料来源：CSMAR，课题组。

5. 社会影响力

9 家住宿和餐饮业中 ST 企业只有一家 * ST 云网，根据其 2017 年年报，公司 2017 年 1~12 月实现营业收入 9668.70 万元，同比下降 3.59%；住宿和餐饮行业平均营业收入增长率为 24.35%；归属于上市公司股东的净利润为-1833.05 万元，同比增长 66.1%，住宿和餐饮行业平均净利润增长率为 61.23%，公司每股收益为-0.02 元。2017 年作为刚刚摘帽的上市公司，大东海 A 2017 年度业绩预告公告，公司预计 2017 年实现归属于公司股东的净利润为 250 万至 310 万元，基本每股收益 0.0069~0.0085 元。公司表示，2017 年持续加大销售渠道的维护和拓展力度，加强内部管理和成本费用控制等，公司主营业务收入较上年同期增加，主营业务经营效益增加。

（二）管理竞争力

1. 增长能力

企业增长能力是指其生产经营活动的发展趋势和潜力。企业的增长能力，也称企业的成长性，它是企业通过自身的生产经营活动，不断扩大积累而形成的发展潜能。企业能否健康发展取决于多种因素，包括外部经营环境、企业内在素质及资源条件等。

课题组主要通过净资产增长率、主营业务增长率、总资产增长率等指标，统计整理了 2013—2017 年住宿和餐饮业上市公司增长能力的相关指标情况。

（1）净资产增长率

如图 3-170 所示，2015 年至 2017 年住宿和餐饮业的净资产增长率呈现上升趋势，主要原因是住宿和餐饮业的净利润在逐渐增加，这与国家加大消费转型和消费升级的背景密不可分。

（2）主营业务增长率

住宿和餐饮业主营业务增长率均值在 2016 年达到最高，为 48.85%，2017 年为 12.14%，相比有所减少。

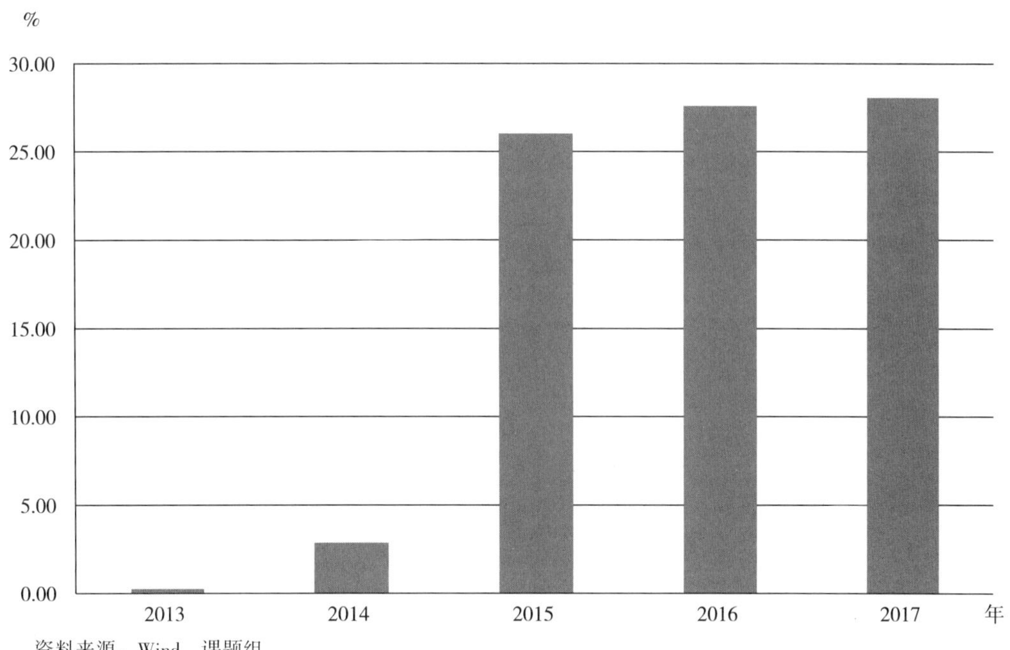

资料来源：Wind，课题组。

图 3-170　2013—2017 年住宿和餐饮业净资产增长率

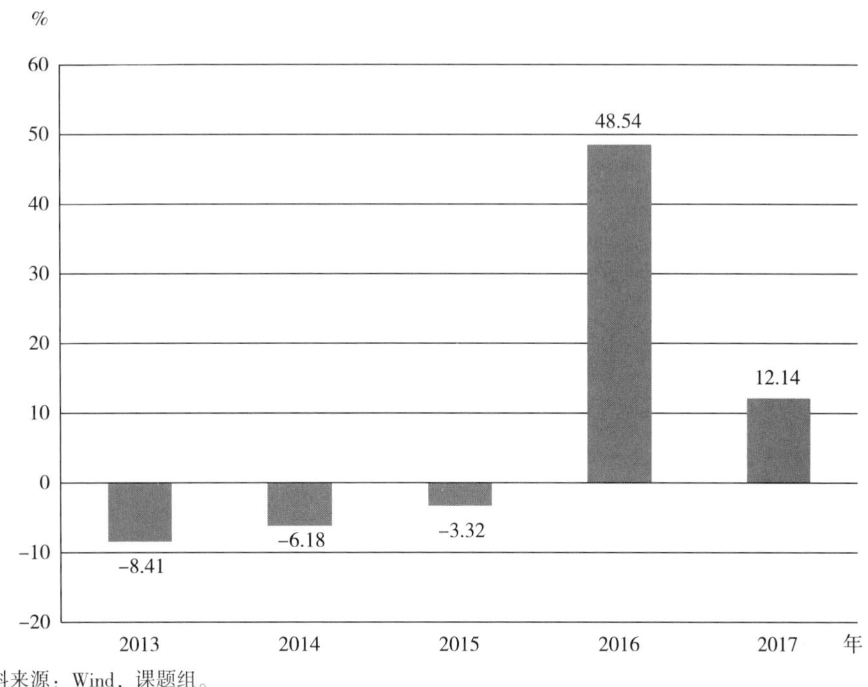

资料来源：Wind，课题组。

图 3-171　2013—2017 年住宿和餐饮业主营业务增长率

（3）净利润增长率

如图 3-172 所示，2013 年至 2017 年住宿和餐饮业净利润增长率总体呈增长趋势，这得益于国家消费政策的转变以及国民消费观念的变化。

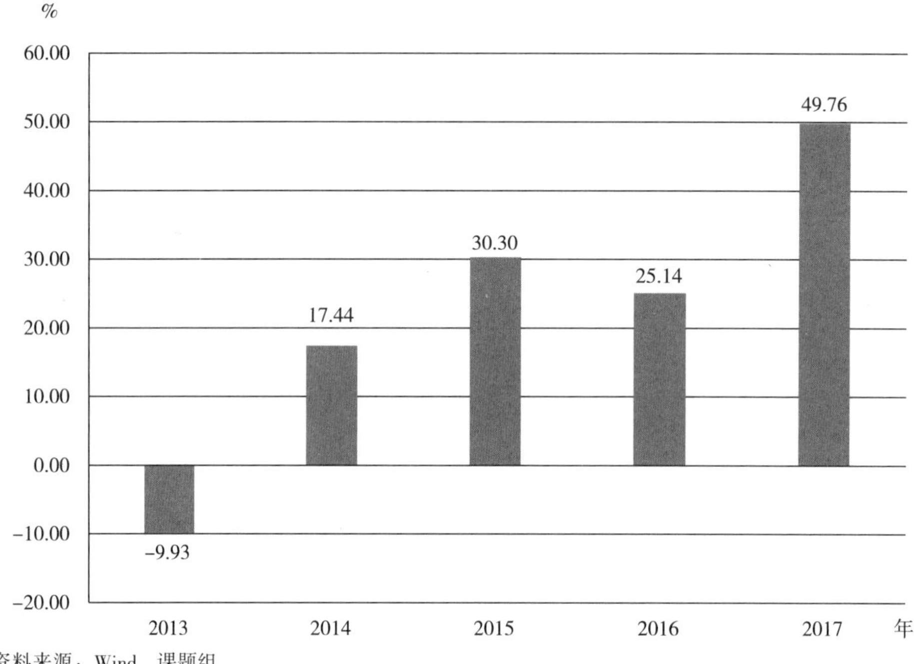

资料来源：Wind，课题组。

图 3-172　2013—2017 年住宿和餐饮业净利润增长率

（4）总资产增长率

如图 3-173 所示，2013—2016 年行业总资产增长率均值基本处于稳定上升的状态，2017 年未能保持较高的增长水平，主要是由于前两年住宿和餐饮业各种融资并购，使总资产增长率迅猛增加，显得 2017 年增长较少。

2. 偿债能力

课题组从资产负债率、流动比率、速动比率和固定资产比率四个维度衡量行业内上市公司的偿债能力。流动比率和速动比率主要是分析企业的短期偿债能力，资产负债率主要是衡量企业的长期偿债能力。固定资产比率是固定资产与资产总额之比，比率越低说明企业固定资产越少。

课题组首先对行业中所有上市公司 2017 年度的四项指标做了统计分析。

从图 3-174 可知，2017 年住宿和餐饮业所有 A 股上市公司的流动比率平均值为 1.44，速动比率平均值为 2.19，资产负债率平均值为 46%，固定资产比率为 0.26。2013—2017 年，行业内所有上市公司的流动比率与速动比率均值呈现上升趋势，说明行业上市公司总体的短期偿债能力在增强。从资产负债率看，均值在 0.39 与 0.52 之间波动，表明行业内上市公司的长期偿债能力维持稳定。从图中还可以看到，固定资产比率呈下降趋势，说明行业内上市公司的固定资产在逐年减少。

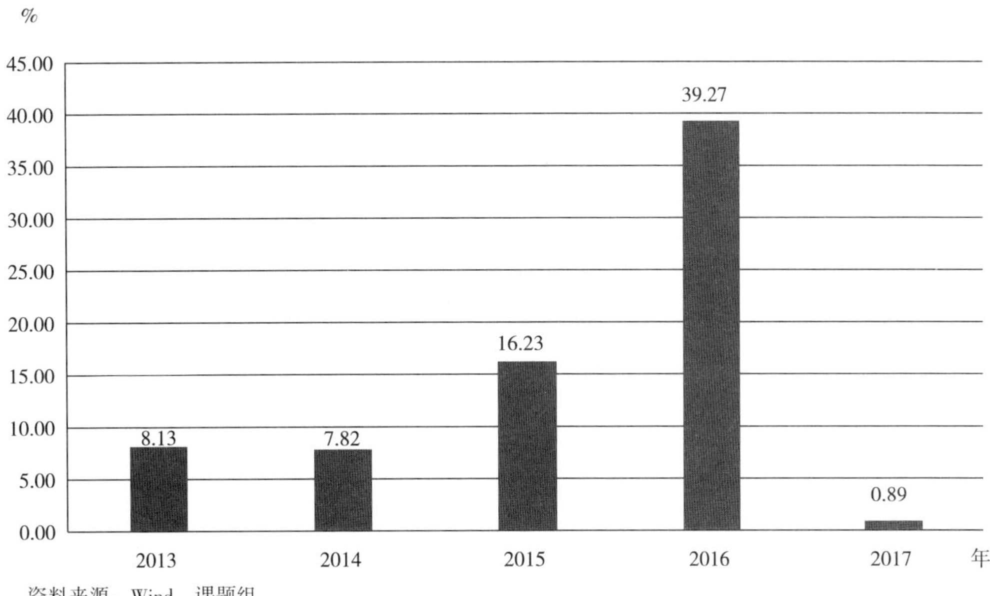

资料来源：Wind，课题组。

图 3-173　2013—2017 年住宿和餐饮业总资产增长率

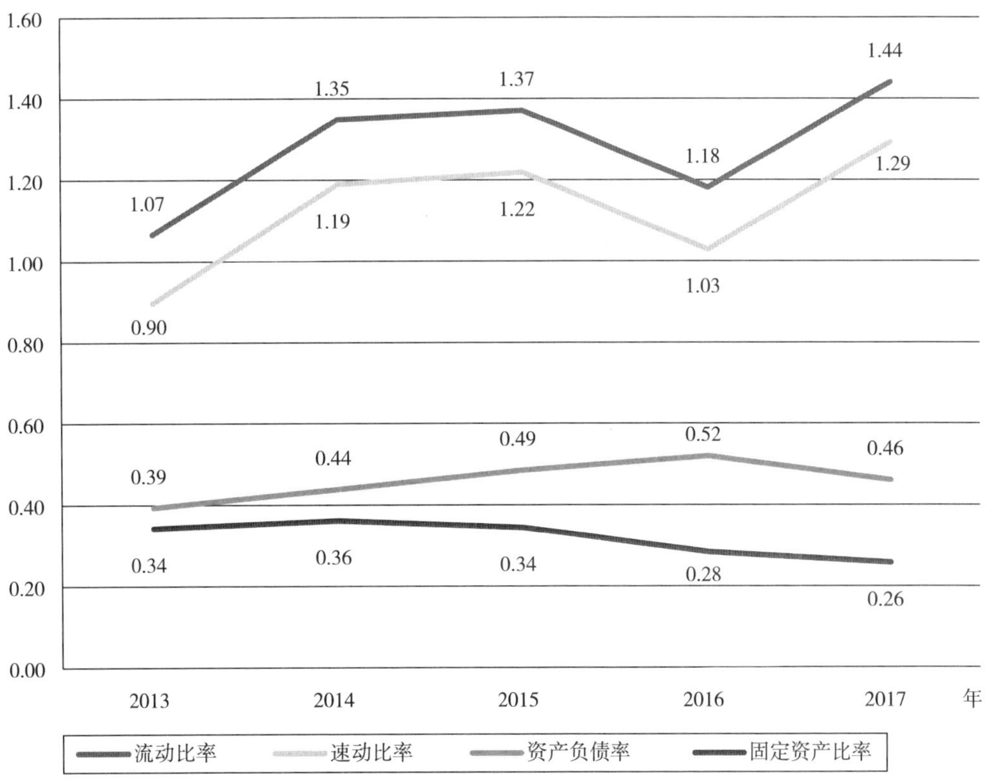

资料来源：Wind，课题组。

图 3-174　2013—2017 年住宿和餐饮业偿债能力

其中，2017 年 * ST 云网资产负债率为 84.46%，正常上市公司一般负债率 50%上下比较合适，可能由于其经营不善，公司拥有较高的负债，连续亏损导致带帽。2017 年行业流动比率最低的是首旅酒店（0.51），最高的是全聚德（2.67），因此课题组认为行业内上市公司的短期偿债能力处于中等水平。

3. 运营能力

运营能力是指企业基于外部市场环境的约束，通过内部人力资源和生产资料的配置组合而对财务目标实现所产生作用的大小。课题组从存货周转率、应收账款周转率、总资产周转率和流动资产周转率这四个指标分析行业上市公司的运营能力。其中，存货周转率评估行业公司的存货管理水平的高低，存货周转率越高表明企业的存货占用水平越低，流动性越好。应收账款周转率越高说明企业应收账款回收速度越快，总资产周转率和流动资产周转率也是反映企业运营能力的指标。

从图 3-175 中看到，2013—2017 年，行业内上市公司的存货周转率逐年增加，说明行业内上市公司平均的存货占用水平在降低，流动性在增强，应收账款周转率先减后增，表明行业内上市公司的运营能力在增强。而总资产周转率和流动资产周转率整体稳定，说明行业内公司经营平稳。

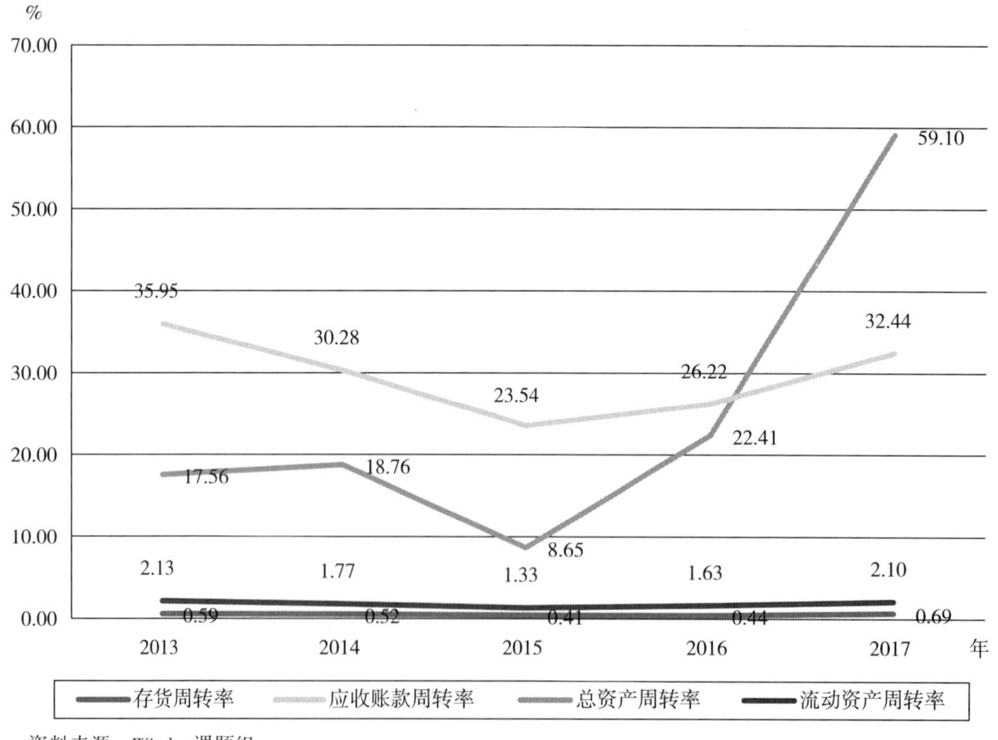

资料来源：Wind，课题组。

图 3-175　2013—2017 年住宿和餐饮业运营能力

4. 盈利能力

盈利能力就是企业获得利润的能力。课题组主要用销售净利率、总资产收益率和净资产收益率来分析行业上市公司的盈利能力。销售净利率表示的是销售收入的收益水平，净利率越高，公司相同销售额所能产生的净利润越多。净资产收益率（ROE）反映的是股东权益的收益水平，数值越高，说明投资带来的收益越高。总资产收益率（ROA）衡量的是每单位资产能创造多少净利润。

从图 3-176 中可以发现，住宿和餐饮业销售净利率在 2015 年最低，为 2.32%。2017 年有所上升至 6.15%。净资产收益率一直在 5%到 7%之间波动，振幅不大，该行业连续三年最高的净资产收益率也只有 9.88%，为全聚德，说明该行业相对于其他行业投资收益率并不出色。

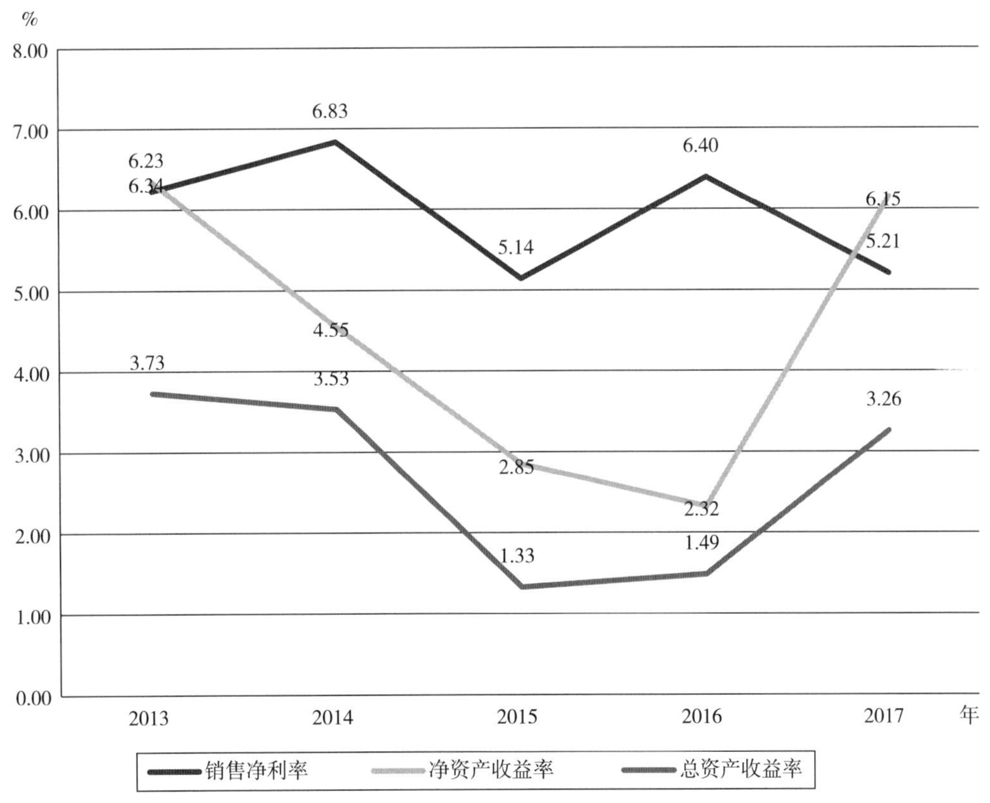

资料来源：Wind，课题组。

图 3-176　2013—2017 年住宿和餐饮业盈利能力

（三）创新竞争力

课题组从研发投入占比、研发人员占比、政府补贴三个方面来衡量公司的创新投入水平。课题组统计了 2015—2017 年行业内所有上市公司的研发投入占比情况，2017 年，行业均值只有 2%，且只有三家公司有研发投入，分别是岭南控股、全聚德以及金陵饭店。这是由住宿和餐饮业的行业特殊性所决定的，服务行业并不需要什么研发投入，最重要的目标是把服务做好。

在政府补贴方面，补贴金额前三位分别是首旅酒店（4971.04 万元）、锦江股份（3997.16 万元）和金陵饭店（1807.69 万元）。

（四）社会责任竞争力

1. 法律责任

企业在日常经营和管理的过程中需要承担相应的法律责任。课题组从对政府的责任和依法经营两个方面来衡量企业的法律责任。

经课题组统计分析，2017 年行业内 GR 指数平均值为 0.019，相对比较稳定。同时，2017 年该行业没有一家企业有违规经营现象，所有企业都遵纪守法，合法合规地经营。

2. 经济责任

课题组从对投资者的责任、对员工的责任和对供应商的责任三个方面来衡量企业的经济责任。课题组认为一定规模的企业，向投资者支付的投资回报越高，承担的社会责任越多。2017 年，行业内所有上市公司对投资者的责任的指标均值在 0.009 左右，即行业内上市公司支付给股东和债权人的金额占相应的平均资产总额的 0.9%左右。另外，还有两家公司该指标为负，表明这几家公司并未对投资者承担足够的责任。

企业对员工的责任也是衡量企业社会责任承担的一个指标。经过课题组的统计，2017 年，行业内所有上市公司对员工的责任指数均值为 0.04，即支付给员工的以及为员工支付的现金占营业收入的比例为 4%。

对供应商的责任代表着企业能够免费使用供货企业资金的能力。若公司该指标低于行业平均水平，说明公司较同行可以更多地占用供应商的货款，显示其重要的市场地位，与此同时也要承担较多的还款压力。2017 年该指标最高的是岭南控股，为 22.22。

3. 伦理责任

课题组采取是否披露企业社会责任报告、就业增长率和单位平均资产就业人数这三个指标来衡量企业的伦理责任。课题组统计了 2017 年行业内上市公司披露企业社会责任报告的基本情况，数据缺失相当严重，只有两家上市公司披露了这一数据的情况，在披露数据的两家公司中，没有一家上市公司披露社会责任报告。

课题组认为企业就业增长率的多少也从一个方面说明了企业所承担的社会责任的大小。如图 3-177 所示，2013—2015 年就业增长率处于零轴水平，2015—2017 年迅速增加，这可能是因为 2015 年之后住宿和餐饮行业为了满足日益增加的消费人数，企业通过并购重组增大自身规模，从而增加了招聘人数。

另一个衡量企业社会责任承担大小的是单位平均资产就业人数。如图 3-178 所示，行业内上市公司的单位平均资产就业人数在 2013—2015 年有所减少，2015 年之后逐年增加，说明该行业的企业为社会提供的就业岗位在逐年增加，表明行业景气，服务对象也在增多。

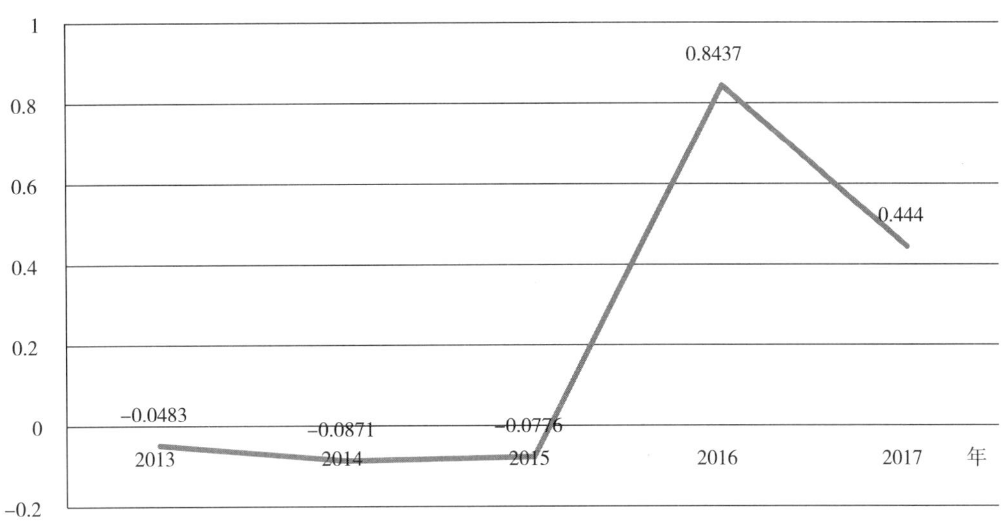

资料来源：CSMAR，课题组。

图 3–177　住宿和餐饮业 2013—2017 年就业增长率

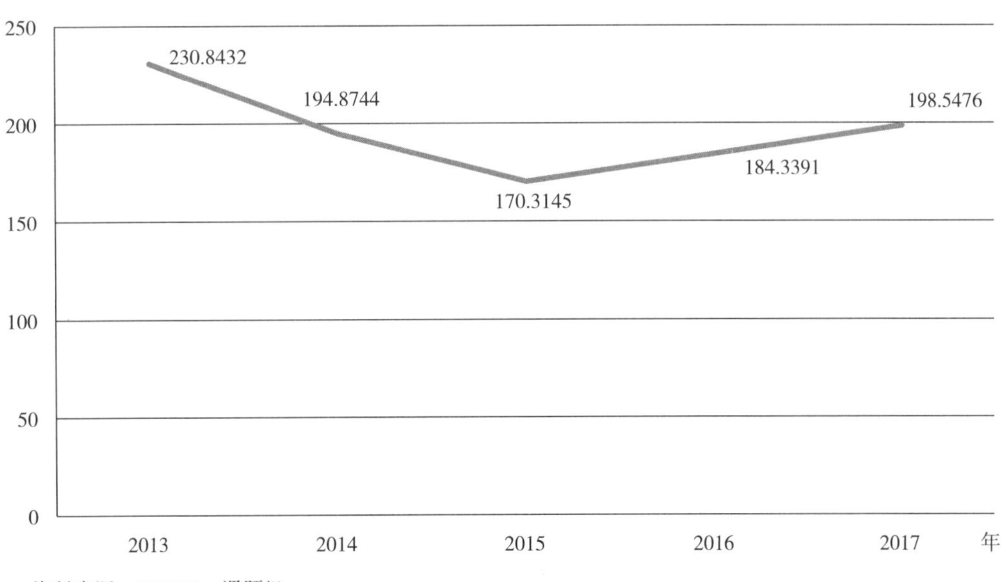

资料来源：CSMAR，课题组。

图 3–178　住宿和餐饮业 2013—2017 年单位平均资产就业人数

（五）人力资源竞争力

课题组从薪酬管理能力、人员招聘与配置能力、绩效管理能力、市场业绩能力四个方面衡量企业的人力资源竞争力。

1. 薪酬管理能力

应付职工薪酬是企业根据规定应付给职工的各种薪酬，代表着企业在员工劳动报酬方面的支出。根据统计，锦江股份在应付职工薪酬这个指标上连续五年排名稳居第一。2017 年该指标排名前三的上市公司除锦江股份外，还有首旅酒店、岭南控股。从图 3-179 中可以看出，上市公司每年付给员工的工资在逐年增加，从 2014 年的 2000 万元到 2017 年的 1.8 亿元，从侧面反映了住宿和餐饮业的蒸蒸日上。

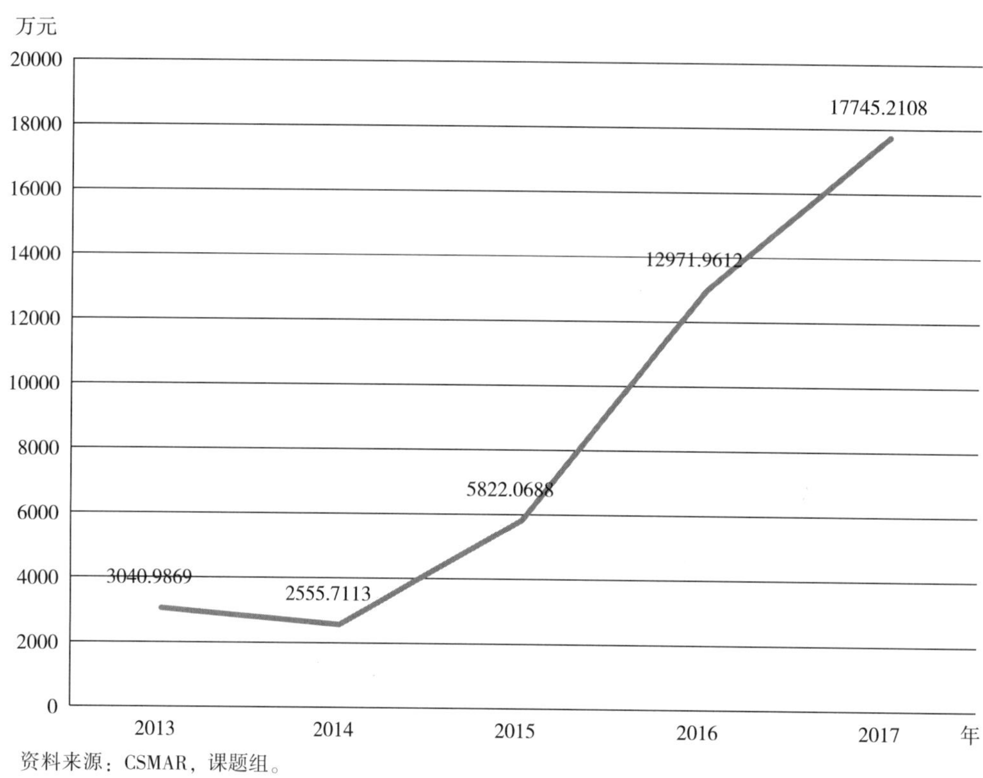

资料来源：CSMAR，课题组。

图 3-179　住宿和餐饮业 2013—2017 年员工平均薪酬

2. 人员招聘与配置能力

课题组通过企业中研究生学历及以上员工人数占比来衡量企业的人员招聘与配置能力。课题组发现该行业研究生占比非常低，2017 年最高的只有 0.11%（*ST 云网），这可能是因为该行业是服务行业，对学历的要求很低，所以研究生占比非常少。

3. 绩效管理能力

课题组用年人均产值分析企业的绩效管理能力。2013—2017 年，行业内企业年人均产值稳中有升，2017 年为 400617 元。

4. 市场业绩能力

从图 3-181 中可以看到，行业整体的营业收入稳健增加，在 2016 年迎来了爆发，这与国家大力发展第三产业，加快消费升级与消费转型的政策密不可分。2017 年住宿和餐饮业企业的平均营业收入达到了 365241.23 万元。2017 年该行业所有企业中，营业收入排名第一的为锦江股份，1358258.36 万元，紧跟其后的是首旅酒店和岭南控股。

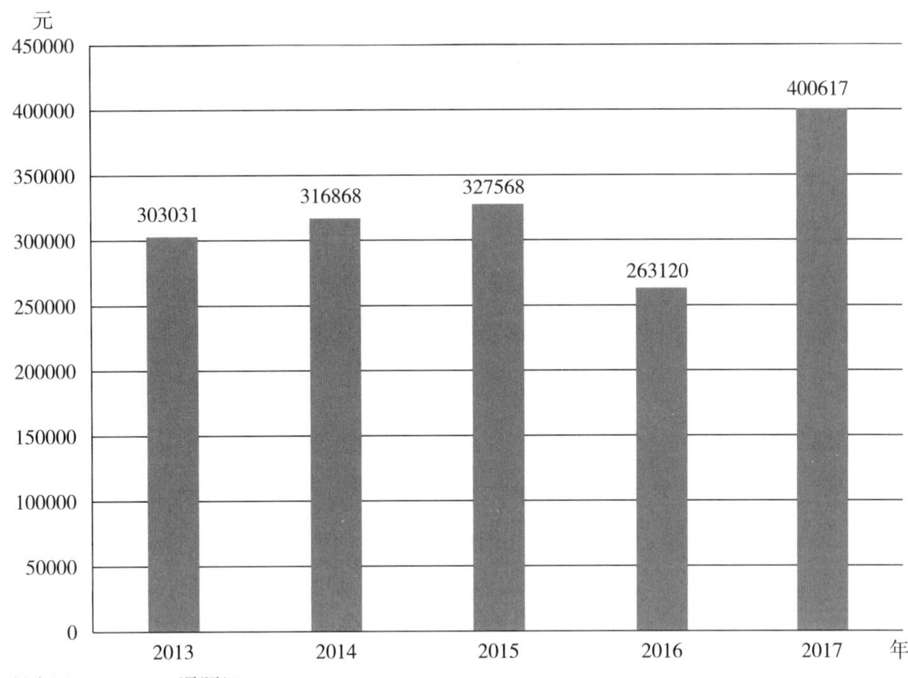

资料来源：CSMAR，课题组。

图 3-180　住宿和餐饮业 2013—2017 年年人均产值

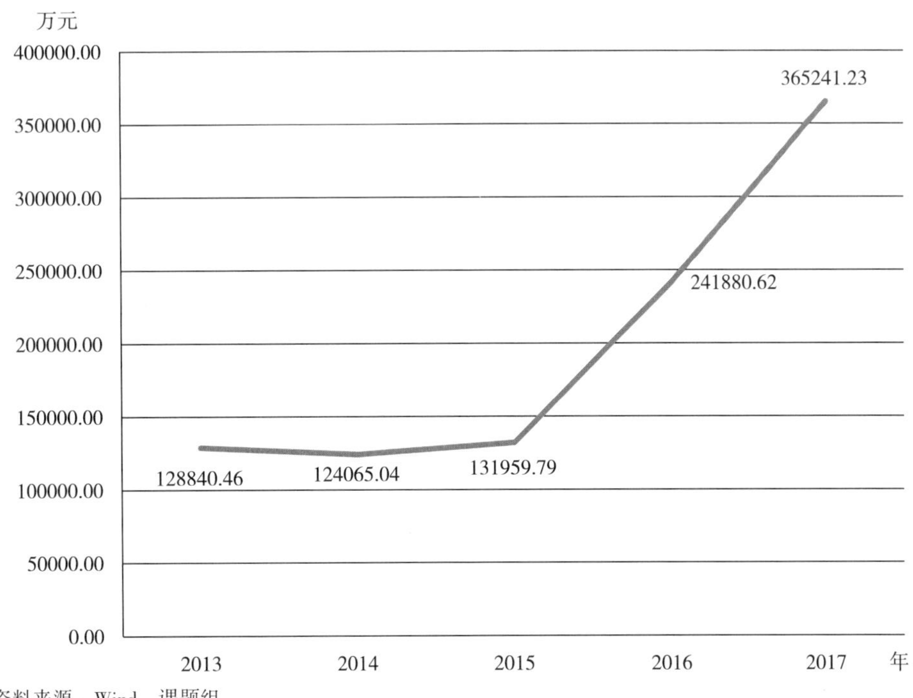

资料来源：Wind，课题组。

图 3-181　2013—2017 年住宿和餐饮业市场业绩

三、行业知名企业指标分析

课题组选取了住宿和餐饮业中的锦江股份作为分析标的。从五个方面进行了分析。

1. 治理竞争力

锦江股份的股东结构最近四年一直没有什么变化。2017 年末其第一大股东是上海锦江国际酒店股份有限公司，合计持有锦江股份 4. 82 亿股，占公司总股本的 50. 32%，属于绝对控股范畴。Z 指数最近四年一直在 0. 34 附近，表明公司的股权结构也越发趋于稳定，有利于上市公司的稳定发展。

2. 管理竞争力

根据锦江股份发布的 2017 年年报，2017 年实现营业收入 135. 83 亿元，增长 27. 71%；归属净利润 8. 82 亿元，增长 26. 95%；扣非净利润 6. 73 亿元，增长 75. 85%；每股收益 0. 92 元，增长 15. 09%。其中，Q4 实现营业收入 35. 52 亿元，增长 15. 1%；归属净利润 1. 70 亿元，下降 10%；扣非后归属净利润 1. 79 亿元，增长 132. 5%。

2017 年业绩增长符合预期，扣非净利润 6. 73 亿元较 2016 年增加了 2. 9 亿元。业绩变动主要有四个方面的原因，分别为并表因素、加盟业务增长、自营业务改善以及集团费用增加。经匡算四个方面的原因分别带来净利润变动 0. 60 亿元、2. 71 亿元、0. 33 亿元、-0. 73 亿元，加盟业务增长为净利润增长的主要原因。同时该公司经营性现金流极佳，2017 年净现金流入达 34. 83 亿元。

3. 创新竞争力

锦江资本、锦江酒店、锦江股份与银联创投、西藏弘毅、国盛投资等共同投资成立了 WeHotel 全球酒店共享平台，WeHotel 将以“产业+互联网”为手段，以分布全球的逾亿忠诚会员为基础，积极创建旅行服务生态圈。

作为 WeHotel 落实全球酒店共享平台整体战略中的重要一环，锦江股份和铂涛集团的会员数据库在 2017 年 1 月整合，意味着 WeHotel 在“建设全球酒店共享平台”道路上迈出了突破性的一步。锦江股份和铂涛集团的会员数据库整合，也是双方在资源整合、能级提升方面的成功探索，并对推动中国酒店产业的深化改革和创新转型，有着显著的示范效应。

4. 社会责任竞争力

锦江股份 2017 年企业经营未出现违规经营的情况，对政府的责任指标为 2%，处于行业的中游。对员工的责任为 29%，处于中上游。总体来说，锦江股份的社会责任竞争力处于整个行业的中上游水平。

5. 人力资源竞争力

在薪酬管理能力上，根据统计，锦江股份在这个指标上连续五年排名稳居第一。同时在营业收入指标上，锦江股份也位于行业第一，处于行业的绝对龙头位置。2017 年企业人力投入回报率为 1. 08%，略高于 2016 年的 1. 07%，稳中有升。综合来看，锦江股份的人力资源竞争力在行业排名中处于行业的顶尖位置。

小结：

锦江集团业绩稳中有升，经营改善趋势逐渐明朗，作为国内酒店数最多的连锁酒店集团，锦江集团在中档市场占据行业第一，开店速度远超同行，未来业绩可期，是住宿和餐饮业的中流砥柱。

四、2017 年全国住宿和餐饮业上市公司综合竞争力排名 Top8

公司简称	治理竞争力	管理竞争力	创新竞争力	社会责任竞争力	人力资源竞争力	公司基本指标	总得分	行业排名
岭南控股	786.57	1172.69	1.64	471.26	324.76	11.96	2768.88	1
首旅酒店	585.37	962.17	9.04	423.95	309.77	37.77	2328.06	2
全聚德	489.94	825.28	2.67	473.18	203.05	7.98	2002.10	3
锦江股份	451.69	733.40	7.75	394.29	323.75	49.41	1960.30	4
金陵饭店	602.43	781.93	4.11	383.59	136.06	4.00	1912.12	5
大东海 A	571.57	722.38	0.00	424.01	51.06	2.53	1771.54	6
西安饮食	430.19	746.27	0.00	483.68	78.48	3.29	1741.91	7
华天酒店	392.90	665.54	0.76	381.93	115.41	5.88	1562.42	8

信息传输、软件和信息技术服务业

一、行业概况

（一）行业总体情况

信息传输、软件和信息技术服务业包括电信、广播电视和卫星传输服务、互联网和相关服务、软件和信息技术服务业三个大类。2017 年 1 月，我国工业和信息化部发布了《软件和信息技术服务业发展规划（2016—2020 年）》，规划里提到软件和信息技术服务业是引领科技创新、驱动经济社会转型发展的核心力量，是建设制造强国和网络强国的核心支撑。建设强大的软件和信息技术服务业，是我国构建全球竞争新优势、抢占新工业革命制高点的必然选择。截至 2017 年 12 月 31 日，A 股上市公司中共有 247 家信息传输、软件和信息技术服务业公司，其中在主板上市的行业公司有 68 家，中小板企业有 56 家，创业板企业有 123 家，创业板上市公司占行业上市公司的一半。如图 3-182 所示，其中电信、广播电视和卫星传输服务类上市公司有 15 家，互联网和相关服务类上市公司有 53 家，软件和信息技术服务业类上市公司有 179 家，占行业上市公司总数的70%以上。

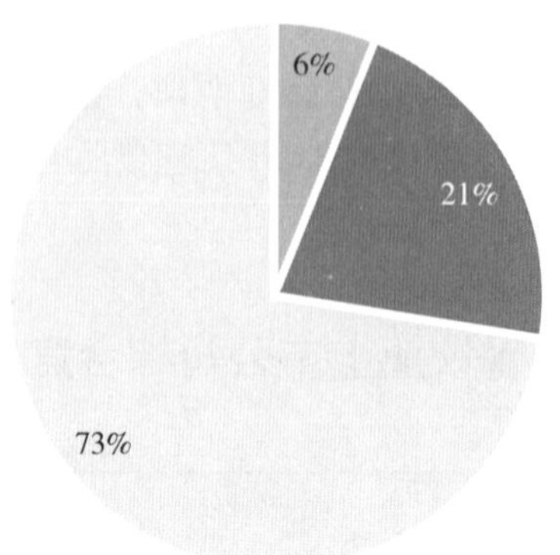

资料来源：Wind，课题组。

图3-182　信息传输、软件和信息技术服务业概况

在行业的247家上市公司中，东部地区占了199家，占比达到80%以上。其余几十家企业比较均匀地分布在东北地区、西部地区和中部地区，如图3-183所示。与其他几个区域相比，东部地区在人才资源、技术资源等方面有着更大的优势，因此吸引了更多的信息技术行业的公司，同时，正是该行业上市公司的集聚，产生了集聚效应，带动了东部地区信息技术的发展，使东部地区的信息技术行业上市公司多于其他区域。

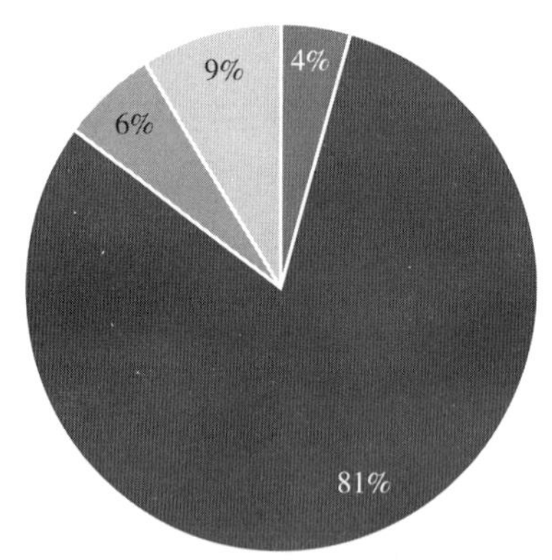

资料来源：Wind，课题组。

图3-183　信息传输、软件和信息技术服务业上市公司区域分布

截至2017年12月31日，信息传输、软件和信息技术服务业上市公司的总市值为27638.38亿元，其中软件和信息技术服务业类上市公司的市值占比为54.14%，行业总市值占2017年所有A股上市公司的4.9%。在所有行业内A股上市公司中，市值最大的行业内公司是中国联通，总市值达到1913.81亿元。国家统计局数据显示，2017年信息传输、软件和信息技术服务业增加值达到 2.75 万亿元，同比增长 26%，2017 年第四季度增速更是达到了 33.8%。2017 年的前 11 个月，国内信息服务收入规模达 5821 亿元，同比增长 27.9%，占互联网业务收入的比重达 90.8%。2016 年的前 11 个月，互联网企业完成互联网数据中心业务收入 118 亿元，连续第五个月保持正增长，同比增长 8.2%。如图 3-184 所示，截至 2017 年底，软件和信息技术服务业完成软件业务收入 55037.3 亿元，比上年增长 13.9%，软件产品收入 17240.8 亿元，累计增长 11.9%，通信业务收入 14532.7 亿元，同比增长 3.71%。此外，中国移动、中国电信和中国联通三家运营商的固定数据，以及互联网业务收入 1811 亿元，同比增长 9.2%。完成移动数据及移动互联网业务收入 5023 亿元，同比增长 26.6%。移动电话用户达 14.1 亿元，4G 用户占比近七成。

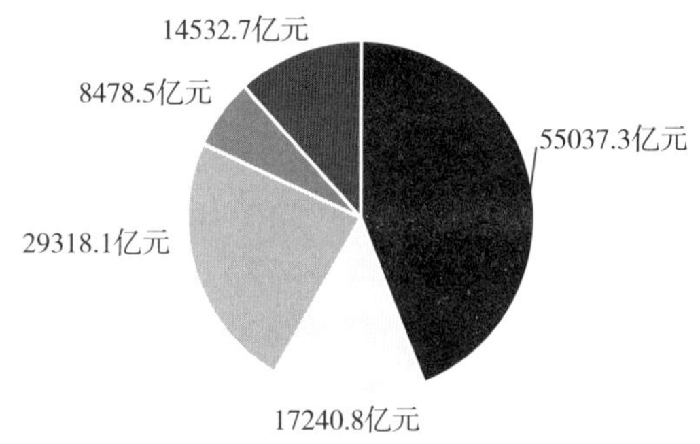

资料来源：Wind，课题组。

图 3-184 2017 年信息传输、软件和信息技术服务业各部分收入

《软件和信息技术服务业发展规划（2016—2020 年）》里提到了“十二五”期间我国软件和信息技术服务行业发展情况。例如，业务收入从 2010 年的 1.3 万亿元增长到 2015 年的 4.3 万亿元，年均增速高达 27%。2015 年，软件业务收入前百家企业研发强度（研发经费占主营业务收入的比例）达 9.6%。软件著作权登记数量达 29.24 万件，是 2010 年的 3.8 倍。根据国家统计局最新数据，规划制定了“十三五”期间软件和信息技术服务行业的发展目标。到 2020 年，产业规模进一步扩大，技术创新体系更加完备，产业有效供给能力大幅提升，融合支撑效益进一步凸显，培育壮大一批国际影响力大、竞争力强的龙头企业，基本形成具有国际竞争力的产业生态体系。

国家统计局数据显示，2016 年城镇单位就业人员达到 17888.1 万人，其中制造业吸引的城镇就业人员最多，达到 4893.8 万人。信息传输、软件和信息技术服务业吸收就业人数达 364.1 万人，在所有行业中，处于平均水平。图 3-185 显示了该行业 2012—2016 年城镇单位就业人数。

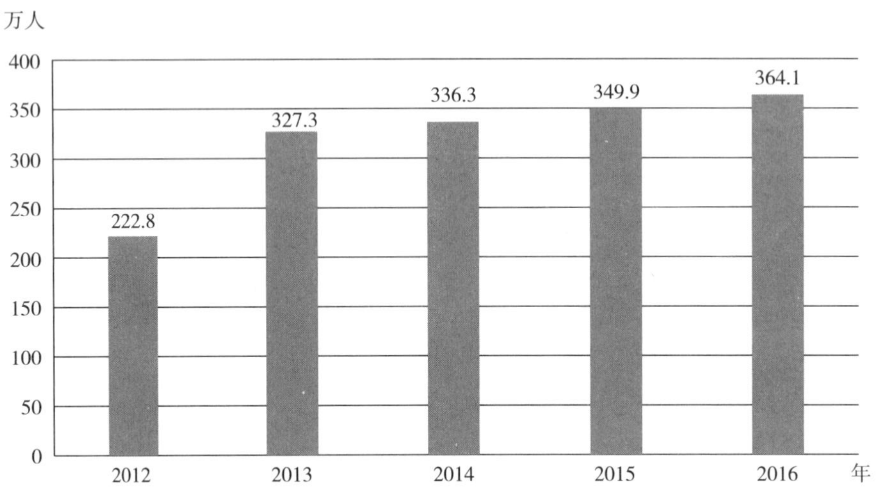

资料来源：Wind，课题组。

图 3-185　信息传输、软件和信息技术服务业城镇单位就业人数

（二）行业特征

近年来，软件和信息技术服务业步入加速创新、快速迭代、群体突破的爆发期，加速向网络化、智能化、平台化演进。软件和信息技术服务业的发展关系到国民经济和社会发展，该行业的健康发展可推动工业化和信息化的深度融合，促进战略性新兴产业的发展，推进创新性国家的建设。根据课题组统计，软件和信息技术服务业上市公司数量占整个信息传输、软件和信息技术服务业上市公司数量的 3/4 左右。该行业为知识技术密集型行业，并且具有高成长性、高附加值和高带动性等特点。作为典型的知识密集型行业，软件和信息技术服务业在创新和技术研发方面都保持了快速增长。中国版权保护中心的数据显示，2017 年我国软件著作权登记量突破 70 万件，同比增长 85%。这反映了我国软件产业的快速发展和软件研发能力的增强。

（三）行业发展壁垒

1. 政策壁垒

与软件和信息技术服务业相关的国家政策缺乏稳定性，对促进产业发展的投融资机制还不完善，企业融资渠道狭窄，而且目前国家对于该行业的政策主要偏向于大型的软件企业，政策鼓励兼并重组，而对于一些中小企业没有相应的倾斜政策，这使本身就处于弱势地位的中小企业融资更加艰难。

2. 核心技术壁垒

软件和信息技术服务业是一个高新技术行业，企业需要有较高的技术创新力才能进入行业。在行业新技术的掌握上，我国的企业与国外一些强国的软件技术企业相比还相差很远，技术创新能力较弱，尤其是操作系统和系统软件，我国软件企业的自主研发能力不强，缺乏核心技术，关键技术都掌握在国外厂商手中，导致企业技术弱，难以做大做强。

3. 资金壁垒

我们知道软件和信息技术服务业产品的研发与生产以及新市场的开拓等都需要大量的资金，因此资金投入成为制约软件企业发展的瓶颈之一，特别是我国中小软件企业的融资难问题一直存在且严重。

二、行业综合竞争力分析

课题组在对信息传输、软件和信息技术服务业的综合竞争力进行分析时，首先按指标细分对行业内所有的公司（剔除数据缺失公司）进行统计分析，然后按照指标的特点考虑是否按区域进行比较分析，如前文所示，截至 2017 年 12 月 31 日，该行业 247 家 A 股上市公司中东部地区占了 199 家，占比达到 80%以上，中部地区有 15 家，西部地区有 22 家，东北地区有 11 家。

（一）治理竞争力

1. 公司股权结构

（1）股权集中度

截至 2017 年 12 月 31 日，信息传输、软件和信息技术服务业全部 247 家 A 股上市公司的第一大股东持股比例平均值为 27.08%。在所有上市公司中股权属于绝对控股的公司有 12 家，占所有公司数量的 4.86%，属于股权分散的公司有 81 家，占所有公司数量的 32.79%。其余 154 家公司的股权集中度呈现相对控股的状态，占全部行业上市公司的一半以上，这说明行业一半以上的公司股权集中度适中，这有利于公司运营稳定。图 3-186 为该行业所有 A 股上市公司的股权集中度分布。我们尝试将行业内所有上市公司分为东部地区、中部地区、西部地区和东北地区四大区域，通过分析我们发现，各大区域公司之间的股权集中度并没有显著的区别。

（2）股权制衡度

截至 2017 年 12 月 31 日，信息传输、软件和信息技术服务业全部 247 家 A 股上市公司，剔除数据缺失的公司后，我们统计了 197 家公司。我们发现在统计的 197 家公司中行业平均股权制衡度为 1.03，股权制衡度小于 1 的公司家数占了一半以上，说明这些公司的第一大股东对公司的控制力度比较高，可能会侵害到其他小股东的权益。在统计样本中，股权制衡度最高的公司达到 3.64，该公司的第一至第五大股东的持股比例都在 10%左右，各大股东持股比例不相上下，这有利于公司的权力制衡和治理稳定。在我们统计的 197 家公司中，股权制衡度最低的只有 0.0377，这家公司为宝信软件，宝信软件是宝钢股份控股的公司，宝钢股份作为第一大股东，其持股比例达到 50%以上，而第二至第五大股东平均持股比例只有 0.5%左右。

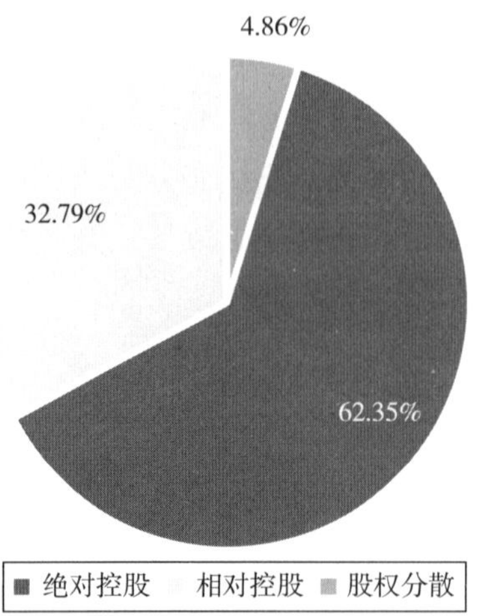

资料来源：CSMAR，课题组。

图 3-186　信息传输、软件和信息技术服务业股权集中度

表 3-84　信息传输、软件和信息技术服务业 Z 指数

Z 指数	大于等于 3	大于等于 2 且小于 3	大于等于 1 且小于 2	小于 1
公司家数（家）	5	18	63	111
公司占比（%）	2. 54	9. 14	31. 98	56. 35

资料来源：CSMAR，课题组。

2. 公司治理架构

（1）董事长与总经理分离情况

我们统计了信息传输、软件和信息技术服务业的董事长与总经理两职分离情况。截至 2016 年 12 月 31 日，行业内所有上市公司中有 35%的公司董事长和总经理是同一个人，而其余 65%的公司董事长和总经理不是同一个人。这与我们上年的报告统计结果一致，上市公司倾向于采用两职分离的形式，已经有研究提出，董事长和总经理两职分离状态不应当仅仅以分离与合一来判别，两职部分分离也是一种常见的状态，但是由于该种状态我们还无法用数据衡量，因此不做分析。

（2）上市公司董事会与监事会

在上市公司董事会与监事会这一部分，我们统计了行业内上市公司的独立董事人数情况、董事人数情况以及监事人数情况，剔除数据缺失部分，我们得到以下结果。我们发现，在数据可得的所有 53 家企业中，有 34 家公司的董事人数大于等于 8 人，有 49 家公司的监事人数大于等于 3 人，从数据可得的这些公司看，大部分公司的董事和监事规模都达标。

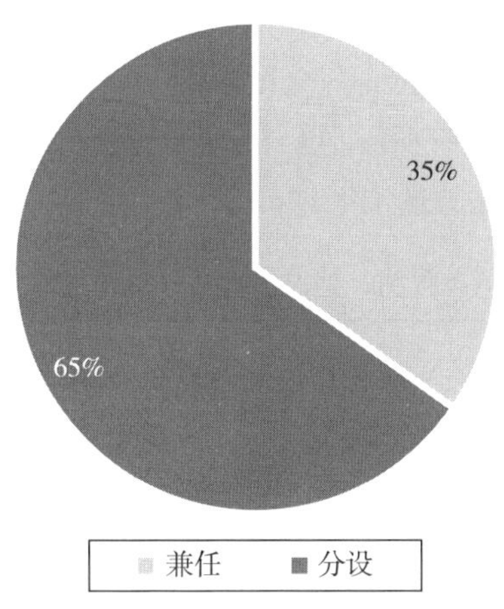

资料来源：CSMAR，课题组。

图 3-187　信息传输、软件和信息技术服务业两职分离情况

另外，我们也统计了独立董事的情况，剔除数据缺失的公司，在数据可得的 53 家公司中，有 52 家公司的独立董事比例都在 1/3 以上。

表 3-85　　2017 年信息传输、软件和信息技术服务业董事人数、监事人数

类别 人数	≥8 人	<8 人
董事人数	34	19
类别 人数	≥3 人	<3 人
监事人数	49	4

资料来源：CSMAR，课题组。

3. 董事激励与监事激励

我们用领取报酬董事比例和 K 指数即金额最高前三名董事报酬总额与应付职工薪酬的比来衡量企业的董事激励水平。我们用领取报酬监事比例来衡量企业的监事激励水平。

根据我们的统计，2017 年行业内只有 54 家企业公开披露了领取报酬董事比例和领取报酬监事比例，在这 54 家企业中，有 22 家企业领取报酬董事比例为 100%，说明这 22 家企业的董事都领取了报酬，其他企业的领取报酬董事比例都在 40%以上。从 K 指数来看，2017 年，行业内所有上市公司的平均水平为 13.7%，但是，K 指数最高的企业达到 200%以上，原因是这家企业的应付职工薪酬水平较低。

另外，在 54 家企业中，有 28 家企业的领取报酬监事比例为 100%，其他企业的领取报酬监事比例都在 30%以上。总体来说，行业内的企业都比较重视对董事和监事的激励。

4. 三会次数

三会次数即股东大会次数、董事会会议次数、监事会会议次数。我们统计了2017年行业中企业召开三会次数的情况。在分析时，我们将三会次数相加，次数越多的企业，可以在一定程度上反映其治理水平越高。

表3-86　　2017年信息传输、软件和信息技术服务业三会次数

类别	三会次数（次）
10次以下	18
10~20次	104
20~30次	30
30次以上	6

资料来源：CSMAR，课题组。

由表3-86我们可以看到，在所有可得到数据的158家企业中，三会次数大多集中在10~20次，目前还没有相关法律法规规定一家上市公司召开三会的次数，因此，我们认为企业召开三会次数越多，越有利于企业治理架构的优化。

5. 社会影响力

在社会影响力指标部分，我们尝试从新闻评分、企业是否被ST和是否有未解决的官司三个方面来评判企业的社会影响力。由于新闻评分的数据不可得，我们只从企业是否有未解决的官司和企业是否被ST或者＊ST着手。

2017年，行业内有76家企业尚有未解决的官司，涉及的官司总数达到289起，其中乐视网占了28起，＊ST智慧占了26起。截至2017年底，行业所有247家企业中有5家企业是ST或者＊ST企业。这五家企业分别是＊ST信通、ST慧球、＊ST中安、ST运盛以及＊ST智慧。

（二）管理竞争力

截至2017年12月31日，信息传输、软件和信息技术服务业A股247家上市公司中，盈利的公司有217家，占所有上市公司的87%以上，亏损的公司有29家，盈亏相抵的公司有1家。行业所有上市公司的营业总收入达到8000多亿元，较上年增长9.2%，利润总额为500.41亿元，较上年下降12.28%，净利润总额为410多亿元，较上年减少了18.49%。按照公司总市值对上市公司进行排序，表3-87展示了行业内市值前十名的上市公司2017年净利润和扣除非经常性损益后的净利润情况。

表3-87　　2017年信息传输、软件和信息技术服务业市值前十名上市公司概况

公司简称	总市值（亿元）	净利润（亿元）	扣除非经常性损益后的净利润（亿元）
中国联通	1913.81	16.84	9.93
科大讯飞	821.27	4.79	3.59

续表

公司简称	总市值（亿元）	净利润（亿元）	扣除非经常性损益后的净利润（亿元）
国电南瑞	768.12	37.03	11.48
巨人网络	744.97	13.71	12.44
乐视网	611.58	-181.84	-137.33
东方财富	555.40	6.35	6.16
三七互娱	441.22	18.37	10.48
东方明珠	440.03	23.97	9.71
完美世界	439.90	14.60	13.98
海虹控股	387.91	-0.0030	-2.43

资料来源：Wind，课题组。

我们看到，2017 年，10 家公司中有 8 家公司盈利，2 家公司亏损。中国联通作为行业内最大的上市公司，总市值达到 1900 多亿元，扣除非经常性损益后的净利润为 9.93 亿元。另外，乐视网 2017 年亏损达到 100 多亿元，亏损额是其上市七年来累计利润的近 7 倍。根据乐视网披露的年报，我们了解到乐视网 2017 年实现营业收入 70.25 亿元，同比下降 68%，据悉，2018 年 4 月 26 日，立信会计师事务所表示无法对乐视网的财务报表提供审计意见。乐视网在财报中对 2017 年度巨亏做出了解释，他们认为关联方资金紧张、流动性风波等各种因素集中在一起导致公司各方面收入下滑，并且日常运营成本增加。目前，乐视网仍在对关联方进行催收，存在着回收风险。因此，我们认为乐视网的危机尚未解除，乐视网的未来将如何我们无法断定。

课题组从增长能力、偿债能力、运营能力和盈利能力四个方面对信息传输、软件和信息技术服务业的管理竞争力做一个分析。

1. 增长能力

课题组用净资产增长率、主营业务增长率、净利润增长率和总资产增长率四个指标分析信息传输、软件和信息技术服务业上市公司的增长能力。总体来看，截至 2017 年底，行业所有 247 家上市公司中，净资产增长率达到 100%以上的公司有 21 家，而呈负增长的公司达到 31 家，大部分公司 2017 年度净资产增长率在 0~50%。我们统计了 2017 年净利润增长率情况，其中净利润增长率在 100%以上的公司有 32 家，而净利润增长率为负的公司达到了 87 家，大部分公司的净利润增长率在 0~50%。在统计了主营业务增长率和总资产增长率之后，我们发现其所呈现的结果与净资产增长率以及净利润增长率大致相同，大部分公司的增长率都在 0~50%。我们还发现，在几项指标统计中，增长率在 100%之上的大部分公司都是创业板上市公司，因此，我们发现行业中创业板上市公司的增长能力要强于主板上市公司。具体情况如图 3-188 所示。

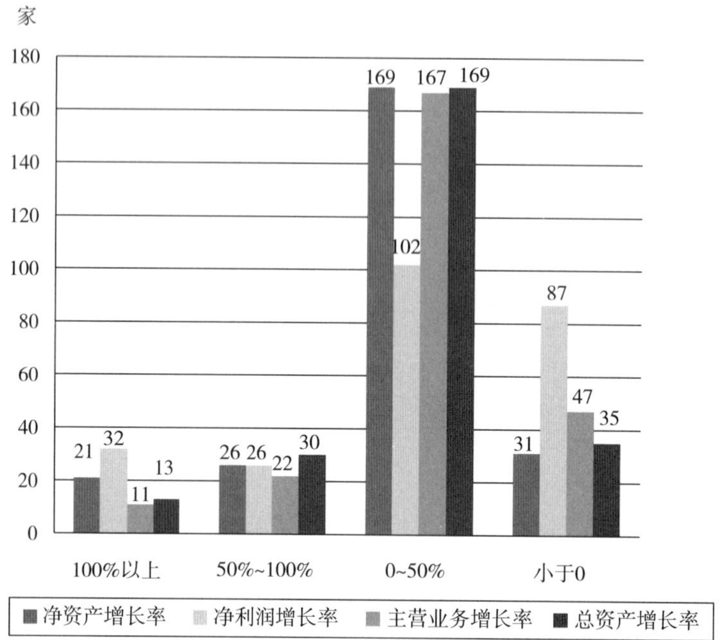

资料来源：Wind，课题组。

图 3-188　2017 年信息传输、软件和信息技术服务业增长能力

2. 偿债能力

课题组通过分析流动比率、速动比率、资产负债率、固定资产比率来衡量公司的偿债能力。我们首先对行业中所有上市公司 2017 年的四项指标做了一个统计。统计结果如图 3-189 所示。

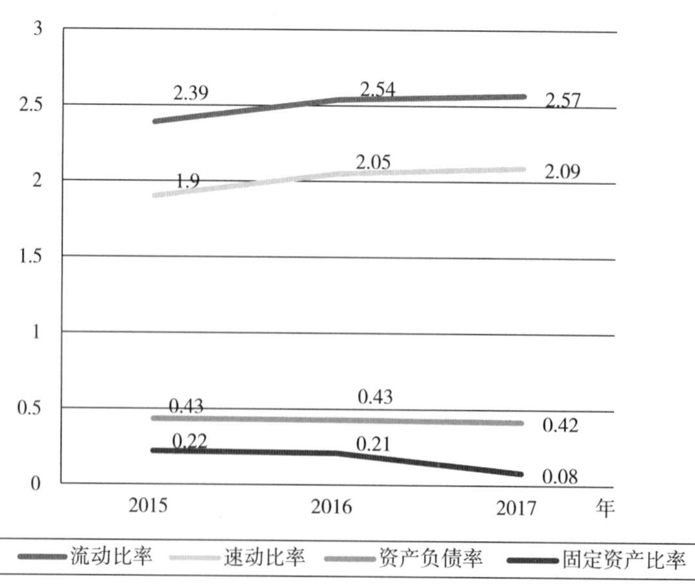

资料来源：Wind，课题组。

图 3-189　2015—2017 年信息传输、软件和信息技术服务业偿债能力

从图 3-189 中我们得知，2017 年，信息传输、软件和信息技术服务业所有 A 股上市公司的流动比率平均值为 2.57，速动比率平均值为 2.09，固定资产比率为 0.08，资产负债率平均值为 0.42。2015—2017 年，行业内所有上市公司的流动比率与速动比率均值呈上升趋势，说明行业上市公司总体的短期偿债能力在增强，然而从资产负债率来看，我们发现行业上市公司的长期偿债能力基本上维持稳定。从图中我们还可以看到，固定资产比率呈下降趋势，说明行业内上市公司的资金得到了较好的利用。

细观行业内所有上市公司的资产负债率情况，一般行业的正常资产负债率在 30%~50%，根据我们的统计，2017 年，行业内上市公司的资产负债率在此范围内的公司有 74 家，占所有上市公司的 30%左右，我们发现，资产负债率超过 100%，即资不抵债的公司只有乐视网一家。另外，资产负债率超过 70%的公司有 6 家，其中包括 2 家 * ST 公司。

一般认为企业的流动比率越高，其偿还负债的能力越强。我们认为流动比率为 2 是比较适宜的，据统计，2017 年行业内所有上市公司流动比率在 1~3 的有 156 家，占所有上市公司数量的 60%以上。我们认为这部分公司的流动比率较适宜。我们认为速动比率维持在 1 左右较为适宜。据统计，2017 年行业内所有上市公司的速动比率在 0.8~2 的有 111 家，占所有上市公司数量的 45%左右，总体来说，我们认为行业内上市公司的短期偿债能力处于中等水平。

3. 运营能力

课题组尝试用存货周转率、应收账款周转率、总资产周转率和流动资产周转率四个指标分析行业上市公司的运营能力。

从图 3-190 中我们看到，2015—2017 年，行业内上市公司的存货周转率与应收账款周转率逐年递增，说明行业上市公司平均存货占用水平在降低，流动性在增强，而

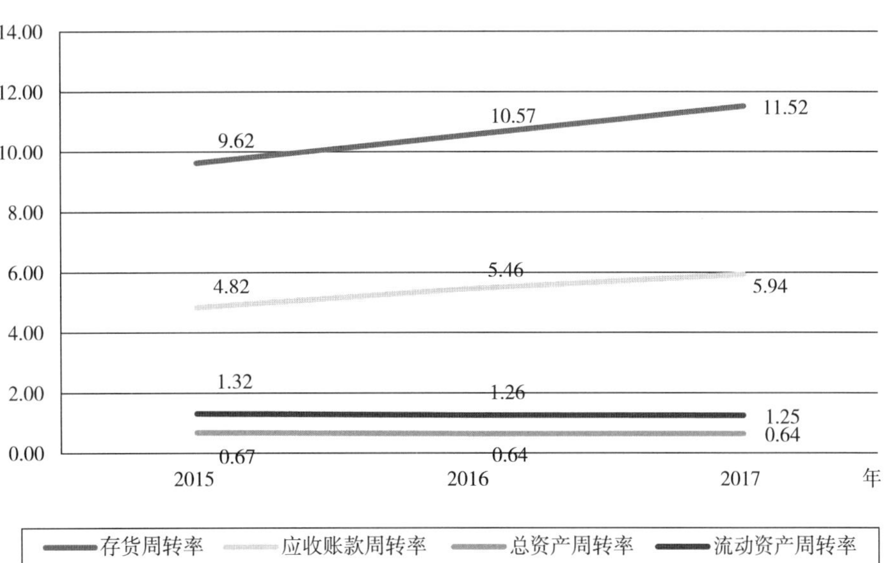

资料来源：Wind，课题组。

图 3-190 2015—2017 年信息传输、软件和信息技术服务业运营能力

且应收账款回收速度在增强，公司的运营能力在增强。但是，总资产周转率和流动资产周转率逐年降低，这也从一定程度上说明行业上市公司的运营能力有所降低。综合四个指标，存货周转率和应收账款周转率的增长幅度大于总资产周转率和流动资产周转率下降的幅度，因此我们认为，从均值来看，行业上市公司的运营能力还是有所增强的。

在对数据进行详细分析后，我们发现了一个有趣的现象。信息传输、软件和信息技术服务业上市公司的存货周转率普遍高于其他行业的水平。表 3-88 展示了 2017 年行业内上市公司排名前十的情况。

表 3-88　2017 年信息传输、软件和信息技术服务业上市公司前十名存货周转情况

公司简称	存货周转率
博彦科技	59618.8019
迅游科技	28121.3178
凯瑞德	20375.6682
盛讯达	6922.0616
富春股份	3528.9615
汉得信息	1807.3838
海虹控股	1331.8149
三六五网	1078.8578
*ST 智慧	880.4488
光环新网	822.6192

资料来源：Wind，课题组。

从表 3-88 中我们看到，行业内存货周转率最高的公司即博彦科技达到将近 60000，有 3 家公司的存货周转率都在 10000 以上。这说明，这三家公司的存货周转速度非常快，存货的占用水平低，流动性强。博彦科技与迅游科技都是主要从事信息技术开发、服务的上市公司，于是，我们认为信息传输、软件和信息技术服务业上市公司的存货周转率偏高。

4. 盈利能力

盈利能力就是企业获得利润的能力。课题组主要用销售净利率、总资产收益率和净资产收益率来分析行业上市公司的盈利能力。销售净利率表示的是销售收入的收益水平，净资产收益率（ROE）反映的是股东权益的收益水平，数值越高，说明投资带来的收益越高。总资产收益率（ROA）衡量的是每单位资产能创造多少净利润。

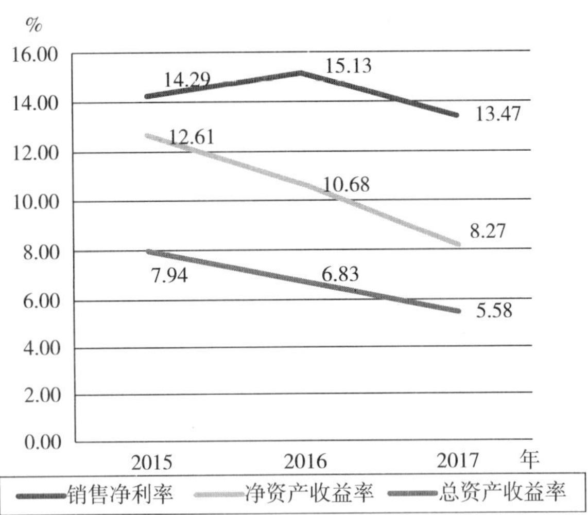

资料来源：Wind，课题组。

图 3-191　2015—2017 年信息传输、软件和信息技术服务业盈利能力

从图 3-191 中我们可以看到，2015—2017 年，行业中上市公司的总体盈利水平在下降。股神巴菲特曾经说过，宁愿要一家资本规模只有 1000 万美元而净资产收益率为 15%的小公司，也不愿意要一家资本规模达到 1 亿美元但是净资产收益率只有 5%的大公司。可见上市公司的净资产收益率的重要性。因此，我们详细分析了行业内上市公司的净资产收益率情况。我们统计了连续三年净资产收益率都在 20%以上的公司，如图 3-192 所示，行业所有上市公司 ROE 连续三年都在 20%以上的只有 5 家，即只有不到 3%的公司能做到连续三年 ROE 维持在 20%以上。连续三年 ROE 在 10%~20%的公司有 55 家，其余公司的 ROE 呈现不规律的趋势，即波动较大，有些公司呈现负的 ROE。

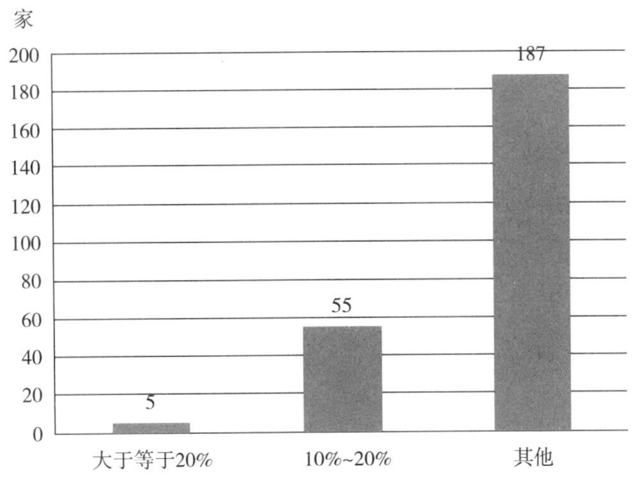

资料来源：Wind，课题组。

图 3-192　2015—2017 年信息传输、软件和信息技术服务业 ROE

（三）创新竞争力

1. 创新投入

课题组从研发投入占比、研发人员占比、政府补贴三个方面来衡量公司的创新投入水平。我们统计了 2015—2017 年行业内所有上市公司的研发投入占比情况，2017 年行业均值为 10.6，其他两年均值也都在 10.6 左右。图 3-193 是行业内研发投入占比排名前十名的公司情况。我们可以看到，排名前十名的公司 2015—2017 年研发投入占比均值都在 20%以上，排名前三的公司研发投入占比达到 40%以上，另外，我们发现，信息传输、软件和信息技术服务业的研发投入占比要高于其他行业，这是因为行业内大多数是从事软件开发等服务的公司，在研发投入方面自然要占比更高。

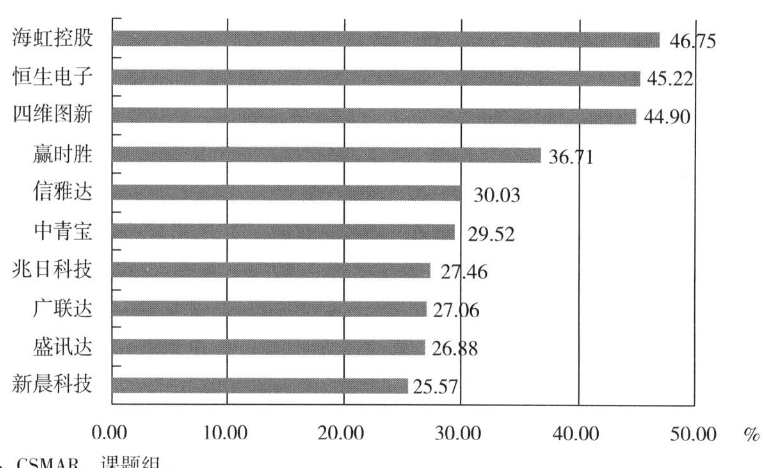

资料来源：CSMAR，课题组。

图 3-193　信息传输、软件和信息技术服务业 2015—2017 年研发投入占比（均值）前十名

我们认为政府对上市公司的补贴可以促进上市公司增加对研发的投入，从而提高上市公司的创新能力。图 3-194 是 2015—2017 年信息传输、软件和信息技术服务业上市公司得到政府补贴情况与所有 A 股上市公司得到的政府补贴情况对比。从图中我们可以清楚地看到，该行业的上市公司得到的政府补贴的均值远远低于全部 A 股上市公司的平均水平。经课题组的统计分析，我们认为行业得到的政府补贴小于 A 股平均水平的原因在于行业内的上市公司大都是私营企业而非国企。

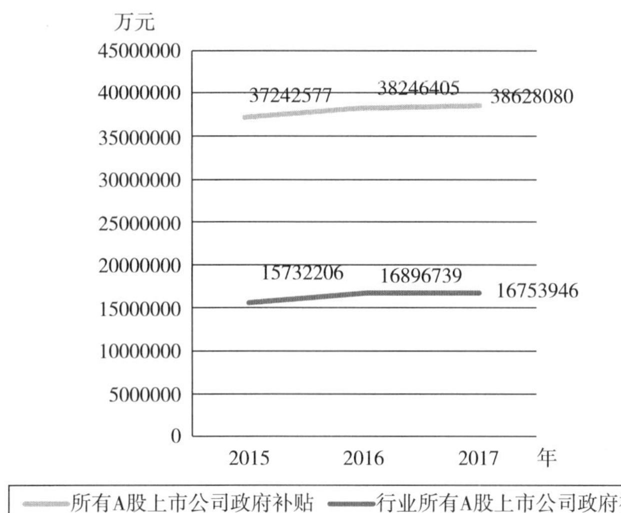

资料来源：CSMAR，课题组。

图 3-194　2015—2017 年信息传输、软件和信息技术服务业政府补贴

研发人员占比也是衡量企业创新能力的一项标准。我们发现，大部分企业的研发人员占比集中在 30%~50%这一区间。只有一家企业的研发人员占比达到了 90%以上，这家企业是网达软件。还有 17 家企业的研发人员占比不足 10%。和其他行业相比，信息传输、软件和信息技术服务业由于特殊的行业特点，研发人员占比较大。

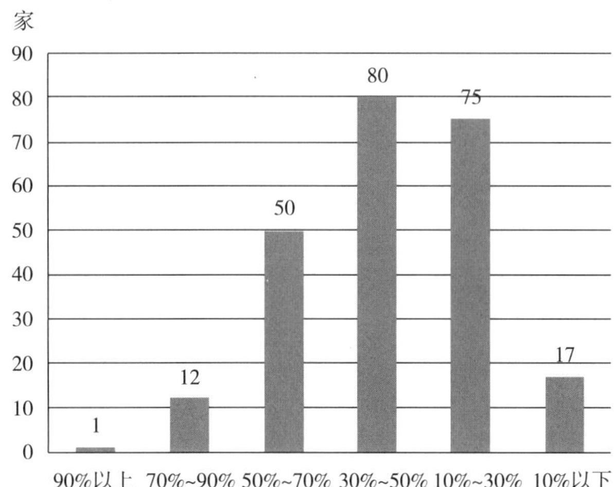

注：图中数据已剔除数据缺失的公司。

资料来源：CSMAR，课题组。

图 3-195　信息传输、软件和信息技术服务业研发人员占比

2. 创新产出

课题组用有效专利数量来衡量企业的创新产出水平。我们统计了 2013—2016 年行业内上市公司的有效专利数量。从图 3-196 中我们看到，2013—2016 年，行业内上市公司的有效专利数量逐年增加，且增长幅度明显，特别是从2015年到2016年，增长幅度很大。各个企业的有效专利数量差异悬殊，截至2016年底，有效专利数量位居榜首的是国电南端，有效专利数量达到14022件，但是有些企业并无专利。

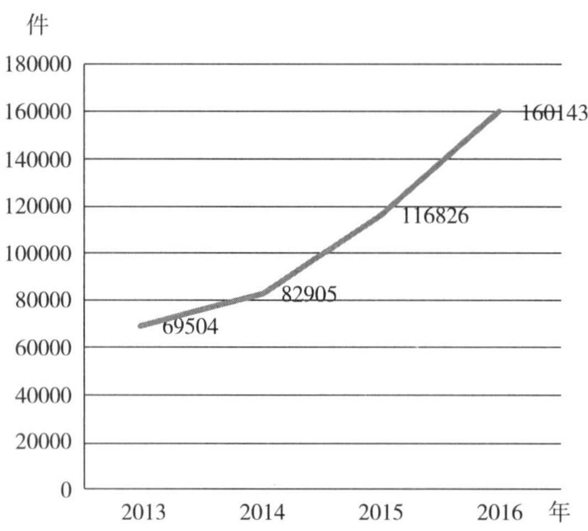

资料来源：CSMAR，课题组。

图3-196　2013—2016年信息传输、软件和信息技术服务业有效专利数量

（四）社会责任竞争力

1. 法律责任

企业在日常经营和管理的过程中需要承担相应的法律责任。我们从对政府的责任和依法经营两个方面来衡量企业的法律责任。我们用GR指数来衡量企业对政府的责任，指数越大说明企业对政府尽的责任越大。

经过我们的统计分析，2015—2017年，行业内上市公司的GR指数均值都稳定在0.02左右，没有特别大的波动。

我们用企业在生产经营中有无违法违规行为来衡量企业是否依法经营，进而可以从中看出企业对社会责任的承担。

表3-89　　2015—2017年信息传输、软件和信息技术服务业依法经营情况

年份	有违法违规行为的企业数量（家）	无违法违规行为的企业数量（家）
2015	23	224
2016	24	223
2017	0	247

资料来源：CSMAR，课题组。

从表3-89中我们可以看到，2017年信息传输、软件和信息技术服务业247家上市公司全部依法经营，2015年和2016年违法违规企业数量相差不大。由此我们可以看出，行业内上市公司的社会责任感在增强。另外，我们统计了近三年都未违法违规的企业数量，2015—2017 年，连续三年没有违法违规的企业有 207 家，有过违法违规的企业有 40 家。

2. 经济责任

我们从对投资者的责任、对员工的责任和对供应商的责任三个方面来衡量企业的经济责任。我们认为一定规模的企业，向投资者支付的投资回报越高，承担的社会责任就越多。2017 年，行业内所有上市公司对投资者的责任指数均值在 0.05 左右，即行业内上市公司支付给股东和债权人的金额占相应的平均资产总额的 5%左右。另外，有 19 家公司指数为负，也就是说这 19 家公司并未承担对投资者的责任。

企业对员工担负的责任也是衡量企业经济责任承担的一个指标。经过我们的统计，2017 年，行业内所有上市公司对员工的责任指数均值为 0.24，即支付给员工的以及为员工支付的现金占营业收入的比例为 24%。

最后我们用来衡量企业经济责任的指标是对供应商的责任。2015—2017 年该指数连续排名第一的是上海钢联，因为该企业的主营业务成本排在行业前列，按照我们的计算公式计算出的对供应商的责任指数自然更大。

3. 慈善责任

课题组采用对社会的公益贡献率这一指标来衡量企业的慈善责任。由于 2013—2017 年行业数据缺失严重，对该行业对社会的贡献率我们不进行分析。

4. 伦理责任

我们采用是否披露企业社会责任报告、就业增长率和单位平均资产就业人数这三个指标来衡量企业的伦理责任。我们统计了 2016 年行业内上市公司披露企业社会责任报告的基本情况，发现数据缺失相当严重，只有 47 家上市公司披露了这一数据的情况，在披露数据的 47 家公司中，只有 14 家公司按要求披露了社会责任报告，另外 33 家公司并没有披露。

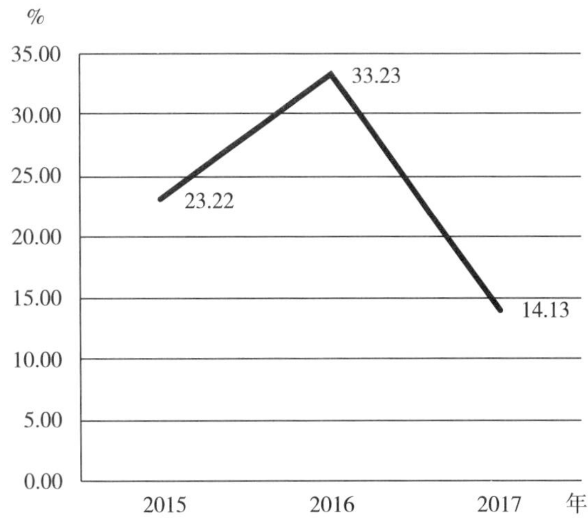

资料来源：CSMAR，课题组。

图 3-197　2015—2017 年信息传输、软件和信息技术服务业就业增长率

我们认为企业就业增长率的多少也从一个方面说明了企业所承担的社会责任的大小。在统计了近三年的行业上市公司就业增长率后，我们发现2015—2016年的就业增长率有所增长，而2016—2017年就业增长率又呈下降趋势。我们认为，企业就业增长率的增加或减少与企业当年在人力资源方面的政策方针有很大的关系，如果该企业当年扩大招聘人数，那么当年该企业的员工增长率肯定会上涨。

另一个衡量企业社会责任承担大小的指标是单位平均资产就业人数。从图3-198中我们可以看到，2015—2017年，行业内上市公司的单位平均资产就业人数逐年递减，说明该行业的企业为社会提供的就业岗位近些年在减少。

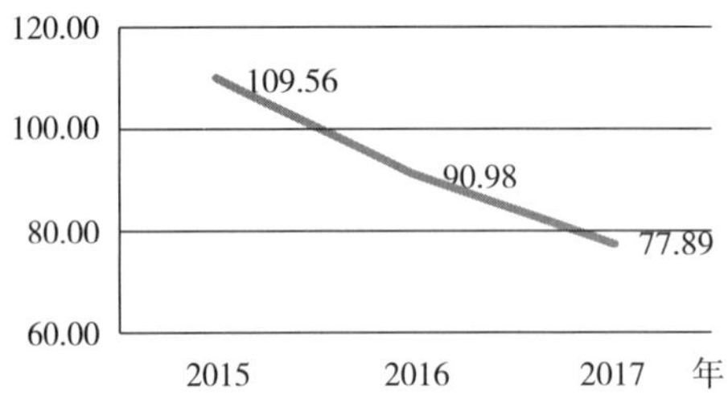

资料来源：CSMAR，课题组。

图3-198　2015—2017年信息传输、软件和信息技术服务业单位平均资产就业人数

（五）人力资源竞争力

课题组从薪酬管理能力、人员招聘与配置能力、绩效管理能力、市场业绩能力四个方面衡量企业的人力资源竞争力。薪酬管理能力指的是企业对员工支付薪酬的能力，我们用员工平均薪酬来衡量薪酬管理能力。如图3-199所示，2015—2017年行业员工平均薪酬逐渐增长，可以看出，行业内上市公司对员工薪酬的重视度在提高，支付给员工的薪酬在增加。

我们通过企业中研究生学历及以上员工人数占比来衡量企业的人员招聘与配置能力。我们统计了2017年行业内上市公司中研究生学历及以上员工人数占比情况，我们发现企业之间的差距很大，例如，2017年该项指标排名第一的是国电南端，其研究生学历及以上员工人数占比达到40%以上，而排名最低的企业仅为0.47%，大部分企业集中在10%以下，因此，我们认为企业应当提高高学历人才员工的比例，这有利于提高企业在人力资源方面的竞争力。

第三个能力是绩效管理能力。我们用年人均产值和企业人力投入回报率分析企业的绩效管理能力。2015—2017年，行业内企业年人均产值逐年递增。

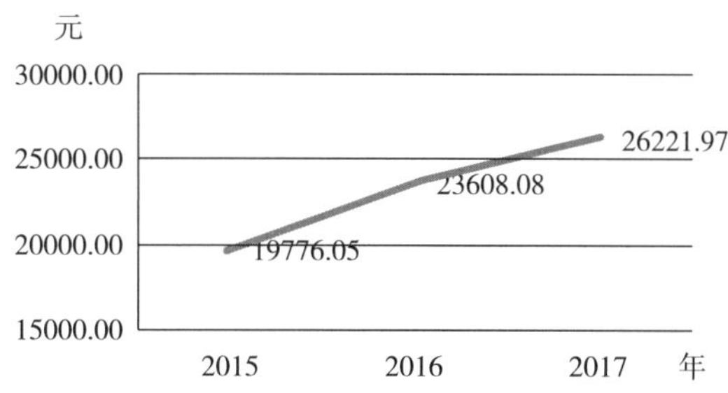

资料来源：CSMAR，课题组。

图 3-199 2015—2017 年信息传输、软件和信息技术服务业员工平均薪酬

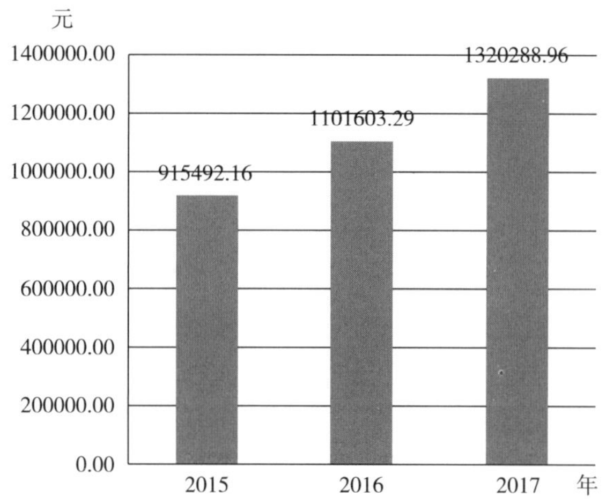

资料来源：CSMAR，课题组。

图 3-200 2015—2017 年信息传输、软件和信息技术服务业年人均产值

衡量企业绩效管理能力的另一个指标是企业人力投入回报率。企业人力投入回报率与企业净利润和员工平均薪酬有关。如果企业当年的净利润较多，则其应当会有较大的人力投入回报率，反之则相反。根据我们的统计，连续三年，行业企业人力投入回报率都在 9%上下浮动，综观行业内上市公司的企业人力投入回报率，我们可以看到，2017 年，乐视网的企业人力投入回报率为-14000 以上，排在行业最后，这主要是因为乐视网 2017 年的净利润为负。

最后一个用于衡量企业人力资源竞争力的指标是市场业绩能力，我们用市场占有率这一指标来分析企业的市场业绩能力。我们统计了行业中市场占有率排名前十的企业，如表 3-90 所示。

表 3-90　信息传输、软件和信息技术服务业市场占有率排名前十上市公司情况

公司简称	市场占有率
中国联通	32.6%
上海钢联	8.74%
国电南瑞	2.87%
东方明珠	1.93%
联络互动	1.46%
三六零	1.45%
利欧股份	1.25%
科达股份	1.12%
电广传媒	1.04%
华扬联众	0.97%

资料来源：Wind，课题组。

从表 3-90 我们可以看到，市场占有率排前四名的都属于国有企业，中国联通的市场占有率达到了 32.6%。前四名的市场占有率合计达到了 46.14%。众所周知，国有企业在市场中的地位以及市场占有率都高于私营企业，以上统计结果符合我们的预期。

三、2017 年全国信息传输、软件和信息技术服务业上市公司综合竞争力排名 Top 30

公司简称	治理竞争力	管理竞争力	创新竞争力	社会责任竞争力	人力资源竞争力	公司基本指标	总得分	行业排名
兆日科技	716.90	1085.99	244.27	393.04	231.54	3.39	2675.12	1
国电南瑞	480.20	900.55	266.01	387.96	424.68	136.17	2595.57	2
恒生电子	753.91	902.39	309.13	432.21	144.86	49.71	2592.20	3
新大陆	810.67	911.21	203.07	515.12	93.43	30.78	2564.28	4
中国联通	548.06	910.08	14.72	370.62	364.92	341.90	2550.31	5
上海钢联	555.26	1072.71	38.77	447.01	423.40	8.95	2546.11	6
方直科技	879.68	983.51	206.29	387.50	84.48	1.76	2543.22	7
海虹控股	448.40	1088.44	281.48	601.46	46.25	67.89	2533.91	8
冰川网络	914.63	799.26	294.22	443.39	63.52	7.32	2522.35	9
汉得信息	663.32	1019.60	214.44	502.11	105.55	16.56	2521.58	10
美亚柏科	904.79	807.36	246.97	404.63	131.85	16.06	2511.65	11
思特奇	770.53	832.83	256.92	510.84	105.56	3.01	2479.70	12
吉比特	547.19	938.85	177.28	400.12	389.67	21.92	2475.04	13

续表

公司简称	治理竞争力	管理竞争力	创新竞争力	社会责任竞争力	人力资源竞争力	公司基本指标	总得分	行业排名
东软集团	641.48	833.60	342.62	428.10	161.01	30.94	2437.74	14
中国软件	656.20	830.62	382.90	410.09	129.19	12.93	2421.92	15
广联达	703.71	855.63	215.74	432.08	176.76	37.63	2421.56	16
人民网	907.50	765.56	31.43	516.86	176.92	19.73	2418.00	17
维宏股份	687.19	927.41	237.70	422.84	132.13	5.63	2412.90	18
三六五网	859.06	976.45	66.87	430.77	73.30	4.69	2411.15	19
启明星辰	716.70	846.24	257.20	412.50	137.65	35.83	2406.11	20
北讯集团	991.34	895.18	21.67	364.11	67.13	42.25	2381.68	21
完美世界	631.46	873.75	195.30	380.91	214.37	77.22	2373.02	22
诚迈科技	632.67	914.70	211.78	523.31	85.49	2.40	2370.35	23
四维图新	588.25	848.14	368.92	392.52	98.20	59.01	2355.05	24
众应互联	834.90	920.06	38.84	362.14	186.26	10.03	2352.23	25
高伟达	963.96	864.42	41.55	423.33	49.25	5.70	2348.22	26
科大讯飞	295.50	863.35	297.98	506.94	237.48	145.71	2346.96	27
浩云科技	960.46	809.79	80.47	423.96	48.11	6.83	2329.60	28
博彦科技	652.45	975.54	66.56	532.51	81.52	9.96	2318.53	29
恒华科技	710.42	913.14	140.32	401.09	138.76	9.45	2313.18	30

金融业

一、行业概况

（一）金融业行业概况

金融业是指经营金融商品的特殊行业，它包括银行业、保险业、信托业、证券业和租赁业等。根据证监会2017年第四季度统计数据，A股金融业上市公司共78家，可分为货币金融服务（25家）、资本市场服务（37家）、保险业（6家）及其他金融业（10家）。截至2017年12月31日，金融业78家上市公司总市值达146759.7802亿元，总股本19016.1284亿股。

表 3-91　　**2017 年金融业行业分布**　　单位：家

	货币金融服务	资本市场服务	保险业	其他金融业
沪市	21	23	5	6
深市	4	14	1	4
合计	25	37	6	10

资料来源：国家统计局，课题组。

根据地区进行划分，我国金融业存在东西部区域发展不协调的情况，金融业上市公司主要集中在北京、上海、广东、江苏、浙江等经济发达的省份和地区。这五个地区的金融业上市公司数量占到了总数的 65.4%，五个地区金融业上市公司总市值则占到了 91.44%。

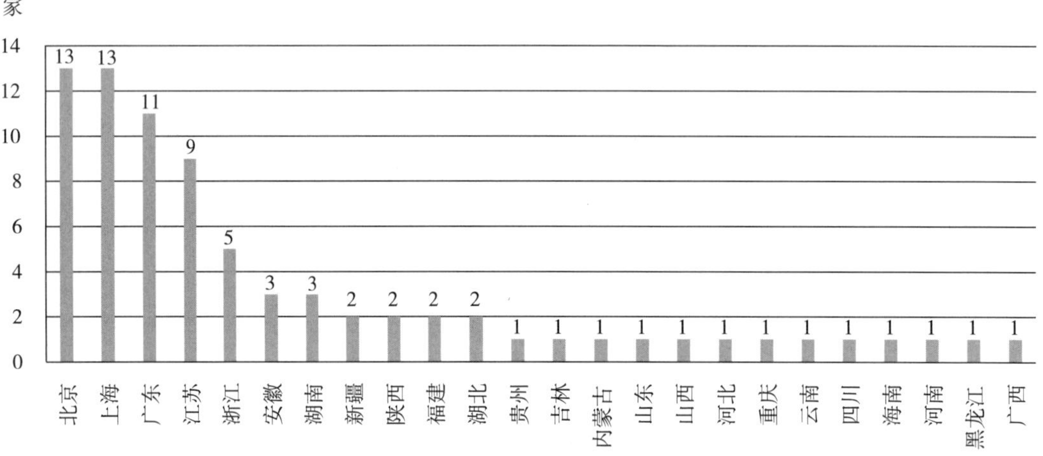

资料来源：国家统计局，课题组。

图 3-201　我国金融业上市公司（A 股）地区分布

2017 年，宏观经济回暖，实体经济企业绩效持续改善，尤其是中上游企业改善得更为显著，股票市场风格偏向蓝筹股、白马股，而债券市场则持续下行，熊市路途漫漫，很多企业债市融资难度上升，不得不债转贷，这带动了非标融资业务的再次兴起。

2017 年，金融行业感受了较 2016 年倍增的监管压力，可以说严监管从第二季度起一直贯穿年终。银监会掀起“三三四”监管首波浪潮，主要整治同业理财、资金空转等乱象。据统计，银监会在 2017 年开出了 452 张罚单，1877 家机构、1547 名责任人员被罚，罚没金额近 30 亿元。其中，广发银行因“侨兴债”事件被罚没 7.22 亿元；浦发银行成都分行因违规发放贷款被罚款 4.62 亿元；邮储银行因甘肃武威文昌路支行违规票据案件被罚没 2.95 亿元。与 2016 年相比，受处罚机构数量增长近 3 倍，罚没金额超过 10 倍。保监会一年来相继出台“1+4”系列文件，全年修订完善规章和规范习惯文件共 26 件，对行业和产品监管效果显著。2017 年保监会系统处罚保险机构 720 家次，处罚有关责任人员 1046 人次，罚款 1.5 亿元，责令停止新业务 24 家，撤销任职资格 18 人，行业禁入 4 人，监管力度是空前的。证券业的 2017 年也是“监管年”。监管层对多项制度的修订，旨在治理行业乱象，重塑行业规范生态，将合规意识贯彻到券商经营管理的方方面面，贯穿决策、执行、监督、反馈等各个环节。总的来说，2017 年金融业整体业绩相对较好，利润增速有复苏趋势，跟随宏观经济有所上行。

（二）四大金融行业发展情况

1. 银行业

从经营业绩上看，2017 年对于银行业是经营回暖的一年，银行业净利润增速时隔多年后整体回升，其中工商银行净利润增速由 2016 年的 0.40%提升至 2017 年的 2.80%，建设银行由 1.45%提升至 4.67%，农业银行由 1.86%提升至 4.90%，中国银行则由负转正，由-3.67%提升至 4.76%。除四大行外，其他银行利润增速多数也出现了不同程度的回升，如招商银行就在时隔 3 年后，重现两位数的增长，2017 年利润增速达 13.00%。在利润增速提升的同时，银行不良贷款比率整体出现下降，不良贷款拨备覆盖率则出现明显提升，整体资产质量改善，经营风险整体下降。此外，近几年来，主要银行的个人住房贷款余额呈稳步增长趋势。仔细观察数据可以看出，个人住房贷款余额增速从 2015 年开始有所提高，2016 年整体增速进一步提升，至 2017 末，各主要银行的个人住房贷款余额均达到新的高度。如工商银行 2017 年末个人住房贷款余额已达 3.94 万亿元，接近 2014 年末的两倍。值得注意的是，2017 年居民储蓄存款增长率首次为负值。按照这种趋势，我国居民将成为负债群体，这蕴含着金融泡沫的危险信号。

2. 保险业

2017 年，严监管促使保险机构回归本源业务，万能险等短期理财产品被封杀，中长期保单得到较快发展，保费收入依然保持 19.91%的较快增长，同时保险机构加强了另类资产的配置，提升了投资收益，增强了盈利能力。

根据 2018 年 1 月保监会发布的数据，2017 年保险行业共实现原保险保费收入 36581.01 亿元，同比增长 18.16%。赔付支出 11180.79 亿元，同比增长 6.35%；为全社会提供风险保障 4154 万亿元，同比增长 75%。同时，2017 年保险行业共实现净利润 2567 亿元，同比增长约三成。保险净利润的增加主要是资金运用收益取得了好成绩，在资金运用上，股票方面“进步”突出，收益 1183.98 亿元，增长 355.46%。2017 年产险公司预计净利润为 639.57 亿元，同比增加 64.04 亿元，增长 11.13%；寿险公司预计净利润为 1390.77 亿元，同比增加 286.17 亿元，增长 25.91%；再保险公司预计净利润为 61.77 亿元，同比减少 0.71 亿元，下降 1.14%；资产管理公司预计净利润为 110.65 亿元，同比增加 26.17 亿元，增长 30.97%。

3. 证券业

2017 年，股市交易量较上年略有缩减，同时经纪业务竞争持续，价格战带动佣金费率继续走低，由于经纪业务占券商收入比例较高，直接拖累了券商利润增速；自营业务表现突出，自营业务创收占比首次超越经纪业务，成为占比最大的收入来源，当前券商重资本化运营趋势显著，杠杆水平较上年有进一步提升；在去通道化监管要求下，券商资管业务规模持续下滑，不过主动管理有所提升，资管业务收入基本保持稳定，增速约为4.12%；受到股市定增业务严格限制以及债券市场发行规模下滑等因素制约，投行业务下行明显，降速约为-29.27%。

28家A股上市券商2017年共计实现营业收入2022亿元。其中，营业收入超过200亿元的仅有中信证券一家，超过百亿元的券商有9家。值得一提的是，所有券商2017年的营业收入均超过10亿元。但若与2016年的业绩相比，则可以看出2017年券商表现欠佳。在23家可比较的A股券商中，营业收入同比实现正增长的仅有七家。东方证券以48.07%的增长幅度居于首位。

大券商之间的排位竞争更加激烈。2017年净利润前五名的券商与上年相同，分别为中信证券、国泰君安、华泰证券、广发证券、海通证券。但彼此之间的座次却重新排列。表现最佳的当属华泰证券。12月营业收入和净利润均居于首位。从全年来看，营业收入位列第二，净利润一举超过中信证券。在业绩同比增长幅度上也位居前列。随着净资本扩充的需求越来越强烈，中小型券商2017年纷纷上市入场。全年共有4家券商上市，分别为中国银河、中原证券、浙商证券、财通证券。上市队伍仍将扩大。公开资料显示，天风、中泰、国联、南京、中信建投、红塔、华林、华西、长城、东莞共10家券商材料已经报会。

4. 信托业

2017年，信托业发展增速抢眼。截至年末，全国68家信托公司管理的信托资产规模达26.25万亿元，同比增长29.81%，环比增长7.54%，平均每家信托公司3859.60亿元。2017年，信托业平均年化综合报酬率为0.42%，较2016年末的0.73%下降0.31个百分点，较2017年第三季度的0.44%下降0.02个百分点。这一指标反映该行业主动管理能力仍有待提升。2017年信托行业资产规模增长的主要动力来自事务管理类信托增长，而该类信托大部分为通道业务，在近几年的监管导向下，基金子公司、券商资管等通道业务相继受限，信托业成为名副其实的“通道之王”。总的来说，受到实体企业、房地产企业融资需求回暖的影响，信托贷款在新增社会融资规模中占比持续提升，规模因子对收益贡献突出。同时信托受到资金端成本压制，净息差有所收窄，对收益提升有一定负面贡献，不过随着信贷利率的上升，这种负面效应将逐步缩小，此外资产质量改善，不良率保持平稳并有下降态势，也对营业收入有一定贡献。

（三）金融业相关热点

1. 2017年金融业大事记

表 3-92　　　　2017 年金融业大事记

时间	事件	内容
1月4日	汇率波动	中国人民银行授权中国外汇交易中心公布的人民币汇率中间价显示：1 美元兑人民币 6.9526 元，距 7 的整数关口近在咫尺，市场上对人民币贬值的担忧越来越强烈。
1月26日	区域股权交易中心	国务院办公厅印发《国务院办公厅关于规范发展区域性股权市场的通知》，对区域股权交易中心的发展做出了纲领性安排，总体上限制每个省只能设置一家，已有两家的需要合并。
2月9日	暂停比特币交易	中国三家主要的比特币交易平台——币行、火币网、比特币中国陆续发布公告，从即刻起全面暂停比特币和莱特币提币业务。
3月16日	美联储宣布加息	美联储宣布将联邦基金利率上调 25 个基点，从 0.5% 到 0.75% 的水平上调到 0.75% 到 1% 的水平，这也是美国 10 年来第三次加息。
3月28日	阿里巴巴、蚂蚁金服和建设银行推进合作	阿里巴巴集团、蚂蚁金服集团和中国建设银行签署三方战略合作协议。双方将推进线下线上各种业务合作，打通信用体系。二维码支付互扫、支付宝支持建设银行 APP 支付将很快实现。
5月11日	保监会下发〔2017〕134 号文件	中国保监会下发人身险〔2017〕134 号文件《中国保监会关于规范人身保险公司产品开发设计行为的通知》，对人身险产品设计提出了“四项鼓励七项注意”，引发了整个保险市场极大震动。通知强调保险要回归保险保障功能，回归保险本源，防范经营风险。
5月27日	证监会出台监管新规	中国证监会发布《上市公司股东、董监高减持股份的若干规定》，随后上海证券交易所、深圳证券交易所也出台相应完善减持制度规则，在监管新规中，除持股 5% 以上的大股东外，因减持造成持股比例低于 5% 的股东、通过定增、大宗交易等方式取得股份的股东也纳入监管之列。
6月15日	美联储继续加息	美联储宣布将联邦基金利率目标区间上调 25 个基点至 1.00%～1.25% 的水平，本次加息是 10 年来美联储的第四次加息。
6月21日	摩根士丹利将中国 222 只 A 股纳入 MSCI 新兴市场指数和全球基准指数	经过连续四年冲击之后，摩根士丹利资本国际（明晟）公司在官网公告，初始将中国 222 只 A 股纳入 MSCI 新兴市场指数和全球基准指数，这些 A 股约占 MSCI 新兴市场指数 0.73% 的权重。
6月28日	三部门发文整改校园贷	银监会、教育部、人力资源和社会保障部 28 日联合发文，一律暂停网贷机构开展校园贷业务，对存量业务要制订整改计划，明确退出时间表。
8月23日	银监会发文规范市场销售行为	中国银监会发布《银行业金融机构销售专区录音录像管理暂行规定》，进一步规范销售市场秩序和银行业金融机构自有理财产品及代销产品销售行为，维护消费者合法权益。

续表

时间	事件	内容
9月4日	各类代币发行融资活动被喊停	包括“一行三会”在内的七部门发布公告，指出代币发行融资本质上是一种未经批准的非法公开融资行为，涉嫌非法发售代币票券、非法发行证券以及非法集资、金融诈骗、传销等违法犯罪活动。公告要求，各类代币发行融资活动应当立即停止，已完成代币发行融资的组织和个人应当做出清退等安排，合理保护投资者权益，妥善处置风险。
9月11日	人民币贬值风险解除	中国人民银行授权中国外汇交易中心公布的人民币汇率中间价显示：1美元兑人民币6.4997元，人民币对美元汇率收复6.5大关。人民币短期内的贬值风险警报已解除。
11月3日	建设银行推进租房贷	建设银行深圳市分行携手万科、碧桂园等11家房地产企业签订房屋租赁战略合作协议，联手开发深圳长租房市场，与房地产企业签署5481套住房租赁转让协议。建设银行推出个人租房租赁贷款“按居贷”，租房也能贷款。
11月21日	互联网金融严禁新开小贷业务	互联网金融风险专项整治工作领导小组办公室发布138号文《关于立即暂停批设网络小贷公司的通知》，要求各级小额贷款公司监管部门一律不得新批设网络（互联网）小贷公司，禁止新增批小贷公司跨省（区、市）开展小额贷款业务。
12月1日	开展对网络小贷清理整顿工作	互联网金融风险专项整治、P2P网贷风险专项整治工作领导小组办公室下发《关于规范整顿“现金贷”业务的通知》，明确统筹监管，开展对网络小额贷款清理整顿工作。

资料来源：课题组整理。

2. 2018年金融业发展主题：加强监管与对外开放

第一，宏观经济增速稳定，货币政策中性稳健。2018年，金融业面临的宏观经济环境保持稳健，增速略有下降，预测为6.7%，但是在追求高质量增长的路径下会有更多举措，经济结构处于新旧动能转换过程中，经济增长仍具有一定韧性。廉价资金成为一种优势，金融机构会加强资金渠道的竞争，并将资金成本部分转嫁给融资成本，抬升融资成本。

第二，严监管成为常态。随着中国银行保险监督管理委员会（简称银保监会）正式挂牌，中国金融监管正式进入“一委一行两会”的格局。2018年，监管罚单依然不会少，金融机构需要加强合规意识和底线思维，不能有侥幸心理，监管对于金融行业行为反应的速度会更快并更具有前瞻性，整个金融监管将处于大变革时代。当然，这不是我国独有的，而是全球范围内金融危机后，监管变革的延续和共振，追求规模、粗放经营、通道化经营将面临更多挑战。

第三，IFRS9开始实施。2007年国际金融危机暴露了现有会计准则的大部分不足，为了解决会计准则的缺陷，IFRS9这一新的国际金融工具准则应运而生，并于2018年1月1日正式实施。2017年，财政部相继修订发布了《企业会计准则第22号—第24号》，与IFRS9衔接。根据要求，2018年开始境内外同时上市的企业将首批正式实施新金融工具准则。

第四，金融对外开放加速。2018 年是中国改革开放 40 周年，而中国金融业开放也在逐步深化，2018 年，国内股市将逐步纳入 MSCI 指数，此外我国债券市场也有望纳入国际核心指数，金融机构的开放政策也逐步进入实施阶段，国际机构更可能在其擅长的投行、财富管理等领域加强与国内金融机构的竞争，同时国内金融机构也需要在三年和五年过渡期内苦练内功，提升与外资金融机构正面竞争的能力。

第五，金融科技的使用和融合更为深度和广泛。之前是互联网金融对传统金融行业发起冲击，而后科技金融以一种更加凶猛的态势在我国全面铺展开来。根据安永调查数据，我国金融科技应用率达到 69%，远远高于其他国家，其中移动支付应用率达到了 83%，在众多金融领域中最高，而在保险领域应用率为 38%，相对低于印度和英国。传统金融机构与金融科技并不是完全对立的，传统金融机构在不断拥抱科技金融，加强与其战略合作，银行加强直销银行建设，券商建立智能投顾系统，保险促进互联网保险渠道的开发，传统金融机构正在借助金融科技强化自身运营和展业能力。

第六，行业转型发展，恒者恒强。在经济社会变革加快的新时代，金融机构也需要不断增强转型发展能力，银行需要优化业务机构，提升中间业务发展水平，促进投贷联动等新业务模式；券商围绕上市公司和资本市场提升服务能力，加强资产主动管理能力；保险公司提升代理人渠道拓展，提高期交保费占比，发展中国长期险种以及创新财险；信托公司深化专业能力，打造基于整个价值条链的信托服务，同时紧抓高净值客户财富传承需求，发展家族信托。

二、行业综合竞争力分析

课题组在对金融行业的综合竞争力进行分析时，首先按指标细分对行业内所有的公司（剔除数据缺失公司）进行统计分析，然后按照指标的特点考虑是否按具体类别进行比较分析，截至 2017 年 12 月 31 日，金融行业 78 家 A 股上市公司中东部地区占了 56 家，占比达到 71%以上，中部地区有 14 家，西部地区有 8 家。

（一）治理竞争力

1. 公司股权结构

（1）股权集中度

截至 2017 年 12 月 31 日，金融行业全部 78 家 A 股上市公司的第一大股东持股比例平均值为 28. 25%。在所有上市公司中股权属于绝对控股的公司有 9 家，占所有公司数量的 11. 54%，属于股权高度分散的公司有 24 家，占所有公司数量的 30. 77%。其余 45 家公司的股权集中度呈现相对控股的状态，占全部行业上市公司的 57%以上，这说明行业半数以上的公司股权集中度适中，这有利于公司运营稳定，也有利于公司进行决策。图 3-202 为该行业所有 A 股上市公司的股权集中度分布情况。我们尝试将行业内的所有上市公司分为货币金融服务、资本市场服务、保险业及其他金融业四类，通过分析我们发现，对于第一大股东持股比例指标，货币金融服务类该指标均值为24.00%，资本市场服务类均值为29.78%，保险业类均值为32.20%，其他金融业类均值为30.58%，各大类的股权集中度并没有显著的区别。

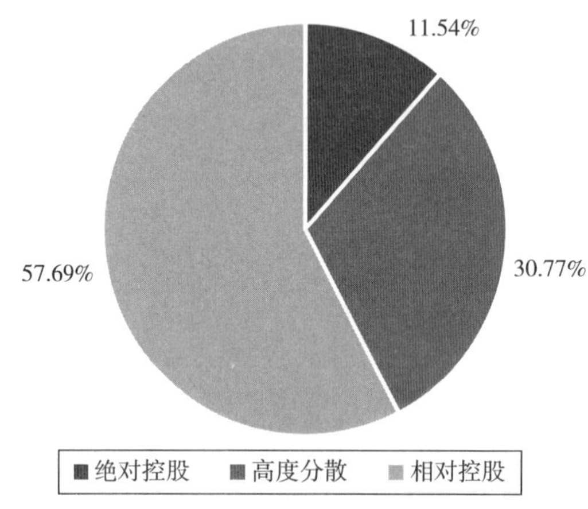

资料来源：CSMAR，课题组。

图 3-202 金融行业 A 股上市公司股权集中度

（2）股权制衡度

截至 2017 年 12 月 31 日，金融行业全部 78 家 A 股上市公司中，我们统计发现行业平均股权制衡度为 1.31，股权制衡度小于 1 的有 31 家公司，说明这些公司的第一大股东对公司的控制力度比较高，可能会侵害到其他小股东的权益。在统计样本中，股权制衡度最高的公司达到 3.83，同时我们看到该公司自 2013 年开始股权制衡度一直在 3.83 及以上，比较稳定，这有利于公司的权力制衡与经营。在 78 家公司中，股权制衡度最低的只有 0.10264，这家公司为中油资本（000617），该公司五年股权制衡度平均值为 0.06，这反映出其他大股东对第一大股东的制衡度较低。

表 3-93 金融行业 Z 指数

Z 指数	大于等于 3	大于等于 2 且小于 3	大于等于 1 且小于 2	小于 1
公司家数（家）	2	13	32	31
公司占比（%）	2.56	16.67	41.03	39.74

资料来源：CSMAR，课题组。

2. 公司治理架构

（1）董事长与总经理分离情况

我们统计了金融行业的董事长与总经理两职分离情况，剔除了 2 家数据不完备的公司。截至 2016 年 12 月 31 日，行业内的 76 家上市公司中有 65 家公司的董事长和总经理不是同一个人，而其余 14.47%的公司董事长和总经理是同一个人。这与我们的认识一致，金融行业已经初步形成了职业经理人管理制度，上市公司倾向于采用两职分离的形式。已经有研究提出，关于董事长和总经理两职分离状态不应当仅仅以分离与合一来判别，两职部分分离也是一种常见的状态，但是由于该种状态我们还无法用数据衡量，因此不做分析。

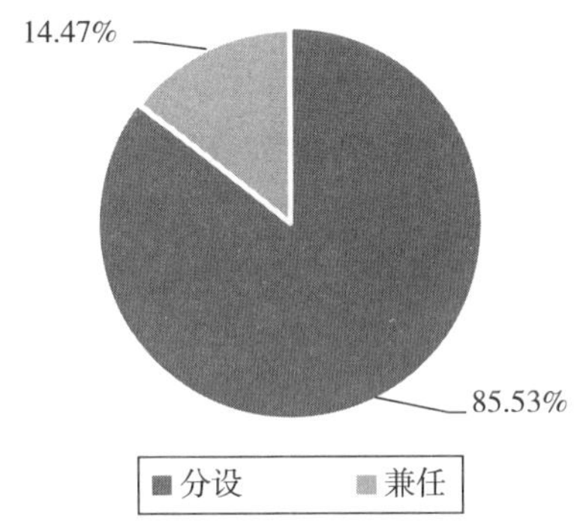

资料来源：CSMAR，课题组。

图 3-203　金融行业董事长和总经理两职分离情况

（2）上市公司董事会与监事会

在上市公司董事会与监事会这一部分，我们统计了行业内上市公司的独立董事人数情况、董事人数情况以及监事人数情况，截至 2016 年 12 月 31 日，我们统计了金融行业的董事长与监事会人员情况，由于数据的欠缺仅获得了 21 家公司的数据。

剔除数据缺失部分，我们得到以下结果。我们发现，在数据可得的所有 21 家公司中，18 家公司的董事人数大于等于 8 人，20 家公司的监事人数大于等于 3 人，从数据可得的这些公司看，大部分公司的董事和监事规模都达标。

表 3-94　　金融行业上市公司董事会与监事会人数

类别＼董事人数	≥8 人	<8 人
公司数量（家）	18	3
类别＼监事人数	≥3 人	<3 人
公司数量（家）	20	0

资料来源：CSMAR，课题组。

3. 董事激励

（1）领取报酬董事比例

截至 2017 年 12 月 31 日，我们统计了金融行业的董事领取报酬情况，由于数据的欠缺仅获得了 21 家公司的数据，统计结果显示有 76. 68%的董事领取了报酬。

（2）金额最高前三名董事报酬总额占应付职工薪酬比

金额最高前三名董事报酬总额的平均值 508. 76 万元，金额最高前三名董事报酬总额占应付职工薪酬比的平均值为3.32%。

4. 监事激励

截至2017年12月31日，我们统计了金融行业的监事领取报酬情况，由于数据的欠缺仅获得了21家公司的数据，统计结果显示有75%的监事领取了报酬。

5. 三会次数

三会次数即股东大会次数、董事会会议次数、监事会会议次数。我们统计了2017年行业中企业召开三会次数的情况，截至2017年12月31日，共获得了61家金融行业上市公司的数据。在分析时，我们将三会次数相加，次数之和越大的企业，可以在一定程度上反映出其治理水平越高。

表3-95　　2017年金融行业三会次数

指标 类别	三会次数（次）
10次以下	4
10~20次	60
21~30次	22
30次以上	2

资料来源：CSMAR，课题组。

6. 社会影响力

截至2017年12月30日，金融行业内仅有江阴银行一家公司存在未解决的官司，等待裁决。

（二）管理竞争力

截至2017年12月31日，金融行业A股78家上市公司中，盈利的公司有76家，占所有上市公司的97.43%以上，亏损的公司有2家。行业所有上市公司的营业总收入为62748.33亿元，较上年增长8.39%，净利润总额为16932.41亿元，较上年增长6.74%。

我们按照2017年公司净利润对上市公司进行排序，表3-96展示了行业内净利润前十名的上市公司2016年、2017年净利润情况。净利润前十名的上市公司中仅有中国平安属保险业，其他均属银行业。再分析净利润年增长率，中国平安以38.15%遥遥领先于其他9家上市公司，银行业中招商银行以13.24%的净利润年增长率领先于其他银行。

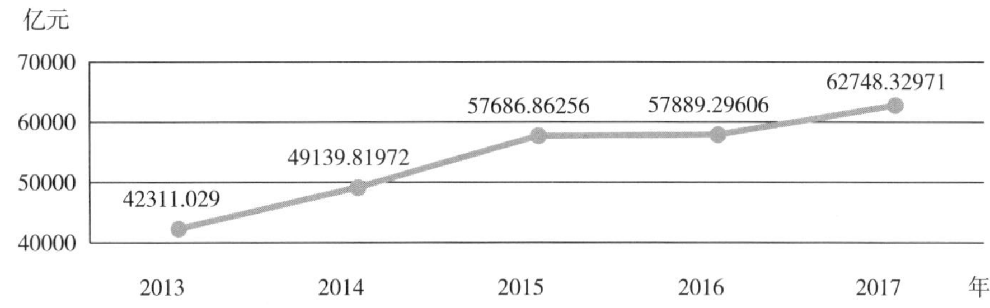

资料来源：CSMAR，课题组。

图 3-204　金融业近五年营业总收入

表 3-96　　金融业净利润前十名上市公司情况

公司简称	类别	2016 年净利润（元）	2017 年净利润（元）	净利润年增长率（%）
工商银行	银行业	279106000000	287451000000	2. 99
建设银行	银行业	232389000000	243615000000	4. 83
农业银行	银行业	184060000000	193133000000	4. 93
中国银行	银行业	184051000000	184986000000	0. 51
中国平安	保险业	72368000000	99978000000	38. 15
交通银行	银行业	67651000000	70691000000	4. 49
招商银行	银行业	62380000000	70638000000	13. 24
兴业银行	银行业	54327000000	57735000000	6. 27
浦发银行	银行业	53678000000	55002000000	2. 47
民生银行	银行业	48778000000	50922000000	4. 40

资料来源：CSMAR，课题组。

课题组从增长能力、偿债能力、运营能力和盈利能力四个方面对金融业的管理竞争力做一个分析。

1. 增长能力

课题组以净资产增长率、主营业务增长率、净利润增长率和总资产增长率四个指标分析金融行业上市公司的增长能力。总体来看，截至 2017 年底，行业所有 78 家上市公司中，净资产增长率达到 100%以上的公司有 1 家，而呈负增长的公司有 7 家，大部分公司 2017 年净资产增长率在 0~50%。我们统计了 2017 年净利润增长率情况，其中净利润增长率在 100%以上的公司有 32 家，而净利润增长率为负的公司达到了 8 家，大部分公司的净利润增长率在 0~40%。在所有上市公司中，总资产增长率达到 100%以上的公司有 2 家，而呈负增长的公司达到 15 家，总资产增长率的均值为 12. 33%。

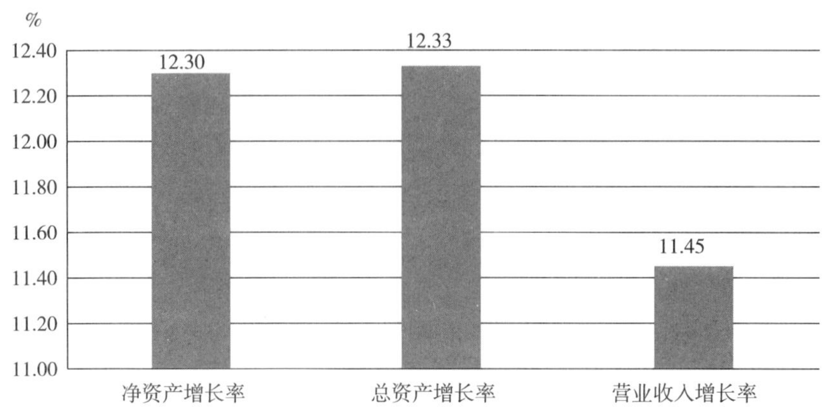

资料来源：CSMAR，课题组。

图 3-205　2017 年金融行业增长能力

2. 偿债能力

常用于分析企业偿债能力的指标有流动比率、速动比率、现金比率、负债比率等，我们从资产负债率、流动比率、速动比率和固定资产比率四个维度衡量行业内上市公司的偿债能力。流动比率和速动比率主要是分析企业的短期偿债能力，资产负债率主要用来衡量企业的长期偿债能力。我们对行业中所有上市公司 2017 年的四项指标做了一个统计。统计结果如图 3-206 所示。

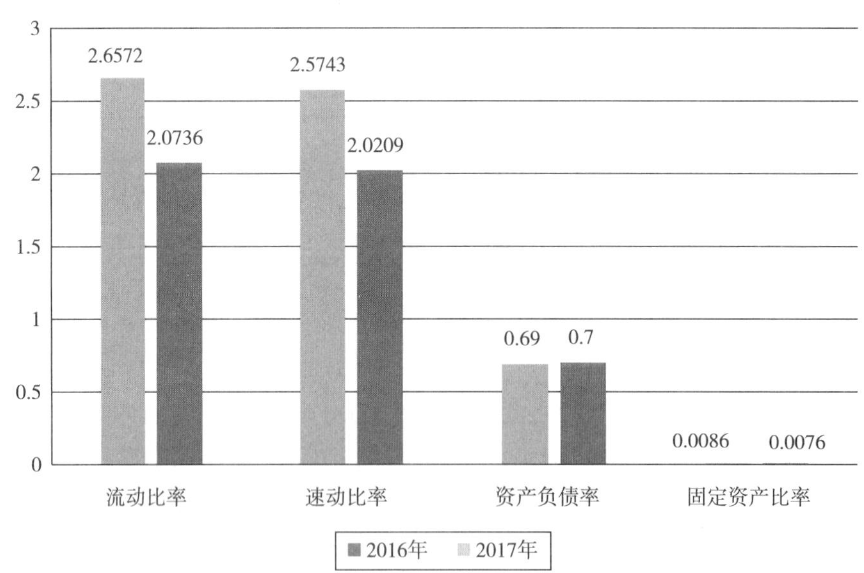

资料来源：Wind，课题组。

图 3-206　2016—2017 年金融业偿债能力指标

从图 3-206 我们得知，2017 年，金融行业所有 A 股上市公司的流动比率平均值为 2.07，较上年下降 21.96%；速动比率平均值为 2.02，较上年下降 21.50%；固定资产比率为 0.0076，较上年下降 10.81%；资产负债率平均值为 0.7，较上年上升 1.44%。

2016—2017 年，行业内上市公司的流动比率与速动比率均值有一定幅度的下降，说明行业上市公司总体的短期偿债能力减弱，现阶段要防范金融风险。从资产负债率看，我们发现行业上市公司的长期偿债能力基本维持稳定。从图中我们还可以看到，固定资产比率呈下降趋势，说明行业内的固定资产相对下降，对金融业来说可能表明资金得到了更好的利用。对比其他行业上市公司的资产负债率情况，一般行业的正常资产负债率在 30%~50%，而金融行业普遍高于 70%，这是由于传统金融业如银行业银行储蓄存款作为负债占了相当大的比例，这种高杠杆、高负债是行业自身经营特点导致的，因此资产负债率无须刻意对比实体产业指标。一般认为企业的流动比率越高，其偿还负债的能力越强。我们认为流动比率为 2 是比较适宜的，据统计，2017 年，有统计数据的行业内 42 家上市公司中流动比率在 1~3 的有 35 家，占所有上市公司数量的 83% 以上。就速动比率而言，尽管普遍认为速动比率维持在 1 左右较为适宜，而金融业速动比率均值则达 2. 02。总体来说，我们认为行业内上市公司的短期偿债能力处于较高水平。

3. 运营能力

课题组用应收账款周转率、总资产周转率和流动资产周转率这三个指标分析行业上市公司的运营能力。应收账款周转率越高说明企业应收账款回收速度越快，总资产周转率和流动资产周转率也是反映企业运营能力的指标，其越高也表明周转速度越快，盈利能力较好。

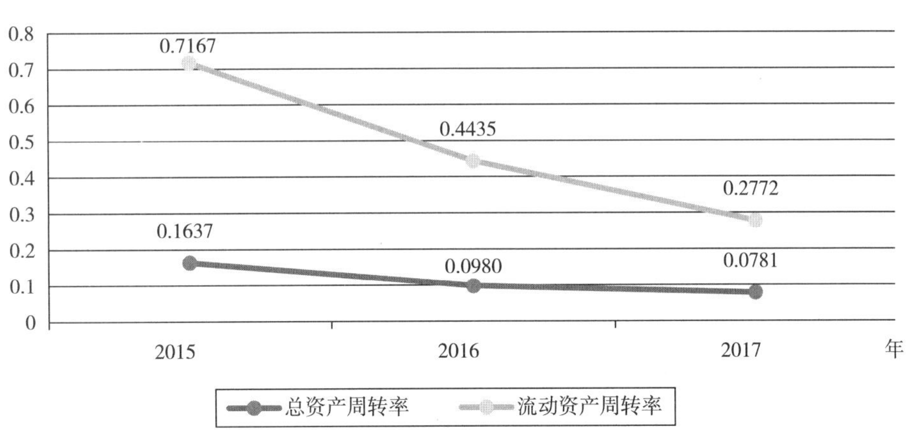

资料来源：Wind，课题组。

图 3-207　2015—2017 年金融行业总资产周转率与流动资产周转率

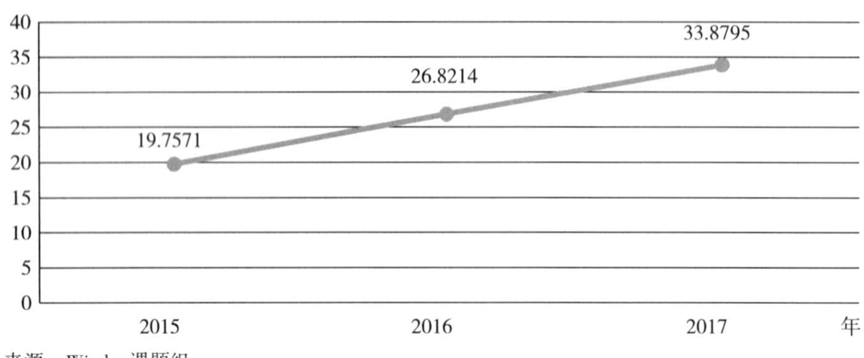

资料来源：Wind，课题组。

图 3-208　2015—2017 年金融行业应收账款周转率情况

由图 3-208 我们看到，2015—2017 年，行业内上市公司的应收账款周转率逐年递增，说明行业上市公司平均应收账款回收速度在增强，公司的运营能力在增强。但是，总资产周转率和流动资产周转率逐年降低，这也在一定程度上说明行业上市公司的运营能力有所降低。综合三个指标，应收账款周转率的增长幅度大于总资产周转率和流动资产周转率下降的幅度，因此我们认为，平均而言行业上市公司的运营能力由于应收账款管理能力的增强有所增强。

4. 盈利能力

课题组利用销售净利率、总资产收益率和净资产收益率来分析行业上市公司的盈利能力。

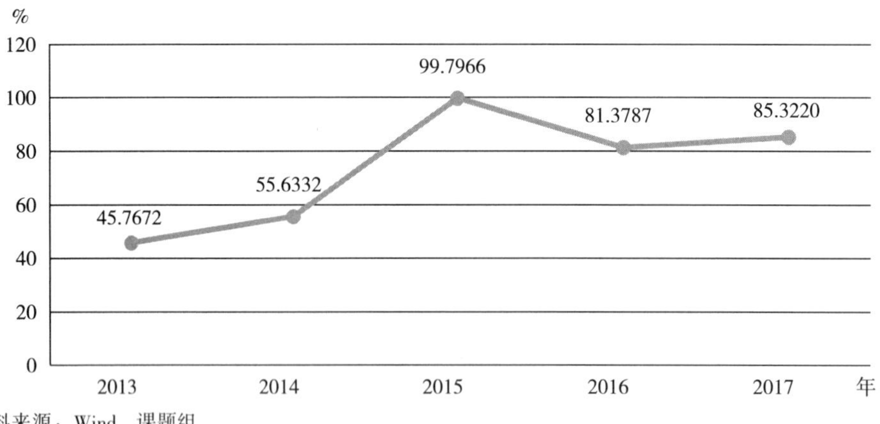

资料来源：Wind，课题组。

图 3-209　金融行业销售净利率

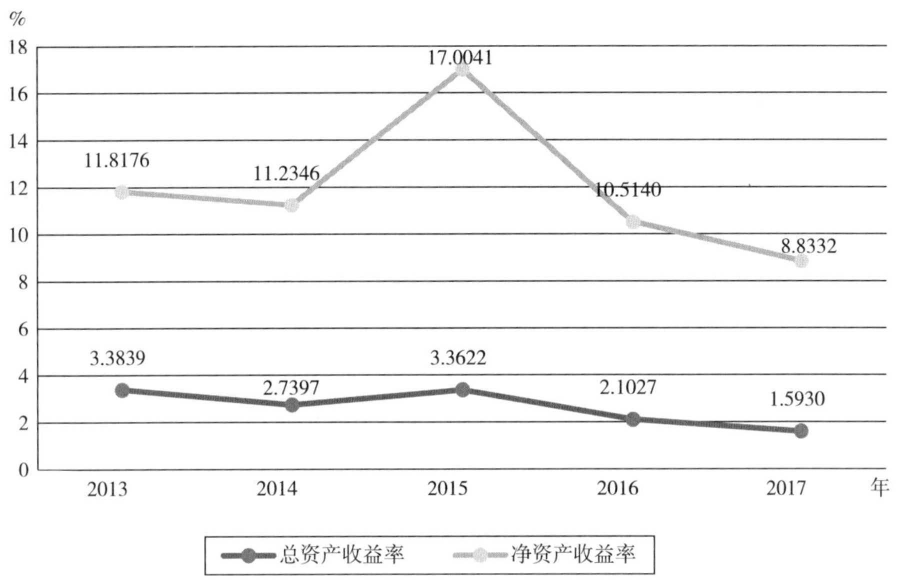

资料来源：Wind，课题组。

图 3-210　金融行业总资产收益率与净资产收益率

从图 3-210 我们可以看到，2013—2017 年，上市公司的总资产收益率与净资产收益率均存在不同程度的下降，行业中上市公司的总体盈利水平在下降。在行业内 78 家上市公司中，我们发现 2017 年金融业上市公司销售净利率小于零，总资产收益率小于零，净资产收益率也为负的金融业上市公司有且仅有 2 家（2.56%）。而销售净利率最高的公司为中油资本（3593.12%）。另外，国投资本、民生控股、爱建集团销售净利率也达到了 100%以上。

图 3-209 展示了 2013—2017 年金融业销售净利率指标的变化情况。我们可以看到，近三年金融业上市公司的盈利水平呈现出先上升再下降的变动趋势，行业中位数的变动情况也类似。

在三个盈利能力指标中，我们详细分析了行业内上市公司净资产收益率的情况。图 3-211 展示了 2017 年金融业上市公司净资产收益率分布情况。

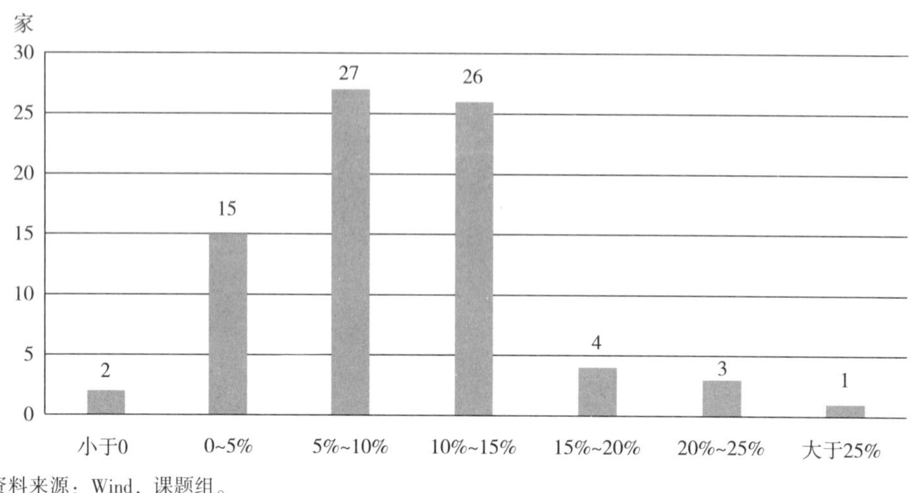

资料来源：Wind，课题组。

图 3-211　2017 年金融业上市公司 ROE 分布情况

（三）创新竞争力

课题组从有效专利、研发人员占比、研发投入占比、政府补贴四个维度展开衡量金融业上市公司的创新竞争力。

课题组统计了 2016 年金融业上市公司的有效专利数，在 78 家金融业上市公司中，拥有有效专利的有 27 家，其中有效专利数量前十名公司情况如表 3-97 所示。

表 3-97　　2017 年金融业上市公司有效专利前十位公司

公司名称	有效专利数（件）
工商银行	5184
建设银行	2139
国盛金控	1077
农业银行	951
国投资本	393
五矿资本	384
中国银行	384
交通银行	345
招商银行	336
宝硕股份	267

资料来源：Wind，课题组。

课题组统计了 2017 年 78 家金融业上市公司的研发人员占比情况，剔除不可得数据后，总计有 15 家金融业上市公司研发人员占比大于零，其中长江证券与民盛金科的研发人员占比超过了 10%，剩余 13 家样本公司研发人员占比均值为 2.51%。

课题组统计了 2017 年金融业上市公司的研发投入占比情况，由于数据披露有限，剔除不可得数据后，行业 78 家上市公司中有 10 家上市公司研发投入占比大于零，10 家上市公司研发投入占比平均水平为 1. 498%，研发投入占比最高的为国信证券，比例为 4. 88%。

政府对上市公司的补贴涉及税收返还、贷款贴息、知识产权、各类专项、人才引进、科技进步、节能减排、市场开拓等，课题组统计了 2013 年至 2017 年政府对各金融业上市公司补贴情况，其中，有 15 家公司近 5 年从未得到过政府补贴，有 57 家连续五年都得到了政府补贴。2017 年政府对于合计 62 家上市公司给予了补贴，占金融业上市公司的 79. 49%，这意味着政府补助基本覆盖了金融业上市公司。2017 年政府对金融业补贴额达到了 63. 44 亿元，62 家获政府补贴的公司平均每家获得 1. 02 亿元补贴，其中国泰君安获得了最高补贴额，为 7. 276 亿元。

（四）社会责任竞争力

企业的社会责任竞争力体现为企业对其员工、顾客、合作伙伴等利害关系人应负的责任，我们将主要介绍法律责任、经济责任、慈善责任和伦理责任四个维度的情况。

1. 法律责任

课题组从企业对政府的责任与是否依法经营两个方面出发，对金融业上市公司的法律责任履行情况进行了分析。

由于企业对政府承担的主要责任是依法纳税，企业缴纳的税费越多，其承担的社会责任就越大，因此我们通过计算企业实际缴纳的税费与平均资产总额的比例（GR 指数）来测算企业对政府的责任，比例越大，企业的尽责程度越高。我们统计了 2013 年至 2017 年金融业上市公司的 GR 指数均值情况，发现其有所下降，近三年下降得比较明显，表明金融业对政府承担的社会责任在降低。

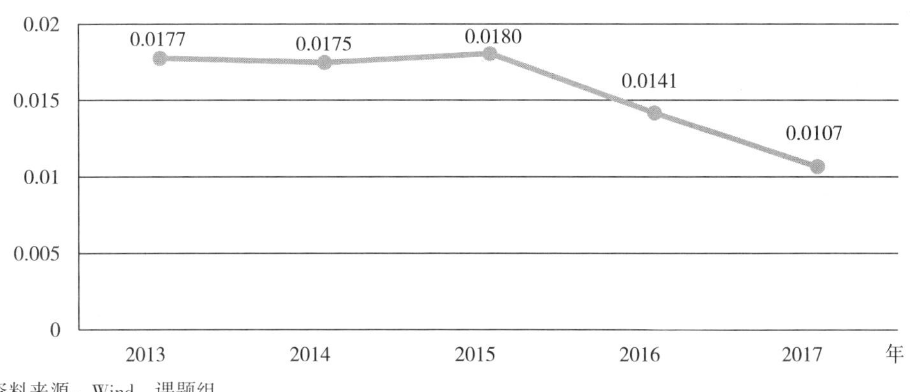

资料来源：Wind，课题组。

图 3-212　2013—2017 年金融业上市公司 GR 指数

我们用企业在生产经营中是否存在违法违规行为来衡量企业依法经营与否。据统计，2014 年、2015 年、2016 年金融业存在违法违规行为的企业数量分别为 6 家、13

家、14 家，数量有所提高，须警惕金融行业违法违规行为逐渐增多所蕴含的风险。

2. 经济责任

我们将从对投资者的责任（IR 指数）、对员工的责任（WR 指数）与对供应商的责任（SR 指数）这三个方面来分析上市公司的经济责任。

2017 年金融业上市公司的 IR 指数均值为 0.0225，即上市公司支付给股东和债权人的金额占其平均资产总额的 2.25%左右。其中有 2 家企业的 IR 指数为负，我们可以认为这些企业并没有很好地履行对投资者的责任。

金融业上市公司在 2017 年的 WR 指数均值为 0.434，即上市公司支付给员工以及为员工支付的现金占营业收入的 43.4%左右，有 4 家（5.13%）企业的 WR 指数高于 1.00。

由于数据缺失，我们仅获得 14 家金融业上市公司 2017 年的 SR 指数数据，其均值为 38.80。

3. 慈善责任

课题组用公司对社会的公益贡献率来衡量公司的慈善责任，其中公益贡献率等于捐赠支出与平均资产总额的比例。由于并非所有企业都有捐赠支出数据，因此这部分我们仅介绍 2017 年 35 家金融业上市公司的公益贡献情况。这 35 家公司的公益贡献率均值为 0.021%，最高的为中原证券，其 2016 年的捐赠支出占平均资产总额的 0.6235%，远高于其他公司。

4. 伦理责任

课题组将用是否披露企业社会责任报告、就业增长率、单位平均资产就业人数三个指标来分析金融业上市公司的伦理责任情况。

上市公司披露企业社会责任报告这一指标的数据缺失情况非常严重，2016 年仅有 17 家公司公告了该项数据。

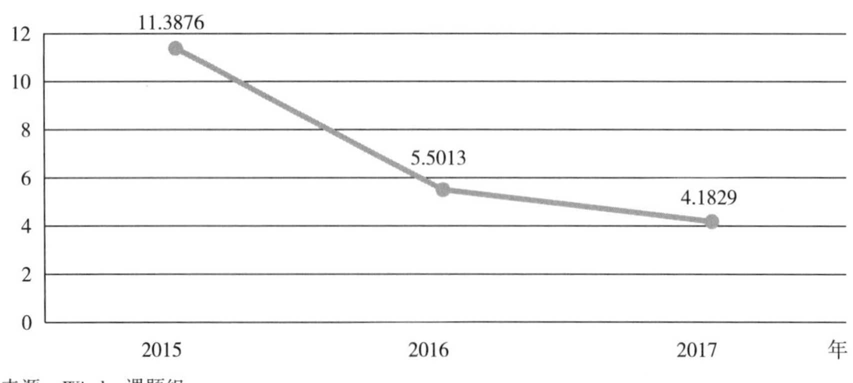

资料来源：Wind，课题组。

图 3-213　2015—2017 年金融业单位平均资产就业人数

就业增长率衡量的是企业为社会提供就业机会的增长程度，我们可以认为一家企业的就业增长率越高，其承担的伦理责任就更多。2017 年，78 家金融业上市公司中共有 53 家（67. 95%）公司的就业增长率为正，25 家（32. 05%）公司的增长率为负。

单位平均资产就业人数越高，说明一定规模的企业为社会提供的就业岗位越多，即承担的伦理责任越多。在剔除了数据未知的公司后，我们发现金融业上市公司单位平均资产就业人数的平均值呈现下降趋势。

（五）人力资源竞争力

课题组从薪酬管理能力、人员招聘与配置能力、绩效管理能力三个方面衡量金融业企业的人力资源竞争力。薪酬管理能力指的是企业对员工支付薪酬的能力，我们用应付职工薪酬来衡量薪酬管理能力。如图 3-214 所示，2013—2017 年行业应付薪酬持续增长，表明行业内上市公司对员工薪酬的重视度在提高。

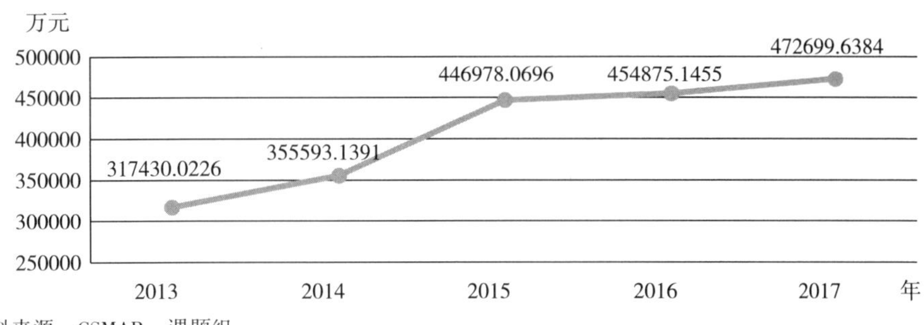

资料来源：CSMAR，课题组。

图 3-214　2013—2017 年金融业应付职工薪酬

我们通过企业中研究生学历及以上员工人数占比来衡量企业的人员招聘与配置能力。根据我们统计的 2017 年行业内上市公司中研究生学历及以上员工人数情况发现，2017 年度行业研究生学历及以上员工人数占比均值为 2. 30%，显著高于 2016 年，表明企业在发展过程中对高素质人才的重视程度在提高。

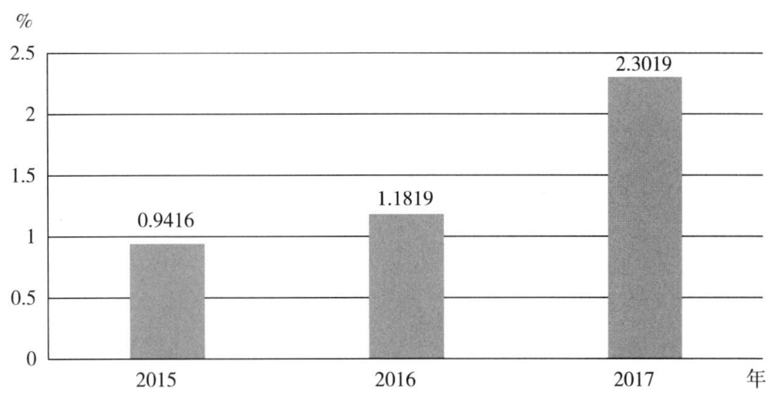

资料来源：CSMAR，课题组。

图 3-215　2015—2017 年金融业研究生学历及以上员工人数占比

第三个方面是绩效管理能力。我们用年人均产值和企业人力投入回报率分析企业的绩效管理能力。2017 年，行业内企业年人均产值为 218.7016 万元，连续三年持续降低，表明行业的绩效管理能力有所下降。同时 2017 年企业人力投入回报率均值为 7.18%，较上年有大幅度下降，这表明行业在人力投入回报上效率大幅度降低，应予以重视。

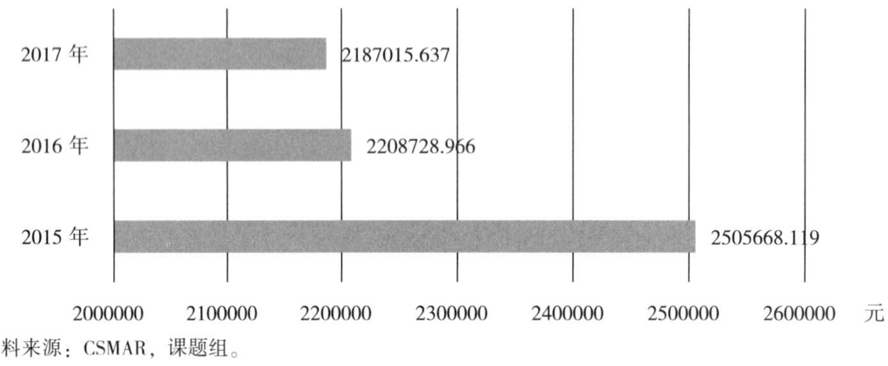

资料来源：CSMAR，课题组。

图 3-216　2015—2017 年金融行业年人均产值变化

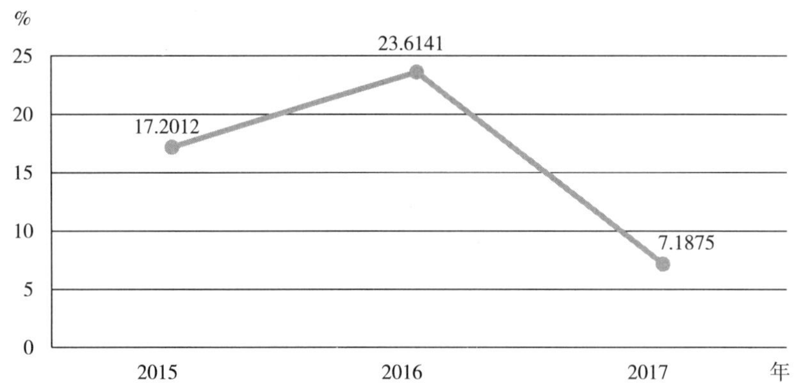

资料来源：CSMAR，课题组。

图 3-217　2015—2017 年金融行业企业人力投入回报率

三、2017 年全国金融业上市公司综合竞争力排名 Top50

公司简称	治理竞争力	管理竞争力	创新竞争力	社会责任竞争力	人力资源竞争力	公司基本指标	总得分	行业排名
工商银行	756.00	625.88	92.76	449.76	413.57	3000.00	5337.97	1
农业银行	762.78	643.01	17.02	335.35	357.83	2020.66	4136.64	2
中国平安	663.63	627.90	2.19	331.82	446.77	1359.53	3431.85	3
中国银行	444.77	610.86	6.87	333.51	381.78	1500.81	3278.60	4
中国人寿	576.20	630.35	4.60	326.44	463.56	1136.87	3138.03	5

续表

公司简称	治理竞争力	管理竞争力	创新竞争力	社会责任竞争力	人力资源竞争力	公司基本指标	总得分	行业排名
招商银行	661.99	641.02	6.01	334.26	358.28	1073.26	3074.81	6
兴业银行	767.10	602.62	66.58	451.69	410.53	632.05	2930.56	7
安信信托	887.29	758.69	32.39	357.27	692.00	105.28	2832.92	8
中国太保	780.67	679.18	11.09	448.75	249.39	465.83	2634.92	9
浦发银行	644.01	602.89	88.75	276.61	352.41	661.84	2626.50	10
中信证券	664.56	732.60	50.09	334.73	519.14	318.01	2619.14	11
国泰君安	715.67	682.46	133.08	343.80	450.87	248.20	2574.07	12
国信证券	770.01	705.45	38.91	345.10	464.37	158.00	2481.83	13
民生银行	612.24	665.62	118.06	333.45	291.71	443.47	2464.55	14
国投资本	688.09	771.87	12.56	474.05	385.99	98.28	2430.84	15
爱建集团	617.82	853.86	0.35	388.02	522.59	26.82	2409.47	16
广发证券	541.39	683.51	68.71	460.31	465.86	175.53	2395.32	17
陕国投 A	767.62	639.53	5.79	348.97	577.81	21.82	2361.52	18
东北证券	832.75	713.32	4.01	344.66	431.54	35.09	2361.36	19
中信银行	615.08	614.05	36.96	333.74	374.28	377.36	2351.47	20
海通证券	497.30	669.51	121.30	336.96	540.58	185.25	2350.90	21
东方证券	550.89	721.90	67.96	340.46	521.22	146.73	2349.17	22
五矿资本	532.28	801.03	13.35	497.20	412.40	77.66	2333.91	23
上海银行	746.36	602.35	0.32	331.21	425.22	196.99	2302.46	24
国金证券	571.24	758.60	33.11	356.80	504.48	50.04	2274.27	25
招商证券	483.45	678.90	1.72	459.58	460.90	174.46	2259.01	26
平安银行	546.70	600.17	0.00	331.47	365.75	408.32	2252.40	27
兴业证券	434.55	696.41	41.49	465.75	522.34	85.78	2246.32	28
交通银行	458.20	601.66	6.17	448.46	289.34	435.94	2239.77	29
西部证券	558.34	688.97	0.89	467.85	446.05	75.70	2237.80	30
南京银行	616.02	654.32	0.00	394.32	450.01	116.12	2230.80	31
华安证券	836.52	699.03	0.31	342.52	304.80	45.50	2228.70	32
光大银行	605.13	634.50	21.32	334.11	344.66	287.76	2227.49	33
华泰证券	435.62	697.48	34.11	340.96	540.00	166.96	2215.13	34
西南证券	579.51	695.02	3.22	349.97	536.18	45.17	2209.07	35
中国银河	601.61	728.83	2.43	346.10	404.03	119.89	2202.89	36
绿庭投资	639.47	811.94	0.03	383.71	329.60	7.83	2172.58	37
建设银行	611.57	604.82	38.27	332.80	425.90	130.54	2143.91	38

续表

公司简称	治理竞争力	管理竞争力	创新竞争力	社会责任竞争力	人力资源竞争力	公司基本指标	总得分	行业排名
中原证券	801.63	641.98	3.93	348.17	307.06	27.85	2130.63	39
方正证券	723.48	672.88	38.77	350.26	240.69	100.08	2126.17	40
民生控股	400.67	995.05	0.00	446.46	262.67	5.03	2109.88	41
光大证券	509.35	693.97	69.00	345.86	389.63	92.45	2100.25	42
申万宏源	497.00	659.56	30.72	353.28	354.66	191.64	2086.86	43
新华保险	582.45	604.81	0.16	442.92	189.72	261.12	2081.19	44
北京银行	546.03	606.31	0.86	276.34	374.91	269.70	2074.15	45
熊猫金控	800.42	814.38	0.18	362.57	88.76	4.52	2070.84	46
张家港行	849.73	606.00	0.71	335.86	234.28	36.27	2062.85	47
中油资本	379.22	719.41	14.95	473.11	207.77	241.47	2035.92	48
江苏银行	504.02	637.78	6.41	334.43	400.03	150.60	2033.26	49
国元证券	516.49	689.54	4.07	460.55	278.95	64.71	2014.31	50

房地产业

一、行业概况

现代的房地产行业最早可以追溯到1978年的改革开放后，我国实施“改革开放”的发展战略。作为其中重要的一环，房地产首次进入决策层的视线，1981年，作为重要的“改革开放特区”城市，深圳和广州成为商品房开发的试点。1982年，中央政府开始推动实施实质性的住房改革，截至1991年，中央政府决策通过了24个省份的住房改革方案。房地产的市场化之路开始起步。

回到当前，截至2017年12月31日，我国房地产业的上市公司已经达到125家。根据《中国地理》的分类，我国国土被分为七大自然地理分区。如图3-218所示，房地产业上市公司集中在华东地区、华北地区和华南地区，三者之和占据了所有地域房地产企业的78%，与其他几个地域相比，这几个地域的城市化覆盖程度较高，因此也孕育了一大批房地产龙头企业。2017年房地产行业主要有以下三个特点。

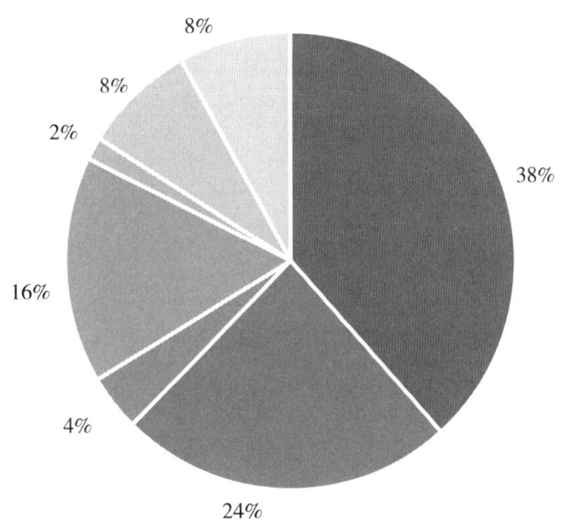

资料来源：Wind，课题组。

图 3-218 2017 年房地产业地域分布

1. 地方调控深化，长效机制加速推进

2017 年，房地产政策密集推出，战略上主要坚持“房子是用来住的，不是用来炒的”基调，地方以城市群为调控场，从传统的需求端抑制向供给侧增加转变，限购限贷限售叠加土拍收紧，供应结构优化，调控效果逐步显现。同时短期调控与长效机制的衔接更为紧密，大力培育发展住房租赁市场，深化发展共有产权住房试点，在控制房价水平的同时，完善多层次住房供应体系，构建租购并举的房地产制度，推动长效机制的建立健全。

未来房地产政策短期将坚持政策的连续性稳定性，主体政策收紧趋势不变，形成“高端有市场、中端有支持、低端有保障”的住房发展格局。中长期逐步构建并完善长效机制，中央政治局会议指出要加快住房制度改革和长效机制建设，2018 年长效机制落实将进一步加快。同时，短期调控与长效机制的衔接将更为紧密，在维持房地产市场稳定的同时，完善多层次住房供应体系，这也将对未来房地产市场产生更深远的影响，推动住房观念变化和住房居住属性强化，为房地产市场稳定奠定更稳固的基础。

2. 投资增速下行，土地成交增速创新高

2017 年 1~12 月，全国房地产开发投资 109799 亿元，同比增长 7.0%；土地购置面积 25508 万平方米，同比增长 15.8%，增速为近五年来第二高。由于年底房企普遍加大了推货力度，补库存意愿较强；加上年底土地市场价格较为合理，房企拿地热情较高，土地购置面积和土地成交价款均处于近 6 年的最高或次高水平。因此预期较高水平的土地成交价将对 2018 年的投资增速形成支撑。

3. 到位资金回暖，贷款降幅继续扩大

房地产行业内到位资金增速回暖，定金及预收账款增速提升为主因。1~12 月，房地产开发企业到位资金 1560353 亿元，同比增长 8.2%。其中来自个人按揭贷款 23906 亿元，同比下降 2.0%，降幅不断扩大。受到信贷政策持续收紧，金融监管不断升级影响，我们认为 2018 年银行配置在房地产领域的资金或将进一步收紧，未来房地产龙头企业在融资方面较中小房企的优势将更加明显。

阅读2

政策要点总结

2017 年对房地产政策的制定者来说无疑是最为忙碌的一年。统计发现，2017 年以来，全国有近 110 个城市及相关部委发布了房地产调控政策，出台文件或规定的次数超过 250 次。

可以说，2017 年的房地产调控，无论是从参与主体数量还是从政策出台的频繁程度来看，都可谓史无前例。统计房地产重大政策如表 1 所示。

表 1　　2017 年房地产事件盘点

时间	事件	内容
1 月 30 日	楼市因城施策“促稳”	地方两会陆续召开。从各地的政府工作报告看，楼市调控是 2017 年的工作重点。热点城市以挤泡沫为主，而库存较大的城市仍以去库存为主。业内人士表示，“促稳”（促进房地产市场平稳发展）成 2017 年楼市关键词，但热点城市和高库存城市政策基调差异较大，因城施策、有保有压是总体特征
4 月 6 日	住建部、国土资源部：住宅供地应随去库存周期而动	住建部和国土资源部联合签发《关于加强近期住房及用地供应管理和调控有关工作的通知》，指出，各地要根据商品住房库存消化周期，适时调整住宅用地供应规模、结构和时序，对消化周期在 36 个月以上的，应停止供地；18~36 个月的，要减少供地；6~12 个月的，要增加供地；6 个月以下的，不仅要显著增加供地，还要加快供地节奏。通过严格的量化标准调控住宅用地，并要求建立购地资金审查制度，房地产开发企业必须使用合规的自有资金购地，不符合要求的取消土地竞买资格
4 月 8 日	银监会：严禁资金违规流入房地产市场	银监会发布《关于提升银行业服务实体经济质效的指导意见》，要求银行业金融机构要牢牢把握住房的居住属性，分类调控、因城施策，落实差别化住房信贷政策。严禁资金违规流入房地产市场，严厉打击“首付贷”等行为，切实抑制热点城市房地产泡沫。同时，该指导意见要求，银行业金融机构要支持居民自住和进城人员购房需求，推动降低库存压力较大的三四线城市房地产库存。持续支持城镇化建设、房屋租赁市场发展和棚户区改造，加大棚改货币化安置力度
4 月 28 日	多地银行暂停商住房抵押贷款	各地商住房调控持续加码。有报道称，目前北京各银行商住房全部暂停抵押；广州多家银行也不能做商住房抵押贷款。有关专家分析认为，银行暂停抵押是对商住房调控的一个补充性政策，暂停也充分说明了政策收紧的导向

续表

时间	事件	内容
5月4日	国土资源部再出“用地扶贫”新政策	国土资源部印发《关于进一步运用增减挂钩政策支持脱贫攻坚的通知》，明确省级扶贫开发工作重点县可以将增减挂钩节余指标在省域范围内流转使用。增减挂钩节余指标使用由集中连片特困地区和片区外国定贫困县扩展到省定贫困县
5月23日	中央国家机关住房资金管理中心：住房公积金缴存服务八项新措施	全力支持河北雄安新区建设，为迁往雄安新区的单位和职工登记缴存住房公积金提供优质服务，保持其住房公积金账户的同一性和缴存连续性；持有北京市居住证的在职职工，依法纳入住房公积金缴存范围等八项新措施，为中央在京津冀协同发展、城乡发展一体化、就业创业、创新创造、国有资产管理等领域出台的一系列全面深化改革的政策举措提供配套服务
5月24日	国务院：未来3年再改造棚户区1500万套	国务院常务会议要求，针对地方棚改推进难度加大、配套建设滞后、融资困难等问题，要落实各项支持政策和地方责任，加大督查力度，管好用好棚改专项资金，完善水电气热路和教育、医疗等配套设施，提高入住率，在商品住房库存量大、市场房源充足的市县，进一步提高货币化安置比例，确保完成2017年再开工改造600万套的棚改任务。会议确定，实施2018年到2020年3年棚改攻坚计划，再改造各类棚户区1500万套，加大中央财政补助和金融、用地等支持
6月2日	住建部：公积金异地转接平台将上线	据悉，住建部正加快推进全国住房公积金异地转移接续平台建设，将在6月底前上线，实现“账随人走、钱随账走”。同时，大力推进异地贷款服务，满足缴存职工跨地区购买住房的资金使用需求
6月24日	全国人大常委会：房产税立法已列入预备级论证、研究阶段	“第十一届中国经济增长与周期国际高峰论坛（2017）暨中国城市生活质量指数发布会”在北京举行。会议指出，《个人所得税法》修订和《房地产税法》立法已经列入预备级论证、研究阶段，但相关立法工作不会在2017年完成，可能要持续到之后两年
8月2日	各地出台差异化住房租赁政策	目前我国租赁市场政策正处于加速推出的弥补阶段。不仅是一线城市，二三线城市如无锡推出的租赁房落户政策，反映了这些城市还处在继续城镇化阶段，希望留住人才。不过，住房租赁市场发展还需进一步出台配套细则，例如用于租赁的房子，对实际租住的用户有何要求，租户享受的福利是否和自有房屋用户相同，这些都需要后续政策进一步明确完善
9月23日	多城发布限售新政	楼市新一轮调控升级，重庆、南昌、南宁、长沙等先后发布楼市限售新政
10月19日	习近平提出坚持“房子是用来住的、不是用来炒的”	中国共产党第十九次全国代表大会开幕会上，习近平代表十八届中央委员会向大会做报告，在报告中习近平总书记提出坚持“房子是用来住的、不是用来炒的”定位，加快建立多主体供给、多渠道保障、租购并举的住房制度，让全体人民住有所居

续表

时间	事件	内容
12月4日	规范推进特色小镇和特色小城镇建设	国家发展改革委、国土资源部、环境保护部、住房和城乡建设部发布《关于规范推进特色小镇和特色小城镇建设的若干意见》。意见表示，不能把特色小镇当成筐、什么都往里装，要严防政府债务风险，严控房地产化倾向，严格节约集约用地，严守生态保护红线

阅读3

房地产税对房地产行业的影响

2017年的房地产税是一个热门话题。当前，房地产税还处在试验阶段，未来可能全面实行，税收是企业支出相当重要的一环，一旦全面实行房地产税，势必会对房地产开发企业产生长远的影响。那么具体的影响是怎么样的呢？

课题组主要从短期与长期两个角度来分析房地产税对房地产上市公司的影响。

从短期的角度来看，对房地产开发商来说，房产税的征收是忧大于喜，房地产商对房地产进行开发投资主要是想获得巨额利润。根据现行试点的房产税，首先房地产开发商需要支付一定的土地出让金与房产税，自然会增加房地产开发商的成本，对房地产开发商的销售成本来说，房产税的征收会增加其成本。其次，征收房产税的主要目的是促进我国的保障性住房的建设，因此对高档住宅征收的税率高，房地产企业开发高档住宅所需要付出的成本变高，会促使房地产企业开发保障性住房。

但是从长远的战略性角度来看，房产税的开征对房地产开发商来说是有利的，通过房产税对房地产主体的行为进行调控，能够有效地帮助房地产商防范房地产泡沫带来的风险，营造一个健康稳定的房地产市场，能够促进房地产开发企业的可持续发展。

二、行业综合竞争力分析

（一）治理竞争力

1. 公司股权结构

（1）股权集中度

截至2017年12月31日，房地产业125家A股上市公司的第一大股东持股比例均值达到31.93%，处于相对控股区间内。其中绝对控股上市公司30家，占比24%；相对控股上市公司80家，占比64%；股权分散上市公司15家，占比12%。总体而言，房地产业上市公司的股权结构呈现出集中的特点，稳定的股权结构有利于企业的健康发展。

表 3-98　　2017 年房地产业上市公司控股模式比重

控股模式	数量（家）	比重（%）	CR1
绝对控股	30	24	(50，100)
相对控股	80	64	(20，50)
股权分散	15	12	(0，20)

资料来源：同花顺，课题组。

（2）股权制衡度

分析 2017 年房地产业的 Z 指数相关数据，我们发现在统计的 125 家公司中行业平均股权制衡度为 0.89，股权制衡度小于 1 的公司占了一半以上，说明这类企业的大股东控制能力较强，股权制衡度过小的上市公司存在发生损害小股东利益行为的风险。在统计样本中，股权制衡度最高的公司达到 2.56，我们看到该公司的第一至第四大股东的持股比例都在 15%左右，各大股东持股比例不相上下，这有利于公司的权力制衡，有利于公司治理稳定。在我们统计的 125 家公司中，股权制衡度最低的只有 0.015，这家公司为渝开发，公司大股东重庆市城市建设投资（集团）有限公司拥有公司 63.19%的股份，其余十大股东每个股东持股比例都低于 1%。

表 3-99　　房地产业 Z 指数

Z 指数	大于等于 2	大于等于 1 且小于 2	小于 1
公司家数（家）	4	20	101
公司占比（%）	3.2	16.0	80.8

资料来源：CSMAR，课题组。

2. 公司治理架构

（1）董事长与总经理分离情况

我们统计了房地产业的董事长与总经理两职分离情况。截至 2017 年 12 月 31 日，行业内所有上市公司中有 16%的公司董事长和总经理是同一个人，而其余 84%的公司董事长和总经理不是同一个人。大多数上市公司倾向于采用两职分离的形式，已经有研究提出，两职部分分离对行业来说也是一种常见的状态，房地产业的上市公司也符合这个状态。

（2）上市公司董事会与监事会

由统计数据可得，2013—2017 年独立董事比例大于 1/3 的公司比例和监事会成员不少于 3 人的公司比例均维持在接近 100%的水平，由此可以看出房地产业绝大部分上市公司的独立董事比例和监事会成员人数均达到要求。从 2013—2017 年四委会设立数量上看，设立完整四委会的公司比例五年间呈现总体稳定趋势，并且都保持在 90%以上。

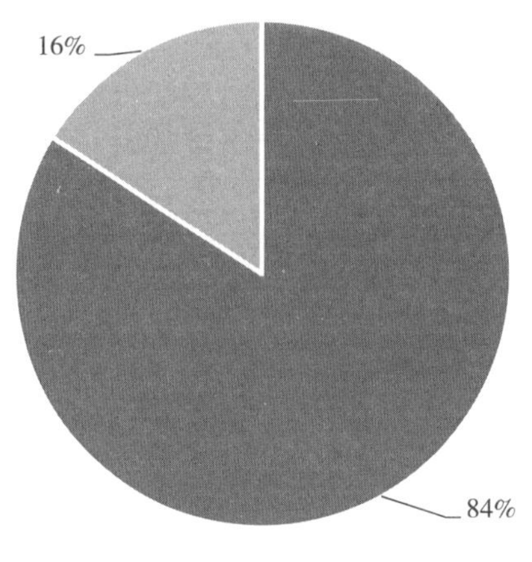

资料来源：CSMAR，课题组。

图 3-219　2017 年房地产业两职分离情况

表 3-100　　2013—2017 年房地产业上市公司董事会和监事会治理情况

年份	独立董事比例大于 1/3 的公司比例（%）	监事会成员不少于 3 人的公司比例（%）	设立完整四委会的公司比例（%）
2013	100.00	98.37	95.12
2014	99.19	99.19	93.50
2015	100.00	100.00	93.50
2016	100.00	98.55	92.75
2017	100.00	100.00	95.65

资料来源：CSMAR，课题组。

3. 董事激励和监事激励

（1）领取报酬董事比例与监事比例

总体而言，2013—2017 年，房地产业领取报酬董事比例大体稳定在 70%的水平上，领取报酬监事比例大体稳定在 60%的水平上。2017 年，上市公司领取报酬董事比例升至 81.38%，领取报酬监事比例升至 74.71%。从一定程度上也可说明，现阶段，房地产业上市公司整体领取报酬董事和监事情况处于较高的水平，公司越发期望通过领取报酬的方式优化董事和监事的激励体系来提高公司自身的治理竞争力水平。

表 3-101　　2013—2017 年房地产业上市公司领取报酬董事和监事比例情况

年份	领取报酬董事比例（%）	领取报酬监事比例（%）
2013	74.96	59.54
2014	75.25	60.73
2015	75.48	60.95

续表

年份	领取报酬董事比例（%）	领取报酬监事比例（%）
2016	75.16	63.12
2017	81.38	74.71

资料来源：CSMAR，课题组。

（2）金额最高前三名董事报酬总额应付职工薪酬比

根据我们的统计，房地产企业金额最高前三名董事报酬总额应付职工薪酬比小于20%的企业占据了82.2%，介于20%与50%之间的企业占据了11.1%，大于50%的企业占据了6.7%。金额最高前三名董事报酬总额应付职工薪酬比最高的企业是绿景控股，占比为83.73%，表明行业中绿景控股最重视董事对企业经营活动的重要性。

4. 三会次数

表 3-102　　三会次数统计情况

	统计指标	2013 年	2014 年	2015 年	2016 年	2017 年
董事会会议次数（次）	均值	12.63	13.27	15.08	14.61	13.24
监事会会议次数（次）	均值	4.38	5.41	6.24	6.76	5.40
股东大会会议次数（次）	均值	3.52	3.87	4.87	4.25	3.71

资料来源：CSMAR，课题组。

5. 社会影响力

126 家房地产企业中 ST 企业有四家，分别为 ST 匹凸、SST 前锋、ST 宏盛、ST 新梅。ST 匹凸 2017 年扭亏为盈，净利润为 18438516.83 元，而 2015 年、2016 年净利润分别仅为-168041305.55 元、-351974167.48 元，目前因业绩反转，公司退市风险警示也得以撤销，保壳成功。SST 前锋 2017 年也扭亏为盈，净利润为 4871453.63 元，而 2015 年、2016 年净利润分别仅为-37766816.77 元、-43315147.33 元。2018 年 4 月 27 日，SST 前锋发布公告称，经中国证监会上市公司并购重组审核委员会召开的 2018 年第 21 次并购重组委工作会议审核，公司重大资产置换及发行股份购买资产并募集配套资金暨关联交易事项获得通过。这标志着本次重大事项已基本完成监管部门的审核，即将进入最后的资产交割阶段，SST 前锋即将与北汽新能源完成重组，未来可能重组脱帽。ST 宏盛、ST 新梅 2017 年净利润分别为 61288939.82 元、138659937.45 元。

（二）管理竞争力

1. 增长能力

企业增长能力指其生产经营活动的发展趋势和潜力。一个企业增长能力越强说明企业价值增长潜力越大，能为股东创造更多的财富。主要通过净资产增长率、主营业务增长率、总资产增长率等来分析。

课题组统计整理了 2013—2017 年房地产行业上市公司增长能力的相关指标情况。

如图 3-220 所示，2015 年至 2017 年房地产行业的净资产增长率呈现上升趋势，产生这个结果的主要原因是房地产行业的净利润在一个较高的水平；这是我国整体经济实力的提升，以及宏观行业政策的帮扶作用的结果。房地产行业主营业务增长率在 2016 年处于近五年的最高水平，2017 年的数据略低于 2016 年，但也保持在一个较高的水平；2017 年房地产行业上市公司总体的净利润增长率为 25.78%，较 2016 年的 58.04%有下降趋势；行业总资产增长率近五年基本维持在 16%附近，总资产处于稳定上升的状态。

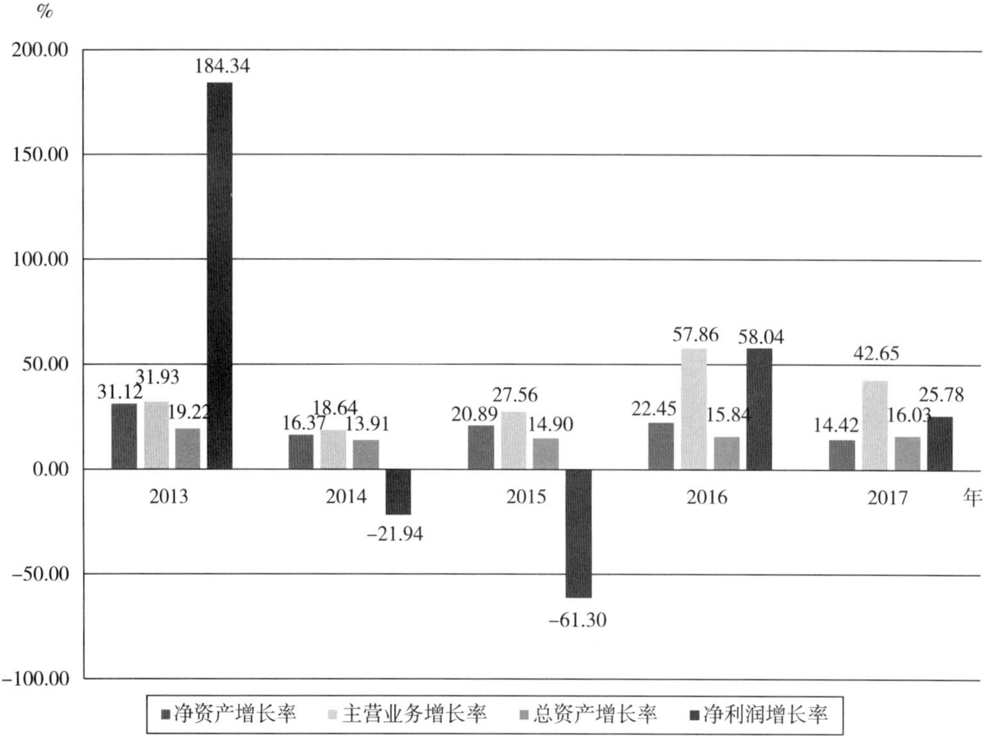

资料来源：Wind，课题组。

图 3-220　2013—2017 年房地产业增长能力

2. 偿债能力

房地产行业的资产负债率 2015 年至 2017 年呈现逐年下跌的态势。上市公司 2013—2017 年流动比率都在 2 附近，速动比率都在 1 附近。说明行业内的企业短期偿债能力较强，大多数公司运转经营良好。对上市公司而言，固定资产比率越低，企业的资产才能更快地流动，2013—2017 年房地产行业上市公司平均的固定资产比率逐年下降，说明上市公司越来越注重企业的流动资产的比例。充足的流动资产可以使企业获得更为强大的偿债能力。

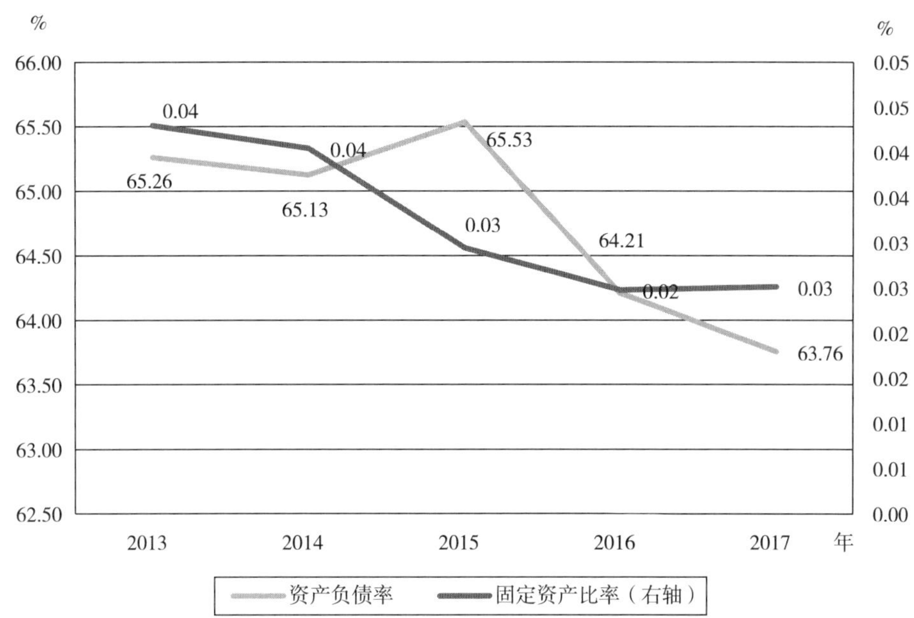

资料来源：Wind，课题组。

图 3-221　2013—2017 年房地产业资产负债率和固定资产比率

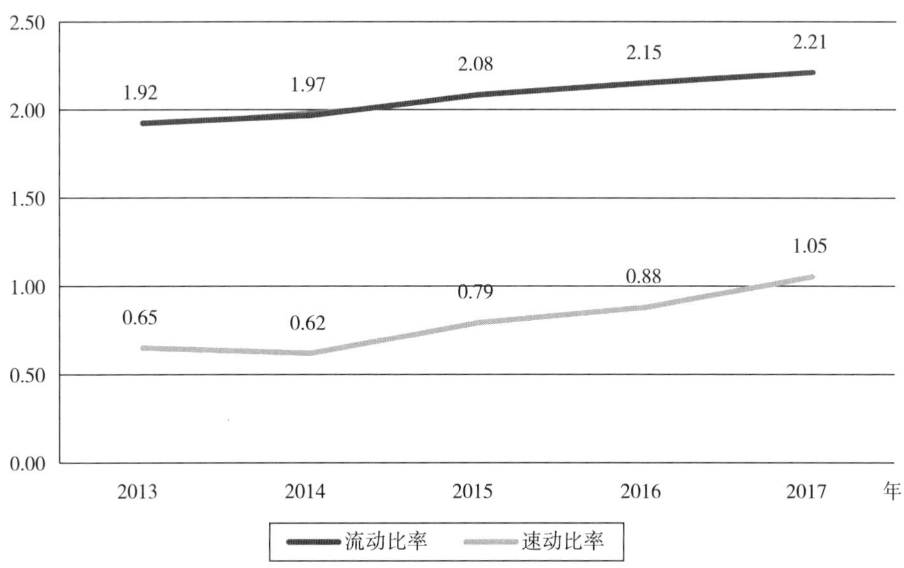

资料来源：Wind，课题组。

图 3-222　2013—2017 年房地产业流动比率和速动比率

3. 运营能力

我们分析行业内上市公司的运营能力就是分析上市公司对资产的利用效率。课题组尝试用存货周转率、应收账款周转率、总资产周转率和流动资产周转率四个指标分析行业上市公司的运营能力。

总体而言，2017 年房地产行业企业的运营能力略有下降。其存货周转率达到了 5.52，与 2016 年的 2.61 相比增长了一倍有余。而应收账款周转率逐年下降，坏账率提高，同时企业经营活动产生的现金流量净额大幅下降，原因是房地产企业对土地的需求加大，同时开发投资也大幅增长。同时流动资产周转率与总资产周转率呈现相同的走势，逐年下降且波动较小。总资产周转率近几年都在 0.25 上下波动，流动资产周转率在 0.35 上下波动。

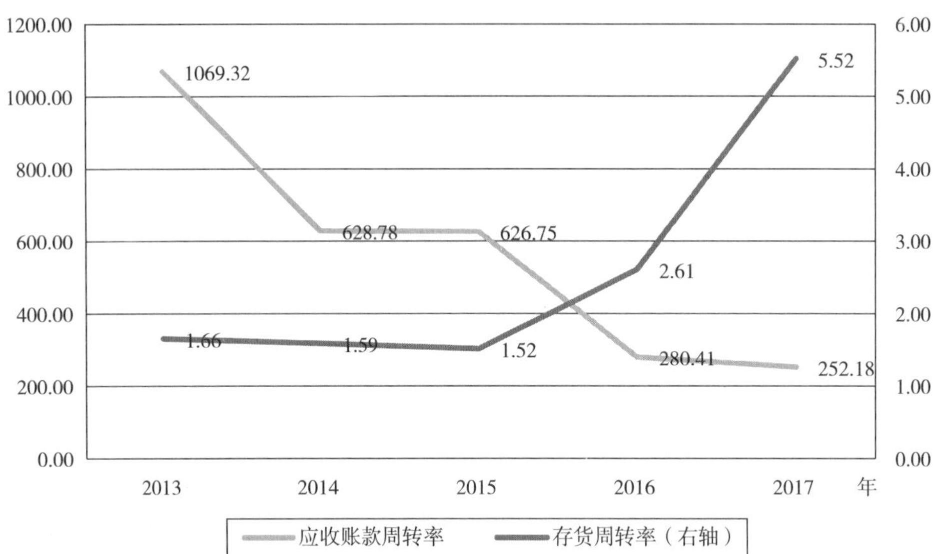

资料来源：Wind，课题组。

图 3-223　2013—2017 年房地产业存货周转率和应收账款周转率

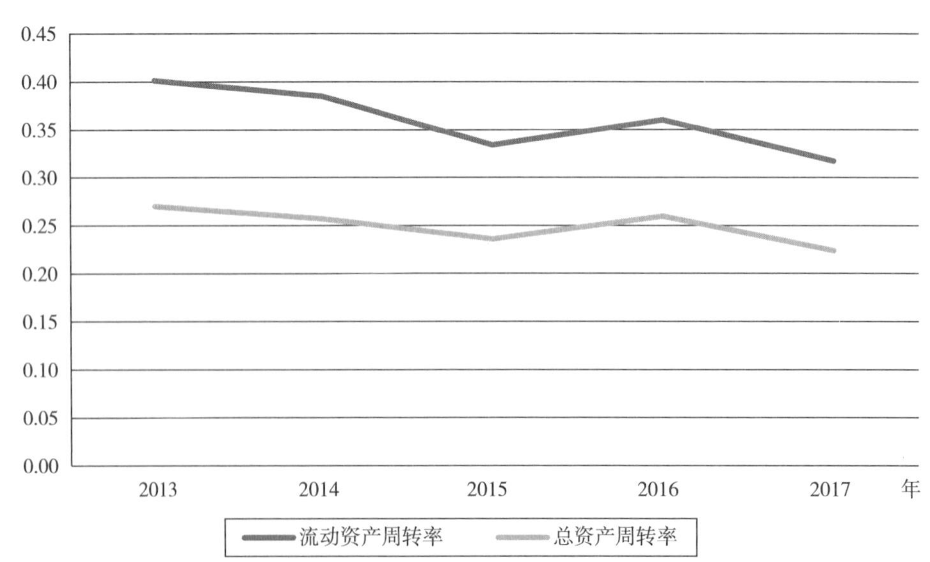

资料来源：Wind，课题组。

图 3-224　2013—2017 年房地产业流动资产周转率和总资产周转率

4. 盈利能力

盈利能力就是企业获得利润的能力。课题组主要用销售净利率、总资产收益率和净资产收益率来分析行业上市公司的盈利能力。销售净利率表示的是销售收入的收益水平，净资产收益率（ROE）反映的是股东权益的收益水平，数值越高，说明投资带来的收益越高。总资产收益率（ROA）衡量的是每单位资产能创造多少净利润。

房地产行业 2017 年平均营业收入为 1353968.57 万元，同比增长 10.3%。2017 年房地产行业的收入和净利润表现基本符合市场预期，结算毛利率增长较快。从各主流房企已售未结货值与结算收入的高比值来看，2018 年房地产行业营收增速将提高，同时由于 2016 年与 2017 年市场较好，结算毛利率将进一步提升。

从房地产行业近些年的总资产收益率、净资产收益率和销售净利率变化情况来看，2017 年的数据与 2015 年、2016 年相比，有了明显的进步。

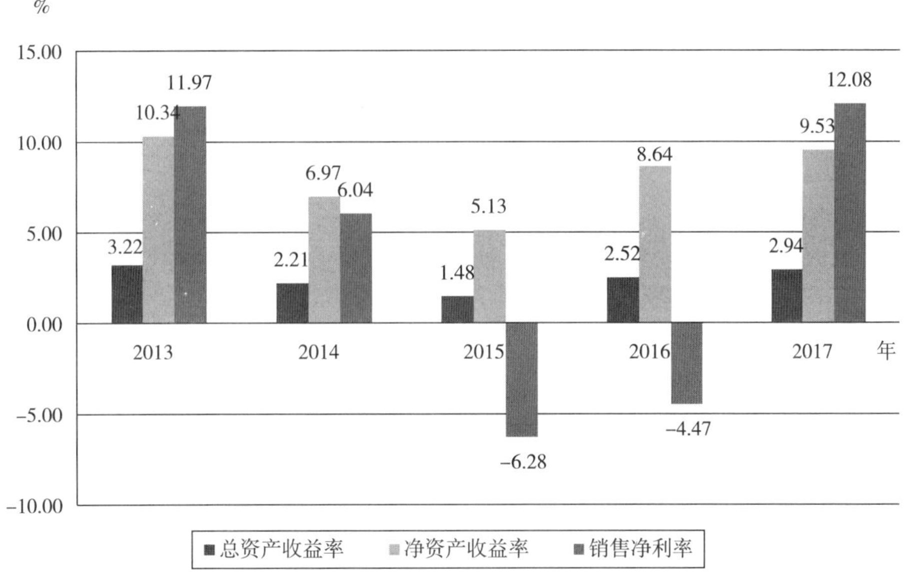

资料来源：Wind，课题组。

图 3-225　2013—2017 年房地产业盈利能力

（三）创新竞争力

1. 创新投入

在剔除了缺失数据之后，行业内研发投入占比最高的是绿景控股，其研发支出占营业收入的比例高达 66.35%，不过这是因为公司原来的房地产业务收入出现萎缩，导致营业收入同比大幅下滑，报告期内公司营业收入仅为 2206.13 万元。与此同时，报告期内公司为推动向在线医疗行业转型，投入了 1463.7 万元资金用于在线医疗研发项目支出。

截至 2016 年末，研发人员占比前三位分别是华丽家族、全新好与冠城大通。其中华丽家族研发人员数量为 73 人，占比为 29.92%。研发人数最多的华侨城 A，为 317 人。

报告期内政府补贴金额前三位分别是华侨城 A、绿地控股与金科股份，补贴金额分别达到 68018.82 万元、34689.63 万元与 24833.51 万元。

2. 创新产出

分析企业已披露的有效专利数据可得，房地产行业上市公司平均拥有 60.12 件专利。其中拥有有效专利前三名的房地产业上市公司分别是上海临港、新光圆成与雅戈尔，分别拥有有效专利 1008 件、918 件与 489 件。

（四）社会责任竞争力

1. 法律责任

本书用支付的各项税费减去收到的税费返还再与平均资产总计的比来量化上市公司对政府的责任。报告期内该指标最高的是深物业 A，其支付的各项税费-收到的税费返还的余额达到了 74648.51 万元，平均资产总计达到了 602384.38 万元。

2017 年，房地产行业中有三个企业出现了违规行为，分别是万泽股份、中交地产和九鼎投资。其中万泽股份存在四条违规记录，中交地产有一条违规记录，九鼎投资有五条违规记录。

2. 经济责任

报告期内，该指标排名前三名的企业分别为万业企业、华联控股和世荣兆业，该指标的值分别为 0.21、0.15 与 0.13。其中万业企业的总股利与利息支出的总和达到了 169889.89 万元，平均资产总额为 829356.79 万元。万业企业相对重视企业的投资者，每年的股利是回报长期投资者的一项友好的措施。

对上市公司而言，该指标越高，表明在企业发展中，其越注重企业员工的生活福利，为员工工作生活提供幸福感也是企业能够健康发展的动因之一。2017 年该指标最高的上市公司为绿景控股，达到了 2.51，其次是海航创新，达到了 1.25。其余上市公司该指标都小于 1。

对供应商的责任指标代表着企业能够免费使用供货企业资金的能力。如果公司该指标低于行业平均水平，说明公司较同行可以更多地占用供应商的货款，显示了其重要的市场地位，与此同时也要承担较多的还款压力。2017 年该指标最高的是 ST 匹凸，为 69.75，而该公司 2013 年至 2015 年该指标均为负数，但一直有增长的趋势，2016 年该指标达到了 16.82。这是近五年第一次变为正数。

3. 慈善责任

2017 年对社会的公益贡献率最高的房地产行业上市公司为电子城，达到了 14.22%。

4. 伦理责任

78%的房地产业上市公司发布了社会责任报告，在所有行业中发布报告率名列前茅。

员工就业增长率较 2016 年有明显的上升，达到了 49.57%。行业内，国创高新排名第一，在 2017 年报告期末，员工人数为 7295 人，较 2016 年末的 228 人暴涨 3099.56%。

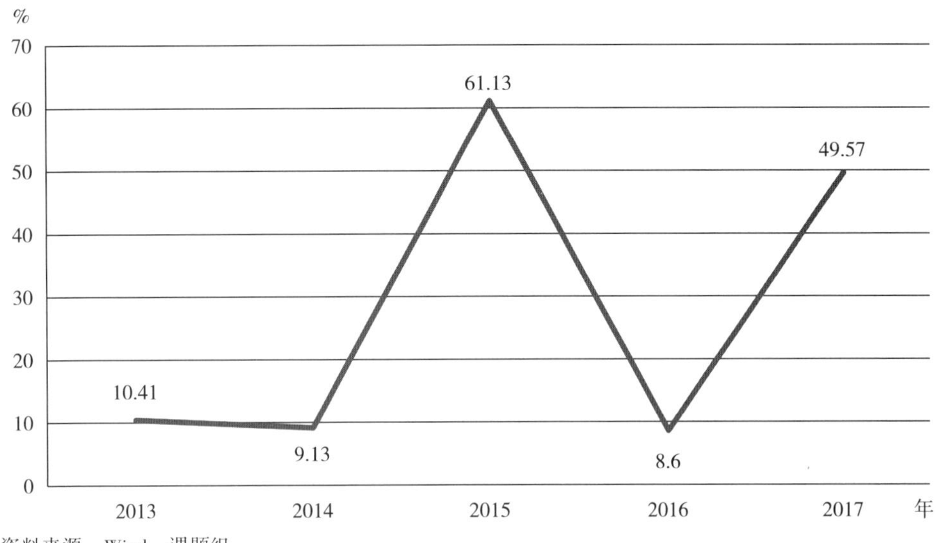

资料来源：Wind，课题组。

图 3-226　2013—2017 年房地产业就业增长率

单位平均资产就业人数衡量的是企业利用一定资源为社会提供的就业机会。由图 3-227 可知，房地产行业的该指标呈逐年下降的趋势，2017 年达到了谷值 12.17。虽然行业的就业人数在增长，但是在这个过程中，行业的总资产也在逐年增加，同时其增速逐年加快，因此行业的单位平均资产就业人数在下降。

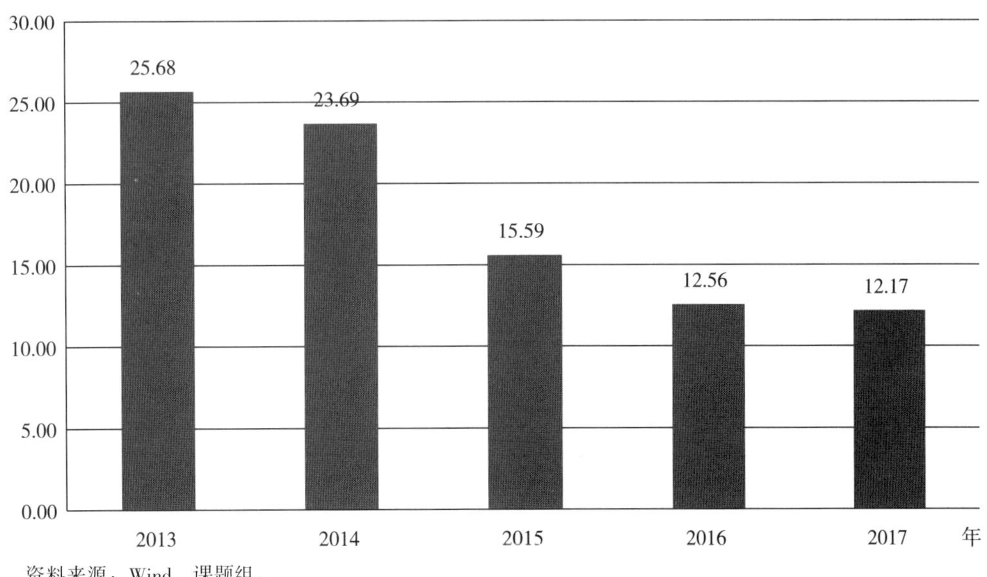

资料来源：Wind，课题组。

图 3-227　2013—2017 年房地产业单位平均资产就业人数

（五）人力资源竞争力

我们用员工平均薪酬来衡量薪酬管理能力。如图 3-228 所示，2015—2017 年行业员工平均薪酬逐年增长，可以看出，行业内上市公司对员工薪酬的重视度在提高，支付给员工的薪酬在增加。

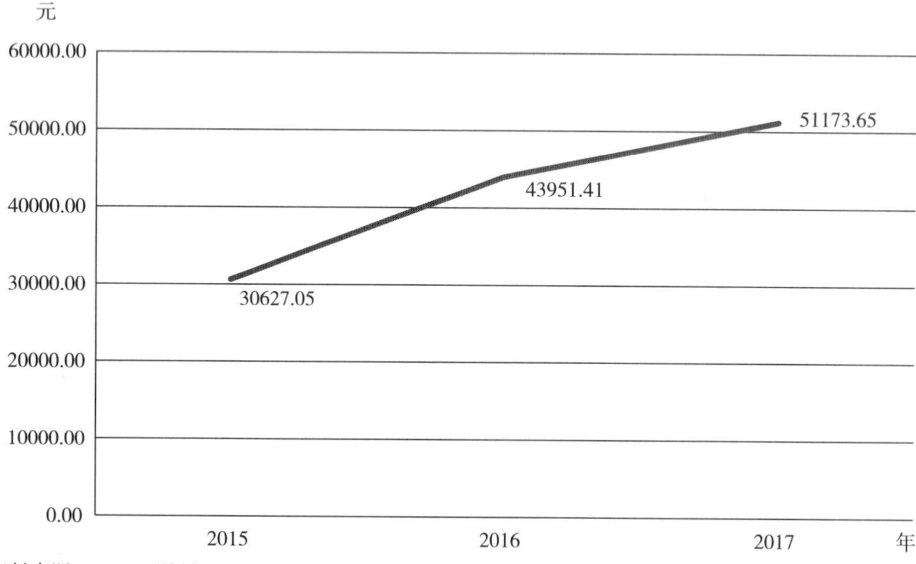

资料来源：Wind，课题组。

图 3-228　2015—2017 年房地产业员工平均薪酬

我们通过研究生学历及以上员工人数占比来衡量企业的人员招聘与配置能力。由图 3-229 可知，房地产行业的研究生学历及以上员工人数占比呈现明显的上涨趋势，说明房地产业企业在员工配置方面越来越注重员工的学历。

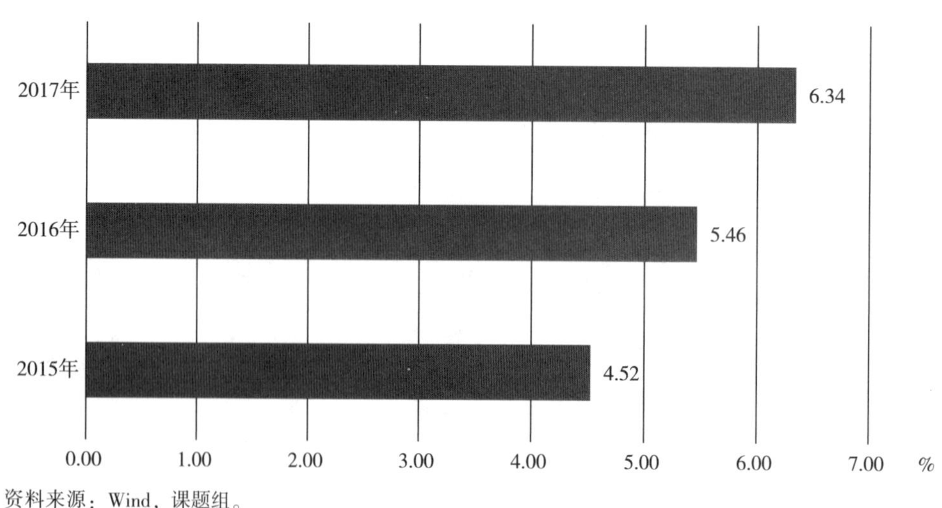

资料来源：Wind，课题组。

图 3-229　2015—2017 年房地产业研究生学历及以上员工人数占比

我们通过年人均产值和企业人力投入回报率分析企业的绩效管理能力。如图 3-230 所示，近两年的人均产值较 2013 年、2014 年、2015 年有一定幅度的上升。从企业人力投入回报率来看，一般来说，如果企业当年的净利润较多，则其应当会有较大的企业人力投入回报率，反之则相反。总的来说，年人均产值较 2016 年有所降低，但是企业在人力资本投入的回报率上有所增加。

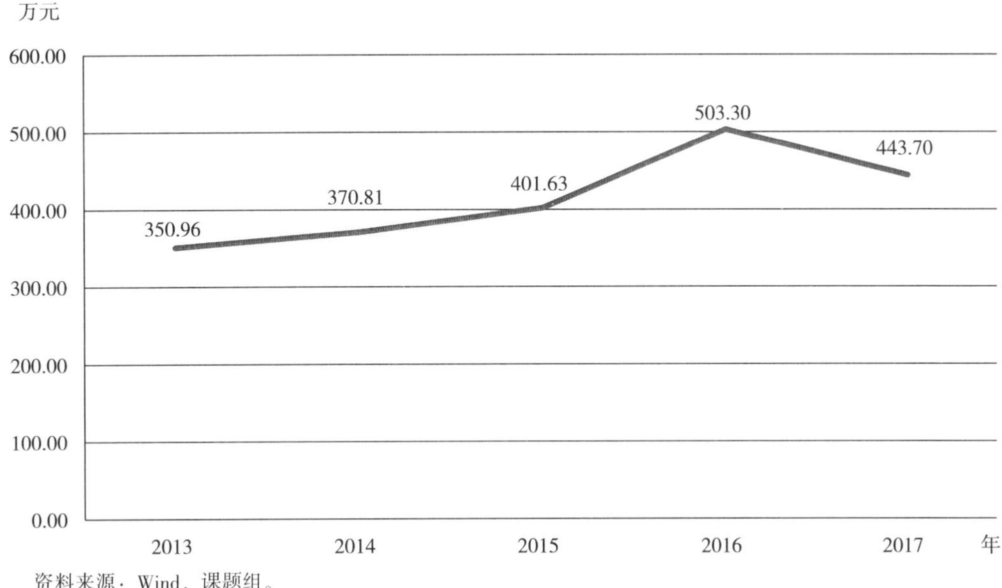

资料来源：Wind，课题组。

图 3-230 2013—2017 年房地产业年人均产值

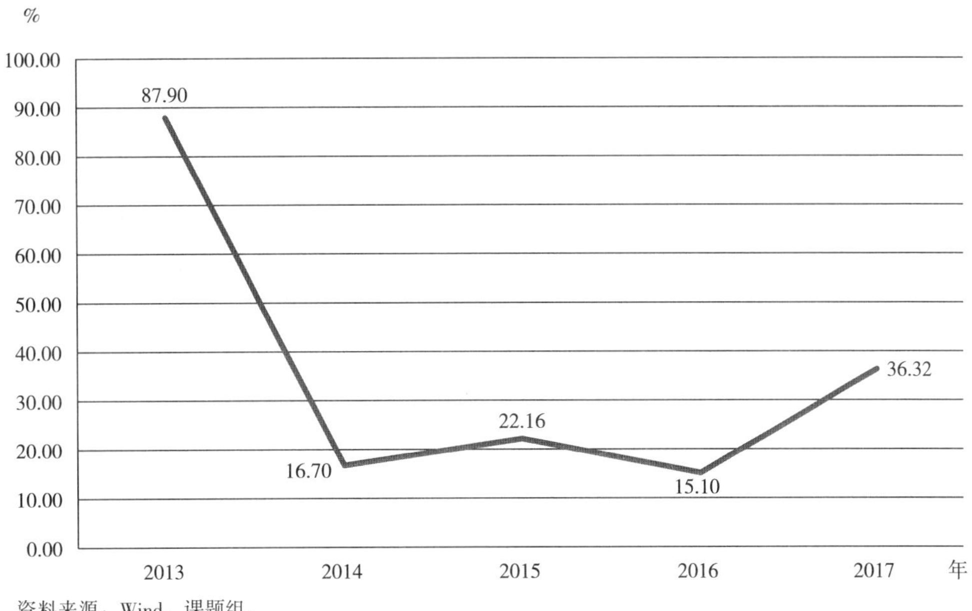

资料来源：Wind，课题组。

图 3-231 2013—2017 年房地产业企业人力投入回报率

我们也用市场业绩能力来衡量企业人力资源竞争力，用市场占有率这一指标来分析企业的市场业绩能力。我们统计了行业中市场占有率排名前十的企业，如表 3-103 所示。

表 3-103　　房地产业上市公司市场占有率前十名

公司简称	市场占有率（%）
绿地控股	17.15
万科 A	14.35
保利地产	8.65
招商蛇口	4.46
华夏幸福	3.52
华侨城 A	2.50
新城控股	2.39
荣盛发展	2.29
金地集团	2.21
首开股份	2.17

资料来源：Wind，课题组。

（六）行业知名企业指标分析

万科 A 目前是中国最大的专业住宅开发企业，公司于 1991 年成为深圳证券交易所的第二家上市公司，公司的主营业务是房地产开发和物业服务。截至 2017 年 12 月 31 日，万科 A 的市值为 3098.69 亿元。

1. 治理竞争力

万科 A 的股东结构在 2017 年发生了巨大的变化。2016 年末的第一大股东是华润股份有限公司，而 2017 年末的第一大股东变为深圳市地铁集团有限公司，目前持股比例达到 29.38%，而华润股份有限公司已经完全转让了万科 A 的股份，其将所有股份都转让给了深圳市地铁集团有限公司。目前深圳市地铁集团有限公司的持股比例在 20%～50%的阈值，属于相对控股。Z 值也从 1.92 降低至 0.94，在控股股东变更后，新任控股股东对公司的控制能力提高了，公司的股权结构越发趋于稳定。

2. 管理竞争力

在增长能力方面，如图 3-232 所示，2017 年公司实现营业收入 2429 亿元，同比增长 1.01%，实现归属于母公司净利润 281 亿元，同比增长 31.25%。利润增长大幅高于营收增长，主要得益于公司毛利率的提升。

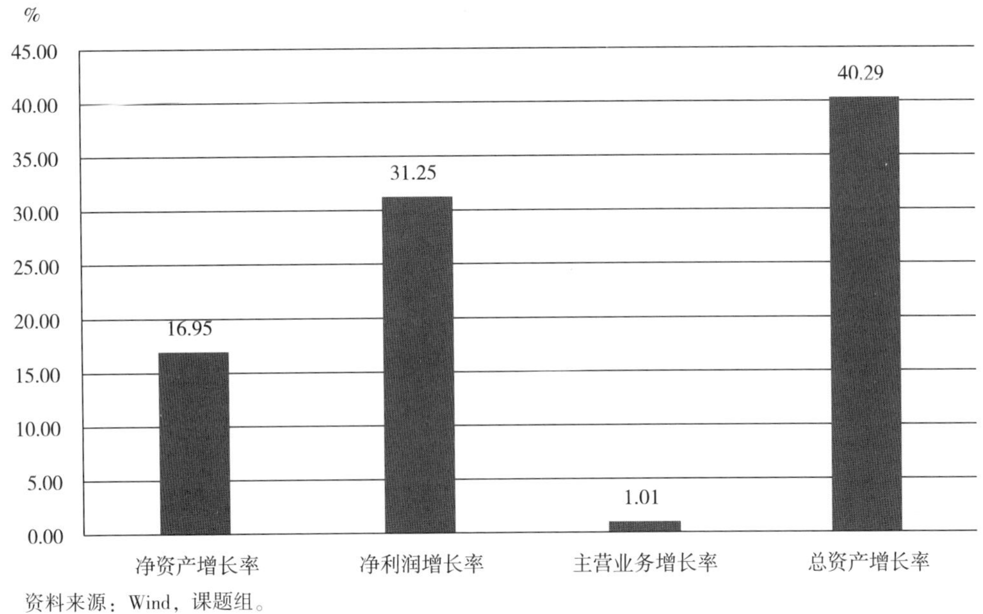

资料来源：Wind，课题组。

图 3-232 2016—2017 年万科 A 管理竞争力指标

在偿债能力方面，2017 年万科 A 的速动比率为 0.50，流动比率为 1.20，在行业中处于较低水平，资产负债率达到了 83.98%。公司存在债务上的隐患，资产负债结构需要优化，偿债能力需要提高。

在运营能力方面，万科 A 报告期存货周转率为 0.30，房地产企业的存货周转率较其他行业普遍较低，流动周转率为 0.28，应收账款周转率为 138.48，总资产周转率为 0.24，除应收账款周转率较高外，其他指标在行业内并不突出。

在盈利能力方面，报告期万科 A 的净资产收益率为 22.80，销售净利率为 15.32，两个指标都大于上年同期值，且在行业内也处于较高的水平。企业的报告期净资产收益率为 3.73，略低于上年同期值。除此之外，2017 年公司房地产合同销售额达 5299 亿元，同比增长 45%。截至 2017 年底，公司可结算资源（已售未结算合同签约额）达到 4143 亿元，较 2016 年底增长了 49%。可结算资源增长加速，公司有望借助丰厚的可结算资源穿越周期，获得稳定的盈利增长。总体来说，万科 A 的盈利能力在行业中处于较高水平。

3. 创新竞争力

从 2012 年开始，万科 A 与淘宝就开始了“互联网+”探索，通过“互联网+”模式的卖方，能够让房产销售信息对称化、价格透明化、成交去中介化，同样让买房者也获得一定实惠。万科 A 无论是公司治理还是产品销售模式的创新能力都处于行业的前列，但是由于在创新竞争力指标中公司披露的数据缺失导致其得分较低。

4. 社会责任竞争力

万科 A 2017 年企业经营未出现违规经营情况，同时社会捐赠额达到了 9710.6 万元，对社会的公益贡献率达到了1.35%，位居行业的第三位。对政府的责任指标为3.98%，处于行业的中游。对员工的责任为3.81%，处于行业的中下游。总体来说，万科A的社会责任竞争力处于行业的中游。

5. 人力资源竞争力

在薪酬管理能力方面，根据统计，万科A连续五年稳居第一。同时在营收指标方面，万科A也一直位列行业前茅。2017年企业人力投入回报率为7.54%，略高于2016年的7.37%，稳中有升。综合来看，万科A的人力资源竞争力在行业中排名中上游。

三、2017年全国房地产业上市公司综合竞争力排名Top10

公司简称	治理竞争力	管理竞争力	创新竞争力	社会责任竞争力	人力资源竞争力	公司基本指标	总得分	行业排名
上海临港	896.83	829.62	23.50	363.08	357.31	40.90	2511.24	1
万科A	456.76	725.42	0.00	365.99	400.75	540.61	2489.54	2
首开股份	895.46	684.65	0.87	353.41	448.74	41.26	2424.39	3
华夏幸福	930.69	683.17	1.22	369.76	272.91	164.80	2422.54	4
保利地产	638.83	702.43	4.29	365.66	324.64	299.55	2335.41	5
万通地产	603.17	828.32	0.02	476.16	407.24	12.95	2327.86	6
金地集团	611.97	729.22	6.37	371.00	491.67	100.62	2310.85	7
中国高科	425.63	1171.22	0.80	406.44	267.50	5.37	2276.96	8
国创高新	630.36	952.86	21.76	505.02	127.45	14.87	2252.32	9
城投控股	741.58	800.80	12.99	347.87	309.19	38.20	2250.63	10

租赁和商务服务业

一、行业概况

（一）行业总体情况

租赁和商务服务业是生产性服务业的一个重要组成部分，主要是为生产、商务活动提供服务。租赁和商务服务业是社会化分工深化的结果，通过专业化程度的不断提高，降低了交易费用，提高了生产效率。市场经济的发达程度越高、社会分工越细、国际化程度越高，对租赁和商务服务的需求就越大。随着我国国际化程度的提高和工农业产业化的快速发展，对各类专业化的租赁和商务服务需求也快速增长，租赁和商务服务业的作用日益突出。租赁和商务服务业包括租赁业与商务服务业两大类，其中租赁业包括机械设备租赁、文化及日用品出租两类；商务服务业则包括企业管理服务、法律服务、咨询与调查、广告业、知识产权服务、人力资源服务、旅行社及相关服务、安全保护服务、其他商务服务业。截至 2017 年 12 月 31 日，租赁和商务服务业上市公司共有 47 家，其中沪市 15 家，深市 32 家。

（二）行业发展概况

2017 年，融资租赁业的快速发展离不开外部政策环境的助力。随着供给侧结构性改革、京津冀协同发展、长江经济带建设、“中国制造 2025”等重大战略的深入推进，具有融资和融物双重属性的融资租赁业，无论是行业的认知度还是服务范围的深度与广度均实现了大幅度提升，在服务实体经济方面所发挥的重要作用得到了社会广泛认可。

商务服务进出口平稳发展，贸易结构持续优化，高质量发展特征逐步显现。我国服务进出口规模有望连续 4 年保持全球第二位。

随着我国从制造能力向生产性服务能力逐步扩展，我国服务出口增速显著高于进口，专业服务领域竞争力逐步提升。以技术、品牌、质量和服务为核心的新兴服务优势不断显现，我国服务贸易结构进一步优化。2017 年新兴服务领域进出口保持均衡快速增长，中西部地区服务进出口也实现了快速增长。2017 年以来，商务部会同各部门、各相关地方继续落实服务贸易创新发展试点的相关政策文件，营造良好的营商环境，政策效应进一步显现。

二、行业综合竞争力分析

（一）治理竞争力

1. 公司股权结构

（1）股权集中度

股权集中度是指全部股东因持股比例不同所表现出的公司股权集中还是分散的数量化指标。

截至 2017 年 12 月 31 日，在租赁和商务服务业全部 47 家 A 股上市公司中，第一大股东的平均持股比例为 35.13%。该行业内的所有上市公司中，对公司拥有绝对控股权的公司有 7 家，占所有公司数量的 15%，股权高度分散的公司有 18 家，占该行业所有公司数量的 38%，其余的 22 家公司的股权集中度状态都是相对控股。上述数据表明，租赁和商务服务业整个行业的股权集中度较为分散，未出现大面积的绝对控股情况，此种类型的股权集中度有利于公司治理与发展。

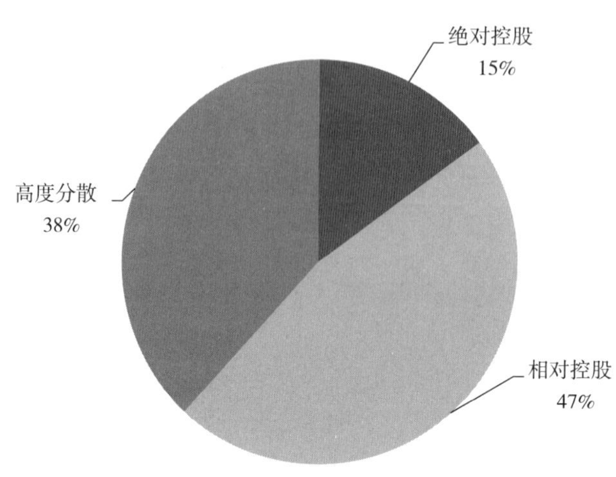

资料来源：CSMAR，课题组。

图 3-233　租赁和商务服务业上市公司股权集中度

（2）股权制衡度

股权制衡是指控制权由几个大股东分享，通过内部牵制，使任何一个大股东都无法单独控制企业的决策，形成大股东相互监督的股权安排模式。一般认为，当 Z 指数大于或等于 1 时，第一大股东受到其他股东的制衡；当 Z 指数小于 1 时，第一大股东的控制程度较高。

表 3-104　　2017 年租赁和商务服务业 Z 指数情况

Z 指数	Z 指数<1	1≤Z 指数<2	2≤Z 指数<3	Z 指数≥3
公司家数（家）	33	11	2	1
公司占比（%）	70. 21	23. 40	4. 26	2. 13

资料来源：CSMAR，课题组。

截至 2017 年底，在我们统计的租赁和商务服务业的全部 47 家 A 股上市公司中，行业股权制衡度的最大值为 3. 40，最小值为 0. 24，平均值为 0. 79。课题组收集的数据表明，行业内的股权制衡度 Z 指数小于 1 的公司有 34 家，占比超过 72. 34%，表明大部分公司的第一大股东的控制程度较高，第一大股东受到其他股东的制衡较少，其他几大股东无法对其形成足够的制约，这不利于企业的公开透明发展，有可能会损害中小投资者利益。

2. 公司治理架构

（1）董事长与总经理分离情况

从我们统计的租赁和商务服务业的董事长与总经理两职分离情况看，截至 2017 年 12 月 31 日，租赁和商务服务业内的上市公司中，57%的公司的董事长和总经理由同一个人担任，而其余公司则由不同的人员分别担任董事长和总经理职务。董事长和总经理是一个企业最基本的领导人，高管团队对公司的发展起着重要的作用。董事长和总经理是否两职分离与公司的治理架构、发展历程和规模等多种因素有关，因此行业中两职合一和两职分离的状态都较为常见，此处不做深入分析。

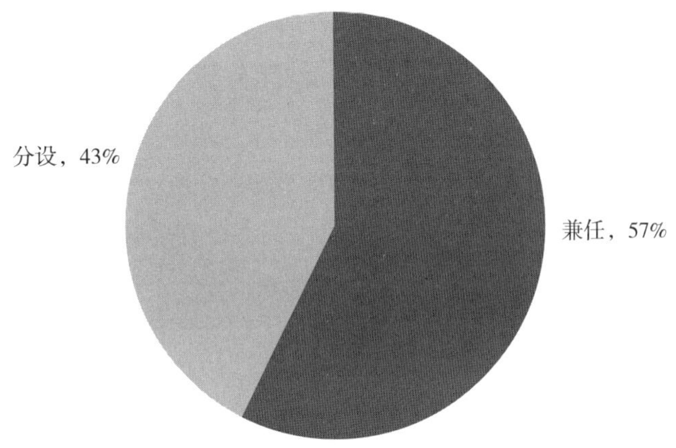

资料来源：CSMAR，课题组。

图 3-234　租赁和商务服务业上市公司两职分离情况

（2）上市公司董事会与监事会

课题组从 CSMAR 上查找的数据显示，租赁和商务服务行业中只有 28 家上市公司对董事会与监事会的信息进行了披露。从已公布数据的 28 家上市公司独立董事人数、董事人数以及监事人数情况来看，有 21 家公司的董事人数大于等于 8 人，全部 28 家公司监事人数均在 3 人以上。另外根据我们统计的独立董事人数情况，在数据可得的 28 家公司中，有 27 家公司的独立董事比例都在 1/3 以上。

根据现有的数据看，大部分公司的董事和监事规模都达标，说明总体上该行业对董事会和监事会的建设和运作管理是比较规范的，有利于行业的长期健康运作和发展。

3. 董事激励与监事激励

委托代理理论认为，股东与公司管理人之间存在严重的委托代理问题，因此为防止经理人损害公司利益，相应的激励机制是十分有必要的。课题组根据领取报酬董事比例、金额最高前三名董事报酬总额应付职工薪酬比来衡量企业的董事激励水平。相同地，课题组依据领取报酬监事比例和金额最高前三名监事报酬总额应付职工薪酬比来衡量企业的监事激励水平。

从统计结果看，47 家租赁和商务服务行业上市公司中，领取报酬董事比例在 80%以上的公司有 23 家，占比 48. 94%；而领取报酬监事比例在 80%以上的公司有 18 家，占比 38. 30%。该行业领取报酬董事比例较高，有利于提升董事会的监控能力；同时较高的领取报酬监事比例，有利于提升监事会的监控能力。

4. 三会次数

三会次数具体指上市公司股东大会会议次数、董事会会议次数、监事会会议次数，“三会一层”是我国上市公司治理架构的基本模式。一般地，三会次数越多的企业，治理水平越高。课题组统计已公布数据的 21 家上市公司的三会数据后发现，绝大多数企业的三会次数总和都在 10 次以上，比例高达 95. 2%，有 4 家公司的三会次数总和更是高达 20 次。三会较高频率地开展体现了行业内管理层积极参与公司治理，有利于企业的经营管理和公司治理水平的进一步提升。

表 3-105　　2017 年租赁和商务服务业三会次数

类别	三会次数（次）
10 次以下	1
10~20 次	16
20~30 次	4

资料来源：CSMAR，课题组。

5. 社会影响力

企业长期高速发展除了立足于自身良好的经营策略外，由于处在复杂市场的大环境中，外界对其的评价也是企业竞争力的表现之一。因此课题组考虑利用企业是否被 ST 来衡量公司的社会影响力。

行业内已公布数据的 47 家上市公司情况显示，行业内只有一家公司（巴士在线）被 ST。表明租赁和商务服务业上市公司整体上具有较好的社会影响力，在市场上也普遍有较强的竞争力。

（二）管理竞争力

企业采用各种高新技术，在外部环境和内部资源的共同制约下，对企业所拥有的资源进行合理的优化和配置，实现降低成本、提升效率和经营管理活动的能力，这些都是企业管理竞争力的集中体现。查阅现有文献之后，课题组从增长能力、偿债能力、运营能力和盈利能力四个方面分析租赁和商务服务业的管理竞争力。

1. 增长能力

总体来看，行业全部 47 家上市公司中，2017 年净资产增长率超过 100%的公司有 5 家，而呈现负增长的公司达到 7 家，剩下的大部分公司净资产增长率在 0~20%。从 2017 年净利润增长率情况看，净利润增长率在 100%以上的上市公司只有两家，而净利润增长率为负的公司有 16 家，体现了行业内上市公司经营竞争激烈，而且公司增长能力差别较大。在主营业务增长率方面，有两家公司的主营业务增长率超过 100%，9 家公司的主营业务增长率为负。在总资产增长率方面，有两家公司的总资产增长率在 100%以上，同时有两家公司的总资产增长率在 90%以上，有 11 家公司的总资产增长率为负。

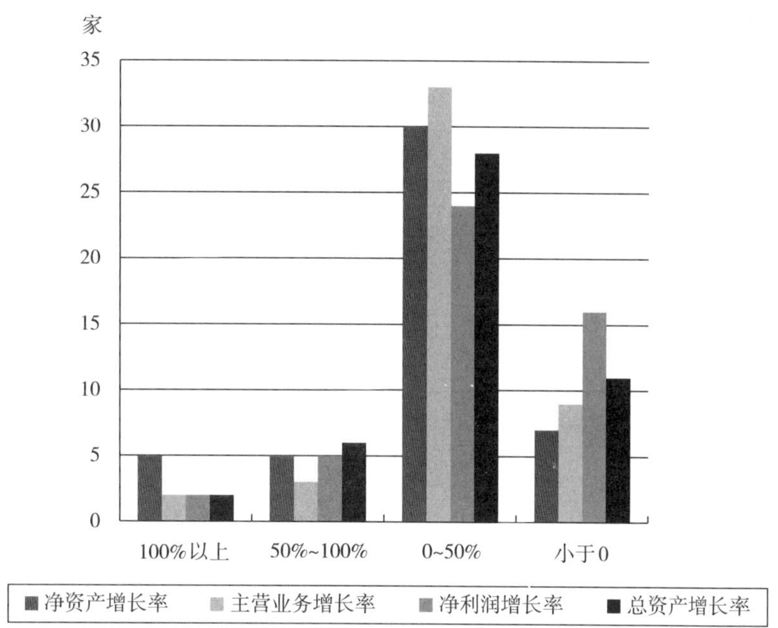

资料来源：CSMAR，课题组。

图 3-235 2017 年租赁和商务服务业业务增长能力

2. 偿债能力

企业能否持续经营的一个重要前提是企业是否具备及时清偿债务的能力，因此本课题着重分析了企业的偿债能力，判断其财务风险的高低。课题组从资产负债率、流动比率、速动比率和固定资产比率四个维度衡量行业上市公司的偿债能力。

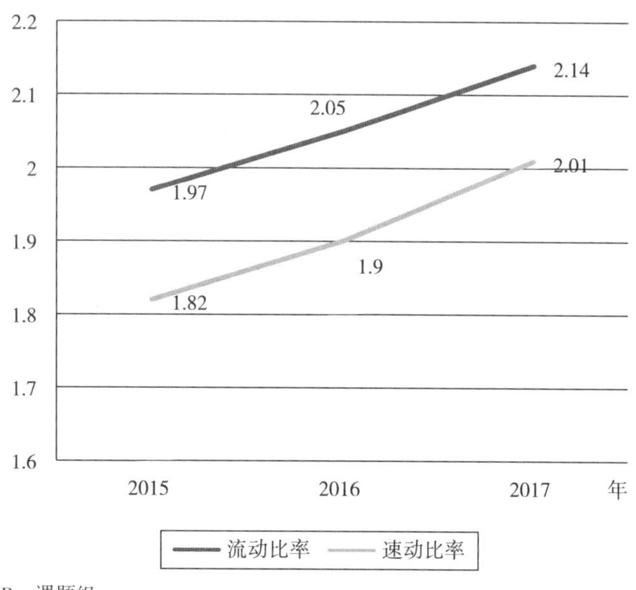

资料来源：CSMAR，课题组。

图 3-236 租赁和商务服务业流动比率与速动比率

2017 年租赁和商务服务业 A 股上市公司的流动比率平均值为 2. 14，速动比率平均值为 2. 01，固定资产比率平均值为 0. 2，资产负债率平均值为 0. 48。2015—2017 年，行业内上市公司的流动比率与速动比率均值呈上升趋势，说明行业内上市公司总体的短期偿债能力在增强。从资产负债率来看，行业内上市公司的长期偿债能力基本维持稳定。从固定资产比率来看，2017 年行业内平均固定资产比率较往年有较大增长，说明行业内的上市公司更加重视固定资产的投资。

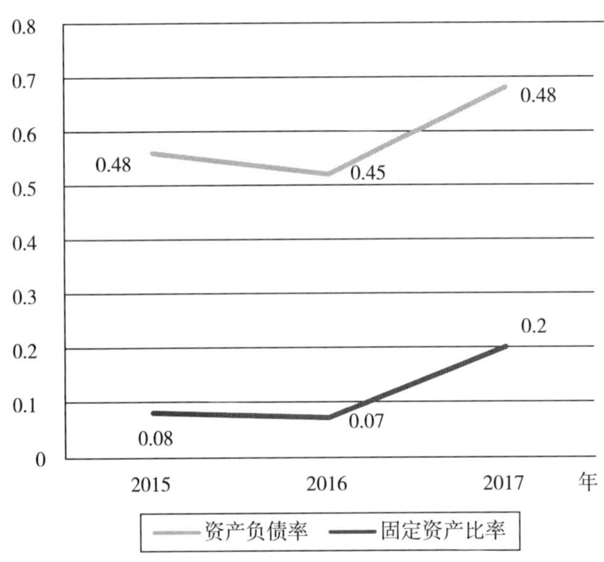

资料来源：Wind，课题组。

图 3-237　租赁和商务服务业资产负债率与固定资产比率

3. 运营能力

运营能力是指企业基于外部市场环境的约束，通过内部人力资源和生产资料的配置组合而对财务目标实现所产生作用的大小。课题组尝试用存货周转率、应收账款周转率、总资产周转率和流动资产周转率四个指标分析行业内上市公司的运营能力。

根据课题组从 Wind 上收集的租赁和商务服务业 47 家上市公司的数据来看，相较于 2016 年，2017 年行业内上市公司存货周转率明显下降，说明行业内上市公司销货速度变慢，一定时间内周转额变小，公司资金的占用水平变高。在应收账款周转率方面，行业内上市公司在一定主营业务收入水平下账款回收速度变慢，债权管理能力变强，行业内上市公司的管理竞争力下降。

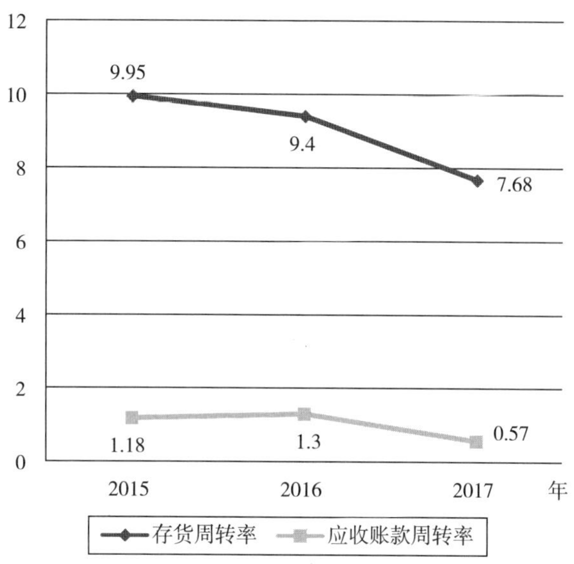

资料来源：Wind，课题组。

图 3-238　租赁和商务服务业存货周转率和应收账款周转率

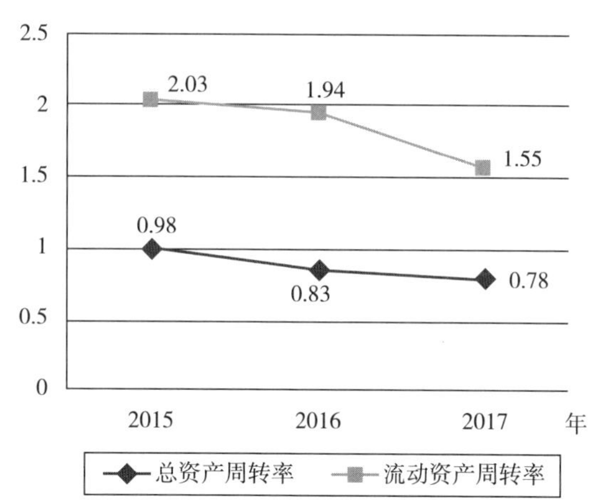

资料来源：Wind，课题组。

图 3-239　租赁和商务服务业总资产周转率和流动资产周转率

4. 盈利能力

盈利能力是指企业在一定时期内获取利润的能力，通常表现为一定时期内企业收益数额的多少及其水平的高低。课题组主要用销售净利率、总资产收益率和净资产收益率来分析行业上市公司的盈利能力。

企业的盈利不仅取决于销售收入，还会受到销售费用、管理费用和财务费用等成本的影响。2017 年，行业中上市公司的销售净利率较上年有所下降，但仍略高于 2015 年的行业平均值。表明企业将销售收入转化为净利润的能力有所下降，在一定销售收入水平下企业获得的净利润更少，盈利能力变弱。

在净资产收益率方面，2017 年行业内上市公司普遍大幅下降，只有 9.83%，表明一定普通股股东权益水平能够给企业带来的净利润大幅减少，企业的盈利能力减弱。

企业盈利能力的一个重要体现就在于投入与产出之间的关系。但是在总资产收益率方面，2017 年租赁和商务服务业上市公司较上年明显下降，表明一定总资产能够给企业带来的净利润减少，企业的盈利能力变弱。

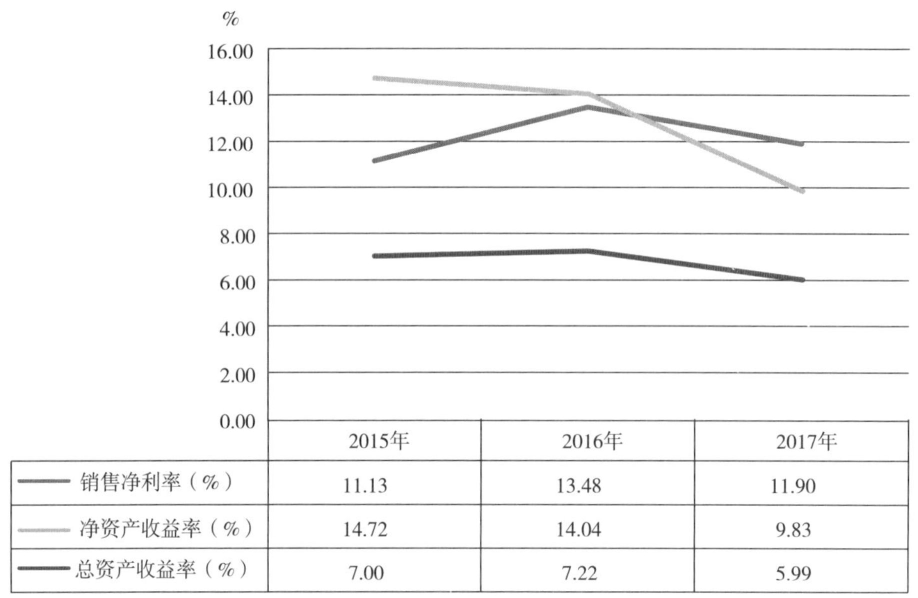

	2015年	2016年	2017年
销售净利率（%）	11.13	13.48	11.90
净资产收益率（%）	14.72	14.04	9.83
总资产收益率（%）	7.00	7.22	5.99

资料来源：Wind，课题组。

图 3-240　租赁和商务服务业盈利能力

（三）创新竞争力

1. 创新投入

对上市公司而言，创新是企业争夺市场、保持竞争力的重要手段。课题组从研发投入占比、研发人员占比两个方面来衡量公司的创新投入水平。

研究开发投入是企业创新竞争力的重要来源之一。企业研究开发能力越强，越能为投资者带来超额利润。2017 年，租赁和商务服务业上市公司研发投入占比最高的是巴士在线，占比达到 8.1%；排名第二、第三的分别是创业黑马和宣亚国际。表明以上公司重视企业产品的研发，有着充足的发展动力。

2. 创新产出

企业创新投入的目的就是得到创新产出结果并加以应用，因而创新产出也是企业创新竞争力的重要衡量标准。因此课题组采用有效专利来衡量企业的创新产出能力。

根据课题组采集的租赁和商务服务业的数据，行业内上市公司平均有效专利仅为 79.47 件，低于其他行业平均水平。行业内有效专利最多的公司是联建光电，有效专利达到了 1530 件，表明该公司在行业内上市公司中具有较好的创新活动积极性。

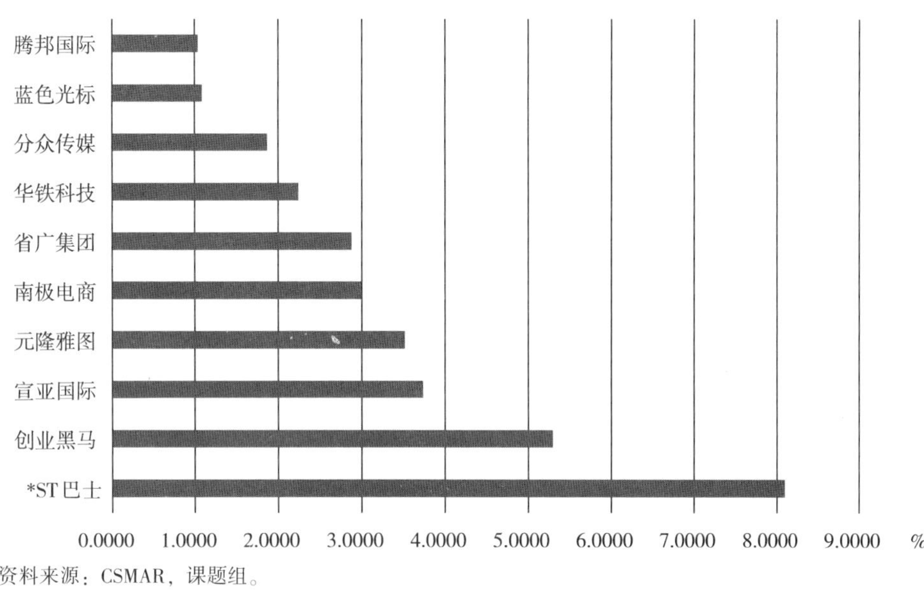

资料来源：CSMAR，课题组。

图 3-241 租赁和商务服务业研发投入占比前十名

（四）社会责任竞争力

一个企业在其商业运作中对其利害关系人应承担系列责任，包括对员工、顾客、供应商、社区团体、母公司或附属公司、合作伙伴、投资者和股东应负的责任。企业社会责任的承担实现程度情况，不仅能在一定程度上提升企业形象和社会竞争力，而且能够改善企业与政府、投资者、员工以及供应商之间的关系。本部分内容主要是利用数据对租赁和商务服务业中的企业社会责任竞争力进行分析。

1. 法律责任

企业通常以法人的形式存在，法律规定企业具有依法经营的权利，同时也要承担依法纳税的义务。企业需要承担的法律责任是指企业根据政策法规、法律规定，必须遵守的义务和承担的责任。查阅多方资料后，课题组决定从企业依法经营情况的角度来分析企业的法律责任。

表 3-106 租赁和商务服务业依法经营情况

年份	有违法违规行为的企业数量（家）	无违法违规行为的企业数量（家）
2015	3	44
2016	5	42
2017	1	46

资料来源：CSMAR，课题组。

统计数据显示，整个租赁和商务服务业依法经营情况比较好，近三年有违法违规行为的企业最多不超过 5 家。2017 年租赁和商务服务业共 47 家上市公司只有 1 家出现违法违规经营现象，表明行业内上市公司在日常经营活动中普遍遵循市场原则，公平公正有序地参与行业、市场竞争，具有较好的法律意识和社会责任感。

2. 经济责任

企业的经济责任以金钱为责任标的，用来衡量企业对与之有金钱往来的客体的贡献程度。从供应链上下游的角度，经济责任又可以进一步细分为对投资者的责任、对员工的责任和对供应商的责任三类。下面将分别从以上三个角度出发对租赁和商务服务业企业经济责任的履行情况进行深入分析。

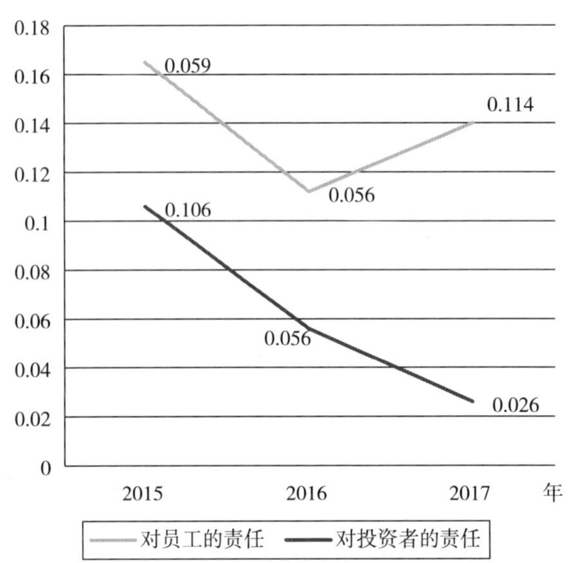

资料来源：CSMAR，课题组。

图 3-242　租赁和商务服务业对员工、投资者的责任

企业对股东的责任具体表现为制定长期和相对稳定的利润分配政策和办法，切实合理的分红方案以积极回报股东；债权人也是企业的投资者，因此企业还需要对债权人履行还本付息的责任。2017 年，行业内所有上市公司对投资者的责任均值在 0.026 左右，即行业内上市公司支付给股东和债权人的金额占相应的平均资产总额的 2.6%左右，明显低于上一年度，这也是行业的市场经营大环境所致。

企业对员工的责任具体是指建立职工薪酬体系和适当的激励机制，在按劳分配、同工同酬的基础上，及时支付员工工资并提供社会保障。2017 年行业内所有上市公司对员工的责任均值为 0.114，即支付给员工的以及为员工支付的现金占营业收入的比例为 11.4%，高于 2016 年，表明企业越来越重视对员工的责任的履行。

企业对供应商的责任主要是因供货商向企业提供原材料、设备、能源等企业生产经营必需物而形成的，具体体现为企业的应付账款。为消除不同企业之间的规模差异对应付账款产生的影响，课题组用平均应付账款来衡量企业需要对供应商履行责任的程度。2017 年上市公司对供应商的责任是 24.56，高于 2016 年，表明 2017 年租赁和商务服务业上市公司对供应商的责任明显加强，有利于行业上下游产业链的平稳发展。

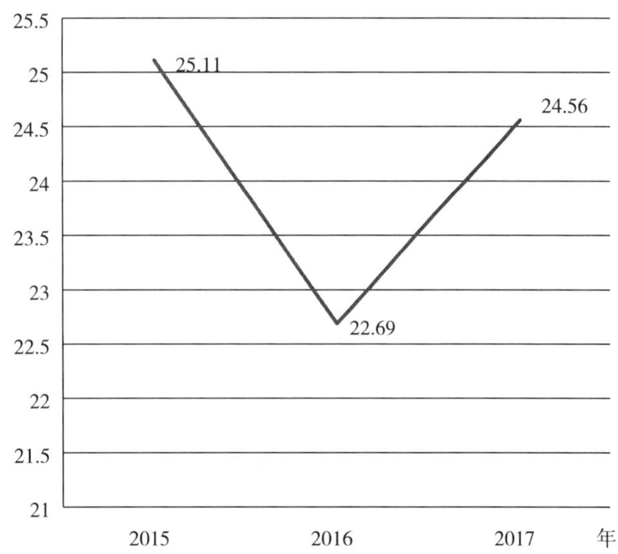

资料来源：CSMAR，课题组。

图 3-243 租赁和商务服务业企业对供应商的责任

3. 慈善责任

慈善责任是企业主动承担的社会责任，没有外力的压迫，企业自愿奉献爱心与援助、从事扶弱济贫事业。衡量企业慈善责任履行情况的指标很多，综合各种条件因素，课题组采用对社会的公益贡献率来评价企业在力所能及的范围内积极参与环境保护、教育、文化、科学、卫生、社区建设、扶贫济困等社会公益活动的情况。

从已公布年报的租赁和商务服务业上市公司数据来看，行业内上市公司中对社会的公益贡献率最高的公司是蓝色光标，为 0.0031%，表明该公司在行业内承担的社会公益责任较多，有着较强的社会责任竞争力。

4. 伦理责任

企业作为现代社会经济活动的一个重要组成部分，其生产经营与员工及社会息息相关。企业只有承担起伦理责任，才能赢得社会的信任，树立起负责任的企业形象。伦理责任具体是指企业在处理其与员工、社会相互关系时承担的责任。企业披露社会责任报告可缓解投资者与企业间的信息不对称程度，使社会各方更愿意理解与支持企业，为企业发展创造稳定、良性的外部环境。课题组采用是否披露企业社会责任报告指标衡量企业的伦理责任。

在单位平均资产就业人数方面，2017 年租赁和商务服务业内上市公司的单位平均资产就业人数为 41.48，较前两个年度相比呈下降趋势。

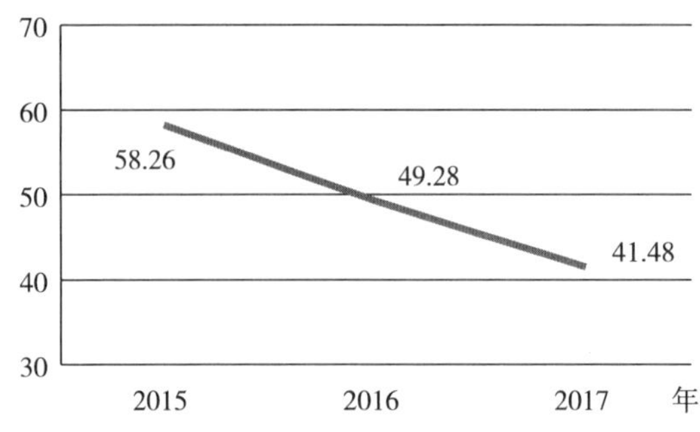

资料来源：CSMAR，课题组。

图 3-244　租赁和商务服务业单位平均资产就业人数

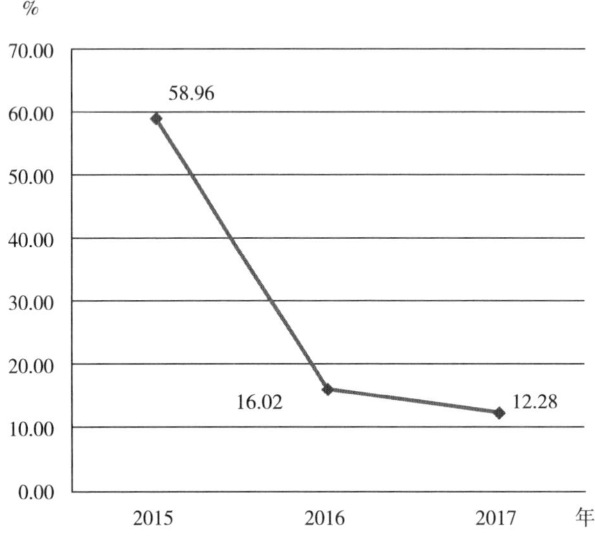

资料来源：CSMAR，课题组。

图 3-245　租赁和商务服务业就业增长率

在就业增长率方面，2017 年租赁和商务服务业内上市公司的就业增长率为 12.28%，均低于前两个年度的值。在生产经营过程中为社会提供的就业岗位逐年减少，企业在社会责任竞争力方面的竞争力也被削弱。

（五）人力资源竞争力

人力资源的竞争越来越成为企业竞争的重要领域之一。课题组从薪酬管理能力、人员招聘与配置能力、绩效管理能力和市场业绩能力四个方面衡量企业的人力资源竞争力。

作为一种劳务契约关系，企业为职工提供合理的薪酬对企业未来的发展具有重要意义。在薪酬管理能力方面，2017 年行业内上市公司平均应付职工薪酬增长至 8415.9 万元，表明行业内上市公司对员工薪酬的重视度在提高，有效地增强了企业的人力资源竞争力。

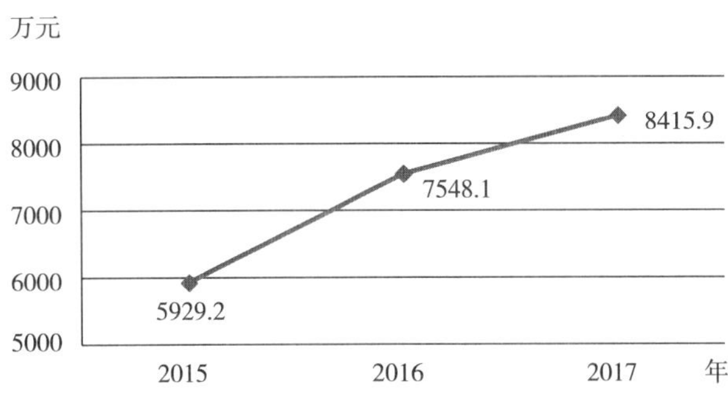

资料来源：CSMAR，课题组。

图 3-246 2015—2017 年租赁和商务服务业平均应付职工薪酬

在人员招聘与配置能力方面，2017 年租赁和商务服务业上市公司中硕士学历及以上员工人数占比高于往年数值，表明企业的创新能力、科研能力以及处理事务的专业能力变强，在发展的过程中高度重视高素质人才的培养，为企业的技术进步提供人才支持。

企业经营绩效是人力资源竞争力的最终表现形态。在绩效管理能力方面，2017 年租赁和商务服务业内企业年人均产值为 202.78 万元，表明行业内上市公司具有较好的绩效管理能力，公司职工的价值得到较为充分的体现。员工对企业的整体发展和经营能力有更积极的作用，还提升了企业整体业绩水平。

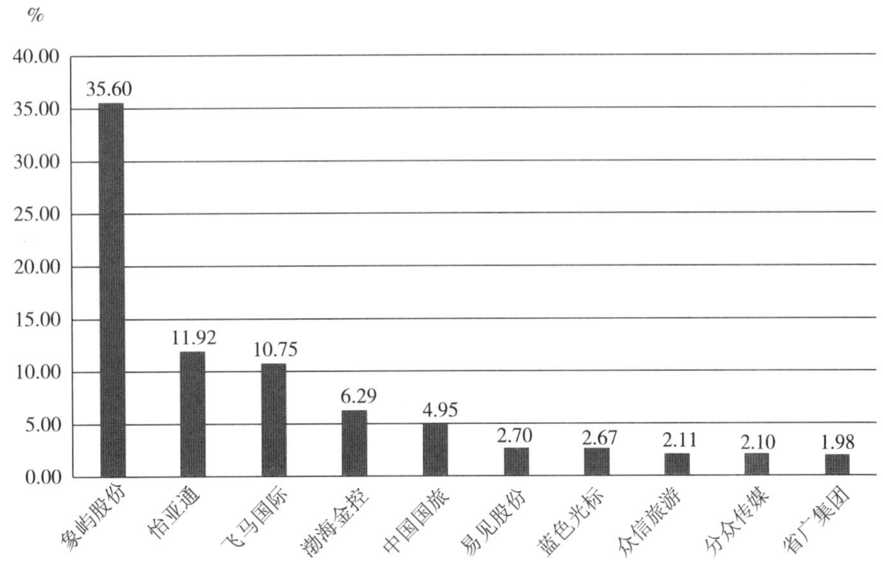

资料来源：CSMAR，课题组。

图 3-247 租赁和商务服务业市场占有率排名前十

在市场业绩能力方面，2017 年租赁和商务服务业上市公司在公司所属的细分行业中市场占有率最高的公司是象屿股份，市场占有率达到了 35.6%，表明该企业具有强劲的经营能力和竞争能力，该企业在市场中具有较高的认可程度和知名度，有利于企业长期的发展。

三、2017 年全国租赁和商务服务业综合竞争力排名 Top15

公司简称	治理竞争力	管理竞争力	创新竞争力	社会责任竞争力	人力资源竞争力	公司基本指标	总得分	行业排名
分众传媒	433.15	1091.51	147.24	558.27	138.99	307.49	2676.66	1
渤海金控	350.22	830.40	49.70	361.03	828.61	62.20	2482.15	2
众信旅游	688.44	1157.44	0.78	398.92	113.35	14.85	2373.78	3
省广集团	547.61	1017.72	90.35	366.97	289.59	14.92	2327.15	4
飞马国际	495.80	884.10	24.22	392.92	485.44	34.98	2317.45	5
中青旅	799.55	899.56	50.84	391.49	131.10	25.36	2297.90	6
象屿股份	336.38	1009.20	27.77	381.17	516.19	19.41	2290.11	7
中国国旅	546.23	904.66	4.14	403.44	216.44	150.36	2225.27	8
易见股份	402.83	963.92	28.30	386.22	393.90	19.84	2195.01	9
深大通	663.70	873.19	0.31	359.47	217.95	17.73	2132.34	10
宣亚国际	640.89	944.31	41.29	414.02	67.30	5.16	2112.97	11
富森美	668.24	935.54	2.20	376.37	100.32	22.18	2104.85	12
引力传媒	497.29	1018.44	0.91	377.74	192.71	5.45	2092.54	13
思美传媒	681.59	875.62	28.66	370.47	108.99	12.42	2077.75	14
长久物流	477.14	1075.00	3.69	381.11	120.50	15.61	2073.04	15

科学研究和技术服务业

一、行业概况

科学研究和技术服务业（以下简称科技服务业）是现代服务业的组成部分，是为科技创新全链条提供服务的新兴产业。

根据《上市公司行业分类指引》（2012 年修订），科技服务业可细分为研究和试验发展、专业技术服务业及科技推广和应用服务业。子行业研究和试验发展中有 5 家上市公司，子行业专业技术服务业中有 39 家上市公司，子行业科技推广和应用服务业中有 1 家上市公司。

目前，我国科技服务业呈现蓬勃发展的势头，一批新型第三方服务机构、新兴科技服务模式和业态不断涌现，为创新驱动提供了强大支撑。目前行业主要有以下三个特点。

1. 行业规模不断扩大

当前，我国科技服务业快速发展，规模总量逐步扩大。在北京、广东、江苏，科技服务业收入的增速分别达到18.7%、20%、32.2%。部分一线城市里，科技服务业已成为拉动经济的新增长点。据初步测算，2013年我国科技服务业实现增加值约2.43万亿元，占GDP的比重达到4.1%。一些经济发达城市正在努力培育发展科技服务业，如广东省佛山市2017年8月初通过了《关于加快科技服务业发展的实施意见》，提出的目标是，到2016年全市科技服务业从业单位要达到2000家，科技服务业增加值占第三产业的比重达10%。

2. 创新能力仍然不足

我国科技服务业虽在快速发展，却也面临许多突出问题，如跟世界先进国家的科技服务业相比，自主创新能力不足、科技成果转化率不高、科技服务中介机构总体上仍处于起步阶段、规模比重还不大等。科技服务业的发展与我国新一轮科技体制改革的深化息息相关，这些难题正是我国科技体制改革需要解决与突破的。

3. 行业监管逐渐完善

中国科学院于2014年8月19日公布《中国科学院“率先行动”计划暨全面深化改革纲要》，提出进一步振兴、改革科技服务产业的意见。科技部副部长王志刚表示：“要适应科技服务业专业化、产业化发展趋势，培育科技服务业新兴业态，打造新的经济增长点。要充分发挥市场配置创新资源的决定性作用，调动科技服务提供方的积极性，着力营造良好的市场环境。有关部门要加强沟通协调，强化资源集成，加大政策支持，加快组织实施，促进科技服务业做大做强，使科技服务业成为打造中国经济升级版和建设创新型国家的重要支撑。”

纲要实施到现在，有好几家上市公司成为其重点支持对象，如中科曙光。公司在网上表示其是中国科学院实施创新链与产业链“两链嫁接”的重要载体。公司也将继续保持与中国科学院科研单位的合作，发挥院地对接、两链嫁接的桥接作用。

我们认为，要想更好地发展科技服务业，需要通过调整结构来稳定增长，同时促进科技与经济的深度融合，这是实现科技创新引领产业升级、推动经济向中高端水平迈进不可或缺的重要一环。同时，需要以研发中介、技术转移、创业孵化、知识产权等领域为重点，抓住关键环节精准发力，深化改革，坚持市场导向，更好地推动科技服务业发展壮大。

未来，随着我国政府支持力度的不断加大，我国科技服务业所处的发展环境将有显著改善，行业整体有望迎来更为重大的发展机遇。

二、行业综合竞争力分析

（一）治理竞争力

对上市公司而言，良好的治理竞争力既有助于降低企业内部运营成本，还可不断增强经理层的运作效率，是确保公司持续高效运作的关键环节。我们将从公司股权结构、公司治理架构、董事激励和监事激励、三会次数、社会影响力五个方面着手分析科技服务业治理竞争力情况。

1. 公司股权结构

（1）股权集中度

截至2017年12月31日，科技服务业的45家A股上市公司的第一大股东持股比例均值达到30.11%，处于相对控股区间内。其中，绝对控股上市公司共有6家，占比13.33%；相对控股上市公司25家，占比55.56%；股权分散上市公司14家，占比31.11%。总体而言，科技服务业上市公司的股权结构呈现出中等偏分散的特点。

表3-107　　2017年科技服务业上市公司控股模式比重

控股模式	数量（家）	比重（%）	CR1
绝对控股	6	13.33	（50，100）
相对控股	25	55.56	（20，50）
股权分散	14	31.11	（0，20）

资料来源：同花顺，课题组。

图3-248统计了2013—2017年我国科技服务业上市公司的股权集中度变化，这里

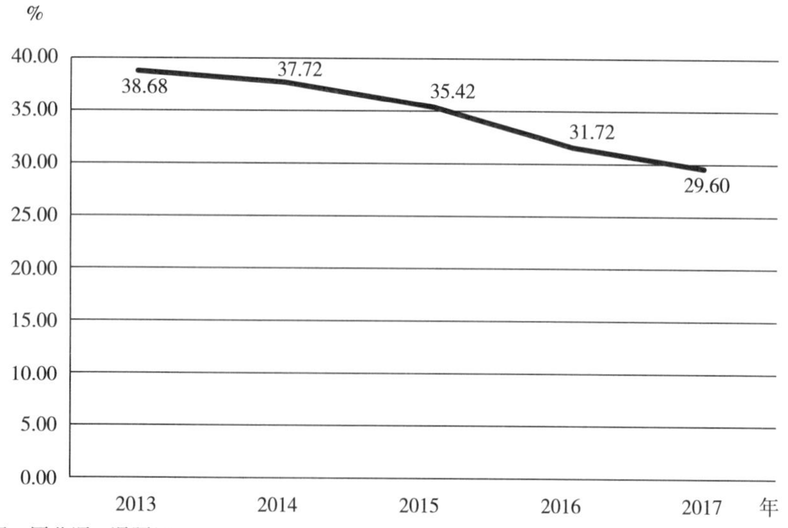

资料来源：同花顺，课题组。

图3-248　2013—2017年科技服务业股权集中度

的股权集中度由 CR1 代表。从图中可以看出，近年来行业上市公司的 CR1 维持在30%~40%，处于相对控股的稳定状态中。

（2）股权制衡度

分析 2017 年科技服务业的 Z 指数相关数据，我们发现在统计的 45 家公司中行业平均股权制衡度为 1. 13，股权制衡度小于 1 的公司占了一半以上，说明这类企业的大股东控制能力较强，可能会损害小股东的利益。在统计样本中，股权制衡度最高的公司是中设集团，达到 3. 32，大股东占股 15. 45%，第二到第五大股东的股份都在 6%左右。在我们统计的 45 家公司中，股权制衡度最低为设计总院，其大股东拥有公司 48. 63%的股份，第二大股东占有 2. 5%的股份，第三到第十大股东拥有的股份都在 0. 4%左右。

表 3-108　　科技服务业 Z 指数

Z 指数	大于等于 2	大于等于 1 且小于 2	小于 1
公司家数（家）	7	15	23
公司占比（%）	15. 6	33. 3	51. 1

资料来源：CSMAR，课题组。

2. 公司治理架构

（1）董事长与总经理分离情况

我们统计了科技服务业的董事长与总经理两职分离情况。截至 2017 年 12 月 31 日，行业内所有上市公司中有 73. 30%的公司的董事长和总经理是同一个人，这在所有行业中比值偏高。其余 26. 70%的公司董事长和总经理不是同一个人。

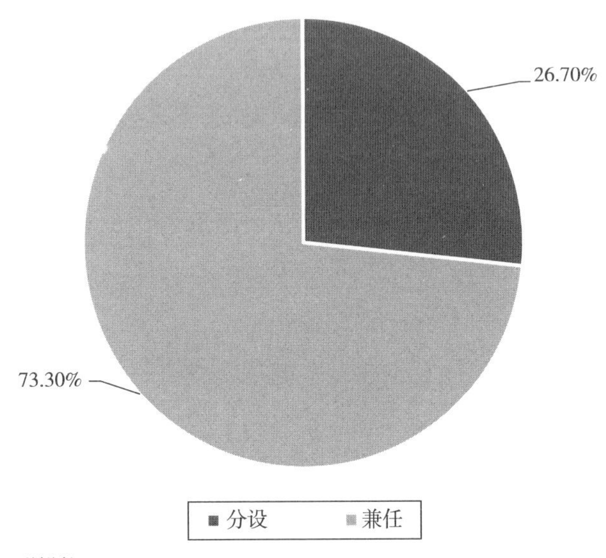

资料来源：CSMAR，课题组。

图 3-249　科技服务业两职分离情况

（2）上市公司董事会与监事会

由统计数据可得，2013—2017 年独立董事比例大于 1/3 的公司比例和监事会成员不少于 3 人的公司比例均维持在接近 100%的水平，由此可以看出，科技服务业绝大部分上市公司的独立董事比例和监事会成员人数均达到要求。从 2013—2017 年四委会设立情况上看，设立完整四委会的公司比例五年间总体保持稳定趋势，并且都保持在 85%以上。

表 3-109　　2013—2017 年科技服务业上市公司董事会和监事会治理情况

年份	独立董事比例大于 1/3 的公司比例（%）	监事会成员不少于 3 人的公司比例（%）	设立完整四委会的公司比例（%）
2013	100.00	100.00	86.67
2014	100.00	100.00	86.36
2015	100.00	100.00	92.30
2016	100.00	100.00	92.59
2017	100.00	100.00	100.00

资料来源：CSMAR，课题组。

3. 董事激励和监事激励

（1）领取报酬董事比例与监事比例

总体而言，2013—2017 年，科技服务业领取报酬董事比例大体稳定在 70%的水平以上，领取报酬监事比例大体稳定在 60%的水平以上。2017 年，上市公司领取报酬董事比例升至 83.79%，领取报酬监事比例升至 78.06%。这在一定程度上也可说明，现阶段，科技服务业上市公司整体领取报酬董事和监事情况处于较高的水平，公司也越发期望通过领取报酬的方式优化董事和监事的激励体系来提高自身的治理竞争力水平，增加企业的综合竞争力。

表 3-110　　2013—2017 年科技服务业上市公司领取报酬董事和监事比例情况

年份	领取报酬董事比例（%）	领取报酬监事比例（%）
2013	82.31	77.78
2014	79.76	71.52
2015	85.97	77.31
2016	75.16	63.12
2017	83.79	78.06

资料来源：CSMAR，课题组。

（2）金额最高前三名董事报酬总额应付职工薪酬比

金额最高前三名董事报酬总额应付职工薪酬比小于 20%的企业占据了 76.67%，介于 20%与 50%之间的企业占据了 13.33%，大于 50%的企业占据了 10.0%。金额最高前三名董事报酬总额应付职工薪酬比最高的企业是易世达，占比为75.20%。这说明对比科技服务业的其他上市公司，易世达相对更重视董事对企业经营活动所起的指导作用。

4. 三会次数

表 3-111　　　　三会次数统计情况

	统计指标	2015 年	2016 年	2017 年
董事会会议次数（次）	均值	9.42	10.52	9.5
监事会会议次数（次）	均值	6	6	6.5
股东大会会议次数（次）	均值	3.35	3.33	2.9

资料来源：CSMAR，课题组。

5. 社会影响力

我们通过企业是否被ST以及是否有未解决官司来评判企业的社会影响力。

45家科技服务业上市公司中没有一家企业被ST，说明科技服务业企业的经营总体处于稳定向好的趋势。科技服务业企业的治理能力在所有行业中较为领先。

对上市公司来说，不论企业是否主动介入相应官司中，由于诉讼官司的成本高、时间长，且官司可能披露企业产品、服务等相对负面的消息，因此，预期企业收入、社会评价及影响能力均会有不同程度的下降。这45家上市公司中，一共有9家上市公司还存在未解决的官司。

（二）管理竞争力

1. 增长能力

企业增长能力指其生产经营活动的发展趋势和潜力。一个企业增长能力越强说明企业价值增长潜力越大，能为股东创造更多的财富。增长能力主要通过净资产增长率、主营业务增长率、总资产增长率等衡量。

课题组统计整理了2013—2017年科技服务业上市公司增长能力的相关指标情况：在2014年发布的《中国科学院“率先行动”计划暨全面深化改革纲要》落实之后，净资产增长率在近几年变化幅度较大，由2015年的17.83%增至2016年的53.49%，增幅明显；同时，这三年主营业务增长率也逐年增加，说明2016年科技服务业发展迅速，这也是政府对行业扶持的结果；但是净利润增长率却逐年下降，行业上市公司在研发支出方面投入较大，造成净利润增长率暂时下降；行业上市公司的平均总资产增长率下降，这是阶段性去杠杆的效果。

2. 偿债能力

通过对企业偿债能力的分析，能够判断企业财务风险的大小，有助于投资者、经营者做出准确的投资决策和经营决策。课题组采用资产负债率、流动比率、速动比率、固定资产比率来衡量行业上市公司整体的偿债能力。

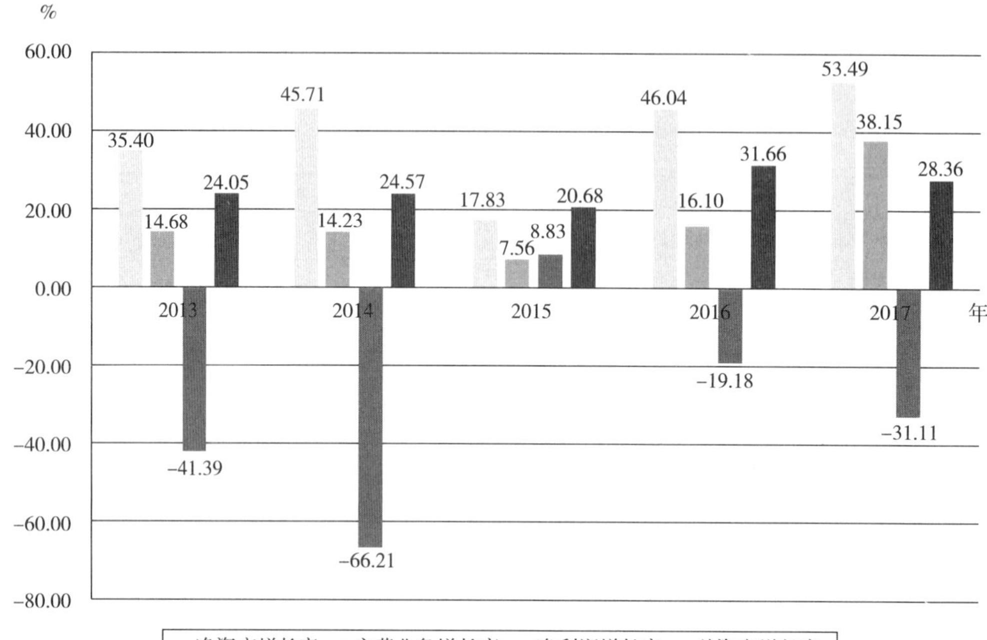

资料来源：Wind，课题组。

图 3-250　2013—2017 年科技服务业增长能力

如图 3-251 所示，科技服务业的资产负债率自 2013 年至 2017 年呈现逐年下降的态势，这对应前文的企业阶段性去杠杆的结果。上市公司 2013—2017 年流动比率都在 2 左右，速动比率都在 1 左右，说明行业内的企业短期偿债能力较强，大多数公司运转经营良好。对上市公司而言，固定资产比率越低，企业的资产才能更快地流动，

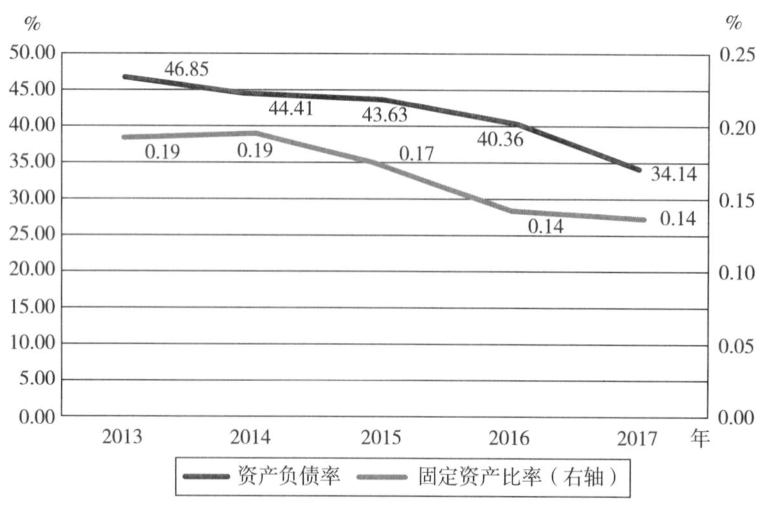

资料来源：Wind，课题组。

图 3-251　2013—2017 年科技服务业资产负债率和固定资产比率

2013—2017年科技服务业上市公司平均的固定资产比率逐年下降，说明上市公司越来越注重企业的流动资产的比例。充足的流动资产可以使企业获得更为强大的偿债能力。

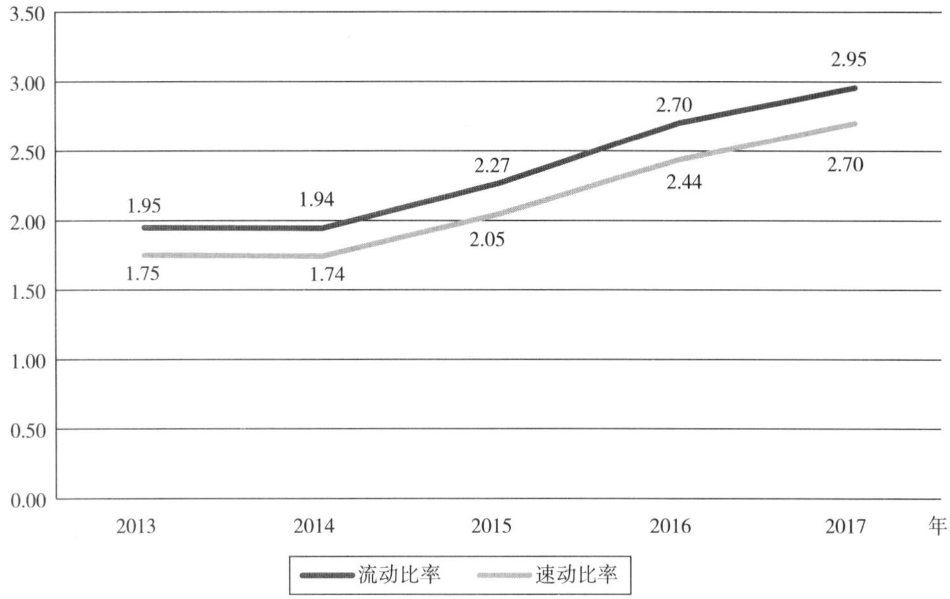

资料来源：Wind，课题组。

图 3-252　2013—2017 年科技服务业流动比率和速动比率

3. 运营能力

我们分析行业内上市公司的运营能力就是分析上市公司对资产的利用效率。课题组尝试用存货周转率、应收账款周转率、总资产周转率和流动资产周转率四个指标分析行业上市公司的运营能力。我们统计了行业内上市公司的存货周转率等指标的情况，为了科学起见，剔除了行业内部分特别高和特别低的极端值。

从存货周转率来看，虽然科技服务业2013年至2016年存货周转率有所上升，但2017年开始又有下降趋势。我们选取了行业中存货周转率最高的五个上市公司，从图3-254可以看到设计总院、建科院的存货周转率较其他上市公司高出不少，可以看到由于两家企业的主营业务都是设计咨询类业务，导致其存货周转率极高。

另外，在应收账款周转率、总资产周转率、流动资产周转率方面都呈现相同的下降趋势，这说明近几年科技服务业上市公司的运营能力趋弱，需要各家科技服务业上市公司引起注意。同时，流动资产周转率与总资产周转率呈现相同的走势，逐年下降且波动较小。本期总资产周转率为0.50，本期流动资产周转率为0.77。

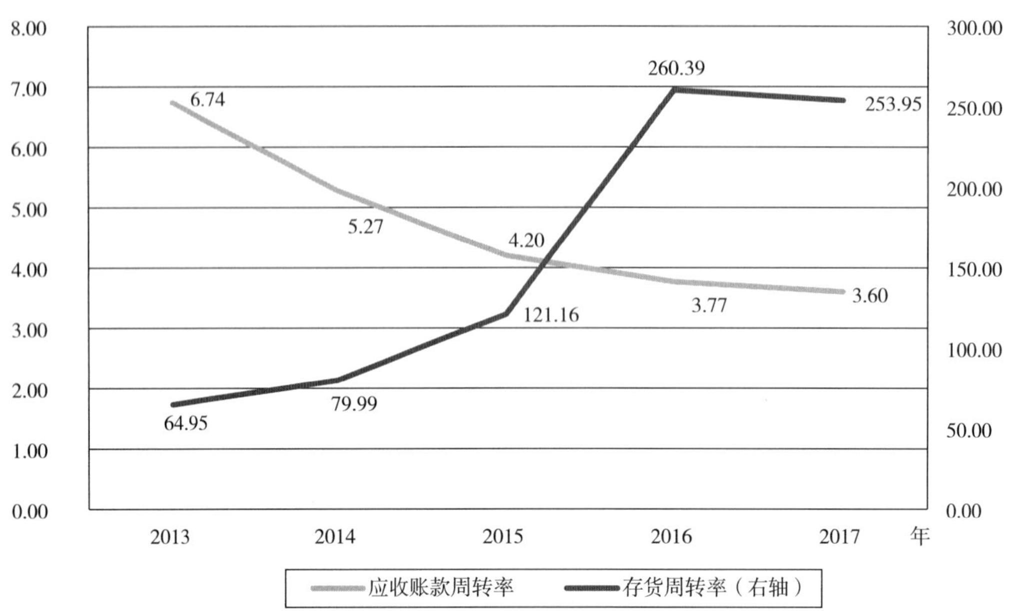

资料来源：Wind，课题组。

图 3-253 2013—2017 年科技服务业存货周转率和应收账款周转率

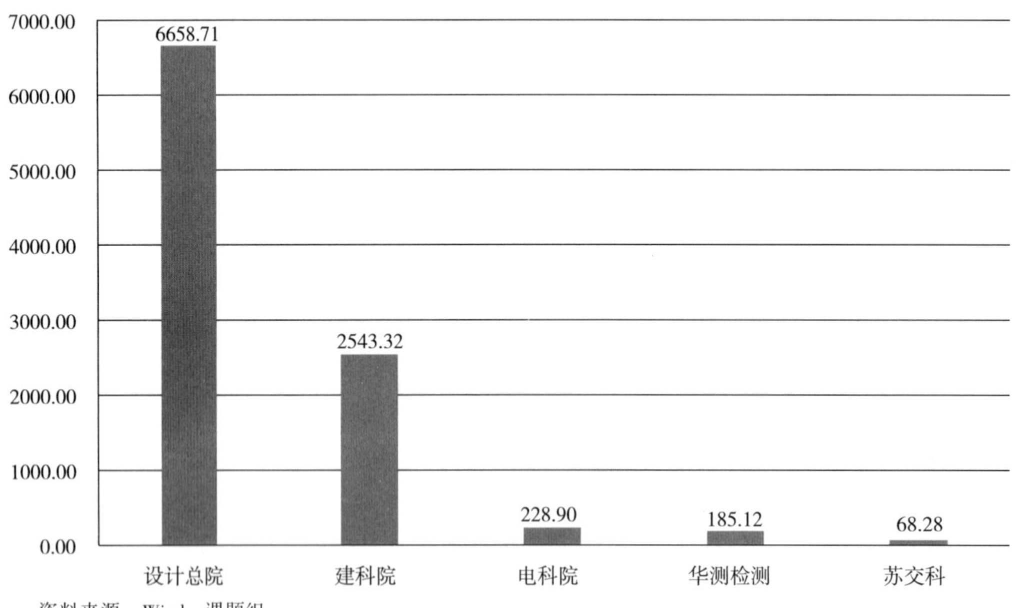

资料来源：Wind，课题组。

图 3-254 2017 年科技服务业存货周转率（均值）排名

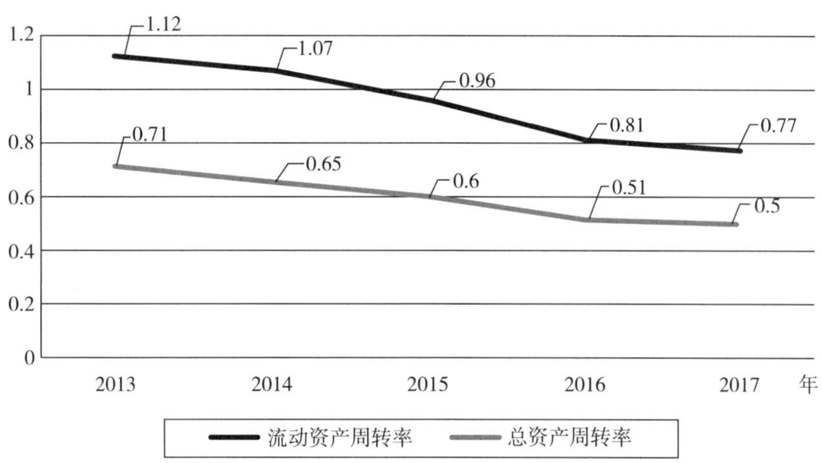

资料来源：Wind，课题组。

图 3-255　2013—2017 年科技服务业总资产周转率和流动资产周转率

4. 盈利能力

盈利能力就是企业获得利润的能力。课题组主要用销售净利率、总资产收益率和净资产收益率来分析行业上市公司的盈利能力。

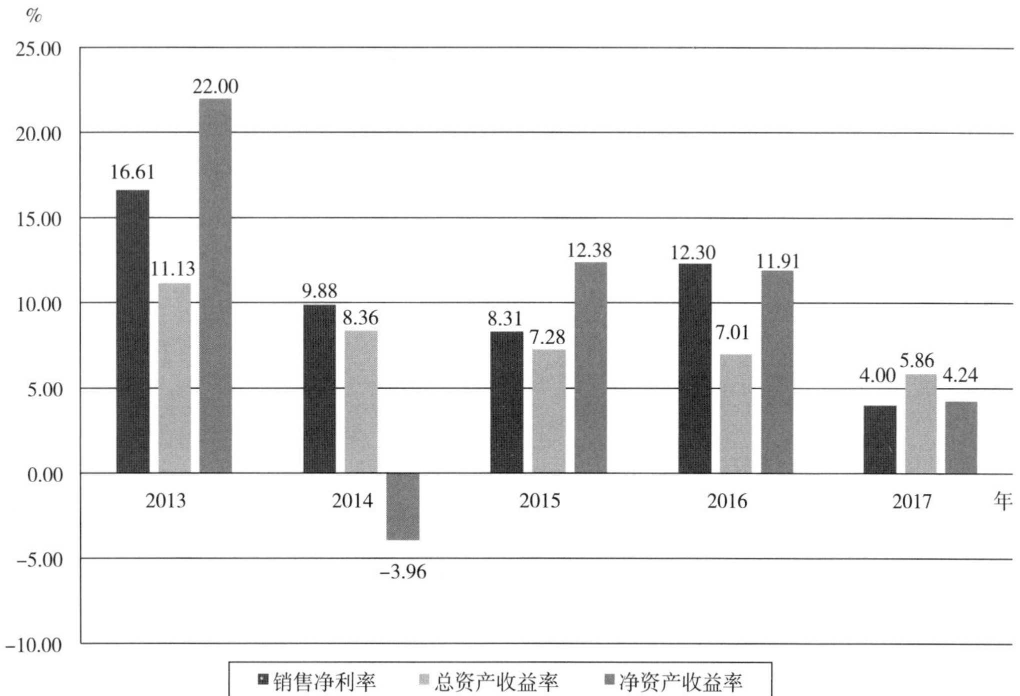

资料来源：Wind，课题组。

图 3-256　2013—2017 年科技服务业盈利能力

总体来看，科技服务业企业的销售净利率、总资产收益率、净资产收益率基本都呈现逐年下降的趋势。说明 2013—2017 年科技服务业上市公司虽然主营业务市场在扩大，但是因为行业内的竞争导致其净利润在下降。

（三）创新竞争力

课题组从研发投入占比、研发人员占比、政府补贴三个方面来衡量公司的创新投入水平。而对于科技服务业的上市公司，创新竞争力也是它们的核心竞争要素之一。

1. 创新投入

我们统计了 2015—2017 年行业内所有上市公司的研发投入占比情况并剔除了缺失值，三年的研发投入占比均值分别为 4.53%、5.00%与 5.63%。图 3-257 是行业内三年研发投入占比（均值）排名前五位的公司情况。我们可以看到，排名前五名的公司 2015—2017 年研发投入占比均值都在 8%以上，排名第一的公司是能科股份，三年均值达到了 11.51%。但是，与其他行业的研发投入相比，科技服务业的研发投入占比不是最高的，属于中等偏上。

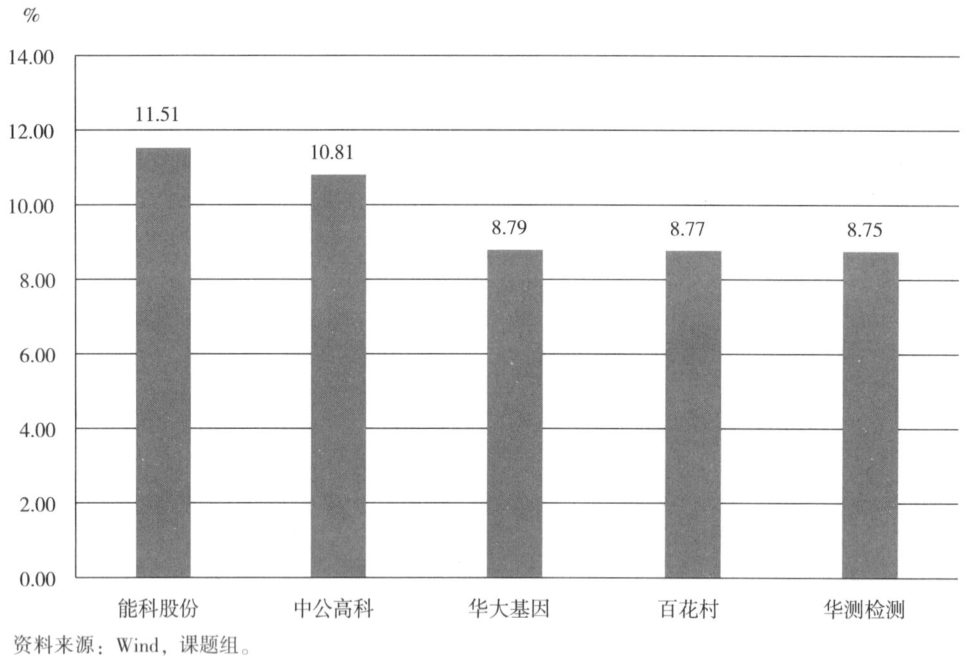

资料来源：Wind，课题组。

图 3-257　科技服务业上市公司创新投入排名

截至 2017 年末，行业平均的研发人员占比为 18.65%。研发人员占比前三位分别是延华智能、百花村与三维工程。其中延华智能研发人员占比最高，为 58.8%。

我们认为政府对上市公司的补贴可以促进上市公司增加对研发的投入，从而提高上市公司的创新能力。本报告期内，在政府补贴方面，补贴金额前三位分别是华建集团、苏交科、华测检测，补贴金额分别达到 4920.28 万元、4503.82 万元和 4442.70 万元。

2. 创新产出

在已披露的企业有效专利这个数据上，科技服务业上市公司平均拥有 734.07 件专利。其中，拥有有效专利前三位的科技服务业上市公司分别是苏交科、中国海诚、天沃科技，分别拥有有效专利 4404 件、4014 件与 3357 件。

（四）社会责任竞争力

1. 法律责任

企业在日常经营和管理的过程中需要承担相应的法律责任。我们从对政府的责任和依法经营两个方面来衡量企业的法律责任。

本书用支付的各项税费减去收到的税费返还再与平均资产总计的比来量化上市公司对政府的责任。报告期内该指标最高的是杰恩设计，其支付的各项税费减去收到的税费返还的余额达到了 2828.25 万元，平均资产总计达到了 32996.40 万元。

根据 Wind 的数据统计，2017 年，仅有一家科技服务业上市公司有违法违规行为，其他上市公司均无违规违法行为。

2. 经济责任

我们从对投资者的责任、对员工的责任和对供应商的责任三个方面来衡量企业的经济责任。我们认为，一定规模的企业，向投资者支付的投资回报越高，承担的社会责任越多。我们用 IR 来表示企业对投资者的责任。本报告期内，对投资者的责任排名前三名的企业分别为永安行、杰恩设计与贝瑞基因，该指标的值分别为 0.32、0.21 与 0.20。其中，万业企业的总股利与利息支出的总和达到了 62016.00 万元，平均资产总额为 190926.50 万元。永安行相对重视企业的投资者，每年的股利是回报长期投资者的一项友好的措施。

我们用 WR 来表示对员工的责任。对上市公司而言，该指标越高，表明在企业发展中，越注重企业员工的生活福利，为员工工作生活提供幸福感也是企业能够健康发展的动因之一。2017 年该指标最高的科技服务业上市公司为达安股份，达到了 0.53。

对供应商的责任代表着企业能够免费使用供货企业资金的能力。如果公司该指标低于行业平均水平，说明公司较同行可以更多地占用供应商的货款，显示其重要的市场地位，与此同时也要承担较多的还款压力。2017 年该指标最高的是杰恩设计，为 43.15。这是该公司连续三年在这个指标的排行榜中取得了榜首的地位。

3. 慈善责任

课题组采取对社会的公益贡献率这一指标来衡量企业的慈善责任。2017 年对社会的公益贡献率最高的科技服务业上市公司为华建集团，达到了 0.0124%。

4. 伦理责任

我们采取是否披露企业社会责任报告、就业增长率和单位平均资产就业人数这三个指标来衡量企业的伦理责任。

在企业社会责任报告的统计上，我们发现有大量的公司数据缺失，在已统计的上市公司中，大约 40%的科技服务业上市公司披露了企业社会责任报告。

我们认为员工的就业增长率在一定程度上代表着企业的规模，员工就业人数越多，企业帮助消化社会就业压力的能力就越强。行业总指标较 2016 年有明显的上升，达到了 16.19%。行业内，南华生物排名第一，在 2017 年报告期末，南华生物员工总人数为 143 人，较 2016 年末的 65 人上升 120.00%。

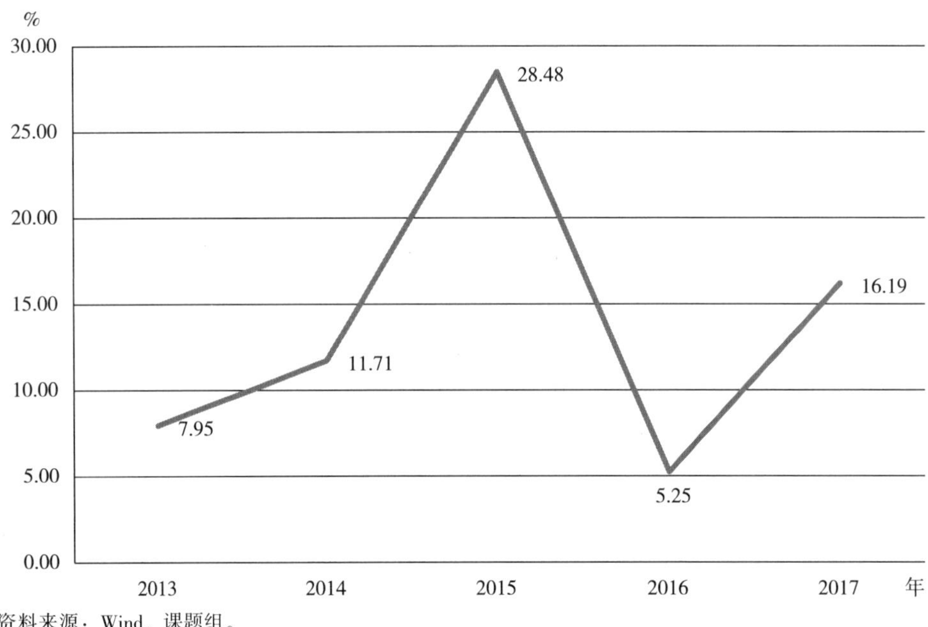

资料来源：Wind，课题组。

图 3-258　2013—2017 年科技服务业就业增长率

单位平均资产就业人数衡量的是企业利用一定的资源为社会提供的就业机会。由图 3-259 可知，科技服务业的该指标呈逐年下降的趋势，2017 年达到了谷值 85.13。

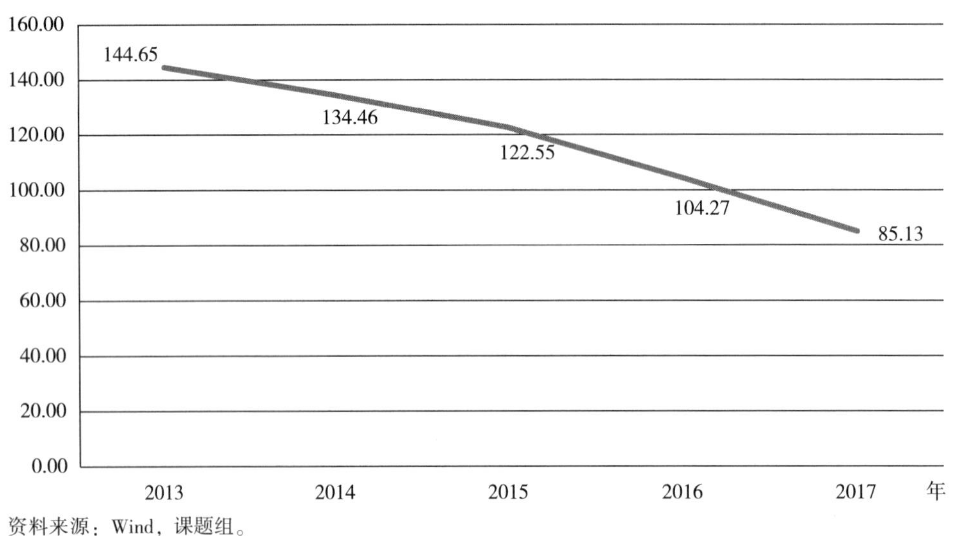

资料来源：Wind，课题组。

图 3-259　2013—2017 年科技服务业单位平均资产就业人数

虽然行业的就业人数在增长，但是在这一过程中，行业的总资产也在逐年增加，同时，其增速也逐年变大，因此，行业的单位平均资产就业人数在下降。

（五）人力资源竞争力

课题组从薪酬管理能力、人员招聘与配置能力、绩效管理能力、市场业绩能力四个方面衡量企业的人力资源竞争力。薪酬管理能力指的是企业对员工支付薪酬的能力，我们用员工平均薪酬来衡量薪酬管理能力。

如图 3-260 所示，2015—2017 年行业员工平均薪酬逐步增长。可以看出，行业内上市公司对员工薪酬的重视度在提高，支付给员工的薪酬在增加。

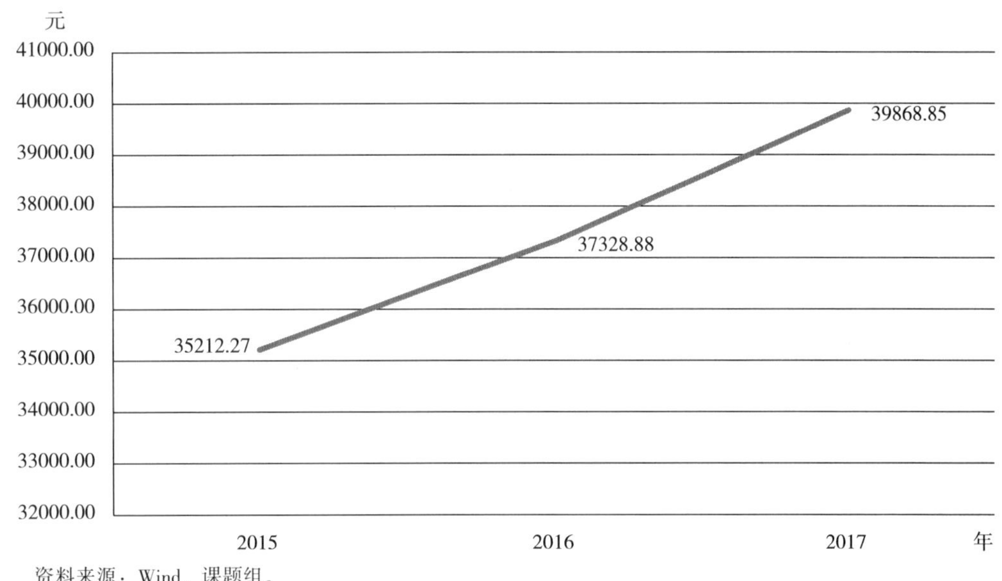

资料来源：Wind，课题组。

图 3-260　2015—2017 年科技服务业员工平均薪酬

我们通过研究生学历及以上员工人数占比来衡量企业的人员招聘与配置能力。统计已披露该数据的企业我们发现，不同的上市公司在该数据上差异很大，占比最高的上市公司是南华生物，其研究生学历及以上员工人数占比为 33.14%。占比最低的上市公司仅为 0.02%。

我们通过年人均产值和企业人力投入回报率分析企业的绩效管理能力。如图 3-261 所示，从年人均产值上看，本报告期的年人均产值明显高于前两年。从企业人力投入回报率来看，一般来说，如果企业当年的净利润较多，则其应当会有较大的企业人力投入回报率，反之则相反。据我们统计，2017 年企业人力投入回报率最高的是三联虹普，达到了 487.70%。

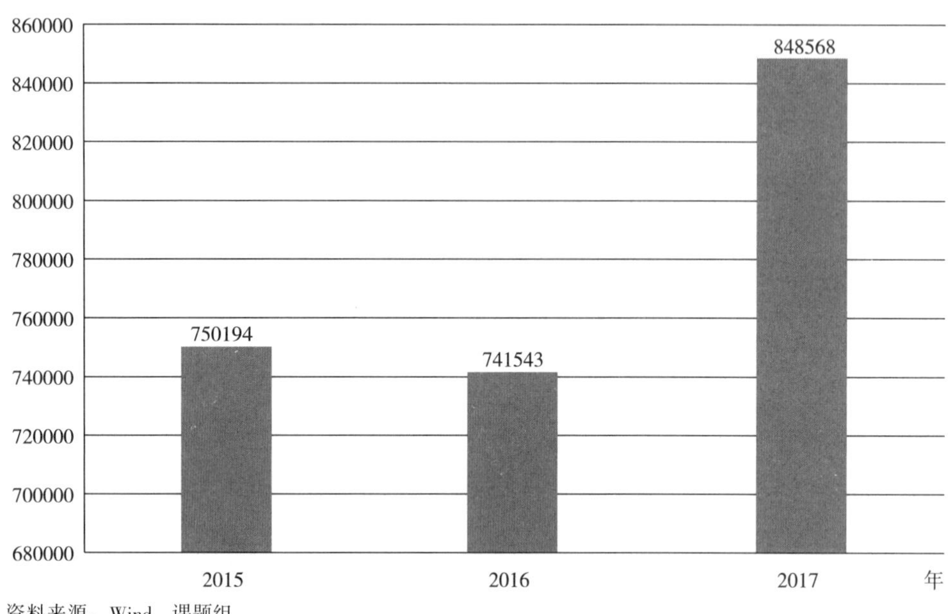

资料来源：Wind，课题组。

图 3-261　2015—2017 年科技服务业年人均产值

最后一个用于衡量企业人力资源竞争力的标准是市场业绩能力。我们用市场占有率这一指标来分析企业的市场业绩能力。我们统计了行业中市场占有率排名前十的企业，如表 3-112 所示。

表 3-112　　科技服务业上市公司市场占有率前十名

公司简称	市场占有率
天沃科技	16. 20%
苏交科	10. 15%
华建集团	8. 24%
华电重工	7. 51%
中国海诚	6. 54%
中设集团	4. 32%
华测检测	3. 30%
华大基因	3. 26%
建研集团	3. 11%
勘设股份	3. 00%

资料来源：Wind，课题组。

（六）行业知名企业指标分析

华大基因是基因测序行业的龙头企业，公司的主营业务为通过基因检测等手段，为医疗机构、科研机构、企事业单位等提供基因组学类的诊断和研究服务。华大基因自2017年7月14日登陆深圳证券交易所后，就备受资本市场关注。上市后最高股价纪录为261.994元/股，市值突破1000亿元，在创业板中仅次于温氏股份，排名第二。截至2017年12月31日收盘，华大基因的市值为607.87亿元。

1. 治理竞争力

目前华大基因的实际控制人是汪建，而总经理是尹烨，符合两职分离的状态。在其披露的2017年年报中，控股股东为深圳华大基因科技有限公司，其拥有股本占总股本的比例为37.18%，处于相对控股的低位。第二大股东为深圳前海华大基因投资企业，拥有16.72%的股本，第三大股东为深圳和玉高林股权投资合伙企业（有限合伙），拥有8.96%的股份。计算的Z值为0.81，排名位于45家科技服务业企业的第23位。公司的独立董事共4位，占所有董事人数的30.77%。

2. 管理竞争力

在增长能力方面，华大基因的总资产增长率、净资产增长率都大于上年同期，但是主营业务增长率和净利润增长率的数据较上年略有下降。

表3-113　　2016—2017年华大基因管理竞争力指标　　单位：%

年份	2016	2017
净资产（同比增长率）	8.55	23.48
净利润（同比增长率）	28.66	21.05
主营业务（同比增长率）	29.79	22.44
总资产（同比增长率）	8.16	20.84

资料来源：Wind，课题组。

在偿债能力方面，2017年华大基因的速动比率为4.28%，流动比率为4.71%，在行业内都排名前列。资产负债率为16.70%，在行业里也属于较低的水平。

在运营能力方面，华大基因2017年存货周转率为8.50，略高于上年同期的值，流动资产周转率为0.60，应收账款周转率为2.94，这两个指标均略高于上年同期的值。总体来说，其运营能力处于稳定的状态。

在盈利能力方面，报告期内，华大基因实现营业收入20.96亿元，同比增长22.44%；归属于上市公司股东的净利润为3.98亿元，同比增长19.66%。2017年华大基因各大业务板块均实现了不同程度的增长。四大业务板块中，生育健康类服务营业收入达11.36亿元，同比增长22.28%；复杂疾病类服务营业收入达4.57亿元，同比增长19.11%；基础科研类服务营业收入达4.04亿元，同比增长22.80%；药物研发类服务营业收入达9085.68万元，同比增长52.95%。华大基因2017年财报营收占比超过50%的生育健康类服务，截至报告期末，累计服务近500万人，完成超过280万例无创产前基因检测。该类服务近年来呈快速增长趋势，检出率和特异性均大于99%。同时，检出了3.8万余例染色体异常胎儿，超过153万名新生儿或孕妇接受了耳聋基因筛查的检测服务，帮助约8万携带者防聋控聋。

3. 创新竞争力

创新投入方面，公司研发人员占比达到 18.69%，研发支出占营业收入的比例为 8.32%，处于行业中上游。创新产出方面，华大基因处于行业的领先地位。截至 2017 年底，华大基因及其全资子公司、控股子公司拥有的已获得授权专利共计 282 项，自有注册商标 366 项，核心技术专利范围涵盖实验仪器、样品处理、生物信息分析等各个技术环节，其中生物信息分析等方面的自主软件取得了 460 项软件著作权。

4. 社会责任竞争力

本期华大基因支付各项税费减去收到的税费返还共 14172.29 万元，计算的 GR 为 0.03，排名行业的第 31 位。企业的员工就业增长率为 10.57%，与上年同期的 14.86% 相比有所下降。而本期的单位平均资产就业人数为 58.02，与上年同期相比也略有降低。

5. 人力资源竞争力

华大基因 2017 年员工平均薪酬达到了 34596.41 元，排名行业的第 16 位。本期企业人力投入回报率达到了 430.31%，名列行业的第 18 位。2017 年博士及硕士占比为 9.68%，名列行业的第 20 位。公司占有 3.26%的市场份额，排名行业的第 8 位。总体上看，华大基因的人力资源竞争力位于行业的中上游。

三、2017 年全国科学研究和技术服务业上市公司综合竞争力排名 Top10

公司简称	治理竞争力	管理竞争力	创新竞争力	社会责任竞争力	人力资源竞争力	公司基本指标	总得分	行业排名
中设集团	576.33	887.13	79.52	400.65	540.44	9.09	2493.16	1
中源协和	827.99	790.88	87.26	509.46	149.28	17.92	2382.80	2
苏交科	566.37	764.19	137.58	402.12	454.18	15.20	2339.64	3
启迪设计	664.25	822.88	77.19	428.88	256.29	6.32	2255.81	4
航天工程	552.91	784.14	105.67	385.48	405.65	13.02	2246.86	5
中衡设计	630.39	829.98	66.52	403.45	289.37	6.40	2226.10	6
三联虹普	560.00	827.00	183.60	366.55	222.16	7.10	2166.41	7
三维工程	615.58	871.56	105.75	369.00	188.70	4.19	2154.77	8
华电重工	512.98	816.55	97.52	368.90	307.01	9.53	2112.50	9
能科股份	683.43	791.92	147.42	387.10	93.47	2.78	2106.12	10

水利、环境和公共设施管理业

一、行业概况

根据国家统计局的分类，水利、环境和公共设施管理业包括水利管理业、生态保护和环境治理业、公共设施管理业三大类，目前是国家重点关注的一个行业。

截至2017年12月31日，水利、环境和公共设施管理业的A股上市公司共有43家。其中，水利管理业仅有1家，生态保护和环境管理业有28家，公共设施管理业有14家。

按地域来划分，上述43家上市公司的分布如表3-114所示。

表3-114　各地域的上市公司数量和平均员工数量

地域	东北地区	华北地区	华东地区	华南地区	华中地区	西北地区	西南地区
上市公司数量（家）	3	6	17	5	5	2	5
平均员工数量（人）	1412	1686	1511	1682	15259	2300	1810

资料来源：Wind，课题组。

绝大部分上市公司集中在华东地区，密集程度远超其他地区。苏浙沪一带无论是地理环境还是经济环境，都十分适合上市公司发展。

近五年来，水利、环境和公共设施管理业上市公司总市值整体呈现出上升的趋势，如图3-262所示。

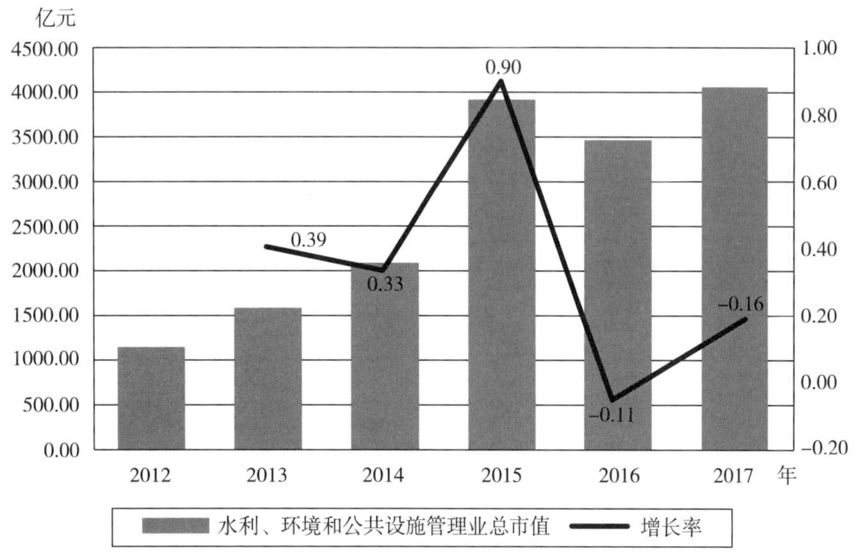

资料来源：Wind，课题组。

图3-262　2012—2017年水利、环境和公共设施管理业总市值

综上可以看出，当前我国水利、环境和公共设施管理业数量规模偏小，行业结构单一，从业人员数量少，行业和地区分布不均衡。

2017 年，改革、发展与建设是水利、环境和公共设施管理业的主旋律。

表 3-115　　水利、环境和公共设施管理业行业关键词及内容

行业关键词	内容
PPP	2015 年 3 月，国家发展改革委、财政部、水利部联合发布《关于鼓励和引导社会资本参与重大水利工程建设运营的实施意见》，鼓励社会资本以特许经营、参股控股等多种形式参与重大水利工程建设运营，并确定黑龙江奋斗水库、浙江舟山大陆引水三期、安徽江巷水库等 12 个重点水利工程为国家层面重大水利工程建设 PPP 第一批试点项目。 据全国 PPP 项目综合信息平台数据，截至 2017 年 3 月末财政部示范项目共落地 25 个，水利建设示范项目落地率为 75%。
政府红利	2011 年以来，国家陆续出台多项政策持续推动水利建设，并千方百计拓宽水利投资资金来源。据国家统计局数据，“十二五”期间我国水利建设投资合计完成 20343 亿元，较“十一五”期间水利建设投资总额增长了 189%。2017 年，政府红利持续释放，水利建设获得快速发展。
落实《水利改革发展“十三五”规划》	2016 年 12 月 23 日，经国务院同意，国家发展改革委、水利部、住房和城乡建设部联合印发了《水利改革发展“十三五”规划》（以下简称《规划》）。《规划》紧扣到 2020 年实现全面建成小康社会的奋斗目标，研究提出了“十三五”水利改革发展的总体思路、发展目标、主要任务、总体布局和政策措施，是指导今后五年水利改革发展的重要依据。 2017 年，水利企业全面推进节水型社会建设、加快完善水利基础设施网络、提高城市防洪排涝和供水能力、全面强化依法治水、改革创新水利发展体制机制等重点任务，水利基础设施网络进一步完善，水治理体系和水治理能力现代化建设取得重大进展。
电力体制改革	2017 年 2 月 5 日，国家发展改革委、国家能源局发布《关于印发电力体制改革配套文件的通知》（发改经体〔2015〕2752 号），经报请国务院同意，印发国家发展改革委、国家能源局和中央编办、工业和信息化部、财政部、环境保护部、水利部、国资委等部门制定的 6 个电力体制改革配套文件：《关于推进输配电价改革的实施意见》《关于推进电力市场建设的实施意见》《关于电力交易机构组建和规范运行的实施意见》《关于有序放开发用电计划的实施意见》《关于推进售电侧改革的实施意见》以及《关于加强和规范燃煤自备电厂监督管理的指导意见》。

二、行业综合竞争力分析

（一）治理竞争力

1. 公司股权结构

（1）股权集中度

截至 2017 年 12 月 31 日，水利、环境和公共设施管理业共 43 家，剔除 ST 及 2017

年新上市的公司，列入统计的公司还有 34 家。A 股上市公司的第一大股东持股比例均值达到 33.78%，处于相对控股区间内。其中绝对控股上市公司共有 4 家，占比 11.76%；相对控股上市公司 24 家，占比 70.59%；股权分散上市公司 6 家，占比 17.65%。总体而言，水利、环境和公共设施管理业上市公司的股权结构基本集中在相对控股的区间内。

表 3-116　　2017 年水利、环境和公共设施管理业上市公司控股模式比重

控股模式	数量（家）	比重（%）	CR1
绝对控股	4	11.76	(50，100)
相对控股	24	70.59	(20，50)
股权分散	6	17.65	(0，20)

资料来源：Wind，课题组。

图 3-263 统计了 2013—2017 年水利、环境和公共设施管理业上市公司的股权集中度变化，这里的股权集中度由 CR1 表示。从图中可以看出，近年来行业上市公司的 CR1 位置在 30%~40%并呈现下降趋势，大股东的股权逐渐被稀释。

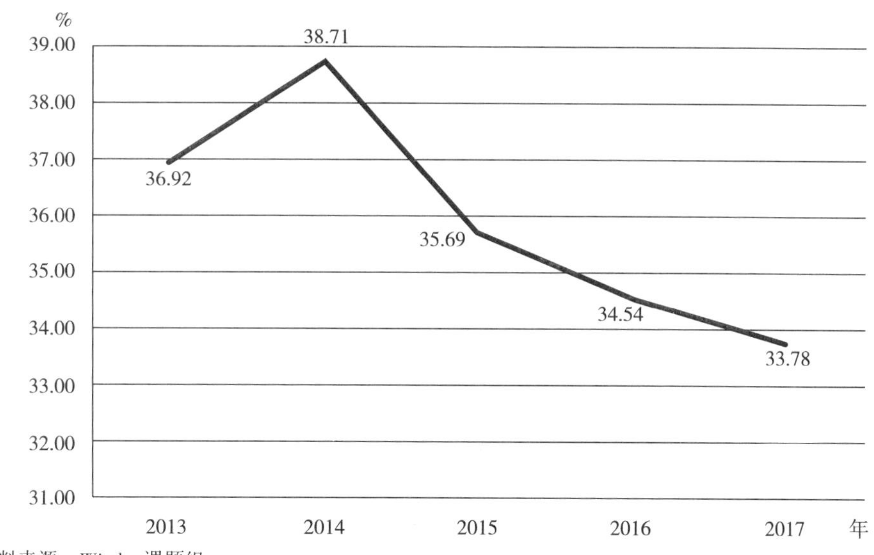

资料来源：Wind，课题组。

图 3-263　2013—2017 年水利、环境和公共设施管理业股权集中度

（2）股权制衡度

经统计 2017 年数据，34 家公司平均股权制衡度为 0.63，股权制衡度小于 1 的公司占到八成以上，说明水利、环境和公共设施管理业的大股东控制能力强，有一股独大的情况，可能需要特别考虑保护中小股东的利益。在统计样本中，股权制衡度最高的公司是西藏旅游，Z 指数达 2.02；股东制衡度最低的公司是曲江文旅，Z 指数为 0.076。

表 3-117　　水利、环境和公共设施管理业 Z 指数

Z 指数	大于等于 2	大于等于 1 且小于 2	小于 1
公司家数（家）	1	5	28
公司占比（%）	2.94	14.71	82.35

资料来源：Wind，课题组。

2. 公司治理架构

（1）董事长和总经理分离

截至 2017 年 12 月 31 日，行业内 34 家上市公司中有 6 家公司董事长和总经理是同一人，占比 17.65%；28 家公司董事长和总经理不是同一个人，占比 82.35%。

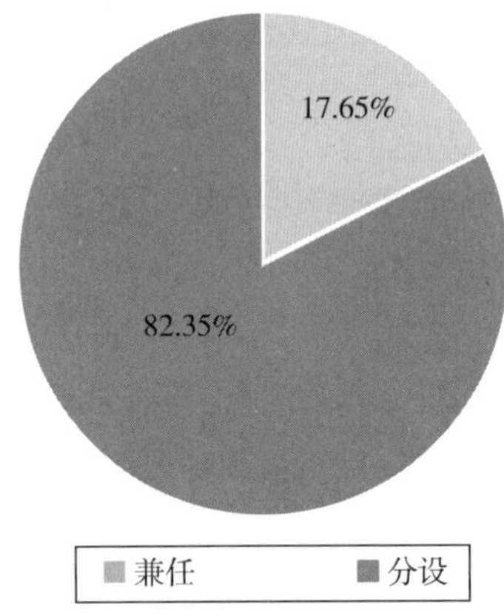

资料来源：Wind，课题组。

图 3-264　水利、环境和公共设施管理业上市公司两职分离情况

（2）上市公司董事会与监事会

由统计数据可得，2013—2017 年独立董事比例大于 1/3 的公司比例和监事会成员不少于 3 人的公司比例维持在接近 100%的水平，由此可见，水利、环境和公共设施管理业绝大部分上市公司的独立董事比例和监事会成员人数均符合要求。从 2013—2017 年四委会设立情况看，设立完整四委会的公司比例近 5 年间基本稳定在 88%的水平上。

表 3-118　2013—2017 年水利、环境和公共设施管理业上市公司董事会和监事会治理情况

年份	独立董事比例大于 1/3 的公司比例（%）	监事会成员不少于 3 人的公司比例（%）	设立完整四委会的公司比例（%）
2013	100.00	100.00	88.89
2014	100.00	100.00	79.41
2015	94.29	100.00	88.57
2016	100.00	100.00	92.00
2017	100.00	100.00	90.91

资料来源：Wind，课题组。

3. 董事激励和监事激励

（1）领取报酬董事比例与监事比例

总体而言，2013—2017 年，水利、环境和公共设施管理业领取报酬董事比例大体在 80%的水平上，领取报酬监事比例大体在 75%的水平上。说明整体上，水利、环境和公共设施管理业上市公司对董事和监事的激励都采取了比较积极的态度。

表 3-119　2013—2017 年水利、环境和公共设施管理业上市公司领取报酬董事和监事比例情况

年份	领取报酬董事比例（%）	领取报酬监事比例（%）
2013	82.63	75.49
2014	79.97	75.32
2015	85.97	77.31
2016	79.19	73.57
2017	85.23	77.73

资料来源：Wind，课题组。

（2）金额最高前三名董事报酬总额应付职工薪酬比

由于 2017 年数据缺失，仅用到 2016 年的数据。2016 年水利、环境和公共设施管理业金额最高前三名董事报酬总额应付职工薪酬比整体不是很高，88.89%的公司金额最高前三名董事报酬总额应付职工薪酬比不超过 20%；该指标最高的上市公司是中电环保，金额最高前三名董事报酬总额应付职工薪酬比高达 318.96%。

表 3-120　水利、环境和公共设施管理业金额最高前三名董事报酬总额应付职工薪酬比

金额最高前三名董事报酬总额应付职工薪酬比	大于 50%	大于等于 20%且小于 50%	小于 20%
公司占比（%）	2.78	8.33	88.89

资料来源：Wind，课题组。

4. 三会次数

水利、环境和公共设施管理业上市公司的三会次数统计如表 3-121 所示。

表 3-121　三会次数统计情况

年份	2013	2014	2015	2016	2017
董事会会议次数（次）	9.15	8.87	9.83	11.86	10.54
监事会会议次数（次）	6.33	5.80	5.20	7.56	7.00
股东大会会议次数（次）	3.04	2.97	3.14	4.08	3.43

资料来源：Wind，课题组。

水利、环境和公共设施管理业的三会较为频繁，且董事会和监事会次数呈现上升的趋势，因此，课题组分析得出，水利、环境和公共设施管理业上市公司企业内部交流还是比较充分的，内部的治理较为积极。

5. 社会影响力

截至 2017 年 12 月 31 日，43 家水利、环境和公共设施管理业上市公司中仅有一家公司被标为 ST，说明水利、环境和公共设施管理业总体上经营情况良好。

43 家上市公司中，一共有 16 家公司存在未解决的官司，分别是德创环保、桂林旅游、国祯环保、凯美特气、科融环境、联泰环保、蒙草生态、清新环境、三特索道、世纪星源、西藏旅游、永清环保、远达环保、云南旅游、中电远达和中国天楹。

（二）管理竞争力

1. 增长能力

课题组主要用净资产增长率、主营业务增长率、净利润增长率和总资产增长率来分析行业上市公司的增长能力，并统计整理了 2013—2017 年水利、环境和公共设施管理业增长能力的相关指标情况。

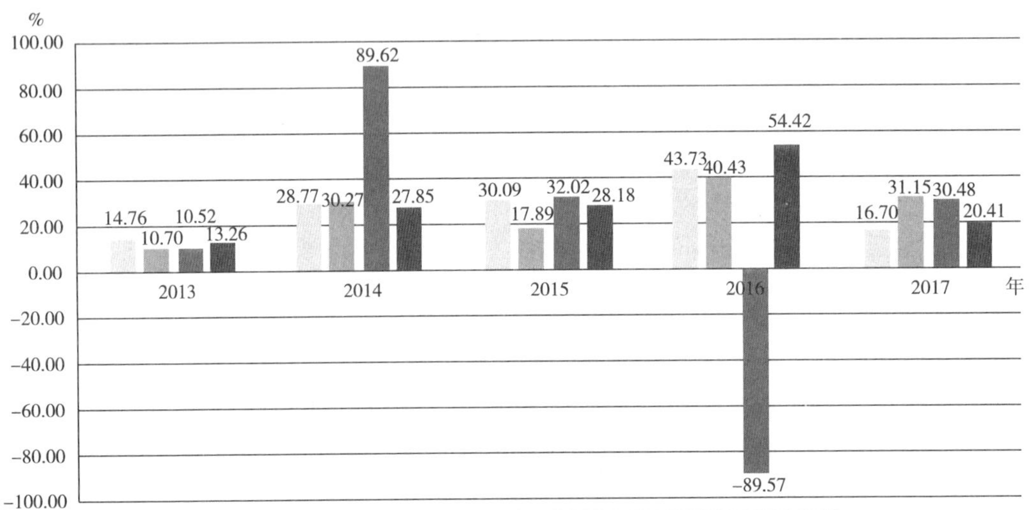

资料来源：Wind，课题组。

图 3-265　2013—2017 年水利、环境和公共设施管理业增长能力

净资产增长率在 2014—2016 年有较大程度的增长后，在 2017 年又回落到了 16.70%。

近五年主营业务增长率呈波浪式上升，由 2013 年的 10.70%上升到 2017 年的 31.15%。

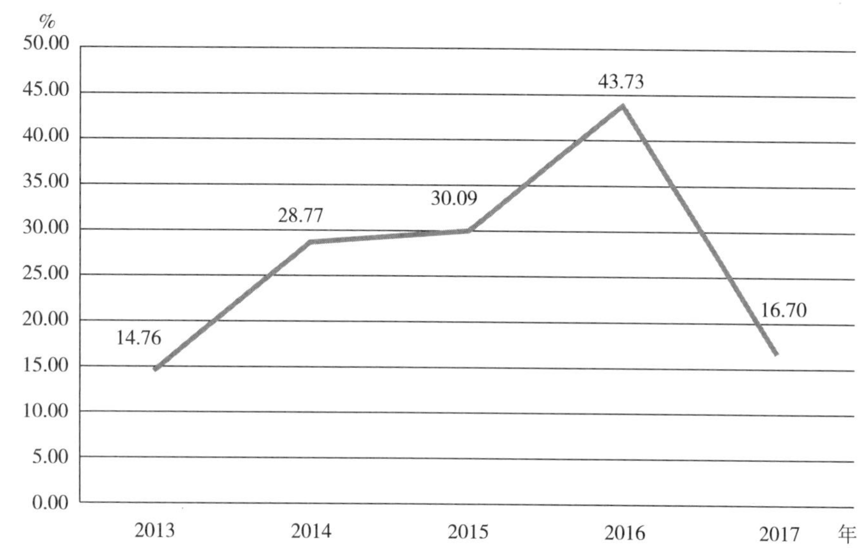

资料来源：Wind，课题组。

图 3-266　2013—2017 年水利、环境和公共设施管理业净资产增长率

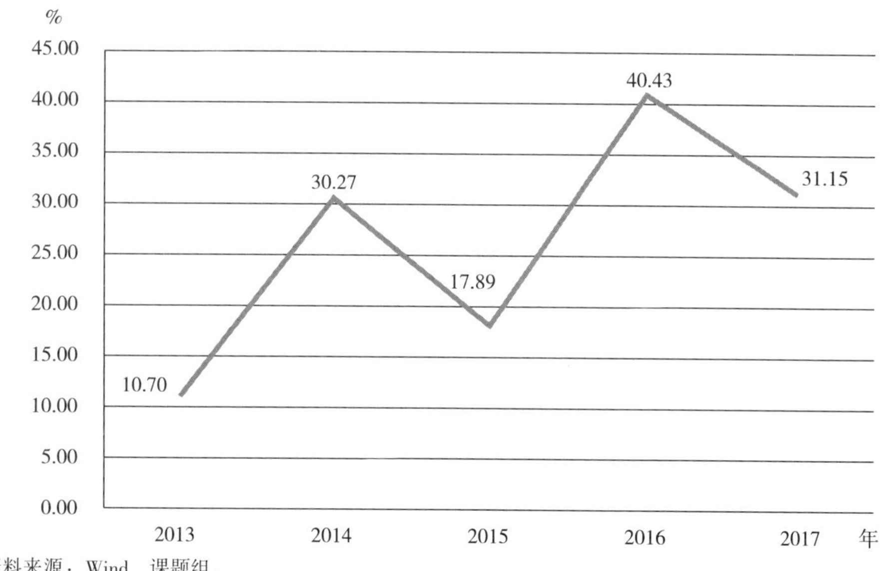

资料来源：Wind，课题组。

图 3-267　2013—2017 年水利、环境和公共设施管理业主营业务增长率

净利润增长率则呈现出"过山车式"的变化，从 2014 年的 89.62%迅速跌到谷底，到 2016 年为-89.57%，2017 年回升至 30.48%，行业内如此大的变化主要是受到了西藏旅游 2016 年-3132.22%的极端值影响，剔除后，行业内的净利润增长率依旧不高，为 2.63%。

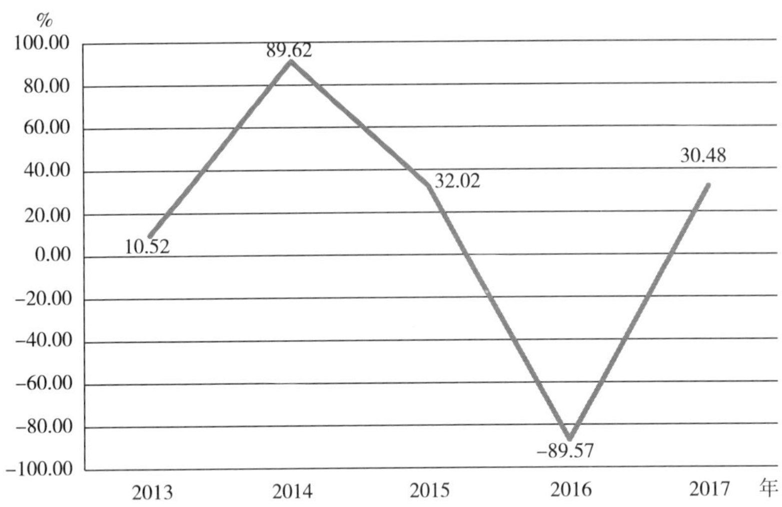

资料来源：Wind，课题组。

图 3-268　2013—2017 年水利、环境和公共设施管理业净利润增长率

总资产增长率仅在 2016 年有较高程度的增长，其余几年基本维持在 20%的增长幅度。

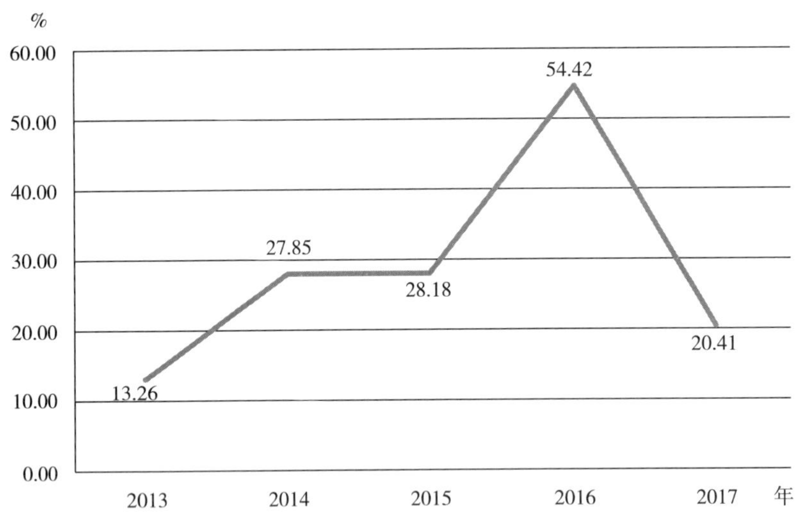

资料来源：Wind，课题组。

图 3-269　2013—2017 年水利、环境和公共设施管理业总资产增长率

2016 年的高主营业务增长和高总资产增长并没有带来净利润的高额增长，主要原因在于高额的资产折旧抵销了净利润。整体来看，水利、环境和公共设施管理业仍处于稳定增长态势。

2. 偿债能力

课题组主要用资产负债率、固定资产比率、流动比率和速动比率来分析行业上市公司的偿债能力。如图 3-270 所示，水利、环境和公共设施管理业的资产负债率近五年基本呈现上升趋势，杠杆逐步增加，而固定资产比率平稳下降，从 2013 年的 25.59%下降到 2017 年的 22.08%。

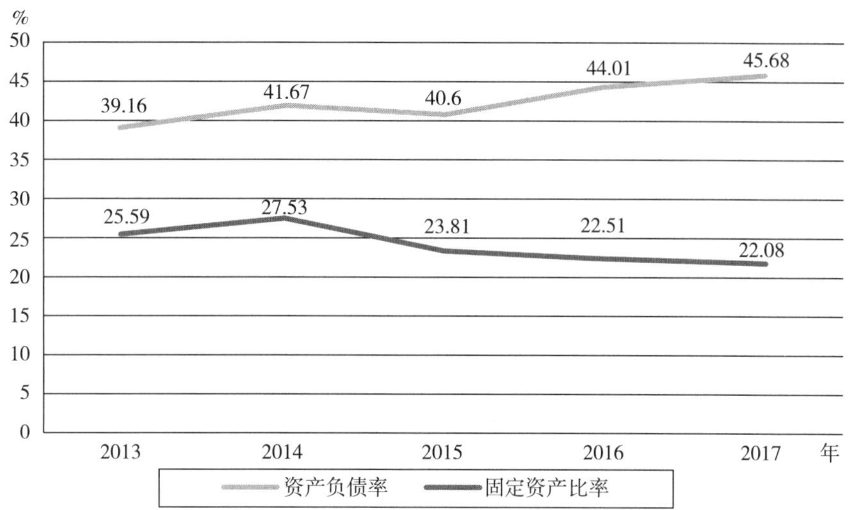

资料来源：Wind，课题组。

图 3-270　2013—2017 年水利、环境和公共设施管理业资产负债率和固定资产比率

水利、环境和公共设施管理业除了 2015 年有较高的流动比率与速动比率，基本呈现小幅度下降趋势，且流动比率基本维持在 1.60 左右，速动比率基本维持在 1.40 左右，行业特点决定了它在保持必要的流动性的同时，并不会有较高的短期偿债能力。

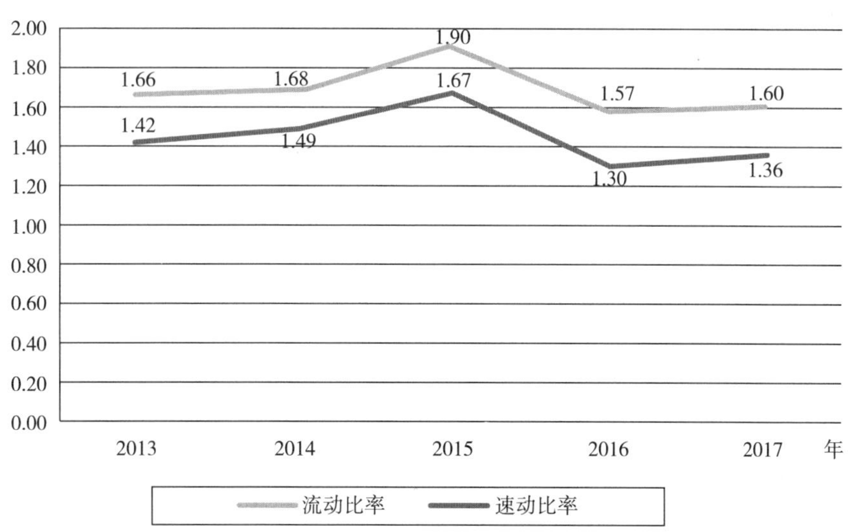

资料来源：Wind，课题组。

图 3-271　2013—2017 年水利、环境和公共设施管理业流动比率和速动比率

3. 运营能力

课题组尝试用存货周转率、应收账款周转率、总资产周转率和流动资产周转率四个指标分析行业上市公司的运营能力。整体来看，四项指标均呈现出下降的趋势：近五年来，存货周转率由 2013 年的 15. 33 降到了 2017 年的 10. 38；应收账款周转率下降幅度较大，由 2013 年的 51. 88 下降到了 2017 年的 27. 53；总资产周转率整体在 0. 40 的水平上波动，流动资产周转率则在 1. 20 的水平上波动。

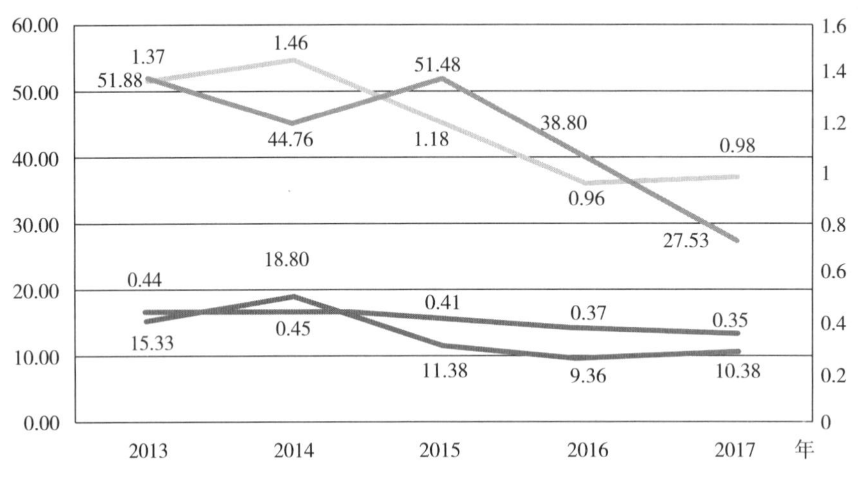

资料来源：Wind，课题组。

图 3-272　2013—2017 年水利、环境和公共设施管理业运营能力

由于行业特点，主要是一些工程类项目对应收账款较为敏感。应收账款周转率的大幅下降表明该行业对应收账款的运营能力在下降，行业整体的运营能力有待加强。

4. 盈利能力

课题组主要用销售净利率、总资产收益率和净资产收益率来分析行业上市公司的盈利能力。销售净利率表示的是销售收入的收益水平。净资产收益率（ROE）反映的是股东权益的收益水平，数值越高，说明投资带来的收益越高。总资产收益率（ROA）衡量的是每单位资产能创造多少净利润。

总体来看，除了 2013 年，课题组分析近四年的数据，发现水利、环境和公共设施管理业的销售净利率、总资产收益率和净资产收益率有轻微下降的趋势，这说明该行业近期的盈利能力逐渐下降；而 2013 年较高的行业平均销售净利率和总资产收益率是因为中国天楹远超于行业水平。2013 年，中国天楹的销售净利率、总资产收益率分别是 2765. 07%、710. 89%，远超行业平均水平。

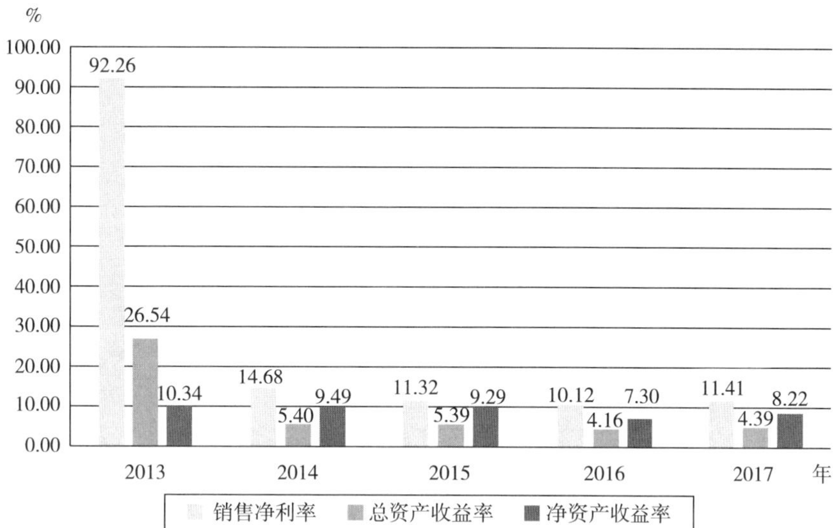

资料来源：Wind，课题组。

图 3-273　2013—2017 年水利、环境和公共设施管理业盈利能力

各独立指标如图 3-274 至图 3-276 所示。

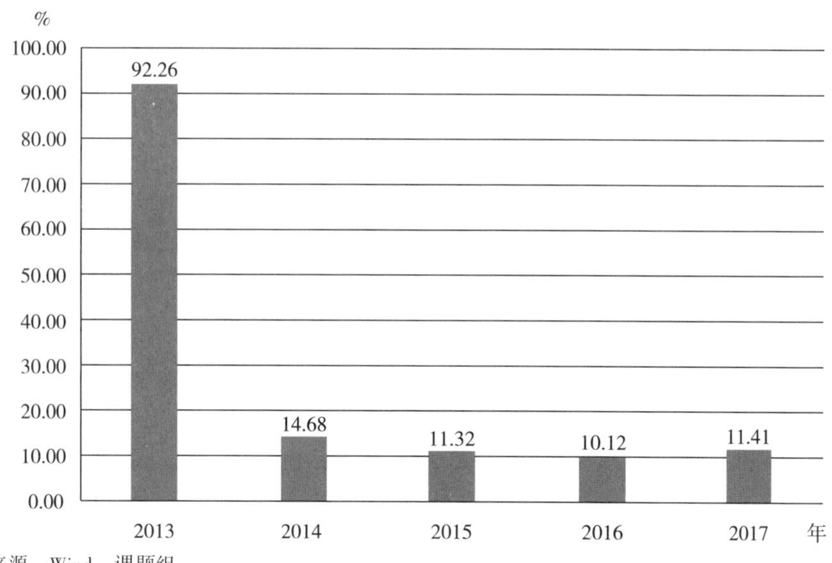

资料来源：Wind，课题组。

图 3-274　2013—2017 年水利、环境和公共设施管理业销售净利率

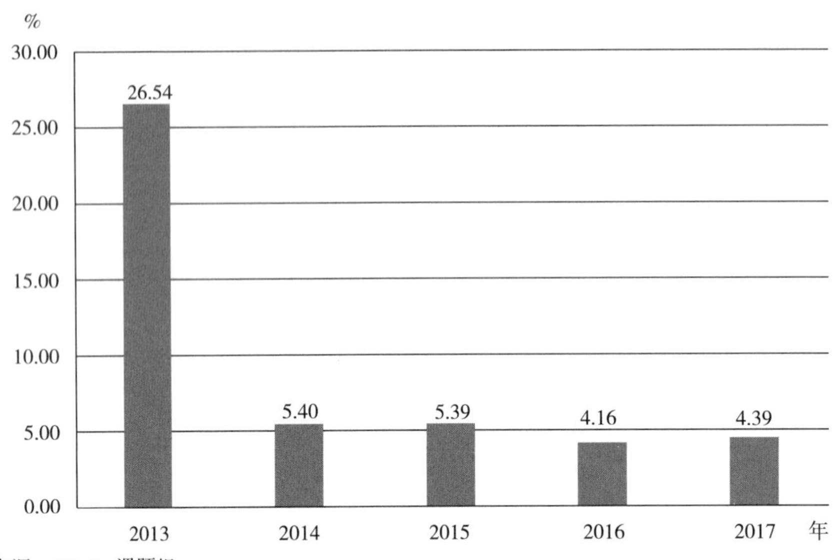

资料来源：Wind，课题组。

图 3-275　2013—2017 年水利、环境和公共设施管理业总资产收益率

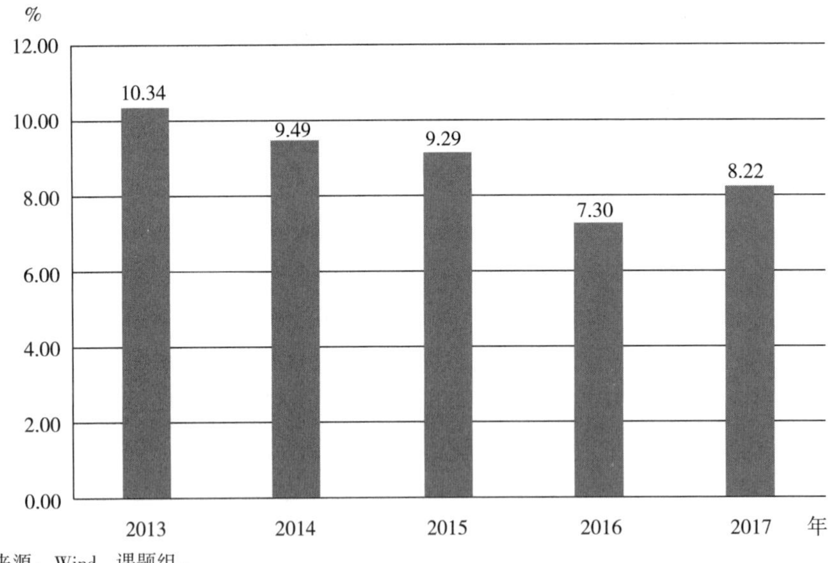

资料来源：Wind，课题组。

图 3-276　2013—2017 年水利、环境和公共设施管理业净资产收益率

（三）创新竞争力

课题组从研发投入占比、研发人员占比、政府补贴、有效专利等方面来衡量公司的创新竞争力水平。对上市公司而言，创新竞争力为其核心竞争要素之一。

1. 研发人员占比

表 3-122　　　　　　水利、环境和公共设施管理业研发人员占比情况

年份	2015	2016	2017
研发人员占比（%）	15.17	15.61	12.24

资料来源：Wind，课题组。

水利、环境和公共设施管理业研发人员占比在所有行业中处在相对较高的水平，足见行业对于研发的重视程度，只是目前研发人员占比有减少的趋势。

2. 政府补助

表 3-123　　　　　　水利、环境和公共设施管理业政府补助情况

年份	2013	2014	2015	2016	2017
政府补助（万元）	445.79	494.72	690.71	1016.14	1195.97

资料来源：Wind，课题组。

尽管水利、环境和公共设施管理业的政府补助总额相对其他行业并不是很多，但是近五年来，政府补助有明显的增加，足见水利、环境和公共设施管理业目前属于国家重点关注行业，并在有效落实相关扶持政策。

3. 有效专利

表 3-124　　　　　　水利、环境和公共设施管理业有效专利情况

年份	2013	2014	2015	2016
有效专利总数（件）	7887	11850	17670	21330
有限专利均值（件）	231.97	338.57	420.71	496.05

资料来源：Wind，课题组。

由于 2017 年数据缺失，该数据截至 2016 年 12 月 31 日。整体上，水利、环境和公共设施管理业的有效专利件数较少，但是其却有逐渐上升的趋势，这意味着行业内越来越重视创新对企业带来的高额收益。其中，拥有有效专利件数前三名的分别是碧水源、兴源环境和远达环保，分别有 2934 件、2535 件和 2451 件。

（四）社会责任竞争力

1. 法律责任

企业在日常经营和管理的过程中需要承担相应的法律责任。我们从对政府的责任和依法经营两个方面来衡量企业的法律责任。一般来说，企业对政府承担责任主要表现为依法纳税，企业对政府缴纳的税费越多，其承担的社会责任越大。课题组采用 GR 指数来衡量企业对政府的责任，指数越大说明企业对政府应尽的责任越大。

表 3-125　　　水利、环境和公共设施管理业企业对政府的责任情况

年份	2013	2014	2015	2016	2017
GR	0. 0403	0. 0409	0. 0270	0. 0322	0. 0264

资料来源：Wind，课题组。

水利、环境和公共设施管理业 GR 指数在 0. 033 的水平上波动，且与其他行业相比，有更明显的下降趋势。2017 年，GR 指数最高的是丽江旅游，为 0. 0554。

我们用企业在生产经营中有无违法违规行为来衡量企业是否依法经营，通过它来衡量企业所承担的社会责任。

表 3-126　　　水利、环境和公共设施管理业违法违规企业情况

年份	有违法违规行为的企业数量（家）	无违法违规行为的企业数量（家）
2013	1	33
2014	5	29
2015	3	31
2016	1	33
2017	1	33

资料来源：Wind，课题组。

水利、环境和公共设施管理业违规企业并不是很多，2017 年仅有一家公司出现违规现象。

2. 经济责任

课题组从对投资者的责任、对员工的责任和对供应商的责任三个方面来衡量企业的经济责任。我们认为一定规模的企业，向投资者支付的投资回报越高，承担的社会责任越多。我们用 IR 来表示企业对投资者的责任。

表 3-127　　　水利、环境和公共设施管理业企业对投资者的责任情况

年份	2013	2014	2015	2016	2017
IR	0. 3034	-0. 5205	0. 0308	0. 0291	0. 0393

资料来源：Wind，课题组。

水利、环境和公共设施管理业的 IR 波动得较为剧烈，2013 年强烈的波动依旧来自中国天楹，其过高的 IR 拉高了行业水平；而 2014 年的 IR 为负值表明行业整体并未承担对投资者的责任。

我们用 WR 来表示企业对员工的责任。

表 3-128　　　水利、环境和公共设施管理业企业对员工的责任情况

年份	2013	2014	2015	2016	2017
WR	0. 0799	0. 0678	0. 0597	0. 0875	0. 1585

资料来源：Wind，课题组。

水利、环境和公共设施管理业的 WR 波动依旧较为剧烈，整体呈 U 形。短期来看，水利、环境和公共设施管理业企业更多地承担了对员工的责任。

3. 慈善责任

课题组采取对社会的公益贡献率这一指标来衡量企业的慈善责任。2013—2016 年对社会的公益贡献率最高的水利、环境和公共设施管理业上市公司除了 2014 年是中国天楹，其余均是丽江旅游，这四年贡献率分别是 0.1230%、0.0089%、2.6718%和 0.1136%。

4. 伦理责任

我们采取就业增长率和单位平均资产就业人数这两个指标来衡量企业的伦理责任。

2014 年异常的就业增长率依旧来自中国天楹，其该年度就业增长率为 6969.23%，剔除后，该年度就业增长率为 16.81%。

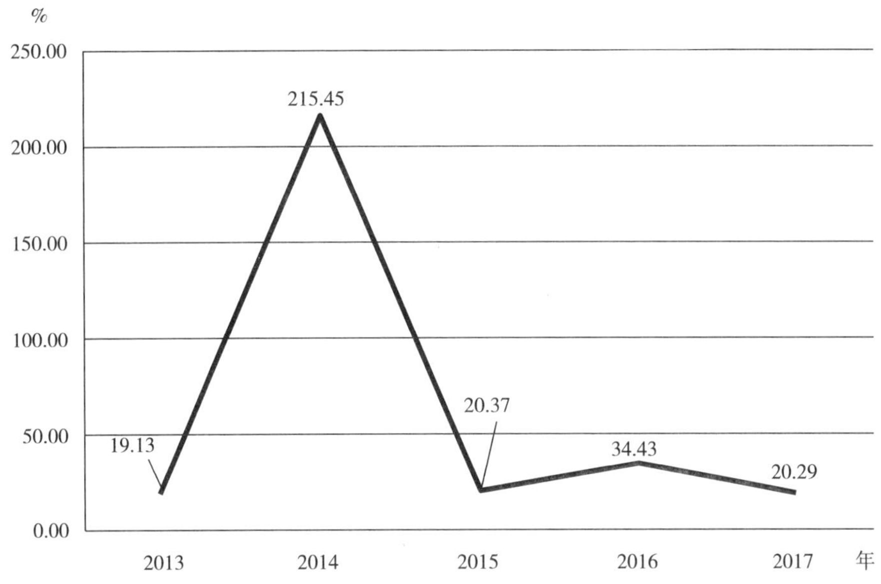

资料来源：Wind，课题组。

图 3-277 2013—2017 年水利、环境和公共设施管理业就业增长率

尽管水利、环境和公共设施管理业的单位平均资产就业人数呈下降趋势，但总的来说还处于比较高的水平。

表 3-129 水利、环境和公共设施管理业单位平均资产就业人数情况

年份	2013	2014	2015	2016	2017
单位平均资产就业人数	84.77	77.30	66.98	57.88	54.93

资料来源：Wind，课题组。

（五）人力资源竞争力

课题组从薪酬管理能力、人员招聘与配置能力、绩效管理能力、市场业绩能力四个方面来衡量企业的人力资源竞争力。

1. 薪酬管理能力

我们使用应付职工薪酬来衡量企业的薪酬管理能力。如图 3-278 所示，水利、环境和公共设施管理业每年应付职工薪酬稳步上升，由 2013 年的 1243.97 万元增长到了 2017 年的 3366.08 万元，由此看出，水利、环境和公共设施管理业企业尽管应付职工薪酬总额并不是很大，但是仍在不断提高对职工薪酬支付的能力。

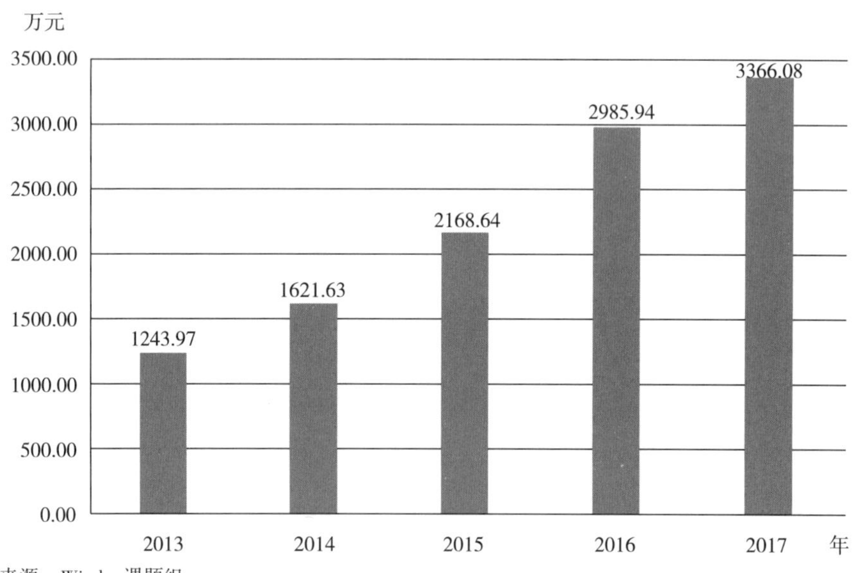

资料来源：Wind，课题组。

图 3-278　2013—2017 年水利、环境和公共设施管理业应付职工薪酬

2. 人员招聘与配置能力

我们通过研究生学历及以上员工人数占比来衡量企业的人员招聘与配置能力。据统计，水利、环境和公共设施管理业并没有太高的高学历人才的比例，且比例仍在下降。具体数据如表 3-130 所示。

表 3-130　水利、环境和公共设施管理业研究生学历及以上员工人数占比情况

年份	2013	2014	2015	2016	2017
研究生学历及以上员工人数占比（%）	2.93	2.98	0.60	0.67	0.49

资料来源：Wind，课题组。

3. 绩效管理能力

我们用年人均产值和企业人力投入回报率分析企业的绩效管理能力。

表 3-131　　年人均产值情况

年份	2013	2014	2015	2016	2017
年人均产值（万元）	91.56	89.70	90.76	92.33	107.67

资料来源：Wind，课题组。

由表 3-131 可以看出，水利、环境和公共设施管理业的年人均产值在 100 万元的水平，且近几年有上升的趋势。2017 年，行业内年人均产值最高的上市公司是碧水源，为 503.93 万元。

表 3-132　　水利、环境和公共设施管理业企业人力投入回报率情况

年份	2013	2014	2015	2016	2017
企业人力投入回报率（%）	170.39	28.76	104.87	22.75	32.27

资料来源：Wind，课题组。

水利、环境和公共设施管理业的企业人力投入回报率普遍较高，近五年来波动非常剧烈，2013 年的企业人力投入回报率位列 2013—2017 年最高，达 170.39%，即每投入一元，可以带来 1.7039 元的利润，这意味着行业效率高效。

综上所述，水利、环境和公共设施管理业有较强的绩效管理能力。

4. 市场业绩能力

课题组通过代表市场业绩能力的市场占有率来衡量企业人力资源竞争力。我们统计了 2017 年行业中市场占有率排名前十的企业，如表 3-133 所示。

表 3-133　　水利、环境和公共设施管理业上市公司市场占有率前十名

公司简称	市场占有率（%）
碧水源	19.60
启迪桑德	13.33
蒙草生态	7.94
清新环境	5.83
远达环保	4.67
兴源环境	4.32
国祯环保	3.74
北部湾旅	3.58
高能环境	3.28
美尚生态	3.28

资料来源：Wind，课题组。

相对于其他行业，水利、环境和公共设施管理业上市公司市场占有率的集中度并不是很高，前三名占市场份额的 40%，因此，行业内的龙头企业跟其他企业的差距并不是很大，这意味着行业竞争激烈。

三、2017 年全国水利、环境和公共设施管理业上市公司综合竞争力排名 Top30

公司简称	治理竞争力	管理竞争力	创新竞争力	社会责任竞争力	人力资源竞争力	公司基本指标	总得分	行业排名
碧水源	556.25	860.83	95.92	360.21	440.56	96.15	2409.92	1
兴源环境	618.61	855.49	125.56	364.85	191.87	48.80	2205.18	2
启迪桑德	496.87	846.40	46.94	436.02	302.85	58.82	2187.90	3
巴安水务	663.57	809.71	51.75	477.77	160.98	9.14	2172.91	4
中电环保	629.28	803.15	110.62	369.11	240.81	5.74	2158.72	5
远达环保	590.16	829.38	76.80	369.15	210.36	10.78	2086.64	6
清新环境	632.97	717.93	55.63	370.15	253.81	42.35	2072.84	7
维尔利	672.45	807.71	61.92	368.05	147.65	7.95	2065.73	8
博世科	576.77	753.63	109.99	386.10	192.14	9.14	2027.78	9
美尚生态	538.22	888.15	23.00	362.20	173.21	14.18	1998.95	10
高能环境	549.85	844.91	51.05	316.08	202.61	13.36	1977.85	11
德创环保	635.44	838.77	24.15	398.71	73.77	5.77	1976.62	12
国祯环保	610.11	760.22	34.72	370.39	179.49	11.29	1966.22	13
北部湾旅	528.49	830.01	52.52	387.59	127.42	11.53	1937.56	14
九华旅游	608.69	793.45	0.77	418.67	88.24	4.48	1914.29	15
博天环境	464.79	731.87	51.16	367.73	263.84	23.31	1902.70	16
蒙草生态	547.85	780.08	35.48	190.42	306.40	34.36	1894.59	17
凯美特气	578.48	801.18	54.20	375.26	66.91	5.55	1881.58	18
伟明环保	384.78	901.22	21.57	380.91	136.77	24.21	1849.45	19
黄山旅游	477.02	838.02	1.47	399.95	115.55	15.13	1847.13	20
旺能环境	493.34	813.88	36.44	377.75	102.45	22.64	1846.51	21
曲江文旅	470.03	840.45	1.60	437.53	91.42	4.40	1845.44	22
桂林旅游	514.86	836.25	1.71	404.23	74.89	3.59	1835.54	23
峨眉山 A	525.94	763.29	0.15	409.97	101.97	8.42	1809.73	24
大连圣亚	435.81	840.78	0.32	421.63	103.81	2.81	1805.17	25
永清环保	329.70	835.37	60.44	370.03	184.19	11.27	1790.99	26
中国天楹	477.06	715.64	41.67	410.11	131.05	14.54	1790.08	27
上海洗霸	210.00	912.93	47.68	419.39	143.96	3.67	1737.63	28
世纪星源	431.63	786.92	8.72	365.84	121.37	6.10	1720.57	29
张家界	399.47	851.55	1.26	383.21	73.53	4.45	1713.47	30

文化、体育和娱乐业

一、文化、体育和娱乐行业概况

文化产业是指从事文化产品生产和提供文化服务的经营性行业。它可分为三类：一是生产与销售以相对独立的物态形式呈现的文化产品的行业，如生产与销售图书、报刊、影视、音像制品等行业；二是以劳务形式出现的文化服务行业，如戏剧舞蹈的演出、体育、娱乐、策划、经纪业等；三是向其他商品和行业提供文化附加值的行业，如装潢、装饰、形象设计、文化旅游等。体育产业是指为社会提供体育产品的同一类经济活动的集合以及同类经济部门的综合。娱乐业是指为娱乐活动提供场所和服务的行业，包括电影、音乐、电视、广播等大众媒体产业及文化艺术业。

根据中国证监会2017年第四季度统计数据，A股中文化、体育和娱乐业上市公司共57家，可分为新闻和出版业（24家），广播、电视、电影和影视录音制作业（24家），文化艺术业（8家）及体育（1家）。截至2017年12月31日，文化、体育和娱乐业总市值达7215.5925亿元，总股本为550.1410亿股。其中，江浙一带文化产业较为发达，浙江省文化、体育和娱乐业上市公司有11家，总市值占行业的23.16%。2017年，文化、体育和娱乐行业整体表现平缓，根据2017年前三季度公布的数据，57家文化、体育和娱乐业A股上市公司营业收入为1266.28亿元，仅比上年同期增长3.35%。

表3-134　　2017年文化、体育和娱乐业行业分布　　单位：家

	新闻和出版业	广播、电视、电影和影视录音制作业	文化艺术业	体育
沪市	18	7	2	0
深市	6	17	6	1
合计	24	24	8	1

资料来源：国家统计局，课题组。

新闻和出版业是A股文化、体育和娱乐行业的主体部分，也是文化、体育和娱乐行业四大子行业中2017年净利润同比增幅最大的行业。在2017年前三季度归属于母公司净利润前十的文化、体育和娱乐业上市公司中，新闻业企业占据了7个席位。

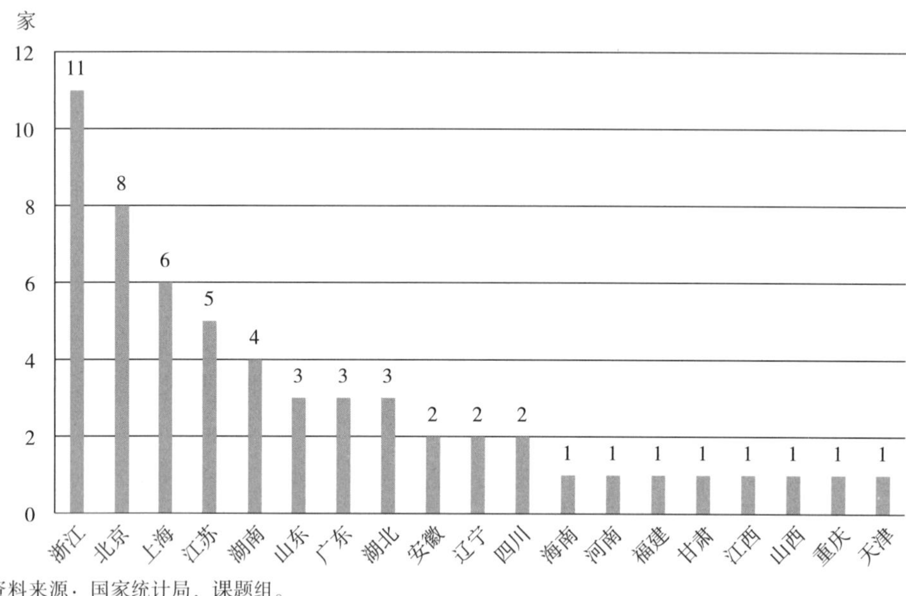

资料来源：国家统计局，课题组。

图 3-279　我国文化、体育和娱乐业上市公司（A 股）地区分布

二、行业综合竞争力分析

课题组在对文化、体育和娱乐（以下简称文体娱）行业的综合竞争力进行分析时，首先按指标细分对行业内所有的公司（剔除数据缺失公司）进行统计分析，然后考虑是否按所属具体行业进行比较分析，截至 2017 年 12 月 31 日，文体娱行业 57 家 A 股上市公司中东部地区有 41 家，占比达到 71.93%，中部地区有 12 家，西部地区有 4 家。

（一）治理竞争力

1. 公司股权结构

（1）股权集中度

截至 2017 年 12 月 31 日，文体娱行业全部 57 家 A 股上市公司的第一大股东持股比例平均值为 41.23%。在所有上市公司中股权属于绝对控股的公司有 21 家，占所有公司的 36.84%，属于股权高度分散的公司有 11 家，占所有公司的 19.30%。其余的 25 家公司的股权集中度呈现相对控股的状态，占全部行业上市公司的 43.86%，这部分公司股权集中度适中，有利于公司运营稳定，也有利于公司进行决策。图 3-280 展示了该行业所有 A 股上市公司的股权集中度分布情况。我们尝试将行业内所有的上市公司分为新闻出版、文化艺术、广电影视及体育四类，我们通过分析发现，对于第一大股东持股比例指标，新闻出版类该指标平均值为 50.85%，文化艺术类均值为 28.51%，广电影视类均值为 36.57%，唯一一家体育类公司第一大股东持股比例为 23.99%，在股权集中度方面，新闻出版类股权集中度最高。

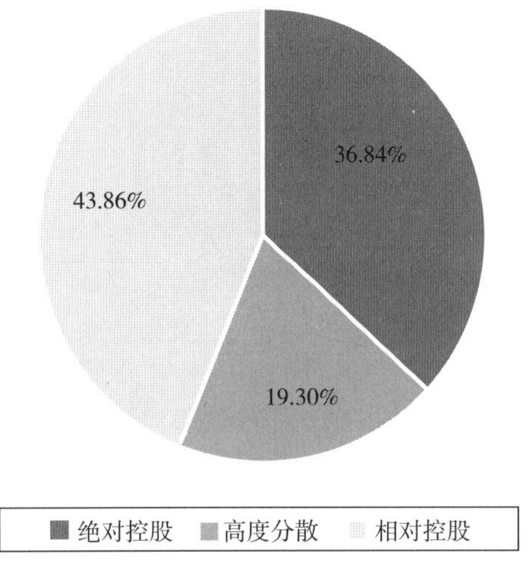

资料来源：CSMAR，课题组。

图 3-280 2017 年文体娱行业 A 股上市公司股权集中度分布

（2）股权制衡度

截至 2017 年 12 月 31 日，文体娱行业全部 57 家 A 股上市公司中，我们统计发现行业平均股权制衡度为 0. 7868，股权制衡度小于 1 的公司有 42 家，占行业的 73. 68%。说明该行业普遍存在第一大股东对公司的控制力度比较高的情况，这可能会侵害到其他小股东的权益。在统计样本中，股权制衡度最高的公司达到 2. 96，同时我们看到，该公司近两年股权制衡度一直在 2. 96 左右，比较稳定，这有利于公司的权力制衡与经营。在 57 家公司中，股权制衡度最低的只有 0. 038，该公司连续三年股权制衡度保持下降，这反映出其他大股东对第一大股东的制衡度降低。

表 3-135 文体娱行业 Z 指数

Z 指数	大于等于 2	大于等于 1 且小于 2	小于 1
公司家数（家）	7	8	42
公司占比（%）	12. 28	14. 04	73. 68

资料来源：CSMAR，课题组。

2. 公司治理架构

（1）董事长与总经理分离情况

我们统计了文体娱行业的董事长与总经理两职分离情况，剔除了 12 家数据不完备的公司。截至 2016 年 12 月 31 日，行业内的 45 家上市公司中有 37 家公司的董事长和总经理不是同一个人，而其余 8 家公司董事长和总经理是同一个人。这表明文体娱行业已经初步形成了职业经理人管理制度，上市公司倾向于采用两职分离的形式。

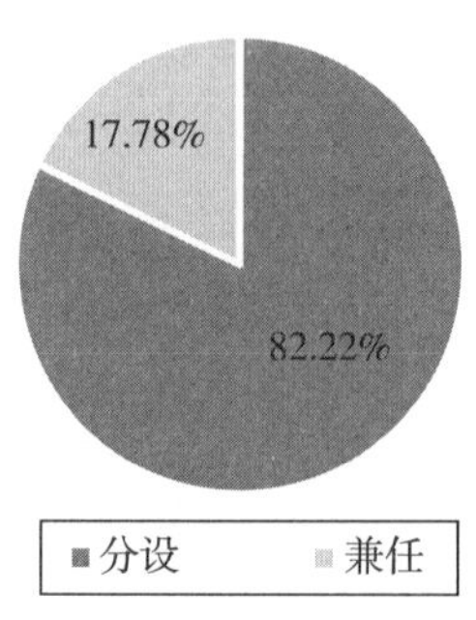

资料来源：CSMAR，课题组。

图 3-281　文体娱行业董事长和总经理两职分离情况

（2）上市公司董事会与监事会

在上市公司董事会与监事会这一部分，截至 2016 年 12 月 31 日，我们统计了文体娱行业的董事会与监事会人员情况，由于数据的欠缺，仅获得 37 家公司的数据。

剔除数据缺失部分，我们得到以下结果：在数据可得的所有 37 家企业中，28 家公司的董事人数大于等于 8 人，36 家公司的监事人数大于等于 3 人，从数据可得的这些公司看，大部分公司的董事和监事规模都达标。

表 3-136　　文体娱行业上市公司董事会与监事会人数

董事人数 / 类别	≥8 人	<8 人
公司数量（家）	28	9
监事人数 / 类别	≥3 人	<3 人
公司数量（家）	36	1

资料来源：CSMAR，课题组。

3. 董事激励

（1）领取报酬董事比例

截至 2017 年 12 月 31 日，我们统计了文体娱行业的董事领取报酬情况，由于数据的欠缺，仅获得 21 家公司的数据，统计结果显示有 67. 79%的董事领取了报酬。

（2）金额最高前三名董事报酬总额应付职工薪酬比

金额最高前三名董事报酬总额应付职工薪酬比的平均值为 14. 71%。

4. 监事激励

截至 2017 年 12 月 31 日，我们统计了文体娱行业的监事领取报酬情况，由于数据的欠缺，仅获得 12 家公司的数据，统计结果显示有 60. 56%的监事领取了报酬。

5. 三会次数

三会次数即股东大会会议次数、董事会会议次数、监事会会议次数。我们统计了 2017 年行业中企业召开三会次数的情况，截至 2017 年 12 月 31 日，共获得 47 家文体娱行业上市公司的数据。在分析时，我们将三会次数相加，三会次数之和越大，可以在一定程度上反映其治理水平越高。

表 3-137 **2017 年文体娱行业三会次数** 单位：次

类别 \ 指标	三会次数
10 次以下	6
11~20 次	29
21~30 次	9
30 次以上	3

资料来源：CSMAR，课题组。

6. 社会影响力

截至 2017 年 12 月 30 日，文体娱行业只有一家公司存在未解决的官司，等待仲裁。

（二）管理竞争力

截至 2017 年 12 月 31 日，文体娱行业 A 股 57 家上市公司中，全部公司净利润都大于零。行业所有上市公司的营业总收入为 1871.01 亿元，较上年增长 4.18%，净利润总额为 267.54 亿元，较上年增长 5.56%。

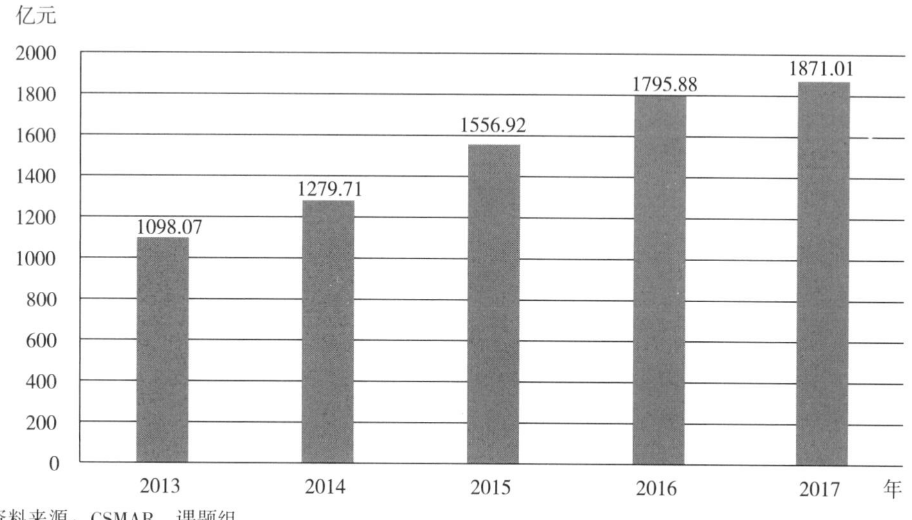

资料来源：CSMAR，课题组。

图 3-282 2013—2017 年文体娱行业上市公司营业总收入

我们按照 2017 年公司净利润对上市公司进行了排序，表 3-138 展示了行业内净利润前十名的上市公司 2016 年、2017 年的净利润情况。净利润前十名的上市公司中仅有宋城演艺为文化艺术类，其他公司主要为新闻出版类（5 家）与广电影视类（4 家）。再分析净利润年增长率，宋城演艺、华谊兄弟、山东出版与中国电影以高于 1000%的净利润年增长率遥遥领先于其他上市公司。

表 3-138　　文体娱行业净利润前十名上市公司情况

公司简称	类别	2016 年净利润(元)	2017 年净利润(元)	净利润年增长率(%)
浙数文化	新闻出版	225678611.36	1730638467.47	666.86
中南传媒	广电影视	554565900.88	1613093668.56	190.88
万达电影	广电影视	228300533.94	1515521606.82	563.83
中文传媒	新闻出版	727843242.79	1452046691.65	99.50
山东出版	新闻出版	64004160.95	1358999875.65	2023.30
凤凰传媒	新闻出版	216284290.62	1210540840.55	459.70
中国电影	广电影视	78842064.97	1136077642.30	1340.95
皖新传媒	新闻出版	176158345.93	1134221844.17	543.86
宋城演艺	文化艺术	28578711.64	1069274181.14	3641.51
华谊兄弟	广电影视	31335739.85	987046196.45	3049.91

资料来源：CSMAR，课题组。

课题组从增长能力、偿债能力、运营能力和盈利能力四个方面对文体娱行业的管理竞争力做了一个分析。

1. 增长能力

课题组用净资产增长率、主营业务增长率、净利润增长率和总资产增长率四个指标分析文体娱行业上市公司的增长能力。总体来看，截至 2017 年底，行业所有 57 家上市公司中，净资产增长率达到 100%以上的公司有 5 家，而呈负增长的公司也有 5 家，40 家公司 2017 年净资产增长率在 0~50%。我们统计了 2017 年净利润增长率情况，其中净利润增长率在 100%以上的公司有 2 家，而净利润增长率为负的公司达到了 20 家，行业的净利润增长率均值为 10.22%。在行业所有上市公司中，总资产增长率达到 100%以上的公司有 1 家，而呈负增长的公司有 4 家，2017 年总资产增长率的均值为 22.08%。

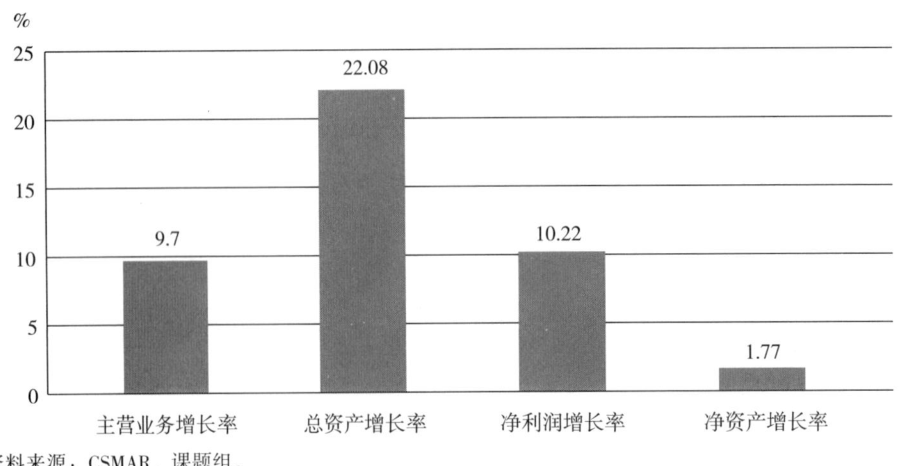

资料来源：CSMAR，课题组。

图 3-283　2017 年文体娱行业增长能力

2. 偿债能力

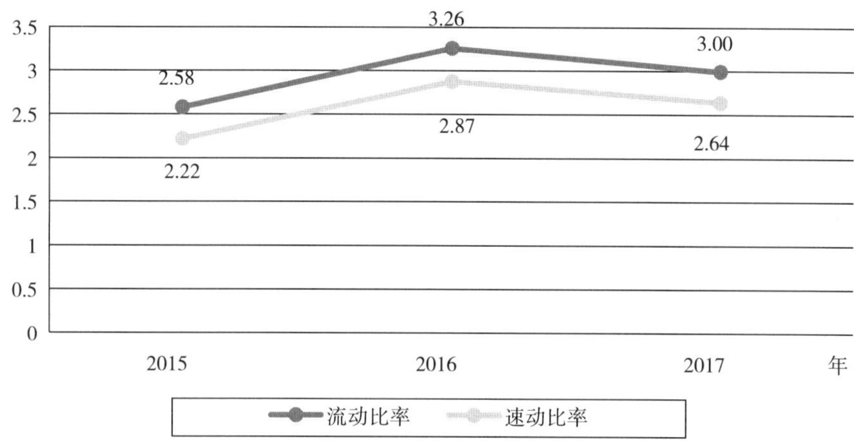

资料来源：Wind，课题组。

图 3-284 2015—2017 年文体娱行业短期偿债能力指标

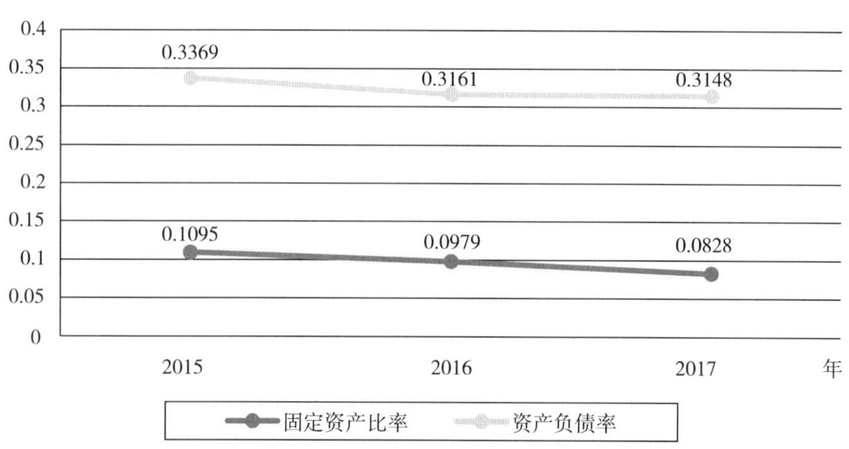

资料来源：Wind，课题组。

图 3-285 2015—2017 年文体娱行业长期偿债能力指标

2017 年，文体娱行业所有 A 股上市公司的流动比率平均值为 3.00，较上年下降 8.08%；速动比率平均值为 2.64，较上年下降 8.19%；固定资产比率为 8.28%，较上年下降 15.48%；资产负债率平均值为 31.48%，较上年下降 4.09%。2015 年至 2017 年，行业内上市公司的流动比率与速动比率均值总体趋于稳定，平均值均在 2.0 以上，说明行业上市公司总体的短期偿债能力较好。从资产负债率看，我们发现行业上市公司的长期偿债能力基本维持稳定，近三年资产负债率均值在 33%以内。此外，从图中我们还可以看到，固定资产比率也比较稳定，说明行业内的资金利用没有明显变化。对比其他行业上市公司的资产负债率情况，一般行业的正常资产负债率在 30%~50%，文体娱行业资产负债率也保持在 32%左右，处于适中水平。据统计，2017 年，有统计数据的行业内 57 家上市公司中流动比率在 1~3 的有 36 家，占所有上市公司的

63.16%。就速动比率而言，尽管普遍认为速动比率维持在1左右较为适宜，而文体娱行业速动比率均值则达2.64，远远高于1，一方面这说明了行业内企业短期偿债能力普遍良好，另一方面可能存在资金闲置，没有充分利用的情况。总体来说，我们认为行业内上市公司的偿债能力处于较高水平。

3. 运营能力

我们分析行业内上市公司的运营能力就是分析上市公司对资产的利用效率。课题组尝试用存货周转率、应收账款周转率、总资产周转率和流动资产周转率四个指标分析行业上市公司的运营能力。

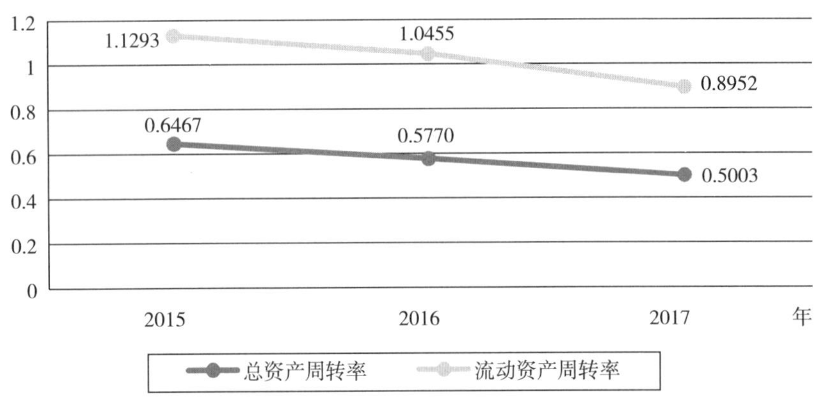

资料来源：Wind，课题组。

图 3-286　文体娱行业总资产周转率与流动资产周转率

由图 3-287 我们看到，2015—2017 年，行业内上市公司的应收账款周转率非常稳定，说明行业上市公司平均应收账款回收速度比较稳定，行业的运营状况相对稳定。就存货周转率指标来看，2015 年至 2017 年经历了一个先增后降的过程，要警惕其进一

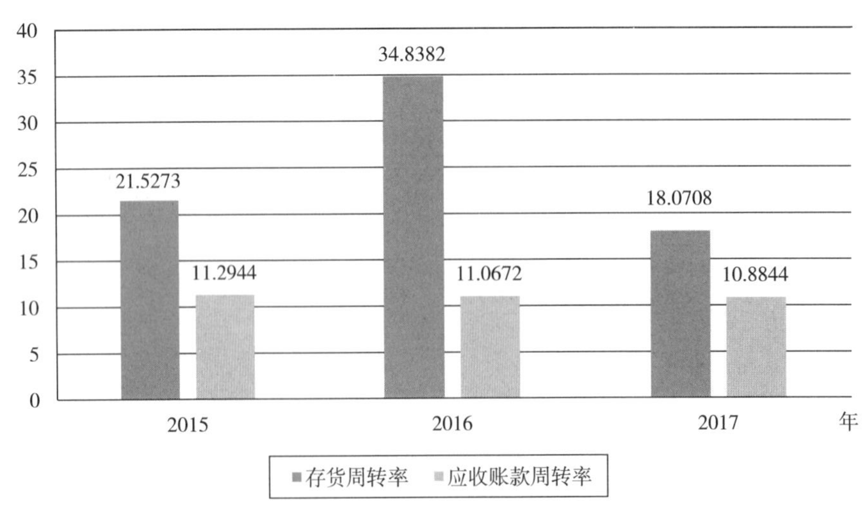

资料来源：Wind，课题组。

图 3-287　文体娱行业应收账款周转率与存货周转率

步下降。另外，总资产周转率和流动资产周转率逐年降低，这在一定程度上说明行业上市公司的运营能力有所降低。

4. 盈利能力

课题组主要用销售净利率、总资产收益率和净资产收益率来分析行业上市公司的盈利能力。

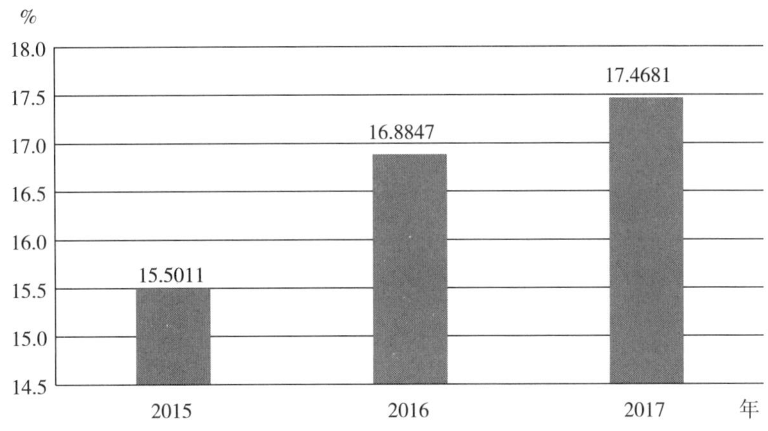

资料来源：Wind，课题组。

图 3-288　文体娱行业销售净利率

从图 3-289 中我们可以看到，2015—2017 年，上市公司的总资产收益率与净资产收益率均存在不同程度的下降，行业中上市公司的总体盈利水平在下降。在行业内 57 家上市公司中，2017 年文体娱行业所有上市公司的销售净利率、总资产收益率、净资产收益率均为正数。销售净利率与净资产收益率最高的公司为浙数文化，分别为 106. 39%、23. 13%。总资产收益率最高的公司为新经典，为 106. 39%。图 3-289 展示了 2015—2017 年文体娱行业上市企业盈利能力的指标变化情况。我们可以看到，近三

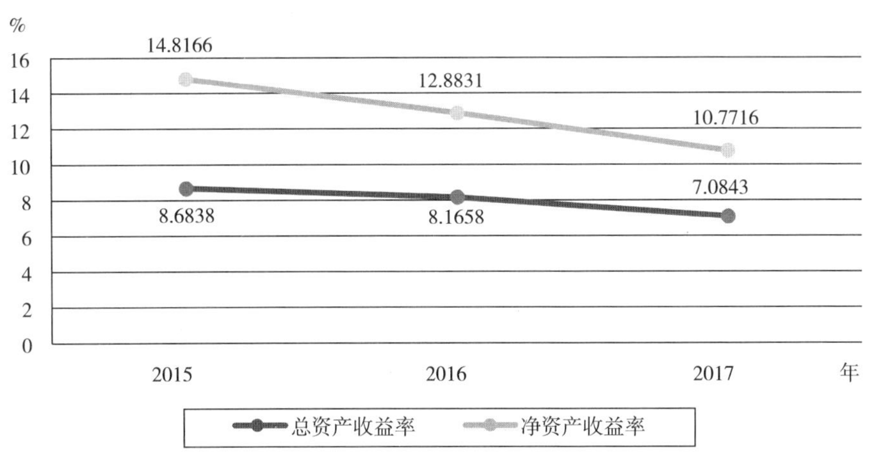

资料来源：Wind，课题组。

图 3-289　文体娱行业总资产收益率与净资产收益率

年行业内公司的盈利水平呈现出下降的变动趋势，行业面临较大竞争压力。

由于在三个盈利能力指标中，股东往往更为关注净资产收益率（ROE），因此，我们详细分析了行业内上市公司净资产收益率的情况。图 3-290 展示了 2017 年文体娱行业上市公司净资产收益率的分布情况。

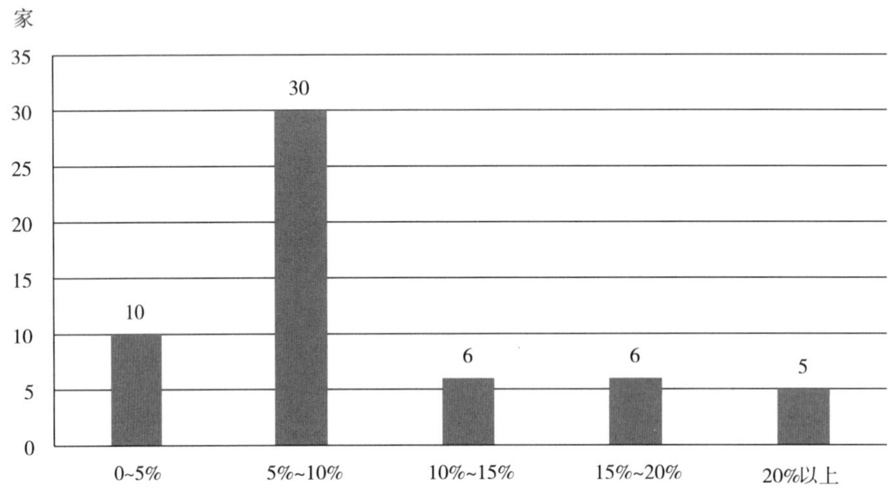

资料来源：Wind，课题组。

图 3-290　2017 年文体娱行业上市公司 ROE 分布情况

（三）创新竞争力

课题组从有效专利、研发人员占比、研发投入占比、政府补贴四个维度衡量文体娱行业上市公司的创新竞争力。

课题组统计了 2016 年文体娱行业上市公司的有效专利数，在 57 家文体娱行业上市公司中，拥有有效专利的公司有 25 家，其中，有效专利数量前十名公司的情况如表 3-139所示。

表 3-139　　2017 年文体娱行业上市公司有效专利前十位公司

公司简称	有效专利数（件）
骅威文化	858
中南文化	696
慈文传媒	429
长城影视	303
华数传媒	264
城市传媒	201
中文传媒	186
华谊兄弟	180

续表

公司简称	有效专利数（件）
新华文轩	180
中国电影	165

资料来源：Wind，课题组。

课题组统计了 2017 年 57 家文体娱行业上市公司的研发人员占比情况，剔除了不可得数据后总计有 33 家文体娱行业上市公司研发人员占比大于零，其中世纪天鸿、骅威文化与天舟文化的研发人员占比超过了 50%，33 家样本公司研发人员占比均值为 17.95%。

课题组统计了 2017 年文体娱行业上市公司的研发投入占比情况，由于数据披露有限，剔除了不可得数据后，行业 57 家上市公司中有 32 家上市公司研发投入占营业收入的比例大于零，32 家上市公司研发投入占比平均水平为 3.847%，研发投入占比最高的为浙教文化，比例为 25.59%。

政府对上市公司的补贴涉及了税收返还、贷款贴息、知识产权、各类专项、人才引进、科技进步、节能减排、市场开拓等，课题组统计了 2015 年至 2017 年政府对文体娱行业上市公司的补贴情况，其政府补贴总额如图 3-291 所示。

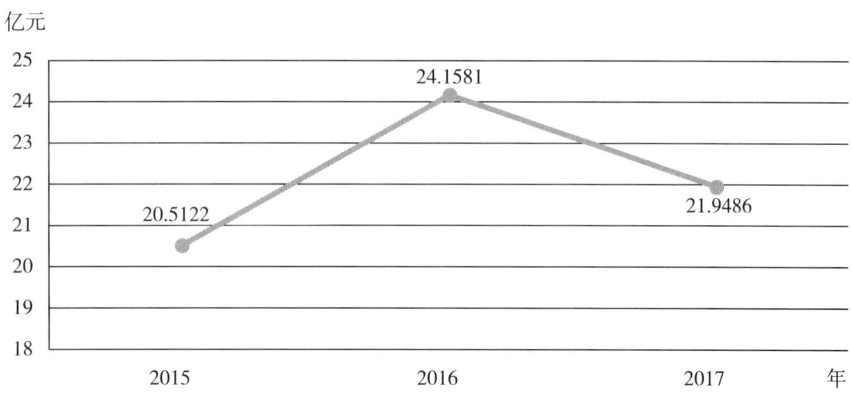

资料来源：Wind，课题组。

图 3-291 文体娱行业政府补贴总额

（四）社会责任竞争力

企业的社会责任竞争力体现为企业对其员工、顾客、合作伙伴等利害关系人应负的责任，我们将主要介绍法律责任、经济责任、慈善责任和伦理责任四个维度的情况。

1. 法律责任

课题组从企业对政府的责任与是否依法经营两个方面出发，对文体娱行业上市公司的法律责任履行情况进行了分析。

由于企业对政府承担的主要责任是依法纳税，企业缴纳的税费越多，其承担的社会责任越大，因此我们通过计算企业实际缴纳的税费与平均资产总额的比例（GR 指数）来测算企业对政府的责任，比例越大，企业的尽责程度越高。我们统计了 2014 年至 2016 年文体娱行业上市公司的 GR 指数均值情况，表明文体娱行业对政府承担的社会责任在 2015 年有所降低，而后又有所回升。

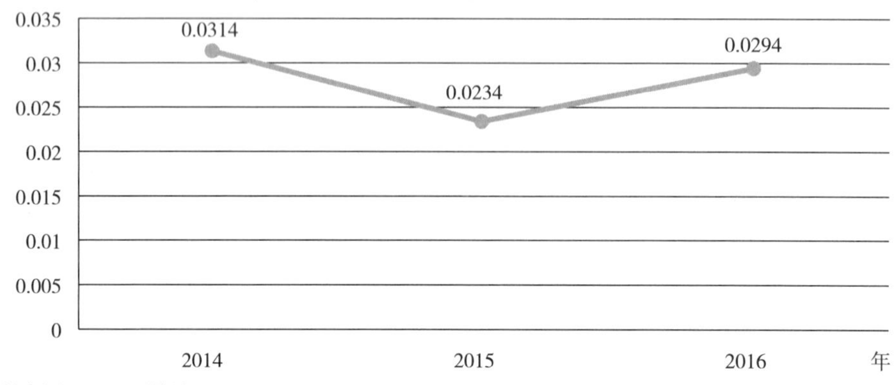

资料来源：Wind，课题组。

图 3-292　2015—2017 年文体娱行业上市公司 GR 指数

我们用企业在生产经营中是否存在违法违规行为来衡量企业依法经营与否。据统计，2014 年、2015 年、2016 年金融业存在违法违规行为的企业数量分别 1 家、5 家、4 家，数量保持在稳定低位。

2. 经济责任

我们将从对投资者的责任（IR 指数）、对员工的责任（WR 指数）与对供应商的责任（SR 指数）三个方面来分析上市公司的经济责任。

2017 年文体娱行业上市公司的 IR 指数均值为 0. 0593，即上市公司支付给股东和债权人的金额占其平均资产总额的 5. 93%左右。49 家可得数据样本公司中有 2 家企业的 IR 指数为负，我们可以认为这些企业并没有很好地履行对投资者的责任。

文体娱行业上市公司在 2017 年的 WR 指数均值为 0. 0667，即上市公司支付给员工以及为员工支付的现金占营业收入的 6. 67%左右，仅有 1 家企业的 WR 指数高于 0. 20。

文体娱行业上市公司在 2017 年的 SR 指数均值为 5. 62，近三年对供应商的责任指标表现平稳。

3. 慈善责任

课题组用公司对社会的公益贡献率来衡量公司的慈善责任，其中公益贡献率等于捐赠支出与平均资产总额的比例。由于并非所有企业都有捐赠支出数据，因此这部分我们仅介绍 2016 年 18 家文体娱行业上市公司的公益贡献情况。这 18 家公司的公益贡献率均值为 0. 016%，最高的为新华文轩，其 2016 年的捐赠支出占平均资产总额的 0. 1914%。

4. 伦理责任

课题组将用是否披露企业社会责任报告、就业增长率、单位平均资产就业人数三个指标来分析文体娱行业上市公司的伦理责任情况。

上市公司披露企业社会责任报告这一指标的数据缺失情况非常严重，2016 年仅 18 家公司公告了该项数据。

就业增长率衡量的是企业为社会提供就业机会的增长程度。2016 年，57 家文体娱行业上市公司中共有 34 家（59.65%）公司的就业增长率为正，22 家公司的就业增长率为负，1 家公司的就业增长率为 0。

单位平均资产就业人数越高，说明一定规模的企业为社会提供的就业岗位越多，即承担的伦理责任越多。我们发现文体娱行业上市公司单位平均资产就业人数的平均值呈现下降趋势。

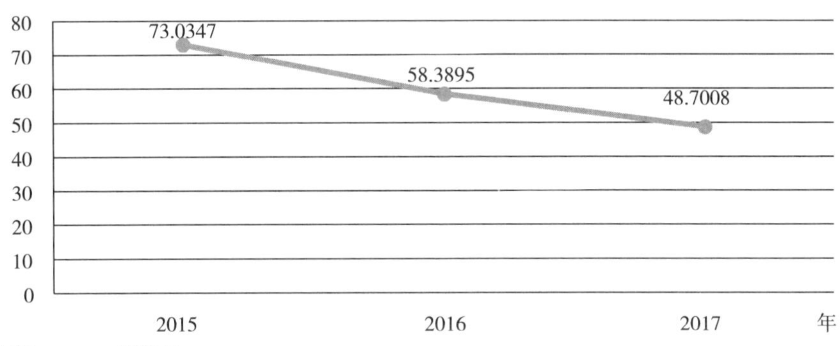

资料来源：Wind，课题组。

图 3-293　文体娱行业 2015—2017 年单位平均资产就业人数

（五）人力资源竞争力

课题组从薪酬管理能力、人员招聘与配置能力、绩效管理能力三个方面衡量企业的人力资源竞争力。薪酬管理能力指的是企业对员工支付薪酬的能力，我们用应付职工薪酬来衡量薪酬管理能力。如图 3-294 所示，2013—2017 年行业平均员工薪酬持续增长，表明行业内上市公司对员工薪酬的重视度在提高。

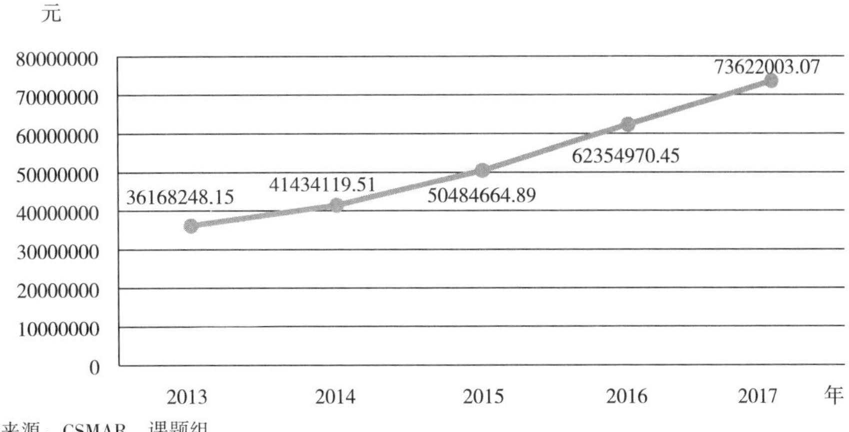

资料来源：CSMAR，课题组。

图 3-294　2013—2017 年文体娱行业应付职工薪酬

我们通过企业中研究生学历及以上员工人数占比来衡量企业的人员招聘与配置能力。根据我们统计的 2017 年行业内上市公司中研究生学历及以上员工人数情况发现，2017 年行业研究生学历及以上员工人数占比均值为 1. 10%，低于往年数值，表明企业在发展的过程中对高素质人才的重视程度在降低。

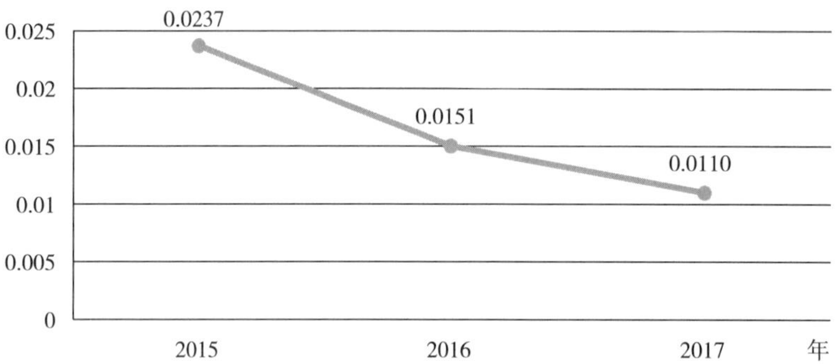

资料来源：CSMAR，课题组。

图 3-295　2015—2017 年文体娱行业研究生学历及以上员工人数比例

我们用年人均产值和企业人力投入回报率分析企业的绩效管理能力。2017 年，行业内企业年人均产值为 174. 07 万元，略高于其他行业的年人均产值，表明行业具有较好的绩效管理能力。同时，2017 年企业人力投入回报率均值为 25. 45%，较上年也有所提升。

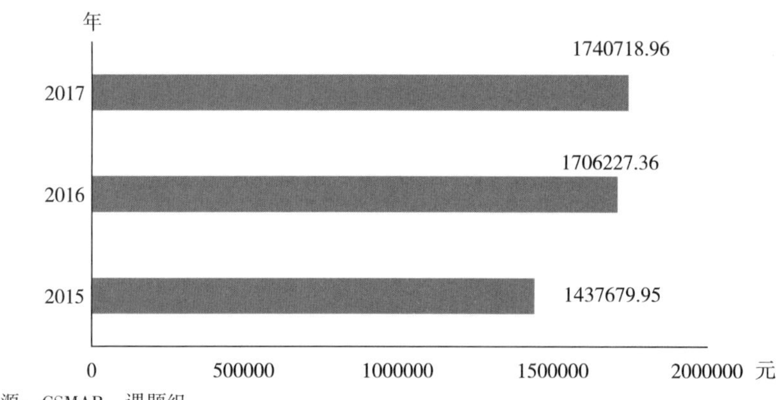

资料来源：CSMAR，课题组。

图 3-296　2015—2017 年文体娱行业年人均产值

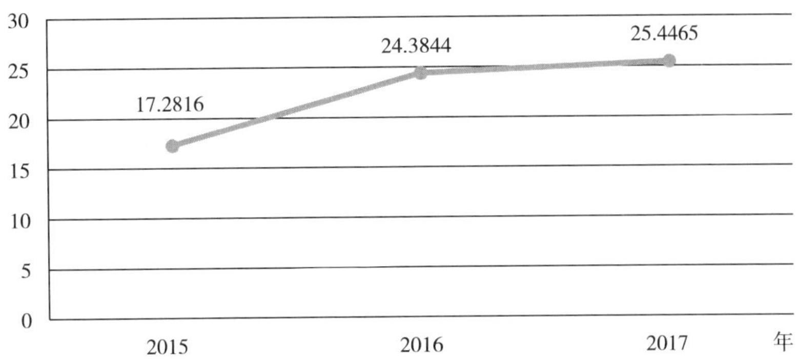

资料来源：CSMAR，课题组。

图 3-297 2015—2017 年文体娱行业企业人力投入回报率

三、2017 年全国文化、体育和娱乐业上市公司综合竞争力排名 Top30

公司简称	治理竞争力	管理竞争力	创新竞争力	社会责任竞争力	人力资源竞争力	公司基本指标	总得分	行业排名
文投控股	978.14	796.68	35.99	372.18	96.60	73.07	2352.66	1
华策影视	679.13	846.28	29.32	359.74	340.82	32.68	2287.96	2
浙数文化	588.52	868.91	210.75	380.36	147.36	33.77	2229.67	3
华录百纳	787.87	768.18	2.56	356.39	274.80	14.79	2204.58	4
中文传媒	529.34	790.08	59.52	372.05	396.56	40.12	2187.68	5
当代明诚	667.08	849.81	2.84	362.76	279.72	10.47	2172.68	6
中国科传	548.58	841.18	13.65	374.17	365.44	13.57	2156.60	7
万达电影	464.08	894.93	37.95	401.68	232.56	107.97	2139.17	8
读者传媒	568.80	907.82	40.63	366.11	229.58	6.18	2119.12	9
华谊兄弟	685.88	814.66	47.15	363.70	162.84	41.73	2115.97	10
欢瑞世纪	560.00	877.30	1.53	364.55	281.23	11.93	2096.55	11
皖新传媒	611.52	831.73	9.10	374.90	208.93	36.02	2072.21	12
凤凰传媒	532.11	826.87	41.75	373.30	261.81	35.29	2071.14	13
中南传媒	546.09	828.16	26.98	385.66	236.01	43.03	2065.93	14
骅威文化	549.64	828.52	137.54	367.50	166.38	11.68	2061.26	15
光线传媒	534.20	811.57	4.92	363.98	276.01	53.28	2043.95	16
新华文轩	656.26	779.92	11.32	379.53	198.93	17.33	2043.29	17
中国电影	518.70	800.84	41.40	375.40	216.77	49.86	2002.98	18
北京文化	725.32	784.33	0.69	366.52	106.65	17.37	2000.88	19
长江传媒	437.61	807.22	12.85	373.56	337.93	13.38	1982.55	20
宋城演艺	546.91	844.05	42.25	380.64	116.78	46.90	1977.52	21
时代出版	559.07	795.96	24.56	371.68	215.15	8.89	1975.32	22

续表

公司简称	治理竞争力	管理竞争力	创新竞争力	社会责任竞争力	人力资源竞争力	公司基本指标	总得分	行业排名
美盛文化	633.43	810.56	54.49	371.99	65.54	27.81	1963.81	23
慈文传媒	414.70	861.36	46.28	364.77	241.57	19.92	1948.62	24
南方传媒	484.88	847.01	17.94	379.37	193.61	16.96	1939.78	25
天舟文化	554.05	718.76	157.46	367.18	104.39	10.70	1912.53	26
中南文化	522.40	828.73	73.23	362.48	105.40	17.50	1909.73	27
博瑞传播	567.50	761.59	100.49	393.60	77.26	8.58	1909.02	28
祥源文化	316.47	1019.31	98.66	370.73	91.45	7.13	1903.75	29
中原传媒	408.99	854.77	7.51	409.64	169.41	14.88	1865.19	30

综合

一、行业概况

根据中国证监会2012年修订的《上市公司行业分类指引》，若上市公司某类业务的营业收入比重大于或等于50%，则将其划入该业务相对应的行业。若上市公司没有一类业务的营业收入比重大于或等于50%，但某类业务的收入和利润均在所有业务中最高，而且均占到公司总收入和总利润的30%以上（包含本数），则该公司归属该业务对应的行业类别。不能按照上述分类方法确定行业归属的，由上市公司行业分类专家委员会根据公司实际经营状况判断公司行业归属；归属不明确的，划为综合类。

简单地说，无法按照上述分类方法确定行业归属的、上市公司行业分类专家委员会根据公司实际经营状况也无法判断公司行业归属的，则划为综合类行业。

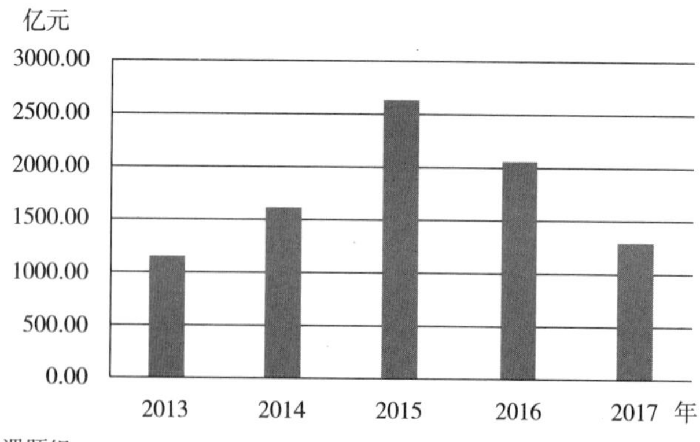

资料来源：Wind，课题组。

图3-298　2013—2017年综合行业上市公司总市值

截至2017年12月31日，在深圳证券交易所和上海证券交易所上市的综合类公司共有 24 家。代表性公司主要有中国宝安和复旦复华，在所有行业 A 股上市公司中，市值最大的行业内公司是张江高科，总市值达到 221.46 亿元。

二、行业综合竞争力分析

课题组在对综合行业的综合竞争力进行分析时，首先按指标细分对行业内所有的公司（剔除数据缺失公司）进行统计分析，然后按照指标的特点考虑是否按区域进行比较分析。

（一）治理竞争力

1. 公司股权结构

公司股权结构是公司治理结构的核心，也被称为公司所有权结构，用于描述公司股权属性和持股比例的情况。根据课题组的定义，当第一大股东持股比例达到 50%以上时，认为该公司为绝对控股公司；当第一大股东持股比例低于 20%时，定义其为股权高度分散企业。

（1）股权集中度

截至 2017 年 12 月 31 日，综合行业全部 24 家 A 股上市公司的第一大股东持股比例平均值为 25.79%。在所有上市公司中股权属于绝对控股的公司有 2 家，占所有公司的 8.33%，属于股权高度分散的公司有 9 家，占所有公司的 37.5%。其余 13 家公司的股权集中度呈现相对控股的状态，占全部行业上市公司的一半以上，这说明行业一半以上的公司股权集中度适中，这有利于公司运营稳定。图 3-299 为该行业所有 A 股上市公司的股权集中度分布图。

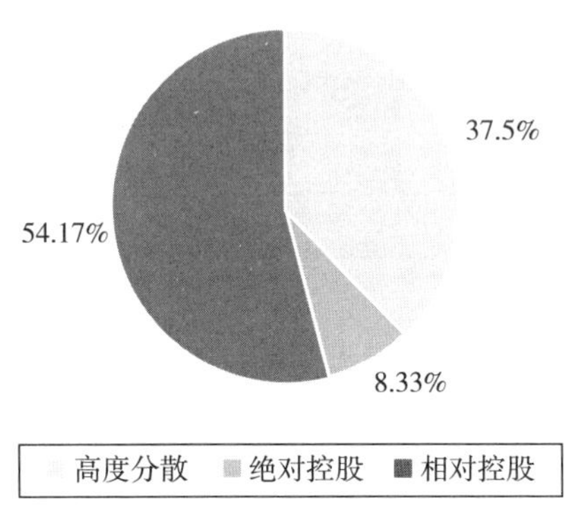

资料来源：Wind，课题组。

图 3-299　综合行业股权集中度

（2）股权制衡度

截至 2016 年 12 月 31 日，综合行业全部 24 家 A 股上市公司的行业平均股权制衡度为 0.82，股权制衡度小于 1 的公司占了 79%以上，说明这些公司的第一大股东对公司的控制力度比较高，可能会侵害其他小股东的权益。在统计样本中，股权制衡度最高的公司为新潮能源，该指标数值达到 3.48，我们看到该公司的第一至第五大股东的持股比例分别为 6.4%、5.9%、5.8%、5.5%、5%，各大股东持股比例差距不大，这有利于公司的权力制衡及公司治理稳定。在我们统计的 24 家公司中，股权制衡度最低的只有 0.0224，这家公司为鲁信创投，山东省鲁信投资控股集团有限公司作为第一大股东，其持股比例达到 68%以上，而第二至第五大股东平均持股比例只有 0.35%左右。

表 3-140　综合行业 Z 指数

Z 指数	大于等于 2	大于等于 1 且小于 2	小于 1
公司家数（家）	2	3	19
公司占比（%）	8.33	12.5	79.17

资料来源：Wind，课题组。

2. 公司治理架构

现代管理理论认为，董事与经理两职兼任将为公司提供统一的方向，实施更强有力的控制，提高企业的灵活性，从而可以提升公司绩效。但在现有国内外文献中，关于两职兼任对企业绩效的实证研究结论并不一致。兼任董事长职位的总经理可能会利用自身的地位干涉董事会行使权力，导致董事会对总经理的监督职能无法正常履行，两职分离才能维护董事会监督职能的独立性和有效性。管理既是科学又是艺术，每种管理方式都有利弊。

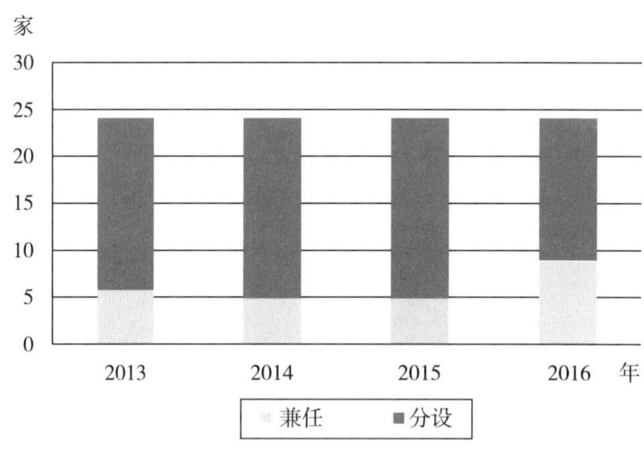

资料来源：Wind，课题组。

图 3-300　2013—2016 年综合行业上市公司董事长与总经理分离情况

董事会和监事会的健康运作对企业的发展具有至关重要的作用。课题组以公司的独立董事比例是否满足 1/3 来衡量公司治理架构是否完善；在董事会、监事会规模方面，课题组以 8 人作为董事会适当规模，监事会成员则不少于 3 人；上市公司是否设立完整的四委会（战略委员会、审计委员会、提名委员会、薪酬与考核委员会）也是衡量的标准之一。结合表 3-141 可以看出，近几年综合行业的上市公司无论是在独立董事的比例上，还是在监事会的规模以及四委会的完整程度上基本上都符合课题组对治理结构完善的定义。在董事会规模方面，行业中60%以上公司的水平都高于适当规模（8人）。

表 3-141 2013—2016 年综合行业上市公司董事会与监事会情况

年份	独立董事比例	监事会规模（人）	四委会
	≥1/3	≥3	完整
2013	100%	100%	92.11%
2014	97.37%	100%	94.74%
2015	97.56%	100%	96.12%
2016	100%	100%	95.24%

资料来源：Wind，课题组。

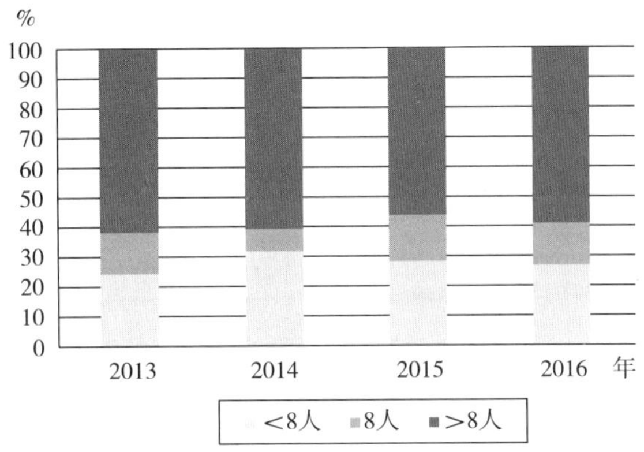

资料来源：Wind，课题组。

图 3-301 2013—2016 年综合行业上市公司董事会规模情况

3. 董事激励与监事激励

（1）领取报酬董事与监事比例

表 3-142 2013—2016 年综合行业上市公司董事与监事激励情况

年份	领取报酬董事比例均值（%）	领取报酬监事比例均值（%）
2013	82	77
2014	79	74
2015	79	74
2016	80	74

资料来源：Wind，课题组。

如表 3-142 所示，综合行业上市公司领取报酬董事比例以及领取报酬监事比例均较为稳定，年度波动小，领取报酬董事/监事比例处于较高水平有助于提升董事会与监事会的监控能力。

（2）金额最高前三名董事报酬总额应付职工薪酬比

由于企业规模存在大小差异，因此，用绝对值来衡量各企业对董事的激励程度无法在横向中进行较为公正的比较。因此，本书采用每个企业金额最高前三名董事报酬占本年应付职工薪酬总额的比例来衡量企业对董事的激励程度。本书用 K 指数来表示，具体指标定义见前文。

截至 2016 年 12 月 31 日，综合行业全部 24 家 A 股上市公司的行业平均 K 指数为 0.0725，行业 71%的公司的 K 指数低于该均值。在统计样本中，金额最高前三名董事报酬占本年应付职工薪酬总额的比例最高的公司为大湖股份，达到 43.59%。

如图 3-302 所示，2013—2016 年综合行业 K 指数均值呈下降趋势。这表明综合行业各企业对董事的激励程度不断降低，可能不利于董事更好地为公司创造价值。

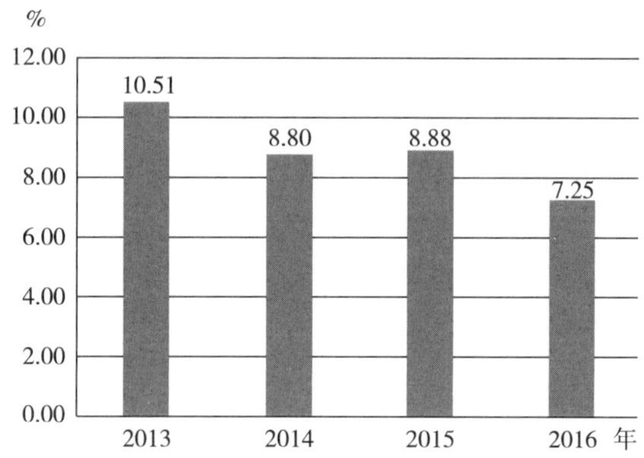

资料来源：Wind，课题组。

图 3-302　2013—2016 年综合行业 K 指数均值

4. 三会次数

（1）股东大会会议次数

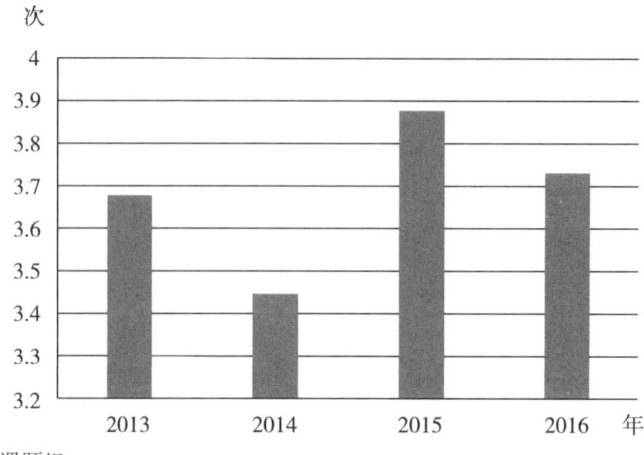

资料来源：Wind，课题组。

图 3-303　2013—2016 年综合行业股东大会会议次数均值

（2）董事会会议次数

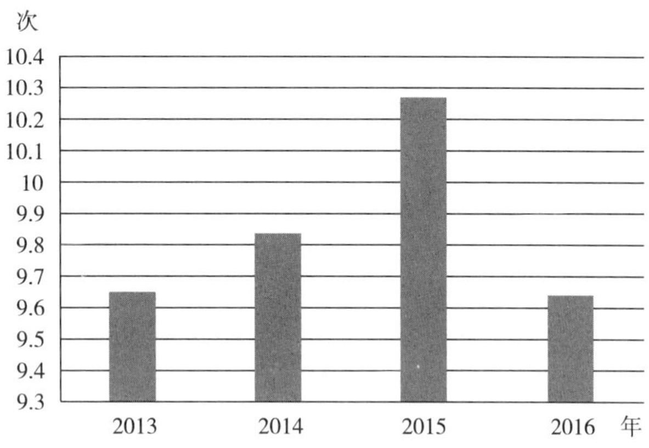

资料来源：Wind，课题组。

图 3-304 2013—2016 年综合行业董事会会议次数均值

（3）监事会会议次数

在分析时，课题组将三会次数相加，三会次数越多的企业，一定程度上反映其治理水平越高。从全行业来看，综合行业的治理水平呈上升趋势。

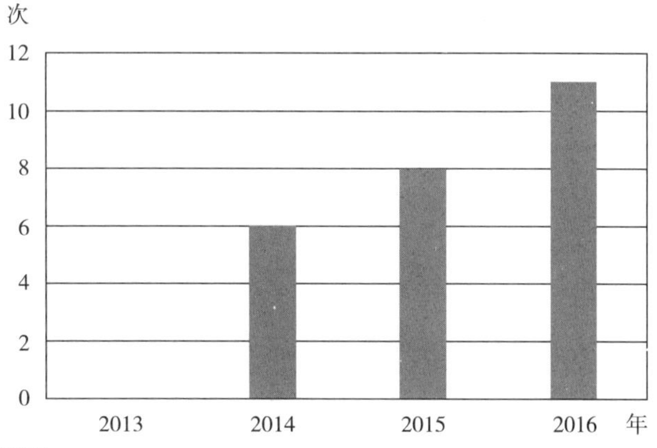

资料来源：Wind，课题组。

图 3-305 2013—2016 年综合行业监事会会议次数

5. 社会影响力

截至 2017 年 12 月 31 日，综合行业上市公司中共有 19 家公司有未解决的官司，这意味着综合行业 79. 17%的公司均有未解决的官司，总计 168 起。未解决的官司主要集中于几家公司，其中，中关村最多，有 51 起，其次是新大洲 A，有 25 起，山东地矿也有 14 起未解决的官司。

（二）管理竞争力

1. 增长能力

（1）净资产增长率

净资产一般指企业拥有并可以自由支配的资产部分，也即总资产减去负债后的净额。净资产增长率是反映企业增长发展能力的重要指标之一，用于衡量企业资本规模扩张的速度以及资产保值增值的情况。在一定程度下，净资产增长率越高代表企业未来的发展更强劲更有潜力；相反，净资产增长率越低则说明企业扩张动力不足，发展低迷。

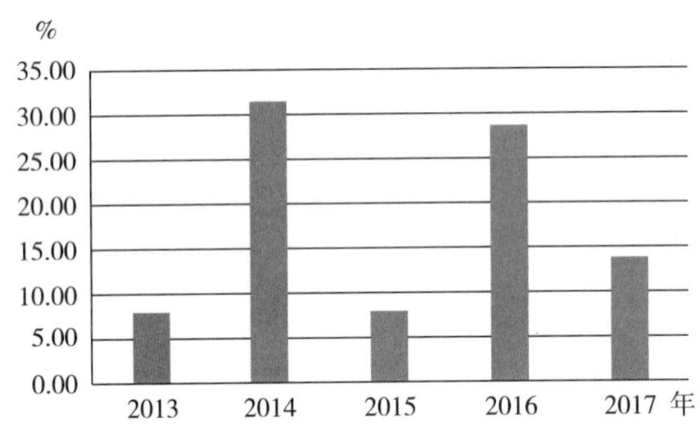

资料来源：Wind，课题组。

图 3-306　2013—2017 年综合行业净资产增长率均值

由图 3-306 可见，综合行业净资产增长率年度波动大，并不稳定，这反映出企业增长发展能力时而强劲时而低迷，企业资本规模扩张的速度以及资产保值增值的情况也不稳定。

（2）主营业务增长率

主营业务是指企业为了完成其经营目标而从事的日常活动中的主要活动部分，一般根据公司营业执照上规定的主要业务范围确定。主营业务是企业的重要业务，也是企业收入的主要来源。主营业务增长率的增加代表企业生存和发展状况较好。在一定程度上，主营业务收入增长率越高说明企业增长速度越快，市场前景越好；若该指标小于零，则说明服务或产品存在不适销对路、质次价高等问题，市场份额可能有所萎缩。同时，该指标也常用来衡量企业生产产品的生命周期。一般情况下，主营业务收入增长率在 10%以上说明企业产品处于成长期，基本不存在更新产品风险，处在一个比较好的增长区域；增长率在 5%到 10%说明企业产品进入稳定期，需要进一步开发新产品；若该比率在 5%以下则说明企业产品已经进入了衰退期，市场份额难以保持，急需开发新产品。

如图 3-307 所示，综合行业企业 2013 年、2017 年生存和发展状况良好，企业增长速度较快，市场前景较好；而 2014—2016 年，该指标一直处于 10%之下，行业市场份额可能有所萎缩，企业增速下降。

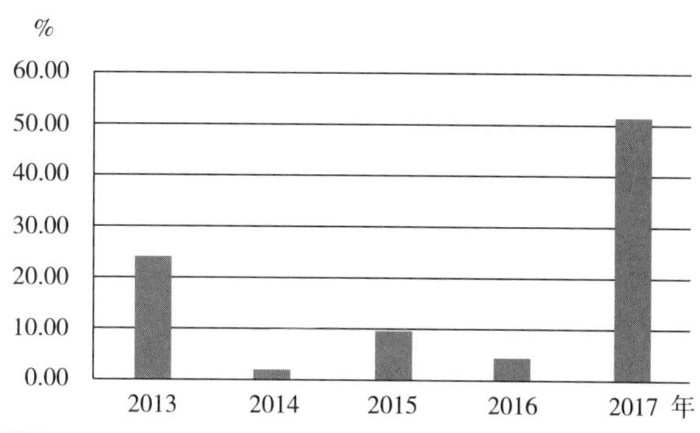

资料来源：Wind，课题组。

图 3-307　2013—2017 年综合行业主营业务增长率均值

（3）净利润增长率

净利润是企业的税后利润，也即企业的实际利润。它是企业经营活动的最终成果，净利润越多说明企业经营效益越好；净利润少说明企业经营效益相对较差。净资产增长率代表企业当期净利润比上期净利润的增长幅度，能够反映企业实现其价值最大化的扩张速度，是综合衡量企业资产运营与管理业绩以及成长状况等情况的重要指标。通常该指标越大则说明企业经营效益逐年增加，盈利能力逐年加强。

表 3-143　　2016—2017 年综合行业代表公司净利润增长率

公司简称	2016 年净利润增长率（%）	2017 年净利润增长率（%）
中迪投资	-99. 12	14411. 98
鲁银投资	115. 45	-1591. 24
新潮能源	-663. 68	290. 10

资料来源：Wind，课题组。

2016 年综合行业净利润增长率均值为-33. 72%，而 2017 年则为 609. 22%，波动剧烈，这主要是受几家上市公司影响：中迪投资 2017 年扭亏为盈，净利润增长率达到 14411. 98%，而 2016 年却为-99. 12%；鲁银投资净利润增长率由 2016 年的 115. 45%降至 2017 年的-1591. 24%。由此可见，综合行业经营效益与盈利能力年度波动巨大。

（4）总资产增长率

总资产是指企业拥有或控制的，预期能够给企业带来经济利益的全部资产。总资产增长率能够衡量企业本期资产规模的增长情况，从而进一步分析企业经营规模总量的扩张程度及其对企业后续发展的影响。

2015—2016 年综合行业企业经营周期内资产规模扩张速度较快，发展势头相对较猛。但 2017 年增速开始放缓，当然，我们还要看资产增长的规模是否恰当，增长要避免盲目扩张，只有销售增长、利润增长超过资产规模增长才是效益性的增长。

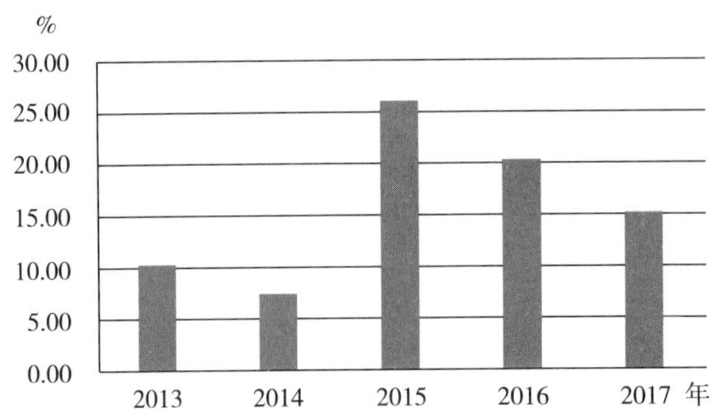

资料来源：Wind，课题组。

图 3-308　2013—2017 年综合行业总资产增长率均值

2. 偿债能力

（1）资产负债率

表 3-144　2013—2017 年综合行业资产负债率均值

年份	资产负债率（%）
2013	51. 31
2014	48. 85
2015	54. 43
2016	44. 02
2017	43. 34

资料来源：Wind，课题组。

综合行业总体资产负债率比较稳定，波动不大，常年处于 50%附近，相对比较保守，发生财务风险的可能性低。值得注意的是，2015 年以后，综合行业总体资产负债率呈下降趋势。

（2）流动比率

表 3-145　2013—2017 年综合行业流动比率均值

年份	流动比率
2013	1. 52
2014	1. 90
2015	1. 84
2016	1. 95
2017	2. 42

资料来源：Wind，课题组。

综合行业总体流动比率呈上升趋势，说明综合行业上市公司资产变现能力越强，流动性越强，越不容易发生财务风险，流动比率较为合理，不会占用较多的流动资产，对企业经营资金周转效率和获利能力影响较小。

（3）速动比率

表 3-146　2013—2017 年综合行业速动比率均值

年份	速动比率
2013	0.93
2014	1.30
2015	1.35
2016	1.45
2017	1.87

资料来源：Wind，课题组。

类似于流动比率，综合行业总体速动比率也呈上升趋势，它比流动比率更为严格地反映了一个企业能够立即还债的能力和水平，可见，综合行业上市公司短期偿债能力逐年提高。

（4）固定资产比率

表 3-147　2013—2017 年综合行业固定资产比率均值

年份	固定资产比率（%）
2013	16.97
2014	16.41
2015	14.37
2016	12.31
2017	11.97

资料来源：Wind，课题组。

综合行业相对于其他行业而言，固定资产比率较低，这是由该行业特点及属性决定的，说明该行业固定资产占用较少，企业整体的变现能力、偿债能力较为良好。值得注意的是，2013—2017 年综合行业固定资产比率一直呈下降趋势，偿债能力逐年上升。

3. 运营能力

（1）存货周转率

存货周转率也称存货周转次数，是企业一定时期内的主营业务成本与存货平均余额的比率，是反映企业的市场需求和销货能力的一项指标，也是衡量企业生产经营中存货管理效率及流动性的一项综合性指标。一般来说，存货周转率越高，销货速度越快，一定时间内周转额越大，资金占用水平越低。存货的具体构成包括原材料和产成品，因而对存货周转率的判断还要结合两者结构具体分析。

表 3-148　　2013—2017 年综合行业存货周转率均值

年份	存货周转率
2013	2. 96
2014	2. 36
2015	1. 87
2016	2. 84
2017	6. 20

资料来源：Wind，课题组。

2017 年综合行业总体存货周转率均值为 6. 20，远远大于前几年，原因是新潮能源存货周转率由 2016 年的 0. 78 升至 2017 年的 32. 94，增长近 40 倍，另一个原因是江泉实业，2017 年存货周转率达到了惊人的 54. 69，剔除这两个异常值后，行业均值为 2. 24。

（2）应收账款周转率

表 3-149　　2013—2017 年综合行业应收账款周转率均值

年份	应收账款周转率
2013	57. 03
2014	40. 09
2015	18. 36
2016	17. 21
2017	23. 23

资料来源：Wind，课题组。

应收账款本身的大小与企业的销售规模有关，即受到企业规模影响，应收账款周转率衡量的是企业回收账款的快慢，反映了企业将应收账款变现的能力和债权管理能力。异常值出现在中迪投资，2013 年其应收账款周转率为 9297，2014 年更是达到惊人的 14869，故剔除后再重新计算综合行业应收账款周转率均值。总体来说，综合行业应收账款周转率呈下降趋势，说明该行业应收账款回收速度下降，短期流动性减弱，债权管理能力也不强。

（3）总资产周转率

表 3-150　　2013—2017 年综合行业总资产周转率均值

年份	总资产周转率
2013	0. 39
2014	0. 33
2015	0. 28
2016	0. 27
2017	0. 28

资料来源：Wind，课题组。

总资产周转率衡量的是企业全部资产的利用效率，反映了企业整体资产的运营能力。2013—2017 年综合行业总资产逐年下降，说明在一定平均资产总额水平下，企业的主营业务收入净额逐年降低，产生的效益也减小，总体上企业的运营能力变差，管理竞争力也变弱。

（4）流动资产周转率

表 3-151　　2013—2017 年综合行业流动资产周转率均值

年份	流动资产周转率
2013	0.82
2014	0.71
2015	0.61
2016	0.62
2017	0.60

资料来源：Wind，课题组。

流动资产周转率衡量的是企业流动资产的利用效率，既包括对资金使用的管理，也包括对产品周转的管理，反映了企业流动资产的运营能力。2013—2017 年综合行业流动资产周转率呈下降趋势，说明企业流动资产周转速度放慢，流动资产利用程度降低。

4. 盈利能力

盈利能力是指企业在一定时期内获取利润的能力，通常表现为一定时期内企业收益数额的多少及其水平的高低。盈利是企业的主要经营目标，是股东股息的来源及股价上涨的动力，是债权人收回本息的保障，更是衡量管理层表现的直接指标。我们用销售净利率、总资产收益率和净资产收益率三个指标分别衡量用销售收入、总资产和净资产消除企业规模差异后的企业盈利情况。

（1）销售净利率

销售净利率是指企业实现净利润与销售收入的对比关系，用于衡量企业在一定时期的销售收入获取的能力，反映了企业将销售收入转化为净利润的能力。一方面，单一的销售收入会受到企业规模大小的影响，不能完全反映企业的盈利能力；另一方面，企业的盈利不仅取决于销售收入，更会受到销售费用、管理费用和财务费用等成本的影响，因而，企业在盈利能力上的竞争力体现在其将销售收入转化为净利润的能力。销售净利率越高，说明在一定销售收入水平下企业获得的净利润更多，盈利能力更强。

表 3-152　　2013—2017 年综合行业销售净利率均值

年份	销售净利率（%）
2013	24.97
2014	20.02

续表

年份	销售净利率（%）
2015	6. 14
2016	13. 95
2017	16. 79

资料来源：Wind，课题组。

2015 年综合行业均值为-42. 96%，异常值为 ST 坊展和广汇物流，其 2015 年销售净利率分别为-549. 28%和-616. 90%，剔除后，行业均值为 6. 14%。

（2）总资产收益率

表 3-153　　2013—2017 年综合行业总资产收益率均值

年份	总资产收益率（%）
2013	4. 68
2014	2. 33
2015	-4. 62
2016	1. 48
2017	2. 03

资料来源：Wind，课题组。

总资产收益率（ROA）衡量的是一定总资产水平下企业净利润的情况及企业盈利的稳定性和持久性，反映了企业的收益能力，是资产综合利用效果的核心指标。我们选择债权人和股东的总投入，即总资产来衡量投入水平，用净利润来衡量产出水平，从而得到总资产收益率。由表 3-153 可得，综合行业总资产收益率水平不仅偏低，而且年度波动大，说明企业一定总资产水平能够给企业带来的净利润十分有限，企业的盈利能力有待提高。

（3）净资产收益率

表 3-154　　2013—2017 年综合行业净资产收益率均值

年份	净资产收益率（%）
2013	3. 87
2014	0. 63
2015	-2. 10
2016	2. 02
2017	3. 08

资料来源：Wind，课题组。

2013—2017 年五年间，综合行业有四年的净资产收益率为正，但也不高，这表明该行业上市公司股东权益的收益水平较低，公司盈利水平有待提高。

（三）创新竞争力

李克强总理提出要实现“大众创业、万众创新”，创新是国家、民族、企业甚至个人发展的重要驱动力。对上市公司而言，创新是企业争夺市场、保持竞争力的重要手段。特别是对信息技术等高科技行业而言，企业想要在瞬息万变的市场中常胜，必须保持创新的活力。创新具有长期性与不确定性等特点，因此，本节从创新投入和创新产出两个维度衡量企业的创新竞争力。其中，创新投入包括研发投入占比、研发人员占比和政府补贴；创新产出包括有效专利及参与标准制定。

1. 创新投入

创新投入是企业创新竞争力的来源，是衡量企业是否重视创新研发的指标。企业通过对人力、物力两个方面的投入增强自身创新竞争力。我们用研发投入占比和政府补贴来衡量企业在物力上的投入，用研发人员占比来衡量企业在创新人力上的投入。

（1）研发投入占比

研究开发投入是企业创新竞争力的重要来源之一。企业研究开发能力越强，越能为投资者带来超额利润。然而，企业的研发投入具有延迟效应，且通常研发投入在两年后对企业绩效影响最为显著。因此，我们使用滞后两年的研发投入来衡量企业的研发投入力度。由于企业间规模存在差异，可比性较差，而研发费用一定程度上来源于营业收入，因此我们选择研究开发费用占营业收入的比例来衡量企业对研发活动的重视程度。一般认为，研发投入占比越高，企业对创新研发越重视，其发展动力也更充足。

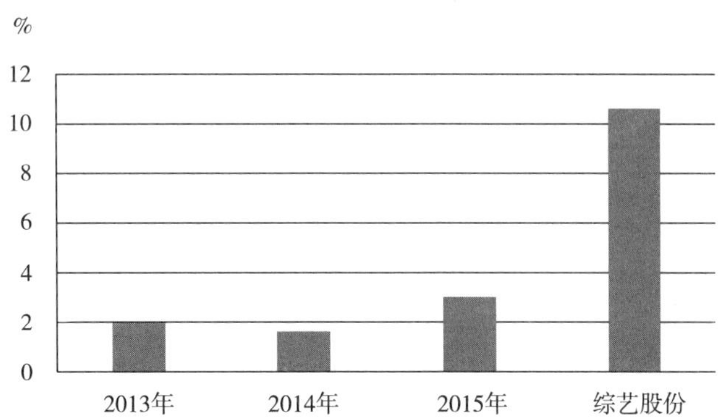

资料来源：Wind，课题组。

图 3-309　2013—2015 年综合行业研发投入占比均值及综艺股份占比

2015 年研发投入占比最高的上市公司为综艺股份，达到 10.61%，2017 年同样以 7.04%位居行业之首。2013—2015 年综合行业整体研发投入占比先降后升，研发投入力度的上升会直接增强企业创新竞争力。

（2）研发人员占比

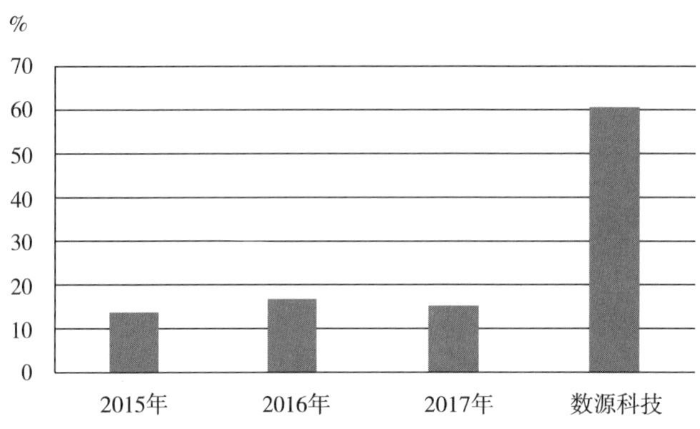

资料来源：Wind，课题组。

图 3-310　2015—2017 年综合行业研发人员占比均值及数源科技占比

2017 年，研发人员占比最高的公司为数源科技，达到 60.33%，其次为博通股份，为 33.57%，创元科技排名第三，为 18.79%。研发人员是企业将科学技术转化为现实生产力的人力基础。综合行业整体研发人员占比常年处于 10%~20%的水平，说明综合行业企业在创新的人力资源方面投入稳定，研发人员占企业员工数量的比重不高，也从侧面说明科技对综合行业企业经营的影响程度不高，同时也反映出企业对创新研发不够重视。

（3）政府补贴

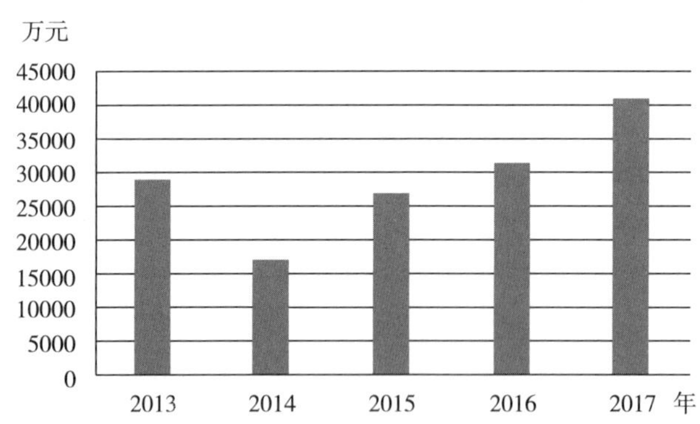

资料来源：Wind，课题组。

图 3-311　2013—2017 年综合行业政府补贴总和

政府补贴主要包括企业因研究开发、技术更新及改造等原因获得政府的补助或奖励。综合行业企业的创新活动需要长期投入大量资金以保障持续进行，而政府补贴作为资金补充的一个重要途径，能够弥补市场缺陷，提高企业从事技术研发活动的积极性，从而对企业研发投入产生了“刺激效应”。因此，我们认为，得到政府补贴更多的企业，其创新竞争力也就更高。2014 年之后综合行业企业所得政府补贴逐年增加。

2. 创新产出

企业间创新效率存在差异，因此，仅评判创新投入有失偏颇。企业创新投入的目的就是得到创新产出结果并加以应用，因而创新产出也是企业创新竞争力的重要衡量标准。目前，受到法律保护及社会公认的创新产出衡量方式就是专利。

专利是企业创新活动产出的一个重要衡量方式，可分为发明专利、实用新型专利和外观设计专利。而有效专利是指专利申请被授权后，仍处于有效状态的专利。有效专利的数量和质量反映了企业进行创新活动的积极性和能力。参与标准制定则是指企业是否参与国家专利标准的制定。只有自身创新竞争力强的企业才有资格参与到这一过程中。因此，这一指标也是企业创新产出的重要衡量标准之一。

2013—2016 年综合行业有效专利均值逐年上升，反映行业总体企业创新研发、产出能力的提高，真正意义上提升了企业的竞争力。并且在行业内，涌现了一批具有创新竞争力的企业，比如中国宝安，2016 年有效专利数达到 4218 件，位居行业首位。

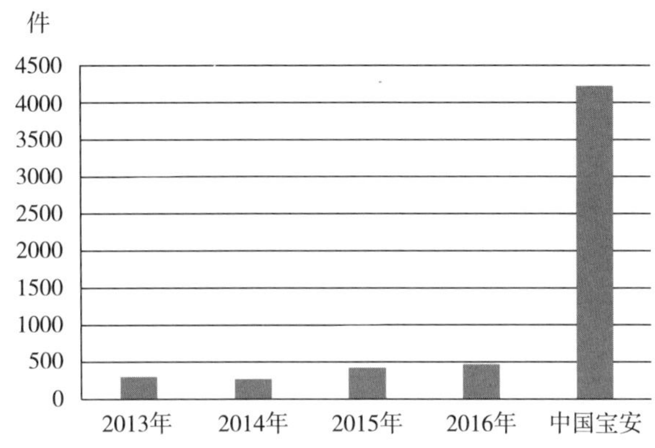

资料来源：Wind，课题组。

图 3-312　2013—2016 年综合行业有效专利均值及中国宝安有效专利数

（四）社会责任竞争力

企业社会责任（CSR）是指企业在其商业运作中对其利害关系人应承担的责任，包括对员工、顾客、供应商、社区团体、母公司或附属公司、合作伙伴、投资者和股东应负的责任。早在 1999 年的瑞士达沃斯世界经济论坛上，时任联合国秘书长安南就提出了“全球协议”，号召企业遵守在人权、劳工标准和环境方面的九项基本原则，承担企业对社会应负的责任。企业积极主动承担社会责任，不仅能改善与政府、投资者、员工、供应商的关系，更能在社会上树立认真、负责的声誉与企业形象，从而提升企业的竞争力。本节根据社会责任的客体不同，将其分为法律责任、经济责任、慈善责任和伦理责任四类。

1. 法律责任

法律责任是企业根据政府法规、法律规定，必须遵守的义务和承担的责任。企业承担法律责任不仅是对国家、政府、法律的尊重，更是企业和社会生存发展的基础。法律规定企业有依法经营并依法纳税的义务，因此，我们从以下两个指标衡量企业的法律责任。

（1）对政府的责任

企业对政府有依法纳税的义务，而税收是政府的重要收入来源。企业通过依法纳税为国家、社会的发展奠定经济基础，并展现出其主人翁意识和愿意为社会进步尽一份力的态度。综合行业企业实际纳税额越高，说明对政府、社会的贡献越大，因此社会责任竞争力也越高。在这之中，尤以中关村最为突出，2017 年以 0. 0604 的政府责任位列第一。

（2）依法经营

企业在经营活动中，应遵循自愿、公平、等价有偿、诚实信用的原则，遵守社会公德、商业道德，接受政府和社会公众的监督，不得通过贿赂、走私等非法活动牟取不正当利益，不得侵犯他人的商标、专利和著作权等知识产权，不得从事不正当竞争行为。企业只有依法经营才能公平公正地参与行业、市场竞争；出现重大违法违规经营的企业会受到政府、法律的惩罚，更为社会各界所不齿。

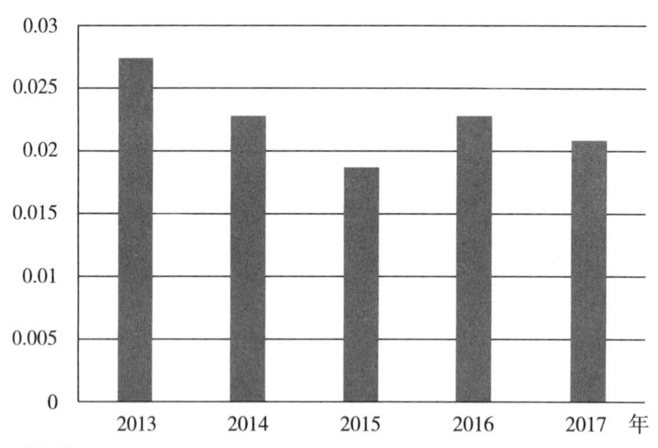

资料来源：Wind，课题组。

图 3-313　2013—2017 年综合行业对政府的责任均值

综合行业 24 家公司违法违规经营最多的年份为 2015 年，有 3 家公司存在违规经营现象，占全行业的 12. 5%。而 2017 年无任何违规经营现象，反映了综合行业企业在经营活动中，公平公正地参与行业、市场竞争。

2. 经济责任

经济责任以金钱为责任标的，衡量企业对与之有金钱往来的客体的贡献程度。我们从供应链上下游的角度将客体分为投资者、员工和供应商三类。企业为投资者提供投资回报，为员工提供工作岗位和薪酬，为供应商提供市场和销售收入，从而承担起经济责任。

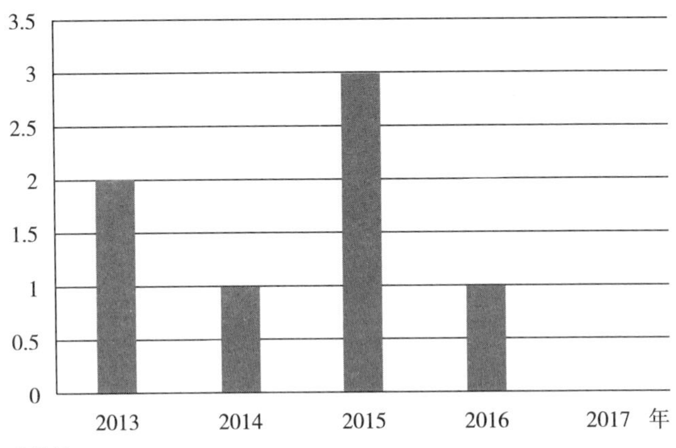

资料来源：Wind，课题组。

图 3-314　2013—2017 年综合行业违法违规经营总和

（1）对投资者的责任

企业应制定长期和相对稳定的利润分配政策和办法，制订切实合理的分红方案，积极回报股东。企业的投资来源分为债权人和股东两部分，因此，提供的投资回报为支付给债权人的利息支出及给股东的回报之和，并利用平均资产总额消除不同规模企业之间的差别。规模一定的企业，其支付的投资回报越高，越能改善投资者的经济境况，因而越能承担起经济责任。

如图 3-315 所示，综合行业投资回报的支付常年不稳定，未较好地履行对投资者的责任，也容易使投资者对企业失去信心。

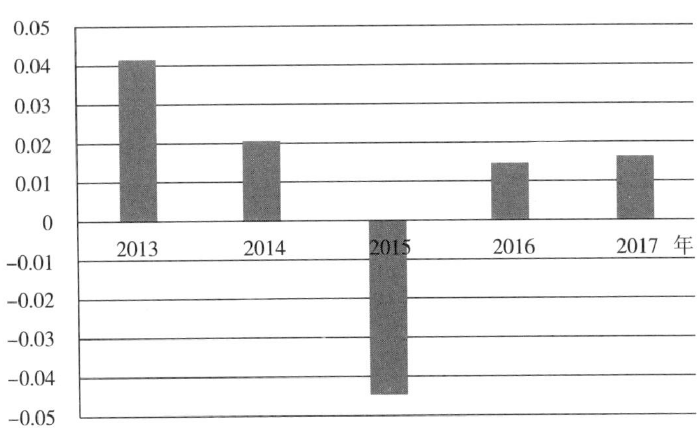

资料来源：Wind，课题组。

图 3-315　2013—2017 年综合行业对投资者的责任均值

（2）对员工的责任

我们认为，企业为员工支付的薪酬越高，其对员工承担的责任就越大。综合行业在过去五年间，前四年对员工的责任保持平稳，2017 年有了很大的提升。

在所有该行业上市公司中，以天宸股份对员工的责任最高，达到 0.7198，体现了其较好的社会责任竞争力。

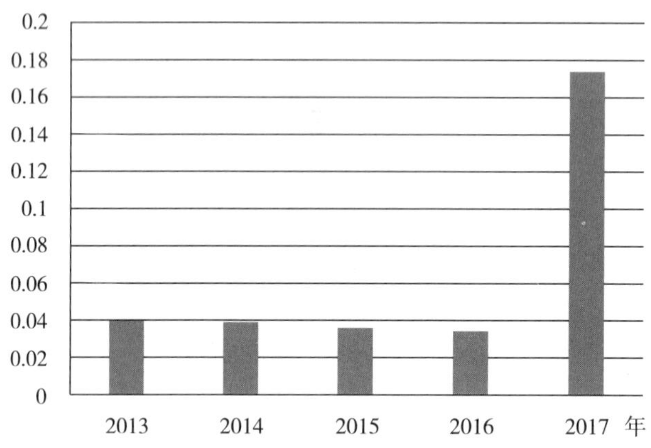

资料来源：Wind，课题组。

图 3-316　2013—2017 年综合行业对员工的责任均值

（3）对供应商的责任

同其他责任一样，该指标越高，则说明企业对供应商承担的责任越高，社会责任竞争力也越强。综合行业对供应商的责任总体较好，在过去五年间，对供应商的责任稳中有升。

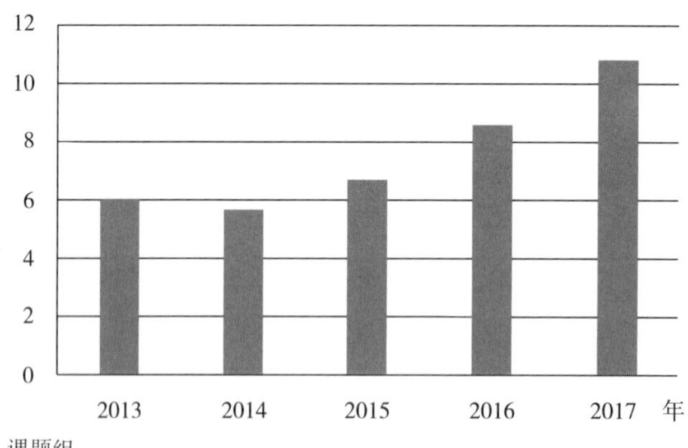

资料来源：Wind，课题组。

图 3-317　2013—2017 年综合行业对供应商的责任均值

3. 慈善责任

企业应在力所能及的范围内，积极参与环境保护、教育、文化、科学、卫生、社区建设、扶贫济困等社会公益活动，促进地区发展。企业对社会的公益贡献程度可以用捐赠支出来衡量。然而不同规模、不同发展阶段的企业，其经济实力也不尽相同，因此，我们用企业捐赠支出与平均资产总额的比值来衡量企业对公益事业的相对贡献。该指标越高，则企业在自身能力范围内承担的社会公益责任越多，社会责任竞争力越强。

在所有综合行业上市公司中，中国宝安2015年捐赠支出位列第一，达到330万元，对社会的公益贡献率达到0.0201%，也是行业最高。企业在自身发展仍有余力的同时也参与到扶弱济贫的事业中，这为综合行业其他上市公司树立了很好的榜样。

4. 伦理责任

伦理责任是指企业在处理其与员工、社会相互关系时承担的责任。企业作为现代社会经济活动的一个重要组成部分，其生产经营与员工及社会息息相关。企业只有承担起伦理责任，才能赢得社会的信任，树立起负责任的企业形象。我们根据负责对象将伦理责任分为以下三个指标。

（1）是否披露企业社会责任报告

企业社会责任（CSR）报告指的是企业将其履行社会责任的理念、战略、方式方法，其经营活动可持续性、投资者权益保护、客户权益保护、安全生产等情况，其取得的成绩和不足，进行系统梳理和总结。企业披露社会责任报告，能缓解与外界信息不对称程度，使企业经营活动得到社会各方的理解与支持，为企业发展创造稳定、良性的外部环境。因此，自主披露企业社会责任报告的企业承担了更多的伦理责任，社会责任竞争力也越强。

（2）就业增长率

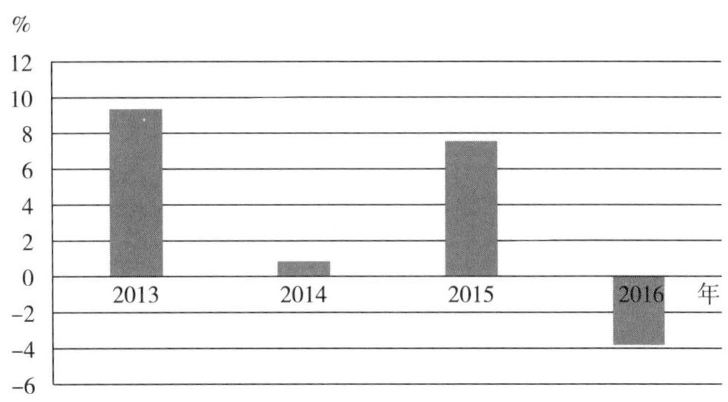

资料来源：Wind，课题组。

图3-318　2013—2016年综合行业就业增长率均值

就业增长率是企业今年净新增就业人数占上年就业人数的比重，衡量的是企业为社会提供就业机会的增长程度。就业是民生之本，企业在生产经营过程中为社会提供了就业岗位，从而为社会的稳定与进步做出了贡献。综合行业2016年就业增长率为负，企业在吸纳员工就业方面有所退步，未很好地履行、承担伦理责任。

（3）单位平均资产就业人数

单位平均资产就业人数衡量的是企业利用一定的资源为社会提供的就业机会。只要这个数值保持为正，企业为社会创造的工作机会就持续增加。遗憾的是，过去五年，综合行业供应商单位平均资产就业人数均值逐年下降，这说明一定规模的综合行业企业为社会提供的就业岗位越来越少，承担的伦理责任减少，社会责任竞争力降低。

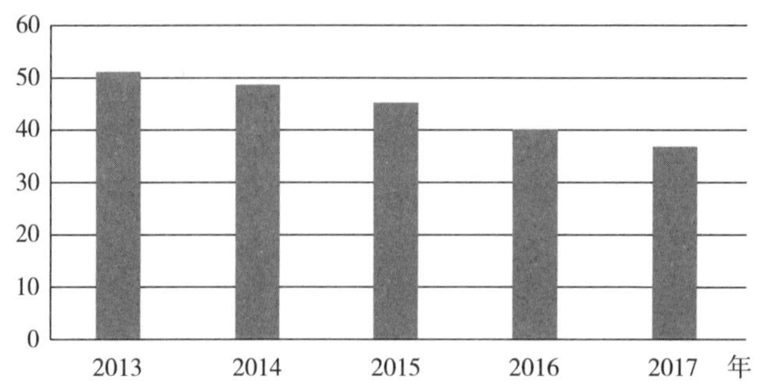

资料来源：Wind，课题组。

图 3-319　2013—2017 年综合行业单位平均资产就业人数均值

（五）人力资源竞争力

习近平总书记提出“人才是创新的第一资源”。当今社会传统企业改革发展，高新企业层出不穷，人力资源竞争越来越成为企业竞争的重要领域之一，人力资源甚至成为企业赢得竞争最有力的武器之一。企业人力资源竞争力不仅仅是对人力资源管理的能力，除了来源于企业内部，还包括企业经营发展的潜力并体现在目前所展示的经营绩效以及企业在社会中所处的地位与价值。本书从企业的薪酬管理能力、人员招聘与配置能力、绩效管理能力以及企业市场业绩能力四个维度对人力资源竞争力进行展开分析。

1. 薪酬管理能力

如图 3-320 所示，综合行业应付职工薪酬呈明显的上升趋势，这反映出企业越来越重视对员工的激励，有助于员工实现自身价值，获得成就感并进一步为公司的发展而努力。体现了较好的薪酬管理能力。

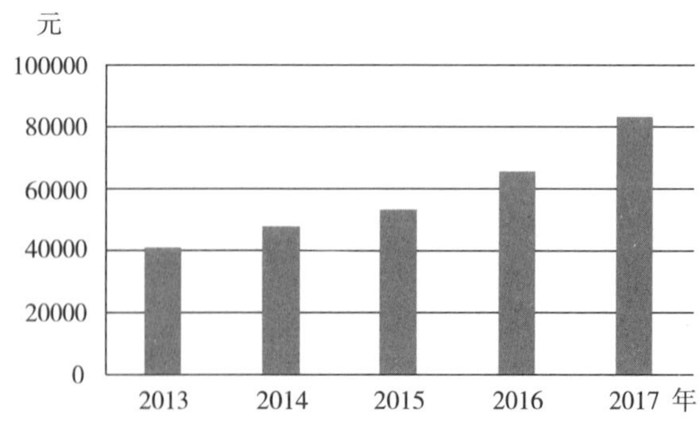

资料来源：Wind，课题组。

图 3-320　2013—2017 年综合行业应付职工薪酬总和

2. 人员招聘与配置能力

人员招聘是为了满足企业发展生产的需要，合理地配置人力资源则可以充分体现企业“物尽其用、人尽其才”的能力，让最适合的人在最合适的岗位充分发挥其主观能动性，为企业的建设发展做贡献。企业出色的人员招聘与配置能力有利于完善企业人才的稳定，提高团队的建设，是人力资源竞争力的重要体现之一。我们用研究生学历及以上员工人数占比来进行衡量。

科学技术是第一生产力，而高素质人才是科学技术的主要载体。企业竞争力的重要体现之一是其拥有的人才素质。在拥有高素质人才的基础上，再建立合理的企业结构，根据人才的不同特长和优势分配相应的岗位职能就能充分高效地利用人力资源，提高企业的整体竞争力。通常我们认为，学历越高，接受教育程度越高，对知识的钻研越深，创新能力、科研能力以及处理事务的专业能力越强，整体素质相对较高。因此若一个企业研究生学历及以上员工人数越多，说明其人力资源竞争力越强。

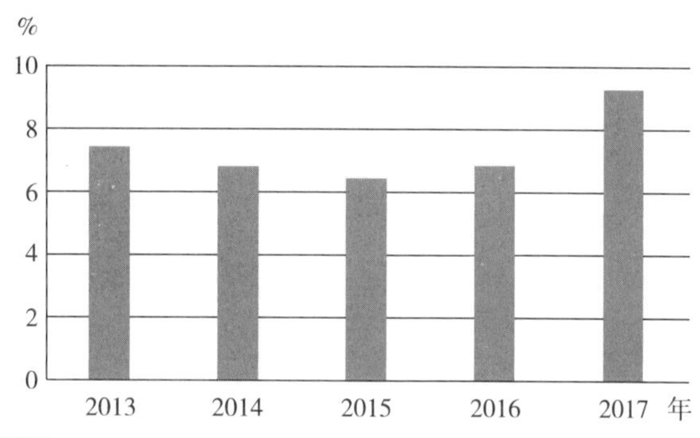

资料来源：Wind，课题组。

图 3-321 2013—2017 年综合行业研究生学历及以上员工人数占比均值

我们通过企业中研究生学历及以上员工人数占比来衡量企业的人员招聘与配置能力。我们统计了 2013—2017 年行业内上市公司中研究生学历及以上员工人数的情况发现，综合行业总体研究生占比较低，且企业之间的差距较大，因此，我们认为企业应当提高高学历人才员工的比例，这有利于提高企业在人力资源方面的竞争力。

3. 绩效管理能力

企业经营绩效主要包括企业的市场、财务以及社会表现，它是人力资源竞争力的最终表现形态。企业通过人力资本增值、构筑企业人力资源竞争力，在此基础上形成企业持久竞争优势并最终体现在企业的经营业绩上。因此将企业的经营业绩与人力资源投入比较可以充分反映企业的人力资源利用率。本书用年人均产值以及企业人力投入回报率来衡量。

（1）年人均产值

年人均产值是企业本年营业收入与员工总人数之比。营业收入指企业在从事销售商品提供劳务以及让渡资产使用权等日常经营活动过程中形成的经济利益的总流入。营业收入越高说明企业本年经营效益越好。一般情况下，该比例越高，说明企业职工的价值得到了越充分的体现，员工对企业的整体发展和经营能力有更积极的作用，更精确地推动了企业整体业绩水平的同时也能说明该企业职工整体素质高；而该比例过低则反映职工在提高企业业绩水平上能力没有得到充分的体现，对企业的发展作用还不够明显，或者是企业员工人数过多且整体素质相对较低。

2017 年综合行业年人均产值最高的公司为新潮能源，人均产值达到 8800753.15 元，一方面是由于公司本年经营效益良好，另一方面是由于公司员工数量由 2016 年的 301 人减为 173 人。

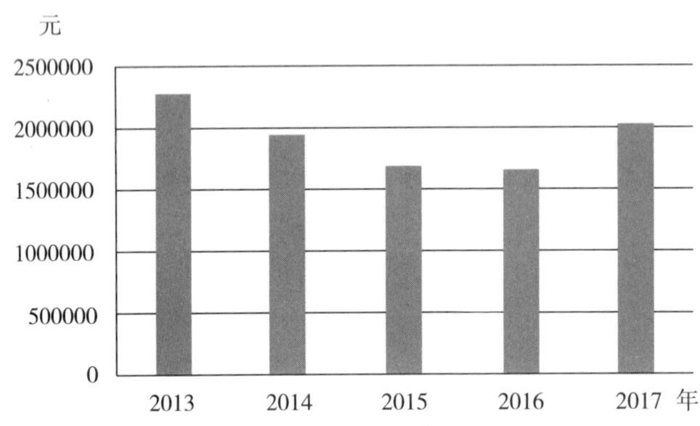

资料来源：Wind，课题组。

图 3-322　2013—2017 年综合行业年人均产值均值

（2）企业人力投入回报率

企业人力投入回报率与企业净利润和员工平均薪酬有关。如果企业当年的净利润较多，则其应当会有较大的人力投入回报率，反之则相反。根据我们的统计，2015 年综合行业企业人力投入回报率大幅下降，随后缓慢恢复，这可能是得益于行业这两年净利润逐渐攀升。

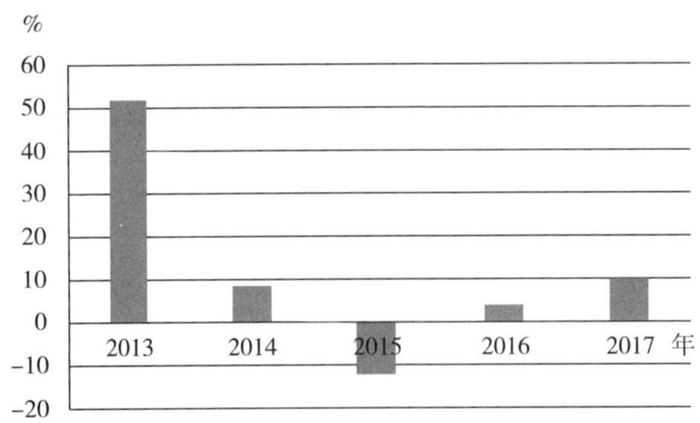

资料来源：Wind，课题组。

图 3-323　2013—2017 年综合行业企业人力投入回报率均值

4. 市场业绩能力

衡量人力资源竞争力强弱应以结果和能力指标为主。这是由于市场的投资者们更关注结果以及能力，竞争力越强具体表现为市场认可度越高，也即市场份额越大，市场占有率越高。因此，本书进一步从结果导向出发，选择市场占有率作为反映人力资源竞争力的一项重要指标。本书认为某企业市场占有率越高，表明该企业经营能力和竞争能力越强，公司销售和利润水平越好且越稳定，该企业在市场中的认可程度和知名度也越高，越有利于企业长期的发展。这也从侧面反映了企业人力资源竞争力相较于整个市场较为强劲。本书用企业营业收入额占整个行业营业收入比例来表示市场占有率。

2017 年综合行业市场占有率均值为 4.17%，行业前三名分别为中国宝安（19.85%）、中广核技（18%）、江苏吴中（8.37%）。

三、2017 年全国综合行业上市公司综合竞争力排名 Top23

公司简称	治理竞争力	管理竞争力	创新竞争力	社会责任竞争力	人力资源竞争力	公司基本指标	总得分	行业排名
江苏吴中	843.40	754.71	33.37	489.04	283.98	13.20	2417.70	1
新潮能源	547.72	984.58	0.20	348.38	477.79	43.41	2402.09	2
张江高科	547.49	760.78	1.72	347.43	511.90	38.00	2207.31	3
中广核技	450.11	854.74	42.56	378.34	334.54	23.01	2083.30	4
天宸股份	647.81	841.50	0.08	505.88	59.21	11.26	2065.75	5
创元科技	424.92	834.47	104.94	388.93	240.42	4.16	1997.84	6
新大洲 A	490.39	894.47	29.01	397.16	172.26	6.12	1989.40	7
鲁信创投	592.50	801.55	10.16	379.57	156.55	18.75	1959.09	8
广汇物流	609.49	795.12	0.03	359.59	169.02	8.91	1942.16	9
中国宝安	271.06	692.09	101.67	493.32	332.21	26.14	1916.49	10
数源科技	363.73	734.83	125.92	361.61	304.06	4.13	1894.29	11
复旦复华	519.13	799.00	64.84	394.47	109.44	6.41	1893.30	12
博通股份	332.21	722.45	87.54	397.75	311.28	2.27	1853.49	13
中迪投资	296.20	987.86	0.75	360.86	195.30	4.02	1845.00	14
海泰发展	341.30	789.29	3.64	351.09	269.23	5.21	1759.76	15
华金资本	366.08	742.96	40.99	376.51	212.90	4.72	1744.16	16
中关村	241.99	870.94	20.28	397.97	184.10	7.51	1722.79	17
鲁银投资	551.06	637.25	3.14	365.43	157.05	3.71	1717.65	18
江泉实业	438.87	809.21	0.00	384.98	65.31	6.87	1705.23	19
综艺股份	350.62	776.05	78.79	360.47	103.97	15.97	1685.88	20
悦达投资	394.74	702.71	24.66	376.31	160.85	7.55	1666.82	21
美都能源	610.59	585.77	8.61	221.88	54.99	31.82	1513.65	22
山东地矿	336.00	630.69	11.54	234.04	41.37	3.04	1256.69	23

第四篇　专家篇

我国地方政府债务风险问题研究

宋　海

习近平总书记在2017年全国金融工作会议上指出，地方政府举债行为不断扩大导致的财政金融风险，已经成为当前我国经济运行中最主要的风险之一，必须下大力气化解地方政府不断增长的债务风险。为贯彻落实习近平总书记指示精神，摸清我国地方政府债务风险的构成、管理模式、成因及危害性，民建中央成立了一个以我为组长的专家小组，采用实地调研和函调等方式，对我国地方政府债务风险问题进行了深入调研。

一、地方政府债务的概念与分类

1. 概念。地方政府债务是指地方各级政府（在我国是指省、市、县、乡四级政府）作为债务人须按法定条件和协议约定，向债权人承担的资金偿付义务。

2. 分类。根据2013年全国政府性债务审计工作方案，将地方政府债务分类如下：

（1）地方政府直接偿还的债务。这是指由财政资金偿还、政府负有直接偿债责任的债务。一是地方政府债券、国债转贷、外债转贷、农业综合开发借款、其他财政转贷债务中确定由财政资金偿还的债务；二是地方政府（含政府部门和机构）举借、拖欠或以回购等方式形成的确定由财政资金（不含车辆通行费、学费等收入）偿还的债务；三是地方政府粮食企业和供销企业政策性挂账。

（2）地方政府负有担保责任的债务。这是指地方政府（含政府部门和机构）提供直接或间接担保，负有连带偿债责任的债务。一是政府融资平台公司等单位举借，以其事业收入、经营收入等非财政资金偿还，且地方政府（含政府部门和机构）提供直接或间接担保的债务；二是地方政府（含政府部门和机构）举借，以非财政资金偿还的债务，视同政府担保债务。

（3）其他相关债务。这是指政府融资平台公司等为公益性项目举借，由非财政资金偿还，且地方政府（含政府部门和机构）未提供担保但可能需要承担救助责任的债务（不含拖欠其他单位和个人的债务）。

二、我国地方债的发展和投向

1. 2008 年国际金融危机之前。由于 1994 年以前的《预算法》不允许发行地方政府债券，2008 年国际金融危机之前，并没有名义上的“地方债”，各地通过设置投融资平台，并嵌入地方政府信用争取银行贷款，形成实质上的“地方债”。截至 2010 年末，全国地方政府投融资平台超过 1 万家，全国省、市、县三级地方政府性债务余额累计 10.72 万亿元，全国仅 54 个县级政府没有举债。

2. 2009 年至新《预算法》实施前。2009 年，为应对金融危机，国务院特别批准，首次发行地方政府债券 2000 亿元，正式开启我国地方政府债券之门。2009 年至 2011 年第三季度，由财政部代发代还地方政府债券；自 2011 年第四季度起，部分省、市试点自发地方政府债券，但还本付息仍由财政部代办，实际享受国家信用。这一时期的地方政府债券具有流动性、自愿性、收益稳定性、安全性及不扣税等特点，经历了“代发代还”“自发代还”“自发自还”三个阶段。

3. 新《预算法》实施之后。2015 年新《预算法》实施，允许地方政府发行债券或以财政部转贷国际货币基金组织和外国政府贷款方式举借债务，地方政府债务规模迅速扩大。2015 年、2016 年，我国地方政府发债规模均超过了 5 万亿元。2017 年，地方政府债券跃升为发行规模第二的债券品种。地方政府债券发行方式分为定向和公开两种；发行种类日趋多样，由一般债券和专项债券衍生出置换一般债券和置换专项债券；发行期限以长期品种为主，2017 年 1~8 月发行的 583 只地方政府债券中，5 年期发行量最大，7 年期和 10 年期次之，1 年期发行量为零。

4. 地方政府债的主要投向。地方政府债主要投资于教育、公路运输、社会福利、市政建设、工业援助等公共服务性设施和基础设施建设方面。2013 年，用于市政建设、土地收储、交通运输、保障性住房、教科文卫、农林水利、生态建设等基础性、公益性项目的支出达 87806.13 亿元，占地方政府债总支出的 86.77%。地方政府债在改善民生、促进发展方面起到了积极作用：用于土地收储的债务形成了大量土地储备资产；用于城市轨道交通、水热电气等市政建设和高速公路、铁路、机场等交通运输设施建设的债务，不仅形成了相应资产，而且大多有较好的经营性收入；用于公租房、廉租房、经济适用房等保障性住房的债务，具有相应的资产、租金和售房收入。南方某省通过政府债务投资基础建设，实现了跨越式发展。高铁突破 1700 公里，迈入高铁时代；高速公路总里程达 4289 公里，县（市、区）通达率达 80%；城镇化率由 2010 年的 42.6%跃升至 2015 年的 47.06%。可见，负债在一定程度上促进了发展，发展离不开负债。但土地出让收入往往是地方政府偿债的主要来源，一旦房地产价格泡沫破裂，将面临巨大风险，因此，通过负债促进发展，还须充分判断风险，谨慎防范风险，科学处置风险。

三、我国地方政府债务的特点

1. 规模大。2016年前10个月，全国财政债务付息支出合计4107亿元，同比激增41.2%。债务付息支出占财政支出的比重达2.78%（2010年仅1.79%）。截至2015年底，全国负债率（政府债务占GDP的比重）达39.4%，距60%的预警线[①]已不远，个别省份的负债率甚至早已超过60%的预警线，如西南某省2013年6月底的地方政府债务达4622亿元，负债率达67.45%，2015年底，该省地方政府债务增至9135亿元，负债率高达86.98%。

2. 增速快。近年来，地方政府负债增长迅猛，是政府债务增长的主力军。截至2015年末，地方政府直接债务（不含或有负债）达16万亿元，较2012年末增长6.38万亿元，年均增长超过2万亿元。若加上或有负债，地方政府负债增速将更大，2012年末，地方政府或有负债超过6.25万亿元。

3. 举债主体繁多，债务结构复杂。除了政府部门和机构，我国地方政府的举债主体还包括地方融资平台公司、经费补助事业单位、公用事业单位等。占比最高的负债主体是融资平台公司，我国中南部多省融资平台公司负债占比超过60%。占比其次的负债主体是政府部门和机构，以欠发达省份为主。占比再次的负债主体是国有独资或控股企业，不少发达省份国有独资或控股企业负债占比达35%以上。

四、我国地方政府负债模式

1. 地方政府债券模式。2009—2016年，我国共发行地方政府债券11.48万亿元，其中近两年发行9.88万亿元，占比86%。我国地方政府债券发行大致经历了四个阶段：一是财政部“代发代还”阶段（2009—2011年），即由财政部代理发行并代办还款付息。二是试点省（市）“自发代还”阶段（2012—2013年），经国务院批准，部分省市开展地方政府自行发债试点，在限额内自行发行，由财政部代办还本付息。三是试点省（市）“自发自还”阶段（2014年），经国务院批准，部分省（市）在限额内自行组织政府债券发行、付息和偿还本金。四是全面“自发自还”阶段（2015年及以后），该阶段地方政府债券发行出现爆发式增长。2015年、2016年，地方债发行规模分别达3.84万亿元（其中置换债券3.2万亿元）、6.04万亿元（其中置换债券4.88万亿元）。

2. BT（Build-Transfer，建设—移交）模式。该模式由BOT（建设—运营—移交）模式演变而来，是地方政府债务规范管理下的一种融资模式，多被运用于市政道路建

① 国际上通常认为负债率（年末债务余额与当年GDP的比率）不得超过60%，即60%是政府债务风险红线。

设项目，但因运作模式与招投标相关法律法规冲突，一直未得到认可。2012 年，财政部、国家发展改革委、人民银行、银监会四部门联合发布《关于制止地方政府违法违规融资行为的通知》，严格限制地方政府以 BT 方式举债。

3. PPP（政府部门与社会资本合作）模式。该模式近两年在基础设施、公共服务等领域使用得较多，并呈现快速扩张态势。截至 2016 年 9 月末，PPP 入库项目 10471 个，总投资额 12.46 万亿元，执行项目 946 个。在举债受限的情况下，PPP 模式因融资功能及高杠杆特性，受到地方政府青睐。

4. 政府产业基金（包括政府引导基金、专项建设基金等）模式。政府产业基金是 2015 年以来地方政府的创新融资工具。自 2014 年 12 月 9 日国务院发布《关于清理规范税收等优惠政策的通知》不允许地方政府通过补贴、税收优惠等方式直接扶持企业起，各地政府将原来的政府补贴改成产业引导基金，并希望通过市场化运作提高资金使用效率。2016 年，政府产业基金 1013 只，总目标规模 53316.5 亿元，已到位资金 19074.24 亿元。

5. 城投公司融资（包括发行债券、银行贷款、信托贷款等）模式。该模式主要运用于旅游区、土地资产的开发、经济技术开发区的建设运营和特许经营权的经营等。在未明确城投公司的发展框架前，城投公司通过举债从事基础设施建设，偿还资金来源于财政。随着地方政府债务的不断规范，城投公司市场化转型加快，城投公司与地方政府的关系将转变成市场化契约关系，地方政府不再提供直接担保或间接兜底承诺。

五、我国地方政府债务快速增长的原因

1. GDP 增长目标驱动。党的十九大提出 2020 年我国 GDP 要达到 90 万亿元，要求未来四年内实现增幅 21.6%（2016 年我国 GDP 为 74 万亿元），为提升 GDP 增速，实现经济增长目标，地方政府举债拉动投资仍是主要选择。

2. 金融机构和投资企业审批不严。为获取投资收益，商业银行、政策性银行、融资租赁公司等金融机构及投资企业对地方政府的融资往往审批不严，只要地方政府出具各种形式的保底承诺，就敢放款。

3. 省级层面监管不积极且存在盲区。作为地方政府债务的主管部门，省级财政理应对本省各地方政府债务情况进行监督，严控高风险地区地方政府债务增速。但因省级财政难以撼动地方长官意志，且与地方财政是利益共同体①，其监管积极性不高。此外，对地方政府债务的监管涉及地方政府及其融资平台、地方财政，金融机构、投资机构、社会中介机构、人民银行、银监会、保监会、证监会等多个主体，其中投资机构还可能归属国资委管理，省级财政无权干涉，难以监管。

① 一是地方政府举债发展，可减轻省级财政的调节压力；二是过度打压地方政府融资，不利于本省在全国的 GDP 排名。

六、我国地方政府负债存在的主要问题

1. 个别地区规模超警戒线，风险凸显。截至 2016 年末，我国 100 多个市（地）级、400 多个县级的债务率超过 100%，政府债务余额较 2013 年 6 月末增长 87%，部分基层区县和西部地区增长超过 1 倍，个别地区风险凸显，债务率最高的达 212%。

2. PPP 未来风险加大。因参与公共产品建设经验相对不足、相关法律尚未健全等，社会资本对 PPP 仍有“怕陷阱”“怕违约”“怕反复”等顾虑而持观望态度，使实践中 PPP 项目多采用政府付费模式，特别是基础设施建设项目大多包装成“建设+维护”项目，变相形成地方政府基建工程分期付款式举债，由政府付费，并由政府财政兜底。长期来看，此类 PPP 项目不仅无法缓解地方政府的资金压力，反而将增加地方政府的财政风险。

3. 地方政府认识存在误区。具体表现为：重债务融资，轻本息偿还；重投入，轻效益；重建设规格，轻当地负担能力。

4. 信息不够透明，风险责任不明晰。长期以来，地方政府债务运用及偿付信息披露和监督机制不健全，容易引发道德风险。同时，风险责任不明晰，本届政府可以向下届政府转移债务风险，下级政府指望上级财政风险兜底。这样，在既无有效监督，又无风险分担机制的情况下，形成所谓“大锅饭”的局面，地方政府负债过度膨胀。

5. 债务管理“缺位”，政府风险意识薄弱。一是财权与事权分离的财政体制缺陷使地方政府常以牺牲地方税权为代价，加大地方政府债务。地方政府承担了本该由中央政府承担的事权而长期面临资金缺口，迫于压力大量借债，甚至不惜违规融资。二是过度依赖土地偿债。通常，土地出让收入占地方政府总收入的比重达 20%~30%，很多地方政府风险意识薄弱，仗着土地出让收入大肆举债。三是地方融资平台自身偿债能力不足，陷入“以贷养贷”的窘境，蕴藏着巨大风险。

七、改进我国地方政府负债管理的政策建议

1. 完善地方政府债务管理体系。一是完善相关法律法规，规范地方政府举债行为，厘清各相关主体责任边界。二是合理合法公开地方政府负债资金运用情况，提高信息透明度。三是设立统一且权责明确的地方政府债务管理机构，避免多头管理的弊端，只有将全国地方政府债务纳入统一管理体系，才能够有效控制债务规模，合理调节资金流向。四是强化平衡预算规则，加强预算管理。五是把好债务资金使用关，严禁地方政府债务资金用于经常性支出。六是科学制定债务规划，建立健全相关管理制度。

2. 科学界定各级政府的事权。一是按照财权与事权匹配原则，优化中央及各级地方政府的事权结构，分步有序上移支出责任，缓解地方财政压力。二是科学建立中央和地方两级政府支出的标准体系，积极推进基本公共服务均等化，当地方政府因财力

不足难以提供基本公共服务时，中央政府应给予一定支持。

3. 健全地方政府债务监督机制。一是完善地方政府债务的信息披露制度，定期向社会公众通报债务的借、用、偿情况，充分发挥社会公众的监督作用。二是将地方政府债务纳入预算，由当地人大审查批准，发挥地方人大及其常委会的监督作用。三是加强审计部门的监督职能，摸清地方政府各类债务规模，揭示债务管理存在的问题并督促及时整改。

4. 多渠道拓宽政府财源。一是大力发展实体经济，探索利用预算外资金缓解地方政府的资金压力。二是经营好地方政府资产，一方面盘活国有资产，增加地方政府财源；另一方面做好城市规划、建设和开发，合理利用和经营城市资产，获取经济效益和社会效益。三是探索资产证券化及引进民间资本，拓宽地方政府融资渠道。

（作者系全国政协副秘书长）

中国改革开放 40 年的回顾与思考

高尚全

自 1978 年党的十一届三中全会开启改革进程以来，弹指一挥间，中国的改革事业已走过了 40 年的光辉岁月。40 年来，我们沿着中国特色社会主义道路不断前进，历经从计划经济到商品经济再到市场经济的探索，从无到有构建了中国社会主义市场经济体系并不断进行完善，扭转了“文革”的动荡混乱，走向依法治国并不断提高国家治理水平。可以自豪地说，中国改革事业取得了不可磨灭的成就。

改革开放 40 周年之际，正是承前启后、继往开来的关键节点。在这个新的历史起点上，有必要回顾和梳理 40 年来的成就、经验和教训，为即将开启的新一轮改革探索更多可借鉴的经验，在理论和实践上不断丰富中国特色社会主义。

一、改革开放的基本历程

总的来看，中国的经济体制改革是从农村到城市、从经济领域到其他各领域全面展开的，到目前为止，这一历程大致可划分为“目标探索”“框架构建”“体制完善”和“五位一体全面深化改革”4 个阶段。

1. 改革的启动和目标探索阶段（1978—1991 年）。自党的十一届三中全会到党的十四大确立实行社会主义市场经济体制，这一时期是改革的启动和目标探索阶段。改革首先从农村开始，逐步向城市推进；从开展改革试点积累经验，再逐步推广；对外开放从兴办经济特区向开放沿海、沿江乃至内地推进。

2. 社会主义市场经济体制框架初步建立阶段（1992—2002 年）。以党的十四大确立社会主义市场经济体制的改革目标，党的十四届三中全会通过《中共中央关于建立社会主义市场经济体制若干问题的决定》为标志，正式确立社会主义市场经济的改革方向和基本内容。到 2002 年，社会主义市场经济体制的基本框架初步建立。

3. 社会主义市场经济体制的初步完善阶段（2003—2011 年）。党的十六大提出，到 2020 年建成完善的社会主义市场经济体制改革目标，党的十六届三中全会对建设完善的社会主义市场经济体制做出全面部署。与此同时，党中央总结提出科学发展观和构建社会主义和谐社会的重大战略构想，作为深化改革的重要指导思想。自此，我国改革进入完善社会主义市场经济体制的新阶段。

4. “五位一体”全面深化改革的新阶段（2012 年至今）。2012 年党的十八大召开后，我国不仅有效应对了复杂国际政治经济环境的风云变幻，更在相对不利的条件下取得了经济中高速平稳增长。党的十八届三中全会做出的《中共中央关于全面深化改革若干重大问题的决定》非常明确地表明：第一，改革不再拘泥于经济体制改革领域，而是涵盖政治、文化、社会以及生态文明的“五位一体”的全面改革。与此同时，为落实这些改革内容，中央全面深化改革领导小组已召开了 38 次会议，会议内容囊括农村集体土地制度改革、司法体制改革、财税体制改革等过去一直难以解决甚至回避的议题，彰显新的领导集体直面改革难点的勇气。

二、改革开放的主要成就和突出矛盾

习近平总书记指出，改革开放是当代中国发展进步的活力之源，是党和人民事业大踏步赶上时代的重要法宝。40 年的改革开放所取得的重大成就，主要体现在其推动我国已经或正在实现的 5 个方面的重大转变。

第一，改革开放推动了“以阶级斗争为纲”向以经济建设为中心的转变。“文革”结束后虽然进行了拨乱反正，恢复并稳定了国家生活的正常秩序，但“左”的影响依旧较大。1978 年 5 月开展的真理标准问题大讨论，从思想理论上否定了“两个凡是”，号召人们彻底打破思想枷锁，把实践作为检验真理的唯一标准，成为开辟中国特色社会主义道路的奠基石。在解放思想、实事求是的思想基础上，1978 年 12 月党的十一届三中全会决定把党和国家的工作重点转移到经济建设上来，进而迎来整个国家的发展进步。解放思想、实事求是作为改革开放的思想内核，为我国的发展进步提供了不竭的思想理论活力源泉。

第二，改革开放推动了从计划经济向市场经济的转变。今天我们已彻底告别了由国家计划统配社会资源的时代，市场繁荣，产品丰富，大多数人可能认为这是理所当然的事。但实际上，从计划经济到社会主义市场经济的转变极为不易，是改革开放曾走过的最艰难的历程，也是目前为止所取得的最重要的成果。1984 年 10 月，党的十二届三中全会提出社会主义经济是公有制基础上的有计划的商品经济。这是经济体制改革的重大突破。此后，经过不懈探索，1992 年党的十四大明确了建立社会主义市场经济体制的改革目标，为经济发展构建了最为重要的制度基础，使价值规律深入到社会经济的每个微观单元并发挥作用，极大地激发了人们的创造活力、发展热情。1993 年党的十四届三中全会提出了构成社会主义市场经济体制基本框架的 5 个主要环节。2003 年党的十六届三中全会提出了完善社会主义市场经济体制的战略任务。改革进入新的阶段后，党的十八届三中全会历史性地明确了使市场在资源配置中起决定性作用，这是使市场经济规律为社会主义经济建设服务的重要里程碑。

第三，改革开放推动中国从闭关锁国转向全方位开放。改革开放前，我国各项工作中长期存在一种“左”的偏见，盲目自信，唯我独尊，排斥国外好的做法和经验，使多方面的发展严重落后于发达国家。党的十一届三中全会开启了对外开放的历史新时期，其后 10 年的对外开放引进了大量国外资金、技术和先进管理经验，使国内商品市场丰富和繁荣起来，市场因素在经济中的比重大幅上升。1992 年邓小平同志“南方谈话”后，对外开放步伐进一步扩大，由沿海地区迅速向内陆腹地拓展。党的十八大以来，对外开放水平进一步提升，中国经济不再局限于“引进来”，更拓展到“走出去”的高度，在全球经济复苏乏力，贸易保护主义抬头的情况下，中国已逐渐成为全球化的领军者、推动者，这在40年前是不可想象的。

改革推动了开放，开放也在倒逼改革。以加入世界贸易组织（WTO）为例，为使国内经济制度与国际贸易规则接轨，中央政府部门清理各种法律法规和部门规章2300多件，地方政府共清理地方性政策和法规19余万件，使涉外经济法律法规与加入WTO的承诺相一致。一些长期难以突破的顽疾在此过程中被克服，经济社会迸发出更大活力。

第四，改革开放推动国家从人治走向法治。我国有着数千年的封建历史传统。坚定走依法治国道路、建设社会主义法治国家是巨大的历史进步。党的十一届三中全会开启改革开放时，邓小平同志就在总结历史教训的基础上指出：“为了保障人民民主，必须加强法制。必须使民主制度化、法律化，使这种制度和法律不因领导人的改变而改变，不因领导人的看法和注意力的改变而改变。”党的十五大郑重提出把依法治国、建设社会主义法治国家作为党领导人民治理国家的基本方略，并把“法制国家”的提法改为“法治国家”。1999年3月，全国人大修改宪法，明确规定：“中华人民共和国实行依法治国，建设社会主义法治国家。”2012年党的十八大进一步强调，依法治国是党领导人民治理国家的基本方略。党的十八届三中全会提出：“建设法治中国必须坚持依法治国、依法执政、依法行政共同推进，坚持法治国家、法治政府、法治社会一体建设。”

建设社会主义法治国家能从根本上杜绝“文革”那样的政治混乱，保障经济社会在稳定的环境下顺利发展。市场经济也必须是法治经济，市场交易遵循成熟的法律制度，纠纷就能在良善的司法体系中获得合理解决，市场主体就能产生稳定的预期，大大降低交易成本，进一步释放市场活力。

第五，改革开放推动人民生活从贫穷落后步入小康。改革开放改变了生产关系和生产力不相适应的状况，社会生产力得到极大解放，社会财富迅速增长，人民生活得到逐步改善。改革开放40年，城乡居民收入水平呈现出大幅增长态势。居民消费结构从温饱型向小康型转变，人民从满足于吃饱穿暖转为更加注重个性和享受的多层次消费。居民预期寿命从1981年的67.8岁提高到2014年的75岁。文盲率从1982年的22.8%下降到目前的4.1%，每年有数百万高等院校毕业生走入社会。

中国改革开放虽然取得了举世瞩目的成就，但前期单边突进的改革遗留的问题越来越成为影响经济社会进一步向前发展的障碍，而且经过40年的改革发展，随着生存型阶段向发展型阶段转变，需求结构开始发生明显变化，新需求和旧体制的矛盾也日益凸显，新老问题同时并存，影响着改革的深化。目前仍存在的矛盾有以下几个方面。

一是经济发展方式转型与市场化改革不到位的矛盾。以当前最重要的“三去一降一补”为例，虽然整体战略上极为重要，但在实际操作中，也出现了行政手段“一刀切”，专去民企的传言。“三去一降一补”需要行政手段配合，不过应尽量以市场的优胜劣汰为主，行政要求只充当市场资源配置的砝码，这样虽然见效慢些，但长期看会更健康。

二是税费重与公共产品供给短缺并存的矛盾。我国已开始从私人产品短缺时代进入公共产品短缺时代，但相应的社会体制改革还不适应这个变化趋势。公共产品短缺成为阻碍扩大内需、制约发展方式转型的重要因素。与此同时，作为公共产品供应源泉的老百姓的税负水平并不低。与一些宏观税负超过30%的国家相比，我国在社会福利支出方面还有很大差距。造成这种现象的主要原因是，政府一直作为投资的主体而没有成为创造环境的主体，一些地方政府的注意力仍集中在追求经济总量的扩张上。

三是依法治国的理念在实际行动中仍有待落实。依法治国作为治国方略早已提出，但行政部门职能缺位、错位、越位，行政审批门槛多、公共服务不到位、权力行使不规范等问题仍时有发生，阻滞了市场经济的健康发展。此外，宪法明确了法院、检察院依法独立公正行使审判权和检察权也不时受到影响。凡此种种，体现了法治状况与社会主义市场经济建设的不相适应。市场经济中的利益主体各不相同，市场经济的运行实际是各主体间利益交换、协调的过程，是不断产生矛盾又解决矛盾的过程，司法承载着保障矛盾有效、迅速解决，维护不同主体利益交换、协调通畅运行的重要功能，依法治国的理念必须贯彻到实处。

三、改革开放的经验和启示

在坚持社会主义基本制度的前提下，立足基本国情，遵循市场经济的一般规律，借鉴有益经验，不断调整和完善经济基础和上层建筑，不断探索社会主义和市场经济相结合的有效途径和方式，我们走出了一条有中国特色的改革开放道路，积累了不少宝贵经验，突出的有：

不断解放思想，推进理论创新。科学的理论是改革顺利推进的思想保证。改革的进程就是思想解放的过程，就是理论创新的过程。改革开放以来，我们党坚持解放思想、实事求是、与时俱进，将实践作为检验真理的唯一标准，不断推进理论创新、思想创新和体制创新，创造性地提出了社会主义市场经济理论及其政策体系。党的十九大提出中国特色社会主义进入了新时代，以及我国社会主要矛盾已转化为人民日益增长的美好生活需要和不平衡不充分的发展之间的矛盾，把改革的理论推进到新的广度和深度。

坚持市场化的改革方向不动摇。改革开放40年的历程也是市场作为资源配置手段的地位不断提升的历程。从“一大二公”和“割资本主义尾巴”到“计划为主、市场为辅”的社会主义商品经济的提出，再到从指令性计划到指导性计划的转变，进一步到社会主义市场经济的提出，最终到使市场在资源配置中发挥决定性作用。中国的改革所取得的成果，也就是社会主义市场经济不断发展的结果。回顾40年改革经验，最核心的一条就是要坚持市场化的改革方向。正因为坚持市场化的改革方向，人民群众的劳动积极性才得以最大限度地发挥，创新创业活力得以无限焕发，尤其是民营企业，从无到有，为国家经济贡献巨大。需要着重指出的是，在互联网大数据时代，仍要头脑清醒地坚持市场经济。计划经济与市场经济的区别，本质上并不在于有无计划或制订的计划是否科学，即便在完全市场化的社会里，企业也会制订诸多生产计划、推广计划，计划得好的企业更有可能在激烈的市场竞争中胜出。计划经济与市场经济两者的本质区别是由行政权力配置资源还是在价值规律的支配下由市场主体自主选择判断来配置资源。互联网大数据可以使计划制订得更科学，但无法解决这个时代最重要的人的创造性、积极性问题。互联网和大数据只有与市场相结合才能迸发出最大的效用。改革必须坚持市场化不动摇。

灵活运用改革方法，既先行先试、先易后难，又统筹兼顾、协调推进。我国改革的典型特征是采取先行试点、总结推广的方式，这种由点而面、先易后难的改革推进方式，既控制了风险，又通过有效的推广机制使成功经验迅速普及，成为渐进式改革战略的重要经验，也是新时期推进改革开放、探索新的发展模式和体制模式的重要途径。改革是一项系统工程，必须不断完善推进方式，统筹兼顾，加强总体协调，注重把握“破旧”和“立新”的关系，立足于立新，适时大胆地破旧，从而不断消除深层次的体制机制障碍，建立健全适应生产力发展需要的新体制机制。坚持整体推进和重点突破相结合，在统筹规划的基础上注重协调配合，不失时机地实现重点突破。开放也是改革，做到改革和开放相互促进，良性互动。

在完善社会主义市场经济体制的新阶段，面临的主要是一些触及深层利益关系、配套性强、风险比较大的改革，而且经济体制改革与政治体制、文化体制、社会体制方面的改革日益紧密地联系在一起，这更凸显出统筹协调和整体推进的要求。

正确处理改革、发展、稳定的关系。改革是经济社会发展的强大动力，有效的体制是实现经济社会又好又快发展的根本保证，从长远看也是确保社会稳定的根本保障，同时，发展和稳定也提供了深化改革的良好环境和基本条件。要正确处理好三者的关系，适时有序推进改革开放，把改革的力度、发展的速度和社会的承受能力有机结合起来，在保持稳定的前提下推进改革和发展，通过改革和发展促进社会稳定。

40 年的改革进程不仅带来了改革方法论上的经验，也在价值观方面给我们以启示。

启示一：改革为了人民、依靠人民，改革的成果由人民共享。改革的目标是人民的福祉。习近平总书记指出：“人民对美好生活的向往，就是我们的奋斗目标。”改革是促进社会和谐的强大动力，是社会和谐体制机制的构建和完善过程。维护好、实现好和发展好广大人民群众的根本利益是社会和谐的基础，有效的体制机制是实现社会公平正义和社会和谐的根本保证。在改革措施的出台和推进过程中，要坚持以人为本，民生为重，注重把提高效率同促进社会公平结合起来，通过提高效率来促进发展，同时，注重从解决关乎人民群众切身利益的问题入手，努力兼顾好各方利益，在经济发展的基础上实现社会公平。改革既要依靠各级党委和政府的坚强领导，又要充分扩大社会参与度。改革的历史也表明，一系列影响重大的改革措施的推出，都是以基层单位人民群众创造的具体改革经验和做法为基础和依据的。

启示二：坚守市场经济主体平等的理念。市场是人与人交换的平台，在这个平台上，人与人是一种平等的交换关系。因此，抛开市场经济价值规律的运动轨迹，市场静态的基础就是不同产权的主体之间的平等关系。因为分属不同产权，因而有交易的需要，因为有平等的地位，因而有交易的可能。交易越活跃，则市场越繁荣。反之，如果不能使主体之间保持平等地位，那就会造成重则强取豪夺，轻则打击生产和交易积极性，交易关系难以持续。谁来保证各种所有制经济依法平等使用市场要素、公平参与市场竞争、同等受到法律保护？理所当然要靠政府保证。党的十八大指出："经济体制改革的核心问题是处理好政府与市场的关系。"政府职能转变是关键，政府职能转变的方向是创造良好的市场环境，提供优质的公共服务，维护社会公平正义。从现实情况看，对一些民企尤其是民营非上市公司的合法权利的法律保障程度还难以达到基本要求。当前的司法实践中，干扰企业处理纠纷的因素过多，更有甚者，一些民营非上市公司各种财产权利还受到腐败势力的压榨，得不到法律的公正保护。要创造良好的市场环境，就必须保障各类所有制市场主体的合法权利，对党的十八大提出的"保证各种所有制经济依法平等使用生产要素、公平参与市场竞争、同等受到法律保护"要求具体落实。

不忘初心，牢记使命。党的十九大的召开，标志着改革事业迈入新时期，正如习近平总书记指出的："今天的中国，前所未有地靠近世界舞台中心，前所未有地接近实现中华民族伟大复兴的目标，前所未有地具有实现这个目标的能力和信心。"当前，中国特色社会主义进入了新时代，我们必须准确把握社会主义初级阶段不断变化的新特点，在中华民族实现了从站起来、富起来到强起来的历史变化基础上，通过"五位一体"改革把中国特色社会主义进一步推向前进。前进的道路上仍充满挑战，我们要有"踏平坎坷成大道，斗罢艰险又出发"的豪迈与自信！

（作者系原国家体制改革委员会副主任、中国经济体制改革研究会原会长）

新经济、新金融、新趋势：金融业如何与创新中的实体经济良性互动

巴曙松

如何实现金融行业与实体经济的良性互动，是目前金融业面临的重要课题。当前全球的实体经济正在推动创新革命，新的技术、新的业态、新的产品层出不穷。但是，我国的金融业支持实体经济的主要形式基本上仍是习惯于向传统经济提供融资，因此，我们应考虑如何调整和创新金融的业态、产品和服务方式等，从而为正处于创新进程中的实体经济提供更好的金融服务。

一、"新经济"与"旧经济"的动力转换：全球趋势

目前，经济增长新旧动力的转换，以及增长方式的创新，是全世界都在关注的重要课题。不仅是在中国，而且在美国、欧元区、日本这几个发达经济区，全要素生产率（TFP）对经济增长的贡献也都处于百年以来的低位。全要素生产率又称技术进步率，是指在既定的生产要素投入水平下，生产效率的增加值。党的十九大报告首次提出要"提高全要素生产率"，意在通过提高我国的创新能力与科技实力，推动经济发展变革，把握当前我国促进经济转型的重要时机。

回顾中国经济发展历程，不同时期的活跃的企业主体均与对应时期促进经济增长的主导产业息息相关。从 20 世纪 80 年代的手表、自行车行业到 90 年代的彩电、空调等家电行业，都曾在经济增长过程中充当主要动能；而到了 21 世纪初，房地产、汽车以及基础设施等行业迅速发展；到现在，医疗、两网融合、新制造业、文化娱乐业等新经济产业的比重开始攀升。当前我国政府正有意识地降低中国经济增长对"基础设施+房地产推动"这种传统增长模式的依赖，通过改变金融业支持实体经济的路径和方式，引导新产业、新业态、新制造业、新商业模式的高速发展。

本轮经济回落以 2010 年第一季度为高点，到 2018 年已有八九个年头，经过这一轮经济回落，有不少新兴产业在总体经济调整的背景下逐步度过初创期、探索期。2018 年政府工作报告中提出我国应加快建设创新型国家，深入实施创新驱动发展战略。从产出来看，新经济产业的产出增速均高于平均水平，一些高技术产业、新型制造业的工业增加值累计同比增速甚至大幅超过平均水平。同时，2017 年钢铁、煤炭等去产能力度较大的行业盈利大幅上升，经营利润出现反弹，但目前这些行业的产能依然过剩，还需要坚定政策方向继续去产能，同时通过"中国制造 2025"的稳步实施，在去产能的同时提高相关产业的创新能力与生产效率，向"智能制造""绿色制造"的目标迈进。

中国经济增长的长期历史波动中有一个值得注意的现象，即在经济增长强劲时，创新往往会被忽略，因为彼时仅依赖于传统的经济发展模式，就已经可以实现不错的高速增长。到了经济调整期，经过几年的发展与调整之后，社会经济体系中开始拥有足够多的闲置资源来支持新经济的发展，新经济的发展空间将往往因此逐渐扩大。

目前我国的制造业中，不断加大投入的绝大多数还是两网融合的新型制造业、高端制造业等新经济领域相关行业，去产能、去库存的产业的投资总体上则在下降。所以从长期趋势来看，我国的确正处于一个新旧动力转换，制造业等传统行业转型的过程中。

这种分化也反映在资本市场上。2017 年中国资本市场的分化十分明显，例如股市存在“二八行情”，虽然市场指数在上涨，但是约八成的个股却在下跌；行业的盈利能力也存在分化，比如上游行业的利润在恢复或上升，而主要的下游行业的利润表现却很弱势。一些活跃的新经济龙头企业正在加大投入，不断增强市场的优势地位。

由此可见，金融体系需要进一步把握新经济、新制造业融资的独特性，尽快适应转型中的新制造业、新经济公司的需求。

二、新经济企业成长过程的不同阶段具有不同的风险和资金需求特征

当前我国的金融业之所以没有很好地为新经济转型服务，很重要的一点就是新的经济业态、融资特性和需求正在变化，而金融体系却未及时相应调整。

首先，创新型企业可能处于不同阶段，拥有不同的市场融资需要。早期的创新型企业一般具有核心技术和知识产权，但面临资本投入少、创业周期长、风险和不确定等难题，需要多种金融工具和开放的孵化环境支持新兴技术的创新和产业化进程。新经济企业的这些融资特点，或者说是痛点，有不少在现有体系中难以解决。企业的创新常常会衍生出好的趋势、产品、商业模式，但在创业阶段，企业的淘汰率非常高。在美国，企业初创时期的资金来源主要是“4 个 F”，即家庭成员（Family）、朋友（Friend）、傻瓜（Fool）和基金（Fund）。这个时候企业几乎没有任何资产，只有一个可能是在车库里灵光一现得到的想法，此时需要有人提供资金支持，这就需要金融的创新。企业缺的是一些专业的资金投入，初创企业一旦得到资金支持，就能够展开研究，将想法付诸实践。在经历大浪淘沙之后，真正优秀的企业能够找到合适自己的商业模式，赋予产品增加值，并形成初步盈利规模。随后 VC 进入，在 A 轮、B 轮融资的帮助下，公司规模得以快速扩张，企业利润也随之上升。接着，PE 的进入将进一步推动企业成长，直至其达到上市门槛，获得从公开市场融资的机会。能在公开市场上融资对企业来说是一个突破性的转折点，因为企业此后可以利用股份进行并购、增发、质押，以获得后续资金支持。

如何将大量的金融资源引入创新型企业，并在资本市场上开辟新的融资渠道作为支持呢？举例来看，一些创新型医药企业和生命科学技术相关企业是全球重要的科技创新的发展引导者，但是它们目前受制于颇为严格的上市门槛，需要满足相当高的资金要求和盈利要求。这些企业在最需要资金的时候，往往还未盈利，也没有现金流收入、业务记录等，唯一能做的就是将大量研发投入情况交到相关部门和各位专家的评审报告之中，如一期、二期、三期临床的进展等。因此，我们需要探索如何针对这些生命科学领域的创新企业，适当降低上市门槛，使其在最需要资金的时候能从资本市场获得必要的支持。

大量活跃在知识新经济的 PE、VC 也面临着一个很重要的问题，即如何保持一定的流动性与合理的退出渠道，中国如此，美国也是如此。统计表明，1999 年美国科技型创新型公司从创立到上市只需要 4 年，而现在这一进程平均需要 11 年，这意味着资本从投入到退出需要十多年的时间，而市场上很难找到期限如此之长的资金投资，投资者大多希望三五年之内就可以退出。因此，金融市场需要在早期就为投资者提供一个退出渠道，使他们可以尽早获得资金来投资新的项目，提高整个投资循环中的流动性。

综上所述，目前我国的资本市场需要尽快做出调整，通过识别新经济企业的独特的融资需求特征，在投资者不断把握新经济发展趋势的条件下，创新性地尝试满足处于不同发展阶段和规模的企业融资的需求。

市值是市场对一家公司的价值判断，该指标在资本市场中应用广泛，它在许多时候也反映了产业转型的方向。比如在十年前，中国市值最大的公司是中国石油，其最高市值在 8.7 万亿元左右，目前则不到 2 万亿元。现在我国市值最大的公司是腾讯，约 4 万亿元。由此可见产业转型升级是一个长期的过程，而且其力量非常强劲，既能够使中国石油的市值在十年内大幅收缩，也能将十年前还处于成长期的腾讯培养成为当前市值最高的企业。

在全世界新经济企业市值排名前 100 名中，中美势均力敌；在新经济领域，前 50 名的公司中中国、美国合占 70%~80%，德国、日本各占几家，但是美国的资本市场从中国的新经济发展中获益更多，因为一些新经济企业在国内难以上市，香港在上市制度修订之前也无法满足这些企业的上市需求。

中国的资本市场，包括金融市场，仍更习惯于支持传统的制造业经济，为顺应新经济的融资需要，我们需要对目前的金融体系进行调整，将资本引入中国创新型制造业，这其中也包括我国境内和香港地区资本市场相关制度的调整。

三、香港优化上市架构、助力新经济发展

香港在助力新经济企业的发展中有其优势。在国际金融体系中，纽约、伦敦、香港三个国际金融中心相互联系，国际主要的金融机构如投资银行、商业银行、律师事

务所和会计师事务所在香港都有设点和分支机构；同时，香港也是中国的国际金融中心，与内地市场的联系有着天然的优势，并且香港和内地的决策者都意识到了新经济融资的需要。

近几年，香港正在进行上市制度的全面改革，其中一个重点目标就是通过创新上市制度，让国际资本能够进入创新型实体企业。

为吸引新经济企业来香港上市，香港于 2017 年 6 月推出《有关建议设立创新板的框架咨询文件》，意在对原有制度做出改进，提高主板市场的上市门槛，完善退市制度，同时重点针对新经济企业发展的不同阶段开放不同的渠道，充分满足企业的融资需求。例如，对于刚刚创立的公司，由于这些公司盈利能力较弱，需要孵化器、财政的支持，此时可以引入区块链技术，形成一个股权登记转让系统，当大量的新经济公司都有股权登记之后，再吸引 PE、VC 进入，这样可以降低信息不对称问题，也可以简化资料提交的手续。

2017 年 12 月 15 日，香港交易所发布《咨询总结》，根据市场的反馈提出了三个变革方向：一是尝试从生物科技、医疗健康领域着手，放松其上市限制。由于生命科学领域受到严格的政府监管，资本市场可以借助政府对这些行业的管理，将信息交给市场，通过市场的机制来运作。如此一来，当一家生物科技公司想要在没有收入也没有盈利的阶段上市时，门槛就相对宽松了。根据咨询结果，当前很多大健康、大医疗领域的公司都有这方面的融资需求。二是对一部分新经济公司开放差别投票权。三是第二次上市，比如已经在国内上市的企业想要拓展国际市场，或者已经在美国上市的企业想要拓展亚洲市场等。

2018 年 2 月 23 日，香港交易所进一步刊发了《新兴及创新产业公司上市制度的咨询文件》，针对上述三个改革方向提出了详细的方案建议，并咨询市场意见。

经过多次的市场咨询与意见征求之后，香港交易所新修订的《上市规则》最终于 2018 年 4 月 30 日起正式生效，有意按照新规则申请上市的相关企业同日起可提交正式申请。此次修订确定了三条新规则：一是容许未能通过主板财务资格测试的生物科技公司上市；二是容许拥有不同投票权架构的公司上市；三是为寻求在香港作第二次上市的大中华及国际公司设立新的便利第二次上市的渠道。

此次改革之后，香港市场进一步向美国资本市场靠近，改进了不同投票权架构与收入门槛等方面的制度，同时大幅提升了对生物科技类新经济公司的接纳程度，跟上了当前新经济时代的发展脚步。

金融是一种媒介，它能够将资金的需求和供给结合起来。若香港对于这些新经济公司的激励机制建立得当，那么其吸引力与激励作用将非常强大。当公司盈利之后，再次将资金投向我国新经济比较活跃的领域，就可以形成良性循环，建立一个投资的生态系统。具体来看，新经济公司的存在能够吸引相关行业优秀的研究人员、分析师来对这个行业做深度分析。以目前香港最受欢迎的医药健康护理行业为例，由于未来有一批健康领域的新经济公司上市，而原有的分析师大多为商科、会计背景，对医药方面的了解需要提升，因此金融机构需要招聘优秀的医药专家，为市场分析与讲解医药行业的未来趋势，提高市场的研究能力。

香港市场打造的这个生态系统还将吸引一些有投资眼光的投资家参与，形成集聚效应。香港市场也得以借此机会畅通中国内地市场与国际市场的联系，从而更好地发挥其国际金融中心的动能。只有充分结合国际资本和中国创新型企业的融资需求，才能更加有力地支持中国的供给侧结构性改革，支持创新驱动的策略，同时在金融业找到一个落脚点、一个纽带、一个平台来支持新经济行业。

（作者系中国银行业协会首席经济学家）

2017年宏观经济回顾、货币政策走向及对2018年发展的预测

张红地

2017年全年，中国经济运行稳中向好，并且好于预期，消费需求对经济增长的拉动作用保持强劲，投资增长稳中趋缓、结构优化。进出口扭转了连续两年下降的局面，服务业对经济增长的贡献度不断提高，企业效益继续改善，生态环境状况明显改善。经济结构调整加快，总供求更求平衡，内生增长动力有所加强，全年实现经济增长和物价平稳的较好组合。2017年，我国经济结构不断优化，消费需求是经济增长的主要拉动力，经济增长质量不断提高。国内生产总值GDP同比增长6.9%，居民消费价格CPI同比上涨1.6%，经济发展的质量和效益不断提升。

一、2017年中国经济发展的特点

一是GDP增长6.9%，这是自2011年经济增速下行以来的首次回升。分季度看，四个季度分别同比增长6.9%、6.9%、6.8%、6.8%。分产业看，第一产业增加值为65468亿元，增长3.9%；第二产业增加值为334623亿元，增长6.1%；第三产业增加值为427032亿元，增长8.0%。这是自2011年经济增速下行以来的首次回升。可以说，2017年我国经济稳中向好、好于预期，经济活力、动力和潜力不断释放，稳定性、协调性和可持续性明显增强，实现了平稳健康发展。

二是居民收入实际增长7.3%，跑赢GDP增速。2017年，我国居民人均可支配收入为25974元，比上年名义增长9.0%；扣除价格因素实际增长7.3%，比上年加快1.0个百分点。2017年，城镇新增就业人数超过1300万人。其中，农村居民收入增长快于城镇居民。数据显示，城镇居民人均可支配收入为36396元，扣除价格因素实际增长6.5%；农村居民人均可支配收入为13432元，扣除价格因素实际增长7.3%。

值得一提的是，2017年我国全年农民工总量为28652万人，比上年增加481万人，农民工月均收入为3485元，比上年增长6.4%。

三是企业利润增长加快，前11个月达6.87万亿元，产业转型升级取得新成效。2017年，全国规模以上工业企业实现利润总额68750亿元，同比增长21.9%，比上年同期加快12.5个百分点，企业效益实现较大幅度改善。规模以上工业企业主营业务收入利润率为6.36%，比上年同期提高0.54个百分点。从工业增加值来看，我国2017年规模以上工业增加值同比实际增长6.6%，增速比上年加快0.6个百分点。其中，高技术产业和装备制造业增加值分别比上年增长13.4%和11.3%，全年规模以上工业企业产销率达到98.1%，产业转型升级取得新成效。

四是外贸快速回升，增长14.2%，扭转连续两年下降局面。我国2017年货物贸易

进出口总值为27.79万亿元，比2016年增长14.2%，一举扭转此前连续两年下降的局面。各类型企业进出口均实现两位数增长，其中，民营企业进出口增长15.3%，对我国进出口总值增长的贡献率最高，达到41.3%，外贸的内生动力持续增强。

五是地方债发债4.35万亿元，总体风险可控。2017年，我国发行地方政府债券43581亿元；截至年末，全国地方债余额为164706亿元，控制在全国人大批准的188174.3亿元限额之内。我国地方债风险总体可控，全年督促地方强化限额管理和预算管理，加快存量政府债务置换步伐，同时坚持“堵后门、开前门”。一方面，坚决堵住违法违规举债的“后门”；另一方面，开好合法合规举债的“前门”，合理确定地方政府债务限额，稳步推进专项债券管理改革。2018年，有大约1.72万亿元非政府债券形式存量政府债务需要进行置换。

六是利用外资规模稳步增加。2017年，实际使用8775.6亿元，规模创历史新高。商务部数据显示，全国2017年新设立外商投资企业35652家，同比增长27.8%；实际使用外资8775.6亿元人民币，同比增长7.9%，规模创历史新高。其中，高技术产业实际吸收外资同比增长61.7%。外资企业以占全国不足3%的数量，创造了近一半的对外贸易、四分之一的规模以上工业企业利润、五分之一的税收收入，为促进国内实体经济发展、推进供给侧结构性改革发挥了重要作用。

七是物价继续保持温和增长。2017年，CPI温和上涨1.6%、PPI结束5年下降态势。全国居民消费价格指数CPI在2017年上涨1.6%，涨幅较上年回落0.4个百分点，我国物价相对比较稳定。其中，食品价格下降1.4%，这是自2003年以来首次出现下降，主要是受猪肉和鲜菜价格下降影响较多。非食品价格上涨2.3%，涨幅比上年扩大0.9个百分点。同一时期，工业生产者出厂价格指数PPI上涨6.3%，结束了自2012年以来连续5年的下降态势。其中，生产资料价格上涨8.3%，影响PPI上涨约6.13个百分点。涨幅较大的行业包括石油和天然气开采业、煤炭开采和洗选业、黑色金属冶炼和压延加工业。PPI转正受益于供给侧结构性改革的深入，工业领域供求关系得到改善。

八是房价开始理性下降。其中，一线城市环比持平或下降，二线、三线城市环比微涨。国家统计局的12月70个大中城市住宅销售价格统计数据显示，北京、南京、无锡、杭州、合肥、福州、郑州、深圳和成都9个城市的新商品房价格已经低于上年同期水平。从环比看，福州、厦门、广州、深圳新建商品住宅价格比11月下降。全年我国毫不动摇坚持“房子是用来住的、不是用来炒的”定位，毫不动摇坚持房地产市场调控目标，毫不动摇坚持调控政策的连续性稳定性，严格落实各项调控政策措施，严厉打击各类违法违规行为，坚决遏制投机炒房，进一步落实地方主体责任，确保房地产市场稳定。

九是外汇储备达到3万亿美元，规模保持了平衡稳定。截至2017年12月末，我国外汇储备规模为31399亿美元，较2017年初上升1294亿美元，升幅为4.3%。数据显示，12月末，外汇储备规模较11月末上升207亿美元，连续第11个月出现回升。在全球经济持续回暖带来外需增长、金融市场进一步对外开放、市场预期不断改善的背景下，未来我国国际收支和外汇储备规模将保持平衡稳定。

十是消费支出对 GDP 增长的贡献率达 58.8%，成为经济增长的主动力。2017 年，我国最终消费支出对 GDP 增长的贡献率为 58.8%，高于资本形成总额 26.7 个百分点，消费依旧是经济增长的主动力。2017 年，随着“大众创业、万众创新”蓬勃发展，消费新模式新业态也不断显现，带动了新动能的成长。

二、2017 年中国经济发展的主要亮点

一是三次产业结构持续调整，服务业对经济增长的贡献不断提高。2017 年，三次产业增加值占 GDP 的比重分别为 7.9%、40.5%和 51.6%。与上年相比，第一产业比重下降 0.6 个百分点，第二产业比重提高 0.6 个百分点，第三产业比重与上年持平。从对经济增长的贡献率来看，2017 年三次产业的贡献率分别为 4.9%、36.3%和 58.8%，三次产业分别拉动经济增长 0.4 个、2.5 个和 4.0 个百分点。第三产业对经济增长的贡献率比第二产业高出 22.5 个百分点，比上年提高 1.3 个百分点。产业结构的调整，表明中国经济基本上进入了良性循环，经济发展更多地依赖内需而不是过多地依靠出口来拉动。表明 2017 年中央对经济结构的调整已经初见成效。

二是消费成为拉动经济增加的重要动能。2017 年，终极消费支出对经济增长的贡献率为 58.8%，资本构成总额对经济增长的贡献率为 32.1%，比上年下降 11.0 个百分点；货物和服务净出口对经济增长的贡献率为 9.1%，比上年提高 18.7 个百分点。货物和服务净出口对经济增长的拉动力明显提升，但最终消费支出仍是拉动经济增长的主要动力。消费、投资和净出口对经济增长的贡献率存在此消彼长的关联。2017 年，外需风险率由负转正，货物和服务净出口贡献率大幅回升的原因，首先是我国外贸局势总体较好。在全球经济温和复苏，我国经济稳中向好，“一带一路”建设稳步推进，外贸稳增长效应显现的大环境下，2017 年我国货物进出口总额同比增长 14.2%，扭转了连续两年下降的局势。其次是价格因素影响。因为国际市场大宗商品价格整体出现同比上涨态势，带动我国货物入口价格指数回升至 109.4%，大于货物出口价格指数的 103.9%，所以剔除价格因素后，不变价货物和服务净出口为正增长，且增速比上年大幅提高。

三是企业效益继续改良，经济增长质量提高。工业生产增速加快，同时工业品价格大幅回升，企业效益明显好于上年。2017 年，工业增加值比上年增长 6.4%，提高 0.4 个百分点。1 月至 11 月规模以上工业企业利润总额同比增长 21.9%，比上年同期提高 12.5 个百分点。在第三产业中，受工业生产增长加快等因素影响，交通运输、仓储和邮政业实现了较快增长，全年交通运输、仓储和邮政业增加值比上年增长 9.0%，提高 2.4 个百分点。信息传输、软件和信息技术服务业增长较快，企业效益显著提高。全年信息传输、软件和信息技术服务业增加值比上年增长 26.0%，提高 7.9 个百分点，

对经济增长的贡献率达到 11.3%。

四是新兴产业不断强大，高科技企业与战略性新兴服务业成为经济增长的主要动力。2017 年，战略性新兴产业、高技术产业等新兴行业保持较高增长，新动能成为保持经济平稳增长的重要动力。工业新旧动能持续转换，规模以上工业战略性新兴产业增加值比上年增长 11.0%，规模以上工业高技术产业增加值比上年增长 13.4%，分别高于全部规模以上工业 4.4 个和 6.8 个百分点。1 月至 11 月，规模以上科技服务业企业营业收入同比增长 15.1%，战略性新兴服务业企业营业收入同比增长 18.0%，分别高于全体规模以上服务业企业营业收入增速 1.2 个和 4.1 个百分点。

三、稳健的货币政策取得较好效果

2017 年，中国人民银行继续实施稳健中性的货币政策，货币政策和宏观审慎政策双支柱调控框架初见成效，为供给侧结构性改革和高质量发展营造了中性适度的货币金融环境。密切关注流动性形势和市场预期变化，加强预调微调和与市场的沟通，综合运用逆回购、中期借贷便利、抵押补充贷款、临时流动性便利等工具灵活提供不同期限的流动性，维护银行体系流动性合理稳定，公开市场操作利率“随行就市”小幅上行。宣布对普惠金融实施定向降准政策，运用支农支小再贷款、再贴现、扶贫再贷款和抵押补充贷款等工具并发挥信贷政策的结构引导作用，支持经济结构调整和转型升级，将更多金融资源配置到经济社会发展的重点领域和薄弱环节。深化利率市场化改革，货币政策调控和传导机制进一步健全。完善人民币汇率市场化形成机制，在中间价报价模型中引入“逆周期因子”，更充分地反映基本面变化。进一步完善宏观审慎政策框架，将表外理财纳入广义信贷指标范围，做好将同业存单纳入宏观审慎评估（MPA）同业负债占比指标的准备工作。积极完善和推广全口径跨境融资宏观审慎管理，适时推动前期出台的逆周期调控政策回归中性。

2017 年，稳健中性的货币政策取得了较好效果，在有效抑制金融体系杠杆的同时，保持了经济平稳较快增长。银行体系流动性中性适度，货币信贷和社会融资规模平稳增长，利率水平总体适度，人民币对美元双边汇率弹性进一步增强，双向浮动的特征更加显著，人民币汇率预期总体平稳。2017 年末，人民币贷款余额同比增长 12.7%，比年初增加 13.5 万亿元，同比多增 8782 亿元；社会融资规模存量同比增长 12.0%。12 月非金融企业及其他部门贷款加权平均利率为 5.74%。2017 年末，CFETS 人民币汇率指数为 94.85，全年上涨 0.02%，人民币兑美元汇率中间价为 6.5342 元，较上年末升值 6.16%。年末广义货币供应量 M_2 余额同比增长 8.2%，主要体现了金融体系抑制内部杠杆的成效。

四、2018 年中国宏观经济发展的基础和面临的主要问题

2018 年中国宏观经济发展的基础主要有：一是中国经济基本面长期向好的趋势没有改变。中国发展有巨大的潜能，新型城镇化、服务业、高端制造业以及消费升级有很大的发展空间，回旋空间也比较大。二是经济体制改革持续推进，供给侧结构性改革阶段性成效明显，简政放权和创新驱动战略不断深化实施，过剩产能继续化解，2017 年工业产能利用率为 77%，创五年新高，房地产库存下降，供求关系有所改善，适应消费升级的行业和战略性新兴产业快速发展，经济结构继续优化。三是经济去杠杆已经初见成效。从 2017 年第四季度开始，中国的宏观杠杆率增速已有所下降。金融体系控制内部杠杆也取得阶段性成效。四是货币信贷和社会融资总量保持适度增长，为供给侧结构性改革和高质量发展营造适宜的货币金融环境。在多种因素的共同推动下，2017 年以来国民经济稳中向好，经济运行呈现稳定性增强、质量提高、结构优化的态势。中国人民银行第四季度企业家及银行家问卷调查显示，宏观热度指数、信心指数环比、同比均进一步提高；城镇储户问卷调查显示居民就业预期指数也有所改善。

2017 年我国经济金融领域的结构调整虽然出现了积极变化，但也要看到，2018 年，结构性矛盾仍较突出，结构调整和改革任重道远，防范化解重大风险的任务仍然艰巨。面临的主要问题有：一是从国际环境看，发达经济体货币政策调整可能会对全球经济、资本流动造成冲击，全球利率中枢可能会有所上行，同时地缘政治风险及不确定性可能会加大，国际金融市场近期波动也有所加大，我们仍将面临高度复杂多变的国际环境。二是从国内看，当前经济稳中向好，一定程度上受全球经济复苏背景下外需回暖推动，民间投资活力仍相对不足，部分短板领域瓶颈尚未打破，总杠杆水平仍然偏高，企业尤其是国企债务压力依然较大。

2018 年中国经济发展需要重点完成的任务有：一是要把握中国经济已由高速增长阶段转向高质量发展阶段的本质特征，通过供给侧结构性改革，着力提高供给体系的质量和效益，坚持去产能、去库存、去杠杆、降成本、补短板，打好防范化解重大风险、精准脱贫、污染防治三大攻坚战。二是建设创新引领、协同发展的产业体系，提高全要素生产率。持续深化要素市场化配置和财税等重点领域改革，扩大优质增量供给，优化存量资源配置，大力破除无效供给，把处置“僵尸企业”作为重要抓手，深化国有企业改革。三是推进新型城镇化发展，加快建立多主体供应、多渠道保障、租购并举的住房制度，增加劳动力市场灵活性，抑制资产泡沫，降低宏观税负，更充分地发挥市场在资源配置中的决定性作用。四是积极推动城乡区域协调发展，优化现代化经济体系的空间布局。把顶层设计和基层创新结合起来，进一步理顺中央和地方财政关系，在新形势下运用新机制发挥好地方的积极性和主动性，激发各类市场主体活力，支持民营企业发展，落实保护产权政策，改善营商环境，稳定市场预期，继续在扩大消费和发展服务业的短板领域取得突破。五是完善金融机构的激励约束机制，保

持融资的可持续性，拓展金融资源有效配置的领域和空间，不断增强现代金融服务实体经济的能力。尤其要努力保持物价形势总体稳定。物价涨幅根本上取决于经济基本面状况和供求的相对变化。当前全球主要经济体通胀水平多在低位运行，国内经济总体运行平稳。当然也要看到，受去产能、环保督察、大宗商品价格回暖、基数因素等叠加影响，通胀水平可能存在小幅上升压力。中国人民银行第四季度城镇储户问卷调查显示，未来物价预期指数较上季度提高了 3.1 个百分点。对未来可能的不确定变化，也要继续关注。

总体来看，2018 年，中国经济发展具有良好的基础，具有较好的发展机遇，但是，中国经济发展面临的问题也很多，许多都是改革进入深水区需要解决的具有较高难度的问题，需要我们以党的十九大精神为指导，改革不放松，脚踏实地不断创新，打好改革的攻坚战，保证 2018 年全年经济平稳增长。

（作者系中国金融出版社副总编辑）

中国上市公司治理关键问题的重新审视

胡汝银

一、历史回顾

当笔者 1997 年 10 月 10 日在《上海证券报》上整版发表《中国需要公司管治革命》时，中国资本市场和上市公司的绝大多数人尚不知道什么是公司治理。

为提高中国上市公司治理水平，在笔者的组织和带领下，上海证券交易所研究中心充分开发和整合上海证券交易所内外部的公司治理专业研究资源，严密、系统地归纳总结全球公司治理运动的历史趋势、经验规则和基本做法，通过大量的调查问卷和案例分析，深度透视国内上市公司治理的现状、问题及其解决路径。

通过当时的研究考察，我们有三点重要发现：（1）公司治理质量不高，这是当时几乎所有上市公司的通病，也是中国上市公司存在的最严重的问题之一；（2）公司治理不善，这是当时的“ST 红光”“郑百文”“猴王”等一系列已发生的严重事件和将要发生的一系列严重事件的共同原因；（3）没有良好的公司治理，处于全球化浪潮中的中国证券市场将是一个高风险、缺乏可投资价值、缺乏可持续发展能力和全球竞争力的市场。

我们将彼时中国上市公司治理的主要特征概括为以下 7 个方面。

1. 商业银行等作为债权人对公司实施的监控作用较小，同时，现行法律禁止商业银行向证券业和非金融行业进行股权投资，这些行业的企业的董事会中来自商业银行的代表较少。当企业陷入债务困境时，一般并不改变企业的治理机制以更好地代表和保护债权人的利益，企业不会置于接管安排之下。

2. 现行的中国上市公司治理主要有两种模式，即内部人控制模式和控股股东模式。这两种模式甚至常常在一个企业中奇妙地重叠在一起。在控股股东模式中，当控股股东为私人或私人企业时，往往出现家族企业的现象；当控股股东为国家时，往往出现政企不分（或党企不分）的现象，国家对企业进行的大量直接干预和政治控制往往与公司价值最大化的要求相悖。以上两种模式的实际实施，通常趋向于采取同一种形式，即关键人模式：关键人大权独揽，一人具有几乎无所不管的控制权，且常常集控制权、执行权和监督权于一身，并有较大的任意权力。关键人通常为公司的最高级管理人员或（和）控股股东代表。公司内部的一般员工（包括其他内部董事）和数量很少的外部独立董事在公司治理过程中发挥的作用往往微不足道。

3. 中国的公司采用的是单层董事会制度，与董事会平行的公司监事会仅有部分监督权，而无控制权和战略决策权，无权任免董事会或经理班子的成员，无权参与和否决董事会与经理班子的决策。我们对上市公司进行的大范围问卷调查统计结果显示，上市公司监事会主席来源中企业内提拔的占73.4%。

4. 个人利益至上的金钱与权力拜物教泛滥，人们往往见利忘义，尚未形成一种成熟的诚信文化和公司治理文化，不存在一套完整的、可相互支持、相互补充的公司治理法规架构，也缺乏一套成熟的、自我实施的公司治理最佳做法或自律机制，对违规等不当行为缺乏有力的法律威慑，不能为投资者提供足够的法律保护和司法救济。

5. 独立董事数量过少，履职责任不明确，单个董事在观念和行为上往往更多地代表和追求本身（作为单个个人或代表特定的股东）的利益，而不是代表整个公司的利益和追求公司价值最大化，不能对全体股东真正履行诚信责任和勤勉尽责。在关键人模式或控股股东模式下，整个公司的运作为单个个人或单个股东所控制，股东大会、董事会、监事会往往成为橡皮图章。在公司信息披露过程中，常常出现明显的利润操纵和股权市场的内幕交易现象。根据我们的问卷调查统计结果，当出现利益冲突时，有31.1%的董事表明将优先考虑所代表的股东的利益。

6. 单个公司的股权集中度过高，公司控制权市场不发达。

7. 由于政企不分、公司经营环境和经营业绩剧烈变动、频繁的资产重组、粉饰财务报表、股票市场操纵、内幕交易等现象的存在，信息披露的实际质量难以保证，公司的市场价值与公司的内在价值、经营业绩、治理质量之间往往并不存在普遍显著的相关性，资本市场的优胜劣汰机制不完善，公司治理的重要性受到严重的忽视。

我们感受到，良好的上市公司治理依赖于良好的国家治理机制和证券市场治理机制，尤其依赖于以下三大外部因素：一是良好的法治秩序、商业规范、竞争性的市场结构和会计、律师、证券服务等领域较高的执业标准；二是控股股东、特别是国家股股东或国家有关部门严格按照《公司法》和其他有关法规关于上市公司治理的要求来行使对上市公司的监控权，处理同作为独立的商业实体而运作的上市公司之间的关系；三是严密的法律架构和以法治秩序为基础的、可自我实施的自律机制。我们深切地体会到，要成功地实现由计划经济向市场经济转轨，建立名副其实的现代企业制度，要发展直接融资，建立健全的、制度性的金融市场基础设施，要提升公司部门和金融市场的国际竞争力，迎接世界贸易组织（WTO）和全球化的挑战，就必须立即行动起来，实质性地改善中国上市企业的公司治理。在公司治理领域，中国必须在法律、行政法规、自律准则和公司内部规则四个层面上建章立制，全面推进制度建设和制度实施。

在广泛借鉴国际经验和充分结合中国实情的基础上，基于三大目的（形成并强化良好的公司治理理念，促进公司治理文化建设；推动与公司治理有关的法治框架、监管框架和自律框架的完善；推进公司治理机制的改革，引导公司治理机制的演进方向，促使上市公司规范运作），我们制定了《上海证券交易所上市公司治理指引（草案）》，并于2000年11月2日至3日首度在上海主办召开“中国上市公司治理国际研讨会”，组织国际、国内知名的公司治理专家和实践工作者对该草案进行充分的讨论，最终形成了《上海证券交易所上市公司治理指引》（征求意见稿）（以下简称《指引》），就此拉开了中国上市公司治理制度建设和社会实践的历史大幕。

我们在《指引》中明确强调：公司治理是一整套赖以指导和控制公司运作的制度与方法。良好的公司治理，是按照所有者和利害相关者的最佳利益运用公司资产的保证，是实现公司价值最大化这一根本性公司目标的前提，是投资者进行投资决策的重要依据，是单个公司和单个国家降低资本成本、提高它们在资本市场上的竞争力的基础，是增强投资者信心、增强单个国家及全球金融市场稳定性的必要条件。

同时，我们在《指引》中指出：上市公司治理的健全与否，是今后中国经济与金融改革和证券市场可持续发展能否最终取得成功的关键因素之一，也是中国能否成功地发展具有国际竞争力的现代企业部门以迎接经济全球化挑战的基本因素之一。中国公司治理模式的发展，面临着众多的以现行国情为基础的制约因素，面临着培育相应的市场环境、法律环境、制度与商业文化环境的艰巨任务，并需要全社会的共同努力。这将是一个循序渐进的长期过程，不可能一蹴而就。然而，公司治理改善的共识和迅速行动尽管不会立即完成这一过程，但却可以加速它，可以节省这一过程所耗费的时间和社会代价。

《指引》共7章、55条，全面地涵盖了公司内部治理的各个领域和基本制度安排，并为此后中国上市公司治理制度建设提供了主要的基础、框架和核心内容，有力地推动了中国上市公司治理游戏规则从无到有地快速构建和不断完善。例如，“第三章　董事和董事会”就独立董事制度做出以下明确规定：“公司应至少拥有两名独立董事，且独立董事至少应占董事总人数的20%。当公司董事长由控制公司的股东的法定代表人兼任时，独立董事占董事总人数的比重应达到30%。独立董事应提出客观、公正的意见。当公司决策面临内部人控制和同控股股东等之间存在利益冲突时，独立董事可征求外部独立顾问的咨询意见，公司应为此提供条件。”“董事会应下设审计委员会、提名委员会，还可以设立薪酬委员会、投资决策委员会等专业委员会。董事会下设委员会应主要由独立董事组成，并由独立董事担任主席。”这些规定构成了中国证监会于2001年8月发布的《关于在上市公司建立独立董事制度的指导意见》的核心内容。《指引》也是由我们参与起草、中国证监会和原国家经贸委于2002年联合颁布的《上市公司治理准则》的基础，还是我们参与的2005年《公司法》修改的基础。

此后，由上海证券交易所一年一度连续主办的“中国上市公司治理国际研讨会”成了动员和开发、利用中国上市公司治理的制度、政策与监管资源、推进中国上市公司治理实践的全国性、综合性的专业平台和社会盛典，与之配套的、由我们每年聚焦于一个重大专题撰写、OECD等倡导推进亚洲和全球各国与地区公司治理的国际组织特别看重的专著《中国公司治理报告》在进一步推动公司治理规则进步、知识普及和普遍完善方面，形成了良好的协同效应。

二、新时代 老弊端

在中国这样一个新兴加转轨的经济体中推动构建现代公司治理体系，无疑头绪很多，难度和工作量很大，也无法一蹴而就，需要步步为营，久久为功，一个一个台阶地不断向上攀登，积跬步以至千里，积小胜为大成。

就现阶段而言，中国上市公司治理呈现出一种“规则先行，能力发展与实践滞后”的状态，书面和文字上的规则（Rules in book）并未成为深植人心的规则（Rules in mind）或付诸行动的规则（Rules in practice）。一方面，中国上市企业的公司治理已经取得了巨大进步，公司治理概念已广泛普及，公司治理的基本要求已为人们所共知，并且各种与公司治理相关的规则繁多细致；另一方面，迄今为止，公司治理在很多上市企业的运作过程中仅仅只是停留在形式上达到合规要求的消极状态，以致舍本逐末，形似而神不似，未能成为企业的一种实质性的内在精神追求和价值观实践。尽管中国社会发展已经进入了一个新时代，在推进中国上市企业公司治理初期阶段我们聚焦的那些老弊端却依然如故，并未真正消除。言行严重脱节，糟糕的实践、严重的老弊端和漂亮的说辞、快速变革的新时代之间形成巨大的反差。

概括起来，在现阶段中国上市公司治理实践中，存在着三大偏差行为：一是官僚本位、行政化（政治化）与政治偏差，二是内部人控制与中饱私囊偏差，三是浮躁短视、一夜暴富心理、权钱拜物教与社会责任偏差。与三大偏差行为相联系的是中国目前在产品品质、食品安全、环境污染、信誉与诚信缺失、腐败频发、市场失序、社会资源有效配置和利用等方面面临的一系列巨大挑战。

以上缺乏道德和法规底线的偏差行为亟待纠正，中国上市公司治理实践需要由形式转为实质，实现形神兼备和公司善治，打造公司治理2.0升级版，真正迈入新时代。

三、回归根本 聚焦关键问题

笔者一直强调，如果我们抽象地将整个社会划分为三大部门，即公共部门、家庭部门和公司部门，可以发现，在这三大部门中，只有公司部门才是财富的直接生产者，如果整个公司部门不生产财富，而是热衷于零和博弈，热衷于“割韭菜”和掠夺性交易，利用不公正的手段最大限度地攫取他人的财富，掏空企业和市场，整个社会经济系统必定崩溃。

公司治理的好坏，直接关系到一个企业、一个国家的财富生产效率——良好的公司治理会实现我们最根本的利益，确保企业在法律和商业信用约束下不断为社会创造财富，同时也能够平衡公司控制人、股东及利益相关者的需求，降低市场交易成本和经济行为主体的履约成本，实现企业高效运行和可持续发展，促进社会资源的有效配置，为社会健康发展做出贡献，从而让公司成为真正的公司，成为真正的财富创造者，造福于利益相关者，造福于社会，造福于人类。

因此，在新时代，中国要控制系统性金融风险，实现富民强国，要在推动建设人类命运共同体的全球化过程中充分发挥领先作用，就必须回归根本，回归初心，聚焦关键问题，系统地、实质性地推进上市企业的公司治理变革，从根本上提升中国上市企业的竞争力。

那么，什么是企业的根本、初心和关键问题？

现代经济学之父亚当·斯密在《国富论》中指出："分工是文明的起点。"从人类社会发展历史过程和现代家庭资源配置决策的角度看，我们之所以要在自己的家庭之外购买由其他企业提供的产品和服务来满足家庭成员的消费需求，是因为通过专业分工协作其他企业能提供可靠的、性价比更高的产品和服务，否则，家庭就会选择自给自足、自我生产、自我消费——这即是今天很多城里人到乡下亲自种地种菜的基本逻辑之一。换言之，与家庭自给自足相比，提供可靠的、性价比更高的产品和服务，是企业存在的唯一理由、唯一正当性。如果企业，比如说，向家庭客户提供的婴儿奶粉是有毒奶粉，提供的食品和药品是不安全的、有害健康的，并不断地造成环境污染，威胁人类的生存之所，这样的企业将不配成其为企业，这样的企业家也不配成其为企业家，他们只是为非作歹的罪犯和历史罪人。由此可以明确，以客户为本，以满足客户的需求为本，提供让客户信得过的、可靠的、性价比更高的产品和服务，这即是企业的初心，即是企业的立身之本、企业存在的根本，即是企业成为企业的基本功能、基本价值、基本角色和基本责任；悖逆了这些，企业便失去了任何存在的意义和经济、法律、伦理、政治诸方面的正当性。善用上市企业的资源，也即以人为本，为满足客户的需求而善用企业的资源，实现企业价值和资本回报最大化，包括在产品与服务市场和资本市场上公正博弈，出色地履行企业的社会责任，充分发挥企业家精神推进企业创新，最负责任、最为有效地配置和使用企业的资源和企业的上市地位，这即是中国上市公司治理的关键问题和公司善治的核心内容。

大道至简。回归和坚守企业的根本——客户至上，卓越地践行企业社会责任，善用上市企业资源，以最经济有效的方式最大限度地创造社会财富，出色地为客户提供卓越的产品和服务，应当成为每一家上市公司的内在精神追求和驱动力，成为每一家上市公司的灵魂和血管中流淌的血液，成为每一家上市公司的控制人和公司上下所有人员及机构的一致行动。这既是中国上市公司治理 2.0 升级版的基本逻辑、行为准则和公司治理能力建设的核心内容，也是根治公司组织失灵、市场失灵和政府监管失灵的最有效手段，是中国发展成为全球领先的现代化国家的微观经济基础和公司组织基础，更是中国资本市场发展成为全球最有竞争力、系统性风险最低的资本市场、有力地支撑中国的大国崛起的微观经济基础和公司组织基础。

自度度人。没有人的现代化，没有人的文化理念和价值取向的现代化，就不会有经济、法律、政治的现代化，不会有企业管理和公司治理的现代化。要臻于上述公司善治状态，中国要在全球化背景下发展成为一个受人尊敬、全球领先、拥有世界一流企业群体的伟大国家，就必须回归根本，直达人心，在基本制度建设、文化建设、实践能力建设方面取得实质性的进展，彻底去除那些与现代化发展和公司善治要求格格不入的东西，彻底消除经济和社会运作中存在的严重扭曲、资源错配和明显的低效率，真正实现以人为本及其在文化、政治、法律、经济和公司运营领域的全面落地和卓越地实践、实践、再实践，包括制度性基础设施建设的全面到位（如基于财产实名制的完整的个人征信系统和诚信文化及其普遍实践）。

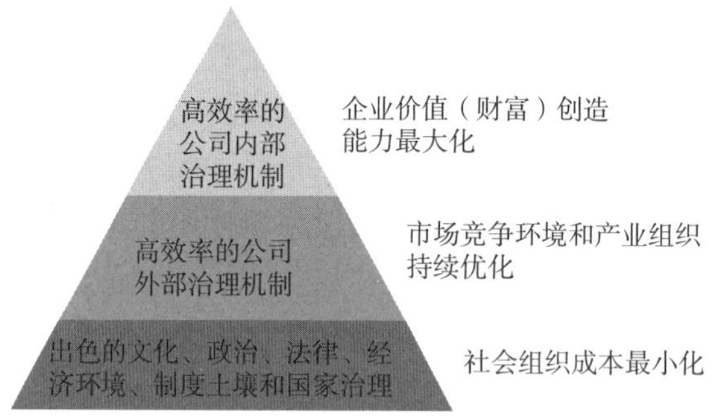

图 1　公司善治与国家善治能力构造的金字塔结构

在国家的组织与战略管理方面，需要根据公司善治的系统要求，进行中国公司治理系统升级的战略解码，实现整个社会经济体系由上而下，从国家宏观（总体）层面到行业或地区中观层面，再到企业、个人、产品与服务及其所有生产要素的微观层面，基于结果导向，在规则（包括硬性的制度规则和软性的文化规则等）、行动、结果上实现全方位无缝衔接和联结：上一层次的规则、行动、结果能够充分分解和体现为下一层次的规则、行动、结果，下一层次的规则、行动、结果能够与上一层次的规则、行动、结果完全契合匹配，从而实现全社会资源的最优配置和最优利用。以上解码表明，

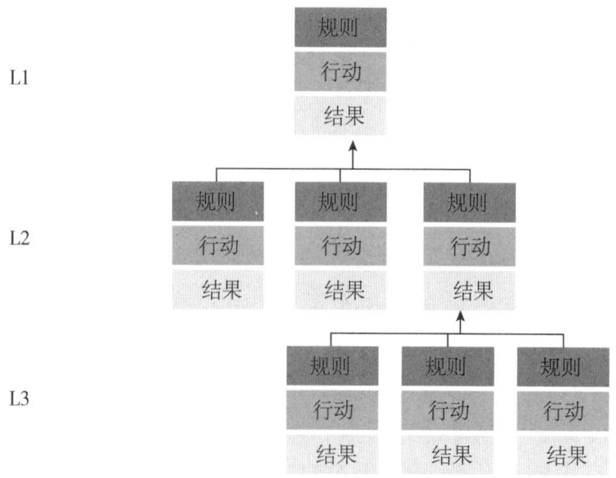

图 2　中国公司治理升级战略解码

中国公司治理升级战略的完整实现，是以社会经济系统的每一个层面、每一个要素和每一个组成部分的成功升级为前提的，宏观总量是中观加总的结果，后者又是微观加总的结果。中国公司治理宏观层面的升级，需要有坚实的中观与微观经济基础和与之匹配的配套环境（包括公共政策系统和社会组织文化系统）。

在公司治理系统升级战略解码的单个企业层面上，需要在企业运营中，成功地构建以客户为中心、绿色生产、创新与质量驱动、整体行动、全球领先、不断迭代的价值创造体系和微观经济生态圈。

在公司治理系统升级战略解码的单个行业和地区经济层面上，需要成功地构建最优的产业组织、产业集群和空间布局，有效地解决各地区低水平重复投资、重复建设及产业结构趋同，众多行业产能严重过剩，产业集中度过低，生产技术与创新水平过低，以及产品品质过差五大基本问题。

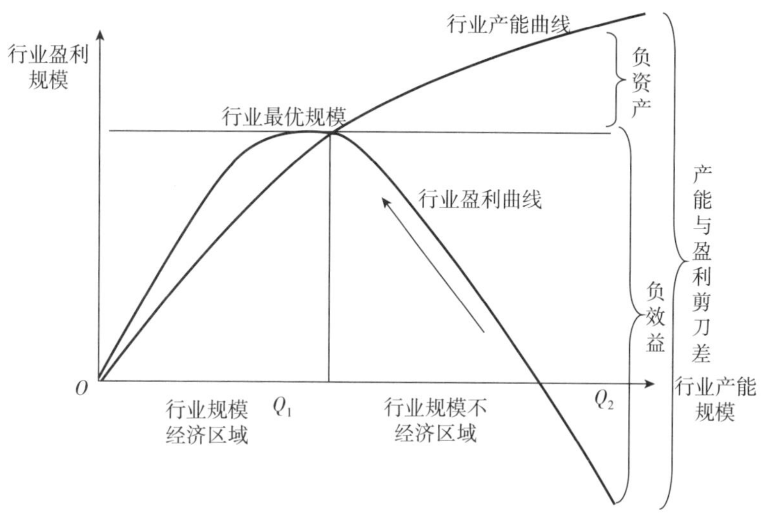

图 3　中观经济层面产业组织最优化

在公司治理系统升级战略解码的宏观总体经济层面上，需要制定并实施最优货币政策、财政政策、监管政策和其他配套措施，构造最适宜的社会制度环境和社会经济生态体系，确保全社会有害、有毒及无社会效益的 GDP 及其造成的社会经济福利损失最小化。

社会 GDP 总量 = 好 GDP + 坏 GDP

给定其他条件，坏投资和坏 GDP 越少，社会损失就越小，社会经济福利水平便越高；反之则相反。

图 4 中的社会福利水平无差异曲线 $U_1>U_2>U_3$。

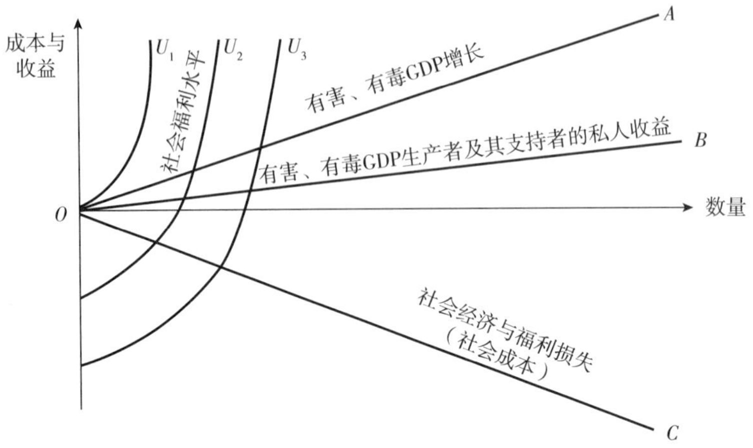

图 4　抑制有害、有毒 GDP 增长及其社会经济与福利损失

通过系统的战略解码，由微观经济层面的公司善治，到中观经济的行业与地区善治，最后到国家宏观总量经济层面的善治，通过经济社会的整体善治，达到整个社会资源的最优配置和最优利用，达到现代微观经济学分析中所聚焦的消费者剩余最大化和生产者剩余最大化，在全社会范围内普遍地实现协同创富、协同共享和“多赢”，使公司成为有关各方（利益相关者）的利益共同体，按照他们的最佳利益行事，为客户、员工、股东、社区等所有利益相关者同时创造出足够的价值，推动企业和社会不断繁荣进步，支持中国资本市场发展成为全球投资风险最低、长期投资回报和投资吸引力最高、最有国际竞争力的卓越市场。

（作者系上海证券交易所前首席经济学家、国务院国家制造强国战略咨询委员会委员）

附表　2017年全国上市公司综合竞争力排行表

公司简称	治理竞争力	管理竞争力	创新竞争力	社会责任竞争力	人力资源竞争力	公司基本指标	总得分	总排名
工商银行	756.00	625.88	92.76	449.76	413.57	3000.00	5337.97	1
中国石油	355.55	919.21	365.14	392.12	367.40	2350.57	4750.00	2
农业银行	762.78	643.01	17.02	335.35	357.83	2020.66	4136.64	3
中国石化	410.02	955.23	350.00	538.37	380.13	1050.13	3683.87	4
贵州茅台	466.39	875.85	27.32	425.78	142.97	1571.64	3509.95	5
中国平安	663.63	627.90	2.19	331.82	446.77	1359.53	3431.85	6
上汽集团	555.08	797.52	376.79	494.58	515.70	670.45	3410.12	7
中国银行	444.77	610.86	6.87	333.51	381.78	1500.81	3278.60	8
海康威视	651.39	931.90	305.27	504.78	186.79	644.57	3224.71	9
中国人寿	576.20	630.35	4.60	326.44	463.56	1136.87	3138.03	10
招商银行	661.99	641.02	6.01	334.26	358.28	1073.26	3074.81	11
中国中铁	896.34	717.77	247.17	488.07	342.22	279.02	2970.59	12
兴业银行	767.10	602.62	66.58	451.69	410.53	632.05	2930.56	13
中国神华	557.36	829.57	227.01	386.31	229.41	684.38	2914.04	14
长江电力	280.40	915.39	66.06	555.72	411.63	614.14	2843.35	15
安信信托	887.29	758.69	32.39	357.27	692.00	105.28	2832.92	16
方大炭素	1080.64	1070.24	20.83	422.27	145.78	91.00	2830.76	17
恒瑞医药	754.56	900.43	168.54	435.51	214.31	347.16	2820.52	18
中国中冶	862.90	734.72	305.02	481.79	270.57	153.39	2808.41	19
汇顶科技	742.22	925.17	266.76	383.46	383.24	77.31	2778.15	20
岭南控股	786.57	1172.69	1.64	471.26	324.76	11.96	2768.88	21
中国国航	704.93	984.88	82.15	379.91	355.25	218.63	2725.76	22
美的集团	345.39	788.41	386.28	381.46	158.81	650.06	2710.40	23
海航科技	938.02	943.50	5.01	361.41	426.00	28.62	2702.56	24
隆基股份	1023.44	945.04	127.37	395.27	74.45	128.71	2694.28	25
东方银星	852.89	1060.07	0.09	380.05	388.54	5.15	2686.79	26
万华化学	505.24	1013.47	344.23	388.64	250.50	184.50	2686.58	27
中国中车	567.50	704.78	373.67	382.01	129.68	527.28	2684.91	28

续表

公司简称	治理竞争力	管理竞争力	创新竞争力	社会责任竞争力	人力资源竞争力	公司基本指标	总得分	总排名
伊利股份	406.37	939.20	332.14	546.59	107.98	349.60	2681.88	29
分众传媒	433.15	1091.51	147.24	558.27	138.99	307.49	2676.66	30
兆日科技	716.90	1085.99	244.27	393.04	231.54	3.39	2675.12	31
北京君正	789.20	971.29	300.75	375.84	217.25	8.86	2663.20	32
宝钢股份	490.44	946.29	287.07	378.51	219.55	341.14	2663.00	33
紫金矿业	948.68	907.05	79.13	422.87	152.80	140.78	2651.31	34
中国交建	579.34	734.46	304.12	360.67	401.90	268.25	2648.74	35
京东方 A	462.17	860.79	437.15	357.76	173.21	357.29	2648.36	36
中国建筑	460.14	717.88	222.27	365.32	387.73	484.16	2637.48	37
中国太保	780.67	679.18	11.09	448.75	249.39	465.83	2634.92	38
南钢股份	890.13	1002.01	195.34	378.10	125.29	36.55	2627.43	39
浦发银行	644.01	602.89	88.75	276.61	352.41	661.84	2626.50	40
中信证券	664.56	732.60	50.09	334.73	519.14	318.01	2619.14	41
三友化工	945.88	974.37	58.90	517.80	75.75	33.78	2606.48	42
中国铁建	582.58	727.73	318.57	370.84	373.76	228.35	2601.83	43
歌尔股份	683.45	926.99	283.11	518.67	87.96	99.34	2599.51	44
国电南瑞	480.20	900.55	266.01	387.96	424.68	136.17	2595.57	45
恒生电子	753.91	902.39	309.13	432.21	144.86	49.71	2592.20	46
五粮液	448.01	872.26	52.05	528.78	139.32	542.74	2583.16	47
金贵银业	938.29	947.75	87.95	379.69	210.28	17.37	2581.34	48
国泰君安	715.67	682.46	133.08	343.80	450.87	248.20	2574.07	49
宇通客车	646.71	915.71	283.80	494.78	131.01	93.92	2565.92	50
新大陆	810.67	911.21	203.07	515.12	93.43	30.78	2564.28	51
上港集团	719.73	880.90	133.50	372.55	175.93	274.96	2557.58	52
三峡新材	996.89	1063.11	4.72	393.98	83.43	14.74	2556.87	53
国民技术	857.36	686.95	328.62	349.07	326.32	8.35	2556.67	54
顺丰控股	313.87	984.10	66.41	579.00	215.08	397.14	2555.59	55
苏州科达	848.26	873.38	226.99	455.79	132.49	13.77	2550.68	56
中国联通	548.06	910.08	14.72	370.62	364.92	341.90	2550.31	57
上海钢联	555.26	1072.71	38.77	447.01	423.40	8.95	2546.11	58
四方股份	925.26	799.56	238.04	391.91	181.38	9.66	2545.82	59
瑞茂通	892.73	889.72	15.53	364.01	365.35	17.25	2544.59	60
方直科技	879.68	983.51	206.29	387.50	84.48	1.76	2543.22	61
华域汽车	461.30	902.23	269.31	496.38	238.55	166.32	2534.08	62

续表

公司简称	治理竞争力	管理竞争力	创新竞争力	社会责任竞争力	人力资源竞争力	公司基本指标	总得分	总排名
海虹控股	448. 40	1088. 44	281. 48	601. 46	46. 25	67. 89	2533. 91	63
爱尔眼科	670. 05	972. 53	12. 37	448. 62	343. 71	85. 95	2533. 22	64
冰川网络	914. 63	799. 26	294. 22	443. 39	63. 52	7. 32	2522. 35	65
汉得信息	663. 32	1019. 60	214. 44	502. 11	105. 55	16. 56	2521. 58	66
温氏股份	571. 22	901. 24	75. 24	406. 78	340. 45	222. 28	2517. 21	67
三一重工	723. 43	902. 92	247. 94	369. 08	145. 84	123. 13	2512. 32	68
美亚柏科	904. 79	807. 36	246. 97	404. 63	131. 85	16. 06	2511. 65	69
上海临港	896. 83	829. 62	23. 50	363. 08	357. 31	40. 90	2511. 24	70
广汽集团	585. 59	935. 92	259. 29	404. 72	96. 63	223. 19	2505. 34	71
阳光电源	771. 12	890. 89	181. 65	367. 52	243. 80	47. 05	2502. 02	72
中设集团	576. 33	887. 13	79. 52	400. 65	540. 44	9. 09	2493. 16	73
物产中大	674. 25	935. 37	32. 52	388. 06	411. 88	50. 97	2493. 05	74
北方稀土	963. 54	899. 85	82. 61	377. 00	73. 83	93. 42	2490. 25	75
万科 A	456. 76	725. 42	0. 00	365. 99	400. 75	540. 61	2489. 54	76
东土科技	947. 25	824. 97	199. 77	386. 05	120. 87	10. 44	2489. 35	77
渤海金控	350. 22	830. 40	49. 70	361. 03	828. 61	62. 20	2482. 15	78
国信证券	770. 01	705. 45	38. 91	345. 10	464. 37	158. 00	2481. 83	79
思特奇	770. 53	832. 83	256. 92	510. 84	105. 56	3. 01	2479. 70	80
龙江交通	952. 53	865. 27	0. 13	490. 50	160. 90	7. 97	2477. 30	81
吉比特	547. 19	938. 85	177. 28	400. 12	389. 67	21. 92	2475. 04	82
浪潮信息	538. 95	989. 76	280. 37	361. 26	255. 84	44. 26	2470. 42	83
华能国际	727. 84	750. 24	146. 48	369. 40	360. 23	114. 57	2468. 75	84
博闻科技	994. 92	985. 54	15. 97	383. 55	84. 20	2. 23	2466. 41	85
民生银行	612. 24	665. 62	118. 06	333. 45	291. 71	443. 47	2464. 55	86
远大控股	490. 48	992. 82	14. 53	356. 15	591. 71	12. 45	2458. 14	87
长安汽车	422. 10	897. 75	406. 26	495. 80	136. 41	98. 13	2456. 45	88
桐昆股份	948. 06	959. 03	44. 11	386. 10	67. 18	50. 79	2455. 27	89
航天信息	839. 07	897. 40	140. 33	418. 46	84. 13	70. 29	2449. 67	90
苏宁易购	483. 36	953. 51	77. 25	488. 28	243. 43	203. 70	2449. 54	91
紫光股份	364. 04	840. 81	410. 04	378. 50	322. 42	133. 05	2448. 86	92
长城汽车	601. 96	902. 32	320. 34	394. 96	103. 97	122. 60	2446. 15	93
汇通能源	646. 02	1116. 45	0. 63	444. 66	236. 40	1. 83	2445. 98	94
永东股份	925. 34	978. 79	52. 95	392. 41	84. 02	6. 21	2439. 72	95
东软集团	641. 48	833. 60	342. 62	428. 10	161. 01	30. 94	2437. 74	96

续表

公司简称	治理竞争力	管理竞争力	创新竞争力	社会责任竞争力	人力资源竞争力	公司基本指标	总得分	总排名
江铃汽车	432.11	871.05	246.93	756.38	104.87	19.86	2431.20	97
国投资本	688.09	771.87	12.56	474.05	385.99	98.28	2430.84	98
视源股份	595.88	1071.68	131.16	404.51	174.67	51.13	2429.02	99
山东黄金	743.19	1079.38	11.72	381.78	108.48	102.21	2426.75	100
首开股份	895.46	684.65	0.87	353.41	448.74	41.26	2424.39	101
华夏幸福	930.69	683.17	1.22	369.76	272.91	164.80	2422.54	102
中国软件	656.20	830.62	382.90	410.09	129.19	12.93	2421.92	103
广联达	703.71	855.63	215.74	432.08	176.76	37.63	2421.56	104
康拓红外	800.72	852.64	123.50	385.34	252.16	6.14	2420.50	105
人民网	907.50	765.56	31.43	516.86	176.92	19.73	2418.00	106
江苏吴中	843.40	754.71	33.37	489.04	283.98	13.20	2417.70	107
海航控股	794.53	895.41	23.38	378.87	230.56	94.74	2417.49	108
有研新材	563.39	1011.55	90.93	540.74	194.38	16.27	2417.27	109
艾华集团	964.48	895.10	63.70	425.96	48.41	18.93	2416.57	110
比亚迪	589.00	739.84	403.92	399.70	73.94	210.03	2416.43	111
维宏股份	687.19	927.41	237.70	422.84	132.13	5.63	2412.90	112
福耀玻璃	664.21	883.14	179.27	523.89	58.38	102.54	2411.43	113
三六五网	859.06	976.45	66.87	430.77	73.30	4.69	2411.15	114
碧水源	556.25	860.83	95.92	360.21	440.56	96.15	2409.92	115
爱建集团	617.82	853.86	0.35	388.02	522.59	26.82	2409.47	116
洛阳钼业	630.00	1047.54	47.62	368.76	98.85	216.49	2409.25	117
启明星辰	716.70	846.24	257.20	412.50	137.65	35.83	2406.11	118
泸州老窖	430.09	996.24	113.17	525.36	169.30	171.83	2405.99	119
北陆药业	848.97	909.93	46.52	520.00	72.90	6.24	2404.56	120
舒泰神	922.46	794.37	92.73	383.89	200.95	10.06	2404.45	121
全志科技	578.82	789.63	317.98	363.35	339.39	15.23	2404.41	122
朗科科技	727.34	1066.07	101.17	401.63	100.77	5.89	2402.87	123
新潮能源	547.72	984.58	0.20	348.38	477.79	43.41	2402.09	124
中国医药	848.60	905.06	42.48	442.89	116.22	45.99	2401.24	125
大华股份	386.91	934.48	223.27	500.89	236.58	118.42	2400.55	126
大豪科技	768.75	920.04	119.30	396.66	171.80	22.22	2398.77	127
金信诺	1031.85	856.07	59.64	376.73	61.70	11.49	2397.47	128
老凤祥	652.66	978.81	48.85	414.49	271.12	30.62	2396.55	129
金禾实业	943.02	892.86	60.93	397.63	76.94	24.49	2395.87	130

续表

公司简称	治理竞争力	管理竞争力	创新竞争力	社会责任竞争力	人力资源竞争力	公司基本指标	总得分	总排名
东方时尚	475.78	1110.62	14.24	463.47	303.35	28.38	2395.86	131
广发证券	541.39	683.51	68.71	460.31	465.86	175.53	2395.32	132
国机通用	859.15	887.39	84.25	399.54	161.65	2.31	2394.30	133
兆易创新	408.94	899.44	200.18	349.63	473.99	57.60	2389.77	134
世纪华通	967.53	817.04	86.11	392.43	63.99	60.90	2387.99	135
上海医药	586.58	943.43	98.28	495.91	181.52	81.76	2387.48	136
星网锐捷	576.37	906.18	171.48	539.08	170.54	20.84	2384.49	137
中航飞机	764.89	869.82	68.60	500.27	98.44	82.20	2384.23	138
北方华创	554.32	830.35	392.17	380.62	194.34	32.31	2384.12	139
中源协和	827.99	790.88	87.26	509.46	149.28	17.92	2382.80	140
北方股份	841.31	849.36	57.66	494.98	134.33	4.28	2381.92	141
北讯集团	991.34	895.18	21.67	364.11	67.13	42.25	2381.68	142
中航光电	575.21	873.43	259.31	528.68	90.78	54.17	2381.58	143
文山电力	832.32	1026.54	0.04	462.13	53.09	6.05	2380.17	144
南方航空	637.81	841.08	11.88	379.57	358.94	148.55	2377.84	145
新宙邦	952.75	808.09	92.85	387.71	122.78	12.41	2376.58	146
众信旅游	688.44	1157.44	0.78	398.92	113.35	14.85	2373.78	147
完美世界	631.46	873.75	195.30	380.91	214.37	77.22	2373.02	148
滨化股份	952.21	903.88	34.57	399.45	67.34	15.55	2372.99	149
迪瑞医疗	849.16	809.27	140.03	411.14	152.15	10.24	2371.97	150
诚迈科技	632.67	914.70	211.78	523.31	85.49	2.40	2370.35	151
恒通股份	653.50	1179.89	6.73	439.99	84.61	3.40	2368.11	152
海天味业	420.48	1045.27	88.44	415.99	136.53	259.20	2365.91	153
洋河股份	462.59	955.22	25.30	535.66	76.98	309.44	2365.21	154
天创时尚	939.93	854.10	17.34	496.83	46.63	6.94	2361.77	155
陕国投 A	767.62	639.53	5.79	348.97	577.81	21.82	2361.52	156
东北证券	832.75	713.32	4.01	344.66	431.54	35.09	2361.36	157
正泰电器	543.08	894.08	233.96	498.40	91.82	99.26	2360.59	158
创新股份	1036.41	759.30	52.47	395.01	92.09	23.44	2358.72	159
天士力	655.44	903.64	228.96	395.58	105.81	67.26	2356.69	160
四维图新	588.25	848.14	368.92	392.52	98.20	59.01	2355.05	161
亚夏汽车	933.40	922.41	1.07	431.39	62.65	4.09	2355.01	162
光电股份	982.52	806.82	103.08	380.91	66.55	14.97	2354.84	163
文投控股	978.14	796.68	35.99	372.18	96.60	73.07	2352.66	164

续表

公司简称	治理竞争力	管理竞争力	创新竞争力	社会责任竞争力	人力资源竞争力	公司基本指标	总得分	总排名
众应互联	834.90	920.06	38.84	362.14	186.26	10.03	2352.23	165
方大特钢	796.51	956.81	33.11	445.12	91.75	28.45	2351.74	166
中信银行	615.08	614.05	36.96	333.74	374.28	377.36	2351.47	167
通化东宝	684.42	954.56	54.22	509.84	79.78	68.57	2351.39	168
海通证券	497.30	669.51	121.30	336.96	540.58	185.25	2350.90	169
中兴通讯	385.18	723.80	304.73	373.18	339.64	222.65	2349.18	170
东方证券	550.89	721.90	67.96	340.46	521.22	146.73	2349.17	171
高伟达	963.96	864.42	41.55	423.33	49.25	5.70	2348.22	172
恒立液压	920.61	840.39	74.24	391.81	91.87	29.27	2348.20	173
尔康制药	912.33	886.63	60.33	375.92	89.62	23.16	2347.98	174
科大讯飞	295.50	863.35	297.98	506.94	237.48	145.71	2346.96	175
汉商集团	968.96	941.45	0.21	384.39	46.71	4.40	2346.12	176
贵研铂业	514.04	984.53	88.15	419.51	331.00	8.62	2345.86	177
中海达	826.62	820.92	156.39	398.78	136.39	6.63	2345.73	178
中科曙光	627.60	771.09	173.81	485.41	242.92	44.70	2345.51	179
格力电器	252.23	803.11	335.08	387.63	97.02	470.31	2345.38	180
康弘药业	715.63	909.04	124.05	435.93	85.93	72.99	2343.57	181
圆通速递	689.25	1023.36	14.95	437.07	94.99	83.22	2342.84	182
盛屯矿业	664.36	1040.98	1.33	392.33	221.31	21.05	2341.37	183
开元股份	665.23	1011.65	100.56	468.84	83.55	11.33	2341.17	184
苏交科	566.37	764.19	137.58	402.12	454.18	15.20	2339.64	185
保利地产	638.83	702.43	4.29	365.66	324.64	299.55	2335.41	186
供销大集	826.12	881.58	3.46	480.03	94.16	49.80	2335.15	187
五矿资本	532.28	801.03	13.35	497.20	412.40	77.66	2333.91	188
四川成渝	1048.87	796.97	2.30	359.10	112.17	14.23	2333.64	189
葛洲坝	687.42	706.39	238.31	485.60	149.34	66.04	2333.10	190
牧原股份	623.00	935.08	57.86	406.46	201.28	108.20	2331.88	191
厦门钨业	653.98	886.02	150.95	509.48	81.42	48.46	2330.31	192
富祥股份	936.55	873.61	48.70	395.39	70.43	5.59	2330.27	193
浩云科技	960.46	809.79	80.47	423.96	48.11	6.83	2329.60	194
宁波富邦	982.19	820.48	10.95	435.03	78.42	1.76	2328.82	195
首旅酒店	585.37	962.17	9.04	423.95	309.77	37.77	2328.06	196
新时达	643.31	889.39	142.85	495.27	147.85	9.26	2327.92	197
万通地产	603.17	828.32	0.02	476.16	407.24	12.95	2327.86	198

续表

公司简称	治理竞争力	管理竞争力	创新竞争力	社会责任竞争力	人力资源竞争力	公司基本指标	总得分	总排名
省广集团	547.61	1017.72	90.35	366.97	289.59	14.92	2327.15	199
经纬纺机	517.51	869.90	145.17	387.60	384.19	22.79	2327.15	200
豫园股份	926.83	874.68	18.28	376.43	103.21	25.95	2325.38	201
南京熊猫	921.80	793.27	139.36	381.57	81.27	7.74	2325.02	202
世名科技	832.94	879.03	90.20	386.93	132.90	2.77	2324.78	203
华东重机	720.87	1006.09	42.74	398.45	137.30	16.74	2322.19	204
开立医疗	646.01	909.40	148.18	420.73	178.67	18.08	2321.07	205
三花智控	715.04	848.05	209.06	395.81	83.93	68.06	2319.95	206
海南矿业	993.00	839.08	2.58	383.77	71.73	29.29	2319.45	207
博彦科技	652.45	975.54	66.56	532.51	81.52	9.96	2318.53	208
青岛啤酒	826.72	870.91	98.44	403.04	71.97	47.38	2318.46	209
飞马国际	495.80	884.10	24.22	392.92	485.44	34.98	2317.45	210
蓝晓科技	944.07	813.45	68.10	381.62	104.65	4.42	2316.31	211
万和电气	649.45	917.59	152.73	515.37	64.37	16.31	2315.82	212
中颖电子	461.00	811.55	239.98	377.19	415.54	9.97	2315.23	213
鹏欣资源	836.29	959.13	1.35	374.23	115.89	27.03	2313.92	214
西昌电力	896.48	848.32	1.40	499.86	64.72	2.96	2313.74	215
万家乐	712.11	1003.99	86.79	383.13	116.22	11.38	2313.62	216
上海石化	314.09	1029.70	111.35	616.03	160.61	81.43	2313.22	217
恒华科技	710.42	913.14	140.32	401.09	138.76	9.45	2313.18	218
巨人网络	463.08	857.68	193.60	508.55	157.96	132.01	2312.88	219
双汇发展	387.28	1009.11	83.06	616.13	61.40	155.25	2312.23	220
金地集团	611.97	729.22	6.37	371.00	491.67	100.62	2310.85	221
金河生物	943.76	854.17	50.14	391.41	64.66	5.37	2309.52	222
全柴动力	924.16	871.74	67.67	387.78	55.19	2.94	2309.49	223
航发动力	672.90	803.53	140.44	504.98	76.52	106.95	2305.32	224
中远海控	481.63	804.18	178.20	359.51	390.67	91.06	2305.25	225
恒信东方	697.62	1079.94	72.17	381.45	65.32	7.92	2304.42	226
盛天网络	521.94	1108.53	160.71	388.61	117.52	6.20	2303.51	227
桃李面包	687.58	919.38	2.86	529.02	133.43	31.16	2303.44	228
大西洋	972.79	793.86	72.53	388.66	67.15	7.97	2302.96	229
上海银行	746.36	602.35	0.32	331.21	425.22	196.99	2302.46	230
泰格医药	380.91	1014.10	41.80	439.45	396.29	29.83	2302.37	231
大康农业	729.74	861.61	0.98	374.68	307.57	26.20	2300.79	232

续表

公司简称	治理竞争力	管理竞争力	创新竞争力	社会责任竞争力	人力资源竞争力	公司基本指标	总得分	总排名
新宝股份	630.46	932.29	209.62	464.51	46.95	16.18	2300.01	233
渝三峡 A	800.93	962.55	39.75	411.80	80.99	3.80	2299.82	234
中青旅	799.55	899.56	50.84	391.49	131.10	25.36	2297.90	235
力源信息	527.35	1187.46	37.80	381.85	150.17	11.63	2296.27	236
益民集团	914.89	819.47	1.13	486.16	65.77	7.37	2294.80	237
光启技术	693.98	998.00	109.84	375.06	54.39	62.12	2293.38	238
大北农	557.15	862.71	218.80	519.23	90.77	44.40	2293.07	239
安琪酵母	624.55	933.56	96.40	520.83	70.28	46.65	2292.27	240
世嘉科技	945.82	838.22	50.08	410.49	44.27	2.89	2291.78	241
安洁科技	862.07	876.63	67.28	401.48	50.04	33.47	2290.97	242
象屿股份	336.38	1009.20	27.77	381.17	516.19	19.41	2290.11	243
士兰微	662.52	841.94	266.12	393.10	93.03	32.79	2289.50	244
蓝盾股份	827.46	852.41	123.93	380.85	86.06	18.37	2289.08	245
华策影视	679.13	846.28	29.32	359.74	340.82	32.68	2287.96	246
德新交运	821.29	924.53	0.06	465.79	64.47	11.22	2287.36	247
氯碱化工	621.44	983.67	66.97	396.38	198.67	16.53	2283.68	248
奥瑞金	912.63	819.96	58.36	377.15	90.18	24.66	2282.94	249
川化股份	378.91	1035.93	0.48	467.95	384.38	11.98	2279.62	250
爱施德	538.54	1098.18	6.44	378.75	240.86	15.79	2278.56	251
银邦股份	918.41	859.38	49.97	362.01	77.66	10.33	2277.78	252
欧普照明	631.68	951.70	114.09	423.54	113.54	42.81	2277.36	253
中国重工	560.12	756.45	315.26	356.53	84.07	204.83	2277.26	254
中国高科	425.63	1171.22	0.80	406.44	267.50	5.37	2276.96	255
盛和资源	618.20	1092.85	35.49	386.59	98.02	44.30	2275.44	256
大唐发电	793.14	728.09	62.88	358.09	260.05	72.71	2274.96	257
九洲药业	934.96	782.09	83.47	393.48	70.15	10.69	2274.84	258
三聚环保	593.21	911.16	73.74	400.63	183.74	112.29	2274.78	259
老板电器	652.71	856.13	77.99	531.46	76.22	80.20	2274.71	260
国金证券	571.24	758.60	33.11	356.80	504.48	50.04	2274.27	261
海普瑞	911.97	835.49	35.18	366.51	92.37	32.45	2273.99	262
我武生物	527.82	1138.26	52.62	416.80	125.41	12.51	2273.43	263
烽火通信	448.58	754.09	310.62	486.69	216.73	55.90	2272.61	264
思创医惠	894.16	769.69	153.97	381.11	59.76	13.88	2272.57	265
玉龙股份	912.79	823.82	12.47	346.91	164.96	10.97	2271.92	266

续表

公司简称	治理竞争力	管理竞争力	创新竞争力	社会责任竞争力	人力资源竞争力	公司基本指标	总得分	总排名
力帆股份	940.61	675.55	222.00	359.74	57.89	15.27	2271.05	267
东方通信	860.39	772.97	132.41	385.57	106.00	12.93	2270.28	268
火炬电子	914.60	828.73	43.62	375.78	86.38	20.80	2269.91	269
长海股份	933.36	815.11	60.78	391.89	60.34	8.17	2269.65	270
云赛智联	808.01	801.18	153.11	379.64	113.52	13.74	2269.20	271
深天马 A	628.32	852.23	271.05	371.97	96.84	47.82	2268.23	272
飞天诚信	651.77	856.42	258.03	382.25	109.01	10.14	2267.60	273
复星医药	586.14	879.85	150.24	389.61	99.13	158.95	2263.93	274
三安光电	477.86	893.70	230.46	384.35	92.97	184.18	2263.52	275
润和软件	872.89	791.78	89.21	426.17	70.45	11.69	2262.19	276
中科创达	547.54	863.65	237.68	417.40	173.45	21.67	2261.40	277
顾地科技	866.59	889.39	30.38	399.47	52.10	21.62	2259.55	278
招商证券	483.45	678.90	1.72	459.58	460.90	174.46	2259.01	279
中国卫星	479.93	791.04	240.64	373.36	319.58	51.85	2256.40	280
银河磁体	738.73	1003.17	41.15	403.42	61.59	8.27	2256.34	281
启迪设计	664.25	822.88	77.19	428.88	256.29	6.32	2255.81	282
西藏珠峰	660.96	1019.31	0.00	455.13	73.07	47.07	2255.54	283
立讯精密	490.18	905.27	138.20	540.93	48.47	131.79	2254.83	284
昆仑万维	616.74	866.37	160.10	388.73	182.03	40.78	2254.75	285
东华软件	559.56	793.35	194.00	499.21	163.38	44.46	2253.97	286
同达创业	841.60	689.31	0.05	397.24	322.52	2.84	2253.57	287
平安银行	546.70	600.17	0.00	331.47	365.75	408.32	2252.40	288
国创高新	630.36	952.86	21.76	505.02	127.45	14.87	2252.32	289
中国巨石	819.89	847.92	44.25	379.43	76.36	83.61	2251.46	290
汉王科技	570.63	834.75	272.61	419.22	146.32	7.78	2251.31	291
城投控股	741.58	800.80	12.99	347.87	309.19	38.20	2250.63	292
神思电子	721.82	834.29	160.67	406.76	121.89	4.29	2249.74	293
鼎信通讯	655.33	841.20	140.91	409.84	183.81	18.54	2249.63	294
大族激光	258.23	927.22	284.52	522.07	163.73	92.89	2248.66	295
弘讯科技	828.78	808.02	75.99	380.16	150.63	4.37	2247.95	296
贝达药业	574.87	810.15	236.57	400.43	182.02	43.80	2247.84	297
梅雁吉祥	714.85	865.30	162.16	391.89	101.74	11.90	2247.84	298
大洋电机	571.90	862.37	232.89	495.91	56.34	27.90	2247.31	299
中国电建	429.14	697.67	307.85	365.00	250.88	196.59	2247.13	300

续表

公司简称	治理竞争力	管理竞争力	创新竞争力	社会责任竞争力	人力资源竞争力	公司基本指标	总得分	总排名
航天工程	552.91	784.14	105.67	385.48	405.65	13.02	2246.86	301
金发科技	546.78	871.61	267.76	372.72	157.45	30.28	2246.59	302
兴业证券	434.55	696.41	41.49	465.75	522.34	85.78	2246.32	303
宁波华翔	770.21	902.53	62.99	407.96	77.28	24.99	2245.97	304
茂化实华	590.37	1066.58	37.27	407.03	139.65	3.80	2244.69	305
宏大爆破	835.82	859.73	84.29	386.50	69.47	7.53	2243.34	306
齐翔腾达	509.80	1069.42	49.00	400.60	175.75	38.65	2243.21	307
九芝堂	770.22	901.05	62.03	417.59	64.50	27.24	2242.63	308
大众公用	796.14	852.78	0.99	477.99	94.79	18.99	2241.69	309
君正集团	855.14	822.13	47.44	377.86	69.15	69.60	2241.32	310
华宏科技	902.47	818.10	67.89	385.91	61.31	5.15	2240.83	311
移为通信	529.77	988.97	189.78	374.55	151.35	6.30	2240.71	312
江海股份	932.35	799.10	70.94	377.63	48.35	11.84	2240.22	313
日上集团	870.20	838.13	50.33	380.01	97.75	3.72	2240.14	314
交通银行	458.20	601.66	6.17	448.46	289.34	435.94	2239.77	315
浙商中拓	522.83	993.05	5.28	424.21	289.08	4.92	2239.38	316
高盟新材	833.40	799.58	89.90	384.46	128.57	2.85	2238.76	317
灵康药业	656.46	920.07	182.31	401.74	69.92	7.47	2237.97	318
西部证券	558.34	688.97	0.89	467.85	446.05	75.70	2237.80	319
中新科技	808.68	941.66	50.76	361.80	66.50	8.16	2237.56	320
扬农化工	588.99	907.34	83.71	474.99	156.12	25.88	2237.03	321
长江通信	742.04	765.37	97.82	368.58	255.08	8.12	2237.01	322
众合科技	800.15	798.41	98.40	366.58	163.85	9.15	2236.55	323
丰林集团	962.62	811.77	14.74	371.85	67.77	6.56	2235.30	324
巨化股份	837.46	835.00	60.28	385.65	78.13	38.54	2235.06	325
华丽家族	643.77	819.64	61.48	483.29	209.52	17.08	2234.79	326
嘉澳环保	778.75	899.36	68.16	393.65	91.64	2.83	2234.39	327
吉林高速	672.09	975.27	0.00	490.69	89.46	5.92	2233.43	328
亚太药业	867.16	789.25	77.55	377.33	109.14	12.06	2232.49	329
天龙股份	792.44	872.63	66.17	440.68	57.19	2.84	2231.94	330
数字认证	608.52	866.45	159.03	426.99	166.23	4.69	2231.91	331
南京银行	616.02	654.32	0.00	394.32	450.01	116.12	2230.80	332
山东钢铁	618.29	969.47	142.97	366.92	92.42	40.30	2230.35	333
浙数文化	588.52	868.91	210.75	380.36	147.36	33.77	2229.67	334

续表

公司简称	治理竞争力	管理竞争力	创新竞争力	社会责任竞争力	人力资源竞争力	公司基本指标	总得分	总排名
深南电 A	816.99	760.04	1.11	460.82	185.96	4.04	2228.95	335
华安证券	836.52	699.03	0.31	342.52	304.80	45.50	2228.70	336
上海凯宝	671.41	857.61	85.91	529.07	73.98	10.47	2228.45	337
仁智股份	419.66	1160.96	21.64	408.63	213.41	3.47	2227.75	338
华孚时尚	771.91	888.93	86.46	413.79	43.87	22.59	2227.55	339
光大银行	605.13	634.50	21.32	334.11	344.66	287.76	2227.49	340
永贵电器	931.22	752.32	86.52	395.51	52.82	8.04	2226.44	341
中衡设计	630.39	829.98	66.52	403.45	289.37	6.40	2226.10	342
凤竹纺织	838.92	779.35	28.24	525.28	51.59	2.13	2225.52	343
中国国旅	546.23	904.66	4.14	403.44	216.44	150.36	2225.27	344
创业软件	729.05	900.90	94.07	442.60	50.07	7.66	2224.36	345
摩登大道	828.78	792.92	33.51	495.97	55.00	17.82	2224.01	346
恺英网络	542.11	839.90	141.84	501.66	142.94	55.46	2223.91	347
宜宾纸业	952.04	847.97	2.53	363.54	54.98	2.69	2223.74	348
信雅达	563.29	828.97	275.02	491.63	57.64	6.67	2223.22	349
南华仪器	839.40	807.25	117.85	400.27	56.02	1.65	2222.43	350
京能置业	532.75	992.30	0.00	360.59	332.38	3.86	2221.88	351
天齐锂业	570.62	954.57	56.71	382.58	149.23	107.36	2221.07	352
重庆钢铁	528.10	1001.69	42.34	473.11	143.75	30.59	2219.57	353
润欣科技	672.12	923.44	62.19	362.53	192.53	5.82	2218.62	354
信维通信	567.37	935.05	156.56	403.32	68.22	87.71	2218.21	355
禾丰牧业	706.93	968.52	27.31	398.40	105.19	11.48	2217.84	356
陕西煤业	461.31	927.67	49.23	511.41	122.26	144.76	2216.65	357
千方科技	688.59	862.26	132.77	370.18	135.36	27.28	2216.45	358
健康元	721.69	856.15	117.48	398.72	92.48	29.85	2216.38	359
荣盛石化	545.77	966.04	122.97	334.23	149.70	96.56	2215.27	360
华泰证券	435.62	697.48	34.11	340.96	540.00	166.96	2215.13	361
富瀚微	172.57	1000.70	229.01	386.52	410.21	15.31	2214.32	362
乐凯新材	617.73	1006.95	87.07	404.61	94.83	3.11	2214.30	363
际华集团	532.15	811.31	365.71	395.22	58.54	51.30	2214.24	364
横河模具	819.79	871.95	57.87	412.25	49.23	2.41	2213.49	365
鼎捷软件	691.25	796.41	112.91	451.18	155.79	5.25	2212.79	366
光环新网	653.50	975.44	61.51	359.71	130.08	32.49	2212.72	367
特变电工	656.58	839.63	163.75	364.89	122.91	64.41	2212.17	368

续表

公司简称	治理竞争力	管理竞争力	创新竞争力	社会责任竞争力	人力资源竞争力	公司基本指标	总得分	总排名
景嘉微	511. 98	804. 07	215. 15	391. 05	265. 50	24. 41	2212. 16	369
绿盟科技	534. 42	807. 41	285. 59	395. 76	176. 99	11. 37	2211. 55	370
海信科龙	742. 07	819. 42	149. 12	413. 72	65. 96	20. 81	2211. 10	371
耐威科技	490. 54	857. 10	140. 02	373. 09	336. 91	13. 44	2211. 09	372
鼎龙股份	749. 18	906. 82	86. 62	385. 50	64. 68	17. 92	2210. 72	373
厦门国贸	532. 31	874. 55	10. 65	390. 39	370. 88	31. 17	2209. 95	374
华统股份	625. 49	1066. 67	19. 94	423. 65	63. 19	10. 99	2209. 92	375
舍得酒业	822. 22	867. 40	12. 40	418. 45	62. 86	26. 49	2209. 81	376
三环集团	730. 70	880. 57	50. 17	428. 38	58. 53	60. 77	2209. 12	377
西南证券	579. 51	695. 02	3. 22	349. 97	536. 18	45. 17	2209. 07	378
巨星科技	770. 87	841. 23	130. 45	376. 24	65. 33	24. 93	2209. 06	379
网达软件	424. 26	961. 51	282. 37	414. 03	121. 86	4. 68	2208. 71	380
神州信息	695. 83	845. 90	109. 26	399. 58	138. 96	18. 56	2208. 09	381
张江高科	547. 49	760. 78	1. 72	347. 43	511. 90	38. 00	2207. 31	382
金鹰股份	925. 52	782. 68	31. 63	416. 84	47. 32	3. 28	2207. 27	383
江西铜业	515. 01	955. 70	89. 26	377. 60	196. 16	73. 40	2207. 12	384
辰安科技	643. 83	803. 74	155. 32	405. 30	188. 35	10. 46	2207. 00	385
上海电气	438. 77	740. 78	307. 32	363. 48	217. 07	139. 42	2206. 84	386
蓝黛传动	874. 80	846. 75	43. 76	391. 30	44. 43	4. 91	2205. 95	387
兴源环境	618. 61	855. 49	125. 56	364. 85	191. 87	48. 80	2205. 18	388
万孚生物	645. 94	921. 50	62. 10	428. 94	124. 96	21. 71	2205. 14	389
华录百纳	787. 87	768. 18	2. 56	356. 39	274. 80	14. 79	2204. 58	390
海源机械	891. 88	725. 65	163. 74	377. 13	40. 31	5. 42	2204. 12	391
龙蟒佰利	674. 34	904. 58	72. 41	391. 36	104. 08	56. 69	2203. 46	392
中国银河	601. 61	728. 83	2. 43	346. 10	404. 03	119. 89	2202. 89	393
浙大网新	789. 99	806. 25	57. 57	401. 97	125. 64	20. 64	2202. 07	394
奋达科技	814. 88	850. 22	60. 94	404. 22	43. 50	27. 90	2201. 66	395
常山北明	693. 00	871. 61	170. 93	370. 15	73. 67	21. 80	2201. 16	396
青岛海尔	406. 03	783. 47	312. 47	386. 53	107. 55	204. 52	2200. 57	397
金雷风电	858. 54	859. 68	48. 66	368. 05	60. 19	5. 42	2200. 55	398
新南洋	449. 01	889. 83	16. 27	451. 42	382. 27	11. 32	2200. 12	399
桂发祥	701. 57	997. 42	11. 44	422. 40	62. 84	4. 18	2199. 86	400
空港股份	916. 03	851. 30	0. 29	368. 88	57. 53	4. 24	2198. 27	401
珠江啤酒	785. 00	850. 68	74. 86	399. 24	66. 67	21. 68	2198. 13	402

续表

公司简称	治理竞争力	管理竞争力	创新竞争力	社会责任竞争力	人力资源竞争力	公司基本指标	总得分	总排名
以岭药业	690.78	823.35	151.18	409.15	91.66	31.88	2198.01	403
天泽信息	742.86	843.60	139.94	381.14	81.97	7.82	2197.32	404
株冶集团	778.20	854.06	76.31	401.62	79.28	6.31	2195.78	405
易见股份	402.83	963.92	28.30	386.22	393.90	19.84	2195.01	406
沈阳化工	716.79	959.60	56.65	381.46	72.68	6.93	2194.11	407
三七互娱	547.87	901.09	144.81	387.65	134.65	77.46	2193.52	408
紫光国微	428.12	802.03	276.62	378.62	257.55	50.52	2193.46	409
广东明珠	624.28	900.79	0.00	355.29	304.30	8.78	2193.43	410
雷鸣科化	883.08	833.19	14.90	403.29	53.39	5.23	2193.07	411
海信电器	554.31	892.74	229.95	388.17	93.86	33.52	2192.55	412
杰克股份	689.73	959.86	46.55	415.13	63.04	17.36	2191.67	413
同有科技	851.84	726.93	99.61	373.14	133.08	6.96	2191.56	414
康尼机电	631.63	920.42	103.22	404.01	111.96	19.94	2191.19	415
用友网络	370.48	887.18	294.56	420.50	164.30	53.84	2190.86	416
马钢股份	637.71	797.95	234.06	379.96	98.66	42.49	2190.83	417
赛轮金宇	882.74	744.73	44.97	438.57	63.43	15.74	2190.18	418
华塑控股	453.44	1074.78	0.59	431.79	222.15	7.30	2190.05	419
思维列控	680.07	876.72	196.88	374.28	52.73	9.33	2190.02	420
迅游科技	521.34	919.45	196.06	369.61	166.11	17.34	2189.90	421
大秦铁路	504.05	871.72	0.00	404.86	168.46	240.37	2189.46	422
沙隆达 A	412.58	898.78	17.81	362.72	435.24	62.26	2189.39	423
中集集团	639.74	733.21	278.14	365.44	122.67	50.19	2189.39	424
中材科技	718.22	842.86	126.77	392.72	72.16	36.41	2189.14	425
启迪桑德	496.87	846.40	46.94	436.02	302.85	58.82	2187.90	426
中文传媒	529.34	790.08	59.52	372.05	396.56	40.12	2187.68	427
大连电瓷	875.32	800.12	40.48	403.65	58.77	7.20	2185.54	428
华谊集团	624.44	872.79	90.38	490.62	77.65	29.53	2185.41	429
乾照光电	727.44	912.19	78.24	380.18	76.15	11.17	2185.38	430
同洲电子	688.14	815.37	231.05	372.38	72.29	5.73	2184.97	431
合康新能	799.41	822.74	113.09	376.84	67.01	5.79	2184.88	432
鲁西化工	784.63	854.59	62.82	376.43	65.70	40.11	2184.29	433
智度股份	476.42	879.64	87.89	364.84	357.90	17.51	2184.20	434
机器人	473.31	792.14	254.26	384.72	228.39	50.96	2183.78	435
赛为智能	594.21	892.81	97.08	366.92	222.76	9.89	2183.67	436

续表

公司简称	治理竞争力	管理竞争力	创新竞争力	社会责任竞争力	人力资源竞争力	公司基本指标	总得分	总排名
长园集团	687.91	856.72	122.34	384.70	95.99	35.80	2183.47	437
超图软件	631.03	832.92	152.88	417.05	138.75	10.69	2183.32	438
赛托生物	870.44	831.97	38.44	380.45	55.79	6.18	2183.27	439
东软载波	604.72	806.58	225.37	385.84	145.70	14.46	2182.69	440
上海家化	693.29	842.29	56.12	392.18	155.63	42.84	2182.35	441
上海凤凰	818.78	888.32	16.83	373.04	76.96	8.03	2181.96	442
乐凯胶片	835.14	829.37	50.40	391.37	69.10	5.50	2180.89	443
沃尔核材	689.32	846.47	185.05	393.37	55.41	11.29	2180.89	444
高新兴	630.33	847.95	133.80	375.31	167.65	25.69	2180.74	445
海能达	448.49	895.44	231.99	389.07	156.60	58.56	2180.15	446
山东矿机	848.61	839.86	50.13	381.40	54.89	5.13	2180.02	447
广电网络	868.56	833.73	9.03	394.11	67.42	7.11	2179.96	448
朗姿股份	832.65	854.29	40.26	387.44	57.93	6.27	2178.84	449
宁波港	599.82	833.47	17.67	492.32	111.31	123.84	2178.43	450
久其软件	534.18	922.67	188.19	393.00	128.94	11.38	2178.36	451
渤海股份	785.20	890.95	23.30	379.95	91.82	6.29	2177.51	452
沧州大化	647.39	980.02	5.31	427.55	95.90	20.68	2176.85	453
许继电气	389.40	840.04	270.36	494.80	159.81	22.11	2176.52	454
新亚制程	843.25	849.47	29.28	372.25	76.66	5.38	2176.28	455
平治信息	535.86	1099.81	57.79	409.63	68.14	4.95	2176.17	456
龙宇燃油	571.08	973.25	0.63	429.63	193.90	7.38	2175.87	457
新晨科技	604.52	837.87	257.19	419.57	52.58	2.94	2174.68	458
阳光照明	614.46	873.06	90.20	523.26	59.49	12.62	2173.09	459
巴安水务	663.57	809.71	51.75	477.77	160.98	9.14	2172.91	460
华东医药	507.86	961.13	87.34	404.76	119.35	92.29	2172.72	461
当代明诚	667.08	849.81	2.84	362.76	279.72	10.47	2172.68	462
金融街	609.40	754.17	2.34	475.70	273.14	57.86	2172.62	463
绿庭投资	639.47	811.94	0.03	383.71	329.60	7.83	2172.58	464
吉翔股份	701.08	905.11	22.98	355.14	175.03	13.12	2172.45	465
北辰实业	966.49	684.61	2.19	363.93	128.81	25.89	2171.91	466
德展健康	606.14	938.73	46.39	393.98	152.88	33.17	2171.28	467
宜安科技	743.67	900.81	66.32	407.27	46.77	5.38	2170.22	468
光大嘉宝	590.82	826.27	0.07	367.38	358.69	26.87	2170.09	469
彩虹股份	672.10	902.72	100.62	369.88	78.92	45.85	2170.08	470

续表

公司简称	治理竞争力	管理竞争力	创新竞争力	社会责任竞争力	人力资源竞争力	公司基本指标	总得分	总排名
电子城	624.79	880.07	18.69	442.30	189.31	14.16	2169.31	471
建发股份	426.91	853.30	12.51	368.06	453.47	54.85	2169.09	472
科森科技	661.32	977.23	53.40	412.70	49.91	13.38	2167.93	473
三峡水利	804.55	861.69	6.63	378.18	102.53	14.10	2167.67	474
新湖中宝	618.71	719.99	5.03	467.94	276.72	78.84	2167.23	475
杭萧钢构	745.74	861.38	75.93	392.46	66.82	24.56	2166.89	476
三联虹普	560.00	827.00	183.60	366.55	222.16	7.10	2166.41	477
伊之密	657.19	922.71	70.58	416.15	87.80	11.64	2166.07	478
亚太科技	632.52	986.47	74.02	392.23	65.25	15.57	2166.06	479
山东海化	751.85	913.97	0.48	429.59	57.34	12.78	2166.00	480
大庆华科	494.04	1160.47	25.20	422.19	60.94	3.08	2165.91	481
大名城	924.68	684.53	6.70	357.83	162.96	28.43	2165.14	482
曙光股份	854.84	837.13	34.01	375.33	53.50	9.40	2164.21	483
朗迪集团	717.64	867.11	82.98	447.07	44.48	3.41	2162.68	484
先导智能	571.46	989.89	90.29	394.40	73.38	43.26	2162.68	485
通策医疗	547.13	901.93	15.56	439.60	241.08	16.84	2162.13	486
三泰控股	684.09	910.73	32.71	477.77	41.13	15.36	2161.79	487
长亮科技	549.38	930.17	103.00	486.18	85.01	6.32	2160.06	488
锌业股份	701.84	962.57	9.94	427.44	46.78	11.22	2159.79	489
深高速	844.95	819.46	0.64	366.25	106.98	21.34	2159.64	490
卧龙电气	826.68	726.41	139.04	390.13	60.01	16.77	2159.05	491
捷成股份	634.93	795.62	183.07	360.10	147.52	37.73	2158.97	492
佐力药业	904.75	759.03	42.34	389.69	56.38	6.60	2158.78	493
中电环保	629.28	803.15	110.62	369.11	240.81	5.74	2158.72	494
深振业 A	605.68	824.12	0.06	366.89	339.62	22.11	2158.47	495
上海贝岭	479.00	838.60	233.24	369.13	219.56	18.67	2158.20	496
美达股份	720.87	901.51	54.86	413.79	60.84	5.70	2157.56	497
露笑科技	707.18	942.87	46.99	373.50	67.17	19.82	2157.53	498
森霸传感	539.03	1080.28	32.60	458.40	43.47	3.68	2157.46	499
广泽股份	849.70	851.32	9.64	381.35	60.25	4.92	2157.18	500
中房股份	459.28	1035.88	0.00	359.08	293.76	8.85	2156.84	501
生益科技	534.32	916.18	193.83	394.25	74.76	43.40	2156.75	502
中国科传	548.58	841.18	13.65	374.17	365.44	13.57	2156.60	503
华昌化工	771.49	924.64	9.80	376.66	67.21	6.46	2156.26	504

续表

公司简称	治理竞争力	管理竞争力	创新竞争力	社会责任竞争力	人力资源竞争力	公司基本指标	总得分	总排名
会畅通讯	643.16	924.11	92.79	407.26	84.90	2.98	2155.20	505
内蒙一机	731.71	913.14	29.27	374.07	72.19	34.79	2155.17	506
辽宁成大	631.67	793.02	18.71	481.48	183.56	46.58	2155.01	507
三维工程	615.58	871.56	105.75	369.00	188.70	4.19	2154.77	508
顺络电子	805.02	754.70	104.05	404.63	63.56	22.54	2154.51	509
一心堂	701.41	888.86	2.07	498.33	44.98	18.72	2154.37	510
华胜天成	548.44	894.21	98.65	373.55	219.06	19.06	2152.98	511
永辉超市	509.44	918.10	16.01	453.54	83.81	171.81	2152.71	512
长青股份	930.26	728.07	63.28	370.49	52.90	7.51	2152.51	513
河钢股份	700.06	728.75	67.82	476.90	106.13	72.60	2152.25	514
宝信软件	359.66	874.72	199.89	502.99	193.77	20.74	2151.76	515
森源电气	695.73	857.69	119.65	375.00	80.42	23.04	2151.54	516
新北洋	636.02	799.61	238.44	388.83	77.33	10.83	2151.07	517
通达动力	827.69	803.61	56.80	405.53	50.82	5.54	2150.01	518
萃华珠宝	725.11	844.03	8.97	394.94	172.96	3.18	2149.19	519
永高股份	656.26	921.34	93.28	410.54	60.11	7.19	2148.71	520
精达股份	586.06	1014.91	51.27	387.70	97.04	11.43	2148.41	521
中天科技	532.49	865.15	190.51	378.56	105.82	74.98	2147.52	522
国药股份	474.58	1005.40	16.58	383.51	230.72	36.52	2147.30	523
新华网	400.74	1034.93	39.59	390.02	261.30	20.27	2146.85	524
申能股份	450.08	806.47	34.24	477.59	331.82	46.13	2146.33	525
盛讯达	496.54	958.29	240.84	386.24	56.71	7.00	2145.63	526
金正大	530.73	953.11	121.35	385.11	105.01	50.12	2145.43	527
楚天科技	490.46	849.72	252.64	389.39	154.69	8.41	2145.31	528
科达股份	706.45	890.12	29.06	374.07	128.23	17.03	2144.96	529
绿地控股	448.78	675.10	69.47	361.97	431.48	157.74	2144.54	530
索菲亚	657.68	873.57	47.37	453.23	53.23	59.25	2144.33	531
江山欧派	722.12	878.68	47.31	442.95	48.62	4.45	2144.11	532
鸿特精密	406.21	1055.65	26.47	589.00	43.38	23.29	2144.01	533
建设银行	611.57	604.82	38.27	332.80	425.90	130.54	2143.91	534
荣晟环保	493.31	1093.91	39.97	435.22	69.66	11.28	2143.35	535
亚厦股份	882.59	701.23	97.80	374.80	70.14	16.33	2142.89	536
川仪股份	655.52	841.50	149.49	403.17	87.31	5.32	2142.32	537
精艺股份	498.09	1010.68	57.64	440.14	131.20	3.57	2141.32	538

续表

公司简称	治理竞争力	管理竞争力	创新竞争力	社会责任竞争力	人力资源竞争力	公司基本指标	总得分	总排名
新美星	733.20	817.77	133.66	380.79	73.65	2.13	2141.19	539
神州数码	548.16	868.03	20.34	369.99	310.04	23.60	2140.16	540
三钢闽光	376.32	1148.47	56.61	431.94	80.72	45.94	2139.99	541
海天精工	687.99	888.37	82.70	389.49	81.20	9.82	2139.56	542
安迪苏	409.33	795.86	41.09	371.19	475.04	46.92	2139.44	543
精测电子	578.21	871.96	178.52	404.82	87.99	17.84	2139.34	544
万达电影	464.08	894.93	37.95	401.68	232.56	107.97	2139.17	545
奥克股份	660.46	909.10	62.34	366.69	133.83	6.55	2138.97	546
新华百货	696.69	960.47	1.23	424.31	49.50	6.73	2138.94	547
佳讯飞鸿	687.15	781.77	170.61	370.30	121.83	6.50	2138.16	548
丽珠集团	526.82	915.91	136.57	416.05	100.91	41.66	2137.92	549
吉宏股份	672.97	946.09	39.98	422.40	48.64	7.64	2137.72	550
信隆健康	790.91	783.44	41.29	478.16	41.24	2.55	2137.58	551
凌钢股份	667.40	958.95	25.85	384.87	78.86	21.30	2137.24	552
兴发集团	860.15	765.24	51.04	373.07	74.25	13.43	2137.18	553
华灿光电	798.78	764.57	91.55	392.80	66.24	22.88	2136.82	554
兰太实业	892.16	766.41	21.14	389.99	58.64	8.13	2136.47	555
三维通信	668.06	863.63	127.83	368.19	101.14	6.71	2135.57	556
科伦药业	409.21	831.63	250.86	508.55	72.18	62.62	2135.06	557
万年青	766.19	901.32	3.36	401.10	52.98	9.81	2134.76	558
正裕工业	788.90	849.48	48.12	391.34	53.38	2.82	2134.04	559
元力股份	670.38	867.06	114.71	418.30	52.06	11.06	2133.56	560
上海建工	480.62	670.10	334.91	364.66	224.84	57.71	2132.85	561
科达洁能	699.37	930.49	193.97	198.34	81.02	29.64	2132.84	562
江苏索普	748.99	891.08	5.80	422.93	61.14	2.73	2132.66	563
深大通	663.70	873.19	0.31	359.47	217.95	17.73	2132.34	564
日机密封	789.27	787.29	59.00	405.36	85.65	5.64	2132.22	565
天广中茂	635.03	860.28	49.16	484.06	65.09	38.56	2132.17	566
宁波东力	659.50	957.85	41.55	342.61	121.36	9.00	2131.87	567
铁汉生态	709.16	781.62	68.76	374.60	165.59	31.39	2131.12	568
中原证券	801.63	641.98	3.93	348.17	307.06	27.85	2130.63	569
雪迪龙	713.85	816.75	83.92	403.03	100.64	12.10	2130.29	570
东音股份	822.02	819.07	42.87	392.65	49.90	3.75	2130.26	571
东方明珠	621.79	783.52	78.40	369.18	200.08	77.25	2130.22	572

续表

公司简称	治理竞争力	管理竞争力	创新竞争力	社会责任竞争力	人力资源竞争力	公司基本指标	总得分	总排名
大商股份	549.12	903.78	175.92	411.03	74.17	16.02	2130.05	573
华海药业	621.28	813.45	136.86	393.01	110.79	54.62	2130.00	574
埃斯顿	536.13	897.98	166.09	381.90	132.61	14.93	2129.63	575
老百姓	641.59	927.06	5.19	473.34	52.00	30.46	2129.63	576
同花顺	504.46	825.67	220.23	415.56	117.19	46.48	2129.59	577
艾比森	731.87	880.31	65.04	367.61	79.35	4.91	2129.08	578
五矿稀土	620.68	946.12	12.13	462.79	66.93	20.04	2128.69	579
网宿科技	465.78	823.59	216.46	378.67	199.67	44.30	2128.46	580
韵达股份	408.14	1072.69	45.61	421.45	82.27	98.30	2128.45	581
百川能源	700.33	938.06	3.20	386.21	76.44	23.33	2127.56	582
中际旭创	470.57	1062.28	77.06	390.81	78.29	48.01	2127.01	583
三维丝	717.66	834.91	80.53	361.98	128.55	3.37	2127.00	584
方正证券	723.48	672.88	38.77	350.26	240.69	100.08	2126.17	585
赢合科技	772.49	788.01	91.48	403.85	56.49	13.13	2125.46	586
继峰股份	664.41	926.98	35.80	437.35	49.73	10.98	2125.25	587
凯发电气	583.67	895.91	69.32	391.85	180.94	3.48	2125.18	588
三五互联	788.83	799.89	85.43	392.72	53.48	4.54	2124.89	589
浙江东方	510.73	876.49	3.71	373.99	331.99	27.95	2124.86	590
捷顺科技	631.39	857.91	114.27	414.87	89.57	15.98	2124.00	591
金风科技	434.82	702.65	171.90	481.11	236.49	96.60	2123.57	592
天神娱乐	540.02	885.33	157.39	376.50	137.12	27.00	2123.36	593
梅花生物	583.75	861.76	84.74	507.34	58.34	27.03	2122.97	594
天奇股份	711.69	807.15	151.60	373.25	69.38	9.45	2122.52	595
硅宝科技	616.74	823.73	67.30	394.70	215.74	4.18	2122.40	596
东安动力	784.71	804.27	71.50	375.49	82.34	3.81	2122.12	597
振东制药	782.42	786.11	66.35	391.43	84.58	11.10	2121.99	598
久之洋	443.07	785.89	167.10	373.09	344.65	8.02	2121.82	599
汤臣倍健	665.83	812.03	54.85	401.48	149.70	37.88	2121.77	600
广晟有色	611.87	877.87	32.43	494.67	84.99	19.52	2121.35	601
四川双马	725.93	923.09	5.79	373.64	71.56	21.11	2121.13	602
山东高速	615.59	882.21	11.66	368.20	193.06	49.98	2120.70	603
安徽合力	634.86	842.59	144.08	405.93	80.98	12.21	2120.65	604
新开普	715.14	788.53	142.54	402.80	64.93	6.04	2119.97	605
宏发股份	631.46	836.82	115.09	438.12	60.66	37.75	2119.89	606

续表

公司简称	治理竞争力	管理竞争力	创新竞争力	社会责任竞争力	人力资源竞争力	公司基本指标	总得分	总排名
安硕信息	533.72	819.04	101.45	546.49	115.58	3.44	2119.71	607
搜于特	521.68	1021.25	29.66	400.95	116.79	29.31	2119.64	608
海欣食品	723.27	770.07	34.56	523.56	65.09	3.02	2119.58	609
双杰电气	670.69	915.94	91.13	380.80	52.80	8.17	2119.52	610
洽洽食品	802.83	809.55	22.56	412.18	59.41	12.61	2119.13	611
读者传媒	568.80	907.82	40.63	366.11	229.58	6.18	2119.12	612
广生堂	645.05	791.32	160.44	408.22	107.94	5.71	2118.69	613
恒通科技	717.19	920.91	24.27	368.45	82.81	4.77	2118.40	614
兰花科创	770.18	843.98	32.27	399.64	54.32	17.04	2117.43	615
金字火腿	729.59	889.36	1.65	437.00	45.97	12.76	2116.33	616
华谊兄弟	685.88	814.66	47.15	363.70	162.84	41.73	2115.97	617
商赢环球	688.04	966.48	0.00	372.40	69.03	19.68	2115.63	618
兄弟科技	688.89	883.84	62.03	388.57	77.97	14.14	2115.43	619
正邦科技	634.44	941.72	36.57	395.80	84.32	22.24	2115.09	620
山西汾酒	504.05	934.26	14.12	474.02	101.57	86.84	2114.86	621
欧菲科技	546.52	774.08	239.53	396.98	58.97	98.62	2114.70	622
海思科	605.05	839.41	133.14	392.54	123.95	20.29	2114.37	623
美年健康	315.62	916.72	1.58	471.30	308.56	100.39	2114.17	624
福建水泥	812.77	733.53	2.20	492.94	68.85	3.22	2113.51	625
中国铝业	451.16	772.12	246.81	377.46	108.46	157.45	2113.46	626
东方网力	548.26	858.51	153.91	371.76	159.55	21.39	2113.37	627
宣亚国际	640.89	944.31	41.29	414.02	67.30	5.16	2112.97	628
博思软件	575.97	883.19	137.63	437.93	74.52	3.60	2112.83	629
华新水泥	645.71	926.31	48.03	391.32	70.91	30.42	2112.70	630
重庆港九	646.55	959.85	3.41	381.85	115.44	5.53	2112.64	631
华电重工	512.98	816.55	97.52	368.90	307.01	9.53	2112.50	632
丰元股份	795.79	829.85	41.26	387.52	54.71	3.32	2112.46	633
东睦股份	733.48	791.26	62.37	409.14	104.77	10.63	2111.66	634
荣泰健康	661.17	932.46	48.67	395.39	59.78	14.07	2111.54	635
京天利	635.25	862.55	102.68	397.68	109.66	3.71	2111.53	636
东方通	659.82	721.74	225.89	366.11	133.05	4.52	2111.14	637
亿利洁能	742.64	875.08	2.50	362.61	98.25	29.90	2110.98	638
瑞和股份	700.04	857.89	67.32	362.16	118.72	4.49	2110.62	639
安井食品	628.00	922.57	17.91	488.99	45.22	7.66	2110.36	640

续表

公司简称	治理竞争力	管理竞争力	创新竞争力	社会责任竞争力	人力资源竞争力	公司基本指标	总得分	总排名
量子高科	577. 14	993. 05	63. 80	390. 55	75. 62	9. 86	2110. 03	641
民生控股	400. 67	995. 05	0. 00	446. 46	262. 67	5. 03	2109. 88	642
浩物股份	772. 80	846. 04	27. 59	413. 48	45. 27	3. 93	2109. 11	643
华宇软件	587. 09	850. 57	140. 22	414. 44	98. 13	18. 56	2109. 01	644
佳发安泰	652. 92	845. 92	127. 26	393. 94	85. 16	3. 39	2108. 58	645
人福医药	591. 57	882. 66	120. 06	381. 32	90. 73	41. 60	2107. 93	646
茶花股份	564. 29	935. 56	10. 57	543. 46	49. 73	4. 26	2107. 88	647
华电国际	616. 52	739. 52	62. 80	359. 79	276. 75	52. 50	2107. 87	648
永创智能	668. 54	887. 32	78. 85	421. 94	46. 46	4. 55	2107. 67	649
好莱客	655. 84	892. 48	48. 81	447. 26	47. 17	15. 29	2106. 85	650
光华科技	664. 94	852. 50	73. 56	392. 06	115. 19	8. 43	2106. 67	651
渤海活塞	815. 49	798. 01	45. 13	379. 91	57. 21	10. 81	2106. 56	652
三角轮胎	660. 68	878. 71	99. 62	374. 59	65. 35	27. 51	2106. 46	653
东方中科	651. 65	853. 79	72. 61	378. 02	146. 58	3. 52	2106. 18	654
红蜻蜓	771. 13	820. 45	32. 23	423. 22	49. 37	9. 78	2106. 18	655
能科股份	683. 43	791. 92	147. 42	387. 10	93. 47	2. 78	2106. 12	656
神州高铁	547. 62	812. 26	154. 50	379. 51	168. 90	42. 51	2105. 31	657
富森美	668. 24	935. 54	2. 20	376. 37	100. 32	22. 18	2104. 85	658
东旭光电	450. 62	883. 30	115. 30	482. 19	80. 06	92. 67	2104. 14	659
乐山电力	564. 69	905. 60	0. 58	544. 61	83. 58	5. 05	2104. 12	660
广汇汽车	532. 40	832. 92	31. 59	409. 66	181. 92	115. 52	2104. 01	661
天沃科技	407. 56	831. 57	111. 30	354. 86	389. 32	9. 06	2103. 67	662
雷科防务	466. 85	799. 38	176. 19	377. 92	265. 30	18. 03	2103. 66	663
九州通	547. 13	856. 85	24. 42	496. 56	116. 33	62. 17	2103. 46	664
北大医药	667. 70	890. 16	57. 84	377. 62	102. 19	7. 55	2103. 07	665
东方航空	428. 61	843. 21	0. 48	372. 68	314. 77	142. 84	2102. 59	666
麦迪科技	573. 00	873. 71	158. 22	412. 10	81. 92	3. 44	2102. 40	667
海澜之家	653. 47	855. 91	26. 87	406. 48	82. 39	76. 49	2101. 61	668
南山铝业	634. 15	794. 08	57. 50	488. 85	67. 09	59. 36	2101. 04	669
泰豪科技	627. 91	747. 38	258. 45	365. 40	90. 84	11. 05	2101. 03	670
凌云股份	630. 21	904. 97	87. 26	399. 42	68. 16	10. 90	2100. 92	671
华力创通	667. 71	807. 75	173. 02	381. 03	61. 51	9. 87	2100. 89	672
云南白药	494. 84	844. 21	74. 58	387. 87	110. 68	188. 59	2100. 77	673
粤高速 A	580. 96	1014. 38	4. 53	369. 86	103. 57	27. 15	2100. 45	674

续表

公司简称	治理竞争力	管理竞争力	创新竞争力	社会责任竞争力	人力资源竞争力	公司基本指标	总得分	总排名
光大证券	509.35	693.97	69.00	345.86	389.63	92.45	2100.25	675
中天能源	635.86	891.26	0.54	360.23	185.41	26.92	2100.22	676
扬杰科技	705.40	818.25	95.82	388.77	68.29	23.66	2100.19	677
江苏神通	723.21	844.37	91.29	378.90	57.60	4.41	2099.78	678
苏泊尔	382.07	945.52	221.19	426.21	66.83	57.78	2099.60	679
冠农股份	712.97	827.55	12.58	476.16	61.14	9.21	2099.60	680
赣锋锂业	528.89	977.96	28.11	404.97	65.76	93.80	2099.48	681
金隅集团	672.82	717.28	191.12	365.35	73.24	79.54	2099.36	682
华自科技	605.16	892.70	126.58	398.93	71.88	4.10	2099.35	683
神州泰岳	630.64	744.63	222.19	386.74	95.33	19.78	2099.31	684
宁波高发	701.70	857.26	55.64	410.07	65.94	8.63	2099.24	685
川大智胜	441.66	793.05	247.72	373.85	236.43	6.52	2099.24	686
天音控股	623.61	878.48	10.74	378.72	191.24	16.33	2099.13	687
蓝焰控股	686.48	879.54	50.53	369.01	85.93	27.40	2098.89	688
鸿路钢构	721.80	846.65	84.85	390.50	48.00	6.80	2098.60	689
广田集团	658.51	864.69	91.80	369.55	93.65	20.37	2098.57	690
华铭智能	773.77	801.10	65.85	396.27	56.34	4.17	2097.51	691
中储股份	513.56	940.28	11.14	401.01	189.77	41.68	2097.46	692
海越股份	634.79	891.13	38.08	367.91	158.43	7.12	2097.45	693
百傲化学	637.31	927.90	46.64	410.86	70.85	3.36	2096.92	694
同益股份	655.60	884.01	19.87	373.66	161.80	1.93	2096.87	695
迪森股份	656.53	899.11	74.21	381.78	75.50	9.60	2096.73	696
浙江龙盛	582.72	848.62	132.93	370.41	95.35	66.64	2096.68	697
生物股份	603.50	860.20	15.46	382.11	185.90	49.48	2096.64	698
井神股份	695.24	886.27	50.49	389.16	67.65	7.80	2096.61	699
欢瑞世纪	560.00	877.30	1.53	364.55	281.23	11.93	2096.55	700
顾家家居	602.58	862.84	93.25	440.80	52.79	43.57	2095.83	701
航天电子	436.70	867.26	195.84	385.06	174.31	36.51	2095.68	702
郑煤机	671.84	854.28	66.44	396.99	90.21	15.83	2095.59	703
波导股份	814.11	811.41	54.63	316.30	90.42	8.33	2095.19	704
蓝思科技	406.42	924.86	135.91	442.06	46.03	139.15	2094.43	705
宁沪高速	534.30	836.79	1.73	488.38	167.46	65.72	2094.38	706
风神股份	893.53	685.78	74.09	383.68	52.96	3.98	2094.02	707
中环装备	676.47	838.82	78.04	375.96	115.37	8.96	2093.63	708

续表

公司简称	治理竞争力	管理竞争力	创新竞争力	社会责任竞争力	人力资源竞争力	公司基本指标	总得分	总排名
道森股份	724.95	852.65	47.21	372.18	92.23	4.32	2093.53	709
博腾股份	591.26	818.49	67.71	500.20	107.41	8.35	2093.41	710
康斯特	610.48	813.90	119.97	398.74	147.25	2.92	2093.26	711
久立特材	771.87	817.76	63.36	377.50	53.65	8.94	2093.09	712
国光股份	671.28	860.55	55.05	424.29	74.96	6.91	2093.04	713
瀚蓝环境	678.70	907.72	27.35	373.40	85.66	20.18	2093.00	714
金莱特	652.63	917.72	81.28	392.48	43.29	5.25	2092.65	715
引力传媒	497.29	1018.44	0.91	377.74	192.71	5.45	2092.54	716
上海物贸	608.88	904.99	1.88	465.78	102.33	8.64	2092.50	717
徐工机械	352.31	863.43	215.54	482.36	122.15	56.49	2092.28	718
冠福股份	543.32	1010.12	36.46	371.05	112.75	18.57	2092.27	719
置信电气	551.74	830.00	253.42	369.20	73.26	13.99	2091.60	720
山河智能	763.51	748.06	116.72	371.92	78.76	12.51	2091.48	721
科大智能	653.72	800.80	141.95	386.78	83.45	24.09	2090.81	722
东方精工	630.88	889.84	58.96	371.54	113.71	25.32	2090.26	723
天地科技	373.07	846.80	278.03	391.92	167.51	32.79	2090.11	724
康得新	311.13	880.42	144.77	488.38	125.63	139.30	2089.62	725
博济医药	780.62	696.84	78.84	394.92	134.58	3.17	2088.97	726
浙江众成	796.32	800.89	49.38	371.34	58.15	12.54	2088.62	727
上海机场	522.50	887.24	1.67	390.81	132.16	153.98	2088.36	728
海利尔	658.86	926.11	37.49	395.73	62.00	7.92	2088.10	729
宝钛股份	775.33	822.38	31.33	378.24	64.19	16.47	2087.94	730
华兰生物	430.01	865.44	66.98	511.12	170.38	43.12	2087.06	731
申万宏源	497.00	659.56	30.72	353.28	354.66	191.64	2086.86	732
远达环保	590.16	829.38	76.80	369.15	210.36	10.78	2086.64	733
恩华药业	537.42	863.30	52.31	432.64	176.86	24.07	2086.60	734
TCL 集团	406.21	716.03	370.06	364.19	137.20	92.88	2086.57	735
宗申动力	716.24	808.59	110.58	383.20	56.49	11.22	2086.33	736
广信材料	666.34	887.81	46.91	396.14	85.07	3.63	2085.89	737
刚泰控股	730.46	825.74	5.34	364.18	130.15	29.80	2085.67	738
迪安诊断	506.87	762.54	38.90	406.68	348.38	21.60	2084.96	739
杭州高新	660.05	910.14	64.47	385.78	61.12	3.30	2084.86	740
晶盛机电	630.77	824.64	119.79	379.94	94.47	35.21	2084.83	741
利亚德	554.26	896.87	110.51	378.42	89.48	55.24	2084.79	742

续表

公司简称	治理竞争力	管理竞争力	创新竞争力	社会责任竞争力	人力资源竞争力	公司基本指标	总得分	总排名
银江股份	637.00	827.59	125.03	360.03	123.10	12.01	2084.75	743
银泰资源	534.97	963.70	0.01	405.56	155.43	24.18	2083.84	744
中广核技	450.11	854.74	42.56	378.34	334.54	23.01	2083.30	745
春秋航空	504.45	930.95	48.24	419.74	127.60	51.81	2082.79	746
山鼎设计	752.77	772.19	0.20	424.94	127.44	5.10	2082.66	747
九强生物	558.74	855.21	100.63	396.69	159.35	11.75	2082.37	748
中成股份	408.50	869.40	68.03	348.02	382.91	4.77	2081.63	749
新华保险	582.45	604.81	0.16	442.92	189.72	261.12	2081.19	750
上海莱士	438.19	858.57	41.51	490.73	76.28	175.40	2080.68	751
新和成	521.30	859.30	132.71	380.93	101.39	84.61	2080.25	752
华建集团	518.13	756.34	56.51	415.79	323.33	10.15	2080.24	753
联美控股	635.29	874.31	7.76	376.71	150.49	35.08	2079.63	754
赢时胜	407.07	870.33	307.34	407.69	72.46	14.71	2079.60	755
文科园林	636.50	903.34	48.27	383.07	100.44	7.98	2079.59	756
九阳股份	380.14	875.77	242.05	398.92	161.00	21.62	2079.49	757
美克家居	634.46	865.61	90.51	421.90	49.02	17.85	2079.35	758
海兴电力	574.00	844.27	113.09	385.17	139.40	23.08	2079.00	759
湖南天雁	771.59	740.56	99.34	392.31	64.65	10.10	2078.55	760
浔兴股份	406.99	942.17	115.32	557.62	47.55	8.73	2078.38	761
太辰光	706.02	862.52	44.40	403.35	55.15	6.94	2078.38	762
天银机电	676.72	827.31	75.70	393.12	94.57	10.77	2078.19	763
金螳螂	406.11	886.83	194.64	388.72	130.78	70.95	2078.04	764
思美传媒	681.59	875.62	28.66	370.47	108.99	12.42	2077.75	765
中光防雷	741.24	793.17	92.83	389.94	55.57	4.98	2077.73	766
浙江美大	650.24	879.71	48.80	413.93	66.71	17.90	2077.29	767
步长制药	635.56	804.38	90.62	403.16	83.08	60.50	2077.28	768
天赐材料	632.07	840.24	84.80	392.01	101.87	26.28	2077.28	769
劲拓股份	675.40	842.63	66.76	419.65	68.63	4.00	2077.08	770
康普顿	714.84	824.35	33.94	390.56	108.42	4.69	2076.80	771
奥拓电子	605.09	857.23	123.59	395.44	89.41	5.82	2076.57	772
运达科技	600.21	772.32	149.77	377.19	169.92	6.34	2075.74	773
史丹利	645.66	857.82	92.48	385.46	81.38	12.13	2074.93	774
合力泰	546.89	877.22	138.31	410.87	47.18	54.41	2074.88	775
恒逸石化	402.40	1070.45	26.15	374.85	138.61	62.08	2074.55	776

续表

公司简称	治理竞争力	管理竞争力	创新竞争力	社会责任竞争力	人力资源竞争力	公司基本指标	总得分	总排名
红相股份	613. 41	920. 24	74. 42	386. 26	72. 51	7. 48	2074. 32	777
北京银行	546. 03	606. 31	0. 86	276. 34	374. 91	269. 70	2074. 15	778
凯乐科技	587. 28	774. 35	83. 85	488. 59	104. 69	35. 28	2074. 04	779
英唐智控	593. 83	941. 02	41. 95	367. 79	117. 86	11. 41	2073. 85	780
中海油服	427. 57	853. 38	240. 06	364. 73	133. 51	54. 37	2073. 63	781
中矿资源	667. 10	837. 92	35. 92	395. 32	128. 95	8. 13	2073. 34	782
万向钱潮	392. 53	872. 81	165. 27	509. 28	84. 99	48. 41	2073. 29	783
长久物流	477. 14	1075. 00	3. 69	381. 11	120. 50	15. 61	2073. 04	784
蓝帆医疗	674. 66	879. 62	43. 36	418. 08	48. 08	9. 05	2072. 86	785
清新环境	632. 97	717. 93	55. 63	370. 15	253. 81	42. 35	2072. 84	786
白银有色	728. 47	779. 51	17. 63	373. 20	90. 93	82. 88	2072. 61	787
三江购物	592. 16	981. 54	3. 08	429. 89	52. 38	13. 56	2072. 60	788
昆药集团	613. 61	875. 74	86. 29	406. 02	79. 60	11. 19	2072. 46	789
皖新传媒	611. 52	831. 73	9. 10	374. 90	208. 93	36. 02	2072. 21	790
国联水产	634. 00	895. 53	39. 59	376. 46	118. 17	8. 01	2071. 76	791
真视通	662. 12	847. 21	65. 84	382. 79	109. 96	3. 69	2071. 61	792
恒锋信息	660. 74	847. 17	95. 86	391. 01	74. 36	2. 32	2071. 44	793
上海新阳	729. 22	764. 02	100. 62	375. 11	92. 30	10. 09	2071. 37	794
凤凰传媒	532. 11	826. 87	41. 75	373. 30	261. 81	35. 29	2071. 14	795
熊猫金控	800. 42	814. 38	0. 18	362. 57	88. 76	4. 52	2070. 84	796
康达新材	664. 19	838. 09	84. 55	371. 46	103. 65	7. 48	2069. 41	797
哈尔斯	652. 13	866. 10	57. 34	443. 62	45. 12	5. 00	2069. 31	798
景旺电子	647. 20	851. 52	50. 85	430. 47	51. 62	37. 63	2069. 28	799
海大集团	291. 75	1094. 28	91. 54	415. 23	112. 01	64. 42	2069. 23	800
水井坊	535. 26	895. 25	10. 37	445. 59	143. 35	39. 29	2069. 11	801
S 佳通	671. 00	900. 52	11. 86	417. 95	54. 73	12. 82	2068. 87	802
龙元建设	630. 02	675. 59	14. 50	369. 95	358. 99	19. 65	2068. 69	803
川环科技	677. 72	852. 60	40. 74	447. 06	46. 11	3. 60	2067. 83	804
上柴股份	565. 09	844. 99	62. 69	484. 60	97. 54	12. 76	2067. 67	805
中国海防	553. 11	901. 62	71. 74	389. 98	133. 09	17. 99	2067. 54	806
天顺股份	576. 45	966. 26	19. 67	390. 63	111. 56	2. 42	2066. 99	807
江淮汽车	478. 31	745. 55	335. 86	380. 88	95. 81	30. 39	2066. 81	808
环旭电子	374. 07	993. 75	133. 20	387. 72	118. 03	59. 85	2066. 62	809
东方电气	481. 12	691. 92	239. 50	482. 97	132. 57	38. 50	2066. 58	810

续表

公司简称	治理竞争力	管理竞争力	创新竞争力	社会责任竞争力	人力资源竞争力	公司基本指标	总得分	总排名
英飞拓	631. 18	809. 39	85. 66	373. 20	158. 86	7. 87	2066. 17	811
中南传媒	546. 09	828. 16	26. 98	385. 66	236. 01	43. 03	2065. 93	812
天宸股份	647. 81	841. 50	0. 08	505. 88	59. 21	11. 26	2065. 75	813
维尔利	672. 45	807. 71	61. 92	368. 05	147. 65	7. 95	2065. 73	814
荣之联	648. 46	750. 86	190. 45	362. 10	99. 83	13. 80	2065. 50	815
美康生物	574. 99	894. 05	72. 09	402. 09	112. 08	10. 11	2065. 42	816
富临运业	622. 73	961. 22	8. 86	415. 41	53. 16	3. 93	2065. 32	817
涪陵榨菜	567. 61	972. 49	18. 76	431. 02	53. 33	22. 00	2065. 23	818
科恒股份	590. 09	915. 75	94. 73	376. 78	77. 02	10. 52	2064. 90	819
北信源	560. 00	810. 92	180. 36	382. 54	122. 49	8. 59	2064. 89	820
通鼎互联	631. 20	843. 82	104. 73	385. 99	72. 14	26. 77	2064. 65	821
爱司凯	643. 90	839. 35	112. 10	386. 52	80. 12	2. 60	2064. 59	822
新筑股份	627. 30	817. 25	147. 20	368. 17	97. 36	6. 68	2063. 96	823
延华智能	542. 39	827. 68	140. 81	372. 37	163. 90	16. 09	2063. 23	824
银河生物	771. 57	794. 73	33. 94	385. 01	58. 30	19. 48	2063. 02	825
凯莱英	521. 55	796. 54	165. 90	404. 23	151. 75	22. 96	2062. 93	826
张家港行	849. 73	606. 00	0. 71	335. 86	234. 28	36. 27	2062. 85	827
金城医药	644. 50	843. 87	81. 54	395. 88	85. 62	11. 38	2062. 79	828
高德红外	509. 46	817. 61	176. 36	387. 39	154. 78	17. 07	2062. 66	829
四创电子	563. 16	761. 91	139. 16	381. 62	201. 62	14. 83	2062. 31	830
安居宝	651. 67	795. 05	153. 22	408. 83	49. 12	3. 77	2061. 65	831
安通控股	657. 17	847. 48	23. 01	372. 22	116. 27	45. 44	2061. 59	832
骅威文化	549. 64	828. 52	137. 54	367. 50	166. 38	11. 68	2061. 26	833
大同煤业	728. 18	847. 38	7. 61	379. 37	82. 26	16. 41	2061. 20	834
快克股份	717. 10	820. 85	39. 12	408. 23	68. 73	7. 10	2061. 14	835
法兰泰克	718. 82	849. 81	49. 36	392. 55	47. 62	2. 94	2061. 10	836
众泰汽车	390. 72	1110. 05	44. 86	414. 91	58. 41	41. 92	2060. 88	837
小天鹅 A	488. 39	805. 82	215. 80	381. 54	104. 57	64. 73	2060. 85	838
上海沪工	657. 73	861. 24	86. 14	385. 94	63. 58	5. 86	2060. 48	839
透景生命	219. 90	1107. 25	83. 13	413. 22	228. 82	8. 12	2060. 43	840
楚天高速	631. 07	900. 59	31. 08	366. 49	116. 73	14. 42	2060. 39	841
卫士通	397. 23	847. 17	177. 33	377. 60	228. 15	32. 89	2060. 36	842
潜能恒信	535. 14	870. 19	200. 94	357. 34	85. 49	11. 22	2060. 32	843
北矿科技	591. 55	796. 40	73. 06	399. 60	197. 05	2. 51	2060. 17	844

续表

公司简称	治理竞争力	管理竞争力	创新竞争力	社会责任竞争力	人力资源竞争力	公司基本指标	总得分	总排名
聚光科技	522. 82	845. 05	137. 19	393. 04	133. 91	27. 12	2059. 14	845
宝色股份	726. 56	815. 97	74. 99	371. 83	66. 92	2. 83	2059. 10	846
航新科技	584. 44	818. 20	124. 92	383. 23	139. 96	8. 33	2059. 07	847
伟星新材	435. 27	881. 54	81. 86	547. 30	82. 03	30. 79	2058. 79	848
韶钢松山	342. 27	1122. 76	57. 31	386. 49	113. 17	36. 73	2058. 72	849
贵广网络	633. 97	881. 46	40. 59	389. 81	95. 41	16. 76	2058. 01	850
通威股份	446. 80	942. 28	99. 85	390. 53	95. 66	82. 66	2057. 77	851
昊志机电	621. 71	804. 50	116. 26	435. 75	74. 95	4. 17	2057. 35	852
湘电股份	648. 52	746. 63	201. 56	366. 39	74. 60	19. 44	2057. 15	853
华懋科技	645. 53	883. 21	40. 50	410. 81	66. 68	10. 38	2057. 12	854
中元股份	582. 10	777. 28	178. 56	381. 56	133. 77	3. 82	2057. 08	855
中国西电	533. 29	784. 44	229. 91	377. 90	92. 55	38. 45	2056. 55	856
京威股份	660. 53	863. 57	43. 18	415. 95	55. 51	17. 68	2056. 42	857
世联行	505. 91	905. 14	5. 96	500. 09	99. 64	39. 16	2055. 90	858
理邦仪器	415. 67	841. 75	259. 72	404. 96	126. 30	7. 01	2055. 41	859
深圳能源	657. 80	739. 06	7. 19	360. 33	249. 36	41. 37	2055. 10	860
岳阳兴长	615. 20	916. 61	4. 31	413. 58	101. 04	4. 34	2055. 07	861
尚品宅配	243. 27	1166. 12	37. 89	528. 44	49. 65	29. 55	2054. 93	862
当升科技	510. 64	930. 72	54. 53	374. 35	169. 05	15. 51	2054. 80	863
海螺水泥	363. 58	914. 74	82. 64	398. 12	86. 61	208. 89	2054. 59	864
游久游戏	911. 30	548. 63	128. 52	350. 39	106. 61	9. 12	2054. 57	865
雏鹰农牧	630. 67	696. 71	77. 14	475. 61	150. 83	23. 23	2054. 19	866
特发信息	758. 41	739. 67	74. 44	391. 57	81. 31	8. 75	2054. 15	867
浙江交科	620. 98	810. 42	60. 86	415. 86	111. 84	34. 07	2054. 03	868
招商蛇口	420. 65	738. 24	11. 74	367. 00	239. 75	275. 86	2053. 24	869
劲胜智能	546. 36	870. 17	150. 07	411. 45	57. 40	17. 75	2053. 19	870
鹏翎股份	713. 01	805. 86	75. 72	403. 14	50. 01	5. 34	2053. 07	871
华泰股份	672. 76	881. 67	34. 07	382. 75	69. 92	11. 40	2052. 56	872
围海股份	665. 92	890. 92	31. 95	358. 24	90. 27	14. 98	2052. 28	873
东方电缆	664. 06	869. 31	75. 90	368. 43	68. 15	5. 98	2051. 83	874
金发拉比	739. 02	810. 60	38. 17	412. 66	47. 17	4. 21	2051. 83	875
安车检测	631. 81	878. 44	67. 68	395. 22	72. 70	5. 89	2051. 73	876
山推股份	713. 25	716. 80	176. 81	373. 70	61. 02	9. 57	2051. 15	877
苏常柴 A	792. 62	767. 85	51. 57	383. 72	52. 07	3. 21	2051. 04	878

续表

公司简称	治理竞争力	管理竞争力	创新竞争力	社会责任竞争力	人力资源竞争力	公司基本指标	总得分	总排名
康恩贝	658.82	802.53	85.82	415.00	58.66	30.11	2050.94	879
美晨生态	620.79	862.48	78.20	373.49	93.57	22.40	2050.93	880
杭钢股份	605.50	858.92	44.35	372.12	139.48	30.28	2050.65	881
来伊份	654.94	848.76	2.43	486.25	48.03	9.94	2050.36	882
未名医药	505.32	984.63	32.77	379.90	126.48	20.94	2050.05	883
南玻A	558.10	876.41	123.47	389.64	72.85	28.96	2049.44	884
圣农发展	382.42	886.70	16.38	532.86	200.81	30.28	2049.44	885
中富通	584.34	932.22	53.43	428.92	45.36	4.75	2049.02	886
南宁百货	693.05	905.95	0.68	375.76	67.59	5.90	2048.93	887
华鲁恒升	510.99	977.33	48.89	375.16	91.92	44.55	2048.84	888
金证股份	612.53	909.51	4.54	417.78	83.50	20.93	2048.79	889
中远海科	525.02	832.93	124.29	385.14	176.35	4.75	2048.50	890
中电电机	595.38	906.37	93.39	373.67	70.23	9.16	2048.20	891
飞荣达	568.20	919.25	56.53	449.99	46.31	7.59	2047.87	892
长盈精密	501.01	876.10	133.64	457.76	48.24	30.99	2047.75	893
星网宇达	492.20	870.41	128.22	386.97	163.81	6.05	2047.65	894
隧道股份	619.74	691.01	177.07	362.72	151.49	45.43	2047.47	895
中来股份	542.72	958.54	74.41	371.34	86.71	13.38	2047.09	896
新集能源	837.21	721.67	17.36	389.95	64.47	16.28	2046.94	897
凯龙股份	694.30	835.21	44.77	406.16	61.14	5.11	2046.70	898
新澳股份	701.79	829.52	47.35	398.00	61.41	8.39	2046.45	899
招商轮船	636.81	831.65	50.70	359.34	127.82	40.01	2046.33	900
联络互动	279.51	1065.28	85.45	401.99	185.82	28.18	2046.23	901
中材国际	665.64	706.42	116.90	363.43	164.40	29.39	2046.19	902
荣安地产	798.91	759.36	0.76	368.22	101.12	17.56	2045.91	903
天坛生物	542.56	889.92	40.02	404.04	135.93	32.87	2045.35	904
冀凯股份	677.97	847.79	68.69	390.11	53.74	6.89	2045.18	905
银龙股份	624.46	898.06	60.74	393.33	61.91	6.63	2045.13	906
杭齿前进	563.03	809.04	96.61	509.78	61.37	4.67	2044.51	907
南都电源	628.99	856.09	75.33	408.26	52.30	23.47	2044.45	908
秀强股份	690.89	823.10	35.50	434.54	53.72	6.66	2044.40	909
京蓝科技	508.56	1020.91	33.61	368.74	97.51	14.98	2044.32	910
赛象科技	746.89	742.70	114.53	370.87	65.21	3.92	2044.13	911
新开源	635.28	797.37	86.46	381.04	131.58	12.39	2044.12	912

续表

公司简称	治理竞争力	管理竞争力	创新竞争力	社会责任竞争力	人力资源竞争力	公司基本指标	总得分	总排名
新兴铸管	422.49	858.07	270.84	369.82	87.20	35.64	2044.07	913
光线传媒	534.20	811.57	4.92	363.98	276.01	53.28	2043.95	914
四川长虹	575.19	738.17	243.80	384.60	74.80	27.08	2043.64	915
沃森生物	646.52	628.15	221.56	358.08	140.55	48.62	2043.48	916
新华文轩	656.26	779.92	11.32	379.53	198.93	17.33	2043.29	917
中国化学	546.12	725.67	208.14	373.53	131.74	58.02	2043.22	918
华钰矿业	684.15	813.00	25.28	385.34	117.60	17.61	2042.98	919
振华股份	650.62	867.72	47.78	422.12	50.52	3.57	2042.34	920
森马服饰	518.60	852.17	71.05	390.21	172.90	36.25	2041.18	921
瑞贝卡	645.46	875.18	33.95	435.47	41.30	9.59	2040.95	922
威龙股份	700.00	785.18	10.60	398.88	140.98	5.17	2040.81	923
上海梅林	572.57	938.05	30.12	387.10	101.04	11.90	2040.78	924
东易日盛	549.55	940.95	44.48	442.08	54.66	9.01	2040.73	925
华发股份	649.90	812.46	3.00	355.26	193.67	26.23	2040.51	926
南京高科	606.77	782.47	3.14	355.91	274.04	17.91	2040.25	927
天铁股份	755.54	787.77	36.54	381.30	76.41	2.56	2040.12	928
浪潮软件	537.15	770.57	205.70	385.68	132.03	8.58	2039.72	929
中材节能	498.80	823.01	64.18	493.67	151.01	8.93	2039.59	930
世纪瑞尔	683.03	788.87	98.29	380.16	85.31	3.91	2039.59	931
天润乳业	633.69	912.19	5.80	421.74	58.70	6.69	2038.82	932
岭南股份	689.63	779.65	57.06	378.19	114.81	18.71	2038.06	933
清水源	665.44	894.97	35.53	391.95	44.80	4.42	2037.11	934
必康股份	593.72	858.84	63.93	374.49	74.37	71.61	2036.96	935
北方导航	593.65	866.07	70.67	376.56	98.64	31.21	2036.80	936
博深工具	690.50	836.44	56.69	396.60	47.76	8.68	2036.68	937
江河集团	706.19	723.24	124.21	367.29	99.40	16.18	2036.50	938
奇信股份	633.20	877.91	51.68	376.32	89.07	7.77	2035.94	939
中油资本	379.22	719.41	14.95	473.11	207.77	241.47	2035.92	940
广宇发展	351.53	867.11	0.27	407.37	368.41	40.94	2035.63	941
天房发展	596.45	793.04	14.14	357.48	263.51	10.96	2035.58	942
中核钛白	531.14	885.82	41.22	499.20	62.74	15.35	2035.47	943
掌趣科技	547.21	732.01	238.94	368.19	123.27	25.77	2035.38	944
申通快递	407.03	1015.01	26.71	441.13	79.21	66.10	2035.19	945
紫鑫药业	672.00	828.58	54.16	362.90	101.89	15.53	2035.05	946

续表

公司简称	治理竞争力	管理竞争力	创新竞争力	社会责任竞争力	人力资源竞争力	公司基本指标	总得分	总排名
洛阳玻璃	679. 33	853. 18	54. 45	383. 91	55. 70	8. 25	2034. 82	947
普莱柯	635. 12	785. 87	82. 09	394. 36	125. 99	11. 13	2034. 55	948
北京城建	653. 08	713. 93	1. 59	471. 08	159. 38	35. 21	2034. 28	949
云煤能源	546. 69	878. 70	48. 13	483. 11	71. 73	5. 78	2034. 15	950
汇中股份	645. 30	884. 08	46. 29	393. 51	62. 29	2. 32	2033. 79	951
中昌数据	511. 81	992. 02	35. 27	366. 30	115. 95	12. 39	2033. 73	952
科林环保	599. 41	920. 05	13. 28	357. 98	137. 68	5. 03	2033. 43	953
江苏银行	504. 02	637. 78	6. 41	334. 43	400. 03	150. 60	2033. 26	954
长信科技	548. 26	930. 80	46. 31	429. 15	48. 05	30. 55	2033. 12	955
北巴传媒	467. 62	972. 11	0. 44	523. 18	64. 13	5. 62	2033. 10	956
济民制药	648. 67	885. 97	38. 91	408. 77	43. 72	6. 72	2032. 77	957
今天国际	632. 38	789. 45	120. 11	380. 34	105. 62	4. 64	2032. 54	958
华帝股份	462. 58	939. 92	103. 28	429. 37	67. 43	29. 72	2032. 29	959
富瑞特装	676. 47	834. 61	65. 87	370. 35	77. 35	7. 19	2031. 84	960
健盛集团	771. 11	765. 98	37. 61	404. 91	44. 58	7. 50	2031. 69	961
杭氧股份	614. 67	857. 93	91. 62	376. 80	68. 16	22. 43	2031. 62	962
中国汽研	552. 30	789. 33	88. 96	379. 20	208. 92	12. 69	2031. 39	963
汉威科技	572. 74	840. 91	135. 59	383. 63	93. 31	5. 21	2031. 37	964
海正药业	541. 14	728. 11	129. 91	493. 12	114. 16	24. 48	2030. 92	965
祁连山	686. 05	882. 36	3. 85	392. 88	53. 08	12. 66	2030. 87	966
万润科技	689. 71	835. 74	44. 71	379. 36	72. 82	7. 86	2030. 19	967
易事特	467. 21	875. 13	174. 37	363. 68	119. 81	29. 89	2030. 09	968
高澜股份	634. 47	827. 23	104. 93	379. 87	80. 74	2. 81	2030. 05	969
利安隆	631. 28	859. 98	49. 46	392. 66	92. 39	4. 25	2030. 01	970
光力科技	496. 37	887. 02	160. 81	394. 97	86. 89	3. 93	2030. 00	971
新安股份	536. 51	922. 48	100. 93	379. 79	79. 92	9. 86	2029. 49	972
奥飞娱乐	350. 69	807. 77	263. 45	510. 58	65. 08	31. 77	2029. 33	973
嘉化能源	580. 94	894. 24	56. 39	372. 02	101. 76	23. 80	2029. 16	974
亿联网络	204. 48	1172. 93	132. 87	376. 93	107. 86	33. 98	2029. 05	975
克明面业	729. 66	802. 61	29. 87	410. 10	49. 71	6. 76	2028. 70	976
北斗星通	591. 46	792. 13	113. 78	388. 20	115. 10	27. 74	2028. 42	977
宏达新材	679. 47	855. 96	43. 62	376. 55	68. 75	3. 77	2028. 13	978
建科院	201. 43	979. 41	83. 17	413. 35	344. 88	5. 66	2027. 90	979
博世科	576. 77	753. 63	109. 99	386. 10	192. 14	9. 14	2027. 78	980

续表

公司简称	治理竞争力	管理竞争力	创新竞争力	社会责任竞争力	人力资源竞争力	公司基本指标	总得分	总排名
赛升药业	527.07	934.73	62.60	376.49	116.04	10.64	2027.57	981
罗平锌电	714.02	843.90	7.72	394.35	59.05	8.51	2027.55	982
华纺股份	689.41	853.43	66.05	374.54	40.57	3.44	2027.45	983
百川股份	637.00	886.89	51.80	368.44	75.94	7.13	2027.22	984
金杯汽车	679.48	802.76	48.48	385.82	101.11	9.53	2027.19	985
拓尔思	615.53	750.94	162.63	398.95	88.79	10.34	2027.17	986
新黄浦	562.64	892.67	1.23	373.53	184.04	12.95	2027.05	987
盾安环境	713.92	723.54	128.21	385.88	63.98	11.47	2027.00	988
恒源煤电	530.87	944.95	48.14	420.89	64.98	16.96	2026.79	989
宝胜股份	610.74	789.62	48.08	497.51	71.51	9.33	2026.79	990
山大华特	619.16	836.71	44.28	426.90	88.79	10.91	2026.76	991
杰瑞股份	663.13	784.47	132.25	371.11	54.97	20.80	2026.74	992
吴通控股	589.37	846.81	98.99	373.07	106.92	11.21	2026.37	993
华映科技	492.58	774.94	200.46	478.72	56.74	22.77	2026.20	994
中科金财	573.32	790.48	193.01	361.72	95.32	12.06	2025.90	995
亚邦股份	594.09	765.04	58.88	526.87	65.43	15.39	2025.69	996
帝王洁具	684.63	833.87	29.75	423.64	46.56	7.15	2025.60	997
时代新材	522.46	748.04	221.26	377.27	143.72	12.75	2025.49	998
同方股份	483.13	699.47	245.63	361.91	184.92	50.39	2025.45	999
航民股份	543.96	790.79	52.71	570.06	56.84	11.10	2025.45	1000
飞凯材料	496.76	874.64	103.50	401.46	134.46	14.44	2025.25	1001
太平鸟	532.77	907.46	37.39	465.80	60.02	21.64	2025.08	1002
美联新材	693.95	822.78	43.79	375.56	86.22	2.69	2025.00	1003
五洋停车	650.67	808.77	110.35	391.81	58.65	4.71	2024.95	1004
龙大肉食	555.50	971.95	2.48	424.51	56.71	13.74	2024.88	1005
丰华股份	543.41	1007.36	0.06	394.65	76.64	2.71	2024.81	1006
棕榈股份	701.34	724.87	73.70	359.68	144.44	20.66	2024.70	1007
驰宏锌锗	485.13	928.09	73.29	380.52	94.43	63.14	2024.60	1008
胜利精密	583.62	866.46	101.37	370.85	68.18	34.05	2024.52	1009
德宏股份	687.18	829.82	52.49	386.17	66.15	2.38	2024.20	1010
新五丰	663.86	846.22	7.66	387.18	114.28	4.95	2024.15	1011
赤峰黄金	635.20	908.98	9.73	399.00	56.36	14.73	2023.99	1012
天科股份	551.82	811.03	96.27	395.93	163.30	5.51	2023.87	1013
东华测试	627.64	763.40	111.62	418.18	101.55	1.38	2023.79	1014

续表

公司简称	治理竞争力	管理竞争力	创新竞争力	社会责任竞争力	人力资源竞争力	公司基本指标	总得分	总排名
同济堂	633.77	832.29	0.12	391.66	146.69	18.63	2023.16	1015
华贸物流	585.82	909.48	8.16	385.79	120.89	13.02	2023.15	1016
永鼎股份	657.93	825.16	84.73	392.49	53.19	9.52	2023.01	1017
建研集团	517.85	848.35	76.69	387.16	185.28	7.64	2022.97	1018
国睿科技	452.49	791.98	159.60	372.56	227.42	18.87	2022.92	1019
跨境通	518.61	956.22	27.47	375.35	97.56	47.56	2022.77	1020
光明乳业	485.94	889.14	116.16	386.40	113.32	31.54	2022.51	1021
合众思壮	535.39	871.67	132.18	371.19	86.95	24.95	2022.33	1022
中航高科	577.75	828.69	70.43	367.26	155.72	22.44	2022.30	1023
和科达	625.11	788.08	60.71	411.86	134.42	2.07	2022.26	1024
创业环保	590.98	841.42	27.06	372.30	166.62	23.63	2022.02	1025
新天科技	654.42	782.31	124.71	387.21	65.91	7.39	2021.96	1026
隆华节能	718.77	788.93	81.26	369.13	53.95	9.60	2021.64	1027
恒泰实达	570.80	828.27	125.59	394.18	96.64	5.54	2021.01	1028
双塔食品	653.58	847.88	47.83	359.95	101.84	9.85	2020.93	1029
三垒股份	690.89	809.32	82.64	382.19	48.03	7.67	2020.75	1030
达威股份	635.86	830.61	68.10	396.20	87.66	2.22	2020.65	1031
大连热电	789.85	803.81	0.72	376.03	47.41	2.76	2020.58	1032
歌华有线	598.60	780.56	50.99	368.94	190.74	30.70	2020.52	1033
北新建材	413.43	856.49	215.26	398.14	66.61	70.50	2020.42	1034
金自天正	549.50	796.12	78.97	369.34	223.70	2.41	2020.03	1035
康美药业	490.62	854.83	30.99	369.74	75.65	197.96	2019.78	1036
信立泰	420.02	856.66	121.63	425.93	112.36	83.11	2019.72	1037
闰土股份	631.59	812.97	92.46	398.82	58.06	25.35	2019.24	1038
黄山胶囊	649.87	867.11	44.01	405.46	49.44	3.01	2018.91	1039
京粮控股	579.17	948.67	2.47	412.70	67.73	8.08	2018.81	1040
博雅生物	603.07	847.85	48.95	393.93	105.20	19.80	2018.79	1041
森远股份	678.69	808.22	105.31	369.56	53.47	3.45	2018.69	1042
卓郎智能	540.52	870.83	36.82	422.96	111.91	35.60	2018.64	1043
浦东建设	488.72	861.76	92.22	353.06	213.02	9.80	2018.58	1044
盐津铺子	595.25	846.60	25.05	502.91	44.50	4.08	2018.39	1045
欣天科技	647.49	821.69	71.18	417.75	57.29	2.81	2018.22	1046
秋林集团	617.09	920.72	5.14	382.56	85.83	6.68	2018.01	1047
榕基软件	428.08	830.44	160.47	485.37	106.00	7.64	2018.00	1048

续表

公司简称	治理竞争力	管理竞争力	创新竞争力	社会责任竞争力	人力资源竞争力	公司基本指标	总得分	总排名
万讯自控	655.12	784.58	92.39	401.91	80.79	3.03	2017.82	1049
辉隆股份	623.56	822.12	7.06	402.25	154.70	8.06	2017.75	1050
华立股份	697.84	821.01	32.80	407.17	55.44	3.45	2017.70	1051
三德科技	590.17	788.20	128.64	399.67	108.52	2.37	2017.58	1052
百利电气	676.52	790.07	96.03	383.13	64.07	7.67	2017.49	1053
正业科技	572.09	871.73	88.92	404.19	69.79	10.62	2017.33	1054
中远海能	564.24	821.94	66.61	360.97	175.08	28.30	2017.13	1055
三晖电气	622.71	852.13	74.93	410.54	54.60	2.12	2017.03	1056
南大光电	335.85	990.69	166.51	369.65	148.30	5.78	2016.78	1057
四方精创	436.62	787.67	186.22	530.77	69.49	5.95	2016.72	1058
海得控制	567.88	862.33	94.30	377.27	111.33	3.52	2016.64	1059
浙江仙通	655.54	820.10	45.99	440.16	47.31	7.50	2016.60	1060
利君股份	717.63	750.04	69.26	375.73	92.77	10.85	2016.27	1061
华远地产	608.58	701.89	5.21	363.93	322.95	13.65	2016.21	1062
兰州民百	834.85	726.49	0.06	377.27	67.70	9.33	2015.70	1063
海南瑞泽	630.99	873.53	40.06	371.62	80.89	18.31	2015.39	1064
青海春天	509.37	1001.23	6.35	392.73	95.39	10.25	2015.32	1065
东方集团	606.48	843.62	5.64	360.29	169.64	28.78	2014.44	1066
达志科技	412.65	1002.08	101.11	384.77	110.96	2.87	2014.43	1067
长青集团	696.95	834.36	34.48	389.00	49.18	10.47	2014.43	1068
佳都科技	570.26	882.13	67.66	371.04	101.03	22.19	2014.31	1069
国元证券	516.49	689.54	4.07	460.55	278.95	64.71	2014.31	1070
拓斯达	536.93	916.25	67.52	427.07	52.26	14.06	2014.10	1071
博敏电子	599.99	870.61	69.28	419.43	46.89	6.87	2013.07	1072
曲美家居	576.13	876.61	59.44	420.63	69.37	10.89	2013.06	1073
东杰智能	631.62	863.18	66.95	379.10	68.45	3.41	2012.71	1074
上海机电	412.10	702.01	152.15	363.84	343.21	39.28	2012.60	1075
东湖高新	769.18	686.66	11.83	359.20	175.24	10.34	2012.44	1076
太极股份	639.97	700.28	112.37	380.52	162.06	17.15	2012.34	1077
爱仕达	499.69	883.94	165.12	403.93	53.33	6.01	2012.03	1078
海达股份	569.32	907.93	57.86	411.06	55.32	10.46	2011.95	1079
百联股份	588.08	866.64	34.39	393.51	88.90	40.07	2011.58	1080
群兴玩具	571.17	904.93	7.45	387.91	132.26	7.85	2011.58	1081
烽火电子	517.21	837.08	140.52	403.54	105.39	7.49	2011.23	1082

续表

公司简称	治理竞争力	管理竞争力	创新竞争力	社会责任竞争力	人力资源竞争力	公司基本指标	总得分	总排名
鸿利智汇	496.07	938.69	106.53	396.09	61.19	12.61	2011.17	1083
易华录	622.90	724.57	108.30	363.99	175.07	16.23	2011.06	1084
汇川技术	266.59	804.73	291.03	398.55	164.95	85.00	2010.85	1085
和胜股份	632.78	847.08	32.95	449.61	42.99	4.78	2010.18	1086
杉杉股份	537.81	891.48	73.00	368.84	101.46	37.30	2009.89	1087
国星光电	562.35	894.08	86.25	386.45	67.72	13.03	2009.88	1088
骆驼股份	581.26	877.02	66.81	402.11	63.99	18.42	2009.62	1089
万邦德	296.58	1102.94	28.62	458.26	118.78	4.20	2009.38	1090
佳士科技	711.72	800.98	36.46	372.49	81.69	5.02	2008.35	1091
鹿港文化	710.76	844.04	7.98	382.62	53.77	8.92	2008.09	1092
金圆股份	518.96	985.47	38.58	385.33	58.46	21.14	2007.93	1093
斯太尔	500.75	694.91	238.20	417.40	149.85	6.50	2007.60	1094
阳光城	568.65	704.23	0.99	375.00	302.98	55.47	2007.32	1095
天华院	640.93	714.39	186.69	385.08	70.66	9.03	2006.78	1096
科大国创	495.72	818.04	180.48	439.68	64.90	7.85	2006.67	1097
银禧科技	548.35	907.07	63.41	395.03	80.51	12.21	2006.58	1098
唐山港	549.25	830.03	8.57	484.98	96.86	36.78	2006.47	1099
岷江水电	498.48	1070.14	0.77	377.37	55.11	4.49	2006.35	1100
长方集团	688.34	810.75	56.52	404.07	39.71	6.93	2006.32	1101
中化岩土	631.35	823.98	76.16	371.20	81.29	22.20	2006.18	1102
泛微网络	500.62	900.84	137.57	403.46	57.44	6.15	2006.08	1103
大东方	578.28	949.57	3.42	405.69	63.24	5.84	2006.04	1104
杭州银行	672.05	636.69	0.00	277.17	345.91	74.10	2005.92	1105
王府井	509.40	967.69	1.86	392.38	107.86	26.67	2005.85	1106
开滦股份	558.67	928.26	14.63	428.87	59.58	15.79	2005.81	1107
苏试试验	529.28	860.29	115.77	400.92	95.84	3.69	2005.79	1108
东方电热	699.33	806.71	50.08	399.44	45.10	5.04	2005.71	1109
通宇通讯	631.81	805.08	95.39	388.04	72.71	12.64	2005.67	1110
强生控股	585.20	823.55	44.16	497.09	46.79	8.78	2005.59	1111
中旗股份	588.21	903.75	47.66	373.83	88.54	3.45	2005.43	1112
超讯通信	712.10	744.50	44.77	457.13	41.80	4.89	2005.18	1113
国电电力	535.99	732.51	39.06	359.62	229.56	108.33	2005.06	1114
涪陵电力	541.62	972.63	0.14	365.55	116.99	8.05	2004.99	1115
西陇科学	601.23	854.37	68.39	385.59	77.60	17.27	2004.46	1116

续表

公司简称	治理竞争力	管理竞争力	创新竞争力	社会责任竞争力	人力资源竞争力	公司基本指标	总得分	总排名
友邦吊顶	634.47	824.45	79.79	400.13	59.74	5.34	2003.91	1117
四通股份	575.06	919.10	49.82	410.99	44.40	4.16	2003.54	1118
荃银高科	576.85	788.65	71.57	369.37	190.56	6.50	2003.51	1119
中国电影	518.70	800.84	41.40	375.40	216.77	49.86	2002.98	1120
合纵科技	520.39	925.54	87.37	378.75	80.04	10.89	2002.97	1121
迦南科技	664.99	806.06	70.41	404.95	53.63	2.92	2002.95	1122
贵糖股份	758.74	757.87	14.24	418.25	46.81	6.44	2002.34	1123
达安基因	432.12	907.35	146.75	380.11	113.58	22.42	2002.33	1124
精准信息	633.32	836.92	95.81	373.39	57.37	5.45	2002.25	1125
海航基础	672.35	794.48	7.78	353.90	92.36	81.24	2002.12	1126
全聚德	489.94	825.28	2.67	473.18	203.05	7.98	2002.10	1127
卫宁健康	563.52	774.38	171.33	399.02	76.15	17.60	2002.01	1128
信威集团	493.80	699.12	187.39	374.28	172.52	74.83	2001.94	1129
天玑科技	582.22	830.02	112.20	393.30	77.33	6.11	2001.19	1130
万安科技	616.39	860.06	58.04	394.39	62.75	9.55	2001.16	1131
北京文化	725.32	784.33	0.69	366.52	106.65	17.37	2000.88	1132
澳洋科技	751.86	766.23	18.91	394.42	63.21	6.17	2000.80	1133
雄帝科技	563.33	818.92	120.36	395.36	98.97	3.36	2000.30	1134
圣邦股份	233.38	923.42	175.52	378.56	280.86	8.53	2000.25	1135
亿纬锂能	527.79	868.28	120.66	396.43	58.69	28.39	2000.23	1136
旋极信息	585.04	802.74	102.88	388.48	91.87	29.03	2000.04	1137
康跃科技	415.63	1045.32	74.82	389.98	70.96	2.90	1999.61	1138
兰生股份	491.60	827.98	5.86	341.71	323.96	8.18	1999.29	1139
大禹节水	672.49	844.05	47.56	380.11	47.32	7.61	1999.15	1140
万里马	625.65	865.95	20.15	443.61	40.37	3.41	1999.14	1141
凤凰光学	569.16	869.32	28.63	476.61	49.95	5.35	1999.02	1142
美尚生态	538.22	888.15	23.00	362.20	173.21	14.18	1998.95	1143
盛达矿业	722.60	800.93	0.03	391.69	69.69	13.83	1998.78	1144
龙溪股份	602.82	829.69	99.85	397.02	63.96	5.23	1998.57	1145
万润股份	569.76	803.54	91.71	395.36	122.40	15.68	1998.45	1146
光迅科技	449.07	806.85	184.93	382.81	143.33	31.43	1998.42	1147
古鳌科技	537.30	793.96	176.12	403.89	85.40	1.74	1998.41	1148
苏奥传感	696.10	806.74	47.47	388.15	55.76	4.17	1998.40	1149
吉祥航空	468.45	931.44	21.06	404.95	124.93	47.57	1998.40	1150

续表

公司简称	治理竞争力	管理竞争力	创新竞争力	社会责任竞争力	人力资源竞争力	公司基本指标	总得分	总排名
中亚股份	645. 36	776. 22	114. 99	390. 50	63. 92	6. 93	1997. 92	1151
兆驰股份	583. 56	885. 22	59. 02	372. 40	70. 35	27. 33	1997. 89	1152
创元科技	424. 92	834. 47	104. 94	388. 93	240. 42	4. 16	1997. 84	1153
八一钢铁	511. 50	956. 12	46. 57	387. 86	78. 76	17. 03	1997. 83	1154
建新股份	658. 10	845. 83	49. 52	382. 84	58. 02	3. 39	1997. 69	1155
大有能源	523. 87	869. 32	58. 07	471. 70	56. 34	18. 32	1997. 60	1156
振华重工	651. 73	695. 17	130. 63	353. 65	127. 15	39. 27	1997. 59	1157
东江环保	623. 87	838. 41	62. 24	384. 58	70. 06	18. 31	1997. 48	1158
宝光股份	578. 01	865. 47	41. 82	446. 89	62. 22	2. 95	1997. 37	1159
先进数通	616. 75	858. 13	32. 88	404. 96	81. 06	3. 53	1997. 31	1160
二三四五	443. 18	835. 01	155. 33	361. 47	167. 93	34. 05	1996. 97	1161
新希望	406. 47	945. 42	115. 09	414. 73	60. 48	54. 63	1996. 81	1162
安图生物	488. 73	862. 02	116. 54	439. 19	51. 87	38. 37	1996. 72	1163
喜临门	618. 11	863. 37	55. 17	399. 30	49. 30	11. 32	1996. 57	1164
沪电股份	574. 97	886. 43	58. 56	404. 69	57. 24	14. 25	1996. 15	1165
润达医疗	671. 78	802. 08	1. 81	381. 34	128. 02	10. 98	1996. 01	1166
聚龙股份	572. 18	859. 46	111. 55	384. 59	51. 89	15. 94	1995. 61	1167
卫星石化	554. 85	868. 80	52. 28	370. 77	118. 82	29. 94	1995. 46	1168
国脉科技	491. 26	763. 36	112. 00	483. 78	129. 52	15. 40	1995. 33	1169
亚翔集成	573. 34	887. 99	42. 39	374. 15	109. 21	8. 22	1995. 29	1170
凯撒文化	632. 21	723. 27	179. 27	362. 44	89. 34	8. 77	1995. 29	1171
数据港	564. 40	879. 07	56. 09	368. 81	110. 98	15. 52	1994. 87	1172
南方汇通	550. 77	888. 88	85. 20	394. 68	69. 59	5. 53	1994. 65	1173
东方雨虹	410. 48	914. 19	121. 93	401. 67	84. 77	61. 51	1994. 55	1174
希努尔	732. 26	778. 67	17. 13	396. 48	56. 56	13. 33	1994. 42	1175
星源材质	612. 18	822. 18	90. 65	384. 02	77. 90	7. 43	1994. 36	1176
晨光文具	483. 04	914. 99	62. 75	419. 62	74. 68	38. 97	1994. 05	1177
立昂技术	633. 49	843. 47	53. 15	392. 82	65. 72	4. 85	1993. 51	1178
永艺股份	561. 39	886. 11	52. 91	442. 43	45. 96	4. 69	1993. 48	1179
新纶科技	605. 61	834. 86	86. 75	370. 25	72. 92	23. 08	1993. 47	1180
江南高纤	434. 59	1067. 97	48. 42	375. 59	59. 66	6. 44	1992. 66	1181
苏宁环球	471. 47	785. 28	0. 18	482. 70	231. 08	21. 83	1992. 53	1182
恒顺醋业	653. 16	817. 23	40. 89	416. 64	53. 60	10. 99	1992. 50	1183
道氏技术	491. 42	914. 18	90. 88	394. 42	85. 49	15. 78	1992. 18	1184

续表

公司简称	治理竞争力	管理竞争力	创新竞争力	社会责任竞争力	人力资源竞争力	公司基本指标	总得分	总排名
迪威迅	544.92	830.40	156.46	394.24	62.46	3.56	1992.03	1185
振芯科技	349.91	846.98	193.22	385.96	203.46	11.63	1991.16	1186
金桥信息	576.84	851.08	63.82	386.49	108.91	3.93	1991.07	1187
天喻信息	479.63	835.12	141.62	420.83	108.25	5.49	1990.94	1188
游族网络	356.23	821.84	180.36	386.60	211.70	33.81	1990.54	1189
中船科技	683.64	694.49	69.33	359.84	167.75	15.46	1990.51	1190
南方轴承	633.35	824.29	59.49	409.71	59.60	4.06	1990.50	1191
阳光股份	644.06	820.70	0.03	356.10	162.61	6.69	1990.20	1192
新易盛	634.90	813.58	60.69	374.76	95.63	10.61	1990.18	1193
先锋电子	657.44	789.22	76.80	383.62	79.22	3.78	1990.08	1194
翠微股份	625.87	896.55	0.89	384.38	76.94	5.42	1990.05	1195
欣龙控股	577.45	924.14	52.55	381.93	49.01	4.77	1989.85	1196
快乐购	579.88	848.88	46.15	385.56	109.66	19.72	1989.85	1197
伊力特	590.40	818.04	16.85	442.19	105.47	16.78	1989.72	1198
盐田港	366.84	979.02	2.65	483.59	132.54	24.98	1989.61	1199
中顺洁柔	590.96	890.18	28.02	408.84	51.17	20.37	1989.55	1200
新大洲A	490.39	894.47	29.01	397.16	172.26	6.12	1989.40	1201
国投电力	617.80	713.49	13.33	359.14	197.79	87.68	1989.23	1202
华工科技	345.49	820.75	125.20	514.13	155.23	28.17	1988.98	1203
宜通世纪	583.56	836.27	63.12	427.86	61.24	16.84	1988.89	1204
龙洲股份	586.93	929.00	9.82	399.44	57.38	5.79	1988.35	1205
中国海诚	325.80	780.94	126.87	411.54	335.96	6.45	1987.57	1206
奥维通信	616.00	824.85	72.28	363.33	105.68	5.28	1987.42	1207
金枫酒业	626.72	753.71	19.86	508.72	71.32	7.03	1987.35	1208
长电科技	443.82	769.48	282.45	378.96	62.31	50.32	1987.34	1209
健帆生物	542.55	811.99	55.65	429.33	125.61	22.08	1987.21	1210
辉丰股份	630.95	858.30	55.77	375.62	54.01	12.50	1987.15	1211
惠博普	635.21	817.08	61.26	363.77	102.51	7.31	1987.13	1212
翰宇药业	574.75	803.63	135.44	374.36	73.07	25.56	1986.81	1213
海航创新	591.21	795.10	0.38	412.46	179.32	8.27	1986.74	1214
青松股份	594.24	863.07	60.44	377.03	88.10	3.68	1986.57	1215
双良节能	605.84	792.90	128.45	374.63	74.72	9.90	1986.44	1216
联发股份	646.13	816.51	44.07	426.00	48.43	5.27	1986.40	1217
飞力达	546.84	928.20	26.28	411.50	68.07	5.42	1986.32	1218

续表

公司简称	治理竞争力	管理竞争力	创新竞争力	社会责任竞争力	人力资源竞争力	公司基本指标	总得分	总排名
宏创控股	629.89	873.58	6.83	401.10	67.49	7.16	1986.05	1219
中铁工业	575.58	768.90	163.74	366.37	64.78	46.66	1986.03	1220
三星医疗	546.19	834.89	129.73	381.82	69.90	22.93	1985.46	1221
柳工	430.86	853.88	222.54	369.23	93.00	15.47	1984.98	1222
飞科电器	426.22	955.26	29.06	449.38	67.23	57.48	1984.64	1223
皖维高新	628.59	861.71	64.81	372.87	45.45	11.16	1984.59	1224
金明精机	676.83	806.52	72.13	378.75	45.33	4.98	1984.54	1225
中环股份	510.30	881.20	85.55	367.98	86.59	52.79	1984.40	1226
美亚光电	602.07	798.12	110.79	384.27	67.38	21.62	1984.25	1227
南天信息	401.35	896.88	190.83	424.22	68.09	2.77	1984.15	1228
特锐德	704.40	676.29	119.09	379.95	81.31	22.75	1983.79	1229
嘉麟杰	605.67	866.46	50.94	405.89	48.38	6.33	1983.67	1230
海油工程	499.14	707.10	202.72	367.20	160.39	47.06	1983.61	1231
东阿阿胶	375.12	849.92	76.15	516.51	96.88	69.01	1983.59	1232
荣盛发展	575.14	701.08	4.24	484.09	146.35	72.64	1983.54	1233
常宝股份	661.62	828.30	44.72	382.10	58.67	7.89	1983.30	1234
华峰超纤	568.70	845.33	81.80	374.14	87.24	26.08	1983.29	1235
维力医疗	656.79	793.93	37.67	437.72	52.28	4.82	1983.22	1236
广电电气	756.00	766.23	30.11	363.14	62.83	4.80	1983.12	1237
福斯特	562.27	852.50	57.44	378.77	109.26	22.85	1983.09	1238
东方财富	576.17	715.69	111.91	393.97	87.37	97.97	1983.08	1239
中航沈飞	557.76	780.58	32.67	469.34	56.90	85.77	1983.03	1240
中粮糖业	557.56	880.69	26.40	386.59	104.10	27.52	1982.87	1241
冠昊生物	577.99	772.41	77.36	394.63	150.80	9.59	1982.77	1242
拓普集团	547.81	852.82	88.97	400.83	61.64	30.55	1982.63	1243
辅仁药业	470.92	936.05	47.68	443.46	60.38	24.12	1982.61	1244
长江传媒	437.61	807.22	12.85	373.56	337.93	13.38	1982.55	1245
兖州煤业	522.82	806.46	55.99	386.04	135.67	75.41	1982.37	1246
中闽能源	635.75	825.81	21.12	364.07	129.93	5.50	1982.19	1247
长江投资	636.33	833.40	23.98	355.66	126.71	5.78	1981.87	1248
武汉中商	511.55	972.18	0.68	439.44	54.88	2.69	1981.42	1249
通裕重工	645.24	818.76	55.05	368.17	82.64	11.55	1981.40	1250
湘邮科技	551.97	851.68	82.98	392.02	99.62	2.92	1981.18	1251
中国动力	532.37	797.79	88.43	376.87	110.23	75.49	1981.18	1252

续表

公司简称	治理竞争力	管理竞争力	创新竞争力	社会责任竞争力	人力资源竞争力	公司基本指标	总得分	总排名
神宇股份	630.61	833.05	71.91	382.66	60.05	2.75	1981.03	1253
朗玛信息	675.50	724.90	83.80	407.33	76.77	12.70	1980.99	1254
梅安森	580.88	814.96	108.16	377.92	96.62	2.39	1980.92	1255
国泰集团	630.44	814.76	58.23	413.19	60.43	3.56	1980.62	1256
苏州固锝	610.39	828.06	79.63	385.25	66.85	10.43	1980.61	1257
红旗连锁	491.27	937.62	4.08	489.47	44.20	13.81	1980.45	1258
双林股份	603.42	859.47	61.95	393.34	52.58	9.50	1980.25	1259
杰赛科技	532.52	764.09	188.59	407.79	72.86	14.39	1980.24	1260
西藏城投	654.42	682.19	0.00	359.37	270.71	13.52	1980.22	1261
美力科技	668.73	814.82	34.23	402.62	56.84	2.93	1980.18	1262
三棵树	430.61	921.19	80.49	451.95	84.15	11.24	1979.63	1263
惠泉啤酒	565.60	900.26	27.04	445.89	38.51	2.31	1979.61	1264
江苏舜天	607.15	932.42	0.97	356.47	78.51	3.97	1979.50	1265
长鹰信质	583.85	874.70	49.71	397.78	55.63	17.77	1979.44	1266
蓝英装备	490.24	871.21	92.96	410.03	111.39	3.58	1979.41	1267
申达股份	672.33	823.70	8.43	384.81	81.56	8.02	1978.84	1268
电科院	500.46	884.32	92.95	374.90	115.45	10.73	1978.80	1269
中鼎股份	406.27	944.08	113.33	419.04	57.28	38.51	1978.51	1270
苏利股份	523.34	900.67	75.94	384.26	87.46	6.68	1978.34	1271
豫金刚石	623.60	810.35	83.89	368.67	63.22	28.54	1978.27	1272
三诺生物	589.34	809.87	81.15	426.67	58.36	12.77	1978.17	1273
中信重工	479.99	665.93	218.98	487.65	95.28	30.33	1978.15	1274
顺网科技	519.29	783.86	146.06	389.82	117.99	21.02	1978.05	1275
炼石有色	296.70	946.48	149.06	467.75	96.58	21.39	1977.96	1276
联环药业	641.56	820.74	38.87	415.05	59.03	2.68	1977.92	1277
美菱电器	621.51	739.85	158.61	392.86	57.84	7.20	1977.86	1278
高能环境	549.85	844.91	51.05	316.08	202.61	13.36	1977.85	1279
神州易桥	603.91	763.56	144.27	367.42	87.89	10.50	1977.54	1280
宋城演艺	546.91	844.05	42.25	380.64	116.78	46.90	1977.52	1281
银轮股份	516.15	891.51	91.52	394.85	71.00	12.33	1977.36	1282
健民集团	554.21	912.84	13.92	409.15	82.34	4.71	1977.17	1283
平高电气	541.71	808.12	137.39	370.30	96.96	22.57	1977.05	1284
海联讯	572.21	785.55	159.39	369.26	87.39	3.17	1976.98	1285
重庆燃气	522.98	924.14	3.85	391.33	105.05	29.36	1976.71	1286

续表

公司简称	治理竞争力	管理竞争力	创新竞争力	社会责任竞争力	人力资源竞争力	公司基本指标	总得分	总排名
德创环保	635.44	838.77	24.15	398.71	73.77	5.77	1976.62	1287
安利股份	551.95	864.91	99.94	397.34	60.70	1.70	1976.53	1288
阳谷华泰	528.34	909.94	69.20	411.37	52.49	5.19	1976.52	1289
兴业股份	548.67	877.24	50.25	379.69	116.78	3.74	1976.37	1290
裕兴股份	540.33	893.55	60.27	383.12	96.76	2.21	1976.22	1291
花王股份	580.54	895.35	49.84	382.72	61.74	5.65	1975.84	1292
扬子新材	714.93	775.23	32.09	376.60	72.22	4.75	1975.82	1293
广聚能源	423.54	954.05	0.00	457.20	130.19	10.76	1975.75	1294
天和防务	492.50	743.71	176.99	385.81	170.02	6.55	1975.58	1295
梦洁股份	638.14	817.87	59.30	411.78	41.71	6.57	1975.37	1296
名家汇	553.88	905.37	51.57	382.50	71.82	10.22	1975.35	1297
洲明科技	490.90	923.15	91.37	380.96	74.43	14.53	1975.33	1298
时代出版	559.07	795.96	24.56	371.68	215.15	8.89	1975.32	1299
潍柴动力	299.88	775.87	238.12	375.64	196.69	88.90	1975.10	1300
誉衡药业	608.97	816.07	53.49	381.05	89.89	25.43	1974.89	1301
东兴证券	364.15	705.06	1.15	345.10	489.49	69.55	1974.50	1302
数码科技	380.17	745.31	218.07	372.25	249.75	8.65	1974.19	1303
苏美达	568.71	813.55	58.84	369.24	149.36	14.07	1973.77	1304
金晶科技	634.04	871.92	33.34	373.52	50.75	10.15	1973.72	1305
弘业股份	547.50	901.23	1.89	421.95	98.67	2.43	1973.67	1306
森特股份	604.48	827.34	66.78	375.10	88.72	10.97	1973.41	1307
市北高新	571.36	827.75	5.40	355.03	193.96	19.56	1973.06	1308
乐普医疗	427.92	887.44	133.14	396.23	52.56	75.53	1972.82	1309
千金药业	560.87	856.52	54.51	429.75	64.09	7.01	1972.74	1310
广州浪奇	494.28	841.20	67.31	366.38	197.63	5.67	1972.46	1311
欧浦智网	335.98	988.14	26.63	471.05	131.94	18.64	1972.38	1312
东华科技	455.00	721.07	68.81	359.21	360.87	7.10	1972.06	1313
华友钴业	506.46	875.69	41.85	374.81	89.63	83.62	1972.06	1314
创力集团	661.00	783.17	68.94	371.82	80.13	6.76	1971.82	1315
全信股份	534.31	804.36	108.96	383.48	131.71	8.81	1971.64	1316
深纺织 A	674.71	800.66	42.27	367.86	79.18	6.76	1971.45	1317
同兴达	668.17	800.92	43.25	400.94	49.61	8.50	1971.39	1318
山东华鹏	691.64	827.46	32.20	375.68	40.47	3.75	1971.19	1319
汇金科技	498.68	858.04	112.29	389.14	109.36	3.26	1970.76	1320

续表

公司简称	治理竞争力	管理竞争力	创新竞争力	社会责任竞争力	人力资源竞争力	公司基本指标	总得分	总排名
唐人神	449. 91	1006. 41	20. 53	409. 28	74. 71	9. 86	1970. 70	1321
西泵股份	602. 00	833. 83	70. 65	405. 17	52. 08	6. 93	1970. 65	1322
汇源通信	606. 38	837. 99	51. 34	425. 83	44. 26	4. 46	1970. 24	1323
东吴证券	350. 08	651. 62	3. 85	459. 32	454. 39	50. 59	1969. 85	1324
赞宇科技	491. 61	941. 93	86. 34	367. 61	75. 66	6. 69	1969. 83	1325
新雷能	468. 74	835. 63	163. 31	428. 06	71. 35	2. 67	1969. 76	1326
亚太股份	771. 69	850. 00	66. 76	202. 57	68. 53	10. 12	1969. 67	1327
国机汽车	470. 61	837. 71	3. 79	395. 29	243. 24	19. 01	1969. 66	1328
莱克电气	490. 71	822. 04	166. 14	401. 19	55. 67	33. 72	1969. 47	1329
泰山石油	383. 77	1110. 32	0. 22	415. 44	54. 42	5. 25	1969. 41	1330
恒泰艾普	595. 32	814. 50	74. 62	362. 72	112. 33	9. 90	1969. 39	1331
仟源医药	634. 66	786. 67	64. 51	418. 70	62. 62	2. 09	1969. 24	1332
丰原药业	548. 45	873. 22	72. 23	428. 61	43. 94	2. 73	1969. 18	1333
石大胜华	471. 26	936. 62	65. 07	391. 34	97. 59	7. 28	1969. 17	1334
天龙光电	568. 08	891. 14	52. 96	385. 55	70. 02	0. 98	1968. 73	1335
万盛股份	606. 86	850. 18	33. 83	381. 73	84. 89	10. 89	1968. 39	1336
联得装备	476. 60	909. 05	109. 31	403. 76	62. 46	6. 68	1967. 86	1337
濮耐股份	566. 09	873. 84	72. 68	391. 43	57. 33	6. 46	1967. 83	1338
中恒电气	569. 54	778. 85	122. 78	392. 61	94. 93	9. 02	1967. 74	1339
兴业矿业	407. 46	993. 57	0. 07	365. 88	169. 29	31. 21	1967. 47	1340
比音勒芬	626. 59	805. 21	39. 78	429. 79	56. 02	9. 76	1967. 15	1341
紫江企业	440. 78	880. 85	62. 08	509. 14	62. 86	11. 19	1966. 89	1342
申通地铁	378. 00	868. 68	0. 89	356. 08	356. 70	6. 35	1966. 70	1343
太安堂	686. 48	792. 61	26. 55	369. 49	81. 54	9. 91	1966. 58	1344
九安医疗	604. 17	671. 68	180. 09	390. 17	114. 73	5. 47	1966. 31	1345
国祯环保	610. 11	760. 22	34. 72	370. 39	179. 49	11. 29	1966. 22	1346
太极实业	579. 99	852. 39	56. 38	372. 75	72. 52	32. 12	1966. 14	1347
回天新材	609. 19	786. 21	74. 64	387. 55	102. 41	5. 89	1965. 89	1348
申华控股	870. 34	640. 86	2. 38	364. 39	79. 70	7. 60	1965. 27	1349
豪迈科技	533. 58	825. 86	59. 20	466. 82	53. 76	25. 90	1965. 11	1350
中国核建	504. 07	676. 64	150. 14	487. 97	99. 58	46. 64	1965. 04	1351
红太阳	420. 08	880. 73	174. 06	366. 51	104. 23	19. 27	1964. 87	1352
园城黄金	839. 84	643. 51	0. 00	356. 46	122. 98	1. 93	1964. 72	1353
晋亿实业	656. 19	825. 41	24. 42	395. 25	49. 73	13. 50	1964. 50	1354

续表

公司简称	治理竞争力	管理竞争力	创新竞争力	社会责任竞争力	人力资源竞争力	公司基本指标	总得分	总排名
天润曲轴	551. 83	801. 03	69. 77	380. 03	151. 79	9. 80	1964. 26	1355
乾景园林	611. 18	838. 64	51. 90	364. 57	93. 49	4. 47	1964. 25	1356
泰合健康	578. 90	828. 40	72. 36	402. 15	78. 52	3. 93	1964. 25	1357
南兴装备	653. 04	772. 94	70. 29	416. 52	46. 19	5. 18	1964. 16	1358
好利来	650. 52	798. 32	38. 59	427. 46	43. 29	5. 65	1963. 85	1359
美盛文化	633. 43	810. 56	54. 49	371. 99	65. 54	27. 81	1963. 81	1360
实达集团	732. 53	736. 22	49. 92	366. 20	70. 17	8. 75	1963. 80	1361
中煤能源	489. 99	837. 05	49. 97	366. 21	128. 23	92. 24	1963. 68	1362
弘亚数控	534. 16	895. 91	43. 65	409. 26	67. 27	13. 31	1963. 56	1363
风形股份	671. 63	796. 85	53. 93	384. 29	51. 38	5. 17	1963. 25	1364
山东药玻	641. 22	801. 52	55. 14	412. 35	42. 69	10. 31	1963. 23	1365
新光药业	531. 16	911. 62	65. 90	392. 81	57. 56	3. 90	1962. 96	1366
集友股份	531. 82	891. 21	64. 25	409. 86	57. 27	8. 45	1962. 86	1367
湘油泵	568. 87	844. 72	77. 55	423. 79	45. 31	2. 55	1962. 80	1368
太平洋	546. 53	661. 86	0. 89	359. 55	351. 27	42. 54	1962. 63	1369
文一科技	678. 19	813. 27	16. 14	394. 11	55. 63	5. 21	1962. 55	1370
多氟多	575. 17	847. 35	84. 14	386. 20	47. 55	21. 93	1962. 34	1371
瀚叶股份	574. 98	854. 08	75. 96	367. 80	65. 48	23. 94	1962. 24	1372
山东墨龙	729. 94	726. 53	63. 23	367. 26	72. 17	3. 01	1962. 14	1373
威帝股份	536. 82	851. 22	86. 94	383. 23	100. 38	3. 52	1962. 12	1374
一拖股份	690. 27	692. 19	122. 81	384. 20	65. 46	7. 15	1962. 08	1375
依米康	689. 24	759. 66	61. 76	378. 94	67. 97	4. 45	1962. 03	1376
马应龙	555. 91	844. 24	43. 17	422. 07	82. 48	14. 08	1961. 96	1377
和而泰	520. 84	849. 84	124. 20	409. 91	44. 99	12. 16	1961. 94	1378
日月股份	658. 46	803. 09	49. 99	381. 90	53. 90	14. 40	1961. 73	1379
新华锦	562. 75	920. 04	0. 50	391. 21	81. 32	5. 81	1961. 63	1380
万业企业	420. 49	964. 05	0. 00	379. 51	179. 66	17. 63	1961. 34	1381
软控股份	430. 63	850. 72	195. 76	365. 49	107. 01	11. 67	1961. 28	1382
瑞尔特	558. 43	835. 86	97. 29	411. 15	52. 57	5. 86	1961. 16	1383
广博股份	514. 37	838. 46	30. 98	505. 49	64. 23	7. 55	1961. 08	1384
安科瑞	559. 37	811. 65	110. 87	414. 98	61. 24	2. 82	1960. 92	1385
龙星化工	687. 98	762. 68	52. 12	384. 04	65. 09	9. 01	1960. 92	1386
农尚环境	643. 05	831. 49	41. 24	381. 13	60. 38	3. 58	1960. 87	1387
凯众股份	518. 00	879. 64	66. 13	416. 75	77. 05	3. 30	1960. 87	1388

续表

公司简称	治理竞争力	管理竞争力	创新竞争力	社会责任竞争力	人力资源竞争力	公司基本指标	总得分	总排名
万里石	689.70	826.11	1.01	386.24	54.62	3.04	1960.73	1389
海亮股份	546.57	850.33	60.89	376.31	104.26	21.98	1960.34	1390
锦江股份	451.69	733.40	7.75	394.29	323.75	49.41	1960.30	1391
杭电股份	622.55	849.59	35.35	379.04	64.23	9.33	1960.09	1392
川金诺	633.03	833.96	36.49	405.94	46.75	3.50	1959.69	1393
神雾节能	394.72	826.84	99.21	395.57	211.92	31.37	1959.62	1394
闽发铝业	568.95	789.28	44.25	501.69	48.95	6.48	1959.61	1395
松芝股份	504.72	907.36	85.41	388.04	66.80	6.91	1959.24	1396
银河电子	624.63	766.03	106.66	376.74	74.33	10.74	1959.13	1397
鲁信创投	592.50	801.55	10.16	379.57	156.55	18.75	1959.09	1398
贵州百灵	579.45	828.45	43.19	422.79	47.90	37.26	1959.04	1399
全通教育	631.59	781.17	60.24	394.15	82.65	9.22	1959.03	1400
新宏泰	534.06	829.22	122.25	410.91	54.66	7.90	1958.98	1401
汇纳科技	470.23	870.12	105.02	425.71	82.98	4.77	1958.82	1402
数字政通	548.87	801.79	78.20	460.16	59.11	10.57	1958.68	1403
朗科智能	510.82	913.75	47.47	432.00	49.50	4.95	1958.49	1404
天润数娱	525.08	791.15	150.11	371.86	101.60	18.10	1957.89	1405
金瑞矿业	622.28	879.93	26.54	375.86	50.32	2.91	1957.85	1406
金安国纪	491.32	920.20	61.28	399.79	66.13	18.92	1957.63	1407
黑牛食品	450.20	591.07	299.03	396.23	208.62	12.33	1957.49	1408
皖天然气	554.75	911.16	1.25	371.34	111.14	7.82	1957.45	1409
太原重工	546.35	698.09	233.67	361.87	101.86	14.16	1956.01	1410
诺力股份	547.25	867.76	86.96	376.17	72.38	5.46	1955.98	1411
花园生物	574.29	866.09	64.16	375.32	62.14	13.38	1955.37	1412
鞍钢股份	319.62	903.58	205.98	377.24	80.46	68.35	1955.23	1413
共进股份	550.97	794.21	157.21	380.47	61.49	10.54	1954.89	1414
天茂集团	490.23	714.17	3.28	472.91	204.85	69.21	1954.64	1415
中炬高新	548.28	836.60	58.78	410.86	66.22	33.65	1954.38	1416
浦东金桥	410.95	785.43	0.78	476.26	252.37	28.53	1954.31	1417
神开股份	569.94	766.08	147.23	380.84	82.39	7.64	1954.12	1418
浙江鼎力	522.12	915.72	57.39	369.83	65.79	23.21	1954.05	1419
南洋科技	633.43	782.68	80.58	368.36	54.30	34.17	1953.51	1420
中国一重	546.08	754.28	121.17	364.58	122.73	44.66	1953.50	1421
新联电子	605.76	793.42	108.71	375.78	63.95	5.85	1953.48	1422

续表

公司简称	治理竞争力	管理竞争力	创新竞争力	社会责任竞争力	人力资源竞争力	公司基本指标	总得分	总排名
镇海股份	569.01	840.79	69.09	382.37	88.16	4.01	1953.43	1423
四通新材	529.07	901.31	44.12	392.80	79.22	6.83	1953.35	1424
众生药业	547.46	816.26	101.48	391.67	79.62	16.78	1953.27	1425
久吾高科	525.98	835.49	56.02	388.13	144.92	2.58	1953.13	1426
汉钟精机	508.64	880.31	81.93	386.75	86.02	9.24	1952.90	1427
海洋王	406.66	795.52	228.92	430.08	83.09	8.43	1952.70	1428
一汽轿车	416.26	935.11	36.26	404.34	130.78	29.68	1952.41	1429
科力远	455.13	853.64	179.29	371.32	75.07	17.71	1952.16	1430
中潜股份	635.31	791.08	62.70	417.66	41.17	3.88	1951.80	1431
恒锋工具	633.35	800.91	58.68	402.23	52.34	4.11	1951.62	1432
小商品城	495.09	893.84	5.57	370.47	131.91	54.73	1951.60	1433
航天电器	425.82	831.55	186.17	399.30	93.11	15.62	1951.57	1434
华源控股	613.26	813.63	53.01	414.06	53.66	3.74	1951.35	1435
三川智慧	652.21	784.92	62.41	389.33	55.67	6.73	1951.27	1436
佳隆股份	696.27	774.98	50.22	376.67	48.18	4.92	1951.24	1437
合诚股份	568.38	819.64	41.28	457.10	60.73	4.10	1951.22	1438
国瓷材料	583.65	824.37	80.53	392.22	50.68	19.72	1951.17	1439
华业资本	599.62	684.94	0.76	380.21	265.39	20.17	1951.09	1440
航天长峰	468.79	847.61	97.63	376.64	153.08	7.06	1950.81	1441
厚普股份	688.17	726.99	80.22	379.80	69.00	6.54	1950.73	1442
浙江广厦	675.77	774.76	0.79	363.86	131.23	4.16	1950.59	1443
腾达建设	615.70	854.01	19.74	371.46	78.60	10.98	1950.48	1444
易联众	441.15	834.56	180.07	412.04	75.82	6.80	1950.44	1445
北玻股份	576.71	777.77	145.79	399.82	45.83	4.24	1950.16	1446
华鑫股份	566.14	773.15	3.42	421.28	164.35	21.82	1950.15	1447
五矿发展	497.41	830.28	5.65	362.97	231.90	21.48	1949.69	1448
红日药业	578.40	759.63	118.74	403.52	67.99	21.26	1949.54	1449
中金环境	518.40	849.27	88.87	386.41	82.54	24.03	1949.50	1450
东方创业	532.96	949.18	0.93	322.50	134.53	9.39	1949.49	1451
中国核电	420.32	681.02	76.30	356.21	211.96	203.67	1949.48	1452
吉视传媒	588.52	821.25	28.38	387.04	109.45	14.76	1949.40	1453
国检集团	442.24	795.44	88.03	434.51	182.18	6.83	1949.23	1454
经纬电材	431.91	929.43	49.17	489.34	44.56	4.72	1949.14	1455
同仁堂	514.24	846.90	29.16	410.19	70.96	77.63	1949.07	1456

续表

公司简称	治理竞争力	管理竞争力	创新竞争力	社会责任竞争力	人力资源竞争力	公司基本指标	总得分	总排名
中泰股份	570.16	852.02	52.29	378.64	90.48	5.47	1949.06	1457
华润三九	333.66	835.78	98.02	542.03	93.51	46.04	1949.04	1458
慈文传媒	414.70	861.36	46.28	364.77	241.57	19.92	1948.62	1459
华东电脑	533.11	773.28	76.83	382.13	170.09	13.15	1948.58	1460
洪汇新材	445.31	967.47	65.04	396.44	70.20	3.81	1948.27	1461
老白干酒	379.23	1032.71	10.54	454.56	48.51	22.59	1948.14	1462
科迪乳业	649.13	856.82	0.70	382.69	50.75	7.39	1947.48	1463
海伦哲	524.58	852.47	105.48	383.11	69.93	11.50	1947.09	1464
菲利华	572.19	830.89	74.54	398.15	63.92	7.35	1947.04	1465
昌红科技	634.11	784.46	54.11	421.86	47.64	4.84	1947.03	1466
伟星股份	383.74	822.67	85.36	595.60	49.39	10.22	1946.97	1467
初灵信息	515.05	760.74	209.82	381.99	74.50	4.62	1946.73	1468
德尔股份	547.40	875.01	36.51	433.36	48.62	5.71	1946.62	1469
宁波海运	573.17	926.40	0.23	363.22	75.82	7.56	1946.38	1470
报喜鸟	448.87	857.17	34.80	551.36	48.00	6.12	1946.32	1471
首商股份	604.57	853.15	0.67	408.72	71.05	7.92	1946.08	1472
时代万恒	630.34	860.59	8.12	370.87	72.43	3.68	1946.03	1473
汉鼎宇佑	634.98	721.49	156.27	363.37	57.73	12.13	1945.96	1474
正虹科技	443.12	986.21	26.96	423.66	64.35	1.54	1945.85	1475
智飞生物	453.76	911.32	61.94	386.30	53.41	78.88	1945.61	1476
德联集团	640.98	778.90	47.84	372.74	99.29	5.84	1945.59	1477
白云山	512.02	806.37	57.77	407.25	82.67	79.37	1945.44	1478
坚朗五金	490.36	839.16	80.95	473.67	51.52	9.65	1945.30	1479
雪莱特	538.42	861.57	100.55	386.06	53.01	5.55	1945.15	1480
奇精机械	580.30	854.63	36.78	422.77	46.29	4.29	1945.06	1481
爱迪尔	652.24	840.45	23.04	363.88	61.71	3.66	1944.98	1482
海辰药业	497.81	848.78	67.77	429.84	97.78	2.89	1944.88	1483
贝斯特	620.29	811.83	45.58	395.02	66.07	6.04	1944.83	1484
宝泰隆	675.51	793.11	30.93	373.18	48.12	23.92	1944.78	1485
天瑞仪器	507.63	818.21	150.87	384.26	80.17	3.50	1944.63	1486
沙钢股份	448.24	938.07	12.34	391.44	92.11	62.11	1944.32	1487
登云股份	648.75	789.30	40.45	426.41	36.27	3.02	1944.21	1488
天孚通信	520.31	862.83	78.50	431.43	45.38	5.69	1944.14	1489
索菱股份	493.73	897.44	106.75	383.85	52.99	8.95	1943.70	1490

续表

公司简称	治理竞争力	管理竞争力	创新竞争力	社会责任竞争力	人力资源竞争力	公司基本指标	总得分	总排名
云意电气	515.16	828.61	147.17	373.82	69.12	9.71	1943.58	1491
天山股份	509.90	932.85	37.07	376.84	68.67	17.82	1943.14	1492
轻纺城	644.06	841.96	13.31	365.57	68.53	9.44	1942.87	1493
多喜爱	649.67	793.33	25.75	413.27	54.89	5.85	1942.76	1494
通合科技	583.23	764.21	127.19	385.00	80.12	2.89	1942.65	1495
民盛金科	555.50	795.03	22.93	381.76	167.28	20.04	1942.55	1496
科新机电	657.86	767.23	71.86	385.50	58.30	1.78	1942.54	1497
诚志股份	525.28	817.65	87.91	374.29	100.15	37.07	1942.35	1498
广汇物流	609.49	795.12	0.03	359.59	169.02	8.91	1942.16	1499
国盛金控	577.12	804.68	28.59	380.62	100.35	50.54	1941.90	1500

后 记

《中国上市公司综合竞争力排名评价报告（2018）》由浙江财经大学中国金融研究院、中国金融出版社共同合作完成。

《中国上市公司综合竞争力排名评价报告（2017）》出版后，得到了学术界和业界的广泛关注，读者们通过电话和邮件等方式对我们的工作给予了鼓励和肯定，同时询问我们课题的最新进展，并对今年即将出版的报告给予了极大关注，这让我们相信，我们正在做着一件有意义的事情。在此对这些读者一并致谢！

继2017年报告之后，我们今年继续对这一主题进行跟踪研究。我们在去年的排名方式的基础上，继续保留了我们认为科学的评价指标，同时也增加了更能体现上市公司综合竞争力的指标，比如是否披露企业社会责任报告、就业增长率、市场占有率等。另外，今年的报告还有一大创新，课题组通过用构建的指标体系在行业中选出佼佼者组合成蓝皮书漂亮“50”指数，并通过其在资本市场的表现，更直观地证明上市公司综合竞争力排名的科学性和有效性。金融市场是瞬息万变的，上市公司的竞争力排名也是日异月更，这也是我们计划以年为单位，定期跟踪研究上市公司综合竞争力这一方向的出发点。

书稿从2017年6月动笔到2018年5月付梓，历时近一年，课题组全体成员在此过程中积极收集资料，用真实数据测试各项指标，最后形成一套独特的评价体系。成稿后又经过反复修订，目的是让书稿的逻辑更严密，数据更翔实，研究更贴合实际。在此期间，我们有幸得到了宋海教授、高尚全教授、巴曙松教授、胡汝银教授、张红地研究员等专家学者的帮助，也得到了学校和社会人士的支持和关心。专家学者们将不同的研究观点著成文章，一笔不苟，大含细入，供我们课题组学习。这是一份非常难得的学习资料，我们也将这些文章汇总在一章中，以飨读者。有一个关于“爱因斯坦做小板凳”的小故事，相信很多人都知道。相传爱因斯坦小时候，老师让同学们回家做出一个小板凳第二天交给老师。第二天，同学们都争先恐后地交出自己的作品，然而爱因斯坦却交给老师一个制作得很粗糙，一条凳腿还钉偏了的小板凳。当时老师十分不满，拿着板凳对同学们说道：“你们有谁见过这么糟糕的凳子？”当时全班同学都笑翻了并纷纷摇头。这时候老师又生气地对爱因斯坦说：“我想，世界上不会再有比这更坏的凳子了。”这时候爱因斯坦红着脸，走到老师前面，坚定地说：“有，老师，还有比这更坏的凳子。”于是全班同学停止了笑声，疑惑地望着爱因斯坦。只见爱因斯坦走回自己的座位，并且从书桌下拿出两个更为粗糙的小板凳，说道：“这是我第一次和第二次制作的，刚交上去的是第三个，虽然不能让人满意，但是比起这两个要强得多。”

之所以引用这个故事，是因为我们觉得《中国上市公司综合竞争力排名评价报告（2018）》虽然经过了整个团队的努力，是多次修订成文的版本，但由于经验和知识水平的限制，仍然有许多不足，钩沉索隐，披沙沥金，望各位不吝赐教。如果您有任何意见或者建议，请您邮寄：

浙江财经大学中国金融研究院

地址：中国·浙江省杭州市下沙高教园区学源街18号

邮编：310018

或者致电：0571-86735252

或者致邮件：zgjryjy@zufe.edu.cn

课题组

2018年5月20日

免责声明

本书仅作学术研究使用。

本书信息均来源于公开资料，我们对这些信息的准确性和完整性不做任何保证。本书所载的资料、意见及排名仅反映我们于提交给中国金融出版社当日的判断。在不同时期，我们可发出与本书所载资料、意见及推测不一致的报告。我们在知晓范围内履行披露义务。

本书所载信息均为个人观点，并未考虑到有投资需求的客户特殊的投资目标、财务状况或需求。

使用机构应考虑本书中的任何意见或建议是否符合其特定状况。